W0284976

Deutschbuch

Gymnasium G9
Nordrhein-Westfalen

6

Servicepaket

Herausgegeben von
Andrea Wagener

Erarbeitet von
Christine Eichenberg, Heiko Eichenberg,
Michael Germann, Christiane Graff,
Alexander Joist, Markus Langner,
Manuela Meyer-Pfeil, Angela Mielke,
Deborah Mohr, Christoph Oldeweme,
Norbert Pabelick, Diana Sackmann,
Christoph Schappert, Frank Schneider,
Klaus Tetling, Andrea Wagener,
Linda Walbergs

unter Beratung von
Deborah Mohr

Cornelsen

Teile des Rechtschreibkapitels 13 wurden von Agnes Fulda erarbeitet.

Redaktion: Christa Jordan, Eltville, Nina Trcka

Illustrationen:
Uta Bettzieche, Leipzig: S. 136, 138, 139, 213, 214, 215, 216, 372, 375, 376
Nils Fliegner, Hamburg: S. 91, 239, 243, 246
Christiane Grauert, Milwaukee (USA): S. 63, 66, 67, 68, 69, 114, 119
Sylvia Graupner, Annaberg-Buchholz: S. 29, 40, 44, 45, 46, 292, 295
Alexander von Knorre, Weimar: S. 157, 160, 164, 335, 338, 340, 342, 345, 346, 347
Juliane Steinbach, Wuppertal: S. 183, 185, 186, 187, 188

Umschlaggestaltung: Corinna Babylon und Jule Kienecke, Berlin, unter Verwendung eines Fotos von Shutterstock/ Fusion Arts und einer Illustration von Maja Bohn, Berlin

Technische Umsetzung: zweiband.media, Berlin

www.cornelsen.de

1. Auflage, 2. Druck 2020

Druck: H. Heenemann, Berlin

ISBN 978-3-06-067559-3

PEFC
PEFC/04-31-1156

PEFC zertifiziert
Dieses Produkt stammt aus nachhaltig bewirtschafteten Wäldern und kontrollierten Quellen.

www.pefc.de

Inhaltsverzeichnis

Inhalt der digitalen Versionen

In den digitalen Versionen (CD-ROM und USB-Stick) finden sich sämtliche Seiten des „Servicepakets" zum Ausdrucken als PDF-Datei.
Alle Lösungen zum Schülerband sowie ausgewählte Kopiervorlagen und Klassenarbeiten sind außerdem als editierbare Microsoft®-Word®-Datei enthalten.
Die Microsoft®-Word®-Dateien erlauben es, Musteraufsätze und Vorschläge für Tafelbilder zu den Inhalten des Schülerbands wie auch einzelne Klassenarbeiten und Kopiervorlagen problemlos den Anforderungen des Unterrichts anzupassen.

Außerdem bieten die digitalen Versionen:

Lösungshinweise zu den Kopiervorlagen, mit denen sich die Arbeitsblätter auch zum selbstständigen Wiederholen und Üben einsetzen lassen

Lösungshinweise und Förderempfehlungen zu den Diagnose-Bögen „Was kannst du schon?", mit denen sich diese auch zum selbstständigen Üben und Überprüfen der Kompetenzen einsetzen lassen

Erwartungshorizonte zu den Klassenarbeiten mit detaillierten Punkterastern

Methodische Erläuterungen zu den Zusatzmaterialien zu Projekten

Hörtexte
jeweils mit einem passgenauen Arbeitsblatt zur Übung des Hörverstehens inkl. Lösungshinweisen

Eichhörnchen aus Gullydeckel befreit (zu Kapitel 1)
Sprecherin: Victoria Schaetzle, Aufnahme: Buchfunk, Leipzig
Text vom Verfasser des Schülerbuchkapitels
(p) Cornelsen Verlag GmbH, Berlin

Joanne K. Rowling: Harry Potter und der Stein der Weisen (Auszug) (zu Kapitel 2)
Sprecher: Martin Klemm, Aufnahme: Buchfunk, Leipzig
Text aus: J. K. Rowling: Harry Potter und der Stein der Weisen. Aus dem Englischen von Klaus Fritz.
© Carlsen Verlag GmbH, Hamburg 1998
(p) Cornelsen Verlag GmbH, Berlin

Peter Härtling. Der Hase Theodor (zu Kapitel 3)
Sprecher: Thomas Dehler, Aufnahme: Buchfunk, Leipzig
Text aus: Peter Härtling: Geschichten für Kinder. © 1988 Beltz & Gelberg in der Verlagsgruppe Beltz, Weinheim/Basel
(p) Cornelsen Verlag GmbH, Berlin

Christine Fehér: Schreibst du mir? (Beginn der Erzählung) (zu Kapitel 4)
Sprecherin: Victoria Schaetzle, Aufnahme: Buchfunk, Leipzig
Text aus: Christine Fehér: Schreibst du mir? In: Ich schenk dir eine Geschichte 2010. Freundschaftsgeschichten. Hg. von der Stiftung Lesen in Zusammenarbeit mit der Verlagsgruppe Random House, der Deutschen Post AG und dem ZDF. cbj Verlag, München 2010, S. 26–29
(p) Cornelsen Verlag GmbH, Berlin

Heinz Janisch: Münchhausens Ritt auf dem Seepferd (zu Kapitel 5)
Sprecher: Martin Klemm, Aufnahme: Buchfunk, Leipzig
Text aus: Heinz Janisch: Der Ritt auf dem Seepferd. Alte und durch wundersame Zufälle neu entdeckte Schriften über die unglaublichen Abenteuer des Carl Friedrich Hieronymus Freiherr von Münchhausen. Mit Illustrationen von Aljoscha Blau. © Aufbau Verlag GmbH & Co. KG, Berlin 2007, 2008
(p) Cornelsen Verlag GmbH, Berlin

Henning Mankell: Der Hund, der unterwegs zu einem Stern war (Auszug) (zu Kapitel 6)
Sprecherin: Victoria Schaetzle, Aufnahme: Buchfunk, Leipzig
Text: Auszug aus der deutschen Übersetzung von Angelika Kutsch: Henning Mankell: Der Hund, der unterwegs zu einem Stern war. ISBN: 9783789107047. © Verlag Friedrich Oetinger, Hamburg
(p) Cornelsen Verlag GmbH, Berlin

Erich Kästner: Emil und die Detektive (Auszug) (zu Kapitel 6)
Sprecher: Martin Klemm, Aufnahme: Buchfunk, Leipzig
Text aus: Erich Kästner: Emil und die Detektive. © Atrium Verlag AG, Zürich 1935
(p) Cornelsen Verlag GmbH, Berlin

Gesine Schulz: Eine Tüte grüner Wind (Auszug) (zu Kapitel 6)
Sprecherin: Victoria Schaetzle, Aufnahme: Buchfunk, Leipzig
Text aus: Gesine Schulz: Eine Tüte grüner Wind. Carlsen Verlag, Hamburg 2005, S. 157–160.
© Gesine Schulz
(p) Cornelsen Verlag GmbH, Berlin

Das Kamel und die Ratte (indische Fabel) (zu Kapitel 7)
Sprecher: Thomas Dehler, Aufnahme: Buchfunk, Leipzig
Quelle: https://gutenberg.spiegel.de/buch/fabeln-aus-asien-9633/15 [31.03.2019]
(p) Cornelsen Verlag GmbH, Berlin

Christine Busta: Die Frühlingssonne (zu Kapitel 8)
Sprecherin: Victoria Schaetzle, Aufnahme: Buchfunk, Leipzig
Text aus: Christine Busta: Die Zauberin Frau Zappelzeh. © Otto Müller Verlag, 1. Auflage, Salzburg 1979
(p) Cornelsen Verlag GmbH, Berlin

Theodor Fontane: Mittag (zu Kapitel 8)
Sprecher: Thomas Dehler, Aufnahme: Buchfunk, Leipzig
Text aus: Theodor Fontane: Gedichte I. Gedichte (Sammlung 1898). Aus den Sammlungen ausgeschiedene Gedichte. Hg. von Joachim Krueger und Anita Golz. Aufbau-Verlag, Berlin/Weimar 1989, S. 14
(p) Cornelsen Verlag GmbH, Berlin

Dirk Held: Regenräder (zu Kapitel 8)
Sprecher: Martin Klemm, Aufnahme: Buchfunk, Leipzig
Text aus: Deutschbuch Gymnasium 6. Cornelsen, Berlin 2019, S. 167. © Dirk Held
(p) Cornelsen Verlag GmbH, Berlin

Homer: Odysseus bei den Sirenen (zu Kapitel 9)
Sprecher: Thomas Dehler, Aufnahme: Buchfunk, Leipzig
„Odysseus bei den Sirenen“ aus: Auguste Lechner: Die Abenteuer des Odysseus.
(p) Cornelsen Verlag GmbH, Berlin

Ein Bild sagt mehr als tausend Worte (zu Kapitel 10)
Sprecher: Victoria Schaetzle und Martin Klemm, Aufnahme: Buchfunk, Leipzig
Text: Zeile 1–40 vom Verfasser des Schülerbuchkapitels.
Ab Zeile 41: TESSLOFF VERLAG Nürnberg, Onlineredaktion www.wasistwas.de
(p) Cornelsen Verlag GmbH, Berlin

Cornelia Funke: Herr der Diebe (Romananfang) (zu Kapitel 11)
Sprecher: Martin Klemm, Aufnahme: Buchfunk, Leipzig
Text aus: Cornelia Funke: Herr der Diebe. © Dressler Verlag GmbH, Hamburg
(p) Cornelsen Verlag GmbH, Berlin

Eine komplette Jahresplanung

mit einer detaillierten Gegenüberstellung der Teilkapitel im „Deutschbuch“ und der Kompetenzbereiche des Kernlehrplans für die Sekundarstufe I Gymnasium in Nordrhein-Westfalen

Verwendete Zeichen und Abkürzungen

127 Verweis auf die Seitenzahl im Schülerband

1 Aufgabe im Schülerband

Aus dem Schülerband übernommene Kennzeichnungen der Aufgaben:
Partnerarbeit
Gruppenarbeit
Zusatzaufgabe

Aufgaben zum Auswählen:
●○○ einfache Aufgabe
●●○ kniffligere Aufgabe
●●● Aufgabe für Profis

Hinweis auf einen Hörtext in der digitalen Version

MK Seiten zur Medienkompetenz

AH	Hinweis auf das „Deutschbuch 6 Arbeitsheft" (bei den Förderempfehlungen)
SB	Hinweis auf den Schülerband (bei den Förderempfehlungen)
Serpa	Hinweis auf die vorliegenden Handreichungen (bei den Förderempfehlungen)

Vorwort

1 Zur Grundkonzeption und Struktur des Lehrwerks

Das „Deutschbuch" vermittelt alle erforderlichen Kompetenzen im Rahmen eines umfassenden Bildungskonzepts und soll Schülerinnen und Schüler für deutsche Sprache und Kultur begeistern. Mit dem Lehrwerk können sie, ausgehend von ihrer Lebenswirklichkeit, die Geheimnisse von Literatur und Sprache entdecken. Dabei erfüllt das „Deutschbuch" den Anspruch an gymnasiale Bildung, berücksichtigt aber auch jene Schülerinnen und Schüler, die noch nicht routiniert mit der deutschen Sprache umgehen können. Damit nimmt das „Deutschbuch" die Herausforderungen gesellschaftlicher Entwicklungen und die Erkenntnisse aktueller Lernforschung an. Eine zunehmend heterogene Schülerschaft erfordert eine kluge Individualisierung und Selbststeuerung des Lernens sowie kooperative Lernformen. Deshalb enthalten die Kapitel Sonderseiten und spezifische Aufgaben, die diese pädagogischen Ansätze berücksichtigen. Durchgängige Wahlaufgaben, Selbstdiagnosen sowie Aufgaben zum Aufbau metakognitiver Kompetenzen unterstützen das eigenständige Arbeiten.
Das „Deutschbuch" ist in seiner konzeptionellen Anlage, seiner didaktischen Zielsetzung und seiner inhaltlichen Realisierung ein integratives, kompetenzorientiertes und differenzierendes Lehrwerk. Es trägt den Prinzipien der KMK-Bildungsstandards für das Fach Deutsch, dem Medienkompetenzrahmen NRW und dem auf beiden aufbauenden neuen Kernlehrplan NRW Rechnung. Das „Deutschbuch" genügt zudem den hohen didaktisch-methodischen Anforderungen, die der gegenwärtige Deutschunterricht an Lehrende und Lernende stellt. Damit kann es gelingen, die anspruchsvollen Ziele und Gegenstände des Deutschunterrichts schüler- und sachgerecht zu vermitteln.

Als integratives Lehrwerk verknüpft das „Deutschbuch" die verschiedenen Kompetenzbereiche und Inhaltsfelder des Deutschunterrichts in besonderer Weise. Die einzelnen Kapitel sind nach dem Prinzip des **Dreischritts** aufgebaut:

1. Basisteil
- Entfaltung des Hauptinhaltsfeldes/Kompetenzbereichs mit dem zentralen Merkwissen
- Selbstdiagnose: „Testet euch!"

2. Erweitern und Vertiefen
- Anwenden, Üben und Erweitern der im ersten Teilkapitel erworbenen Kompetenzen durch die Integration eines weiteren Inhaltsfeldes/Kompetenzbereichs, einer anderen Gattung oder einer fachspezifischen Arbeitstechnik

3. Klassenarbeitstraining oder Projekt
- „Fit in …": Schritte des Schreibprozesses bei klassenarbeitsbezogenen Kapiteln oder
- Projekt zur Förderung des eigenaktiven und kooperativen Arbeitens

Die dreigliedrige Grundstruktur der Kapitel folgt dem strukturell logischen Aufbau der Lernprozesse im Sinne **kumulativen Lernens** und ermöglicht eine schnelle Orientierung, z. B.:
- In Kapitel 7 „Versteckte Wahrheiten – Fabeln lesen und gestalten" untersuchen die Schülerinnen und Schüler im **ersten Teilkapitel** verschiedene Fabeln (Kompetenzbereich „Lesen") und lernen die spezifischen Gattungsmerkmale kennen. Das **zweite Teilkapitel** greift das erworbene Wissen auf: Die Schülerinnen und Schüler verfassen selbst Fabeln und festigen dadurch ihr Gattungswissen (Kompetenzbereich „Schreiben"). Im abschließenden **Klassenarbeitstraining** zeigen sie, dass sie das Gelernte in einem angeleiteten Schreibprozess selbstständig anwenden können.
- In Kapitel 6 „Unsere Lieblingsbücher – Jugendromane verstehen und vorlesen" untersuchen die Schülerinnen und Schüler im **ersten Teilkapitel** die Anfänge verschiedener Jugendromane und erlernen dabei grundlegende Fachbegriffe wie Erzähler, Schauplatz, Zeit, Handlung, Figuren, Konflikte (Kompetenzbereich/Inhaltsfeld „Texte"). Im **zweiten Teilkapitel** erweitern und vertiefen sie ihre Kenntnisse, indem sie literarische Texte flüssig und ausdrucksstark vortragen (Integration des Kompetenzbereichs „Sprechen und Zuhören"). Im abschließenden **Projekt** bereiten sie sich schrittweise auf den Vorlesewettbewerb vor und zeigen damit, dass sie das Gelernte (Auswahl und Vortrag einer geeigneten Textstelle) selbstständig anwenden können.

Ein einfaches **Farbsystem** – erkennbar z. B. an der Farbgebung der Auftaktseiten, der Kolumnenzeilen sowie der Farbe von Überschriften und Aufgabenziffern – informiert über die jeweilige Schwerpunktsetzung und Verknüpfungen der Inhaltsfelder und Kompetenzbereiche.
- Kommunikation: Sprechen – Zuhören – Schreiben: rot
- Texte und Medien: orange
- Nachdenken über Sprache: grün

Die Kapitel können auch in Teilen erarbeitet werden. Je nach Lernsituation und Zeitrahmen lassen sich einzelne Teilkapitel oder auch nur wenige Abschnitte in der gewünschten Schwerpunktsetzung behandeln. Alle Themen werden im Sinne kumulativen Lernens in allen Bänden wieder aufgegriffen und erweitert, sodass nicht alle Kapitel in einem Jahrgang komplett erarbeitet werden müssen.

2 Didaktisch-methodische Prinzipien

2.1 Die Inhaltsfelder und Kompetenzbereiche

Kommunikation: Sprechen – Zuhören – Schreiben

Das „Deutschbuch“ fördert im Bereich **„Sprechen und Zuhören“** vor allem die kommunikativen Fähigkeiten, indem explizit Gesprächsregeln und bewusste Formen der Gesprächsführung angeboten, gelernt, reflektiert und beurteilt werden. Es leitet dazu an, Gespräche (z. B. Telefonate, Informationsgespräche) zielgerichtet zu planen und adressatengerecht durchzuführen (z. B. in Kapitel 3.1 „Tiere zu Hause, in der Schule und in Zoos – Überzeugend kommunizieren und argumentieren“). Im Bereich der **rhetorischen und argumentativen Fähigkeiten** berücksichtigt es den freien Vortrag und die Präsentation (z. B. in Kapitel 10.2 „Wege durch die Mediengalaxie – Informationen recherchieren, auswerten und präsentieren“) sowie verschiedene Diskussionsformen (z. B. in Kapitel 3.1 „Tiere zu Hause, in der Schule und in Zoos – Überzeugend kommunizieren und argumentieren“). Dabei reflektieren die Schülerinnen und Schüler auch Merkmale gelingender und misslingender Kommunikation. Der ästhetische Aspekt dieses Kompetenzbereichs kommt im **gestaltenden Sprechen** systematisch zur Geltung, z. B. beim sinngestaltenden Lesen oder Vortragen (vgl. Kap. 5.1, Kap. 6.3 oder Kap. 8.1), beim szenischen Lesen und im darstellenden Spielen (vgl. Kap. 9.2) sowie beim freien Erzählen (vgl. Kap. 5.1).
Das **Zuhören** und die dafür notwendigen Fähigkeiten und Fertigkeiten haben eine zentrale Bedeutung im Zusammenhang mit dem Sprechen. Die Schülerinnen und Schüler werden systematisch angeleitet, aktiv und genau zuzuhören, z. B. indem sie durch Körperhaltung und Mimik Aufmerksamkeit signalisieren, Rückfragen stellen, aufeinander Bezug nehmen, Notizen zu Gehörtem anfertigen und mit Beobachtungsbögen Feedback geben (vgl. z. B. Kap. 3.1, Kap. 6.3 und Kap. 10.2).
Das „Deutschbuch“ integriert die Inhaltsfelder „Kommunikation“ und „Texte“ in Schreibprozessen. Denn das Verfassen von Texten ist auch als kommunikativer Akt zu verstehen. Das „Deutschbuch“ fördert die **Schreibkompetenz** der Lernenden mit interessanten Themen. Indem es den Schreibprozess in authentische Kontexte aus ihrer Lebenswelt stellt, erleben die Schülerinnen und Schüler Schreiben als sinnvolles soziales und kommunikatives Handeln. Der **Schreibprozess** erfolgt in drei Schritten: der Planung, Produktion und Überarbeitung eigener Texte. Die Berücksichtigung des Adressaten sowie der Schreibsituation und die Beachtung des Schreibziels und der Funktion des Textes ermöglichen eine **Produktorientierung im Schreibprozess**, z. B. beim Schreiben eines Berichts (vgl. Kap. 1), einer Erzählung (vgl. Kap. 4), einer Stellungnahme (vgl. Kap. 3) oder einer erklärenden Beschreibung (vgl. Kap. 2).
Wortschatzkästen und Formulierungshilfen unterstützen die Schülerinnen und Schüler beim Ausformulieren der eigenen Texte. So erweitern z. B. Wortspeicher-Karten (vgl. Kap. 4.1) den Wortschatz für das Schreiben einer spannenden und anschaulichen Geschichte. Alle Kapitel im Bereich „Schreiben“ bieten zudem **Mustertexte** zu verschiedenen Textfunktionen, an denen sich die Schülerinnen und Schüler nach dem **instruktiven Prinzip** des Lernens am Beispiel orientieren können, z. B. beim Schreiben eines Berichts (vgl. Kap. 1), beim Vorstellen eines Zaubertricks (vgl. Kap. 2),

beim Begründen der eigenen Meinung (vgl. Kap. 3) oder beim Schreiben einer Erlebniserzählung (vgl. Kap. 4). Zum Schreibprozess gehört im letzten Schritt die **Textüberarbeitung** im Hinblick auf Textkohärenz, Grammatik und Orthografie (mit und ohne Einbezug von Textverarbeitungsprogrammen). Diese wird im „Deutschbuch“ an zahlreichen Stellen angeleitet, z. B. in der kooperativen Arbeitsform der **Schreibkonferenz** (vgl. Kap. 2.1).
Das Trainingsmodul **„Fit in …“** in den letzten Teilkapiteln bereitet exemplarisch auf **alle Klassenarbeitstypen des neuen Kernlehrplans NRW** vor. Hier können die Schülerinnen und Schüler für Prüfungssituationen üben. Das Teilkapitel beginnt mit der Aufgabe und dem Material einer typischen Klassenarbeit. Auf zwei bis drei Seiten werden dann die **Schritte des Schreibprozesses** entfaltet: die Aufgabe verstehen, Stoffsammlung und Gliederung, den Text formulieren (mit knappen Übungen zu besonderen Fehlerschwerpunkten) sowie der abschließenden Textüberarbeitung. Hier verbessern die Schülerinnen und Schüler am Ende des Schreibprozesses ihre Texte mit Hilfe von **Checklisten**.
Kreative Formen des Schreibens haben im „Deutschbuch“ einen besonderen Stellenwert. Das Spektrum reicht vom **freien, textungebundenen Schreiben** bis zum **produktiv-gestaltenden Schreiben im Anschluss an Textvorlagen**, z. B. in Kapitel 4.2 „Zu Freundschaftsgeschichten schreiben“, in Kapitel 7.2 „Schreibwerkstatt – Fabeln selbst schreiben“ oder in Kapitel 8.2 „Wolkenschneider, Wettermacher – Sprachliche Bilder untersuchen“ und in Kapitel 9.2 „Odysseus als Theaterstück – Szenen vortragen, spielen und gestalten“.
Neben dem Schreiben in sich geschlossener Texte kommt dem **funktionalen Schreiben im Arbeitsprozess** im „Deutschbuch“ eine zentrale Bedeutung zu. Diese Schreibformen besitzen im Alltag für die Bewältigung von Lernsituationen eine große Bedeutung. Dazu gehören nicht nur die bekannten Notizzettel und Stichpunktsammlungen, sondern auch die Mitschriften in Gesprächen. Hinzu kommen Vorarbeiten für umfangreichere Ausführungen, z. B. das Sammeln von Argumenten mit der „Begründungshand“ (vgl. Kap. 3.1), die Strukturierung von Texten mit Hilfe einer Mind-Map (vgl. Kap. 10.1), das Sammeln und Ordnen von Ideen für eine Erzählung mit einem Cluster und einem Schreibplan (vgl. Kap. 4.1) oder das Visualisieren einer Handlungsabfolge mit Hilfe einer „Lügenkette“ (vgl. Kapitel 5.2). Diese **Schreibstrategien** dienen der bewussten Steuerung des Schreibprozesses; sie werden von den Schülerinnen und Schülern hinsichtlich ihrer Funktionalität reflektiert.

Texte

Das Lesen und Erfassen von Texten ist die wesentliche Kompetenz zum Erwerb von Wissen und damit eine wichtige Voraussetzung für die Teilhabe an unserer Kultur, für die Mitgestaltung gesellschaftlicher Entwicklungen und für die persönliche und berufliche Weiterentwicklung.
Das „Deutschbuch“ bietet neben bewährten klassischen auch **aktuelle Texte,** z. B. Auszüge aus neuen Jugendromanen und -sachbüchern. Diese greifen die **Lebenswirklichkeit** der Schülerinnen und Schüler auf. Sie ermöglichen aber in der Auseinandersetzung mit Überraschendem und Fremdem auch Alteritätserfahrungen in historischen und kulturellen Zusammenhängen. Vielfältige **Lesetipps** zu Jugendromanen fördern die **Lesemotivation** (vgl. Kap. 6). Die Textauswahl berücksichtigt insbesondere **interkulturelle Aspekte,** z. B. Fabeln aus verschiedenen Kulturen (vgl. Kap. 7) sowie Schriftzeichen aus verschiedenen Kulturkreisen und Sprachräumen (vgl. Kap. 10). Darüber hinaus geht das „Deutschbuch“ auch auf das Thema **Inklusion** ein (vgl. das Thema Rollstuhl-Basketball in Kap. 1.1 und das Thema Braille-Schrift in Kap. 10.2).
Nicht allen Schülerinnen und Schülern fällt das Lesen leicht. Viele brauchen Hilfe, um sich konzentriert auf längere Lesetexte einzulassen. Die entsprechenden **Methodenseiten zur Texterschließung** im Jugendroman- und Sachtextekapitel (vgl. Kap. 6 und Kap. 10) bieten den Schülerinnen und Schülern ein handhabbares Werkzeug, um Schritt für Schritt Informationen zu entnehmen und zu verarbeiten. Das Lautlesen im Team bzw. **Paar-Lesen** (vgl. Kap. 6) fördert Leseflüssigkeit und Leseverstehen wie kaum eine andere Methode. Im Sinne des erweiterten Textbegriffs gilt es, neben kontinuierlichen Sachtexten auch **diskontinuierliche Texte** wie Grafiken, Tabellen und Diagramme mit Hilfe entsprechender Methoden zu erschließen. Das „Deutschbuch“ ermöglicht an verschiedenen Stellen die Auseinandersetzung mit diesen Texten und thematisiert neben **Inhalt** und **Aufbau** auch deren **Funktion**, z. B. in Kapitel 10 „Hieroglyphen und Emoticons – Sachtexte und Medien verstehen“.

Medien

Der **kompetente und kritische Umgang mit Medien** ist in unserer Informationsgesellschaft eine unabdingbare Fähigkeit. Kinder und Jugendliche müssen über vielfältige Kompetenzen verfügen, um sich in der digitalen Gesellschaft zurechtzufinden und souveräne Mediennutzer zu werden. Das „Deutschbuch“ setzt in Orientierung an den Medienkompetenzrahmen NRW sowie am neuen Inhaltsfeld „Medien“ im Kernlehrplan NRW Schwerpunkte in den Bereichen der **Mediennutzung, -gestaltung, -analyse** und **-reflexion.**
Mit Hilfe des vielfältigen Medienangebots lernen die Schülerinnen und Schüler, sich gezielt zu informieren. Dazu gehören z. B. die gezielte **Recherche** in Büchern (über das Inhaltsverzeichnis und das Sachregister) und die Internetrecherche ebenso wie die Recherche von Erklärvideos (vgl. Kap. 10.2) sowie die Orientierung auf Websites. Dabei wenden sie gezielt **Lesestrategien für Hypertexte** an (vgl. Kap. 10.2), vergleichen und bewerten unterschiedliche Informationsquellen und erfahren, wie sie sich im **komplexen audiovisuellen Medienangebot** zurechtfinden können.
In einem weiteren Medienkapitel (vgl. Kap. 11) **analysieren** die Schülerinnen und Schüler einen **Film** (Romanverfilmung) inhaltlich (z. B. Schauplatz, Figuren, Handlung) sowie formal (z. B. Kameraeinstellungen und Kameraperspektiven) und **drehen** dann im dritten Teilkapitel selbst einen **Film**, indem sie einen Romanauszug verfilmen.
Der Bereich der **Mediengestaltung** ist für Kinder und Jugendliche hochinteressant. Das „Deutschbuch“ leitet sie an, Medienprodukte in planvollen Schritten zu gestalten und zu präsentieren, z. B. ein Plakat (vgl. Kap. 1.1), ein Erklärvideo (vgl. Kap. 2.1), ein Hörspiel (vgl. Kap. 5.1), ein Buddy-Book (vgl. Kap. 7.1), ein Fabelbuch (vgl. Kap. 7.2), eine Graphic Novel oder das Konzept für ein Computerspiel (vgl. Kap. 9.3) sowie einen Film (vgl. Kap. 11.3). Dabei berücksichtigen sie Regeln für den verantwortungsvollen Umgang mit Persönlichkeitsrechten (vgl. Kap. 11.3). Außerdem nutzen sie das Feedback per Video zur Dokumentation und Reflexion ihrer Arbeitsprozesse (vgl. Kap. 9.2).
Die Schülerinnen und Schüler lernen darüber hinaus, Medien sachgerecht zu bedienen und anzuwenden, z. B. den Umgang mit einem **Textverarbeitungsprogramm** (vgl. Kap. 1.1), dem **Thesaurus** (vgl. Kap. 12.1) und der **Rechtschreibprüfung** am Computer (vgl. Kap. 13.1).
Die Kommunikation von Kindern und Jugendlichen verlagert sich zunehmend von analogen zu **digitalen Kommunikationsformen**. Im „Deutschbuch“ reflektieren sie die Chancen und Risiken moderner Kommunikationsformen, indem sie z. B. einen Chat untersuchen und Regeln aufstellen, die man beim Chatten beachten sollte (vgl. Kap. 3.1).

Nachdenken über Sprache

Die Kapitel im Inhaltsfeld „Sprache“ folgen in gleichem Maße den Prinzipien des **systematischen, funktionalen und integrativen Sprachunterrichts.** Sprachliche Phänomene wie z. B. Wortarten werden **induktiv und funktional** eingeführt. Das „Deutschbuch“ knüpft so an die Sprachkompetenzen an, welche die Schülerinnen und Schüler bereits erworben haben. Es bindet das Textmaterial dabei im Sinne eines integrativen Grammatik- und Rechtschreibunterrichts thematisch an und verknüpft es mit den Kompetenzbereichen „Lesen“ (z. B. Geschichten, Sachtexte) und „Schreiben“ (z. B. Geschichten).
In **Grammatik- und Rechtschreibgesprächen** reflektieren die Schülerinnen und Schüler auf einer Metaebene über sprachliche Phänomene und deren Funktion. So schulen sie metasprachliche Kompetenzen, die ihnen helfen, sprachliche Alltagssituationen (Texterschließung und Textproduktion) zu bewältigen.
Das **Grammatikkapitel** arbeitet mit einer motivierenden Leitfigur, welche die Schülerinnen und Schüler dazu anregt, die Funktion grammatischer Phänomene zu erklären und zu reflektieren. Die subjektiven („inneren“) Regeln der Lernenden sind dabei Ausgangspunkt der **ressourcenorientierten Sprachreflexion.** Anhand funktional aufbereiteter authentischer Sprachmaterialien leiten sie durch gezielte Beobachtung der sprachlichen Phänomene Regeln und Definitionen ab und entwickeln Prüfinstrumente (z. B. Umstellprobe zum Ermitteln von Satzgliedern, Artikel-Adjektiv-Probe zum Ermitteln von Nomen, Stellung des gebeugten Verbs zur Unterscheidung von Haupt- und Nebensatz). Sie lernen, mit solchen Instrumenten umzugehen und sie mit dem durch anschauliche Beispiele aufbereiteten Regelwissen in den Merkkästen abzugleichen.

Das **Rechtschreibkapitel** berücksichtigt aktuelle Erkenntnisse der Graphematik. Dabei setzt es den Fokus auf den Kernbereich, der die systematisch herleitbare Schreibung betrifft. In diesem Bereich geht es nicht darum, die richtige Schreibung einzelner Wörter auswendig zu lernen, sondern diese mit Hilfe geeigneter **Strategien** (Schwingen, Verlängern, Zerlegen, Ableiten usw.) und **Regeln** herzuleiten und so die **Systematik der deutschen Orthografie zu entdecken**. Mit diesen Kenntnissen sind die Schülerinnen und Schüler in der Lage, eine Vielzahl von Wörtern und Sätzen richtig zu schreiben. In einem zweiten Schritt nehmen sie Merkwörter aus dem Peripheriebereich in den Blick. Im Bereich der Zeichensetzung erarbeiten die Schülerinnen und Schüler induktiv Regelwissen, das sie in vielfältigen Übungen anwenden. Ausgehend von den Rechtschreibstrategien und -regeln lassen sich **individuelle Fehleranalysen** erstellen, an die sich im **Stationenlernen** differenzierende Übungen anschließen.
Das „Deutschbuch" wird dem Prinzip **„Sprachen im Kontakt"** gerecht, das in der neueren Sprachforschung eine zentrale Rolle spielt. Denn Sprachbewusstsein kann sich auch durch den **Vergleich verschiedener Sprachen** entwickeln. Das Buch nimmt den Umstand ernst, dass immer mehr Kinder und Jugendliche mehrsprachig aufwachsen; in manchen Klassen stellen sie die Mehrheit. Indem die Schülerinnen und Schüler ihre herkunftssprachlichen Kenntnisse auf das Erlernen der deutschen Sprache beziehen, differenzieren und festigen sie ihre grammatische Sprachkompetenz. In der vergleichenden Betrachtung von Sprachen können sie die **Besonderheiten der deutschen Sprache** leicht erkennen (vgl. z. B. die Seiten „Den Satzbau im Deutschen und Englischen vergleichen", S. 279, „Eine Schule – Viele Sprachen", S. 261, aber auch einzelne Aufgaben, z. B. Aufgabe 7 auf S. 293). Die herkunftssprachlichen Kompetenzen von Schülerinnen und Schülern, die **Deutsch als Zweitsprache** lernen, können die Sprachbetrachtung der gesamten Lerngruppe dabei deutlich bereichern.
Für immer mehr Schülerinnen und Schüler stellt die bildungssprachliche Ausdrucksfähigkeit eine große Herausforderung dar, die das „Deutschbuch" in allen Kapiteln durch entsprechende Formulierungshilfen ernst nimmt und thematisiert.

2.2 Die Steuerung der Lernprozesse

Aufgabenstellungen

Für die Aufgabenstellungen gelten in besonderer Weise die Prinzipien des induktiven, kooperativen, selbstregulierten und individualisierten Lernens. Den Benutzerinnen und Benutzern des „Deutschbuchs" wird dabei vor allem die Mischung aus kreativen, handlungsorientierten und analytischen Aufgabenstellungen auffallen. Im Rahmen **kooperativer Verfahren** wird sowohl auf die individuelle Einzelarbeit als auch auf den Austausch unter Partnern und im Team Wert gelegt. **Differenzierende Aufgabenstellungen** zu ausgewählten Materialien, deren individuelle Ergebnisse wieder zusammengeführt werden, fordern und fördern Schülerinnen und Schüler mit unterschiedlichen Leistungsstärken.
Eine wesentliche Voraussetzung des **eigenverantwortlichen Lernens** ist die Fähigkeit, den eigenen Lernstand und Lernbedarf richtig einzuschätzen. Das „Deutschbuch" bietet vielfältige Möglichkeiten, das eigene Wissen und Können zu testen. Bei der **Selbstdiagnose** in den Einheiten „Testet euch!" arbeiten die Schülerinnen und Schüler mit verschiedenen motivierenden Testformaten (z. B. Quiz, Rätsel, Überarbeitungsaufgaben, geschlossene Aufgabenformate) und evaluieren diese mit Lösungswörtern oder im kooperativen Austausch. Anregungen zur **Selbstevaluation** (z. B. Fragen zu Texten/Lerninhalten formulieren, Textverständnis prüfen) ergänzen das Aufgabenangebot.
Zusätzliche **Aufgaben zur Metareflexion** leiten die Schülerinnen und Schüler zur Reflexion über Lerninhalte und Lernwege an. Dazu gehören die Arbeit mit einem Videofeedback (vgl. Kap. 9.2) sowie die Reflexion der Funktionalität unterschiedlicher Methoden, z. B. Reflexion über Zweck und Einsatzmöglichkeiten einer Mind-Map (vgl. Aufgabe 5, S. 216), über das Markieren von Texten zum Vorbereiten eines Vortrags (vgl. Aufgabe 3, S. 136) oder über Methoden zur Ermittlung von Wortbedeutungen (vgl. Aufgabe 2, S. 208).

Die metakognitiven Fähigkeiten der Schülerinnen und Schüler werden auch zu Beginn jedes Kapitels gefördert. Die Auftaktseiten aktivieren vorhandenes **Vorwissen** und regen damit kumulatives Lernen an. Ein **Advance Organizer** benennt die jeweils zu erwerbenden Kompetenzen und macht so die Inhalte und die Struktur des Lernprozesses schülergemäß transparent.

Individuelle Förderung und Differenzierung

Schülerinnen und Schüler kommen nicht voraussetzungslos in die Schule; sie sind in Bezug auf ihren Hintergrund, ihre Lernleistung oder ihre Interessen vor allem eines: unterschiedlich. Der wachsenden Heterogenität der Lerngruppen trägt das „Deutschbuch" in besonderem Maße Rechnung. Lehrende, die Lernen als aktiven, selbstgesteuerten und konstruktiven Prozess betrachten, können Differenzen wahrnehmen und würdigen. Wissen wird in diesem Prozess vom Individuum nicht einfach rezeptiv übernommen, sondern je nach Vorwissen, Motivation und Einstellung des Einzelnen auf vielfältigen Wegen erworben. Hier setzt Differenzierung mit dem Ziel an, jede Schülerin und jeden Schüler mit maßgeschneiderten, leicht umsetzbaren Angeboten individuell zu fordern und zu fördern. Das „Deutschbuch" arbeitet durchgängig mit differenzierenden Aufgaben. Es enthält an zentralen Stellen **Wahlaufgaben auf drei Niveaustufen** (●○○ - ●●○ - ●●●), die sich auf die individuelle Förderung der jeweils zentralen Kompetenz beziehen. Diese Aufgaben sind nach Schwierigkeitsgrad gestaffelt: Unterschiedliche Hilfen, thematische Ausrichtungen, methodische Zugänge oder Materialien führen die Schülerinnen und Schüler auf eigenständig gewählten, unterschiedlichen Lernwegen zum selben Lernziel. Insbesondere in kreativen, freieren Arbeitsformen bietet das „Deutschbuch" neben der Differenzierung nach Schwierigkeitsgrad auch eine Differenzierung nach Neigung. **Abschließende zusammenführende Aufgaben** dienen dem kooperativen Austausch sowie der Vernetzung der Arbeitsergebnisse. Sie sichern die Anschlusskommunikation und die gemeinsame Weiterarbeit im Unterricht.

Beispiele für differenzierende Wahlaufgaben:

3 Lucy färbt sich ihre Haare irischrot. Als ihre Mutter sie deshalb zur Rede stellt, schweigt sie. Welche Gründe könnte Lucy für das Haarefärben haben? Wählt Aufgabe a, b oder c.

●○○ a **Nennt Gründe** für Lucys Verhalten.
Lest dazu noch einmal **die Zeilen 86–98** auf der Seite 128.

●●○ b Stellt euch vor: Lucy schreibt am Abend in ihr Tagebuch, warum sie sich die Haare gefärbt hat.
Formuliert diesen **Tagebucheintrag.** Schreibt in der **Ich-Form.**

●●● c Stellt euch vor: Am nächsten Tag will Lucy noch einmal mit ihrer Mutter sprechen.
Formuliert einen **kurzen Dialog,** in dem Lucy ihrer Mutter erklärt, warum sie ihre Haare gefärbt hat.
Überlegt, wie die Reaktion der Mutter ausfallen könnte.
Lucy: Mami, das mit den roten Haaren war ... Aber ...
Mutter: Ja, aber ...

d Tragt eure Ergebnisse vor: Wo werden Lucys Gründe für ihr Haarefärben besonders deutlich?
Wie könnte der Konflikt zwischen Lucy und ihrer Mutter weiter verlaufen?

(Aus: Deutschbuch 6, S. 129)

A Nachdem Julika ins Bett (gehen), träumte sie von abenteuerlichen Reisen.
B Bevor Julika mit Gedankenblitzen reiste, (fahren) sie am liebsten Bahn.
C Früher (dauern) ihre Reisen länger, später (gehen) alles blitzschnell.

3 Verwendet die Zeitform Plusquamperfekt. Wählt Aufgabe a, b oder c.

●○○ a Übertragt **Satz A** ins Heft und setzt das eingeklammerte Verb ins Plusquamperfekt.

●●○ b Übertragt **Satz B** ins Heft und setzt das eingeklammerte Verb ins richtige Tempus.

●●● c Übertragt **Satz C** ins Heft und setzt die eingeklammerten Verben ins richtige Tempus.

d Kontrolliert eure Ergebnisse gegenseitig.

(Aus: Deutschbuch 6, S. 254)

Neben den Wahlaufgaben finden sich an ausgewählten Stellen **Zusatzaufgaben** für leistungsstärkere Schülerinnen und Schüler. Diese enthalten interessante, vertiefende Angebote mit Überraschungen und Herausforderungen, die sich in angemessener Zeit bewältigen lassen. Die Anforderungen dieser Aufgaben übersteigen das Gelernte; die Präsentation der Ergebnisse stellt eine Bereicherung für die gesamte Lerngruppe dar.
Ein besonderer Aspekt der Individualisierung im „Deutschbuch" ist die Wertschätzung und Förderung von Schülerinnen und Schülern aus **anderen Herkunftsländern** und mit **Deutsch als Zweitsprache.** So können sich diese in besonderer Form einbringen, wenn interkulturelle Kontexte explizit thematisiert werden, z. B. beim Lesen von literarischen Texten aus verschiedenen Kulturen (vgl. Kap. 7) oder beim Lesen von Sachtexten, die über Schriftzeichen aus verschiedenen Kulturkreisen und Sprachräumen informieren (vgl. Kap. 10). Neben inhaltlichen Vorentlastungen unterstützen Aufgaben und ausgewiesene Sprachtrainingsseiten (siehe unten: Integration „Sprachtraining") das Leseverstehen und das Schreiben von Texten. Sie bieten insbesondere Hilfen zu **Stolpersteinen der deutschen Sprache,** z. B. Proformen und Verknüpfungswörter in Texten verfolgen und deren Funktion erkennen (vgl. S. 208 f.), unbekannte Begriffe klären (vgl. S. 208 f.), die Stellung der Personalform des Verbs in Haupt- und Nebensätzen untersuchen (vgl. S. 66, 278), Gebrauch des Passivs (vgl. S. 40), Bildung des Präteritums bei starken Verben (vgl. S. 81).
Die herkunftssprachlichen Kompetenzen können die Schülerinnen und Schüler auch im Kompetenzbereich **„Nachdenken über Sprache"** gewinnbringend nutzen (siehe oben).

Integration „Sprachtraining"

Sprachunterricht sollte **integrativ** stattfinden und Aspekte **kumulativen Lernens** berücksichtigen. Das bedeutet, dass die Schülerinnen und Schüler für das Erschließen und Verfassen von Texten notwendige Grammatik- und Rechtschreibkenntnisse immer wieder in unterschiedlichen Zusammenhängen reaktivieren, anwenden, vertiefen und erweitern. Das „Deutschbuch" enthält daher in den Lese- und Schreibkapiteln farblich **ausgewiesene Seiten zur Sprachförderung** dort, wo im Schreib- und Leseprozess üblicherweise sprachliche Schwierigkeiten auftreten:
- „Präteritum und Plusquamperfekt verwenden" (Kap. 1.1)
- „Aktiv und Passiv im Vergleich" (Kap. 2.1)
- „Aufmerksam zuhören, höflich miteinander umgehen" (Kap. 3.1)
- „Begründungssätze: Kommas richtig setzen" (Kap. 3.1)
- „Im Präteritum erzählen" (Kap. 4.1)
- „Texte mit Proben überarbeiten" (Kap. 4.1)
- „Groß- und Kleinschreibung von Adjektiven" (Kap. 5.2)
- „Zeichensetzung bei der wörtlichen Rede" (Kap. 7.2)
- „Mit Wortzusammensetzungen neue Wörter bilden" (Kap. 8.2)

Diese Sprachtrainingsseiten enthalten Übungs- und Anwendungsaufgaben, die sich auf das jeweilige Kapitelthema beziehen. Das hier verortete Merkwissen ist anwendungsbezogen und instruktiv formuliert. Sofern in dem jeweiligen Grammatik- oder Rechtschreibbereich ein größerer Übungs- oder Vertiefungsbedarf besteht, kann im entsprechenden systematischen Grammatik- bzw. Rechtschreibkapitel (Kap. 12 bzw. Kap. 13) weitergearbeitet werden.

Integration „Methoden und Arbeitstechniken"

Das Beherrschen fachspezifischer und überfachlicher Methoden zeichnet das **eigenständige Arbeiten** aus. Deshalb integriert das „Deutschbuch" farblich ausgewiesene **Seiten zu Methoden und Arbeitstechniken** an den Stellen, an denen sie das Arbeiten erleichtern. Gleichzeitig sind diese Seiten in anderen Unterrichtszusammenhängen modular einsetzbar. Sie gliedern den Arbeitsprozess in **klare Schritte** und unterstützen ihn durch **Visualisierungen**:
- „Das Schreibprogramm des Computers nutzen" (Kap. 1.1)
- „Texte überarbeiten: Schreibkonferenz mit Textlupe" (Kap. 2.1)
- „Ein Erklärvideo drehen" (Kap. 2.1)
- „Eine Fishbowl-Diskussion führen und auswerten" (Kap. 3.1)
- „Ein Buddy-Book gestalten" (Kap. 7.1)

- „Videofeedback nutzen“ (Kap. 9.2)
- „Lesemethode: Einen Sachtext lesen und verstehen“ (Kap. 10.1)
- „Mit einer Mind-Map Informationen ordnen“ (Kap. 10.1)
- „Informationen beschaffen: In Medien recherchieren“ (Kap. 10.2)
- „Ansprechend vortragen und aktiv zuhören“ (Kap. 10.2)
- „Eine Lesekiste gestalten“ (Kap. 11.1)

Lernen in Unterrichtsprojekten / Fachübergreifendes Lernen

Das „Deutschbuch“ enthält **Projektvorschläge**, die zwar einen fachspezifischen Ausgangspunkt haben, sich aber nicht auf das Fach Deutsch beschränken, sondern Aspekte anderer Fächer mit einbeziehen. Es berücksichtigt die beiden pädagogischen Prinzipien des **handlungs- und erfahrungsorientierten Lernens** und des **selbstorganisierten und selbsttätigen Arbeitens in Gruppen.**
Der Anteil des Faches Deutsch lässt sich innerhalb von Fächern wie etwa Geschichte, Politik, Philosophie, Religionslehre/Ethik kaum abgrenzen, je nach Thema auch nicht in Fächern wie Fremdsprachen, Geografie, Physik, Musik oder Kunst. Nicht nur in den projektorientierten Teilkapiteln ist **fachübergreifendes Arbeiten** sinnvoll. Auch in den übrigen Kapiteln finden sich Arbeitsschritte, die die Fachgrenzen überschreiten.
So sind zum Beispiel im Sachtextekapitel (vgl. Kap. 10) die Fächer Deutsch, Geografie und Fremdsprachen miteinander in Bezug gesetzt, in den Kapiteln zur Fabel (Kap. 7) und zum Theater (Kap. 9) die Fächer Deutsch und Kunst und im Gedichtekapitel (Kap. 8) sowie im Literaturkapitel „Verrückte Welt – Literarische Texte kennenlernen“ (Kap. 5.1) die Fächer Deutsch und Musik. Die fachübergreifenden Schritte sind so konzipiert, dass sie Absprachen zwischen den Fächern sinnvoll erscheinen lassen, dass sie aber auch von der Deutschlehrerin oder dem Deutschlehrer allein durchgeführt werden können.
Das Fach Deutsch nimmt für die **Sprachförderung in allen Fächern** eine essenzielle Rolle ein. Es liefert im Bereich der Entwicklung von Lese-, Schreib- und Sprachkompetenz wesentliche Grundlagen für andere Fächer. So unterstützen z. B. grammatische Kenntnisse aus dem Fach Deutsch das Erlernen von Fremdsprachen. Die im Deutschunterricht eingeübten Schreibformate werden in den meisten anderen Fächern benötigt, z. B. beim analytischen und heuristischen Schreiben und beim Schreiben zur Ideenentwicklung (z. B. Beschreibungen in den Naturwissenschaften, argumentierendes Schreiben in Gesellschaftswissenschaften, analytisches Schreiben in Fremdsprachen). Im „Deutschbuch“ können die Schülerinnen und Schüler mit den Angeboten zur Förderung der Schreibkompetenz diese Grundlagen so erwerben und festigen, dass sie in anderen Fächern verwendbar sind.

Orientierungswissen

Eine wichtige Rolle für das selbstständige Lernen spielt das Orientierungswissen in den **blauen Informations- und Methodenkästen.** Dort, wo in den Kapiteln das erarbeitete Wissen gesichert werden muss, weil es die Grundlage für das weitere Vorgehen bildet, wird es zur Orientierung zusammenfassend dargestellt. Auf diese Weise festigt sich auch die eingeführte Terminologie, sodass den Schülerinnen und Schülern die notwendigen Begriffe für ihre weiteren Lernaktivitäten zur Verfügung stehen. Das Orientierungswissen bietet eine überschaubare Zusammenfassung von informativem und methodischem Wissen.
Daneben liefern **Tipp-Kästen** Anregungen und Hilfen zur eigenständigen Problemlösung.
Entlastende Funktion kommt dem **Anhang** zu: Dort wird das **Orientierungswissen im Überblick** dargestellt, sodass die Schülerinnen und Schüler es selbstständig nachschlagen können, wenn sie sich nicht im Kapitelzusammenhang bewegen. Gleichzeitig verschafft das Orientierungswissen den Lernenden einen Überblick über die im Kernlehrplan NRW festgelegten Kompetenzen. Es bietet somit einen wichtigen Hinweis für Leistungsanforderungen bei Lernstandserhebungen, Tests und Klassenarbeiten.

Hinweise zur Arbeitsorganisation

Die Arbeitsorganisation bleibt in den Aufgabenstellungen weitgehend offen. Lehrende und Lernende können selbst entscheiden, ob etwas als Gruppen- oder Partnerarbeit im kooperativen Lernen oder in Einzelarbeit gelöst werden soll. Das Lehrbuch liefert jedoch sinnvolle und praxiserprobte Vorschläge. Arbeitsschritte, Materialien und Aufgabenstellungen sind im „Deutschbuch" so organisiert, dass Lehrerinnen und Lehrer phasenweise eine zurückhaltender moderierende und prozessbegleitende Rolle einnehmen können. Diese Lehrmethoden erlauben den Schülerinnen und Schülern zunehmend ein selbsttätiges und mitverantwortliches Arbeiten, das ihre sozialen und kommunikativen Kompetenzen stärkt.

3 Materialen und Medien rund ums „Deutschbuch"

Das „Deutschbuch" bietet eine Vielfalt an Medien für alle Einsatzszenarien. Neben den Schülerbänden, die auch online als E-Books erhältlich sind, bietet die Lehrwerksreihe folgende Materialien:

- **Deutschbuch 6 mBook:** Das mBook präsentiert die Inhalte des Schülerbuchs und Arbeitshefts in angereicherter digitaler Form. Passende Videos, auch Erklärvideos, und Audiodateien sowie interaktive Übungen, Beispiellösungen und Hinweise für die Lehrkraft unterstützen die Lernenden und Lehrenden im Unterricht, aber auch in der Vor- und Nachbereitung. Die Schülerinnen und Schüler haben Zugang zu allen interaktiven Elementen und können mit Hilfe der interaktiven Aufgaben ihre Ergebnisse selbst überprüfen. Die Lehrkräfte erhalten zusätzliche Hinweise und Lösungen bzw. Beispielantworten zu den Inhalten.
- **Deutschbuch 6 Arbeitsheft:** Das Arbeitsheft enthält methodisch abwechslungsreiche, oft spielerische Übungen, insbesondere zu den Schwerpunkten „Schreibtraining", „Grammatik" und „Rechtschreibung". Es stellt Eingangsdiagnose, Differenzierungsangebote, Mustertexte und Lernstandstests zur Verfügung. Mit zahlreichen Merkkästen und Tipps bietet es die Möglichkeit zur gezielten Wiederholung. Das Arbeitsheft, dem ein Lösungsheft beiliegt, eignet sich gleichermaßen für den Einsatz im Unterricht, für Hausaufgaben, Lernzeiten und Freiarbeit. Über einen Code erhält man Zugang zu einer Auswahl an kostenlosen interaktiven Übungen.
- **Deutschbuch 6 interaktive Übungen:** Ein Code bietet Zugang zu rund 150 Onlineübungen in den Differenzierungsstufen „leicht" und „schwer". Sie stellen zusätzliches Übungsmaterial zu den Schwerpunkten des Arbeitshefts „Schreiben", „Umgang mit Texten", „Grammatik" und „Rechtschreibung" dar. Die Übungen sind online als Einzellizenz und auf CD-ROM als Schullizenz erhältlich.
- **Deutschbuch 6 Arbeitsheft mit interaktiven Übungen:** Diese Variante des Arbeitshefts enthält den Code zu den interaktiven Übungen (s. o.).
- **Deutschbuch 6 Förderheft:** Das Förderheft dient der intensiven Einübung elementarer Kompetenzen im Fach Deutsch: Leseverständnis sichern, Schreibfertigkeit entwickeln, Rechtschreiben trainieren, Grammatik funktional einsetzen. Sorgfältig aufbereitetes Wort- und Textmaterial und spannende Themen unterstützen die Vermittlung der basalen Fertigkeiten. Das Förderheft ist auch für besonders lernschwache Schülerinnen und Schüler geeignet (Inklusion).
- **Deutschbuch 6 Ferienheft:** Mit den Ferienheften „Fit für Klasse 6 – Der Fall des verschwundenen Pferds" und „Fit für Klasse 7 – Das Geheimnis der chinesischen Schatullen" wiederholen und festigen die Schülerinnen und Schüler ihr Wissen und Können aus Klasse 6 und bereiten sich auf das nächste Schuljahr vor. Dabei führt sie jedes Heft durch einen spannenden Kriminalfall. Bei dessen Lösung trainieren die Lernenden ihre Kombinationsgabe und festigen effektiv ihre Grundlagen in Lesen, Schreiben und besonders in Rechtschreibung und Grammatik.
- **Ideen zur Jugendliteratur:** Die Kopiervorlagenreihe enthält Arbeitsblätter zu klassischen und aktuellen Jugendromanen, die sich als Lektüre für die Sekundarstufe I eignen. Die Hefte begleiten Unterrichtsreihen; sie erleichtern und unterstützen die Vorbereitung und Durchführung des Unter-

richts mit methodisch vielfältigen Arbeitsblättern zur Textanalyse und -rezeption, didaktischen Hinweisen und Lösungen sowie Vorschlägen für Klassenarbeiten.
- **Deutschbuch Onlinediagnose:** Unter der Internetadresse www.deutschbuch.de/onlinediagnose stehen kostenlose Onlinetests zur Rechtschreibung und zum Leseverständnis zur Verfügung.
- Das vorliegende **Servicepaket** bietet Lehrkräften methodisch-didaktische Erläuterungen sowie Aufgabenlösungen mit Tafelbildern und Beispielaufsätze zu den Aufgabenstellungen des Schülerbands. Außerdem stellt es umfangreiches Zusatzmaterial zu jedem Kapitel zur Verfügung:
  - Kopiervorlagen „Fordern und fördern" mit Hilfe-Karten und Zusatzaufgaben „für Profis und Schnelle"
  - Diagnosebögen „Was kannst du schon?"
  - Vorschläge für Klassenarbeiten und Projekte
  - Zusatzmaterialien zu Projekten

  Zusätzlich finden sich auf der beiliegenden CD-ROM:
  - Lösungshinweise zu den Kopiervorlagen, mit denen sich die Arbeitsblätter auch zum selbstständigen Wiederholen und Üben einsetzen lassen
  - Lösungshinweise und Förderempfehlungen zu den Diagnosebögen „Was kannst du schon?"
  - Erwartungshorizonte zu den Klassenarbeiten mit detaillierten Punkterastern
  - Hörtexte mit passgenauen Arbeitsblättern zur Übung des Hörverstehens sowie Lösungshinweisen
  - eine komplette Jahresplanung mit einer detaillierten Gegenüberstellung der Teilkapitel im „Deutschbuch" und der Kompetenzerwartungen des Kernlehrplans NRW
- **USB-Stick** mit Link zum **Unterrichtsmanager:** Der Stick enthält das Material des Servicepakets in digitaler Form, außerdem das E-Book des Schülerbands. Ein Link führt auf den Unterrichtsmanager, in dem die Servicematerialien seitenweise dem E-Book des Schülerbands zugeordnet sind.

1 Wer? Was? Wo? – Berichten und informieren

Konzeption des Kapitels

In diesem Kapitel werden die Kompetenzen der Schülerinnen und Schüler im mündlichen und schriftlichen Berichten aufgegriffen und erweitert, wobei Schulaktionen und Themen aus dem Bereich „Sicherheit in Schule und Verkehr“ motivierend wirken.
Im ersten Teilkapitel (**„Keine Langeweile! – Von Ereignissen berichten“**) stehen zunächst Berichte über Schulaktionen im Mittelpunkt. Die Schülerinnen und Schüler erarbeiten in Abgrenzung zum Erzählen Merkmale des Berichtens und werden angeleitet, mit Hilfe der W-Fragen Informationen für Berichte zu sammeln. Indem sie fehlerhafte Berichte überarbeiten und selbst Berichte verfassen, erweitern sie ihre diesbezüglichen Kenntnisse und Fähigkeiten sowie die zur Sprachreflexion. Sie lernen, wichtige von unwichtigen Informationen zu unterscheiden, den Aufbau eines Berichts zu planen, die Abfolge der Ereignisse und Zusammenhänge durch passende Satzanfänge und Konjunktionen zu verdeutlichen und eine sachliche Sprache zu verwenden. Überdies werden sie dazu angeregt, einen Bericht mit dem Computer zu schreiben und unter Berücksichtigung des Datenschutzes und des Persönlichkeitsrechts Bilder zu integrieren, wofür ihnen eine Methodenseite grundlegende Informationen bietet. Die Kompetenzen des Berichtens werden bei der Erarbeitung eines Unfallberichts erweitert und vertieft. Das Thema „Verkehrssicherheit“ steht im Anschluss bei der Untersuchung und Gestaltung appellativer Texte (Plakate) noch einmal im Zentrum. Abschließend können die Lernenden ihr Wissen zum Berichten in einem Test anwenden und überprüfen.
Das zweite Teilkapitel (**„Experten im Einsatz – In Reportagen informieren und schildern“**) akzentuiert mit Reportagen den Lernbereich „Texte“. Die ausgewählten Artikel über Herausforderungen und professionelle Abläufe beim Schulsanitätsdienst und bei einer realistischen Brandschutzübung an einer Schule wirken durch ihre Nähe zur Lebensrealität der Lernenden motivierend. Sie zeigen, wie Experten sich für die Sicherheit in Schulen engagieren. Im Vergleich mit dem sachlichen Bericht setzen sich die Schülerinnen und Schüler mit Merkmalen und Funktionen der Reportage als Erlebnisbericht auseinander. Am Ende des Teilkapitels werden sie angeleitet, eine Reportage in einen sachlichen Bericht umzugestalten.
Mit dem dritten Teilkapitel (**„Fit in … – Berichten“**) können die Lernenden gezielt für eine Klassenarbeit trainieren. Am Beispiel eines sachlichen Unfallberichts wenden sie noch einmal die erworbenen Kompetenzen zum Berichten an. In einzelnen Arbeitsschritten üben sie das Verstehen der Aufgabenstellung und den Prozess des Planens, Schreibens und Überarbeitens eines Berichts.

Literaturhinweise

- *Büchel, Elsbeth / Gloor, Ursina:* Strategien zur Textüberarbeitung sinnvoll nutzen. In: Praxis Deutsch 242/2013, S. 19–23
- *Dauberschmidt, Franziska:* Es hatte gebrannt – Das Plusquamperfekt in Berichten untersuchen. In: Praxis Deutsch 256/2016, S. 18–21
- *Esterl, Ursula / Krieg-Holz, Ulrike (Hg.):* Textmuster und Textsorten. ide – Zeitschrift für den Deutschunterricht in Wissenschaft und Schule (Studien-Verlag Innsbruck) 2/2018
- *Freudenberg-Findeisen, Renate:* Auf dem Weg zu einer Textsortendidaktik. Linguistische Analysen und text(sorten)-didaktische Bausteine nicht nur für den fremdsprachlichen Deutschunterricht. In: Thema Deutsch. Hg. von der Gesellschaft für deutsche Sprache, 13/2016

Übungsmaterial im „Deutschbuch 6 Arbeitsheft“

- Berichten und informieren, S. 4–7

	Inhalte	Kompetenzen Die Schülerinnen und Schüler
S. 13	**1 Wer? Was? Wo? – Berichten und informieren**	– berichten mündlich über Schulereignisse – aktivieren ihr Vorwissen zum Berichten
S. 14	**1.1 Keine Langeweile – Von Ereignissen berichten** Erzählen und Berichten unterscheiden	– unterscheiden die unterschiedlichen Darstellungsformen und Funktionen einer Erlebniserzählung in einem Brief und eines Berichts – erarbeiten die W-Fragen für einen Bericht
S. 16	Für die Schülerzeitung berichten	– unterscheiden wichtige von unwichtigen Informationen – planen den Aufbau eines Berichts – üben die Verwendung einer sachlichen Sprache – verfassen anhand von Materialien einen Bericht – überarbeiten ihre Berichte – nutzen Möglichkeiten eines Schreibprogramms
S. 20	Einen Bericht überarbeiten	– erkennen Fehler in einem Schülerbericht – erklären die Funktion des Präsens in einem Bericht – unterscheiden wichtige von unwichtigen Informationen – verdeutlichen Zusammenhänge durch Konjunktionen und passende Satzanfänge – überarbeiten einen fehlerhaften Bericht
S. 22	Sprachtraining: Präteritum und Plusquamperfekt verwenden	– üben die Verwendung des Präteritums und des Plusquamperfekts
S. 23	Von Unfällen berichten	– untersuchen Zeugenaussagen – erstellen eine Unfallskizze – untersuchen ein Versicherungsformular – sammeln mit Hilfe der W-Fragen Informationen – verfassen einen Unfallbericht
S. 25	Lass dich nicht ablenken! – Öffentlich appellieren	– untersuchen appellative Plakate – entwerfen selbst Plakate zur Verkehrssicherheit – reflektieren deren Sprache und Gestaltung
S. 26	Testet euch! – Über Ereignisse berichten	– überprüfen ihr erworbenes Wissen zum Berichten
S. 27	**1.2 Experten im Einsatz – In Reportagen informieren und schildern** *Retten macht Schule*	– untersuchen eine Reportage – unterscheiden sachlich informierende Textpassagen von solchen, die besonders lebendig und anschaulich schildern – setzen die Reportage fort
S. 29	*Heißer Einsatz am Kreisgymnasium Lünen*	– analysieren Merkmale der Reportage – formen eine Reportage in einen Bericht um
S. 31	**1.3 Fit in … – Berichten**	– analysieren die Aufgabenstellung – sammeln und ordnen Informationen – verfassen einen Unfallbericht – überarbeiten ihre Texte mit einer Checkliste

1 Wer? Was? Wo? – Berichten und informieren

13 Anhand eines Bildimpulses und des Advance Organizers erhalten die Schülerinnen und Schüler einen ersten Überblick über die Themen des Kapitels und bekommen Gelegenheit, ihr Vorwissen zum Berichten zu aktivieren.

1 Einleitend beschreiben die Lernenden das Auftaktfoto und erklären den möglichen Anlass:
Das Foto zeigt die Basketball-Mannschaft eines Gymnasiums. Sechs Schülerinnen und Schüler schauen gemeinsam mit einer Lehrerin fröhlich lachend, teilweise mit hochgereckten Armen und geballten Fäusten in die Kamera. Eine Schülerin und ein Schüler in der Mitte präsentieren stolz einen Pokal. Die Siegerpose und die glücklichen Gesichter verweisen auf einen Sieg der Mannschaft bei einem Basketball-Turnier.

2 Die Schülerinnen und Schüler sind aufgefordert, mündlich von Schulveranstaltungen zu berichten. Sie werden unterschiedliche Schulveranstaltungen kennen, über die sie berichten können, z. B. Schulsportveranstaltungen, Schulfeste, Theateraufführungen und Lesenächte. Die Begeisterung für einzelne Veranstaltungen wird sicher unterschiedlich ausfallen. Deutlich werden sollte jedoch, dass es viele Ereignisse in der Schule gibt, über die berichtet wird oder berichtet werden könnte.

3 Die Aufgabe regt zur Reflexion über Medien und Leser/-innen von Berichten über Schulereignisse an. Adressaten sind in erster Linie Mitglieder der Schulgemeinschaft (einschließlich der Eltern), die genaue Informationen über Ereignisse an der Schule wünschen. Daneben interessieren sich sicher auch ehemalige Schüler/-innen oder Bürgerinnen und Bürger aus der Nachbarschaft für die Schulereignisse.

4 Diese Aufgabe knüpft an das Vorwissen der Schülerinnen und Schüler an und bezieht sich auf sämtliche Kompetenzen des Kapitels. Durch die Auseinandersetzung mit den Vorgaben wird bereits vorhandenes Wissen zum Berichten aktiviert, sodass das neue Wissen besser mit dem bereits vorhandenen vernetzt werden kann. Das von den Lernenden angeführte Vorwissen kann ggf. bereits als Grundlage verwendet werden, um mögliche allgemeine Merkmale eines Berichts, eines Aufrufs und/oder einer Reportage an der Tafel zu sammeln.

1.1 Keine Langeweile! – Von Ereignissen berichten

14 Erzählen und Berichten unterscheiden

14 Brief einer Schülerin

15 Rollstuhl-Basketball am Schiller-Gymnasium

1 **a** Das gemeinsame Thema beider Texte ist dasselbe sportliche Ereignis: eine Einführung in Rollstuhl-Basketball für nicht behinderte Schülerinnen und Schüler einer sechsten Klasse am Schiller-Gymnasium.

b Ob den Schülerinnen und Schülern eine solche Veranstaltung gefallen würde, wird individuell unterschiedlich sein. Wichtig ist jedoch, dass sie die Einschätzung nachvollziehbar begründen.

2 Die Lernenden erarbeiten erste Unterschiede der Texte:
- Text A ist ein Brief, in dem Isa ihrer Freundin Sara anschaulich von ihren Erlebnissen beim Rollstuhl-Basketball erzählt. Ein solcher Erlebnisbericht ist für Adressaten bestimmt, zu denen die erzählende Person ein engeres Verhältnis hat.
- Text B ist ein Zeitungsbericht über eine Sportstunde „Rollstuhl-Basketball" im Rahmen des Projekts „Rollstuhlsport macht Schule". Der Text wurde für eine größere anonyme Leserschaft verfasst.

Die Ergebnisse können in einer Tabelle festgehalten werden, in der danach die Ergebnisse der folgenden Aufgabe ergänzt werden.

3 Genauere Erarbeitung der Unterschiede – Vorschlag für ein Tafelbild:

Brief	Zeitungsbericht
Adressatin: Freundin, Bekannte	Adressaten: unbekannte Leser/-innen
– Umgangssprache – ausführliche Beschreibung – Beschreibung von Gedanken und Gefühlen – lebendig – wörtliche Rede	– sachlich – knappe Darstellung – Genauigkeit bei den Angaben (Wer? Wann? Wo?)

4 Vorschlag für ein Tafelbild:

W-Fragen, die in dem Bericht beantwortet werden	
Wann hat das Ereignis stattgefunden?	am vergangenen Freitag
Wo hat es stattgefunden?	am Schiller-Gymnasium
Was ist geschehen?	Sporteinheit Rollstuhl-Basketball mit einem rollstuhlfahrenden Trainer im Rahmen des Schulprojekts „Rollstuhlsport macht Schule“
Wer war beteiligt?	Klasse 6 b, Jan Sadlar (Rollstuhl-Basketballspieler)
Wie lief das Ereignis ab? **Warum?**	– Klasse lernte von querschnittsgelähmtem Trainer, wie man Basketball im Rollstuhl spielt – übte Umgang mit dem Rollstuhl – Ball kam hinzu – Spiel zwischen Mannschaften – Spiel Klasse gegen Trainer, Trainer gewann – Schüler/-innen lernten, dass beim Rollstuhl-Basketball Menschen mit und ohne Behinderung zusammen spielen
Welche Folgen hatte das Ereignis?	– Begeisterung bei den Schüler/-innen – Wunsch, das Projekt weiterzuführen

Mögliche ergänzende Aufgabe
Die Überschrift eines Berichts kann mit Hilfe einer Multiple-Choice-Aufgabe analysiert werden:
Welche der folgenden Überschriften würde ebenfalls zu Text B passen? Begründet eure Wahl.
– Eine verrückte Sportstunde
– Sportstunde im Rollstuhl
– Ein irres Erlebnis
Bei der Besprechung der Ergebnisse sollte herausgestellt werden, dass die Überschrift eines Berichts das Ereignis genau und sachlich benennen soll.

5 ⊕ Die Zusatzaufgabe fordert leistungsstärkere Schülerinnen und Schüler auf, an Beispielen zu verdeutlichen, dass Inhalt und Schreibstil eines Berichts vom Zweck und von den Adressaten abhängig sind.
– Ein Bericht über ein Fußballspiel in der Bundesliga richtet sich an sport- bzw. fußballinteressierte Leserinnen und Leser, die vermutlich über Kenntnisse verfügen und genaue Informationen und Ergebnisse über das konkrete Spiel wünschen.
– Ein Unfallbericht wird z. B. für die Polizei oder für eine Versicherung geschrieben, die die wichtigsten Informationen über den Unfall benötigen.

16 Für die Schülerzeitung berichten

In diesem Abschnitt üben und vertiefen die Schülerinnen und Schüler anhand von Materialien Grundkompetenzen des Berichtens.

1 a Aus den Notizen der Schülerzeitungsredaktion erfährt man, dass beim Medien-Aktionstag am Albert-Einstein-Gymnasium die Schülerinnen und Schüler der sechsten Klassen Informationen zu vier ausgewählten Themen rund ums Handy erarbeitet und präsentiert haben, und zwar zu guten Apps für die Schule, Virenschutz für das Handy, Bildnutzung und Bildrechten sowie Tipps für Handy-Videos. Zu den Präsentationen kamen auch Eltern und andere Interessierte. Plakate und Informationsstände waren gut gelungen, sodass der Medientag im nächsten Jahr wiederholt werden soll und die Medien-AG viele Anmeldungen verzeichnete.

b Die Aufgabe soll die Erfahrungen und Interessen der Schülerinnen und Schüler rund um das Thema „Handy“ abrufen. Mit den vier genannten Themen („Handy-Planeten“) dürften unterschiedliche Interessen angesprochen werden. Durch die geforderte Begründung für die Wahl eines der Themen kann sich ein vertieftes Klassengespräch ergeben.

c An Aufgabe 1 b anschließend diskutieren die Schülerinnen und Schüler darüber, inwiefern ein Medien-Aktionstag interessant und lehrreich sein kann, um z. B. Informationen über gute Apps für den Unterricht oder über den Umgang mit eigenen und fremden Bildern zu bekommen. Die Diskussion kann auch dafür genutzt werden, den Wissensstand der Lernenden über die (sichere) Nutzung des Handys zu eruieren und daraus ggf. notwendige Maßnahmen abzuleiten.

2 Die Aufgabe führt zum schriftlichen Verfassen eines Berichts.

a Die Schülerinnen und Schüler erkennen, dass sehr persönliche Eindrücke und Kommentare für einen Bericht nicht geeignet sind, z. B.: „Aufbau in Klassenräumen: voll anstrengend“, „leckere Pizza, aber total laut“, „großes Aufräumen“, „einige Schüler hatten keine Lust und hauten ab“, „bin auch dabei und habe irre Lust bekommen“.

b Nun suchen die Schülerinnen und Schüler jene Informationen heraus, die für einen Bericht über den Medien-Aktionstag wichtig sind, und tragen sie in einen Schreibplan ein. Die Aufgabe soll das Bewusstsein der Lernenden stärken, dass Texte – insbesondere standardisierte Textmuster – geplant werden müssen.
So könnte der ausgefüllte Schreibplan aussehen:

Aufbau des Berichts	**Inhalt**
Überschrift: (knapp, treffend)	Medien-Aktionstag bot vielfältige Informationen rund um das Handy
Einleitung: (Wann? Wo? Was? Wer?)	– letzter Schultag vor Herbstferien – Albert-Einstein-Gymnasium – Medien-Aktionstag zum Thema „Möglichkeiten und Gefahren rund um das Handy“ – sechste Klassen
Hauptteil: (Wie lief das Ereignis ab? Warum kam es zu dem Ereignis?)	– vier Themen: gute Apps für die Schule, Virenschutz, Bildrechte und Bildnutzung, Tipps für Handy-Videos – Vormittag: Themen in Kleingruppen erarbeiten, Plakate und Informationsstände für Präsentation vorbereiten – Nachmittag: Präsentation der Themen – viele Eltern, Geschwister und Mitschüler/-innen aus anderen Klassen kamen zu den Präsentationen – Eltern fanden Präsentationen gut, haben Neues gelernt – Ende um 16 Uhr, Dankesrede der Schulleiterin
Schluss: (Welche Folgen? / Ausblick)	– viele neue Anmeldungen in der Medien-AG – Medien-Aktionstag soll im nächsten Jahr wieder stattfinden

c Die Lernenden sollten ihre Ergebnisse möglichst genau vergleichen; auf dieser Grundlage erfolgt die individuelle Korrektur bzw. Ergänzung.

3 a Durch die Umformulierung der emotional gefärbten, umgangs- bzw. jugendsprachlichen Ausdrücke in nüchterne, sachliche Sprache üben die Schüler/-innen die Sprache des Berichts ein.
Beispiellösungen:
- vier spannende Themen rund ums Handy (Handyplaneten) zur Wahl
- Gruppen bereiteten informative / anschauliche Plakate und interessante Informationsstände vor
- sehr viele Eltern, Geschwister und Schüler/-innen / Kinder aus anderen Klassen

b Weitere Beispiellösungen für Umformulierungen wichtiger Informationen:
irre → außergewöhnliche Sachen zum Ausprobieren, voll klasse → sehr gelungen

4 Für das Verfassen des Berichts über den Medien-Aktionstag für die Schülerzeitung stehen den Lernenden Übungen auf drei Differenzierungsniveaus zur Auswahl.

●○○ a Auf diesem Anforderungsniveau unterstützen vorgegebene Satzanfänge die Schülerinnen und Schüler dabei, die exakte Abfolge der Ereignisse wiederzugeben (vgl. Beispiellösung).

●●○ b Hier hilft die vorgegebene Einleitung den Lernenden, den richtigen Schreibanfang zu finden (vgl. Beispiellösung).

●●● c Auf dieser Differenzierungsstufe verfassen die Schülerinnen und Schüler den Bericht ohne Hilfen (vgl. Beispiellösung).

Beispiellösung:

Medien-Aktionstag bot vielfältige Informationen rund um das Handy

Am Albert-Einstein-Gymnasium fand am letzten Schultag vor den Herbstferien ein Medien-Aktionstag zum Thema „Möglichkeiten und Gefahren rund um das Handy“ statt. Beteiligt waren alle sechsten Klassen.
Die Sechstklässler lernten an diesem Tag viel Neues über die Handy-Nutzung. Zur Wahl standen vier Themen: gute Apps für die Schule, Virenschutz für das Handy, Bildrechte und Bildnutzung sowie Tipps für Handy-Videos. Nachdem die Schülerinnen und Schüler am Vormittag in Gruppen wichtige Informationen und Tipps zu diesen Themen erarbeitet hatten, bereiteten sie anschauliche Plakate und interessante Informationsstände vor. Diese präsentierten sie am Nachmittag ihren Mitschülerinnen und Mitschülern sowie Eltern, Geschwistern und anderen Interessierten, die die Aktion zahlreich besuchten. Die Besucher waren begeistert. Sie probierten einiges mit dem Handy aus und lobten die gelungenen Präsentationen. Manche Erwachsenen freuten sich, dass sie auf diese Weise selbst etwas gelernt hätten. Zum Schluss bedankte sich die Schulleiterin in einer kurzen Rede bei allen Beteiligten.
Eine Folge des erfolgreichen Medien-Aktionstages ist, dass sich viele Schülerinnen und Schüler in der Medien-AG angemeldet haben. Im nächsten Jahr soll ein weiterer Medien-Aktionstag stattfinden.

d Der Austausch in Gruppen sollte gewährleisten, dass die Schülerinnen und Schüler Gelungenes und mögliche Defizite der Berichte benennen, z. B. hinsichtlich der Abfolge der Ereignisse oder der sprachlichen Variabilität. Kriterien für den Austausch und für die Überarbeitung bietet der Informationskasten auf S. 18 im Schülerband.

5 ⊕ Mit dieser Zusatzaufgabe soll die Medienkompetenz geschult werden. Hilfen für das Einfügen von Bildern in einen Text finden die Schülerinnen und Schüler auf S. 19 im Schülerband. Die Lehrkraft sollte bei dieser Aufgabe jedoch den vorsichtigen Umgang mit eigenen Handy-Fotos thematisieren und ausdrücklich empfehlen, dass auf dem Foto z. B. das eigene Gesicht nicht zu erkennen ist. Ebenso sollte darauf hingewiesen werden, dass keine fremden Personen ohne ihre ausdrückliche Einwilligung erkennbar sein dürfen.

19 Methoden und Arbeitstechniken: Das Schreibprogramm des Computers nutzen

MK Die Methodenseite bietet Hinweise, die für das Verfassen eines Textes mit dem Computer hilfreich sind. Die Seite kann sowohl für Aufgaben dieses Kapitels als auch in anderen Unterrichtszusammenhängen, in denen das Schreiben mit dem Computer sinnvoll ist, modular eingesetzt werden.

20 Einen Bericht überarbeiten

In diesem Abschnitt werden die Lernenden schrittweise angeleitet, einen vorgegebenen Bericht eines Schülers zu überarbeiten. Thema ist ein Parkour-Training. Diese Trendsportart verlangt Beweglichkeit und Mut und stärkt Sicherheit und Selbstbewusstsein.

1 a In dem Schülertext geht es um ein Parkour-Training, das Trainer eines Sportvereins im Sportunterricht für alle sechsten Klassen durchgeführt haben, um diese Sportart vorzustellen.

b Die Schülerinnen und Schüler erkennen bereits nach dem ersten Lesen, dass der Schüler keinen sachlichen Bericht verfasst hat, sondern sehr persönliche Eindrücke und Kommentare in Umgangs- bzw. Jugendsprache festhält, z. B.: „Beim Parkour geht echt die Post ab" (Z. 4), „Nur einige Angsthasen trauten sich natürlich immer noch nicht" (Z. 7–8). Außerdem fehlen zwischen einzelnen Sätzen sinnvolle Verbindungswörter (z. B.: „Es gibt zwei Möglichkeiten: Man […] Man […]", Z. 15/16). Ebenso wirken häufige Wortwiederholungen und Füllwörter störend, z. B. „natürlich" (Z. 8–10, 14–15).
Vermutlich verweisen die Schülerinnen und Schüler auch bereits auf nichtsprachliche Mängel, z. B. nebensächliche Informationen und Abweichungen von der logischen zeitlichen Abfolge.

2 Beispielsätze, die korrekt im Präsens stehen, weil sie ausdrücken, was immer gilt:
- „Parkour ist eine Mischung aus Turnen (Springen, Balancieren), Klettern und Leichtathletik." (Z. 4–6)
- „[…] Üben der sicheren Landung. Diese ist natürlich total wichtig." (Z. 14–15)
- „Es gibt zwei Möglichkeiten: Man rollt sich nach der Landung über die Schulter ab (Parkour-Rolle). Man landet auf allen vieren wie ein Frosch." (Z. 15–17)
- „Ein gutes Gleichgewichtsgefühl ist megawichtig für den Parkour-Sport." (Z. 22)

3 Es bietet sich an, für die Aufgabe den Merkkasten auf S. 18 im Schülerband als eine Art „Checkliste" zu nutzen. Vorschlag für ein Tafelbild:

Merkmale eines Berichts	Fehler und Überarbeitungshinweise
knappe, genaue Informationen, Beschränkung auf Wichtiges	Text enthält Unwichtiges, z. B. Kiaras Stürze (Z. 17 f.), Felix' Geburtstag (Z. 18 f.) → streichen Text enthält viele persönliche Kommentare, z. B. „Echt peinlich!" (Z. 9), „Das ist echt klasse." (Z. 27 f.) → streichen
treffende Überschrift, die das Ereignis genau benennt	Überschrift ist zu ungenau → treffender formulieren
Einleitung (Wann? Wo? Was? Wer?)	kein Hinweis, wann genau und wo das Ereignis stattfand → ergänzen
Hauptteil: Geschehen in der zeitlich richtigen Reihenfolge	Reihenfolge an manchen Stellen unlogisch, z. B. wird mit dem Ende des Trainings begonnen (Z. 10–11), danach werden die Anfangsübungen beschrieben (Z. 14) → Abfolge ändern
sachliche Sprache, keine Umgangssprache	oft Umgangssprache, z. B. „total wichtig" (Z. 15) wiederholende Satzanfänge, z. B. „Man […]. Man […]." (Z. 15–16), „Und […]. Und […]." (Z. 24–25) → korrigieren

4 Beispiel für eine Überarbeitung der vorgegebenen Passage:
Zuerst übten wir die sichere Landung. Diese ist wichtig, weil man sich sonst verletzen kann. Es gibt zwei Möglichkeiten für die erfolgreiche Landung: Entweder rollt man nach der Landung über die Schulter ab (Parkour-Rolle) oder man landet auf allen vieren wie ein Frosch. Obwohl einige Schülerinnen und Schüler Parkour bereits ausprobiert hatten, kannten die meisten den Sport bisher nur aus Filmen.

5 Für die Überarbeitung des Textes über das Parkour-Training stehen den Lernenden Übungen auf drei Differenzierungsniveaus zur Auswahl.

●○○ **a** Die Beschränkung auf die Einleitung bietet sich für Schülerinnen und Schüler an, die noch Schwierigkeiten haben, einen längeren Text zu überarbeiten (vgl. Einleitung in der Beispiellösung unten). Wenn ihnen dies gut gelingt, haben sie die Möglichkeit, mit Aufgabe 5 b fortzufahren.

●●○ **b** Die Beschränkung auf die Überarbeitung des Hauptteils gibt Schülerinnen und Schülern die Möglichkeit, eine Textüberarbeitung intensiv zu üben, ohne sie vom Textumfang her zu überfordern (vgl. Hauptteil in der Beispiellösung unten).

●●● **c** Auf dieser Differenzierungsstufe überarbeiten die Schülerinnen und Schüler den gesamten Bericht und formulieren eine treffende Überschrift (vgl. Beispiellösung unten).

Beispiellösung (Signalwörter für Abfolge und Zusammenhänge sind unterstrichen):

Parkour-Training für die sechsten Klassen am Hölderlin-Gymnasium	Überschrift
Am letzten Schultag vor den Osterferien fand an unserer Schule für alle sechsten Klassen in der großen Turnhalle ein Parkour-Training statt. Diese anspruchsvolle Sportart wurde uns von Trainern des Sportvereins Verden vorgestellt.	Einleitung
Parkour ist eine Mischung aus Turnen (Springen, Balancieren), Klettern und Leichtathletik. Obwohl einige Schülerinnen und Schüler Parkour bereits ausprobiert hatten, kannten die meisten den Sport bisher nur aus Filmen. Wir lernten die drei wichtigsten Parkour-Techniken, nämlich Landung, Balancieren und Sprünge. Zunächst trainierten wir die sichere Landung. Diese ist wichtig, weil man sich sonst verletzen kann. Es gibt zwei Möglichkeiten für die erfolgreiche Landung: Entweder man rollt nach der Landung über die Schulter ab (Parkour-Rolle) oder man landet auf allen vieren wie ein Frosch. Anschließend übten wir, sicher über den Schwebebalken und Slacklines zu balancieren, denn ein gutes Gleichgewichtsgefühl ist eine Voraussetzung für Parkour. Zum Schluss trainierten wir einige Sprungtechniken, sodass wir schließlich relativ gut über Hindernisse wie hochgestellte Bänke, Turnkästen oder Springböcke springen konnten. Manche Schüler/-innen wagten sogar Saltos auf dem Trampolin. Alle Übungen waren freiwillig. Obwohl es auch einige Stürze gab, verletzte sich niemand ernsthaft. Nachdem wir so viel gelernt und geübt hatten, zeigten schließlich die Trainer eine beeindruckende Abschlussshow.	Hauptteil
Da dieses Parkour-Training so erfolgreich war, wird unsere Sportlehrerin Frau Gebhardt demnächst eine Parkour-AG anbieten. Dafür haben sich schon viele interessierte Schülerinnen und Schüler gemeldet.	Schluss

6 MK Die Aufgabe sensibilisiert für den kritischen Umgang mit der Nutzung bzw. Veröffentlichung von Fotos, die Personen zeigen. Der kurze Informationstext fasst die zentralen Informationen knapp zusammen. Übertragen auf die vorgestellte Situation – Jan möchte zusammen mit seinem Bericht Fotos der Trainer/-innen und Mitschüler/-innen auf der Schulwebsite veröffentlichen – bedeutet dies:
- Kein Foto darf ohne Zustimmung der/des Abgebildeten veröffentlicht werden.
- Deshalb müssen sowohl die erwachsenen Trainer/-innen als auch die minderjährigen Mitschüler/-innen einer Veröffentlichung ausdrücklich zustimmen – und zwar schriftlich (Letzteres steht allerdings nicht in dem Text).

– Die Schülerinnen und Schüler benötigen darüber hinaus die schriftliche Erlaubnis der Eltern, damit das Bild veröffentlicht werden darf.

In diesem Zusammenhang sollte thematisiert werden, dass die genannten gesetzlichen Regeln für die Veröffentlichung von Bildern auch für soziale Netzwerke gelten. Eine Zuwiderhandlung ist strafbar und kann z. B. hohe Geldbußen nach sich ziehen.

22 Sprachtraining: Präteritum und Plusquamperfekt verwenden

Beim Verfassen von Berichten ist die korrekte Verwendung von Präteritum und Plusquamperfekt von zentraler Bedeutung. Darum wird auf dieser Sprachtrainingsseite die Bildung und Verwendung beider Zeitformen vereinfacht und anwendungsorientiert geübt. Damit richtet sich das Sprachtraining auch an lernschwächere Schülerinnen und Schüler.

1 Mit dieser Aufgabe soll den Lernenden bewusst werden, dass die Zeitform Plusquamperfekt Vorzeitigkeit ausdrückt. Die Pfeil-Skizze macht dies deutlich:

– Zuerst hatten wir viel über gesunde Ernährung gelernt.
– Danach verkauften wir in den Pausen frisch zubereitete Gemüse-Smoothies.

→ Das Lernen über gesunde Ernährung lag noch vor dem Verkauf der Smoothies, der auch vergangen ist. Verdeutlicht wird die Vorzeitigkeit durch die Konjunktion „nachdem". Der Beispielsatz kann auch als Skizze an der Tafel dargestellt werden:

Vergangenheit (vorbei)

◄────────────────────►

Plusquamperfekt	**Präteritum**
(noch früher = Vorvergangenheit)	(Vergangenheit)
Nachdem wir viel über gesunde Ernährung gelernt hatten,	verkauften wir in den Pausen frisch zubereitete Gemüse-Smoothies.

2 Die Sätze in den korrekten Zeitformen:

– Nachdem wir im Unterricht Smoothies probiert hatten, waren alle von dem Getränk begeistert.
– Wir kauften täglich frisches Obst und Gemüse, nachdem die Verkaufsaktion begonnen hatte.
– Nachdem wir die Einnahmen an ein soziales Projekt überwiesen hatten, berichtete eine Zeitung über unsere Aktion.

3 Beispiele für Satzverknüpfungen mit den korrekten Zeitformen (unterstrichen) und den notwendigen Kommas (fett):

– Nachdem andere Klassen von der Aktion erfahren hatten**,** organisierten sie auch einen Smoothie-Verkauf.
– Nachdem der Smoothie-Verkauf monatelang stattgefunden hatte**,** planten die Schüler neue Verkaufsmöglichkeiten.
  Oder: Nachdem die Schüler neue Verkaufsmöglichkeiten geplant hatten**,** fand der Smoothie-Verkauf monatelang statt.
– Nachdem die Schüler fünf neue Spendenprojekte präsentiert hatten**,** gab es eine Abstimmung über die Projekte.

23 Von Unfällen berichten

Der Unfallbericht ist eine typische Textsorte, mit der die Schülerinnen und Schüler das sachliche Berichten üben.

1 a Es handelt sich um eine typische Situation nach einem Unfall: Zeugen werden befragt, um mit Hilfe ihrer Aussagen den Unfallhergang zu rekonstruieren. Die Schülerinnen und Schüler können vermutlich von ähnlichen Situationen berichten, in denen sie selbst durch Gespräche oder den Blick aufs Handy vom Straßenverkehr abgelenkt waren oder von abgelenkten Verkehrsteilnehmern gefährdet wurden.

b Die Lernenden versuchen, den Unfallhergang zu rekonstruieren:
Es geht um einen Unfall an einer ampelgeregelten Kreuzung. Ein Radfahrer, der Grün hatte, stieß mit zwei Mädchen, die bei Rot die Straße überquerten, zusammen. Die Mädchen waren durch Gespräche abgelenkt, beachteten die Ampel nicht und wichen erst im letzten Moment vor dem Zusammenstoß mit dem Radfahrer zurück. Weil der Radfahrer kurz vor dem Zusammenstoß noch scharf bremste, stürzte er zu Boden und schlug mit dem Kopf auf die Straße. Obwohl er einen Helm trug, wurde er wegen einer leichten Gehirnerschütterung mit dem Rettungswagen ins Krankenhaus gebracht. Ein Mädchen wurde vom Radfahrer leicht gestreift und erlitt Schürfwunden, das andere blieb unverletzt und kam mit dem Schrecken davon. Das Fahrrad ist demoliert.

c Mit dieser Aufgabe soll den Schülerinnen und Schülern bewusst werden, dass es bei einem Unfallbericht notwendig ist, alle einzelnen Informationen zu sammeln und für das Verständnis des Unfallhergangs sinnvoll zu ordnen und zusammenzustellen. Da die Zeugenaussagen in diesem Beispiel noch nicht sortiert sind und nur einzelne Informationen enthalten, ist es schwer, sich sofort den Unfallhergang und die Folgen genau vorzustellen.

2 So könnte eine Unfallskizze aussehen, die anhand der Zeugenaussagen erstellt wurde:

Illustration: Sylvia Graupner, Annaberg-Buchholz

3 Das Versicherungsformular enthält Informationen über:
- den Versicherten (in diesem Fall den Geschädigten): Name und Vorname, Geburtsdatum, Anschrift
- den Zeitpunkt (Datum und Uhrzeit) und den Ort (genaue Orts- und Straßenangaben) des Unfalls
- den genauen Unfallhergang (in der Abbildung nicht ausgefüllt, wird von den Lernenden erarbeitet)

Die Versicherung benötigt die Informationen, um genau zu wissen, wer die Person ist, die sie versichert hat, für die sie also ggf. den Schaden bezahlt. Die Versicherung muss auch prüfen, ob die Person überhaupt eine gültige Versicherung besitzt. Verwechslungen mit anderen Personen, die denselben Namen haben, können durch die genauen Informationen (Geburtsdatum, Anschrift) vermieden werden. Mit Hilfe der genauen Angaben und des übersichtlichen Formulars lässt sich der Versicherte auch schneller im Computersystem der Versicherung finden.
Die Informationen über den Ort und den Zeitpunkt des Unfalls sowie den genauen Unfallhergang ermöglichen der Versicherung zu überprüfen, ob die Angaben logisch, schlüssig und ehrlich sind (z. B. kann geprüft werden, ob es an der Straßenkreuzung zu dem Zeitpunkt des Unfalls eine funktionierende Ampel gab oder ob diese möglicherweise zu diesem Zeitpunkt defekt war).

4 Wesentliche Informationen aus den Zeugenaussagen und dem Formular für einen Schreibplan:

W-Fragen	Informationen
Was geschah?	Verkehrsunfall zwischen zwei Fußgängerinnen und einem Radfahrer
Wann geschah der Unfall	13. März 20XX, 13:45 Uhr
Wo geschah der Unfall?	Kreuzung Schulstraße/Bahnhofstraße, 20198 Hamburg
Wer war beteiligt?	– Fußgängerinnen Amelie Bartsch, Lea Zeil (Schülerinnen des Louisen-Gymnasiums) – Radfahrer Andreas Bell
Wie und warum geschah der Unfall? (Zeitliche Reihenfolge)	– Herr Bell fuhr auf dem Radweg der Bahnhofstraße – überquerte Kreuzung bei grüner Ampel – Amelie Bartsch und Lea Zeil kamen aus der Schulstraße – überquerten Kreuzung bei roter Ampel, sahen weder Ampel noch Radfahrer, weil sie abgelenkt waren – Herr Bell konnte trotz Vollbremsung nicht mehr ausweichen, rammte ein Mädchen – Herr Bell stürzte, prallte mit dem Kopf auf die Straße – Rettungswagen wurde alarmiert
Welche Folgen hatte der Unfall?	– Herr Bell: trotz Helm leichte Gehirnerschütterung – ein Mädchen: leichte Schürfwunden, das andere: unverletzt – demolierter Fahrradlenker

5 Für das Verfassen des Unfallberichts auf dem Versicherungsformular stehen den Lernenden Übungen auf drei Differenzierungsniveaus zur Auswahl.

●○○ **a** Auf dieser Differenzierungsstufe werden den Lernenden als Hilfen die Einleitung sowie Satzanfänge für den Hauptteil vorgegeben. Die Einleitung unterstützt sie dabei, den richtigen Schreibanfang zu finden. Die vorgegebenen Satzanfänge helfen ihnen, im Hauptteil die exakte Abfolge der Ereignisse wiederzugeben (vgl. Beispiellösung unten).

●●○ **b** Hier wird den Schülerinnen und Schülern als Starthilfe nur die Einleitung vorgegeben, Hauptteil und Schluss verfassen sie selbstständig auf der Basis der Zeugenaussagen und ihres Schreibplans (vgl. Beispiellösung unten).

●●● **c** Auf dieser Differenzierungsstufe verfassen die Lernenden den gesamten Unfallbericht selbstständig (vgl. Beispiellösung unten).

Beispiellösung (Signalwörter für Abfolge und Zusammenhänge sind unterstrichen):

> Am 13. März ereignete sich um 13:45 Uhr in Hamburg ein Unfall an der Kreuzung Schulstraße/Bahnhofstraße. Beteiligt waren der Radfahrer Andreas Bell und die beiden Schülerinnen des Louisen-Gymnasiums Amelie Bartsch und Lea Zeil, die zu Fuß unterwegs waren.
> Der Radfahrer fuhr auf dem Radweg der Bahnhofstraße, <u>während</u> die beiden Schülerinnen auf dem Gehweg der Schulstraße unterwegs waren. An der Kreuzung Schulstraße/Bahnhofstraße stand die Ampel für den Radfahrer auf Grün, <u>sodass</u> er geradeaus über die Schulstraße weiterfuhr. Die beiden Mädchen kamen <u>zur gleichen Zeit</u> aus der Schulstraße. <u>Weil</u> sie abgelenkt waren, missachteten sie die rote Ampel <u>und</u> überquerten die Bahnhofstraße. <u>Deshalb</u> musste der Radfahrer stark abbremsen. <u>Dennoch</u> streifte er mit dem Fahrrad eines der beiden Mädchen. Er selbst stürzte <u>aufgrund</u> der Vollbremsung auf die Straße <u>und</u> schlug mit dem Kopf auf den Boden, <u>sodass</u> ein Rettungswagen gerufen wurde.
> Der Radfahrer erlitt, <u>obwohl</u> er einen Helm trug, eine leichte Gehirnerschütterung. Eines der Mädchen hatte leichte Schürfwunden, das andere kam mit dem Schrecken davon. Der Lenker des Fahrrads wurde schwer beschädigt.

d Das gegenseitige Vorstellen der Berichte kann in Partner- oder Gruppenarbeit geschehen. Es wäre sinnvoll, dass Schülerinnen und Schüler, die Teilaufgabe 5 c bearbeitet haben, und Schülerinnen und Schüler, die Teilaufgabe 5 a gemacht haben, zusammenarbeiten. Die Hilfen aus Aufgabe 5 a können dann für die Bewertung der Texte aus Aufgabe 5 c herangezogen werden.

6 ⊕ Die Aufgabe soll den lebensweltlichen Bezug der Kompetenz „Berichten" verdeutlichen. Denn die Schülerinnen und Schüler werden feststellen, dass es im Sekretariat ihrer Schule verschiedene Formulare gibt, die im Schadensfall (z. B. Unfall, Verlust eines Gegenstandes o. Ä.) ausgefüllt werden müssen. Durch die Beschäftigung mit dem Aufbau der Formulare und den verlangten Informationen sowie ggf. mit der speziellen Sprache können das Leseverstehen und das Ausfüllen von Formularen geübt werden. Es erscheint sinnvoll, dass die leistungsstärkeren Lernenden, die diese Zusatzaufgabe bearbeiten, ihre Mitschüler/-innen über ihre Ergebnisse informieren.

25 Lass dich nicht ablenken! – Öffentlich appellieren

Öffentlichen Appellen begegnen die Schülerinnen und Schüler in ihrem Alltag regelmäßig. Unter der Überschrift „Lass dich nicht ablenken!" beschäftigen sie sich in diesem Abschnitt sowohl mit der Sicherheit im Straßenverkehr als auch mit der Frage, wie man mit Plakaten an Kinder und Jugendliche appellieren kann.

1 a Die beiden unterschiedlich gestalteten Plakate haben denselben Aufforderungscharakter: Im Straßenverkehr sollte man sich nicht durch ein Handy/Smartphone ablenken lassen.

b Die Plakate dürften auf die Schülerinnen und Schüler unterschiedlich wirken.
- Es ist zu erwarten, dass das rechte Plakat auf den ersten Blick leichter zu verstehen ist, da die Aufforderung „Finger weg!" ins Auge springt und der Hinweis „Smartphone im Verkehr" sofort klarstellt, worum es geht. Auch das Verkehrsschild mit den beiden Personen, die beim Gehen aufs Smartphone schauen, gibt schnell Auskunft über den Inhalt der Aufforderung. Die Signalfarbe Rot verweist auf die drohende Gefahr bei Missachtung des Appells.
- Anders das linke Plakat: Es wirkt auf den ersten Blick im wahrsten Sinn des Wortes undurchsichtig, da die grünen Balken den Blick auf die dahinter abgebildete Verkehrssituation mit Fußgängern und einer Straßenbahn einschränken. Auch die Schriftzüge sind deutlich kleiner als beim rechten Plakat. Die schwer durchschaubare Verkehrssituation steht im Mittelpunkt.

2 Für die Beschreibung der beiden Plakate stehen den Lernenden Übungen auf drei Differenzierungsniveaus zur Auswahl.

●○○ a Auf diesem Anspruchsniveau beschreiben die Lernenden das rechte Plakat. Die Aufgabe ist gut zu bewältigen, weil das Plakat klar strukturiert ist und überschaubare, gut erkennbare Gestaltungselemente aufweist (vgl. Beispiellösung unten).

●●○ b Die Aufgabe auf dieser Differenzierungsebene ist anspruchsvoller, da das linke Plakat durch die Gestaltung mit den Balken verwirrend und undurchschaubar wirkt. Auch die Bedeutung dieses „Gitters" muss genau reflektiert werden (vgl. Beispiellösung auf S. 32).

●●● c Die Untersuchung beider Plakate richtet sich an Schülerinnen und Schüler, die sehr gut in der Lage sind, Bildelemente, ihre Gestaltung und ihre Wirkung zu analysieren.

Beispiellösung:
Rechtes Plakat: Finger weg!
- Wozu wird aufgerufen? Im Straßenverkehr sollte man kein Handy/Smartphone benutzen, da es ablenkt.
- Wer soll angesprochen werden? Alle Verkehrsteilnehmerinnen und Verkehrsteilnehmer sind aufgefordert, im Straßenverkehr die Finger vom Smartphone zu lassen.
- Was ist auf dem Plakat zu sehen? Auf dem quadratischen Plakat mit abgerundeten Ecken sieht man vier verschiedene Elemente: Den meisten Platz, nämlich die komplette obere Hälfte des Plakats, nimmt die Schlagzeile „Finger weg!" ein. Der Appell in großen, weißen Großbuchstaben ist gut lesbar. Unter der Schlagzeile steht in deutlich kleinerer, ebenfalls weißer Schrift „Smartphone

im Verkehr". Damit weiß der Adressat sofort, worum es geht. Als Bildelement dient ein großes, dreieckiges Verkehrsschild, das von rechts unten bis in das obere Drittel des Plakats ragt. Form und Farben des Schildes weisen im Straßenverkehr meistens auf Gefahren hin. Auf dem rot umrahmten Schild sind in der Mitte vor weißem Hintergrund zwei schwarze Fußgängersilhouetten dargestellt: ein Erwachsener und ein Jugendlicher, die beide beim Gehen auf ihr Handy schauen. Mit dieser erfundenen Darstellung auf dem Verkehrsschild wird ein weiterer Hinweis gegeben, worum es in dem Appell geht, nämlich um erwachsene und jugendliche Verkehrsteilnehmer/-innen, die im Straßenverkehr auf ihre Handys schauen, statt aufmerksam den Verkehr wahrzunehmen. Schließlich ist unten links der Schriftzug „ACE" zu lesen, der für „Automobilclub Europa" steht.
- Welche Farben herrschen vor? Das ganze Plakat wird von der roten Hintergrundfarbe dominiert, die als Signalfarbe auf die drohende Gefahr hinweist, wenn im Verkehr das Smartphone benutzt wird. Die Farbe an sich wirkt schon alarmierend. Die Farbkombination Rot-Weiß-Schwarz ist für Verkehrsschilder typisch. Damit wird auch optisch schnell ein Bezug zur Verkehrssicherheit hergestellt.
- Welche sprachlichen Mittel fallen auf? Der Appell ist im Imperativ geschrieben und mit nur zwei Wörtern sehr knapp formuliert. Worum es geht, wird ebenso knapp in einem unvollständigen Satz ausgedrückt. Dennoch weiß jeder sofort, was gemeint ist. Die Sprache des Plakats drückt aus, dass zur Begründung keine große Diskussion oder Erklärung notwendig ist, sondern die Botschaft für alle klar und einsichtig ist: Finger weg vom Smartphone im Verkehr!

Linkes Plakat: Wer beim Gehen chattet, sieht weniger
- Wozu wird aufgerufen? Beim Gehen im Straßenverkehr soll man nicht per Handy chatten, weil man dadurch abgelenkt wird.
- Wer soll angesprochen werden? Alle Fußgängerinnen und Fußgänger sind aufgefordert, während des Gehens nicht zu chatten, sondern den Verkehr aufmerksam wahrzunehmen.
- Was ist auf dem Plakat zu sehen? Welche Farben herrschen vor? Auf dem Plakat sieht man eine gelbe Straßenbahn, die einen Platz, auf dem Fußgänger unterwegs sind, überquert. Die Wahrnehmung dieser Verkehrssituation wird jedoch durch senkrechte grüne Balken im Vordergrund stark eingeschränkt. Die Streifen wirken wie ein Gitter. In der Mitte des Gitters ist eine Sprechblase zu erkennen. Dieses Symbol dient bei Smartphones oft als Hinweis auf Chats. Oben links findet sich eine schwarze Schlagzeile auf weißem Hintergrund: „Wer beim Gehen chattet, sieht weniger". Darunter ist vor den gestreiften Gitterstäben ein Appell relativ klein geschrieben: „Lass dich nicht ablenken!" Unten rechts ist nur klein erkennbar, wer für das Plakat verantwortlich ist: das Projekt „Runter vom Gas" des Bundesministeriums für Verkehr.
  Das Plakat wird von der grünen Farbe der Balken dominiert. Grün steht im Straßenverkehr, etwa bei einer Ampel, für ungefährdetes Gehen oder Fahren. Doch die Gitter und die drohende Straßenbahn dahinter zeigen, dass dieses Grün als Zeichen für gefahrloses Gehen offenbar nur in den Köpfen der chattenden Fußgänger existiert. Sie nehmen Gefahren nicht wahr, weil sie abgelenkt sind. Insgesamt ist das Plakat mit dem Gitter sehr aussagekräftig: Das Gitter verhindert im wahrsten Sinn des Wortes den Durchblick im Verkehr, die Verkehrssituation wirkt undurchsichtig, weil der Blick darauf einschränkt ist. Damit ist die Botschaft klar: Wer beim Gehen chattet, verliert den Überblick im Verkehr und ist gefährdet.
- Welche sprachlichen Mittel fallen auf? Die obere Schlagzeile („Wer beim Gehen chattet, sieht weniger") erklärt in einem vollständigen Satz die Bildaussage. Der darunter stehende Appell ist im Imperativ geschrieben und spricht die Betrachterin / den Betrachter direkt an: „Lass dich nicht ablenken!"

d Der Vergleich der Plakate soll besonders die Unterschiede verdeutlichen. Besonders auffällig sind die unterschiedliche Farbgestaltung und die Klarheit bzw. Undurchsichtigkeit der dargestellten Elemente. Ebenso fällt die unterschiedliche Schriftgröße der Schlagzeilen auf. Während das linke Bild eher durch Verwirrung Aufmerksamkeit weckt und zum Nachdenken anregt, drückt das rechte Plakat den Aufruf deutlich erkennbar aus. Gemeinsam ist beiden Plakaten eine dominierende Farbgebung mit Beschränkung auf wenige Farben. Ebenso weisen beide Plakate klare Botschaften mit sparsam verwendeter Sprache auf.

Daraus lassen sich folgende Tipps ableiten:

Tipps für die Gestaltung eines Plakats

- klare Botschaften, damit die Adressaten sofort wissen, worum es geht
- Schlagzeilen mit kurzen Sätzen oder Appellen (Imperativen)
- wenige Farben, eine dominierende Hauptfarbe
- Bildelemente, die zum Nachdenken anregen oder die Botschaft sofort vermitteln

3 **a/b/c** Beim Entwerfen eigener Plakate zum Thema „Sicherheit im Straßenverkehr" reflektieren die Schülerinnen und Schüler den Appellcharakter eines Plakats, die Ausdruckskraft von Text und Bild sowie die Frage, wie sie mit einer knappen, eindeutigen, aber pfiffigen Botschaft ihr Anliegen zum Ausdruck bringen können.
Folgende Formulierungen können als differenzierende Hilfen angeboten werden:
ACHTUNG: Muntere Schulkinder! – Tempo 30 rettet Leben! – Gegen Raserei: Runter vom Gas! – Bleibt fair im Verkehr! – Fahrradhelm macht Schule! – Auf dem richtigen Weg! Helle Köpfchen machen Licht an.

» 26

Testet euch! – Über Ereignisse berichten

In diesem kurzen Test werden einige zentrale Kompetenzen des Schwerpunkts „Berichten" abgefragt. Die Aufgaben bieten eine individuelle Lerndiagnose.

1 Richtige Aussagen über einen Bericht:
N Ein Bericht informiert über ein vergangenes Ereignis.
E Ein Bericht gibt Antworten auf W-Fragen.
GU Beim Berichten verwendet man überwiegend die Zeitform Präteritum.
EZ Ein Bericht stellt das Ereignis Schritt für Schritt in der richtigen Reihenfolge dar.
Lösungswort: Zeugen

2 **a** Tipps zu den fehlerhaften Sätzen im Bericht:
1B treffende Überschrift finden
2E überflüssige Informationen vermeiden
3F Sätze sinnvoll durch Konjunktion verbinden
4D Reihenfolge des Geschehens beachten (Satz 4 muss später eingefügt werden, vor: „Um 16 Uhr ...")
5C richtiges Tempus (Zeitform) beachten
6E überflüssige Informationen vermeiden
7C richtiges Tempus (Zeitform) beachten
8A keine Umgangssprache verwenden

b Die korrigierten Formulierungen:
1 <u>Spannendes</u> Sitzfußballturnier <u>zwischen Lehrerteam und dem sechsten Jahrgang am Luther-Gymnasium</u>
3 Insgesamt nahmen 40 Schülerinnen und Schüler teil <u>und</u> es gab acht Mannschaften.
5 Nachdem die Schülervertreter alle Spieler und Zuschauer <u>begrüßt hatten</u>, begann um 9 Uhr das Turnier.
7 Um 16 Uhr <u>endete</u> das Turnier mit einer Siegerehrung.
8 Weil das Sitzfußballturnier <u>sehr spannend</u> war, soll es im nächsten Jahr wieder stattfinden.

3 Beim Vergleich ihrer Ergebnisse machen sich die Schülerinnen und Schüler ihre Stärken bewusst. Die erkannten Schwächen können sie mit Hilfe des Schülerbands nacharbeiten.

1.2 Experten im Einsatz – In Reportagen informieren und schildern

27 In diesem Teilkapitel lernen die Schülerinnen und Schüler anhand von zwei Beispielen die Merkmale der Textsorte „Reportage" kennen und diese von Berichten zu unterscheiden. Dabei werden auch die unterschiedlichen Funktionen der Textsorten verglichen.

27 **Retten macht Schule**

1 a Die Aufgabe knüpft an die Vorerfahrungen der Schülerinnen und Schüler mit Experten an der eigenen Schule an. Es ist davon auszugehen, dass die Lernenden verschiedene Schülerinnen- und Schüler-Experten kennen, z. B. Sanitäter/-innen, Streitschlichter/-innen, Medienscouts, Schülerlotsen, Tutorinnen/Tutoren für die Fünftklässler/-innen.

b W-Fragen, die sich mit Hilfe des Textes beantworten lassen:
- Welche Aufgaben haben Schulsanitäter?
- Wann werden sie gerufen?
- Wie verhalten sich Schulsanitäter, wenn sie zu einem Einsatz gerufen werden?
- Welche Voraussetzungen muss man als Schulsanitäter erfüllen?
- Wie muss ein Schulsanitäter sich bei einem Einsatz verhalten?
- Wie wird man Schulsanitäter?

2 a Vergleich der beiden markierten Textabschnitte:
Im grün markierten Textabschnitt (Z. 1–19) wird besonders lebendig und anschaulich geschildert. Dazu passen folgende Aussagen:

A Der Textabschnitt enthält anschauliche Adjektive, z. B.: „schriller" (Z. 1), „erschreckt" (Z. 2), „verrückte" (Z. 5), „rasch" (Z. 8), und ausdrucksstarke Verben, z. B: „klagt" (Z. 13), „lächelt" (Z. 17), „grinst" (Z. 19).

B Es wird bildhafte Sprache verwendet, z. B. ein Vergleich mit „wie": „Wie betäubt" (Z. 12).

D Der Textabschnitt enthält wörtliche Rede, z. B.: „Alles klar, ich komme sofort!" (Z. 4–5), „Einsatz erledigt, jetzt geht's zurück in den Unterricht." (Z. 17–19)

E In dem Abschnitt wird ein Erlebnis lebendig geschildert, z. B. „Ein schriller Handyklingelton mitten im Unterricht. Die Klasse schaut erschreckt auf. Was passiert jetzt?" (Z. 1–3)

Der blau markierte Textabschnitt informiert, dazu passt folgende Aussage:

C In diesem Abschnitt werden sachliche Informationen gegeben, z. B.: „Derzeit besteht das Team aus 30 Schülerinnen und Schülern der Klassen 9 bis 12." (Z. 21–23), „Je nach Einsatzplan sind sie über ein Handy oder einen Piepser erreichbar." (Z. 27–29)

b Beispiele für weitere Textstellen, die besonders anschaulich und lebendig wirken:
- anschauliche Beschreibung: „Panik macht sich bei der Oberstufenschülerin breit" (Z. 44–45), „witzelt Aaron" (Z. 62)
- wörtliche Rede: Z. 34–36, 54–55, 57–59, 61–62

3 ⊕ Die Überschrift für einen Bericht müsste sachlicher und informativer sein und genauer verdeutlichen, worum es in dem Text geht.

4 Beispiellösung für eine Fortsetzung der Reportage mit informativen und anschaulich-lebendigen Elementen:
Schon wieder ertönt der schrille Handyton. „Heute ist aber was los!", staunt Mathilda. „Sonst haben wir höchstens einen Einsatz am Tag." Im Sauseschritt geht es zur Turnhalle, wo in dem Moment auch Aaron eintrifft. Ein Sportunfall. Am Rand der Halle kümmert sich die Sportlehrerin um eine Schülerin aus der 7 b, die sich beim Geräteturnen den Fuß verletzt hat. Vor Schmerzen krümmt sie sich auf dem Boden. „Gut, dass ihr da seid", meint die Lehrerin erleichtert. „Ich muss mich ja auch um die anderen 29 Kinder kümmern." Manche von ihnen toben mittlerweile mit ohrenbetäubendem Lärm durch die Halle. Mathilda tröstet die Schülerin, zusammen mit Aaron bringt sie sie in einen Nebenraum. Dort kann sich das Mädchen auf eine Liege legen. Wieder werden Kühlpacks ausgepackt. „Bei Verstauchungen lindert Kälte den ersten Schmerz", erklärt Mathilda wie ein Profi. Es scheint zu wirken. Die

verletzte Schülerin beruhigt sich langsam, auftreten kann sie aber nicht. „Dafür haben wir Krücken im Sanitätsraum", erklärt Aaron und eilt los, um sie zu holen. Die Ausstattung der Schulsanitätsdienste ist von Schule zu Schule unterschiedlich. Es gibt keine rechtlichen Vorschriften, welche Hilfsmittel vorhanden sein müssen. Mit den Krücken kann die Schülerin vorsichtig wieder gehen. Mathilda benachrichtigt den Vater, der das Mädchen kurz danach abholt. „Für heute reicht's aber!", erklärt Aaron, als es plötzlich wieder schrill klingelt. Doch dieses Mal ist es die Schulklingel, die den Unterricht – und den Schulsanitätsdienst – für diesen Tag beendet.

29 **Heißer Einsatz am Kreisgymnasium Lünen**

1 In der Reportage geht es um eine Feueralarmübung an einem Gymnasium in Lünen. An allen Schulen müssen solche Übungen regelmäßig durchgeführt werden, sodass die Lernenden dies aus ihrem eigenen Schulalltag kennen. Das Besondere der beschriebenen Übung ist jedoch die realistische Umsetzung: Feuerwehrautos erscheinen mit Blaulicht und Sirenen, Feuerwehrleute steigen mit Atemschutzgeräten aus, Rettungskörbe werden mit Drehleitern ausgefahren. Die Schülerinnen und Schüler sowie die Lehrkräfte des Gymnasiums glauben zunächst, dass es sich um einen ernsten Einsatz handelt, denn die Schulleiterin hat die Übung geheim gehalten. Mitglieder der Jugendfeuerwehr spielen realistisch einige Rettungsszenen. Erst nach einiger Zeit spricht sich herum, dass es sich um eine Rettungsübung handelt.

2 **a** Der Anfang der Reportage (Z. 1–12) wirkt anschaulich und spannend. Die Leserin / Der Leser wird ohne lange Informationen unmittelbar in das Geschehen einbezogen. Erst beim weiteren Lesen ist zu erkennen, worum es geht. Lebendigkeit und Spannung werden durch anschauliche Adjektive (z. B. „ohrenbetäubendes", Z. 2; „an- und abschwellende", Z. 3 f.) und ausdrucksstarke Verben (z. B. „erschüttert", Z. 2; „drängen", Z. 6; „rücken … ein", Z. 8 f.) erzeugt. Der Leser kann sich die Szene gut vorstellen und bekommt das Gefühl vermittelt, dass die Journalistin das Ereignis live miterlebt hat.

b Die Lernenden setzen die ersten Sätze ins Präteritum und beurteilen die Wirkung:
Es war 11 Uhr am Freitagmorgen in Lünen. Ein ohrenbetäubendes Heulen erschütterte das Schulgebäude. Das an- und abschwellende Sirenengeheul war kilometerweit hörbar.
→ Durch die Vergangenheitsform wirkt der Text weniger lebendig, es entsteht nicht mehr der Eindruck, man nehme am Geschehen unmittelbar teil. Zudem könnte das Präteritum signalisieren, dass hier eine Erzählung beginnt.

c Während ein Bericht in der Einleitung bereits kurz und knapp die wichtigsten W-Fragen beantwortet, um der Leserin / dem Leser die zentralen Informationen in aller Kürze mitzuteilen, erzeugt die Einleitung einer Reportage Stimmung und Lebendigkeit einer Situation, um die Leser/-innen für den Inhalt zu interessieren und ihnen den Einruck zu vermitteln, sie würden am Geschehen teilnehmen.

3 Die Ergebnisse können in einem Tafelbild festgehalten werden:

„Heißer Einsatz am Kreisgymnasium Lünen" – Merkmale der Reportage	
Schilderung von Sinneseindrücken	– „mit lauten Sirenen und Blaulichtern" (Z. 8–9) – „Überall sieht man die Einsatzkräfte: mit Atemschutzmasken, mit Feuerwehrschläuchen und in den Rettungskörben der Drehleitern" (Z. 9–12) – „Doch auch die Lehrkräfte wirken etwas geschockt. Aufregung macht sich breit." (Z. 16–17) – „Die ganze Szene wirkt plötzlich sehr beängstigend." (Z. 18–20)
Wiedergabe von wörtlicher Rede	– „‚Helm auf, marsch rein!', ruft eine Uniformierte." (Z. 13–14) – „‚Was ist passiert? Wo brennt's?', fragen sie." (Z. 15–16)
ausdrucksstarke Verben und anschauliche Adjektive	– „stürmen" (Z. 23), „herumgesprochen" (Z. 53 f.), „ertönte" (Z. 59) – „beängstigend" (Z. 19 f.), „mulmig" (Z. 63), „zügig" (Z. 68)
Verwendung des Präsens	durchgängig, z. B.: „ist" (Z. 1), „erschüttert" (Z. 2), „drängen" (Z. 6), „rücken … ein" (Z. 8–9), „sieht" (Z. 9), „ruft" (Z. 13)

4 Die Überschrift weckt Neugier, da man wissen möchte, um welchen besonderen „heißen“ Einsatz es sich handelt. Für einen Bericht wäre sie nicht geeignet, denn Überschriften für einen Bericht nennen sachlich und nüchtern bereits einige wichtige Informationen (z. B.: „Probealarm mit Feuerwehreinsatz am Kreisgymnasium Lünen“).

Die Unterschiede zwischen Reportage und Bericht können zusammenfassend in einem Tafelbild festgehalten werden:

	Reportage	**Bericht**
Anliegen/Funktion	sachliche Information + Erlebnisbericht: Eindrücke/Stimmung, persönliche Sicht	sachliche Information
Darstellung	anschaulich und lebendig	kurz und knapp
genaue Angaben (W-Fragen)	Beantwortung aller W-Fragen (Wo? Wer? Was? Wann? Welche Folgen?)	Beantwortung aller W-Fragen (Wo? Wer? Was? Wann? Welche Folgen?)
Sprache	lebendig, anschaulich: ausdrucksstarke Verben und Adjektive, Vergleiche	sachlich, nüchtern, ohne Ausschmückungen
wörtliche Rede	als Zitat, bewirkt Lebendigkeit	nicht vorhanden
Zeitform	meist Präsens (erzeugt ein Gefühl von Unmittelbarkeit)	Präteritum
Überschrift	weckt Neugier/Interesse	sachlich und informativ

5 **a** Beispiel eines Schreibplans für den Bericht:

<u>Überschrift:</u> Unangekündigter Probealarm mit Feuerwehreinsatz am Kreisgymnasium Lünen

<u>Einleitung:</u> Wann? Wo? Was? Wer war beteiligt?
- Freitagvormittag
- Kreisgymnasium in Lünen
- Feuerwehrprobealarm
- Schülerinnen / Schüler, Lehrkräfte, Schulleiterin, Feuerwehr

<u>Hauptteil:</u> Wie lief das Ereignis ab (Reihenfolge)? Warum fand es statt?
- um 11 Uhr Sirenenalarm
- Schüler/-innen und Lehrkräfte räumten Schulgebäude geordnet
- Feuerwehr rückte mit 12 Fahrzeugen und kompletter Rettungsausrüstung an
- Mitglieder der Jugendfeuerwehr spielten verletzte Schüler/-innen
- Schulleiterin Helena Schlüter hatte Probealarm mit der Feuerwehr geplant, nur wenige Lehrkräfte eingeweiht
- Schulen müssen zweimal im Jahr Alarmübung durchführen, einmal ohne Ankündigung
- 12:30 Uhr: Übung beendet

<u>Schluss:</u> Welche Folgen ergaben sich aus dem Ereignis?
- Ablauf funktionierte gut
- aber neuer Sammelplatz nötig, da Sportplatz zu nah am Gebäude

b Beispiel für die Umgestaltung der Reportage in einen Bericht:

Unangekündigter Probealarm mit Feuerwehreinsatz am Kreisgymnasium Lünen

Am Freitagvormittag fand während der Unterrichtszeit am Kreisgymnasium in Lünen ein nicht angekündigter Probealarm unter Beteiligung der städtischen Feuerwehr statt.
Als um 11 Uhr Sirenenalarm ertönte, verließen die völlig überraschten Schülerinnen, Schüler und Lehrkräfte geordnet das Schulgebäude. Kurze Zeit später rückte die Feuerwehr mit zwölf Fahrzeugen und kompletter Rettungsausrüstung an. Mitglieder der Jugendfeuerwehr spielten Verletzte, die von der Feuerwehr mit dem Rettungskorb und der Drehleiter aus dem Gebäude geholt oder auf Tragen abtransportiert wurden. Die Schüler/-innen und viele Lehrer/-innen waren zunächst erschrocken, bis allen klar wurde, dass es sich um einen Probealarm handelte. Die Schulleiterin Helena Schlüter hatte diese Alarmübung unter Einsatz der Feuerwehr vor langer Zeit mit der Feuerwehr der Stadt Lünen geplant und nur wenige Lehrkräfte eingeweiht. Damit befolgte sie die Vorschrift, dass an Schulen zweimal jährlich eine Alarmübung stattfinden muss, eine davon ohne Ankündigung. Nach eineinhalb Stunden wurde die Übung beendet.
In einer Schlussbesprechung zwischen Schulleiterin und Feuerwehreinsatzleiter wurde deutlich, dass die Räumung des Gebäudes und die notwendigen Sicherheitsvorkehrungen gut funktionierten. Allerdings muss ein neuer Sammelplatz gefunden werden, da der bisherige zu nah am Schulgebäude liegt.

In der digitalen Version findet sich ein Bericht als Hörtext: „Eichhörnchen aus Guylldeckel befreit", gelesen von Victoria Schaetzle. Der Hörtext wird begleitet von einem passgenauen Arbeitsblatt mit Übungen zum Hörverstehen und Lösungshinweisen.

1.3 Fit in … – Berichten

31
Das Verfassen eines (Unfall-)Berichts ist eine typische Klassenarbeit in der Jahrgangsstufe 6. In diesem Teilkapitel werden die Schülerinnen und Schüler angeleitet, zunächst die Aufgabenstellung zu verstehen, dann die relevanten Informationen zu sammeln und in einem Schreibplan zu ordnen, um darauf aufbauend einen Bericht zu verfassen.

31
Die Aufgabe richtig verstehen

1 Eine Aufgabe zu bearbeiten, setzt voraus, dass man diese verstanden hat. Häufig überlesen Schülerinnen und Schüler Informationen oder verstehen die Anweisungen nicht. Dies kann vermieden werden, indem die Lernenden einander in eigenen Worten erklären, was sie tun sollen. Ihnen soll bewusst werden, dass das Verstehen der Aufgabenstellung bei jeder Klassenarbeit der erste wichtige Schritt zur erfolgreichen Bewältigung der Aufgabe ist.
Die Aufgabe verlangt, dass die Schülerinnen und Schüler für die Polizei auf der Grundlage der Zeugenaussagen und der Skizze einen sachlichen Unfallbericht verfassen, in dem alle wichtigen Informationen über die Umstände und den Ablauf berücksichtigt werden.

32
Informationen sammeln und ordnen

2 **a/b** Zunächst sollen die Schülerinnen und Schüler in Partnerarbeit im mündlichen Austausch klären, ob sie den Ablauf und die Ursache des Unfalls richtig verstanden haben.
Der Unfallhergang lässt sich so beschreiben:
- Eine Fahrradfahrerin (Emilia Hintze), die auf der Turmstraße fuhr, musste einen Transporter, der auf der Straße parkte, links umfahren.
- Wegen des parkenden Transporters konnte sie die Kreuzung und einen anderen Radfahrer, der in dieselbe Richtung auf dem Radweg der Turmstraße unterwegs war, nicht sehen.

– Als die Radfahrerin bei grüner Ampelschaltung rechts in die Seestraße einbog, stieß sie mit dem Radfahrer, der geradeaus auf dem Radweg der Turmstraße weiterfahren wollte, zusammen.

3 **a/b** Diese Aufgabe leitet zur Planung des Berichts als Teil des Schreibprozesses an. Genaues und selektives Lesen sowie die genaue Auswertung der Unfallskizze werden trainiert. Die Ergebnisse können nach dem Muster des vorgegebenen Schreibplans stichpunktartig notiert werden.

Schreibplan

Überschrift: Zusammenstoß zweier Radfahrer an der Kreuzung Turmstraße/Seestraße

Einleitung: Was? Wann? Wo? Wer?
- Zusammenstoß zweier Fahrradfahrer
- 19. Mai 20XX
- Kreuzung Turmstraße/Seestraße
- eine Radfahrerin (Emilia Hintze), ein Radfahrer (Tom Busch)

Hauptteil: Wie und warum? (Ablauf mit Gründen)
- Radfahrerin Emilia Hintze fuhr auf Turmstraße (Fahrbahn), wollte in die Seestraße einbiegen
- Radfahrer Tom Busch fuhr auf Radweg der Turmstraße in die gleiche Richtung, wollte geradeaus über die Seestraße fahren
- parkender Lieferwagen auf der Turmstraße vor der Ampel
- Emilia fuhr links am Lieferwagen vorbei, bog bei Grün rechts in die Seestraße ein, hatte Tom Busch, der geradeaus weiterfahren wollte, hinter dem Lieferwagen nicht gesehen
- beide stießen zusammen

Schluss: Welche Folgen?
- Emilia hat kleine Platzwunde
- Tom Busch unverletzt, Fahrrad Totalschaden

32

Schreiben und überarbeiten

4 Beispiellösung für den Bericht (Formulierungen, die die Reihenfolge verdeutlichen, und Konjunktionen sind doppelt unterstrichen):

Zusammenstoß zweier Radfahrer an der Kreuzung Turmstraße/Seestraße	**Überschrift**
Am 19. Mai 20XX kam es an der Kreuzung Turmstraße/Seestraße zu einem Verkehrsunfall, bei dem ein Fahrradfahrer und eine Fahrradfahrerin zusammenstießen.	**Einleitung** Wann? Wo? Was? Wer?
Die Radfahrerin Emilia Hintze fuhr auf der Fahrbahn der Turmstraße geradeaus. Zur selben Zeit war der Radfahrer Tom Busch auf dem Radweg der Turmstraße in die gleiche Richtung unterwegs. Da seine Ampel grün zeigte, fuhr er mit hohem Tempo auf die Kreuzung zu. Auf der Turmstraße parkte unmittelbar vor der Ampel ein Lieferwagen, sodass Emilias Sicht auf die Kreuzung versperrt war. Sie fuhr links um den Lieferwagen herum und bog sofort danach rechts in die Seestraße ein. Dabei übersah sie Tom Busch, der geradeaus auf dem Radweg der Turmstraße weiterfahren wollte, denn der Lieferwagen hatte ihn verdeckt. Beide stießen zusammen.	**Hauptteil** Wie? (Richtige zeitliche Abfolge) Warum?
Eine sofort herbeigerufene Ärztin stellte fest, dass beide Radfahrer von größeren Verletzungen verschont geblieben waren, weil sie einen Helm trugen. Während Emilia eine leichte Platzwunde erlitt, blieb Tom Busch unverletzt. Sein Fahrrad hatte jedoch einen Totalschaden.	**Schluss** Welche Folgen?

5 Die Kontrolle des eigenen Berichts wird in der Aufgabe operationalisiert. Die einzelnen Anweisungen in der Checkliste dienen einer intensiven Überprüfung des Geschriebenen. Für diese Phase und die anschließende Überarbeitung sollte den Schülerinnen und Schülern genügend Zeit eingeräumt werden.

Alternativ kann auch zunächst ein Bericht einer Schülerin / eines Schülers in Kopie im Plenum mit Hilfe der Checkliste kontrolliert werden. Dafür muss der Bericht entweder anonymisiert werden oder die Schülerin / der Schüler muss sich ausdrücklich mit einer gemeinsamen kritischen und konstruktiven Überprüfung einverstanden erklären. Anschließend kontrollieren die Schüler/-innen ihre eigenen Berichte.

Eine weitere Alternative ist die Partnerkorrektur, der die Überarbeitung des eigenen Textes mit Hilfe der Checkliste folgt.

Auch eine Schreibkonferenz mit Textlupe ist möglich (vgl. S. 38 im Schülerband und die Anmerkungen dazu auf S. 53 f. in diesen Handreichungen).

Material zu diesem Kapitel auf den folgenden Seiten und digital

- Fordern und fördern – Einen Unfallbericht schreiben: Unfall während einer Vorstellung der Zirkus-AG am Brecht-Gymnasium in Neuss (mit Hilfe-Karten und Zusatzaufgaben für „Profis“; Lösungshinweise digital)
- Was kannst du schon? – Berichten und informieren (Diagnose; Lösungshinweise und Förderempfehlungen digital)
- Klassenarbeit – Einen Unfallbericht schreiben: Radfahrer stürzt, weil er Hund ausweichen will (Erwartungshorizont digital)
- Klassenarbeit – Einen Unfallbericht schreiben: Radfahrer verletzt Schüler, der bei Grün Kreuzung überquert (Erwartungshorizont digital)
- Klassenarbeit – Einen Bericht schreiben: Flussputztag (Erwartungshorizont digital)
- Hörtext: Eichhörnchen aus Gullydeckel befreit, gesprochen von Victoria Schaetzle
  (mit einem passgenauen Arbeitsblatt zur Übung des Hörverstehens inkl. Lösungshinweisen; digital)

Fordern und fördern – Einen Unfallbericht schreiben

Eine unvergessliche Aufführung

Eines ist sicher: Seit über einem Jahr bin ich schon Mitglied der Zirkus-AG „Zirkalla" am Brecht-Gymnasium, aber so etwas Doofes wie am letzten Samstag bei unserer großen Vorstellung ist mir noch nie passiert. Wir haben alle wahnsinnig viel trainiert. Bei der Schulaufführung in der Sporthalle unter dem Motto „Hereinspazieren und staunen" habe ich dann direkt nach der Begrüßung durch die Schulleiterin mit meiner Gruppe „Flying Objects" tolle Jonglierkünste mit Bällen, Keulen und Ringen präsentiert. Dafür haben wir großen Applaus bekommen und waren mächtig stolz. Immerhin waren 150 Gäste da. Auch die „Tollkühnen Fünf" mit den Einrädern und Waveboards waren super.

Doch die größte Herausforderung sollte noch kommen: die „Große Pyramide". Immer wieder hatten wir geübt, freihändig auf den Schultern der Artisten in der unteren Reihe zu stehen. Unten standen zehn kräftigere Schülerinnen und Schüler aus den höheren Klassen, oben neun zierlichere Jungen und Mädchen wie ich. Besonders starke Schüler/-innen hatten uns hinaufgeholfen. Mit einem lauten Trommelwirbel der Schulband, die das Programm begleitete, wurde der große Augenblick angekündigt. Ich war unendlich nervös und zitterte wie Espenlaub. Meral aus der 10 b, die das Programm moderierte, zählte laut durchs Mikrofon: 3 – 2 – 1. Und wir ließen los. Dann passierte es. Eine Sekunde balancierte ich freihändig oben auf der Pyramide, aber dann zitterten meine Knie immer mehr. Ich verlor das Gleichgewicht und kippte um.

Die anderen konnten mich etwas abfangen, sodass ich nicht so hart auf den Boden knallte. Leider traf ich dabei mit meinem Fuß meinen Freund Mike Fuchs mitten ins Gesicht. Er schrie kurz auf. Beim Aufprall auf dem Boden knickte ich mit meinem linken Fuß ziemlich heftig um. Ich wollte mir nichts anmerken lassen und stand

gleich wieder auf, obwohl die Schmerzen kaum auszuhalten waren. Einen neuen Versuch gab es nicht, denn ich war verletzt und Mike hatte Nasenbluten. Frau Hein, die die Zirkus-AG leitet, kam angerannt und erkundigte sich, ob alles in Ordnung sei. Ich gab nicht zu, wie sehr der Fuß wehtat, und humpelte von der Bühne. Mike bekam ein Taschentuch, mit dem er sein Nasenbluten schnell stillen konnte. Vom Publikum gab es einen mächtigen Trost-Applaus.

Direkt danach sorgten die großartigen Clowns aus der 6 b dafür, dass alle den Schreck schnell vergaßen und viel gelacht wurde. Mir war es wichtig, bis zum Schluss der Show dabei zu sein, denn die Tanznummer wollte ich unbedingt sehen. Den Höhepunkt bildete vorher die Fackelshow. Den Riesenapplaus hat sich die Gruppe total verdient. In ihrer Schlussrede betonte die Schulleiterin unseren großartigen Einsatz und dankte für die abwechslungsreiche Aufführung. Leider musste ich am Montag doch zum Arzt, der feststellte, dass mein Fuß verstaucht war. Drei Wochen Sportverbot. Aber ich habe ja ein Jahr Zeit, für die „Große Pyramide" noch einmal zu üben. Denn das steht fest: Eine Zirkusshow wird es auch im nächsten Jahr wieder geben.

Autor: Christoph Oldeweme
Illustration: Sylvia Graupner, Annaberg-Buchholz

Das Brecht-Gymnasium in Neuss muss den Unfall von Mia Lenz und Mike Fuchs der Versicherung melden. Verfasse den Unfallbericht. Gehe so vor:

1 Markiere im Text gelb, welche Informationen du für den Unfallbericht benötigst. Denke an die W-Fragen. (→ Hilfe-Karte: Textmarkierungen)

2 Ordne die wesentlichen Informationen in einem Schreibplan. Gliedere in Einleitung, Hauptteil und Schluss. (→ Hilfe-Karte: Schreibplan)

3 Schreibe einen zusammenhängenden Unfallbericht. Denke an eine Überschrift. (→ Hilfe-Karte: Formulierungshilfen für den Unfallbericht)

Folgende Hilfen oder Aufgaben zum Weiterarbeiten kannst du nutzen	
Hilfe-Karte	Textmarkierungen
Hilfe-Karte	Schreibplan
Hilfe-Karte	Formulierungshilfen für den Unfallbericht
Für Profis und Schnelle	Über die Aufführung in der Schülerzeitung berichten

Hilfe-Karte: Textmarkierungen

Denke daran, dass du einen **Unfallbericht** schreiben sollst. Du findest an verschiedenen Stellen im Text Informationen dafür. Beschränke dich auf die wirklich wichtigen.
Markiere die Informationen, die die W-Fragen für den Unfallbericht beantworten:

– Was ist passiert? Wann geschah der Unfall? Wo geschah er? Wer war beteiligt?
– Wie lief der Unfall genau ab? Warum geschah er?
– Welche Folgen hatte der Unfall?

Notiere neben den markierten Stellen am Rand des Textes die W-Fragen, z. B.:

[…] aber so etwas Doofes wie am letzten Samstag […]	Wann?

Hilfe-Karte: Schreibplan

Übernimm diesen Schreibplan in dein Heft und ergänze ihn.

Überschrift: ...

Einleitung: Was? Wann? Wo? Wer?
– Unfall während einer Schulvorstellung der Zirkus AG „Zirkalla" des Brecht-Gymnasiums in Neuss
– am letzten Samstagnachmittag
– Sporthalle des Brecht-Gymnasiums
– …

Hauptteil: Wie lief der Unfall ab? Warum?
– …

Schluss: Welche Folgen hatte der Unfall?
– …

Hilfe-Karte: Formulierungshilfen für den Unfallbericht

– Gib den Unfall genau in der Abfolge wieder, in der er sich ereignet hat.
– Berichte nur Tatsachen, keine Vermutungen, Wertungen, Meinungen, Gefühle.
– Schreibe im Präteritum.

Du kannst diese Formulierungshilfen nutzen:

Einleitung:	Am ... ereignete sich während einer Vorstellung der ... in der ... des ... in Neuss ein Unfall, bei dem sich ... verletzten.
Hauptteil:	19 Schülerinnen und Schüler hatten sich zur ... aufgestellt, bei der neun kleinere Artistinnen und Artisten ... auf den Schultern kräftigerer Schüler/-innen standen. Dabei verlor ... in der oberen Reihe ..., weil sie ... Während sie ..., fingen einige Schüler …, sodass sie nicht ... Allerdings verletzte sie ..., den sie mit dem Fuß ... Beim Aufprall auf den Boden ...
Schluss:	Mike Fuchs bekam ... Die verletzte Schülerin besuchte ... Er stellte fest, dass ... und ...

Für Profis und Schnelle: Über die Aufführung in der Schülerzeitung berichten

4 Du möchtest für die Schülerzeitung einen Bericht über die Zirkusaufführung schreiben. Deine Leser interessieren sich natürlich nicht nur für den Unfall, sondern für die ganze Vorstellung. Schreibe diesen Bericht. Gehe so vor:

- Lies Mias Text noch einmal genau durch.
- Markiere in Grün die wichtigsten Informationen, die du für den Bericht über die Vorstellung benötigst. Denke an die W-Fragen: Was? Wann? Wo? Wer? Wie lief das Ereignis ab? Warum? Welche Folgen hatte es?
- Erstelle mit diesen Informationen einen Schreibplan. Denke an die Gliederung in Einleitung, Hauptteil und Schluss.
- Schreibe den Bericht über die Aufführung. Verwende Satzanfänge, die die Abfolge verdeutlichen (z. B.: *zunächst, anschließend, danach, der Höhepunkt, am Ende*). Denke auch an Konjunktionen, die Zusammenhänge aufzeigen (z. B.: *weil, sodass, obwohl, denn*).
- Formuliere eine treffende Überschrift.
- Kontrolliere und korrigiere abschließend deinen Bericht.

Du kannst so beginnen:

Unter dem Motto „Hereinspazieren und staunen" präsentierte die Zirkus AG „Zirkalla" letzten Samstagnachmittag in der Sporthalle eine gut besuchte Vorstellung, für die sie viel Applaus erhielt.
Nachdem die Schulleiterin ...

Was kannst du schon? – Berichten und informieren

1 Welche Merkmale treffen auf einen Bericht zu? Kreuze die vier richtigen Antworten an.

Merkmale eines Berichts	richtig	falsch
A nüchterne, sachliche Wiedergabe von tatsächlichen Geschehnissen	☐	☐
B spannende Darstellung von erfundenen oder erlebten Geschehnissen	☐	☐
C Erzähler mit eigener Meinung und eigenen Gefühlen	☐	☐
D sachlich berichtende Sprache	☐	☐
E will den Leser unterhalten	☐	☐
F will den Leser informieren	☐	☐
G ohne wörtliche Rede	☐	☐
H anschauliche Adjektive und Verben sowie wörtliche Rede	☐	☐

2 Was ist beim Aufbau eines Berichts zu beachten? Zeichne Verbindungspfeile.

A Die Überschrift	1 stellt das Geschehen in der richtigen Reihenfolge dar.
B Die Einleitung	2 benennt genau das Ereignis, über das berichtet wird.
C Der Hauptteil	3 informiert über die Folgen des Geschehens.
D Der Schluss	4 informiert knapp darüber, was wann wo geschah und wer beteiligt war.

3 Markiere die Überschrift, die eindeutig über ein Ereignis informiert.

A Ein außergewöhnlicher Ausflugstag – B Medienscouts an der Schule – C Unfall an der Kletterwand des Schiller-Gymnasiums in Mainz – D Sommerparty auf dem Schulhof

4 Überarbeite den Auszug aus einem Bericht über das Sommerfest der sechsten Klassen des Schloss-Gymnasiums.

a Streiche Formulierungen, die nicht in einen Bericht gehören.
b Unterstreiche falsche Tempusformen und schreibe die korrekten darüber.
c Markiere Wörter, die die zeitliche Abfolge wiedergeben.

Nachdem alle vom megaleckeren Büfett aßen, zeigten Jan, Lisa und Luca aus der 6 a Fotos von ihrer Klassenreise in die Rhön. Super! Danach führten vier Schüler der 6 c einen lustigen Sketch auf, der großen Anklang gefunden hat. Krasse Typen haben die in der Klasse. Schließlich wird coole Musik vom Band gespielt und bald beginnen einige Mädchen zu tanzen, während die Jungs verlegen zusehen. Um 20 Uhr ...

Autor: Christoph Oldeweme
Illustration: Sylvia Graupner, Annaberg-Buchholz

Klassenarbeit – Einen Unfallbericht schreiben

Aufgabenstellung

1 Du hast auf dem Heimweg von der Schule einen Unfall beobachtet. Die Polizei bittet dich darum, einen Unfallbericht zu schreiben, in dem du genau darüber informierst, was passiert ist.
Schreibe zu dem Unfall einen sachlichen Bericht für die Polizei. Notiere mit Hilfe der Bilder und Zeugenaussagen alle Informationen, die für einen Bericht wichtig sind.

Zu dem Unfall in Bonn am 7. Oktober 20XX wurden folgende Zeugenaussagen gemacht:

Ben Schuster: Der Hund sprang plötzlich vor mein Rad. Ich bin furchtbar erschrocken, wollte dem Hund ausweichen und stürzte.

Frau Braun: Ich bin sicher, dass die Straße leer war. Wir wollten mit dem Hund in den Wald. Ich öffnete kurz die Hecktür, um sie richtig zuzuschlagen, und schon sprang Luna auf die Straße. Plötzlich war da nur noch ein furchtbares Geräusch.

Herr Braun, Beifahrer: Ich habe Maria – das ist meine Frau – gesagt, dass die Hecktür nicht richtig zu ist. So konnten wir nicht losfahren, schließlich lag der Hund im Kofferraum.

Eine Passantin: Auf der Hafenstraße war zum Glück wenig los, als der Radfahrer dem Hund ausweichen musste, sonst wäre bestimmt Schlimmeres passiert. Das war gegen 14 Uhr; ich wollte gerade meine Tochter zum Sportverein bringen.

Arzt: Gut, dass der Junge einen Helm getragen hat. Er hat trotz des harten Aufpralls nur Schürfwunden erlitten. Wir nehmen ihn zur Beobachtung mit ins Krankenhaus, falls er eine Gehirnerschütterung hat.

Polizist: Das Rad ist kaputt.

Klassenarbeit – Einen Unfallbericht schreiben

Aufgabenstellung

1 Du hast auf dem Heimweg von der Schule einen Unfall beobachtet. Die Polizei bittet dich darum, einen Unfallbericht zu schreiben, in dem du genau darüber informierst, was passiert ist.
Schreibe zu dem Unfall einen sachlichen Bericht für die Polizei. Notiere mit Hilfe der Bilder und Zeugenaussagen alle Informationen, die für einen Bericht wichtig sind.

Zu dem Unfall in Kassel am 3. Juni 20XX wurden folgende Zeugenaussagen gemacht:

Paula Pfeiffer: Wir sind losgegangen, als die Ampel grün wurde. Mario ging ein kleines Stück hinter mir. Und plötzlich hörte ich nur noch quietschende Bremsen, ein lautes Scheppern und einen Schrei.

Frau Müller: Es war etwa 14:15 Uhr, ich war gerade auf dem Weg zur Arbeit. Da sah ich, wie der Radfahrer einfach bei Rot losfuhr. Das Mädchen war schon vorbei, aber den Jungen hat er erwischt.

Radfahrer Max Schmitt: Ich bin im Büro aufgehalten worden und hatte es eilig, rechtzeitig zu meinem Zahnarzttermin zu kommen.

Ärztin: Zum Glück hat der Radfahrer den Jungen nur leicht gestreift. Er ist mit einer Platzwunde am Knie davongekommen. Wenn er sein Bein ein paar Tage schont, wird es ihm bald wieder besser gehen. Dem rücksichtslosen Radfahrer ist nichts passiert.

Mario Richter: Mein Bein tut so weh. Und meine Jeans sind auch kaputt. Dabei waren sie ganz neu.

Cornelsen
Autor: Christoph Oldeweme
Illustration: Sylvia Graupner, Annaberg-Buchholz

Klassenarbeit – Einen Bericht schreiben

Aufgabenstellung

1 Forme die folgende Reportage in einen sachlichen Bericht für die Schülerzeitung um.
TIPP: Markiere zunächst in dem Text die wichtigen Informationen.

Flussputztag

Freitagmorgen, 8 Uhr, die Sonne versucht, sich durch den dichten Nebel zu kämpfen. 83 Schülerinnen und Schüler und sechs Lehrkräfte aus allen sechsten Klassen des Rheingymnasiums in Weil warten am Rheinufer mit kalten Füßen auf den Unterrichtsbeginn. Doch heute sind sie nicht mit Füller, Heften und Büchern ausgestattet, sondern mit Handschuhen, Greifern und Säcken. Die Schulsachen sind an diesem kühlen Morgen zu Hause geblieben. Nachdem das Startzeichen gegeben worden ist, schwirren die Kinder wie emsige Ameisen am Flussufer und über die weiten Rheinwiesen aus und sammeln Müll. Es ist „Flussputztag".

Seit fünf Jahren sammeln immer am ersten Freitag nach den Herbstferien, am sogenannten „Flussputztag", alle sechsten Klassen am Rheinufer in der Nähe der Schule den Müll, der in den letzten Monaten dort liegen gelassen wurde. Und das ist jede Menge. Im Erdkundeunterricht haben sie das Thema „Rhein" durchgenommen und gelernt, wie gefährdet dieser Fluss durch den Ufermüll ist. Der Erdkundelehrer, Herr Beck, erklärt: „Der Rhein ist voller Müll. Und der stammt nicht nur von Schiffen oder wilden Müllkippen. Wenn im Sommer am Flussufer gegrillt, gepicknickt und getrunken wird, lassen viele ihre leeren Flaschen und Verpackungen liegen. Bei Hochwasser nimmt der Rhein dann den Müll vom Ufer mit und wird so immer schmutziger."

Allerdings sind nicht alle von der Müllsammelaktion begeistert. Die Schülerin Susa beschwert sich, sie würde nicht einsehen, den Müll der anderen wegzuräumen. Einige Jungs kicken mit einem gefundenen Fußball, statt Müll zu sammeln. Die meisten Schülerinnen und Schüler sind jedoch mit Feuereifer dabei. Langsam kommt die Sonne durch und die kleinen Wellen auf dem Wasser funkeln wunderbar. Romantisch schön könnte es hier sein, doch immer wieder entdecken die Kinder hässlichen Müll. Je länger die Aufräumaktion dauert, desto mehr wächst auch bei den weniger begeisterten Schülerinnen und Schülern die Überzeugung, dass es sich wirklich lohnt, das Rheinufer rund um die Schule zu säubern.

Vier Stunden später: 25 große blaue Säcke sind vollgefüllt mit Müll jeglicher Art. Darunter befinden sich nicht nur Verpackungen und Flaschen, sondern auch ein Fahrradsattel, mehrere Gummihandschuhe, Stiefel und Kissen. Neben den Müllsäcken liegen zwei Fahrräder und drei Grills. Das Ergebnis der vierstündigen Aufräumaktion. Herr Beck informiert, dass bei dem außergewöhnlichen Niedrigwasser des Rheins im Sommer 2018 allein am Rheinufer in Köln 2,5 Tonnen Metallschrott geborgen wurden, darunter 25 Räder, sieben Einkaufswagen und drei Verkehrsschilder.

Am Ende des Aktionstages treffen sich alle sechsten Klassen zu einer Abschlussrunde im Schulforum. Zuerst erzählen die Schülerinnen und Schüler, welcher Müll gefunden wurde. Anschließend diskutieren sie. Die Lehrer fragen: „Was bringt eine solche Aktion?" „Von einem einzigen Aktionstag wird der Rhein noch nicht sauber, das ist klar", erklärt Freddy aus der 6 f. „Aber durch die Aktion sollte uns allen klar werden, dass wir Müll nicht einfach wegwerfen dürfen", stellt Manu aus der 6 e am Ende der Diskussion fest. „Darum wird selbstverständlich auch im nächsten Jahr wieder das Flussufer geputzt", verspricht Herr Beck.

2 K(l)eine Zauberei – Beschreiben und erklären

Konzeption des Kapitels

Das Beschreiben und das Erklären sind zentrale Kompetenzen, die fachübergreifend (z. B. in den Naturwissenschaften) von Bedeutung sind. In diesem Kapitel erlernen die Schülerinnen und Schüler das Beschreiben und Erklären von Vorgängen und Gegenständen. Schreibanlässe aus dem Bereich „Illusion und Magie“ – Zaubertricks, Magier und ihre Utensilien – knüpfen gezielt an Interessen der Lernenden an. Sie wecken Neugier und Fantasie von Mädchen und Jungen gleichermaßen.
Im ersten Teilkapitel (**„Abrakadabra – Vorgänge und Gegenstände beschreiben und erklären“**) trainieren die Lernenden das Beschreiben und Erklären von Vorgängen am Beispiel verschiedener motivierender Zaubertricks. Zunächst erarbeiten sie anhand eines Beispieltextes die Elemente einer gelungenen Vorgangsbeschreibung, die sie anschließend an einem weiteren Beispiel anwenden und vertiefen. Aus dem Bereich „Nachdenken über Sprache“ wird der Gebrauch von Aktiv und Passiv gezielt trainiert. Eine Methodenseite leitet zur Textüberarbeitung mit Hilfe einer „Schreibkonferenz mit Textlupe“ an. Die Erstellung eines Erklärvideos knüpft an die mediale Erfahrungswelt der Schülerinnen und Schüler an, denn Zaubertricks werden häufig als Erklärvideos im Internet gezeigt. Im gleichen Themenrahmen wird die Beschreibung von Gegenständen anhand eines Zauberbuchs eingeübt. Die Schülerinnen und Schüler verfassen eine Suchanzeige, die eine strukturierte und sprachlich präzise Beschreibung des Gegenstands erfordert. Danach wird die sachlich formulierte und klar strukturierte Personenbeschreibung angeleitet. Abschließend können die Lernenden ihre erworbenen Kompetenzen in einem Test überprüfen.
Das zweite Teilkapitel (**„Zauberhafte Abenteuer – Beschreibungen in literarischen Texten untersuchen“**) integriert den Bereich „Texte“. Die Schülerinnen und Schüler untersuchen, wie in einem altersgemäßen literarischen Text, einem Auszug aus dem Roman „Harry Potter und der Stein der Weisen“, das fiktionale Spiel „Quidditch“ beschrieben wird. Sie sammeln die Informationen und schreiben auf dieser Grundlage eine sachliche Spielbeschreibung, die sie später mit der literarischen Vorlage vergleichen. Abschließend übertragen sie ihre Beschreibungskompetenzen auf ein reales Mannschaftsspiel: Basketball.
Im dritten Teilkapitel (**„Fit in ... – Einen Vorgang beschreiben und erklären“**) wird die Vorgangsbeschreibung wieder aufgenommen. Als Vorbereitung auf eine mögliche Klassenarbeit werden die Schülerinnen und Schüler schrittweise angeleitet, eine Vorgangsbeschreibung für ein Zauberbuch zu planen und in strukturierter Form zu formulieren. Eine Checkliste hilft beim Überprüfen der Schreibprodukte.

Literaturhinweise

- Beschreiben und Beschreibungen. Praxis Deutsch 182/2003
- *Beste, Gisela / Bremerich-Vos, Albert / Kämper-van den Boogart, Michael (Hg.):* Wissensspeicher Deutsch. Cornelsen Scriptor / Volk und Wissen, Berlin 2006, S. 349 ff. (didaktische Hinweise zur Beschreibung)
- *Brenner, Gerd:* Lernen lehren. Methoden für Deutsch und Fremdsprachen. Cornelsen, Berlin ^{2}2011, S. 25, 31, 33, 89 f., 93, 127, 148, 149 f. (Beschreibungsmethoden)
- Deutschbuch 5/6. Ideen für den Unterricht. Diagnostizieren, Differenzieren, Fördern. Kopiervorlagen. Cornelsen, Berlin 2010
- *Streets, Angelika:* Schreiben. In: Gisela Beste (Hg.): Deutsch Methodik. Handbuch für die Sekundarstufe I und II. Cornelsen Scriptor, Berlin 2008, S. 53–96

Übungsmaterial im „Deutschbuch 6 Arbeitsheft“

- Beschreiben und erklären, S. 8–12

	Inhalte	Kompetenzen Die Schülerinnen und Schüler
S. 33	**2 K(l)eine Zauberei – Beschreiben und erklären**	– beschreiben und erklären Zaubertricks – aktivieren ihr Vorwissen dazu
S. 34	**2.1 Abrakadabra – Vorgänge und Gegenstände beschreiben und erklären** Eine Vorgangsbeschreibung untersuchen	– erschließen die Funktion von Vorgangsbeschreibungen – analysieren Aufbau und Merkmale einer gelungenen Vorgangsbeschreibung – untersuchen die Wirkung unterschiedlicher Anredeformen – planen und drehen ein Erklärvideo
S. 36	Einen Vorgang Schritt für Schritt beschreiben und erklären	– erkennen den Ablauf eines Vorgangs – erstellen einen Schreibplan – verfassen eine Vorgangsbeschreibung – überarbeiten ihre Texte mit der Methode „Schreibkonferenz mit Textlupe"
S. 39	Aktiv und Passiv verwenden	– untersuchen Bildung und Funktion des Passivs – nutzen Aktiv und Passiv, um abwechslungsreich zu formulieren
S. 40	Sprachtraining: Aktiv und Passiv im Vergleich	– erklären die Bildung des Passivs – formen Aktivsätze in Passivsätze um – reflektieren, wie man den Handelnden in Passivsätzen nennen kann
S. 41	Mit Ober- und Unterbegriffen genau beschreiben	– erklären Fachbegriffe – beschreiben Gegenstände mit passenden Ober- und Unterbegriffen
S. 42	Gegenstände beschreiben	– erklären Fachbegriffe – planen und verfassen eine Gegenstandsbeschreibung (Suchanzeige)
S. 45	Testet euch! – Einen Vorgang beschreiben und erklären	– überarbeiten eine Vorgangsbeschreibung – besprechen ihre Texte in einer Schreibkonferenz
S. 46	**2.2 Zauberhafte Abenteuer – Beschreibungen in literarischen Texten untersuchen** *Joanne K. Rowling: Harry Potter und der Stein der Weisen*	– entnehmen einem erzählenden Text Angaben über den Ablauf eines Spiels – verfassen eine Spielbeschreibung eines fiktiven Spiels
S. 50	Das Mannschaftsspiel Basketball beschreiben und erklären	– verfassen eine Spielbeschreibung einer Sportart
S. 51	**2.3 Fit in ... – Einen Vorgang beschreiben und erklären**	– üben prozessorientiert für eine Klassenarbeit – erstellen einen Schreibplan – verfassen eine Vorgangsbeschreibung – überarbeiten ihren Text anhand einer Checkliste

2 K(l)eine Zauberei – Beschreiben und erklären

33 Das Foto eines Magiers mit dem Ergebnis seines Zaubertricks auf der Auftaktseite weckt Neugier und stimmt die Lernenden auf das Thema des Kapitels ein: Zaubertricks, Magier und ihre Utensilien.

1 a Das Faszinierende an diesem Zaubertrick ist die Illusion, dass der Zauberer, der mit einer großen Säge posiert, die vor ihm in zwei Kästen liegende Frau in der Mitte zerteilt zu haben scheint. Während ihr Kopf links aus dem linken Kasten ragt, schauen die Füße aus einem zweiten Kasten heraus, der im rechten Winkel zum ersten Kasten steht. Die Frau lächelt allerdings.

b Beispiellösung für eine Beschreibung des Zaubertricks und für Vermutungen, wie er funktioniert:
Eine Frau liegt in einem Kasten, aus dem Kopf und Füße herausragen. Mit einer großen Säge zertrennt der Magier den Kasten in der Mitte. Scheinbar sägt er auch die Frau in der Mitte durch. Als Ergebnis sehen die Zuschauer die zwei Teile des Kastens. An einem Ende ragt der Kopf der Frau heraus; am entgegengesetzten Ende der anderen Kastenhälfte schauen die Füße heraus. Die Frau lächelt allerdings und wirkt sehr lebendig.
Es ist wahrscheinlich, dass die Füße nicht wirklich die der Frau sind, sondern dass Attrappen am Ende der rechten Kiste befestigt wurden. Körper und Beine der Frau könnten eingezogen in der linken Kiste stecken oder nicht sichtbar neben bzw. unter der Kiste versteckt sein.

2 a Hier wird an das Erfahrungswissen der Lernenden angeknüpft. Sie stellen einander Zaubertricks vor und beschreiben, wie sie funktionieren. Die Aufgabe ermöglicht es, einen Überblick zu erhalten, ob es in der Klasse überhaupt Schülerinnen oder Schüler gibt, die Zaubertricks beherrschen.

b Mit dieser Aufgabe wird der Lernstand im Bereich des Beschreibens und Erklärens diagnostiziert. Die Ergebnisse können in einem Tafelbild festgehalten werden:

Einen Zaubertrick beschreiben und erklären
– Zubehör/Material aufzählen – die Vorbereitungen beschreiben – den Trick Schritt für Schritt erklären – auf die Reihenfolge achten

3 Mit Hilfe des Advance Organizers wird das Vorwissen der Lernenden im weiteren Rahmen des Kapitels aktiviert, zugleich soll er Neugier auf die neuen Inhalte wecken. Damit dient dieses Instrument zur Diagnose und Selbstreflexion des Wissensstandes, aber auch zur Orientierung und Motivierung.

2.1 Abrakadabra – Vorgänge und Gegenstände beschreiben und erklären

34 Eine Vorgangsbeschreibung untersuchen

34 Ein Löffel verschwindet auf magische Weise

Einleitend untersuchen die Schülerinnen und Schüler exemplarisch eine gelungene Vorgangsbeschreibung eines Zaubertricks.

1 Die Frage, ob die Lernenden anhand der Beschreibung den Trick selbst durchführen könnten, zielt bereits auf die Merkmale, die eine gelungene Beschreibung erfüllen muss.
Man kann den Trick durchführen, weil
- die Überschrift benennt, was beschrieben wird,
- zu Beginn erklärt wird, worum es bei dem Trick geht und welche Materialien man benötigt,
- der Ablauf des Vorgangs Schritt für Schritt erläutert wird,
- die Abfolge der Schritte durch passende Satzanfänge verdeutlich wird.

2 Die Schülerinnen und Schüler reflektieren über beschreibende Texte und darüber, wo man sie findet. Texte wie die Erklärung des Zaubertricks findet man z. B. in Zauberbüchern oder auf entsprechenden Webseiten. Die Aufgabe kann auf das Vorkommen und die Funktion beschreibender Texte ganz allgemein ausgeweitet werden. Vorgangsbeschreibungen sind z. B.: Bastelanleitungen, Spielregeln für Sportarten und Spiele, Versuchsbeschreibungen, Gebrauchsanweisungen, Kochrezepte.
Sie alle verfolgen denselben Zweck: Ein Vorgang wird so beschrieben, dass ihn eine andere Person nachvollziehen und selbst durchführen kann.

3 Nun untersuchen die Lernenden Aufbau und logische Strukturierung der Vorgangsbeschreibung.

a Die passende Zuordnung der Überschriften kann in einem Tafelbild festgehalten werden:

Einen Zaubertrick beschreiben und erklären: „Ein Löffel verschwindet auf magische Weise“	
Einleitung (Z. 1–5)	Worum geht es in dem Zaubertrick und welche Materialien und Vorbereitungen braucht man?
Hauptteil (Z. 6–24)	Wie läuft der Vorgang genau ab?
Schluss (Z. 25–28)	Welchen Tipp oder Hinweis gibt es?

b Die unterstrichenen Wörter zeigen die Abfolge der Schritte und helfen deshalb, den Trick zu verstehen.

c Textstellen, an denen etwas erklärt wird, sind z. B. (Signalwörter sind unterstrichen):
- <u>Hierzu</u> braucht man nur einen Löffel, einen Tisch und einen Stuhl. (Z. 2–5)
- Nun verdeckt man den Löffel mit beiden Händen, <u>damit</u> das Publikum ihn nicht sieht. (Z. 9–11)
- Zum Schluss hebt man die leeren Hände hoch, <u>um</u> dem Publikum <u>zu</u> zeigen, dass der Löffel auf magische Weise verschwunden ist. (Z. 22–24)

4 Die Schülerinnen und Schüler formulieren den Hauptteil des Beispieltextes um und können dabei zwischen Aufgaben auf drei Differenzierungsniveaus auswählen. Die Teilaufgaben verlangen, dass unterschiedliche Anredeformen verwendet werden.

●○○ **a** Hier formulieren die Lernenden den Hauptteil in der Du-Form:
Zuerst nimmst du den Löffel in die rechte Hand und zeigst ihn dem Publikum. Danach legst du ihn wieder vor dich auf die Tischplatte. Nun verdeckst du den Löffel mit beiden Händen, damit das Publikum ihn nicht sieht. Dann hebst du ihn von der Tischplatte auf und tust so, als ob du den Löffel mit aller Kraft verbiegen willst. Während dieses Vorgangs sieht das Publikum den Löffel nicht. Anschließend lässt du den Löffel auf die Tischplatte fallen. Jetzt verdeckst du den Löffel wieder mit beiden Händen und tust so, als ob du ihn erneut hochheben und verbiegen willst. Statt den Löffel aber sofort hochzuheben, schiebst du ihn rasch über die Tischplatte zu dir und lässt ihn unbemerkt in deinen Schoß fallen. Zum Schluss hebst du die leeren Hände hoch, um dem Publikum zu zeigen, dass der Löffel auf magische Weise verschwunden ist.

●●○ **b** Auf dieser Niveaustufe wird der Hauptteil im Imperativ formuliert. Da der Imperativ an erster Satzgliedstelle steht, erfordert diese Umformulierung die Umstellung der Adverbien.
Beispiellösung:
Nimm zuerst den Löffel in die rechte Hand und zeige ihn dem Publikum. Lege ihn danach wieder vor dich auf die Tischplatte. Verdecke nun den Löffel mit beiden Händen, damit das Publikum ihn nicht sieht. Hebe ihn dann von der Tischplatte auf und tue so, als ob du den Löffel mit aller Kraft verbiegen willst. Während dieses Vorgangs sieht das Publikum den Löffel nicht. Lass anschließend den Löffel auf die Tischplatte fallen. Verdecke jetzt den Löffel wieder mit beiden Händen und tue so, als ob du ihn erneut hochheben und verbiegen willst. Statt den Löffel aber sofort hochzuheben, schiebe ihn rasch über die Tischplatte zu dir und lasse ihn unbemerkt in deinen Schoß fallen. Hebe zum Schluss die leeren Hände hoch, um dem Publikum zu zeigen, dass der Löffel auf magische Weise verschwunden ist.

●●● **c** Auch hier formulieren die Schülerinnen und Schüler den Hauptteil in den Imperativ um. Außerdem geben sie zum Schluss einen weiteren Tipp, z. B.:
Der Zauberer kann in dem Moment, in dem er scheinbar den Löffel verbiegt, diesen Zauberspruch sprechen: „Der Löffel wird gleich vor dir liegen, vorher will ich ihn verbiegen."

d In der zusammenführenden Aufgabe werden die unterschiedlichen Wirkungen der verschiedenen Anredeformen gemeinsam reflektiert.

- Die Du-Form wirkt als Anrede am persönlichsten. Das Gegenüber fühlt sich direkt angesprochen. **TIPP:** Man sollte darauf aufmerksam machen, dass die Anrede auch im Plural stehen kann („ihr"), z. B. wenn eine Gruppe (etwa die Klasse) angesprochen wird.
- Die Man-Form (wie im Beispieltext im Schülerband) wirkt eher neutral. Sie lässt überdies offen, ob man eine oder mehrere Personen anspricht.
- Der Imperativ ist die Befehlsform – und auch bei Vorgangsbeschreibungen wirkt er ein wenig wie ein Befehl, also weniger persönlich und höflich als die anderen beiden Formen. Außerdem steht der Imperativ immer an erster Satzgliedstelle, die Adverbien folgen nach und verdeutlichen deshalb die Abfolge der Schritte nicht so deutlich wie bei den anderen beiden Anredeformen.

5 Man verwendet für eine Vorgangsbeschreibung das Präsens, weil die Beschreibung etwas anleitet, das immer gilt.
Würde man die Vorgangsbeschreibung im Präteritum verfassen, könnte man nicht erkennen, dass sie einen wiederholbaren Vorgang beschreibt. Im Präteritum würde es sich anhören, als wäre der Vorgang einmalig gewesen.

6 ⊕ Diese Aufgabe motiviert Schülerinnen und Schüler, die die Differenzierungsaufgabe 4 zügig bearbeitet haben, weitere Zaubersprüche zu erfinden. Beispiel:
„Abrakadabra Löffelstiel. Verrate mir: Wo ist der Löffel hin?"
Die Zauberin bzw. der Zauberer könnte den Spruch sagen, während sie/er den Löffel verschwinden lässt, und so das Publikum ablenken.

7 Zaubertricks (und andere Vorgangsbeschreibungen) werden mittlerweile häufig in Erklärvideos digital gezeigt. Gerade bei Kindern und Jugendlichen sind diese Videos bekannt und sehr beliebt. Mit dem Drehen eines eigenen Erklärvideos können die medialen Kompetenzen der Schülerinnen und Schüler aufgegriffen und ausgebaut werden; ein solches kleines Projekt wirkt sehr motivierend. Ausführliche Hinweise zum Drehen eines Erklärvideos bietet die Methodenseite (S. 44 im Schülerband; vgl. die Hinweise dazu auf S. 57 in diesen Handreichungen).

36 Einen Vorgang Schritt für Schritt beschreiben und erklären

36 Verkettete Büroklammern

In diesem Abschnitt werden die Lernenden schrittweise angeleitet, auf der Grundlage von Bildern und Stichworten selbst eine Vorgangsbeschreibung eines Zaubertricks zu verfassen.

1 Bei diesem Trick werden auf magische Weise zwei Büroklammern verkettet, ohne dass die Zauberin / der Zauberer diese berührt.

2 **a** Wenn der Trick beim ersten Ausprobieren noch nicht funktioniert (was möglich ist), müssen sich die Schülerinnen und Schüler die einzelnen Schritte noch genauer vergegenwärtigen – ein impliziter Hinweis darauf, wie wichtig das genaue Verständnis des Vorgangs für die Vorgangsbeschreibung ist.

b Wenn sie den Trick ganz langsam ausführen, sollten die Lernenden erkennen, wie er funktioniert: Durch die besondere Weise, wie der Schein mit den Büroklammern zusammengesteckt wird, werden die Klammern beim Auseinanderziehen des Scheins verkettet. Dabei schiebt sich die geöffnete Seite der einen Büroklammer in die andere Büroklammer hinein. Die Klammern lösen sich schließlich vom Schein und sind miteinander verkettet.

3 Beispiellösung für einen Schreibplan (darin sind die Arbeitsschritte unter der Abbildung auf S. 36 im Schülerband in die richtige Reihenfolge gebracht):

Schreibplan – Vorgangsbeschreibung

Überschrift:	Die verketteten Büroklammern
1. Einleitung: (Material)	2 Büroklammern aus Draht 1 Geldschein 1 Zaubertuch
2. Hauptteil: (Arbeitsschritte)	– Geldschein in Z-Form falten – mit Büroklammer Abschnitt A und B zusammenstecken – mit Büroklammer Abschnitt B und C zusammenstecken – Geldschein mit Büroklammern Publikum zeigen – zusammengesteckten Geldschein unter Zaubertuch verbergen, Zauberspruch aufsagen – Geldschein an äußeren Enden anfassen, zügig auseinanderziehen – Büroklammern wirbeln hoch, sind verbunden
3. Schluss: (Tipp oder Hinweis)	– beim Zauberspruch Publikum ansehen: Spannung steigern

4 **a–d** Beispiellösung für die Vorgangsbeschreibung (in der Du-Form; Satzanfänge, die die Abfolge verdeutlichen, sind unterstrichen):

Die verketteten Büroklammern	Überschrift
Mit diesem Zaubertrick kannst du zeigen, wie sich zwei Büroklammern auf magische Weise verbinden.	Einleitung: Darum geht es
Du brauchst für diesen Trick zwei Büroklammern aus Draht, einen Geldschein und ein Zaubertuch.	Material
<u>Zuerst</u> faltest du den Geldschein in eine Z-Form. <u>Dann</u> nimmst du eine Büroklammer und steckst die Abschnitte A und B des Geldscheins zusammen. <u>Anschließend</u> steckst du mit der anderen Büroklammer die Abschnitte B und C zusammen. Zwischen den Büroklammern sollte ein deutlicher Abstand sein, damit das Publikum erkennt, dass sie noch nicht verkettet sind. <u>Jetzt</u> zeigst du den mit den Büroklammern zusammengesteckten Geldschein dem Publikum. <u>Während</u> du den zusammengesteckten Geldschein unter dem Zaubertuch verbirgst, sagst du einen Zauberspruch auf. <u>Zum Schluss</u> fasst du die äußeren Enden des Scheins an und ziehst diese zügig auseinander. <u>Im gleichen Moment</u> wirbeln die Büroklammern hoch und sind verbunden.	Hauptteil: genaue Abfolge des Tricks
Besonders wirkungsvoll ist der Trick, wenn du beim Aufsagen des Zauberspruchs das Publikum ansiehst und damit die Spannung steigerst.	Schluss: Tipp

e Wichtig ist die sorgfältige Überarbeitung der Vorgangsbeschreibung. Für kooperative Überarbeitungen mit der Methode „Schreibkonferenz mit Textlupe“ siehe die Methodenseite (S. 38 im Schülerband).

38 Methoden und Arbeitstechniken: Texte überarbeiten – Schreibkonferenz mit Textlupe

In der Didaktik kommt heute der Schreibprozessorientierung große Bedeutung zu. Das Verfahren der Schreibkonferenz, das von Gudrun Spitta zunächst für die Grundschule entwickelt wurde, richtet sich auf die Textrevision. Schreibkonferenzen sind nach dem Muster von Redaktionskonferenzen organisiert und

haben zum Ziel, dass die Schülerinnen und Schüler die Selbstwahrnehmung ihrer Ausdrucksfähigkeit schulen, die Wirkung ihrer Texte mit bedenken und ihre eigenen Texte selbstständig verbessern.
Den Punkten „aufmerksam zuhören“ (2. Schritt) und „Verbesserungsvorschläge formulieren“ (3. Schritt) sollte spezielle Aufmerksamkeit gelten, da es sich bei beiden Operationen um eine besondere Herausforderung für die Schülerinnen und Schüler handelt.

- Genaues Zuhören kann alternativ durch das Austauschen und individuelle Lesen der Texte in Stillarbeit ersetzt werden.
- Das Formulieren von gezielten Verbesserungsvorschlägen braucht häufig die Unterstützung durch die Lehrkraft, die für individuelle Beratung in den Gruppen zur Verfügung stehen sollte.

Die Seite lässt sich auch für andere Aufsatzformen modular einsetzen, wobei dann die Inhalte in der Textlupentabelle angepasst werden müssen.

39 Aktiv und Passiv verwenden

1 Für den Vergleich von Aktiv und Passiv in der Einleitung einer Vorgangsbeschreibung („Zaubertrick mit Vorhersage“) stehen den Lernenden Übungen auf drei Differenzierungsniveaus zur Auswahl.

●○○ **a** Hier gilt es, die Unterschiede von Aktiv und Passiv beschreibend zu erfassen.
- Text A ist im Aktiv geschrieben: Hier wird betont, wer etwas tut.
- Text B ist im Passiv formuliert. Hier wird betont, was mit den Gegenständen getan wird.

●●○ **b** Auf dieser Niveaustufe sind die Lernenden aufgefordert, die grammatische Struktur der Sätze zu erkennen und die Bildung des Passivs durch Unterstreichen der Prädikate zu erschließen.
Zuerst wird eine Zaubertüte gebastelt. Dazu werden zwei Papiertüten übereinandergelegt und zusammengeklebt. So wird eine Tüte mit zwei Fächern hergestellt.
→ Das Passiv wird mit einer Form von „werden“ und dem Partizip II (Partizip Perfekt) des Verbs gebildet.

●●● **c** Diese Teilaufgabe verlangt eine grammatische Reflexion, aus der sich eine Regel zur Veränderung im Satzbau von Aktiv- und Passivsatz ableiten lässt:
Das Akkusativobjekt des Aktivsatzes wird im Passivsatz zum Subjekt.

d Der Austausch über die Ergebnisse ist bei dieser Übung besonders wichtig, denn er sichert die Anschlusskommunikation und die gemeinsame Weiterarbeit im Unterricht.

2 **a** Bei der Fortsetzung der Beschreibung des Zaubertricks liegt der Fokus auf dem abwechslungsreichen Formulieren mit Hilfe von Aktiv und Passiv. Mit den Lernenden kann zur Verdeutlichung vorab besprochen werden, dass erst nach dem Füllen der beiden Taschen (d.h. nach dem zweiten Spiegelstrich) die Vorarbeiten für den Trick beendet sind und der Zauberer erst danach mit seinen präparierten Materialien vor das Publikum tritt.

Beispiellösung für die Fortsetzung der Beschreibung (Formulierungen im Aktiv sind hier doppelt unterstrichen, Formulierungen im Passiv einfach):
Dann werden bunte Papierkügelchen hergestellt. Hierfür zerreißt der Zauberer das bunte Krepp-Papier in kleine Stücke und rollt daraus bunte Papierkügelchen. Die roten Kügelchen werden in das hintere Fach der Zaubertüte gelegt, die bunten (darunter auch rote) werden in das vordere Fach gefüllt.
Nun tritt der Zauberer vor sein Publikum und verkündet, dass er weiß, welche Farbe von einer Person aus dem Publikum gezogen wird. Auf einem Zettel wird die Botschaft notiert: „Ich weiß, dass du ein rotes Kügelchen nimmst!“ Diesen Zettel steckt der Zauberer in seine Hosentasche. Daraufhin wird dem Publikum das Tütenfach mit den bunten Kügelchen präsentiert, während das Fach mit den roten Kügelchen verschlossen gehalten wird. Anschließend hebt der Zauberer die Zaubertasche hoch in die Luft. Dabei öffnet er vom Publikum unbemerkt das Fach mit den roten Kügelchen und verschließt das andere Fach. Eine Person aus dem Publikum zieht nun, ohne in das geöffnete Fach hineinschauen zu können, ein rotes Kügelchen. Zum Schluss holt der Zauberer die Vorhersage aus seiner Hosentasche, liest sie vor und zeigt sie dem Publikum.

b Für die Überarbeitung der Vorgangsbeschreibung mit der Methode „Schreibkonferenz mit Textlupe“ bietet die Methodenseite (S. 38 im Schülerband) Hinweise.

40 Sprachtraining: Aktiv und Passiv im Vergleich

Mit der Sprachtrainingsseite können die Lernenden die Bildung von Aktiv und Passiv vertiefen.

1 Im Passivsatz wird das Prädikat mit einer Form von „werden" und dem Partizip II gebildet (hier: wird … geöffnet) und das Akkusativobjekt des Aktivsatzes wird zum Subjekt des Passivsatzes:
- Aktivsatz: Wen oder was öffnet die Zauberin langsam? → die schwarze Kiste
- Passivsatz: Wer oder was wird langsam geöffnet? → die schwarze Kiste

2 Man kann den Handelnden auch im Passivsatz angeben, indem man „von" einfügt.

3 **a/b** Beispiellösung für die Umformung der Aktivsätze in Passivsätze (wenn man den Handelnden angeben kann, aber nicht unbedingt angeben muss, damit der Text verständlich ist, steht die Formulierung „von ..." in Klammern):
Menschen schweben lassen
- Zuerst wird ein Paar Socken mit Zeitung oder Papier ausgestopft.
- Dann werden die Socken an zwei Holzstäben befestigt.
- Danach werden die Schuhe über die Socken gestülpt.
- Jetzt wird der Zauberumhang von dem Assistenten angezogen.
- Anschließend werden diese „Beine" von dem Assistenten über den Kistenrand gehalten.
- Nun wird der Assistent (von dem Zauberer) mit Zauberformeln hypnotisiert.
- Der Assistent wird (von dem letzten Zauberspruch) in die Luft gehoben.
- Nach einer Weile wird der Assistent von dem Zauberer aufgeweckt.

Mögliche Zusatzaufgabe
Entscheidet, bei welchen Sätzen in dem Text „Menschen schweben lassen" der Aktivsatz sinnvoller ist als der Passivsatz. Begründet.
Lösung: Der vierte, der fünfte und der letzte Satz werden sinnvoller im Aktiv formuliert, weil es wichtig ist, wer hier handelt.

41 Mit Ober- und Unterbegriffen genau beschreiben

1 Zur Einführung in das Thema „Oberbegriffe und Unterbegriffe" begründen die Lernenden, welchen der abgebildeten Hüte sie für eine Zaubershow auswählen würden. Ohne dass die Begriffe genannt werden, beschäftigen sich die Schülerinnen und Schüler hier mit Unterbegriffen zum Oberbegriff „Hut". Der Zylinder mit der Spielkarte stellt den klassischen Zauberhut dar. Die Aufgabe kann grundsätzlich auch anders gelöst werden. Wichtig ist dann, dass passende Begründungen für die Verwendung des Cowboyhuts oder des Sonnenhuts in einer Zaubershow gefunden werden.

2 Am Beispiel der abgebildeten Hüte erklären die Lernenden Fachbegriffe:
- Die Hutkrone ist der obere Teil eines Hutes und umschließt den Kopf mehr oder weniger eng.
- Manchmal werden in der Hutkrone Belüftungsösen verarbeitet (wie beim Cowboyhut).
- Am unteren Teil der Hutkrone ist die Krempe befestigt, die seitlich vom Hut absteht.
- Um die Hutkrone liegt am Übergang zur Krempe das Hutband.

3 Beispiellösungen für die Beschreibung der abgebildeten Hüte:
- Zauberhut: Der Hut besitzt eine hohe, zylinderförmige Krone und eine schmale, leicht nach oben gebogene Krempe. Der Zylinder ist mit schwarzem Samt bezogen. Als Besonderheit wurde hier eine Spielkarte hinter dem breiten, ebenfalls schwarzen Hutband befestigt.
- Cowboyhut: Der Cowboyhut ist aus hellbraunem Leder angefertigt. Seine vorne spitz zulaufende Hutkrone weist an der Seite Belüftungsösen aus dunkelbraunem Metall auf. An der Hutkrone ist ein braunes, geflochtenes Hutband aus Leder befestigt. Die breite Krempe hängt leicht nach unten.
- Sonnenhut: Der runde Sonnenhut wurde aus blassrosa gefärbtem Stroh hergestellt. Auffällig sind die sehr breite, gerade Krempe und das um die runde Hutkrone gewickelte dunkelrosa Hutband, das seitlich zu einer großen Schleife gebunden ist.

42 Gegenstände beschreiben

1 Beispiellösung für die Erklärung der Fachbegriffe für eine Suchanzeige nach dem Zauberbuch:
- Buchdeckel: Vorder- und Rückseite des Buchumschlags
- Buchrücken: hinterer Teil des Buchumschlags, in dem die Seiten gebunden sind
- Buchschließe: ein Schloss, mit dem man kostbare Bücher (oder z. B. Tagebücher) absperren kann
- Lesezeichen: oft (wie in der Abbildung) ein Stoffbändchen, das am Buchrücken befestigt ist und das man an der Stelle im Buch einlegt, an der man weiterlesen möchte
- Verzierung: gemalter oder geprägter Schmuck auf dem Buchdeckel oder -rücken
- Buchseiten mit Goldschnitt: Die Seiten des zugeklappten Buchs sind mit Gold(farbe) gefärbt.
- Material: Leder (Material, mit dem der Buchumschlag – Buchdeckel und -rücken – bezogen ist.)

2 **a/b/c** Beispiellösung für die Stoffsammlung zur Beschreibung des Zauberbuchs:

Bestandteile	Angaben zur Beschreibung
Buchdeckel u. -rücken	blasslila; Material: Leder
Verzierung auf dem Buchdeckel	in der Mitte ein goldener Löwe mit gewaltiger Mähne, der einen roten Edelstein hält; goldene Ornamente mit kristallblauen Steinen in den Ecken
Buchschließe	Material: Metall, schwarz; Form eines fünffingrigen Blattes
Seiten mit Goldschnitt	Seitenränder schimmern goldfarben
Lesezeichen	Bändchen aus Stoff, lang, schmal, blassrot

3 **a** Für die Beschreibung des verlorenen Zauberbuchs bietet sich eine Beschreibung vom Allgemeinen zum Besonderen an. Zunächst sind Farbe und Form wichtig, danach weitere Angaben.

b Die auffälligen Verzierungen sollten frühzeitig genannt werden, denn sie sind wichtig, um das Buch zu identifizieren. Auch die Buchschließe ist ungewöhnlich.

4 **a** Der Text wirkt eintönig, weil nur Verbformen von „haben“ und „sein“ verwendet werden.

b Beispiellösung für eine Überarbeitung des Textes (treffende Verben sind hier unterstrichen):
Das Zauberbuch [eigentlich: Der Umschlag des Zauberbuchs] <u>besteht aus</u> blasslila Leder. Die Seiten des Buchs <u>weisen</u> einen Goldschnitt <u>auf</u>, die Seitenränder <u>schimmern</u> also goldfarben. In der Mitte des Buchdeckels <u>befindet sich</u> das Bild eines Löwen, der einen roten Edelstein <u>trägt</u>. Die Ecken des Buchdeckels <u>sind</u> mit einem goldfarbenen Blumenmuster <u>verziert</u>. Auf diesen Verzierungen <u>glänzen</u> kristallblaue Edelsteine. An der langen Seite des Buches <u>sitzt</u> eine große, pechschwarze Buchschließe.

5 **a/b/c** Beispiellösung für eine Suchanzeige:

Zauberbuch gesucht!	Überschrift
Gestern habe ich mein Zauberbuch im Bus liegen gelassen. Bitte helft mir bei der Suche!	<u>Einleitung:</u> Anlass
Es handelt sich um ein großes, dickes Buch mit einem Umschlag aus blasslila Leder. Den Buchdeckel ziert in der Mitte ein gewaltiger Löwe aus Gold, der einen weinroten Edelstein hält. Die Ecken des Buchdeckels sind mit einem goldfarbenen Blumenmuster verziert. Auf diesen Verzierungen glänzen kristallblaue Edelsteine. Die Seiten des Buches weisen einen Goldschnitt auf, die Seitenränder schimmern also goldfarben. An der offenen Seite des Buchs sitzt eine große, pechschwarze Buchschließe aus Metall in der Form eines fünffingrigen Blattes. Schließlich flattert ein schmales, blassrotes Stoffbändchen als Lesezeichen unten aus dem Buch heraus.	<u>Hauptteil:</u> Beschreibung des Gegenstands in einer sinnvollen Reihenfolge
Das Zauberbuch bedeutet mir sehr viel. Ich würde mich sehr freuen, wenn es jemand findet. Bitte meldet euch telefonisch bei mir: 0152 1234567890.	<u>Schluss:</u> Bitte an Finder

Methoden und Arbeitstechniken: Ein Erklärvideo drehen

44 MK Kinder und Jugendliche schätzen und nutzen häufig Erklärvideos im Internet. Das Drehen eines eigenen Erklärvideos wirkt motivierend und fördert die medialen Kompetenzen der Schülerinnen und Schüler. Vorgangsbeschreibungen (wie z. B. Zaubertricks, aber auch Experimente oder Kochrezepte) eignen sich dafür in besonderer Weise. Die Methodenseite kann modular auch in anderen Unterrichtszusammenhängen genutzt werden.

45 Testet euch! – Einen Vorgang beschreiben und erklären

1 **a/b** In der Vorgangsbeschreibung des Zaubertricks „Bänder" ist vieles noch nicht gelungen. Folgendes sollte man bei der Überarbeitung berücksichtigen:
- eine treffende, aussagekräftige Überschrift wählen
- auf einen sinnvollen Aufbau und die richtige Reihenfolge der Schritte achten
- immer das Präsens verwenden
- eine einheitliche Anrede verwenden (nicht abwechselnd „man", „du" und den Imperativ)
- abwechslungsreiche Verben verwenden
- mit treffenden und genauen Adjektive formulieren
- sachlich beschreiben (also ohne Wertungen wie „Voll krass ist" oder „Das ist echt cool!")

c Beispiellösung für eine Überarbeitung:

Die wechselnden Bänder

Bei diesem erstaunlichen Trick wechseln farbige Bänder an deinem Handgelenk auf magische Weise ihren Platz. Du benötigst für diesen Trick zwei etwa 30 Zentimeter lange Bänder in unterschiedlichen Farben, etwa Rot und Blau, und etwas Fingerfertigkeit.
Zur Vorbereitung werden die Enden jedes Bandes verknotet, damit du zwei Schlingen hast. Nun legst du die rote Schlinge um dein Handgelenk. Dann wird das blaue Band über die rote Schlinge gezogen. Danach streifst du auch den vorderen Teil der roten Schlinge über das Handgelenk. Die blaue Schlinge hängt jetzt an der roten. Wenn du anschließend mit einem Ruck an der vorderen Schlinge des roten Bandes ziehst, wechseln wie von Zauberhand die beiden Bänder ihren Platz. Das blaue Band hängt nun an deinem Handgelenk, das rote schaukelt unten am blauen Band. Dieser Zaubertrick kann beliebig oft wiederholt werden.
Der Trick wirkt besonders eindrucksvoll, wenn du den Wechsel der Bänder mit Geschick und großer Geschwindigkeit zeigst und dabei einen Zauberspruch sprichst. Nicht verzweifeln: Übung macht die Meisterin oder den Meister!

2 Für die Überarbeitung der Vorgangsbeschreibung mit der Methode „Schreibkonferenz mit Textlupe" bietet die Methodenseite (S. 38 im Schülerband) Hinweise.

2.2 Zauberhafte Abenteuer – Beschreibungen in literarischen Texten untersuchen

46 Joanne K. Rowling: Harry Potter und der Stein der Weisen

Im Unterricht Auszüge aus den weltberühmten Harry-Potter-Romanen zu lesen, wirkt auf die Schülerinnen und Schüler sehr motivierend. Der ausgewählte Ausschnitt bietet – ebenso wie der Hörtext aus demselben Band der Reihe (vgl. Hinweis auf S. 59 in diesen Handreichungen) – Gelegenheit, die literarische Darstellung eines Vorgangs mit einer sachlichen Vorgangsbeschreibung zu vergleichen.

1 Mit dieser Aufgabe sammeln und reflektieren die Schülerinnen und Schüler erste Leseeindrücke. Zudem sollten Verständnisfragen geklärt werden.

2 Beim Formulieren einer treffenden Überschrift für den Romanauszug sind unterschiedliche Lösungen möglich. Sie sollten sich aber alle auf das Quidditch-Spiel beziehen, z. B.: Das magische Quidditch-Spiel.

3 Beispiellösung für die Erklärung des Quidditch-Spiels:
Voraussetzungen:
- An jedem Ende des Spielfelds stehen in 20 Metern Höhe drei große Ringe auf goldenen Pfeilern.
- Es gibt zwei Mannschaften mit je sieben Spielern (vgl. Z. 54 f.).
- Die Spieler fliegen auf Besen und haben unterschiedliche Aufgaben. Pro Mannschaft gibt es drei Jäger (vgl. Z. 55), einen Hüter (vgl. Z. 71 f.), zwei Treiber (vgl. Z. 107) und einen Sucher (vgl. Z. 124).
- Am Spiel sind verschiedene Bälle beteiligt, die teilweise eigenmächtig handeln: der rote Quaffel (vgl. Z. 59), zwei schwarze, etwas kleinere Klatscher, die versuchen, die Spieler von ihren Besen zu stoßen (vgl. Z. 84–106), und der winzig kleine, sehr schnelle goldene Schnatz, der silberne Flügel hat (vgl. Z. 136–138).

Spielablauf:
- Jäger: werfen sich den Quaffel zu, versuchen, ihn durch einen der gegnerischen Ringe zu werfen (= Tor) → 10 Punkte (vgl. Z. 60–63)
- Hüter: fliegt um die Ringe seiner Mannschaft und versucht, Tore der anderen zu verhindern
- Treiber: halten mit einem Schlagholz Klatscher von ihrem Team fern (vgl. Z. 114–116)
- Sucher: versucht, den Schnatz zu fangen, Fang des Schnatz' beendet das Spiel und führt meist zum Sieg → 150 Punkte (Z. 139–148)

4 Beispiellösung für den Schreibplan:

Schreibplan – Vorgangsbeschreibung

Überschrift:	Das magische Quidditch-Spiel
1. Einleitung: (Material, Spieler)	– 14 Zauberbesen (für jeden Spieler); verschiedene Bälle: 1 Quaffel (roter Ball in der Größe eines Fußballs), 2 Klatscher (tiefschwarz, kleiner als der Quaffel, fliegen eigenmächtig herum und versuchen, Spieler von den Besen zu stoßen), 1 Schnatz (golden mit kleinen, flatternden Silberflügeln, klein wie eine große Walnuss, fliegt eigenmächtig herum, sehr schnell) – 2 Mannschaften mit jeweils 7 Spielern: 3 Jäger, 1 Hüter, 2 Treiber und 1 Sucher
2. Hauptteil: (Spielregeln)	– 3 Jäger einer jeden Mannschaft versuchen, Quaffel durch einen gegnerischen Ring zu werfen (10 Punkte) – Hüter versucht, die Jäger der anderen Mannschaft davon abzuhalten – Treiber versuchen, Klatscher mit Schlagholz von ihrem Team fernzuhalten und auf die andere Mannschaft zu jagen – Sucher versucht, Schnatz zu fangen
3. Schluss: (Spielende)	– Spiel endet, wenn Schnatz gefangen wurde (150 Punkte) – Fangen des Schnatz' führt meistens zum Sieg

5 Für die Formulierung der Spielbeschreibung werden den Schülerinnen und Schülern Aufgaben auf drei Differenzierungsniveaus angeboten. Differenziert wird über verschiedene Hilfestellungen.

●○○ **a** Auf diesem Differenzierungsniveau können die Lernenden vorgegebene Satzanfänge verwenden, die die Gliederung vorstrukturieren (vgl. Beispiellösung).

●●○ **b** Hier ist die vollständige Einleitung vorgegeben, die Schülerinnen und Schüler verfassen selbstständig den Hauptteil und den Schluss der Spielbeschreibung (vgl. Beispiellösung).

●●● **c** Auf dieser Differenzierungsstufe schreiben die Schülerinnen und Schüler die vollständige Spielbeschreibung selbstständig und mit der zusätzlichen Vorgabe, mindestens zwei Passivformulierungen zu verwenden.

Beispiellösung:

Das magische Quidditch-Spiel	Überschrift
Für das Quidditch-Spiel benötigt man 14 Zauberbesen (für jeden Spieler einen) und verschiedene Bälle: einen roten Quaffel, zwei schwarze Klatscher und einen kleinen, walnussgroßen, hellgoldenen Schnatz mit kleinen Silberflügeln.	Einleitung: Material
Zuerst werden zwei Mannschaften mit je sieben Spielern gebildet. In jeder Mannschaft gibt es drei Jäger, einen Hüter, zwei Treiber und einen Sucher.	Spieler
Die Jäger versuchen, den Quaffel, der die Größe eines Fußballs hat, durch einen der gegnerischen Ringe am Spielfeldende zu werfen. Wenn das gelingt, erhält die Mannschaft zehn Punkte.	Hauptteil: Spielregeln
Die Hüter fliegen um die eigenen Ringe herum und versuchen zu verhindern, dass von der anderen Mannschaft Tore erzielt werden. Die zwei Klatscher sind sehr gefährliche, schwarze Bälle. Denn sie schießen eigenmächtig in der Luft herum und versuchen, die Spieler von ihren Besen zu stoßen. Die beiden Treiber haben die Aufgabe, ihre eigene Mannschaft mit Schlaghölzern vor den Klatschern zu schützen und diese auf die gegnerische Mannschaft zu jagen. Der Sucher soll den goldenen Schnatz einfangen. Weil dieser winzige Ball kaum zu sehen ist und sich eigenmächtig sehr schnell bewegt, ist es schwierig, ihn zu fangen.	Passivsätze
Das Spiel ist beendet, wenn der Schnatz eingefangen worden ist. Fast immer gewinnt dann die Mannschaft, die den Schnatz gefangen hat, weil sie 150 Punkte dafür erhält.	Schluss: Spielende

d Der Vergleich mit dem Auszug aus dem Roman kann in einem Tafelbild festgehalten werden:

Vorgangsbeschreibung des Spiels	Beschreibung des Spiels in „Harry Potter“
sinnvolle Abfolge: – zuerst Material und Mannschaft, – dann Spielregeln → wirkt übersichtlich und gegliedert	Material, Mannschaft und Spielregeln – gehen durcheinander, – wiederholen sich teilweise → wirkt unübersichtlich und geheimnisvoll (mit Absicht!)
sachlich	Dialog in wörtlicher Rede: – z. T. Umgangssprache – Fragen – Gefühle – Wertungen

In der digitalen Version findet sich ein weiterer Auszug aus „Harry Potter und der Stein der Weisen“ als Hörtext, gesprochen von Martin Klemm. Auch in diesem Auszug kommt eine literarisierte Vorgangsbeschreibung vor: die (missglückende) Herstellung eines Zaubertranks. Der Hörtext wird begleitet von einem passgenauen Arbeitsblatt mit Übungen zum Hörverstehen und Lösungshinweisen.

50 **Das Mannschaftsspiel Basketball beschreiben und erklären**

Harry Potters Vergleich von Quidditch mit dem Basketballspiel eröffnet die Möglichkeit, die Spielbeschreibung am Beispiel Basketball zu üben und zu vertiefen.

1 **a–c** Beispiellösung für eine Anleitung zum Mannschaftsspiel Basketball:

Anleitung zum Basketballspiel

Für das Mannschaftsspiel Basketball benötigt man ein Spielfeld, das etwa 26 Meter lang und ca. 14 Meter breit ist. An den beiden kurzen Seiten wird jeweils ein Korb in 3,05 Meter Höhe aufgehängt. Außerdem braucht man zum Spielen einen Basketball.
Zuerst werden zwei gleich große Mannschaften mit jeweils fünf Spielern gebildet. Die Spieldauer beträgt viermal zehn Minuten. Ziel des Spiels ist es, so viele Punkte wie möglich zu erzielen. Dabei erhält die Mannschaft zwei Punkte, sobald ein Spieler den Ball in den gegnerischen Korb geworfen hat. Drei Punkte erhält sie für einen Treffer, wenn der Ball hinter der Dreipunktelinie abgeworfen wird. Die Dreipunktelinie ist 6,75 Meter vom Korb entfernt.
Das Spiel beginnt mit einem Sprungball: Dazu wirft der Schiedsrichter den Ball zwischen zwei gegnerischen Spielern in die Luft und beide Spieler versuchen, den Ball zu fangen und ihn dann einem Mitspieler zuzuspielen. Die ballführende Mannschaft greift an, die andere verteidigt ihren eigenen Korb. Der Ball darf nur geworfen werden. Wenn ein Spieler mit dem Ball läuft, muss der Ball stets gedribbelt werden. Das bedeutet, dass er während des Laufens wiederholt auf den Boden geprellt wird. Nach dem Ende des Dribblings darf der Spieler das Standbein nicht mehr bewegen und muss den Ball entweder auf den Korb oder zu einem anderen Spieler werfen.
Nach Ablauf der vierzig Minuten gewinnt die Mannschaft, die die meisten Punkte erzielt hat.

2 ⊕ Mit der Beschreibung ihrer Lieblingssportart können die Schüler/-innen ihre Kompetenzen vertiefen.

2.3 Fit in ... – Einen Vorgang beschreiben und erklären

51 Das Teilkapitel eignet sich zur Vorbereitung auf eine Klassenarbeit. Die Lernenden werden schrittweise und mit Hilfen angeleitet, die Vorgangsbeschreibung eines Zaubertricks zu planen und strukturiert zu formulieren.

51 **Die Aufgabe verstehen**

1 **a** Die Stichpunkte zum Zaubertrick in der richtigen Reihenfolge:
- ersten Ring über Handgelenk streifen und hochziehen, sodass er fest am Arm sitzt
- Ring im Ärmel gut verstecken, damit Publikum ihn nicht sieht
- Enden einer 80 cm langen Schnur um Handgelenke knoten
- Zuschauer überprüfen lassen, dass Schnur fest an Handgelenken verknotet ist
- zweiten Ring Publikum zeigen, prüfen lassen, ob Ring ganz ist
- Publikum ablenken, damit es nichts merkt, mit Rücken zum Publikum zweiten Ring schnell in Hosentasche stecken; Ring aus dem Ärmel über Hand auf Schnur streifen
- wieder Publikum zuwenden und Ring auf Schnur präsentieren

Erklärung des Zaubertricks:
Der Zauberer hat bereits einen Ring unter dem Ärmel versteckt, bevor er vor das Publikum tritt. Während er das Publikum ablenkt und ihm den Rücken zuwendet, lässt er diesen ersten Ring über die Schnur gleiten und den zweiten Ring, den er dem Publikum gezeigt hat, in der Hosentasche verschwinden.

b Der Austausch in Partnerarbeit über die Anforderungen soll sicherstellen, dass alle Schülerinnen und Schüler wissen, was von ihnen verlangt wird. Sie sollten sich noch einmal den Aufbau und die sprachliche Gestaltung einer Vorgangsbeschreibung vergegenwärtigen.

52

Planen

2 Beispiellösung für den Schreibplan:

Schreibplan – Vorgangsbeschreibung

Überschrift:	Der mysteriöse Ring
1. Einleitung: (Material)	– Schnur, 80 cm lang – zwei gleiche Ringe (Größe wie Armreif) – ein Oberteil mit langen Ärmeln
2. Hauptteil: (Arbeitsschritte)	– ersten Ring über Handgelenk streifen und hochziehen, sodass er fest am Arm sitzt – Ring im Ärmel gut verstecken, damit Publikum ihn nicht sieht – erst jetzt vor das Publikum treten – Enden einer 80 cm langen Schnur um Handgelenke knoten – Zuschauer überprüfen lassen, dass Schnur fest an Handgelenken verknotet ist – zweiten Ring Publikum zeigen, prüfen lassen, ob Ring ganz ist – Publikum ablenken, damit es nichts merkt, mit Rücken zum Publikum zweiten Ring schnell in Hosentasche stecken; Ring aus dem Ärmel über Hand auf Schnur streifen – wieder Publikum zuwenden und Ring auf Schnur präsentieren
3. Schluss: (Tipp oder Hinweis)	– wichtig: Publikum geschickt ablenken, z. B. durch Zauberspruch

52

Schreiben und überarbeiten

3 Beispiellösung für die Beschreibung des Zaubertricks:

Der mysteriöse Ring — Überschrift (1)

Bei diesem Zaubertrick hängt am Ende auf mysteriöse Weise ein Ring an einer Schnur. Für den Trick brauchst du zwei gleiche Ringe (etwa in der Größe eines Armreifs) und eine 80 cm lange Schnur. Unbedingt musst du für diesen Trick ein Oberteil mit langen, nicht zu engen Ärmeln tragen. — Einleitung: Darum geht's + Material (2)

Bevor du vor das Publikum trittst, streifst du den ersten Ring über das Handgelenk und ziehst ihn so hoch, dass er fest am Arm sitzt. Danach ziehst du den Ärmel herunter, damit der Ring im Ärmel sicher versteckt und für die Zuschauer unsichtbar ist. Jetzt erst trittst du vor das Publikum.
Zunächst wird die Schnur an deinen beiden Handgelenken befestigt. Anschließend prüft eine Zuschauerin, ob die Schnur an beiden Enden fest verknotet ist. Daraufhin zeigst du dem Publikum beide Hände. Danach präsentierst du den Zuschauerinnen und Zuschauern den zweiten Ring und sie dürfen prüfen, ob er vollständig geschlossen ist. Während du das Publikum ablenkst, damit es nichts merkt, drehst du dich um, lässt den Ring unauffällig in deiner Hosentasche verschwinden und ziehst den ersten Ring vom Arm über die Schnur. Nun wendest du dich wieder dem Publikum zu. Der Ring hängt jetzt auf mysteriöse Weise an der Schnur zwischen deinen Handgelenken. — Hauptteil: genaue Reihenfolge der Schritte (3); Satzanfänge, die die Reihenfolge verdeutlichen (A)

Besonders wichtig ist bei diesem Trick ein geschicktes Ablenkungsmanöver, wenn du den zweiten Ring in deiner Hosentasche verschwinden lässt und den ersten Ring über die Schnur streifst. Das gelingt durch einen Zauberspruch und viel Übung. — Schluss: Tipp (4)

Material zu diesem Kapitel auf den folgenden Seiten und digital

- Fordern und fördern – Einen Vorgang beschreiben und erklären: Zaubertrick mit Becher (mit Hilfe-Karten und Zusatzaufgaben für „Profis"; Lösungshinweise digital)
- Was kannst du schon? – Vorgänge und Gegenstände beschreiben und erklären (Diagnose; Lösungshinweise und Förderempfehlungen digital)
- Klassenarbeit – Einen Zaubertrick beschreiben und erklären: Der wandernde Ring (Erwartungshorizont digital)
- Klassenarbeit – Einen Zaubertrick beschreiben und erklären: Das Verschwinden des Wassers (Erwartungshorizont digital)
- Klassenarbeit – Einen Gegenstand beschreiben: Zauberkoffer verloren (farbige Kopiervorlage und Erwartungshorizont digital)
- Hörtext: Joanne K. Rowling: Harry Potter und der Stein der Weisen (Auszug), gesprochen von Martin Klemm (mit einem passgenauen Arbeitsblatt zur Übung des Hörverstehens inkl. Lösungshinweisen; digital)

Fordern und fördern – Einen Vorgang beschreiben und erklären

Zaubertrick mit Becher

Material:
- 1 Pappbecher
- Alufolie oder 1 steifes Tuch aus Stoff oder Papier
- 1 Tisch und Stühle für die Vorführung

Stichworte zu den Arbeitsschritten (falsche Reihenfolge, nur A ist richtig):

A mit Publikum am Tisch sitzen, Publikum gegenüber
B Zauberspruch sprechen
C Tuch und Becher mit großer Kreisbewegung über Tischkante schieben, damit Becher in den Schoß fällt
D Tuch mit Becher darunter über Tischplatte kreisen, immer größere Kreise
E Tuch, das immer noch hochsteht, zurück zur Tischmitte bewegen
F Tuch so über Becher stülpen, dass Form des Bechers erkennbar ist
G Tuch ausschütteln: Becher verschwunden
H nacheinander Tuch und Becher präsentieren

Autoren: Michael Germann / Christiane Graff
Illustration: Christiane Grauert, Milwaukee (USA)

Verfasse für ein Zauberbuch eine Beschreibung zu dem abgebildeten Zaubertrick.
Beschreibe und erkläre die einzelnen Schritte des Vorgangs so, dass andere den Zaubertrick leicht verstehen und ausführen können. Gehe so vor:

1 a Sieh dir die Bilder genau an und lies die Stichworte.
Ordne die Stichworte zu den Arbeitsschritten in der richtigen Reihenfolge: Notiere die Buchstaben in deinem Heft.

b Mache dir klar, wie der Trick funktioniert.

2 Erstelle einen Schreibplan für die Beschreibung des Zaubertricks:
- Notiere, welche Materialien benötigt werden.
- Schreibe die Stichworte zu den Arbeitsschritten in der richtigen Reihenfolge auf.

(→ Hilfe-Karte: Schreibplan)

3 Verfasse eine Beschreibung des Zaubertricks. Gehe so vor:

a Notiere eine treffende Überschrift.

b Schreibe eine Einleitung, in der du die benötigten Materialien nennst.
TIPP: Entscheide dich für eine Form der Anrede: du, man oder Imperativ.

c Beschreibe im Hauptteil die Schritte des Zaubertricks.
- Mache die Abfolge durch passende Satzanfänge deutlich.
(→ Hilfe-Karte: Die Abfolge durch passende Satzanfänge verdeutlichen)
- Verwende für erklärende Sätze oder Satzteile „weil“, „damit“, „um … zu“ oder „sodass“.
- Gestalte die Beschreibung abwechslungsreich, indem du Aktiv- und Passivsätze verwendest.
(→ Hilfe-Karte: Aktiv und Passiv)

d Formuliere im Schluss einen Tipp oder einen Hinweis zu dem Zaubertrick.

4 Prüfe den Aufbau deiner Vorgangsbeschreibung und die Sprache (Grammatik, Rechtschreibung und Zeichensetzung, Verwendung abwechslungsreicher Verben und des Präsens).

Folgende Hilfen oder Aufgaben zum Weiterarbeiten kannst du nutzen	
Hilfe-Karte	Schreibplan
Hilfe-Karte	Die Abfolge durch passende Satzanfänge verdeutlichen
Hilfe-Karte	Aktiv und Passiv
Für Profis und Schnelle	Zauberspruch-Werkstatt

Hilfe-Karte: Schreibplan

Du kannst diesen Schreibplan in dein Heft übernehmen und ergänzen.

Schreibplan – Vorgangsbeschreibung

Überschrift:	...
1. Einleitung:	– Darum geht es: Becher wegzaubern – Material: Tisch und Stühle, 1 Pappbecher ...
2. Hauptteil: (Arbeitsschritte in der richtigen Reihenfolge)	– mit Publikum am Tisch sitzen, Publikum ... – nacheinander ... – Tuch so über Becher stülpen, dass ... – Tuch mit Becher darunter ... – Zauberspruch ... – ... – ... – Tuch ausschütteln
3. Schluss: (Tipp oder Hinweis)	– Tipp: mit Alufolie üben

Hilfe-Karte: Die Abfolge durch passende Satzanfänge verdeutlichen

Mit passenden Satzanfängen kann man eine Abfolge verdeutlichen. Beispiele:

zu Beginn – zuerst – zunächst – dann – danach – anschließend – nun – jetzt – während – währenddessen – nachdem – im gleichen Moment – schließlich – zum Schluss

Hilfe-Karte: Aktiv und Passiv

So bildest du Passivsätze: Form von „werden“ + Partizip II des Verbs
Beispiel:
- Aktiv: Du schiebst den Becher über die Tischkante.
- Passiv: Der Becher wird über die Tischkante geschoben.

→ Das Akkusativobjekt des Aktivsatzes (den Becher) wird zum Subjekt im Passivsatz (der Becher).
Das Subjekt des Aktivsatzes entfällt oder kann mit „von“ in den Passivsatz eingebaut werden:
Der Becher wird von dir über die Tischkante geschoben.

Für Profis und Schnelle: Zauberspruch-Werkstatt

5 Magier arbeiten oft mit Zaubersprüchen, um das Publikum abzulenken.
Denke dir mit Hilfe der Zauberspruch-Werkstatt besondere Zaubersprüche für den Becher-Trick aus.

Zauberspruch-Werkstatt

Reime:	auf Becher: Sprecher, frecher, Verbrecher ... auf verschwinden: binden, finden, verbinden ... auf weg: Schreck, keck, Fleck ...
Sprachspiele:	Abrakadabra ... – Simsalabim ... – Umbrakumbra ...
Vergleiche:	der Becher gleitet wie ein Schlittschuh – wie auf Eis – wie auf Seife ...

Was kannst du schon? – Vorgänge und Gegenstände beschreiben und erklären

1 Welche Angaben sind bei der Beschreibung eines Zaubertricks besonders wichtig? Kreuze an.

- ☐ **A** die Reihenfolge der Arbeitschritte
- ☐ **B** die Beschreibung der Kleidung des Zauberers
- ☐ **C** das Aussehen des Zauberers
- ☐ **D** Material für den Trick und notwendige Vorbereitungen

2 Welche Formulierungen sind bei der Beschreibung und Erklärung eines Vorgangs besonders wichtig? Kreuze an.

- ☐ **A** wertende Ausdrücke (z. B.: süß, niedlich)
- ☐ **B** eine einheitliche Anrede (z. B. Verben im Imperativ)
- ☐ **C** Wörter, die die Abfolge deutlich machen (z. B.: zuerst, dann)
- ☐ **D** Zaubersprüche (z. B.: Abrakadabra)

3 Welche Anredeformen kannst du bei der Vorgangsbeschreibung noch verwenden? Ergänze sie.

Imperativ, ____________________

4 **a** In der Beschreibung eines Zaubertricks sollte man Aktivsätze und Passivsätze verwenden. Warum? Streiche Unpassendes durch.

Man sollte in der Beschreibung eines Zaubertricks Aktiv- und Passivsätze verwenden, um abwechslungsreich zu formulieren / um nicht zu verraten, was der Zauberer macht.

b Bestimme die folgenden Sätze: Aktiv oder Passiv?

A Die Zauberer studiert sein Zauberbuch. ____________________

B Der Zauberspruch wird vom Magier leise gemurmelt. ____________________

C Danach wird der Löffel zum Schweben gebracht. ____________________

D Am Schluss zeigt der Zauberer dem Publikum das Kaninchen. ____________________

5 Wie sollte man die Beschreibung eines Zaubertricks aufbauen?
Bringe die Elemente in die richtige Reihenfolge und schreibe die Buchstabenfolge auf die Linie.

> **A** Materialien – **B** Ablauf des Vorgangs – **C** Vorbereitungen – **D** treffende Überschrift – **E** Tipps oder Hinweise

Richtiger Aufbau einer Vorgangsbeschreibung: ____________________

6 Wie sollte man eine Gegenstandbeschreibung (z. B. eine Suchmeldung) aufbauen?
Bringe die Elemente in die richtige Reihenfolge und schreibe die Buchstabenfolge auf die Linie.

> **A** weitere Informationen oder Bitte um Nachricht
> **B** weitere Merkmale des Gegenstands (z. B. Material, Form, Farbe, Besonderheiten)
> **C** Anlass der Beschreibung
> **D** Benennung des Gegenstands und das wichtigste Merkmal

Richtiger Aufbau einer Gegenstandsbeschreibung: ____________________

Cornelsen
Autoren: Michael Germann / Christiane Graff
Illustration: Christiane Grauert, Milwaukee (USA)

Klassenarbeit – Einen Zaubertrick beschreiben und erklären

Aufgabenstellung

1 Verfasse eine Beschreibung zu dem abgebildeten Zaubertrick für ein Zauberbuch. Beschreibe und erkläre die einzelnen Schritte des Vorgangs genau und verständlich. Gliedere deine Beschreibung in Einleitung, Hauptteil und Schluss.

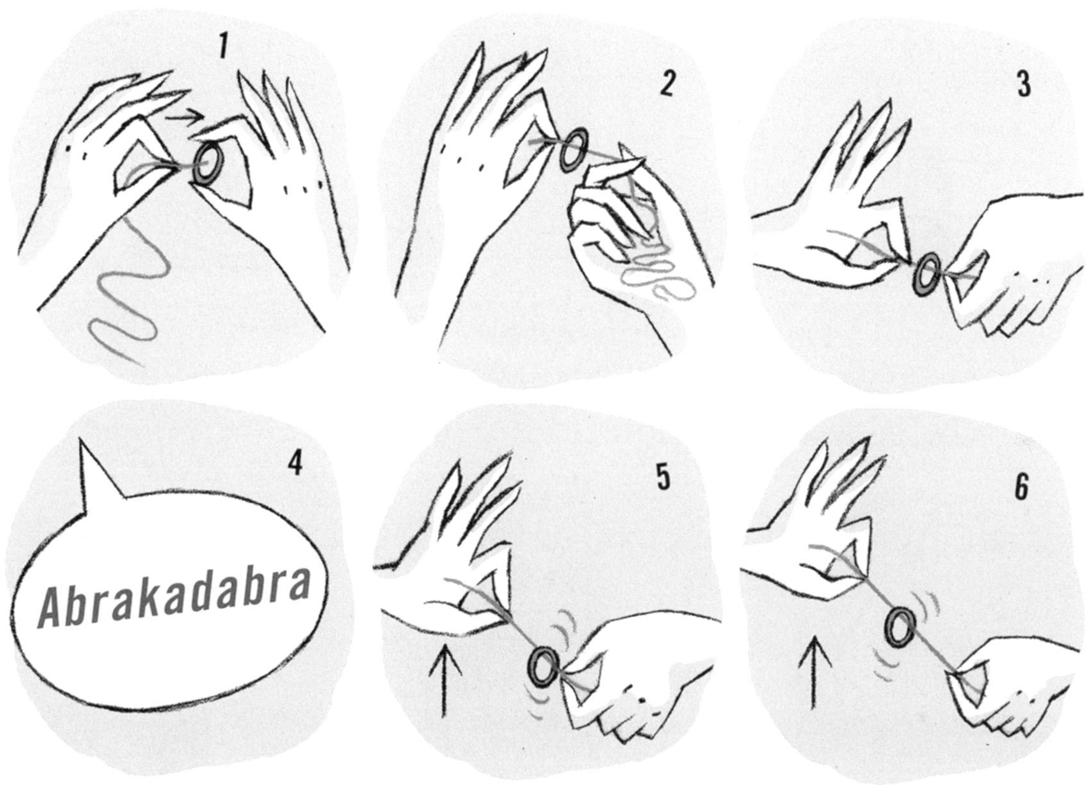

Material:
1 Ring, 1 Gummiband (ca. 20 cm lang)

Vorbereitung:
- Gummiband durch den Ring fädeln
- langes Ende des Gummibands aufwickeln, in der rechten Hand verbergen
- anderes Ende des Gummibands zwischen Zeigefinger und Daumen der linken Hand halten

Stichworte zu den Arbeitsschritten (falsche Reihenfolge):
- Band in rechter Hand langsam, für den Zuschauer nicht sichtbar, lösen und abrollen lassen
- linke Hand: Innenfläche offen zum Publikum, Mittel-, Ring- und kleinen Finger abspreizen
- linke Hand langsam höher heben, rechte Hand zur Faust schließen
- Ring „wandert“ scheinbar nach oben
- rechte Hand: Handrücken zum Publikum, Mittel-, Ring- und kleinen Finger zur Faust geschlossen halten, damit aufgewickeltes Band nicht zu sehen ist
- Band präsentieren: in beiden Händen jeweils mit Daumen und Zeigefinger halten

So funktioniert der Trick:
Der Ring wandert durch eine optische Täuschung scheinbar nach oben.
In Wirklichkeit wird er aber durch das Lösen des Gummibands mit dem Band bewegt

Autoren: Michael Germann / Christiane Graff
Illustration: Christiane Grauert, Milwaukee (USA)

Klassenarbeit – Einen Zaubertrick beschreiben und erklären

Aufgabenstellung

1 Verfasse eine Beschreibung zu dem abgebildeten Zaubertrick für ein Zauberbuch.
Beschreibe und erkläre die einzelnen Schritte des Vorgangs genau und verständlich. Gliedere deine Beschreibung in Einleitung, Hauptteil und Schluss.

Material:
1 Papiertüte, 1 Papierwindel, Klebeband, 1 Karaffe oder 1 Flasche, Wasser

Vorbereitung:
- Windel in Tütenboden einkleben
- Wasser in Karaffe füllen

Stichworte zu den Arbeitsschritten (falsche Reihenfolge):
- Tüte umdrehen: nichts läuft heraus
- Zauberspruch sprechen
- Tüte dem Publikum zeigen (außen, unten, <u>nicht</u> innen)
- Tüte erneut dem Publikum zeigen
- Wasser langsam in Tüte gießen
- Wasser ist scheinbar verschwunden
- auf trockenen Boden der Tüte hinweisen

Autoren: Michael Germann / Christiane Graff
Illustration: Christiane Grauert, Milwaukee (USA)

Klassenarbeit – Einen Gegenstand beschreiben

Aufgabenstellung

1 Du hast deinen Zauberkoffer mit vielen wichtigen Zaubergegenständen im Bus liegen lassen. Verfasse eine Suchanzeige, die dir hilft, den Zauberkoffer wiederzubekommen. Nutze dazu die Abbildung. Beschreibe den Gegenstand genau und achte auf eine sinnvolle Ordnung.
Gliedere deine Suchanzeige in Einleitung, Hauptteil und Schluss.

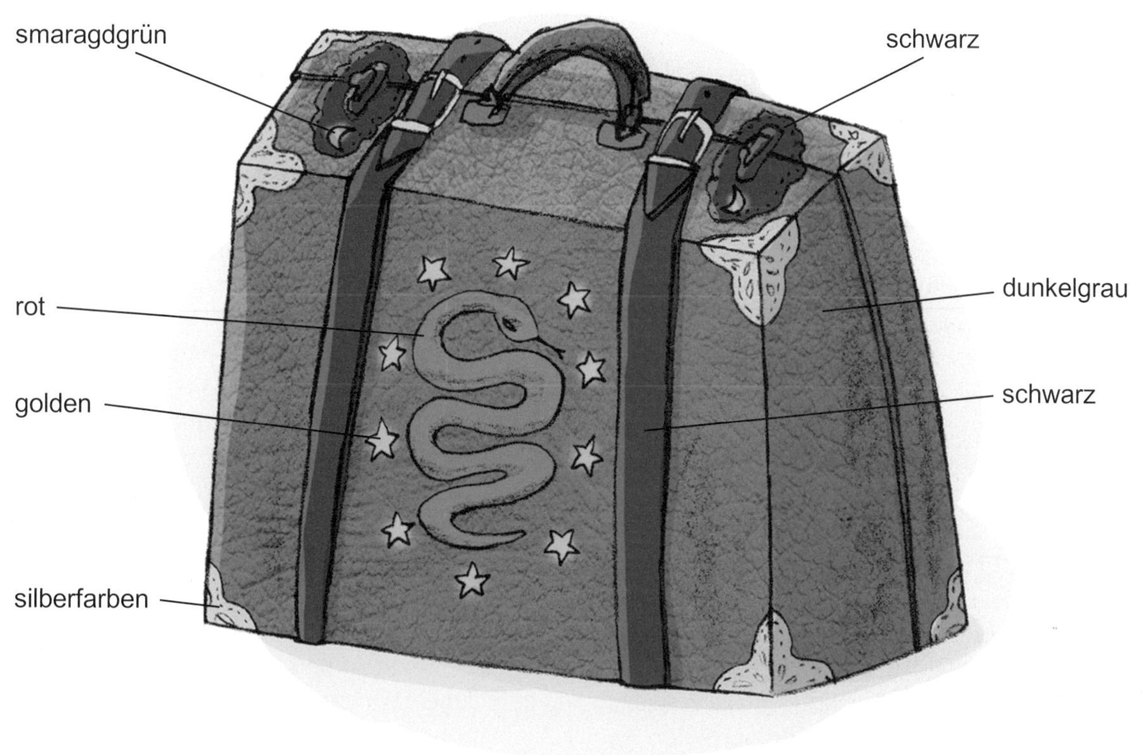

Material: Leder
Größe: etwa 60 x 30 x 20 cm

3 Echte Tierliebe? – Argumentieren und überzeugen

Konzeption des Kapitels

Im Zentrum dieses Kapitels steht die systematische Entwicklung des mündlichen und schriftlichen Argumentierens. Die Frage „Echte Tierliebe?" bildet dabei den motivierenden Ausgangspunkt und die thematische Klammer der einzelnen Sequenzen. Die Kompetenzen werden über das mündliche Argumentieren vorbereitet, fachspezifische Methoden (z. B. Fishbowl-Diskussion) sind mit kooperativen Lernformen und selbstgesteuertem Lernen verschränkt. Das argumentierende Schreiben führt zu vollständigen Schreibprodukten, zu einer Stellungnahme und einem Kommentar für ein digitales Magazin. Binnendifferenzierende Aufgabenstellungen werden ebenso berücksichtigt wie Impulse zur Förderung metakognitiver Kompetenzen.

Im ersten Teilkapitel **(„Tiere zu Hause, in der Schule und in Zoos – Überzeugend kommunizieren und argumentieren")** stehen Kompetenzen aus den Bereichen „Sprechen und Zuhören" sowie „Schreiben" im Zentrum. Bevor die Schülerinnen und Schüler sich argumentativ zu einem Sachverhalt äußern, lernen sie, ein zielgerichtetes Gespräch zu planen und durchzuführen und dabei Aspekte wie Höflichkeit, angemessene Sprache sowie aktives Zuhören zu berücksichtigen. Außerdem setzen sie sich mit der Kommunikation in einem Chat auseinander, wobei sie diesen nicht nur inhaltlich und sprachlich untersuchen, sondern auch über Fragen der Privatsphäre, des Persönlichkeitsrechts und der Netiquette diskutieren. Ausgehend von einem Artikel über die Bedeutung von Haustieren für Kinder werden dann eine eigene Positionierung sowie vollständige Begründungen mit Argumenten und stützenden Beispielen angebahnt. Nach einem Sprachtraining über Gesprächsmotoren und Gesprächsbremsen üben, vertiefen und reflektieren die Schülerinnen und Schüler das Argumentieren in einer Fishbowl-Diskussion. Anschließend werden die angebahnten Kompetenzen in einer schriftlichen Stellungnahme zum Pro und Kontra von Tierhaltung in Zoos zusammengeführt. Der Schreibprozess wird durch eine visualisierende Stoffsammlung und Planung sowie durch strukturelle und sprachliche Hilfen angeleitet. Ein abschließender Test ermöglicht es den Lernenden, ihren Kompetenzzuwachs beim Argumentieren und in Bezug auf Gesprächsregeln zu überprüfen.

Im zweiten Teilkapitel **(„Hundewinter – Einen Wunsch begründen")** werden die zuvor erworbenen Kompetenzen vertieft und weitergeführt, wobei der Bereich „Texte" in den Mittelpunkt rückt. Die Schülerinnen und Schüler erschließen einen Auszug aus dem Jugendroman „Hundewinter" und setzen sich produktiv-gestaltend mit der dargestellten Konfliktsituation auseinander. In einem Figurenbrief argumentieren sie für die Aufnahme eines streunenden Hundes als Kamerad der weiblichen Hauptfigur.

Mit dem dritten Teilkapitel **(„Fit in ... – Stellung nehmen")** trainieren die Lernenden für eine Klassenarbeit. Sie können hier selbstständig in einem gesteuerten Schreibprozess das Verfassen eines Kommentars für die Website eines Magazins üben und ihre Ergebnisse kriterienorientiert überprüfen.

Literaturhinweise

- Argumentieren. Praxis Deutsch 160/2000
- Argumentieren und Erörtern. Deutschunterricht 4/2016
- *Becker-Mrotzek, Michael (Hg.):* Mündliche Kommunikation und Gesprächsdidaktik. Schneider, Baltmannsweiler 2009
- *Becker-Mrotzek, Michael / Böttcher, Ingrid:* Schreibkompetenz entwickeln und beurteilen. Cornelsen, Berlin [5]2014
- *Ludwig, Otto / Spinner, Kaspar H.:* Mündlich und schriftlich argumentieren. In: Praxis Deutsch 160/2000, S. 16–22
- Meinungen bilden. Praxis Deutsch 211/2008
- Netzwerk fachliche Unterrichtsentwicklung Deutsch des Schulministeriums NRW. Argumentierendes Schreiben – lehren und lernen. Materialien unter: https://www.schulentwicklung.nrw.de/cms/netzwerk-fachliche-unterrichtsentwicklung/deutsch/deutsch-home/index.html
- *Pohl, Thorsten:* Schriftliches Argumentieren. In: Helmuth Feilke / Thorsten Pohl (Hg.): Schriftlicher Sprachgebrauch. Texte verfassen. Schneider, Baltmannsweiler 2014, S. 287–315
- *Schneider, Frank / Tetling, Klaus:* Argumentierend schreiben. In: Becker-Mrotzek / Böttcher (2014), S. 216–242
- *Spinner, Kaspar H.:* Was gehört zu einer guten Argumentation? In: Praxis Deutsch 203/2007, S. 21–24
- Streit und Konflikt. Praxis Deutsch 174/2002

Übungsmaterial im „Deutschbuch 6 Arbeitsheft“

- Argumentieren und überzeugen, S. 13–15

	Inhalte	**Kompetenzen** Die Schülerinnen und Schüler
S. 53	**3 Echte Tierliebe? – Argumentieren und überzeugen**	– aktivieren ihr Wissen über das Diskutieren und Argumentieren
S. 54	**3.1 Tiere zu Hause, in der Schule und in Zoos – Überzeugend kommunizieren und argumentieren** Im Gespräch ein Ziel verfolgen	– tragen Anliegen inhaltlich und sprachlich angemessen vor – hören aktiv zu, fragen gezielt nach und geben Gehörtes treffend wieder – setzen nonverbale und paraverbale Mittel situationsangemessen ein
S. 56	Einen Chat untersuchen und Chatregeln erarbeiten	– untersuchen Chatsprache im Hinblick auf Abweichungen von der Standardsprache – reflektieren die Wirkung ihres kommunikativen Handelns in einem Chat – identifizieren Internet-Kommunikation als potenziell öffentlich und ziehen daraus Konsequenzen für sich und andere – entwickeln Regeln für die digitale Kommunikation
S. 58	Meinungen begründen	– erschließen einen journalistischen Text – identifizieren und erläutern zentrale Aussagen – untersuchen Argumentationen – erklären die Funktion von Beispielen – ergänzen Argumentationsketten – wenden Gesprächs- und Argumentationsregeln in einem Klassengespräch an
S. 60	Sprachtraining: Aufmerksam zuhören, höflich miteinander umgehen	– bewerten eine Gesprächssituation – überarbeiten das Gespräch – entwickeln Strategien für Streitsituationen
S. 61	Eine Fishbowl-Diskussion führen	– formulieren eine Meinung zur strittigen Frage – werten Kommentare im Hinblick auf passende Argumente aus – entkräften ein Gegenargument – führen eine Fishbowl-Diskussion – reflektieren sie anhand eines Bewertungsbogens
S. 63	Schriftlich Stellung nehmen	– erkennen die strittige Frage, positionieren sich – fassen die vorgegebenen Positionen zusammen – bewerten die Argumente – visualisieren die eigene Meinung mit passenden Begründungen und Beispielen – begründen ihre Meinung schriftlich in einem Kommentar – überarbeiten die eigenen Texte kriterienorientiert

S. 66	Sprachtraining: Begründungssätze: Kommas richtig setzen	– üben und reflektieren Kommasetzung und Verbstellung in Begründungssätzen
S. 67	Testet euch! – Argumentieren und überzeugen	– überprüfen den eigenen Lernfortschritt beim Argumentieren und in Bezug auf Gesprächsregeln
S. 68	**3.2 Hundewinter – Einen Wunsch begründen** *Kathy A. Nuzum: Hundewinter*	– erschließen den Romanauszug fragengeleitet – beschreiben die Konfliktsituation – versetzen sich in die Hauptfigur und verfassen aus deren Perspektive einen argumentierenden Brief
S. 71	**3.3 Fit in … – Stellung nehmen**	– trainieren für eine Klassenarbeit (Kommentar) – verstehen eine komplexe Aufgabenstellung – entwickeln anhand vorgegebener Äußerungen eine eigene Meinung zur strittigen Frage – finden passende Argumente – formulieren einen argumentierenden Text – überarbeiten den eigenen Text mit Hilfe einer Checkliste

3 Echte Tierliebe? – Argumentieren und überzeugen

53 Das Foto und die Aufgaben auf der Auftaktseite bereiten auf die thematischen und fachlichen Schwerpunkte des Kapitels vor und aktivieren Vorkenntnisse und Kompetenzen zum Diskutieren und Argumentieren.

1 **a/b** Das Foto soll dazu anregen, sowohl die Faszination als auch die Problematik von Delfin- und Walshows zu diskutieren. Dabei wirkt eine genaue Beschreibung des Bildes unterstützend.
Diese Tiere faszinieren,
- weil sie groß sind,
- weil sie spektakuläres und intelligentes Verhalten zeigen,
- weil manche von ihnen (etwa Orcas) durchaus bedrohlich erscheinen.

Über die Beschreibung des Wasserbeckens und der großen Zuschauerzahl im Hintergrund kann man zu den strittigen Aspekten überleiten. Wal- und Delfinshows sind problematisch,
- weil diese großen Meerestiere in unnatürlicher Umgebung in kleinen Meerwasserbecken in Gefangenschaft gehalten werden,
- weil sie zur Unterhaltung von Menschen gehalten und dressiert werden,
- weil sie zum Geldverdienen ausgebeutet werden.

2 Die kleine Selbstdiagnose mit Hilfe des Advance Organizers dient dazu, bisher erworbene Kompetenzen des Argumentierens zu reaktivieren. Es ist sinnvoll, die Kapitelschwerpunkte systematisch durchzugehen und bekanntes Wissen zu sichern. Das sorgt für Transparenz bei den Unterrichtszielen und bietet den Lernenden die Möglichkeit, eigene Schwerpunkte zu initiieren.
Bei leistungsstarken Lerngruppen kann eventuell bereits an dieser Stelle auf die Diagnose „Was kannst du schon?“ (S. 93 in diesen Handreichungen) zurückgegriffen werden. Sie ermöglicht den Lehrkräften ein deutlich differenzierteres Bild von den Lernvoraussetzungen der Klasse. Allerdings sollte der Diagnosebogen am Ende von Teilkapitel 1 noch einmal bearbeitet werden, damit die Lernenden die Chance haben, ihren Kompetenzzuwachs zu betrachten und zu bewerten.

3.1 Tiere zu Hause, in der Schule und in Zoos – Überzeugend kommunizieren und argumentieren

Das Teilkapitel ist durch die Unterscheidung von mündlichem und schriftlichem Argumentieren gegliedert. Dabei bereiten die wesentlichen Strukturelemente einfacher Begründungen in mündlichen Kontexten das schriftliche Argumentieren vor.

54 Im Gespräch ein Ziel verfolgen

Bevor die Schülerinnen und Schüler sich mit der Frage auseinandersetzen, wie man im Gespräch seine Meinung begründet, befassen sie sich hier auf einer allgemeinen Ebene mit dem gezielten Führen von Gesprächen. Dabei lernen sie, dass Gespräche häufig einem bestimmten Ablauf folgen und setzen sich mit Fragen des höflichen Sprechens und aktiven Zuhörens auseinander.

1 An dieser Stelle bekommen die Lernenden die Gelegenheit, von ihren eigenen Erfahrungen mit Telefongesprächen zu berichten.

2 **b** Peter verfolgt mit dem Gespräch zwei Ziele: Er möchte zunächst wissen, ob der Zoo Führungen anbietet und in einem zweiten Schritt erfahren, was diese kosten. Er kann mit dem Verlauf des Gesprächs zufrieden sein, weil diese beiden Fragen beantwortet werden. Außerdem erhält er die weitere wichtige Information, dass Führungen spätestens zwei Wochen vor dem Besuch angemeldet werden müssen.

3 Der Aufbau des Gesprächs lässt sich in einem Tafelbild visualisieren:

Gesprächsphase	Inhalt
Begrüßung und Vorstellung	– Begrüßung mit „Guten Tag." – Peter nennt seinen Namen, Schule und Klasse.
Anliegen	– Hinweis auf geplanten Zoobesuch – Frage nach Führungen – Frage nach den Kosten
Dank und Verabschiedung	– Dank für die Auskunft – Verabschiedung mit „... noch einen schönen Tag." und „Auf Wiederhören."

4 **a** Formulierungen, die besonders höflich sind: „Guten Tag.", „Vielen Dank für die Auskunft.", „Ich wünsche Ihnen noch einen schönen Tag.", „Auf Wiederhören."

b Typisch für ein Gespräch mit einer unbekannten Erwachsenen sind z. B. die förmliche Begrüßung und Verabschiedung. Im Gespräch mit einem gleichaltrigen Jugendlichen würde Peter z. B. „Hallo!" und „Tschüss." sagen. Denkbar ist auch, dass Peter im Gespräch mit einem gleichaltrigen Jugendlichen mehr Umgangs- oder Jugendsprache verwenden würde, z. B. statt „Das ist kein Problem." eine Formulierung wie „Geht klar.". Hinzu kommt, dass Peter seine Gesprächspartnerin siezt und einen gleichaltrigen Jugendlichen duzen würde.

c Peter wiederholt die wichtigsten Informationen: „Zwei Wochen vorher?" sowie „Aha. 80 Euro und das Eintrittsgeld."

5 Beispiele für mögliche Gesprächsverläufe auf drei Differenzierungsstufen:

●○○ **a**
- Guten Tag. Ich bin Can und das sind meine Mitschüler!
- Hallo, Can. Wie kann ich euch helfen?
- Wir hätten gern ein Klassenfoto, auf dem wir alle darauf sind. Könnten Sie bitte hier vor dem Löwengehege vielleicht eins von uns machen?
- Kein Problem. Dann gib mir mal dein Handy. (Zoobesucher macht das Foto.)
- Vielen Dank für Ihre Hilfe. Ich wünsche Ihnen noch einen schönen Tag.
- Gern geschehen. Tschüss, Can.
- Tschüss.

●●○ **b**
- Guten Tag. Ich bin Mila und das ist meine Freundin Dilara.
- Hallo. Was kann ich für euch tun?
- Sie haben eben so eine tolle Ringnummer in der Delfinshow vorgeführt, aber wir standen zu weit hinten und konnten deswegen kein Foto machen. Könnten Sie bitte das Kunststück für uns noch einmal vorführen, damit wir fotografieren können?
- Na klar. Das mache ich gern für euch. (Tierpfleger führt Ringnummer durch. Die Mädchen machen Fotos.)
- Vielen Dank! Die Fotos sind wirklich toll geworden.
- Kein Problem. Dann noch viel Spaß im Zoo!
- Danke! Auf Wiedersehen!

●●● **c**
- Guten Tag. Entschuldigen Sie bitte. Ich bin Julius und mir ist ein kleines Missgeschick passiert.
- Hallo Julius. Was ist denn los?
- Ich habe eben leider nicht aufgepasst und da ist mir mein Rucksack ins Elefantengehege gefallen. Könnten Sie ihn mir bitte wohl wieder herausholen?
- Ja. Warte kurz, dann helfe ich dir. (Tierpfleger holt den Rucksack und gibt ihn Julius.)
- Vielen Dank und entschuldigen Sie bitte noch einmal die Umstände.
- Kein Problem.
- Auf Wiedersehen.
- Auf Wiedersehen, Julius.

d Die folgende Checkliste kann im Unterricht für eine differenzierte Rückmeldung genutzt werden:
- Beginnt das Gespräch mit einer Begrüßung und Vorstellung und endet das Gespräch mit Dank und Verabschiedung?
- Wird das Anliegen (Bitte, bei c auch Entschuldigung) verständlich vorgetragen?
- Ist die Sprache angemessen?
- Passen Tonfall, Sprechtempo und Lautstärke zum Gespräch?
- Haben die Gesprächsteilnehmer auf ihre Mimik (z. B. offen, freundlich) geachtet?
- Ist die Körpersprache angemessen (z. B. dem Gesprächspartner zugewandt, Blickkontakt, Hände nicht in den Hosentaschen)?

56 Einen Chat untersuchen und Chatregeln erarbeiten

1 Die Aufgabe aktiviert die Erfahrungen der Schülerinnen und Schüler mit Chats. Dem Austausch sollte genügend Raum gegeben werden, um ggf. auch die Probleme anzusprechen, die sich aus vielen belanglosen Chats („Zeitfresser"), einer unsensiblen Chatsprache (bis hin zu Beleidigungen und Mobbing) oder aufgrund fehlender Chatregeln (Beleidigungen, Lästereien) ergeben können.

2 An dieser Stelle können die Schülerinnen und Schüler unterschiedlich argumentieren. Die Bezeichnung ist insofern treffend, als ein Chat verschiedene Elemente konzeptioneller Mündlichkeit in sich vereint und daher einer mündlichen Unterhaltung gleicht.

3 **a** Der Inhalt des Chats kann unterschiedlich bewertet werden. Die Schülerinnen und Schüler bewerten ihn möglicherweise als einen völlig „normalen" Klassenchat. Denkbar ist aber auch, dass sie an dieser Stelle schon kritisch auf die fragwürdigen Äußerungen von Marie, Roman und Leon hinweisen.

b Auf Maries unhöfliches Verhalten sind verschiedene Reaktionen denkbar. Natürlich könnten die anderen Chatmitglieder auch über Betty lästern. Wünschenswert wäre aber, dass sie sie in Schutz nehmen. Sie könnten Betty z. B. verteidigen bzw. sich solche Äußerungen verbitten.
Bei Leons und Romans Aufforderungen wäre möglich, dass diese von weiteren Mitschülerinnen und Mitschülern wiederholt bzw. bekräftigt werden. Wichtig wäre aber zu thematisieren, dass Emili auf keinen Fall ein Foto von sich in die Gruppe schicken sollte. Das könnte sie in den Chat schreiben oder sie könnte diese Aufforderung ignorieren.

4 In dieser Aufgabe wird die Sprache des Chats im Hinblick auf konzeptionelle Mündlichkeit untersucht.

a Folgende Besonderheiten könnten den Schülerinnen und Schülern auffallen:
- Wortwahl: Umgangs- bzw. Jugendsprache (z. B. „voll nett", „Boa", „Cool"), Wortverkürzungen („is'n", „n foto"), Lautsprache („Dankeeeeeeeee")
- Rechtschreibung: keine Fehlerkorrektur („wekcher"), Nichtbeachtung der Regeln für die Großschreibung („lehrer", „abkürzung", „haare", „vertretung" usw.), fehlende Satzzeichen, doppelte Satzzeichen („??")
- Grammatik: unvollständige Sätze / Ellipsen („War voll nett")

b Die Emojis von Betty, Mick und Emili unterstützen ihre Aussagen:
- Betty ist in Sorge, wer wohl der neue Klassenlehrer wird.
- Mick rätselt, wer Neumann sein könnte.
- Emili ist in Urlaubsstimmung.

Monas Emoji verändert die Aussage: Sie findet die Lehrerin nicht „voll nett", wie sie schreibt, sondern meint das ironisch. Das Emoji zeigt: Ihr wird schlecht, wenn sie an Frau Neumann denkt.

5 Hier sind die Schülerinnen und Schüler dazu aufgefordert, sich auf unterschiedlichen Niveaus mit den sprachlichen Besonderheiten ihrer eigenen Chats auseinanderzusetzen.

6 Diese Aufgabe regt die Schülerinnen und Schüler dazu an, zu reflektieren, dass Internet-Kommunikation immer eine potenziell öffentliche Kommunikation ist. Für sie bedeutet das, dass sie sich beim Schreiben oder Verschicken von Fotos bewusst machen sollten, dass das Verschickte möglicherweise nicht nur bei dem bzw. den ausgewählten Adressaten landet.

7 Mögliche Chatregeln:
- persönliche Daten, Fotos und Videos nur preisgeben, wenn man die Chatpartner gut kennt
- in privaten Chatgruppen darauf achten, dass nur Freunde akzeptiert werden, die man aus dem realen Leben kennt
- private Daten, Tonaufnahmen, Fotos oder Filme von anderen nur mit deren Zustimmung veröffentlichen
- Regeln für gutes Benehmen beachten: niemanden beleidigen, beschimpfen, bedrohen oder bloßstellen

8 individuelle Lösungen

58 Meinungen begründen

58 Haustiere tun Kindern gut

Den Ausgangspunkt der Unterrichtssequenz bildet ein journalistischer Text, in dem die Bedeutung und Funktion von Haustieren für Kinder unter Rückgriff auf Experten gut verständlich erläutert wird.

1 In deutschen Haushalten gibt es mehr als 34 Millionen Haustiere, darunter etwa 13 Millionen Katzen und mehr als neun Millionen Hunde. Es ist also zu erwarten, dass die Lernenden zur Anschaffung oder Haltung von Haustieren etwas zu sagen haben. Diese Erfahrungen lassen sich entweder als Vorentlastung vor der Lektüre des Textauszugs einsetzen oder als Ergänzung von Erfahrungswissen zu den Kernaussagen des Textes.
Es bietet sich an, die vielfältigen Erfahrungen der Lernenden in einem zweiten Schritt an der Tafel oder am Smartboard zu sichern und zu systematisieren, etwa im Hinblick auf Gemeinsamkeiten und Unterschiede. Ein übereinstimmendes Thema dürfte – wie im Textauszug – die Frage sein, wer sich um das Haustier kümmert.

2 Die Erläuterung des Zitats, Haustiere seien „Vertraute und Lehrer“, aus dem Lead führt ins Zentrum des Textes. Deshalb sollten die Erklärungen verbindlich gesichert werden. Mögliche Antworten:
- Die Expertin Kathrin Fichtel meint, ein Hund könne ein enger Vertrauter sein, weil er geduldig zuhört und keine Geheimnisse verrät (vgl. Z. 21–24).
- Von der Funktion eines „Lehrers“ kann man, wie Cornelia Nitsch, sprechen, weil man im Umgang mit Haustieren lernt, auf ihre Bedürfnisse Rücksicht zu nehmen.

Vorschlag für ein Tafelbild:

Meinung	Haustiere als enge Vertraute	Haustiere als Lehrer
Argumente (Begründungen)	– können geduldig zuhören (vgl. Z. 23 f.) – verraten keine Geheimnisse (vgl. Z. 24 f.)	– haben eigene Rechte (vgl. Z. 26 ff.) → man muss ihre Bedürfnisse akzeptieren – zeigen ihre Bedürfnisse deutlich (etwa Katzen)

3 Diese und die folgenden beiden Aufgaben fokussieren wichtige Schwerpunkte des Argumentierens: das Identifizieren passender Argumente und Beispiele sowie das Bilden eigener Argumentationsketten.
Zunächst suchen die Lernenden zwei Argumente zur Textüberschrift. Mögliche Antworten:

Meinung	Haustiere tun Kindern gut (Überschrift)
Argumente (Begründungen)	– Denn sie können ein „toller Spielkamerad“ sein (vgl. Z. 15). – Denn sie verlangen, Verantwortung zu übernehmen (vgl. Z. 58–61).

4 **a/b** Dann untersuchen sie die Argumentation der Autorin Cornelia Nitsch. Mögliche Visualisierung:

Meinung (rot unterstrichen)	An Tieren können Kinder lernen, auf jemand anderen einzugehen (vgl. Z. 25 f.).
Argumente (blau unterstrichen)	– Denn Tiere sind nicht nur zum Streicheln da, sondern haben eigene Rechte (vgl. Z. 26–28). – Denn durch den Umgang mit Tieren lernen Kinder, die Bedürfnisse eines anderen zu akzeptieren (vgl. Z. 30–33).
Beispiel (grün unterstrichen)	– Eine Katze z. B. geht einfach weg, wenn sie nicht mehr gestreichelt werden will, oder fährt sogar ihre Krallen aus (vgl. Z. 33–39).

c Mögliche Antwort auf die Frage nach der Funktion eines Beispiels:
Durch ein Beispiel wird ein Argument veranschaulicht und dadurch überzeugender.

5 Zur Untersuchung und Bildung von Argumentationsketten werden den Lernenden Aufgaben auf drei Differenzierungsniveaus angeboten.

●○○ **a** Auf dieser Differenzierungsstufe ordnen die Schülerinnen und Schüler vorgegebene Sätze zu einer Argumentationskette:

Meinung	Schon im Kindergartenalter kann ein Kind lernen, Verantwortung für ein Tier zu tragen.
Argument	Denn auch Kinder können schon bei der Pflege eines Haustiers mithelfen.
Beispiel	So kann ein Kind zum Beispiel die schmutzige Streu eines Hasen zur Mülltonne tragen.

●●○ **b** Hier verknüpfen die Schülerinnen und Schüler Meinung und Argument und ergänzen selbstständig ein Beispiel. Mögliche Lösung:

Meinung	Kinder unter 14 Jahren sollten große Hunde nicht alleine ausführen.
Argument	Denn das Kind hat noch nicht die körperliche Kraft, den Hund zu halten.
Beispiel	So könnte es z. B. passieren, dass sich der Hund losreißt und wegläuft.

●●● **c** Auf dieser Differenzierungsebene ergänzen die Lernenden zu einer vorgegebenen Meinung selbstständig ein Argument und ein Beispiel. Mögliche Lösung:

Meinung	Alle Familienmitglieder sollten sich um das Haustier kümmern.
Argument	Denn ein Kind kann die Verantwortung für ein Haustier nicht allein übernehmen.
Beispiel	Ein jüngeres Kind kann aber z. B. Futter oder Wasser für das Haustier holen.

d In der abschließenden Pro-und-Kontra-Diskussion sollte darauf geachtet werden, dass die Lernenden die Konjunktionen aus dem Merkwissen nutzen, um Argumentationsketten zu bilden.

60

Sprachtraining: Aufmerksam zuhören, höflich miteinander umgehen

Die Sprachtrainingsseite erweitert und systematisiert die Gesprächsregeln, die die Lernenden in der fünften Jahrgangsstufe erarbeitet haben.

1 **a** Bei dem Streitgespräch der Schülerinnen und Schüler fällt auf, dass sich nur wenige an die Gesprächsregeln halten. Einige Gesprächsteilnehmer sind sehr unhöflich, in einigen Äußerungen sogar beleidigend. Nur wenige verhalten sich höflich und fair.

b Die Erklärungen, welche Beiträge das Gespräch fördern und welche es bremsen, können in einem Tafelbild systematisiert werden:

Beiträge, die das Gespräch fördern	Beiträge, die das Gespräch bremsen
– Levis Gesprächseröffnung – Bastian: auch wenn er Hamida anfangs ins Wort fällt, unterstützt er Levis Idee konstruktiv – Burak: hält sich weitgehend an die Regeln, indem er einen anderen Vorschlag formuliert	– Lara: reagiert beleidigend auf Levis Idee – Hamida: greift Lara an, beleidigt sie – Daniel: fällt Bastian ins Wort und beleidigt ihn als „Streber" – Levi: reagiert auf Daniel mit einem Vorwurf

2 **a/b** Mögliche Lösung für ein überarbeitetes Gespräch:

LEVI: Ich habe eine super Projektidee. Wir sollten Rennmäuse für den Biounterricht anschaffen.

LARA: Ich sehe das anders, weil mich Rennmäuse nicht begeistern. Sie machen viel Dreck und wir haben Arbeit damit.

HAMIDA: Meinst du, dass wir das nicht schaffen?

BASTIAN: Die Idee von Levi finde ich richtig gut. Rennmäuse machen auch gar nicht viel Arbeit. Und es ist echt interessant, ihr Verhalten zu beobachten. Sie bauen Schlafhöhlen, leben in Familienstrukturen, warnen sich vor Gefahren und …

DANIEL: Ich finde, dass wir auch über andere Projektideen nachdenken sollten, nicht alle lieben Tiere. Außerdem müssten wir lange Zeit für die Mäuse sorgen. Hat jemand noch eine andere Idee für ein Projekt?

BURAK: Ich habe noch eine Idee. Ich fände Bausätze für programmierbare Roboter viel cooler.

HAMIDA: Ich schlage vor, dass wir beide Ideen im Klassenunterricht vorstellen, diskutieren und dann abstimmen. Seid ihr damit einverstanden?

c Bei der Präsentation der überarbeiteten Gespräche können die Formulierungen von Gegenvorschlägen und Kompromissen sukzessive erweitert werden.

3 Die Schülerinnen und Schüler können aus ihrer Schulerfahrung sicher weitere Streitsituationen nennen. Es ist sinnvoll, nur solche Situationen durchzuspielen, die sich auf Klassenebene bewegen und die – im Gegensatz z. B. zu Mobbingsituationen – überschaubar sind, etwa Streit um Klassendienste, Konflikte um die Sitzordnung, Auseinandersetzung um Ziele von Klassenausflügen.

61 Eine Fishbowl-Diskussion führen

61 Soll ein Schulhund angeschafft werden?

1 **a** Die Aufgabenformulierung legt nahe, dass die Lernenden zuvor die Kommentare im Blog gelesen haben. Ihre eigene Positionierung wird an die vorgegebenen Meinungen anschließen. Dabei können die Schülerinnen und Schüler die Argumentationsmuster aus dem Merkwissen auf S. 59 im Schülerband nutzen.

b Die gemeinsame Klärung, welche Eigenschaften ein Schulhund besitzen müsste, kann auf der Basis vorhandenen Weltwissens geschehen. Möglich wäre es auch, an eine vorbereitende Internetrecherche (im Unterricht oder als Hausaufgabe) anzuknüpfen.

2 Das Vorgehen bei dem komplexen strukturierten Debattenformat Fishbowl-Diskussion hängt von den Lernvoraussetzungen der Klasse ab. Die Methodenseite zur Fishbowl-Diskussion (S. 62 im Schülerband) unterstützt die Einführung dieses Formats und sollte intensiv genutzt werden. In der Fishbowl-Diskussion werden methodische, fachliche sowie thematische Teilkompetenzen zusammengeführt. Dabei schließt die Diskussion über den Schulhund an die gerade erworbenen Argumentationskompetenzen an, nämlich die eigene Meinung mit Argumenten zu stützen und diese durch Beispiele anschaulich zu machen. Erweitert wird dies um den Umgang mit einem Gegenargument in der eigenen Begründungsstrategie. Das bahnt eine multiperspektivische Sicht an. Denn gerade bei einem möglicherweise emotional vorentschiedenen Thema wie „Schulhund: ja oder nein?" ist es geboten, auch die Gegenperspektive einzunehmen. Unter den vorgegebenen Kommentaren im Blog nimmt fast die Hälfte eine Position gegen einen Schulhund ein.

a Alle Lernenden sollten vor der Durchführung die Beispielkommentare im Hinblick auf die Begründung auswerten und ggf. auch mit Beispielen ergänzen. Mögliche Antworten:

Meinung	Argument	Beispiel
Einen Schulhund anschaffen,	denn ein Schulhund kann das Klima in einer Klasse entspannen.	Die Freundin von Leija erzählt z. B. von ihrem Schulhund Leo.
	weil man dann immer einen Freund in der Klasse hätte.	Revix berichtet beispielsweise, dass er dann viel lieber zur Schule gehen würde.
	da die Schülerinnen und Schüler lernen können, mit einem Tier umzugehen.	Die Schülerinnen und Schüler könnten etwa lernen, dass man Hunde nicht beim Fressen stören soll.
	denn das stärkt den Zusammenhalt in einer Klasse.	Es verbindet die Schüler z. B., dass sie gemeinsam verantwortlich sind.
Keinen Schulhund anschaffen,	denn es wäre ungerecht, wenn Kinder mit Allergien den Hund nicht streicheln dürften.	So gibt es z. B. Kinder, die eine Allergie gegen Hundehaare haben.
	weil man berücksichtigen muss, dass es auch Kinder gibt, die Angst vor einem Hund haben.	(ergänztes Beispiel) Dissy berichtet von einem Jungen, der schon einmal gebissen worden ist.
	da in einer Schule nicht alle Klassen einen Klassenhund bekommen können.	(ergänztes Beispiel) Levi berichtet von einer Schule, in der jeweils nur eine sechste Klasse einen Hund bekommen hat.

b Widerlegen eines Gegenarguments – mögliche Antworten:

mögliches Gegenargument	mögliche Entkräftung
Gegen die Anschaffung eines Schulhundes spricht, dass es Kinder gibt, die Angst vor einem Hund haben.	Es stimmt zwar, dass es Kinder gibt, die Angst vor einem Hund haben. Aber besonders diesen Kindern könnte ein ausgebildeter Schulhund helfen, ihre Angst zu überwinden.
Für die Anschaffung eines Schulhundes spricht, dass Schülerinnen und Schüler lernen könnten, mit einem Tier umzugehen.	Es ist richtig, dass man durch einen Schulhund lernen kann, mit Tieren umzugehen. Aber ein solches Tier muss über Jahre hinweg versorgt werden; wer kümmert sich so lange darum?

62

Methoden und Arbeitstechniken: Eine Fishbowl-Diskussion führen und auswerten

Wenn Lerngruppen mit diesem komplexen Diskussionsformat nicht vertraut sind, bedarf es einer intensiven Auseinandersetzung mit den Besonderheiten und Vorteilen der Fishbowl-Diskussion und den prozessorientierten Abläufen. Dadurch, dass der Fokus auf der Auswertung der einzelnen Diskussionsrunden liegt, erscheint die Fishbowl-Diskussion für die Anbahnung und Förderung des mündlichen Argumentierens besonders geeignet.

63 Schriftlich Stellung nehmen

63 Zoos: Artenschutz oder Tierquälerei?

MK

In dieser Sequenz werden die bisher erworbenen Kompetenzen in einen argumentierenden Schreibauftrag zum Thema „Tierhaltung in Zoos" überführt. Vorgegebene Kommentare entlasten den materialgestützten Schreibprozess durch begründete Meinungen. Der Schreibprozess beginnt mit einer ersten Positionierung zur strittigen Frage, an die sich eine systematische Auswertung der Kommentare anschließt. Dabei unterstützt die im „Deutschbuch" 5 eingeführte Begründungshand die Stoffsammlung. Der Lernzuwachs beim Argumentieren besteht darin, dass die Argumente durch veranschaulichende Beispiele gestützt werden. Ein Schreibmuster hilft beim Verfassen der Stellungnahme, wodurch diese weniger informell ausfällt als die vorgegebenen Kommentare im Blog.

1 a Der Erfahrungsaustausch im Klassenplenum über Meinungsseiten im Internet liefert einerseits Hinweise, welche digitalen Angebote die Lernenden für einen Meinungsaustausch nutzen, und ermöglicht es andererseits, erste Klassifizierungskriterien anzubieten. Es ist zu erwarten, dass die Schülerinnen und Schüler als Webangebote z. B. Facebook, Instagram, WhatsApp oder YouTube nennen – Angebote, die je nach Alter und Interessenlage unterschiedlich häufig genutzt werden.
Soziale Netzwerke bieten zwar Austauschmöglichkeiten, sind aber zu unterscheiden von Meinungsforen, wie sie z. B. in den digitalen Ausgaben von Jugend- oder Themenzeitschriften zu finden sind. Zum inhaltlichen Schwerpunkt dieses Kapitels gibt es ein großes Angebot an Themenseiten, von denen manche auch Foren zum Meinungsaustausch umfassen. Für den Unterricht könnte es interessant sein, exemplarisch Websites zu untersuchen und zu vergleichen, die sich z. B. abwägend mit Fragen der Tierhaltung in Zoos auseinandersetzen.

b Dass Kommentare im Internet öffentlich sind, bedeutet, dass jeder sie lesen kann, nicht nur die Person/-en, auf die man sich bezieht oder der/denen man antwortet. Die Lesenden sind dabei anonym. Sie können positive, aber auch negative und im schlimmsten Fall beleidigende Gegenkommentare verfassen. Der Kommentar kann ohne Wissen der Verfasser/-in weitergesandt werden.

2 Die spontane Meinungsäußerung zur Tierhaltung in Zoos dient nicht nur der Vorentlastung. Sie kann auch später wieder aufgegriffen werden, um den Kompetenzzuwachs zu reflektieren. Deshalb bietet es sich an, das erste Meinungsbild der Lerngruppe festzuhalten und am Ende der Unterrichtssequenz mit der Einschätzung nach der Schreibaufgabe abzugleichen.

3 Diese beiden Teilaufgaben bereiten eine verbindliche Auseinandersetzung mit den Materialien vor.

a Für die Zusammenfassung der unterschiedlichen Positionen im Blog kann es hilfreich sein, wenn in der Klasse auch die Anordnung der Kommentare untersucht wird: Die erste Stellungnahme (ganz unten) formuliert einen Kompromiss, während die nachfolgenden Kommentare (aufsteigend bis zum obersten) so angeordnet sind, dass Kontra und Pro abwechseln.
Folgende Argumente für oder gegen Tierhaltung im Zoo bieten die Blog-Beiträge:

für Zoos	gegen Zoos	Kompromiss
– sichern das Überleben gefährdeter Tierarten – Erziehungs- und Bildungsaufgabe von Zoos: Weitergabe von Wissen	– keine artgerechte Tierhaltung (besonders von großen Wildtieren) – Zoos haben vor allem finanzielle Interessen, es geht nicht um Artenschutz	– kleine Tiere artgerecht im Zoo halten – große Wildtiere nicht in Zoos einsperren

b Die erste Beurteilung der Argumente aus dem Blog entlastet die nachfolgende Sammlung von eigenen Argumenten und Beispielen, die eigene Meinungsbildung wird durch die Diskussion unterstützt.

4 Die Begründungshand besitzt eine systematisierende Funktion für den nachfolgenden Schreibprozess. Je nach Lerngruppe kann es sinnvoll sein, für das Formulieren der eigenen Meinung kompakte Sprachmuster anzubieten (z. B.: Ich bin für ... / Ich bin gegen ...), damit Meinung, Argumente und Beispiele auf das Blatt passen.

5 Für das Notieren von Argumenten und Beispielen werden Aufgaben auf drei Differenzierungsniveaus angeboten. Die binnendifferenzierende Unterstützung folgt dem Prinzip der zunehmenden Selbstständigkeit beim Sammeln und Rekonstruieren von Argumenten.
Je nach Erfahrung der Lerngruppe mit differenzierenden Lernangeboten könnte die Lehrkraft den Schülerinnen und Schülern Differenzierungsniveaus zuordnen (wodurch allerdings mögliche Stigmatisierungen verstärkt werden könnten) oder die Lernenden entscheiden selbstverantwortlich, welche Wahlaufgabe sie lösen wollen (was vorschnelle Festlegungen umgeht). Beide Verfahren erfordern ein sensibles Vorgehen, das durch metakognitive Reflexionen ergänzt werden kann – etwa durch einen Austausch über die Anlage der Differenzierung bzw. den möglichen Lernerfolg aus der Sicht der Schülerinnen und Schüler.

●○○ **a** Auf dieser Differenzierungsstufe suchen die Lernenden aus Vorgaben ein Argument und ein Beispiel aus, die zu ihrer Meinung passen, und notieren sie in der Begründungshand. Außerdem notieren sie dort ein weiteres Argument mit Beispiel.

●●○ **b** Hier notieren die Schülerinnen und Schüler selbstständig zwei Argumente in der Begründungshand und ergänzen aus Vorgaben zwei dazu passende Beispiele.

Die in den Teilaufgaben 5 a und b angebotenen Argumente und Beispiele schließen an die vorgegebenen Kommentare an: Artenschutz und Bildungsaufgabe des Zoos einerseits, Kritik an nicht artgerechter Tierhaltung und kommerziellen Motiven von Zoos andererseits.
Da die Lernenden bei der Entscheidung für eine Aufgabenvariante die anderen Niveaus auch wahrnehmen, werden sie durch die dort vorgegebenen Hilfen (implizit) beeinflusst. Insgesamt sollte es möglich sein, dass sie zwei Argumente mit passenden Beispielen für ihre Meinung in der Begründungshand sammeln können.

●●● **c** Bei der selbstständigen Nennung von zwei Argumenten mit Beispielen dürfte der oben genannte „Mitnahme-Effekt“ aus den Teilaufgaben 5 a und b zur Wirkung kommen. Darüber hinaus bereitet diese Aufgabenvariante auf das Eingehen und Entkräften eines Einwands (Gegenarguments) vor.

In einem abschließenden Austausch können – je nach Leistungsstärke der Lerngruppe – auch die Schülerinnen und Schüler, die die Teilaufgaben 5 a und b bearbeitet haben, an den Umgang mit Gegeneinwänden herangeführt werden. Das könnte im Plenum geschehen oder in Partner- bzw. Gruppenarbeit, wobei Lernende, die Teilaufgabe 5 c bearbeitet haben, ihre Ergebnisse zur Diskussion stellen.

6 Es erscheint sinnvoll, die Länge des Kommentars zur Tierhaltung in Zoos vorzugeben, etwa mit 12 bis 15 Zeilen. Die Formulierungsangebote im Informationskasten auf S. 65 im Schülerband unterstützen die Lernenden sowohl beim Aufbau wie auch bei der sprachlichen Gestaltung eines kohärenten Textes. Einiges spricht dafür, dass die Schülerinnen und Schüler ihre Kommentare digital verfassen – nicht zuletzt die intendierte Textform: ein Kommentar, der auch im Netz veröffentlicht werden könnte. Wenn der Kommentar auf dem PC oder Tablet geschrieben wird, ist zudem nicht nur das Ausprobieren von Formulierungsvarianten ohne großen Aufwand möglich, sondern auch die anschließende Überarbeitung (vgl. Aufgabe 7).

7 **a/b** Die kooperative Überarbeitung der Kommentare mit Hilfe vorgegebener Leitfragen, die eine Art Checkliste bilden, entspricht schreibdidaktischen Standards. Die konkrete Umsetzung hängt davon ab, ob die Lerngruppe Erfahrungen mit kooperativen Schreibprozessen hat. Wenn die technischen Voraussetzungen es erlauben, können die Schreibprodukte auch mit Hilfe kooperativer Überarbeitungsmöglichkeiten der Textverarbeitung korrigiert werden.

Beispiel eines Kommentars:

Sollte man Zoos abschaffen?

Die Haltung von Tieren in Zoos wird durchaus kritisch gesehen. Die Beschäftigung mit den fünf Kommentaren bestätigt meine kritische Sicht darauf. Meiner Ansicht nach sollten Zoos grundsätzlich abgeschafft werden.
Ein wichtiges Argument gegen Tierhaltung in Zoos ist, dass vor allem große Tiere leiden, weil sie in Zoos nicht artgerecht gehalten werden können. Wenn man zum Beispiel sieht, dass Eisbären in winzigen Gehegen bei völlig unangemessenen Temperaturen gehalten werden, wundert es einen nicht, dass sie in Gefangenschaft häufig Verhaltensstörungen zeigen.
Ein weiterer wichtiger Grund für die Abschaffung von Zoos ist, dass bei der Haltung wilder Tiere im Zoo oft das Geld im Vordergrund steht. Im Zoo meiner Heimatstadt gibt es beispielsweise spektakuläre Tiere wie Giraffen oder Elefanten. Diese Tiere sind besonders beliebt bei den Zoobesuchern, die dafür auch gern einen hohen Eintrittspreis bezahlen.
Deshalb bin ich für die Abschaffung von Zoos. Ein Kompromiss könnte sein, nur solche Tiere in Tiergärten zu halten, die man artgerecht halten kann. Ich würde mir wünschen, dass man in den Zoos vor jeder Neuanschaffung von großen Wildtieren darüber nachdenkt.

8 ⊕ Der Kurzkommentar dieser Zusatzaufgabe zielt darauf ab, dass sich die leistungsstärkeren Schülerinnen und Schüler mit möglichen Gegeneinwänden zu ihrer Meinung auseinandersetzen.

Beispiel eines Kurzkommentars:

Sollte man Zoos abschaffen?

Ich bin dafür, Zoos beizubehalten. Denn das ist eine der Möglichkeiten, das Überleben gefährdeter Tierarten zu sichern. Zum Beispiel gehören Berggorillas oder Spitzmaulnashörner zu den gefährdeten Tieren, für deren Überleben man in Zoos sorgen kann.
Außerdem sollte man berücksichtigen, dass Menschen im Zoo etwas über das Aussehen und das Leben exotischer Tiere erfahren können. So haben wir beim Besuch im Aqua-Zoo in Düsseldorf gelernt, wie schädlich Plastikreste im Meer für Fische sein können.

» 66 Sprachtraining: Begründungssätze: Kommas richtig setzen

Dieses Sprachtraining thematisiert mit der Zeichensetzung in Begründungssätzen einen verbreiteten Fehlerschwerpunkt. Dabei geht es nicht nur um die Zeichensetzung, sondern auch um die Unterscheidung von Haupt- und Nebensatz sowie die Stellung der Personalform des Verbs.

1 **a** Das Identifizieren der Konjunktionen „weil“ und „denn“ in den Beispielsätzen sollte keine Probleme bereiten, sofern die Lernenden die Bedeutung von Konjunktionen kennen. Falls sie Probleme haben, hilft ihnen das Merkwissen auf S. 66 im Schülerband.

b Grundsätzlich gilt, dass Begründungssätze mit Komma abgetrennt werden. Da sich die Lernenden an den Beispielsätzen orientieren, werden die Antworten konkreter lauten, nämlich: Vor den mit „denn“ oder „weil“ bzw. „da“ eingeleiteten Begründungssätzen steht ein Komma.
Je nach Lerngruppe kann es sinnvoll sein, darauf hinzuweisen, dass Begründungssätze mit „weil“ bzw. „da“ auch am Beginn eines Satzgefüges stehen können, auch wenn das möglicherweise stilistisch weniger elegant klingt. Im Gegensatz dazu können Begründungssätze mit „denn“, also in einer Satzreihe, nicht vorangestellt werden.

2 Wenn die Sprachseite nicht nur als Material für individuelles Arbeiten eingesetzt wird, sondern im Plenum, bietet es sich an, für eine verbindliche Sicherung eine Ergebnistabelle für Folie/Beamer zu entwickeln. Das gibt vor allem bei Teilaufgabe 2 b die Möglichkeit, die andere Stellung der Personalform des Verbs in Satzreihen (Begründungssätze mit „denn“) zu visualisieren.

a Lösungen:

Meinung	Komma	Begründungssatz
Ich finde Zoos wichtig	,	**weil** wir durch Zoos viel über Tiere lernen.
In einen Zoo gehören für mich auch Tiger und Elefanten	,	**weil** diese besonders interessante Tiere sind.
Die Natur ist für viele Tiere auch kein Paradies	,	**weil** sie dort von ihren Feinden gejagt werden.
Manche Zoos spezialisieren sich auf bestimmte Tierarten	,	**weil** sie diese Tiere dann artgerecht halten können.
Tiere in Zirkussen oder in Tiershows sollten verboten werden	,	**weil** es hier nur um die Unterhaltung des Publikums geht.
Den Delfinen in unserem Zoo geht es gut	,	**weil** sie ein großes Delfinarium haben und ausreichend beschäftigt werden.

b Beispiel für die Umformulierung von *weil*-Sätzen in *denn*-Sätze:

Meinung	Komma	Begründungssatz
Ich finde Zoos wichtig	,	**weil** wir durch Zoos viel über Tiere lernen.
	,	**denn** wir lernen durch Zoos viel über Tiere.
Tiere in Zirkussen oder in Tiershows sollten verboten werden	,	**weil** es hier nur um die Unterhaltung des Publikums geht.
	,	**denn** hier geht es nur um die Unterhaltung des Publikums.
Den Delfinen in unserem Zoo geht es gut	,	**weil** sie ein großes Delfinarium haben und ausreichend beschäftigt werden.
	,	**denn** sie haben ein großes Delfinarium und werden ausreichend beschäftigt.

c Unterstreichungen siehe Tabelle. Die Antwort lässt sich aus dem Merkkasten ableiten:
- In Begründungssätzen mit „weil“/„da“ steht die Personalform des Verbs an letzter Satzgliedposition. (Denn *weil*- bzw. *da*-Sätze sind Nebensätze in einem Satzgefüge.)
- Mit der Konjunktion „denn“ wird ein Hauptsatz eingeleitet. Die Personalform des Verbs steht in *denn*-Sätzen an dritter Satzgliedposition (sofern man die Konjunktion mitzählt; häufig wird sie nicht mitgezählt; dann gilt auch für *denn*-Sätze: Im Hauptsatz steht die Personalform des Verbs an zweiter Satzgliedstelle).

67 Testet euch! – Argumentieren und überzeugen

1 **a/b** Richtige Zuordnung der Argumente zu den Meinungen, Beispiele für Begründungssätze:

Meinung	Begründung
Mick Die private Haltung exotischer Kleintiere wie Schlangen, Spinnen oder Echsen sollte man verbieten,	H weil die Tiere zum Teil illegal eingeführt werden.
	U denn viele gehen mit diesen Tieren nicht artgerecht um.
	N weil jeder Giftschlangen und gefährliche Spinnen übers Internet bestellen kann, auch wenn er sich damit nicht auskennt.
Thea Exotische Kleintiere soll man auch zu Hause halten dürfen,	A denn die Tiere sind auch für Allergiker geeignet.
	F weil die Tiere pflegeleicht sind und auch in kleineren Wohnungen gehalten werden können.
	F denn es ist sehr interessant, exotische Tiere zu beobachten.

2 Passende Beispiele: Mick: D – Thea: E

3 Mögliche Lösungen:
- Cedric verhält sich als Gesprächsmotor, weil er Tom bei seiner Frage anschaut und um eine Begründung bittet.
- Anne verhält sich als Gesprächsbremse, weil sie Tom entnervt anfährt und ihn beleidigt.
- Nick verhält sich als Gesprächsmotor, weil er Anne auf ihre unfaire Bemerkung anspricht.
- Anne verhält sich mit ihrer Entschuldigung als Gesprächsmotor.
- Burak verhält sich als Gesprächsbremse, weil sein Tuscheln mit Nadja stört.
- Kira verhält sich als Gesprächsmotor, weil sie auf Toms Problem eingeht und ihm ein Hilfsangebot macht.

4 Die Lösungsworte lauten bei Mick HUND und bei Thea AFFE.

3.2 Hundewinter – Einen Wunsch begründen

68

Kathy A. Nuzum: Hundewinter

In diesem Teilkapitel werden die Kompetenzen des argumentierenden Schreibens im Kontext eines narrativen Textes angewendet und vertieft. Der Jugendroman „Hundewinter" erzählt von der Entwicklung einer Vater-Tochter-Beziehung, die wesentlich durch das Verhältnis der 11-jährigen Dessa zu einem „wilden" Hund beeinflusst wird. Die Schülerinnen und Schüler üben das schriftliche Argumentieren in einem Brief, in dem sie aus der Perspektive der Protagonistin den Vater überzeugen wollen, den Hund zu behalten. Dazu wird zunächst ein grundlegendes Verständnis des Textauszugs hergestellt.

1 a Diese Aufgabe zielt darauf ab, über den vorliegenden Textauszug hinaus ein erstes Verständnis für die Situation der Figur Dessa zu entwickeln. Denn Dessas Wunsch, den Hund zu behalten, ist nur zu verstehen, wenn man ihre Situation kennt. Dazu sollten die Lernenden darauf hingewiesen werden, neben dem Textauszug auch den kursiv gedruckten Einleitungstext und die Anmerkungen genau zu lesen.

Die Situation der Figur Dessa Dean:
Die 11-jährige Dessa lebt allein mit ihrem Vater, der Jäger und Fallensteller ist, in einer abgelegenen Hütte im Norden der USA. Ihre Mutter ist während eines Schneesturms erfroren. Die Umgebung der Hütte erscheint unwirtlich, es ist so kalt, dass Dessa im Winter nicht zur Schule gehen kann, sondern allein lernen muss. Während der Vater auf der Jagd ist, verbringt Dessa oft längere Zeit allein in der Hütte. Das Leben in dieser Umgebung ist alles andere als luxuriös. Nachdem er in der Stadt keine Arbeit mehr gefunden hat, bemüht sich der Vater mit großem Einsatz, in der Wildnis den Lebensunterhalt sicherzustellen. In dem vorliegenden Textauszug begegnet Dessa dem „wilden" Hund zum zweiten Mal. Nachdem sie ihn bei der ersten Begegnung unbeabsichtigt verscheucht hat, gelingt es ihr nun, ihn auf die Veranda der Hütte zu locken und sich ihm zu nähern.

b Die Annäherung zwischen Dessa und dem Hund ist literarisch sensibel in mehreren Phasen gestaltet. Um das zu verdeutlichen, kann die Lehrkraft gemeinsam mit den Lernenden die wesentlichen Phasen der Annäherung festhalten:
- Z. 9–13: Geräusche des Hundes, Dessa läuft voll Freude zur Tür
- Z. 14–30: Dessa erinnert sich an die Mahnungen des Vaters, zwingt sich, nicht zu reagieren.
- Z. 31–39: Dessa öffnet die Tür, der Hund steht fluchtbereit davor.
- Z. 41–61: Dessa spricht den Hund an und fordert ihn auf, in die Hütte zu kommen, er bleibt sitzen.
- Z. 62–74: Dessa geht ein kleines Stück auf den Hund zu, er will fliehen, aber sie kann ihn beruhigen.
- Z. 75–105: Dessa setzt sich auf den Boden der Veranda und berichtet von ihrer Situation. Der Hund reagiert auf ihre Stimme und beginnt, sich zu entspannen.
- Z. 106–117: Dessa nähert sich dem Hund vorsichtig, der streckt ihr die Schnauze entgegen.
- Z. 118–127: Dessa berührt den Hund, dieser hält still.
- Z. 128–137: Dessa streichelt den Hund richtig. Er fürchtet zuerst Schläge, dann „lächelt" er.

Fazit: Die Annäherung verläuft über verschiedene Vertrauensmaßnahmen, bei denen der Abstand zwischen Dessa und dem Hund schrittweise verkleinert wird.

2 Für den Schreibprozess ist es wichtig zu sichern, warum Dessa den Hund zum Freund haben möchte:
- Dessa ist manchmal tagelang allein in der Hütte, wenn der Vater auf der Jagd ist.
- Dessas Mutter ist schon lange tot.
- Dessa hat keine Spielkamerad/-innen oder Mitschüler/-innen.
- Der Hund könnte ihr ein Freund sein.
- Der Hund könnte Dessa auch beschützen, z. B. vor wilden Tieren wie Bären oder vor böswilligen Menschen.

3 Schreibsituierung und kommunikative Zielsetzung des Briefs an den Vater aus der Sicht der Ich-Erzählerin schließen unmittelbar an den Textauszug an. Selbst das möglicherweise im SMS-Zeitalter gekünstelt erscheinende Format eines Briefs hat eine gewisse Plausibilität: Für SMS gibt es in der Wildnis nicht die technischen Voraussetzungen; zudem ermöglicht ein Brief reflektiertes Schreiben und

Lesen. Letzteres könnte besonders deshalb nötig sein, weil das Verhältnis zwischen Tochter und Vater angespannt ist. Dessa möchte den Hund haben, obwohl der Vater – auch aus Sorge um seine Tochter – von einem unbekannten Hund als Begleiter ganz und gar nicht begeistert ist.
Ein binnendifferenzierendes Angebot unterstützt die Schülerinnen und Schüler beim Finden und Zusammenstellen von Argumenten.

●○○ **a** Auf dieser Differenzierungsstufe suchen die Lernenden zu zwei vorgegebenen Argumenten passende Beispiele.

●●○ **b** Hier notieren die Schülerinnen und Schüler zu einem vorgegebenen Argument ein weiteres und finden zwei passende Beispiele.

●●● **c** Auf dieser Differenzierungsebene finden die Lernenden selbstständig zwei Argumente und zwei Beispiele.

Argumente und Beispiele für das Behalten des Hundes – Beispiellösungen:

Argumente	Beispiele
durch den Hund nicht mehr allein in der Hütte	hätte einen Kameraden, um den ich mich kümmern kann und der mich mag
Hund könnte mich beschützen	in der Wildnis gibt es gefährliche Tiere und manchmal böswillige Menschen

d Nach dem Austausch ihrer Ergebnisse suchen die Lernenden gemeinsam einen Einwand des Vaters und entkräften ihn. Dem Textauszug ist lediglich zu entnehmen, was die Ich-Erzählerin als Aussage des Vaters zitiert: „lass den Hund in Ruhe, wenn er wiederkommt" (Z. 15 f.). Ausgehend von dem Zitat könnte spekuliert werden, was den Vater beunruhigt:
- Er könnte Angst haben, dass Dessa von dem unbekannten Hund angegriffen wird.
- Er könnte befürchten, dass der Hund krank ist und womöglich eine Krankheit in die Familie einschleppt.
- Angesichts der knappen Ressourcen an Wohnraum, Lebensmitteln, Wärme usw. könnte der Hund ein zu teurer Spielkamerad sein.

4 Beim Verfassen des Briefs werden die Schülerinnen und Schüler durch die vorgegebene Struktur sowie durch die Sprachhilfen unterstützt.
Beispiellösung:

North Cascades, 10.12. 20..

Lieber Dad,

ich weiß, dass du mir gesagt hast, ich soll den Hund in Ruhe lassen. Ich bin trotzdem der Meinung, dass wir den Hund aufnehmen und behalten sollten. Dafür habe ich einige Gründe zusammengestellt.

Mein wichtigstes Argument ist, dass ich nicht mehr immerzu allein in der Hütte sein möchte. Ich möchte mich nicht mehr so einsam fühlen. Zum Beispiel hätte ich dann einen Kameraden, mit dem ich spielen und um den ich mich kümmern könnte. Er würde mir seine Zuneigung zeigen.
Außerdem könnte der Hund mich beschützen. So würde ich mich sicherer fühlen. Beispielsweise gibt es hier Bären, vor denen mich der Hund warnen oder die er verjagen könnte.
Sicherlich stimmt es, dass wir den Hund versorgen müssen, was Nahrungsmittel erfordert und Geld kostet. Aber du müsstest dabei auch berücksichtigen, dass er mich beschützen und meine Einsamkeit vertreiben könnte.

Ich hoffe, dass du verstehst, wie wichtig ein Freund für mich ist, nachdem Ma gestorben ist.

Liebe Grüße
deine Dessa

Auch für einen Figurenbrief gilt, dass man ihn überprüfen und überarbeiten sollte. Abhängig von den Lernvoraussetzungen kann eine kooperative Überarbeitung oder eine Korrektur in Einzelarbeit sinnvoll sein. Die Strukturvorgabe im Schülerband lässt sich gut als Checkliste nutzen.

5 Zur Buchempfehlung vgl. auch die Methodenseite auf S. 144 im „Deutschbuch“ 5.
Beispiel für eine begründete Empfehlung des Jugendbuchs „Hundewinter“:

Nachdem wir im Deutschunterricht einen Auszug aus dem Jugendroman „Hundewinter“ der Autorin Kathy A. Nuzum gelesen haben, möchte ich den Roman denen empfehlen, die sich für die Beziehung zwischen Mensch und Hund interessieren.
Die Heldin ist ein 11-jähriges Mädchen, das allein mit seinem Vater in einer Jagdhütte im hohen Norden der USA lebt. Dessa ist sehr einsam, denn die Mutter kam bei einem Schneesturm ums Leben und der Vater ist oft lange auf der Jagd. Von seiner Jagdbeute müssen Dessa und er leben. Im Winter ist die Einsamkeit besonders groß, denn es wird so kalt, dass Dessa nicht zur Schule gehen kann. Eines Tages begegnet sie einem großen Hund und versucht, mit ihm Freundschaft zu schließen. In dem Romanauszug wird erzählt, wie sich die beiden vorsichtig annähern. Dessa möchte den Hund behalten, aber ihr Vater ist dagegen. Ich bin sehr gespannt, wie sich Dessa durchsetzen und welche Abenteuer sie mit dem Hund erleben wird. Denn dass sie ihn behält, lässt der Titel des Buchs erahnen. Ich empfehle das Buch, weil in dem Auszug die Annäherung zwischen Mensch und Tier sehr einfühlsam geschildert wird.

In der digitalen Version findet sich als Hörtext eine weitere literarische Auseinandersetzung mit dem Thema „Haustier“: die Geschichte „Der Hase Theodor“ von Peter Härtling, gesprochen von Thomas Dehler. Der Hörtext wird begleitet von einem passgenauen Arbeitsblatt zur Übung des Hörverstehens (inklusive Lösungshinweisen).

3.3 Fit in … – Stellung nehmen

71

Das Training für eine mögliche Klassenarbeit ist so angelegt, dass die Schülerinnen und Schüler selbstständig damit üben können. Ähnlich wie bei der Schreibaufgabe im ersten Teilkapitel schließt der Kommentar, den die Lernenden verfassen, an vorgegebene Kommentarbeispiele an, die bereits begründete Meinungen anbieten. Die vorgegebenen Kommentare erleichtern die eigene Positionierung und bieten Argumente und Beispiele zur Stützung der eigenen Meinung an.

71

Die Aufgabe verstehen

1 **a/b** Der gegenseitige Austausch über die Aufgabenstellung soll sicherstellen, dass den Lernenden die Schreibsituierung und das Schreibprodukt klar sind:

- Für den Kommentar gilt die verbindliche Vorgabe, die eigene Meinung mit zwei Argumenten und passenden Beispielen zu begründen.
- Der Kommentar soll für die Website eines Magazins verfasst werden, kann also, wie bei Blogbeiträgen üblich, eher informeller sein.

Je nach Lernvoraussetzungen kann es geboten sein, den Umfang des Kommentars vorzugeben: etwa 10 bis 15 Zeilen.

Die Lernenden können aus dem ersten Teilkapitel die Struktur einer Stellungnahme rekapitulieren (vgl. das Merkwissen auf S. 65 im Schülerband).

72

Planen

2 Die Auswertung der vorgegebenen Kommentare in Partnerarbeit hilft, Argumente und Beispiele zu sammeln. Darüber hinaus sollen auch eigene Argumente und Beispiele ergänzt werden.

Beispiellösungen (aus den Kommentaren und weitere Argumente):

Meinung	Argument	Beispiel
vom Züchter	junges Tier, das noch keine schlechten Erfahrungen gemacht hat	(eigenes Beispiel) gute Erfahrungen einer Freundin beim Kauf einer Rassekatze, die – wie der Züchter sagte – besonders zutraulich sei
	man kann sich vor dem Kauf informieren, welche Eigenschaften die Tiere haben	kinderliebe Hunderassen
	Gesundheit ist überprüft	Züchterzeugnis
aus dem Tierheim	man bietet dem Tier ein Zuhause mit neuen Bezugspersonen	Cassys positive Erfahrungen mit einem Hund aus dem Tierheim
	Tier ist nicht überzüchtet (eigenes Argument)	empfindlicher Windhund des Nachbarn (eigenes Beispiel)
	gute Beratung durch Tierpfleger (eigenes Argument)	Beispiel eines Freundes (eigenes Beispiel)

3 **a/b/c** Die Begründungshand unterstützt visuell das Sammeln von Argumenten und Beispielen für die eigene Meinung und strukturiert damit das Schreibprodukt vor.

72

Schreiben und überarbeiten

4 Beispiellösung:

Züchter oder Tierheim?	
Den Kommentaren von Cassy und Flori schließe ich mich an. Ich finde, man sollte ein Tier aus dem Tierheim nehmen, wenn man ein Haustier anschaffen möchte.	Meinung
Denn man schenkt einem Tier aus dem Tierheim ein „zweites Leben" in einer liebevollen Umgebung. Im Tierheim gibt es zum Beispiel viele Tiere, die Familien unüberlegt gekauft und dann vernachlässigt und später ausgesetzt haben, weil sie zu viel Arbeit gemacht haben.	1. Argument + Beispiel
Außerdem wird man im Tierheim kompetent beraten. Die Tierpfleger dort können die Tiere gut einschätzen und erklären, welchen Charakter das gewünschte Tier hat. Beispielsweise hat die Familie meiner Freundin mit einer Katze aus dem städtischen Tierheim sehr gute Erfahrungen gemacht.	2. Argument + Beispiel
Wenn man bedenkt, dass Tiere aus dem Tierheim manchmal schlechte Erfahrungen gemacht haben, so erscheint es mir besonders wichtig, ihnen eine neue Chance zu geben.	Schluss (Bekräftigung des Standpunkts)

5 Die Überarbeitung wird durch eine Checkliste mit einer überschaubaren Anzahl an Kriterien gesteuert. Aus schreibdidaktischer Perspektive könnte eine Veröffentlichung der Schülerprodukte – analog im Klassenraum oder digital – motivierend wirken.

Material zu diesem Kapitel auf den folgenden Seiten und digital

- Fordern und fördern – Schriftlich Stellung nehmen: In der Schule Schafe halten? (mit Hilfe-Karten und Zusatzaufgaben für „Profis"; Lösungshinweise digital)
- Was kannst du schon? – Argumentieren und überzeugen (Lösungshinweise und Förderempfehlungen digital)
- Klassenarbeit – Stellung nehmen: Gehören große Wildtiere in den Zirkus? (Erwartungshorizont digital)
- Klassenarbeit – Stellung nehmen: Haustiere als Weihnachts- oder Geburtstagsgeschenk – eine gute Idee? (Erwartungshorizont digital)
- Hörtext: Peter Härtling: Der Hase Theodor, gesprochen von Thomas Dehler (mit einem passgenauen Arbeitsblatt zur Übung des Hörverstehens inkl. Lösungshinweisen; digital)

Fordern und fördern – Schriftlich Stellung nehmen

In der Schule Schafe halten?

Im Internet findet man Hinweise auf Schulen, die Erfahrungen mit der Haltung von Schafen haben, z. B. die Goldborn-Grundschule in Hessen:

„Wir halten an unserer Schule seit Herbst 2013 wieder drei Heid- bzw. Moorschnucken. Diese werden von Schülern, Lehrern und Eltern versorgt. Die Schafe stehen auf einer 1500-qm-Wiese, die an den Schulhof angrenzt. Nachts werden die Schafe in einem Schafstall untergebracht. Die tägliche Versorgung übernehmen wechselweise Kinder aus allen Klassenstufen. Die Versorgung am Wochenende, am Abend sowie in den Ferien wird von Eltern gewährleistet. […] Durch die Schafhaltung können die Kinder Erfahrungen im Umgang mit Tieren sammeln, Verantwortung für die Pflege und Versorgung der Schafe übernehmen, tierische Verhaltensweisen kennenlernen, im Schafdienst Teamerfahrungen sammeln und gemeinsam eine Aufgabe erfüllen sowie Sachwissen über eine Nutztierart erwerben.“

(Quelle: www.goldborn-schule.de/index.php/schafhaltung.html, [25.02.2019])

Kannst du dir vorstellen, dass an eurer Schule Schafe gehalten werden? Oder bist du dagegen? Schreibe einen Kommentar dazu, der z. B. auf der Website deiner Schule veröffentlicht werden könnte. Der Kommentar sollte etwa 12 bis 14 Zeilen lang sein. Gehe so vor:

1 Lies den Text über Schafhaltung an einer Grundschule und markiere wichtige Informationen.

2 Bilde dir eine Meinung zu der Frage: „Schafe halten in der Schule?“
Zeichne eine Begründungshand und notiere darin deine Meinung.

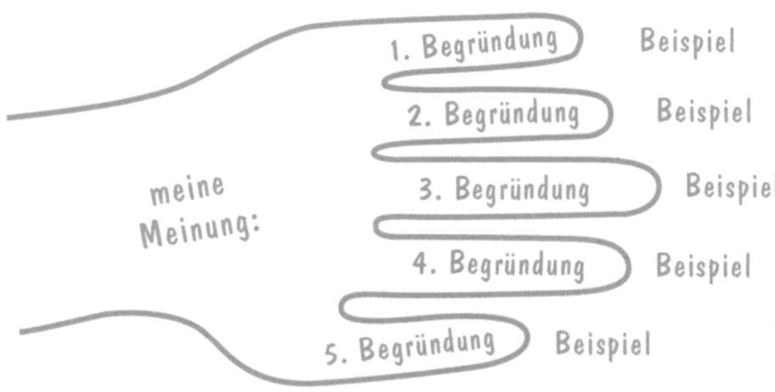

3 Sammle Argumente (Begründungen) und Beispiele für deine Meinung in der Begründungshand.
Entscheide, welche Begründungen dich am meisten überzeugen, und markiere sie.
(→ Hilfe-Karte: Argumente sammeln)

4 Schreibe den Kommentar. Beachte dabei den Aufbau einer Stellungnahme.
(→ Hilfe-Karte: Die Stellungnahme aufbauen und formulieren)

5 Prüfe deinen Kommentar (Aufbau, Begründung, sprachliche Richtigkeit) und überarbeite ihn.

Folgende Hilfen oder Aufgaben zum Weiterarbeiten kannst du nutzen	
Hilfe-Karte	Argumente sammeln
Hilfe-Karte	Die Stellungnahme aufbauen und formulieren
Für Profis und Schnelle	Einen Einwand entkräften

Hilfe-Karte: Argumente sammeln

Melissa 07.10., 17:00:

Die meisten Schulen haben nicht genügend Platz, um Schafe artgerecht zu halten. Die Tiere brauchen eine große Wiese und einen Stall. Unsere Schule hat zum Beispiel überhaupt keine Rasenflächen. Außerdem müssen die Tiere betreut werden. Wer hat dafür Zeit? Am Nachmittag haben viele von uns beispielsweise Unterricht, treiben Sport oder treffen sich mit Freunden.

Mesut 07.10., 16:00:

Und wer bezahlt? Schafe kosten Geld! Wer trägt z. B. die Kosten für das Futter oder den Tierarzt?

Jonas 07.10., 15:30:

Es gibt viele Schüler, die sich Abwechslung zum Unterricht wünschen. Mit Schafen kann man lernen, Verantwortung für Tiere zu übernehmen. Man könnte etwa Projekte zur Tierhaltung planen.

Felix 06.10., 16:15:

Wisst ihr, wie viel Arbeit die Haltung von Schafen macht? Schafe machen viel Schmutz und blöken den ganzen Tag. Ich möchte den Dreck nicht wegmachen.

Esther 06.10., 15:15:

Schulschafe sind eine klasse Idee! Schafe sind süß und man kann sie streicheln. Aus dem Bio-Unterricht weiß ich, dass sie sich gut orientieren und Gesichter wiedererkennen können.

- Unterstreiche die Stellen, die deine Meinung überzeugend begründen.
- Übertrage die wichtigsten Argumente und Beispiele für deine Meinung in die Begründungshand. Du kannst auch eigene Argumente und Beispiele ergänzen.
- Markiere die beiden Argumente, die für dich am wichtigsten sind.

Hilfe-Karte: Die Stellungnahme aufbauen und formulieren

Einleitung Meinung vormulieren	Ich finde, dass … – Ich bin dafür, dass … – Ich bin der Meinung, dass … – Ich bin überzeugt, dass ...
Hauptteil – Argument 1 mit Beispiel – Argument 2 mit Beispiel	weil … – da … – denn ... – Ein wichtiges Argument für ... zum Beispiel … – etwa ... Außerdem … – Ein weiteres Argument ist … – Man sollte auch bedenken ... beispielsweise … – So …
Schluss Standpunkt bekräftigen / Wunsch formulieren	Deshalb fordere ich, dass … – Wenn man bedenkt, dass … – Deshalb schlage ich vor … . – Ein Kompromiss könnte sein … – Darum würde ich mir wünschen …

Für Profis und Schnelle: Einen Einwand entkräften

6 Du vertrittst in deinem Kommentar eine Meinung: für oder gegen die Haltung von Schafen in einer Schule. Die Begründung deiner Meinung wirkt noch überzeugender, wenn du auf einen Einwand gegen deine Meinung eingehst und diesen Einwand entkräftest. Überlege:
- Welches Argument spricht gegen deine Meinung?
- Wie kannst du es widerlegen?

Formuliere diesen Einwand und widerlege ihn: *Es stimmt schon, dass … Aber …*

Was kannst du schon? – Argumentieren und überzeugen

Katze oder Hund?

Levi und Lara diskutieren mit ihrem Vater über die Anschaffung eines Haustiers.

LEVI: Ich denke, wir können schnell entscheiden. Denn meine Argumente für die Anschaffung eines Hundes sind nicht zu schlagen *(schaut dabei Lara provozierend an).*

VATER: Bevor wir anfangen zu diskutieren: Habt ihr eure Zimmer aufgeräumt und Hausaufgaben gemacht? Sonst treffen wir uns erst in der nächsten Woche wieder!

LARA *(verdreht die Augen):* Boah, Papa, wie gemein. Du hast versprochen, dass wir zu einer fairen Entscheidung kommen. Vor allem, weil Levi so tut, als ob alles schon entschieden sei.

LEVI: Dann beginne ich am besten. Ich meine, für uns wäre ein Golden Retriever perfekt. Denn diese Rasse ist sehr familienfreundlich. Auf einer Haustierseite im Internet steht zum Beispiel, dass Retriever sehr menschenbezogen sind. Außerdem spricht für diesen Hund, dass er sich gerne bewegt. Deshalb passt er gut zu unserer sportlichen Familie. Katzen sind weniger anhänglich und manchmal zickig. Es spricht also alles für einen Retriever.

LARA: Ich bin dafür, dass wir eine Katze anschaffen. Zu uns würde eine Bengalkatze super passen. Denn sie hat einen Charakter wie eine Hauskatze, ist aber dennoch aktiv und anhänglich. Meine Mitschülerin Sarah beispielsweise hat eine Bengalkatze, die sehr verspielt ist. Außerdem ist diese Katze pflegeleicht, weil sie ein kurzes Fell hat. Ich würde mich auch über einen Hund freuen, aber für die Katze spricht vor allem, dass sie auch mal allein bleiben kann.

VATER: Ihr habt euch bestens vorbereitet. Ich habe schon gesagt, dass wir für die Entscheidung etwas Zeit brauchen. Vor allem sind eure Wunschtiere nicht gerade preiswert.

LARA: Eine Bengalkatze könnten wir aus einem Tierheim bekommen …

1 Lies das vollständige Gespräch. Schau dir dann die ersten drei Äußerungen an. Bremsen sie eher das Gespräch oder fördern sie es? Kreuze Zutreffendes an und begründe deine Entscheidung.

	Gesprächsmotor?	Gesprächsbremse?	kurze Begründung
Levi (Z. 3–6)	☐	☐	
Vater (Z. 7–10)	☐	☐	
Lara (Z. 11–14)	☐	☐	

2 Untersuche die Argumentationen von Levi (Z. 15–24) und Lara (Z. 25–34). Unterstreiche jeweils die Meinung rot und die Begründungen blau.

3 Lara und Levi führen jeweils ein Beispiel zu ihrem ersten Argument an. Unterstreiche die Beispiele grün.

4 Entscheide, welches der folgenden Beispiele Lara und welches Levi für die Begründung zusätzlich verwenden könnte. Schreibe den Namen hinter das passende Beispiel.

☐ **A** Ich habe zum Beispiel gelesen, dass Bengalkatzen auch von Menschen gehalten werden können, die für die Pflege wenig Zeit haben.

☐ **B** Im Internet heißt es beispielsweise, dass Golden Retriever gern lange Spaziergänge machen.

☐ **C** So hat ein Freund behauptet, dass Retriever sehr teuer in der Anschaffung sind.

☐ **D** Ein Mitschüler hat etwa berichtet, dass Bengalkatzen für viel Unordnung sorgen können.

Klassenarbeit – Stellung nehmen

Aufgabenstellung

1 Auf der Website eines Magazins ist der unten stehende Beitrag mit Kommentaren erschienen. Verfasse einen Kommentar zum Thema. Formuliere deine Meinung und begründe sie mit zwei Argumenten und anschaulichen Beispielen.

Gehören große Wildtiere in den Zirkus?

Rund um das Thema „Tiere" gibt es unterschiedliche Meinungen zu Tiershows in Zirkussen. Löwen springen durch brennende Reifen, Elefanten stehen Kopf: Tiernummern mit großen Wildtieren wie Elefanten, Eisbären, Löwen oder Tigern zählen oft zu den ganz besonderen Attraktionen im Zirkus. Tierschützer protestieren heftig dagegen.
Gehören große Wildtiere wie Bären, Elefanten, Tiger oder Löwen in den Zirkus? Oder sollte das verboten werden? Wie denkt ihr darüber?

Kommentare

21.02., 17:13:

Pauline

Ich bin dagegen, dass große Wildtiere in einem Zirkus gehalten und eingesetzt werden. Der wichtigste Grund ist für mich, dass die Tiere dort ausgenutzt werden. Ein Elefant zum Beispiel ist nicht dafür da, dass er uns mit einem Kopfstand erfreuen soll und der Zirkus damit Geld verdient. Außerdem sagen viele Tierschützer, dass die Tiere in einem Zirkus nicht artgerecht gehalten werden können. Das kann dazu führen, dass sie sich während der Vorstellung unberechenbar verhalten.

21.02., 14:35:

Ezra

Mir macht es Freude und ich finde es unterhaltsam, Tiere im Zirkus zu sehen. Bei meinem letzten Zirkusbesuch haben mir beispielsweise die Löwen, die durch verschiedene Reifen gesprungen sind, besonders gut gefallen. Außerdem beachten zumindest größere Zirkusse die Vorschriften zur Tierhaltung. So haben mich bei einem Zirkusbesuch in Köln die großen Käfige überrascht, in denen sich die Tiere ganz gut bewegen konnten.

20.02., 19:48:

Karim

Es stimmt schon, dass Tiere im Zirkus nicht immer artgerecht gehalten werden. Ich bin aber der Meinung, dass ein Zirkus ohne Tiere kein richtiger Zirkus ist, weil er eher langweilig wäre. Die Tiere leben häufig von klein auf im Zirkus und könnten in der Wildnis gar nicht mehr überleben. Im Zirkus aber werden sie zum Beispiel gut gefüttert, gepflegt und beschäftigt.

Klassenarbeit – Stellung nehmen

Aufgabenstellung

1 Auf der Website eines Magazins ist der unten stehende Beitrag mit Kommentaren erschienen. Verfasse einen Kommentar zum Thema. Formuliere deine Meinung und begründe sie mit zwei Argumenten und anschaulichen Beispielen.

Haustiere als Weihnachts- oder Geburtstagsgeschenk – eine gute Idee?

Es ist wunderbar, ein Haustier zu haben. Das denken sehr viele Kinder und Jugendliche – und haben häufig ein Haustier auf ihrem Wunschzettel.
Sind Haustiere also ein passendes Weihnachts- oder Geburtstagsgeschenk? Was denkt ihr?

Kommentare

03.03., 16:29:

Paul

Unsere Tochter hat sich seit Jahren ein Haustier gewünscht. Wir haben lange gezweifelt, ihr aber dann das begehrte Kaninchen zum 12. Geburtstag gekauft. Das Kaninchen hat sich als Geschenk perfekt bewährt, weil wir Lisa einen lang gehegten Wunsch erfüllen konnten. Außerdem handelt es sich bei einem Tier um ein ganz besonderes Geschenk, für das unsere Tochter jetzt Verantwortung, wie Füttern und Tränken, übernehmen muss.

03.03., 12:12:

Sami

Ich finde, dass Tiere weder Weihnachts- noch Geburtstagsgeschenke sein sollten. Denn ein Haustier ist kein Gegenstand, sondern ein Lebewesen mit seinen artspezifischen Eigenschaften und Bedürfnissen. Außerdem kann man ein geschenktes Tier im Gegensatz beispielsweise zu einem Handy oder einem T-Shirt nicht einfach bei Nichtgefallen wieder umtauschen.

02.03., 18:37:

Bennie

Meine Großeltern haben uns einen Hund zu Weihnachten geschenkt. Das haben sie aber mit meinen Eltern vorher geplant. Sie haben Billy in einem Tierheim entdeckt und ihn zur Probe mit nach Hause genommen. Ich bin der Meinung, dass ein Haustier ein tolles Geschenk sein kann, wenn man das gut plant. Wir lieben Billy und er ist ein richtiges Familienmitglied geworden.

02.03., 14:17:

Zeynap

Tiere sind nach meiner Meinung weder als Geburtstags- noch als Weihnachtsgeschenk geeignet. Denn zu solchen Anlässen werden oft gedankenlos Tiere gekauft, die später ausgesetzt werden. Das sieht man beispielsweise daran, dass jedes Jahr zum Ferienbeginn besonders viele Tiere ausgesetzt werden. Ein weiteres Argument ist, dass ein festgelegter Termin wie Weihnachten oder der Geburtstag oft die Zeit für die wichtige Informationssuche einschränkt. Man braucht aber viel Zeit, um beispielsweise herauszufinden, welches Tier zu welcher Familie passt.

4 Freundschaften – Erzählen und gestalten

Konzeption des Kapitels

Ausgehend vom Thema „Freundschaft“ vertiefen und entfalten die Schülerinnen und Schüler in diesem Kapitel ihre Kompetenzen des mündlichen und schriftlichen Erzählens. Dabei kommen aufregende Alltagserlebnisse und unheimliche Geschichten der kindlichen Fantasie entgegen.
Im ersten Teilkapitel (**„Durch dick und dünn! – Von Freundschaften erzählen“**) steht das Erzählen von Freundschaftsgeschichten im Mittelpunkt. Zunächst üben die Schülerinnen und Schüler, mit Hilfe von Stichpunkten das mündliche Erzählen eigener Erlebnisse vorzubereiten, ihre Geschichten anschließend frei vorzutragen und sich gegenseitig ein kriteriengeleitetes Feedback zu geben. Im Anschluss trainieren sie das schriftliche Erzählen, wobei neben dem Aufbau einer Erzählung verschiedene Mittel des spannenden und anschaulichen Erzählens (z. B. wörtliche Rede, anschauliche Adjektive, treffende Verben, Spannungsmelder, innere und äußere Handlung) thematisiert werden. Motivierende Schreibanlässe für die eigene Textproduktion bieten eine Bildergeschichte und ein Erzählkern. Sprachtrainings zur Bildung des Präteritums und zur Überarbeitung eigener Texte mit Hilfe verschiedener Proben ermöglichen binnendifferenzierende Spracharbeit. Ein abschließender Test zum Schildern von Gedanken und Gefühlen und zur wörtlichen Rede bietet den Lernenden die Möglichkeit, ihre neu erworbenen Kompetenzen zu überprüfen.
Im zweiten Teilkapitel (**„Zu Freundschaftsgeschichten schreiben“**) wird der Bereich „Texte“ akzentuiert. Anhand von drei Beispielen literarischer Freundschaftstexte knüpfen die Schülerinnen und Schüler an ihre Kenntnisse aus der fünften Jahrgangsstufe an. Sie erarbeiten insbesondere die Figurengestaltung (innere Handlung) und die Beziehungen der Figuren zueinander und untersuchen, wie Spannung erzeugt wird. Analytische sowie produktiv-gestaltende Aufgaben leiten zu intensiver Textarbeit und damit zu einem vertieften Textverständnis an. Die Lernenden setzen eine Geschichte fort und schreiben zu einer anderen einen Tagebucheintrag. Mit binnendifferenzierenden Hilfen wird das Erzählen aus der Sicht einer anderen Figur geübt.
Das dritte Teilkapitel (**„Fit in … – Einen Erzählkern ausgestalten“**) fokussiert noch einmal die Kompetenzen zum spannenden und anschaulichen Erzählen. Als Vorbereitung auf eine Klassenarbeit trainieren die Schülerinnen und Schüler das Verstehen der Aufgabenstellung und den Prozess des Planens, Schreibens und Überarbeitens einer eigenen Geschichte zu einem Erzählkern.

Literaturhinweise

- *Aydin, Özlem:* Kreatives Schreiben. Didaktische Konzeptionen und unterrichtspraktische Konsequenzen (Klassenstufen 5 und 6). Grin, Norderstedt 2012
- *Brenner, Gerd:* Kreatives Schreiben. Ein Leitfaden für die Praxis. Cornelsen Scriptor, Berlin ^{4}1998
- *Fix, Martin:* Texte schreiben. Schreibprozesse im Deutschunterricht. Schöningh, Paderborn 2008
- *Frisch, Maximilian:* Kreatives Schreiben. Historische Entwicklung, didaktische Diskussion und die Umsetzung in der Unterrichtswirklichkeit. Auf der Grundlage einer empirischen Untersuchung. Grin, Norderstedt 2009
- *Leis, Mario:* Kreatives Schreiben: 111 Übungen. Texte und Materialien für den Unterricht. Reclam, Stuttgart 2006
- *Spinner, Kaspar H.:* Schreiben zu Bildern. Kreatives Schreiben. In: Deutschunterricht 4/2006, S. 20–23

Übungsmaterial im „Deutschbuch 6 Arbeitsheft“

- Erzählen, S. 16–21

	Inhalte	Kompetenzen Die Schülerinnen und Schüler
S. 73	**4 Freundschaften – Erzählen und gestalten**	– erzählen mündlich zum Thema „Freundschaft“ – sammeln ihr Vorwissen zum Erzählen
S. 74	**4.1 Durch dick und dünn! – Von Freundschaften erzählen** Zusammenhalten – Mündlich erzählen und gut zuhören	– sammeln Ideen für eine Freundschaftsgeschichte – planen den Aufbau einer mündlichen Erzählung – erzählen mündlich eine Geschichte – geben einander strukturiert Feedback
S. 76	Füreinander da! – Den Aufbau einer Erzählung untersuchen	– ordnen Teile einer Schülererzählung – untersuchen den Aufbau der Erzählung – analysieren Mittel zur Spannungssteigerung – finden eine Überschrift, die Neugier weckt
S. 78	Spannung erzeugen – Nach Bildern schriftlich erzählen	– sammeln Ideen zu einer Bilderfolge – legen einen Schreibplan an – nutzen Mittel des spannenden und anschaulichen Erzählens – schreiben eine Geschichte zu Bildern
S. 81	Sprachtraining: Im Präteritum erzählen	– erzählen im Präteritum – verwenden regelmäßige und unregelmäßige Verben korrekt
S. 82	Einen Erzählkern ausgestalten – Äußere und innere Handlung unterscheiden	– unterscheiden äußere und innere Handlung – entwerfen Dialoge – setzen normgerecht Anführungszeichen – verfassen eine Erzählung zu einem Erzählkern
S. 84	Sprachtraining: Texte mit Proben überarbeiten	– überarbeiten Texte mit Hilfe der Ersatz- und der Erweiterungsprobe
S. 85	Testet euch! – Erzählen	– überprüfen ihr bisher erworbenes Wissen
S. 86	**4.2 Zu Freundschaftsgeschichten schreiben** *Christian Tielmann: Der Kahn*	– lesen und verstehen einen längeren Erzähltext – erklären Textzusammenhänge – untersuchen die Figurenbeziehung – setzen die Geschichte fort
S. 90	*Jutta Richter: Die Kellerkatze*	– erklären inhaltliche Zusammenhänge – untersuchen spannungssteigernde Elemente – verfassen einen Tagebucheintrag aus der Sicht einer Figur
S. 92	*Christine Fehér: Schreibst du mir?*	– erläutern Handlungsmotive der Figuren – schreiben die Geschichte aus der Perspektive einer anderen Figur weiter – vergleichen unterschiedliche Textsorten (Brief, E-Mail, Handynachricht)
S. 95	**4.3 Fit in … – Einen Erzählkern ausgestalten**	– erklären die Aufgabenstellung – üben prozessorientiert das Planen und Schreiben einer spannenden und anschaulichen Erzählung – überarbeiten ihre Geschichten

4 Freundschaften – Erzählen und gestalten

73 Ein Bildimpuls sowie die Erinnerungen an eigene Erlebnisse und gelesene Geschichten regen die Schülerinnen und Schüler an, über das Thema „Freundschaft“ nachzudenken. Das motivierende Thema steht in diesem Kapitel im Mittelpunkt selbst verfasster Geschichten und literarischer Texte, die es zu untersuchen gilt.

1 Zunächst beschreiben und begründen die Lernenden, warum ihrer Meinung nach auf dem Foto drei gute Freunde dargestellt sind. Mögliche Begründungen:
- Die beiden Jungen und das Mädchen wirken sehr vertraut, sie scheinen zusammenzuhalten, denn sie stehen eng beieinander und neigen einander die Köpfe zu.
- Der Junge in der Mitte hat die Arme um die beiden anderen Kinder rechts und links von ihm gelegt.
- Die Hand des Mädchens liegt auf der Schulter dieses Jungen.
- Die Kinder lächeln und sehen fröhlich aus.

2 Nun werden eigene Vorstellungen der Schülerinnen und Schüler zum Thema „Freundschaft“ aktiviert.

a Folgende Eigenschaften einer Freundin oder eines Freundes könnten benannt werden:
- Einer Freundin oder einem Freund vertraut man.
- Man kennt sich gut.
- Man verbringt gerne Zeit miteinander und kann zusammen lachen.
- Man hält zusammen.
- Man hilft einander.

b Das inhaltliche Thema wird jetzt mit dem didaktischen Schwerpunkt des Kapitels verknüpft: Die Schülerinnen und Schüler erzählen von einem Erlebnis, bei dem für sie Freundschaft zum Ausdruck kam.

3 **a** Mit dieser Aufgabe werden weitere Vorstellungen von Freundschaft abgerufen. Schülerinnen und Schüler, die von keinen eigenen Erfahrungen mit Freundschaften erzählt haben, können alternativ über Freundschaften erzählen, von denen sie gelesen haben.

b Abschließend wird das Vorwissen der Schülerinnen und Schüler zum Erzählen aktiviert. In der Regel kennen sie bereits aus der fünften Jahrgangsstufe die Gliederung einer Geschichte in Einleitung, Hauptteil und Schluss und den Aufbau eines Spannungsbogens (einer Lesefieberkurve). Auch sprachliche Gestaltungsmittel wie treffende Verben und anschauliche Adjektive sollten bekannt sein. Bereits bekannte Fachbegriffe können an der Tafel gesammelt werden.

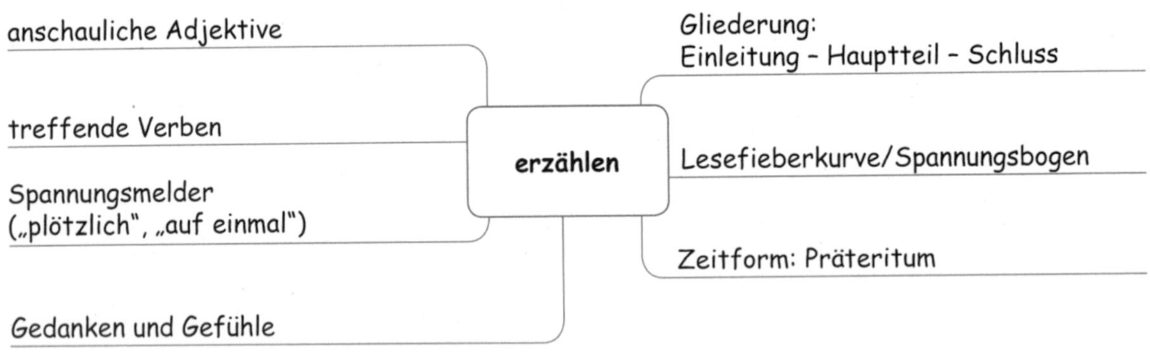

4.1 Durch dick und dünn! – Von Freundschaften erzählen

74 Zusammenhalten – Mündlich erzählen und gut zuhören

In diesem Abschnitt steht das mündliche Erzählen im Fokus. Schritt für Schritt werden die Elemente des spannenden Erzählens und die Gestaltung des eigenen Vortrags erarbeitet und geübt.

1 Die Schülerinnen und Schüler formulieren zunächst ihre subjektiven Eindrücke der abgebildeten Situation, sollen dabei aber bereits erklären, warum die Kinder auf dem Bild zusammenhalten müssen:

- Der Freund am Boden sichert das im Fels kletternde Mädchen mit einem Seil, damit es nicht in die Tiefe stürzen kann. Er muss sehr gut aufpassen und darf das Seil nicht locker lassen, das Mädchen muss ihm absolut vertrauen.
- Das kletternde Mädchen sieht aus seiner Position nur schlecht, an welcher Stelle des Felsens es sich sicher festhalten kann. Der Freund, der den Aufstieg bereits geschafft hat, hat vom Felsvorsprung eine bessere Sicht und kann der Freundin deshalb zeigen und sagen, wo sie sich am besten festhalten kann. Auch ihm muss das Mädchen vertrauen.
- Alle drei müssen aufmerksam und sehr vorsichtig handeln.

2 Hier sammeln die Lernenden erste Ideen bzw. Erinnerungen für eine Geschichte über ein eigenes spannendes Erlebnis und sortieren diese mit Hilfe eines Clusters. Die Leitfragen in Form von W-Fragen helfen ihnen, keinen wichtigen Aspekt zu vergessen.

3 a Die im Cluster gesammelten Ideen und Erinnerungen werden anschließend auf Karteikarten übertragen und mit Hilfe einer Lesefieberkurve so geordnet, dass Schritt für Schritt Spannung erzeugt wird. Beim Übertragen der Ideen auf die Karteikarten sollte auf die Beispiele im Schülerband hingewiesen werden. Sie könnten z. B. so ergänzt werden:

Hauptteil (Höhepunkt)

krachender Donner
➔ Angst, dass uns der Blitz trifft

Hauptteil (zweiter Schritt)

Wanderung, Wolken, kühler Wind,
Blitz in der Ferne, Regentropfen,
starke Sturmbö ➔ mulmiges Gefühl

Hauptteil (erster Schritt)

Vorbereitung: Getränke, kleiner
Hammer für Fossilienfunde,
Beutel, Aufbruch bei Sonnenschein,
➔ Freude

Einleitung

Wer? Sofia, Max, ich
Wann? Sommerferien
Wo? Wald, Steinbruch

Schluss

Hütte im Wald,
freundliche Waldarbeiter,
heißer Tee

b Vorschlag für ein Tafelbild:

Formulierungen zur Spannungssteigerung
plötzlich, schlagartig, auf einmal, in dem Moment, unmittelbar darauf, Sekunden später, mir wurde angst und bange, ich hielt den Atem an, mit zitternder Stimme, starr vor Schreck, mein Herz schlug bis zum Hals, mir zitterten die Knie

4 Bevor die Schülerinnen und Schüler in Vierergruppen einander ihre Geschichten vortragen, sollten sie den Methodenkasten auf S. 75 im Schülerband lesen.
Sie achten in der Gruppe binnendifferenzierend auf verschiedene Aspekte der mündlich vorgetragenen Erzählungen und geben sich gegenseitig ein Feedback.

●○○ **a** Auf diesem Differenzierungsniveau wird der Vortrag beobachtet: ob er lebendig ist, ob es Pausen gibt und die Lautstärke wechselt.

●●○ **b** Hier wird der Inhalt beobachtet, nämlich ob die erzählte Geschichte einen roten Faden aufweist.

●●● **c** Auf dieser Niveaustufe achten die Lernenden auf sprachliche Merkmale der erzählten Geschichten: Welche auffälligen Formulierungen hat die Mitschülerin/der Mitschüler verwendet, um die Spannung zu steigern?

d In einer anschließenden gemeinsamen Besprechung im Plenum können die Bereiche, auf die die Teilaufgaben fokussieren, als Strukturierungshilfe für das Unterrichtsgespräch dienen. Beispiele aus den Gruppen veranschaulichen die verschiedenen Aspekte.

76 Füreinander da! – Den Aufbau einer Erzählung untersuchen

Bevor die Schülerinnen und Schüler selbst eine erste Erzählung schreiben, wird ihnen zunächst als Beispiel eine fertige, allerdings durcheinandergeratene Geschichte eines Schülers präsentiert. Diese liefert die Grundlage, um den Aufbau einer Erzählung zu untersuchen und spannungssteigernde Wörter, Wendungen und Sätze in den Blick zu nehmen.

1 **a** Durch das Ordnen der einzelnen Textauszüge machen sich die Schülerinnen und Schüler den – idealtypischen – Aufbau einer Erzählung klar. Die richtige Reihenfolge der Buchstaben lautet: D – B – A – F – C – E.

b Anhaltspunkte dafür, dass Julian ein guter Freund ist, finden sich in verschiedenen Abschnitten:

- D Nelly und Julian verbringen gerne Zeit miteinander (jeden Nachmittag) und können zusammen lachen.
- A Julian kann Nellys Gefühle einschätzen (Nelly ärgert sich darüber, dass sie nicht den Streckenrekord hält) und versucht, sie „herunterzuholen".
- F Julian macht sich Sorgen um Nelly: Seine Hände zittern und er ist nervös, als klar ist, dass etwas passiert sein muss; er macht sich auf die Suche nach Nelly.
- C Julians Sorgen um Nelly wachsen. Als er sie gefunden hat, erklärt Nelly halb lachend, halb weinend, dass sie sich freut, ihn zu sehen.
- E Julian bringt die verletzte Nelly auf seinem Schlitten nach Hause und besucht sie gleich am nächsten Tag. Nelly erklärt, dass er ein echt guter Freund ist.

2 Die meisten Schülerinnen und Schüler werden den Höhepunkt der Geschichte in Abschnitt C verorten, als Julian den zerbrochenen Schlitten findet, aber von Nelly nichts zu sehen ist. Bestimmte Formulierungen (auch Redewendungen) steigern die Spannung, z. B.: „Ich befürchtete das Schlimmste", „blieb mir beinahe das Herz stehen", „fieberhaft", „plötzlich", „leises Stöhnen".

3 Beispiel für die ausgefüllte Tabelle zu den Erzählschritten:

Erzählschritt	Teil	Inhalt in Stichpunkten
Einleitung	D	– Julian und Nelly – Winternachmittag – Ginsterbahn – Schlittenfahren
Hauptteil 1. Erzählschritt 2. Erzählschritt 3. Erzählschritt Höhepunkt	 B A F C	 – Julian bricht Streckenrekord – Nelly macht sich bereit für Abfahrt – Nelly meldet sich nicht – Julians Suche nach Nelly
Schluss	E	– Julian bringt verletzte Nelly nach Hause – Besuch am nächsten Tag, Nellys Freundschaftserklärung

4 **a** Vorschlag für ein Tafelbild zu den W-Fragen in der Einleitung:

W-Frage	Antwort
Wer?	Julian und Nelly
Wann?	an einem schönen Winternachmittag
Wo?	Ginsterbahn

b Die Einleitung macht durch die Ankündigung eines unerwarteten Ereignisses neugierig: „Doch leider sollte uns die gute Laune bald vergehen."

c Wörter und Wendungen in der Geschichte, die die Spannung steigern, können in einem Cluster an der Tafel gesammelt werden:

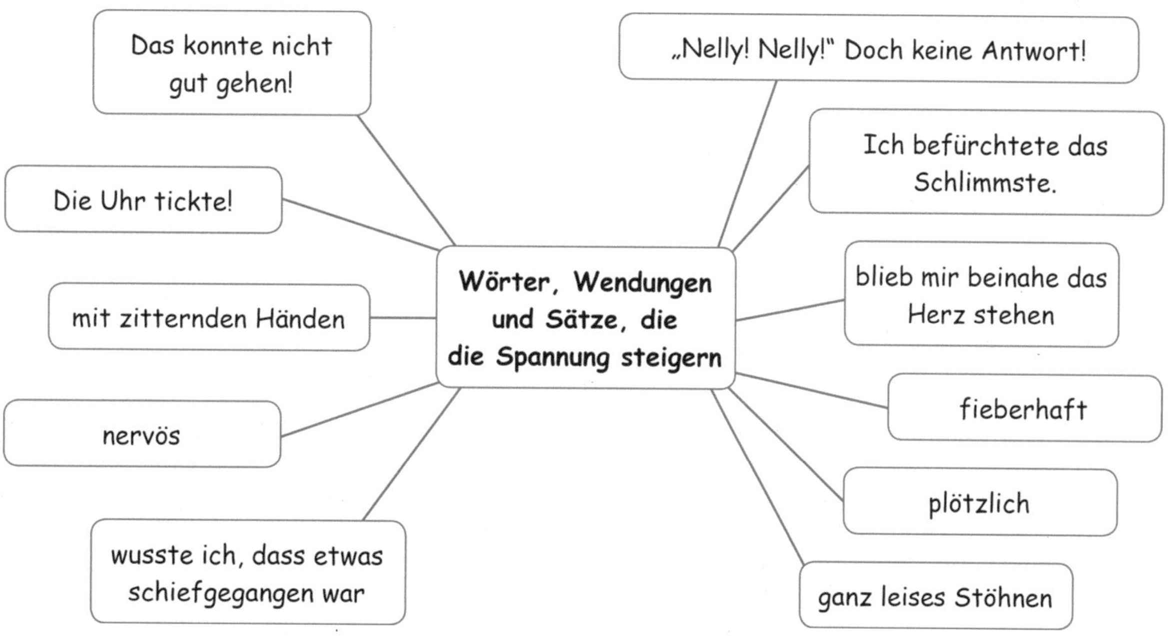

5 Überschriften, die Neugier wecken, könnten z. B. lauten:
– Der Streckenrekord
– Rasante Schlittenfahrt

6 ⊕ Die Zusatzaufgabe kann leistungsstarken und schnellen Schülerinnen und Schülern zur Differenzierung gestellt werden.
Beispiele für Varianten am Schluss der Einleitung, die ebenfalls Neugier wecken:
- [...] Dann zogen wir gut gelaunt den waldigen Hügel hinauf. Zu diesem Zeitpunkt ahnten wir noch nicht, dass es vorerst der letzte gemeinsame Nachmittag auf der Ginsterbahn werden sollte.
- [...] Dann zogen wir gut gelaunt den waldigen Hügel hinauf. Hätten wir gewusst, dass auch Profis verhängnisvolle Fahrfehler begehen können, wären wir vorsichtiger gewesen.

78 Spannung erzeugen – Nach Bildern schriftlich erzählen

Die in vier Bildern gezeigte Situation wirkt spannend und bietet den Schülerinnen und Schülern einen interessanten Schreibanlass: Ein Junge und ein Mädchen lassen im Herbstwind einen Drachen steigen, der sich in einem morschen Baum verfängt. Der Junge klettert auf den brüchigen, dünnen Ast, an dem der Drachen hängt, und läuft Gefahr, herunterzustürzen. Vermutlich werden die Lernenden unmittelbar eine Geschichte nach den Bildern schreiben wollen. Leistungsstarke Schülerinnen und Schüler können dies auch schaffen. Dennoch sollte zunächst Schritt für Schritt gearbeitet werden. Das genaue Betrachten der Bilder mit abwechselndem Erzählen der einzelnen Situationen, die ersten Notizen (auch: was geschieht zwischen den Bildern?), das Anlegen eines Schreibplans sowie Übungen, die zur Verwendung der wörtlichen Rede und treffender Formulierungen anleiten, sind als Vorarbeiten anzusehen, um den Schreibprozess zu strukturieren und zu einem Erfolg zu führen.

1 **a** Die auf den Bildern erzählte Geschichte – und (kursiv in Klammern) was zwischen und nach den einzelnen Bildern passieren könnte:
Bild 1: Ein Junge und ein Mädchen lassen einen Drachen im Herbstwind steigen.
(Die Schnur des Drachens verfängt sich im Geäst eines Baums.)
Bild 2: Der Drachen hängt im Baum fest und die beiden können ihn nicht mehr herunterziehen. Am Stamm hängt ein Schild, das davor warnt, auf den alten morschen Baum zu klettern.
Bild 3: Der Junge klettert dennoch hinauf. Im Gesicht des Mädchens spiegeln sich Angst und Bedenken.
Bild 4: Der Junge nähert sich dem Drachen, der sich am Ende eines dürren Asts verfangen hat.
(Wahrscheinlich wird der Ast unter dem Gewicht des Jungen abbrechen und der Junge wird hinunterfallen.)

b Ein Detail in Bild 4 verweist auf einen möglichen guten Ausgang: Unter dem dürren Ast, auf den der Junge geklettert ist, liegt ein hoher Haufen Herbstlaub. Der Junge könnte in den weichen Laubhaufen fallen und ohne größere Verletzungen davonkommen.

2 **a–c** Die folgende Tabelle könnte an der Tafel als Schreibplan zu Aufgabe 2 a–c entstehen (der Höhepunkt ist unterstrichen):

	Was geschieht? (Erzählschritte)	Was sagen oder denken die Figuren?
Bild 1	Alex und Lilly spielen mit ihrem Papierdrachen im Park.	Lilly: „Der Wind ist super! Ich lasse den Drachen noch höher fliegen!"
Bild 2	Der Drachen hat sich in einem morschen Baum verfangen. Am Stamm hängt ein Schild: „Nicht klettern!"	Alex: „O nein! Jetzt hängt unser Drachen im Baum fest!" Lilly: „Was machen wir bloß?" Alex: „Ich klettere hinauf!"
Bild 3	Alex klettert auf den Baum, Lilly schaut ängstlich zu.	Lilly: „Alex, mach keine Dummheiten." Alex: „Ach, was soll schon passieren?" Lilly: „Pass auf! Der Baum knackt schon ganz verdächtig!"

Bild 4	Alex liegt auf einem Ast, der ihn kaum noch tragen kann.	Alex: „Es ist nur noch ein kleines Stück bis zum Drachen! Das schaffe ich.“ Lilly: „Alex! Pass auf! Der Ast bricht ab!“
	Alex plumpst vom Baum in den Haufen Laub.	Alex: „Hilfe!“
	Alex steckt den Kopf aus dem Laubhaufen.	Lilly: „Alex, geht es dir gut?“ Alex: „Ja, es war nur der Schreck. Den Drachen habe ich vom Baum geholt. Aber jetzt müssen wir ihn in dem riesigen Laubhaufen finden!“

3 Die Schülerinnen und Schüler sortieren die Formulierungen aus dem Wortspeicher auf Karteikarten zu unterschiedlichen Gefühlen. Dafür stehen ihnen Aufgaben auf drei Differenzierungsniveaus zur Auswahl, die sich in der Anzahl der Vorgaben unterscheiden. Zudem arbeiten die Lernenden bei Teilaufgabe 3 a in Partnerarbeit, bei Teilaufgabe 3 c werden neben anschaulichen Adjektiven auch Partizipien verlangt.
Manche Wendungen und Vergleiche können sowohl den Gefühlen „Angst/Aufregung“ wie auch „Schreck“ zugeordnet werden. Sie sind auf den Kartenbeispielen unten doppelt vergeben.
Die Karteikarten dienen den Schülerinnen und Schülern beim Schreiben als Grundlage, um die Gefühle ihrer Figuren zum Ausdruck zu bringen. Sie können auch für alle weiteren Geschichten genutzt werden.

●○○ **a** Lösung: ●●○ **b** Lösung: ●●● **c** Lösung:

Angst/Aufregung (1)	Freude (1)	Schreck (1)
anschauliche Adjektive: panisch, schauerlich, hilflos, nervös, ungeduldig, hektisch **treffende Verben:** sich fürchten, sich gruseln, stöhnen	**anschauliche Adjektive:** lustig, munter, froh, freudig, heiter **treffende Verben:** kichern, lächeln, scherzen, sich freuen, grinsen, losprusten, schmunzeln	**anschauliche Adjektive und Partizipien:** schockiert, panisch **treffende Verben:** zusammenzucken, erschrecken

Angst/Aufregung (2)	Freude (2)	Schreck (2)
Wendungen und Vergleiche: sich hilflos wie eine Maus in der Falle fühlen, weiche Knie bekommen, unruhig auf und ab tigern, Herz schlägt bis zum Hals, zittern, zittern wie Espenlaub, Mund ist ganz trocken, Puls rast, wie auf glühenden Kohlen sitzen	**Wendungen und Vergleiche:** wie ein Honigkuchenpferd strahlen, sich kugeln vor Lachen, die Welt umarmen, von einem Glücksgefühl durchströmt werden	**Wendungen und Vergleiche:** Herz bleibt stehen, vor Schreck wie gelähmt, weiche Knie bekommen, Herz schlägt bis zum Hals, Luft bleibt weg, zittern wie Espenlaub, Mund ist ganz trocken, Puls rast

d Damit alle Schülerinnen und Schüler auf dem gleichen Stand weiterarbeiten können, ist es wichtig, dass sie alle Karteikarten abschreiben oder Kopien erhalten.

4 ⊕ Eine Karteikarte zum Gefühl „Erleichterung“ ist für die anschauliche Erzählung zu der Bildergeschichte nicht unbedingt notwendig, kann aber zur Gestaltung des Schlusses hilfreich sein. Schnellere und leistungsstärkere Schülerinnen und Schüler können mit dieser Zusatzaufgabe üben, selbst anschauliche Adjektive und Partizipien, treffende Verben sowie Wendungen und Vergleiche zu finden, die zu einem bestimmten Gefühl passen. Auch diese Karten können später bei anderen Geschichten eingesetzt werden. Eine Beispiellösung findet sich auf S. 104.

Beispiellösung:

Erleichterung

anschauliche Adjektive:
froh, erleichtert, beruhigt, befreit, freudestrahlend, erlöst
treffende Verben:
aufatmen, sich freuen, jubeln
Wendungen und Vergleiche:
ein Stein fällt vom Herzen, heilfroh sein, tief Luft holen

5 Die Aufgabe hilft den Schülerinnen und Schülern, den spannendsten Moment ihrer Erzählung durch unterschiedliche gestalterische Mittel in die Länge zu ziehen und für die Leser erfahrbar zu machen.
Beispiellösung aus der Sicht von Lilly:
Es knackte verdächtig im Baum. Was sollte ich tun? Ich konnte Alex doch nicht auffangen, wenn etwas passierte! Plötzlich bog sich der morsche Ast unter der Last von Alex nach unten. Mir wurde eiskalt, mein Herz hämmerte. Gleich würde mein Freund vom Baum stürzen. „Alex", schrie ich panisch, „der Ast bricht ab!" Ein Krachen, ein Schlag – und Alex fiel in die Tiefe. Mir blieb die Luft weg. Das ist doch nicht wirklich gerade passiert?, dachte ich und ließ meinen Blick zum Boden unter dem Baum wandern.

6 Man sollte die Schülerinnen und Schüler darauf hinweisen, beim Schreiben der zusammenhängenden Geschichte das, was vorher in einzelnen Schritten geplant und geübt wurde, nicht wieder aus dem Blick zu verlieren. Dazu ist es hilfreich, wenn sie während des Schreibens den vorher erarbeiteten Schreibplan neben das Heft legen und die einzelnen Erzählschritte abhaken, sobald sie sie ausformuliert haben. Außerdem kann man ihnen empfehlen, bereits geschriebene Passagen (z. B. die Aussagen der Figuren, deren Gedanken, Gefühle und Beobachtungen in Aufgabe 5) in ihre Geschichte einzubauen.
Beispiellösung (aus der Sicht von Lilly):

Drachenflug mit Hindernissen

Heftig blies der Herbstwind am Montag die letzten Blätter von den Bäumen. Prima Wetter, um zusammen mit Alex meinen neuen Papierdrachen im Park auszuprobieren. Hui, wie der aufstieg und an der Schnur riss! Doch der Spaß sollte nicht lange dauern.
Anfangs flatterte der rote Drachen wild in der Luft. „Der Wind ist super! Ich lasse den Drachen noch höher fliegen!", rief ich begeistert. Doch plötzlich ruckte es an der Schnur. „O nein! Jetzt hängt unser Drachen im Baum fest!", stöhnte mein Freund. Schnell liefen wir zu dem Baum und entdeckten, dass der Drachen weit oben in der Baumkrone hing. Die Schnur hatte sich um mehrere Äste gewickelt. „Ich klettere hinauf!", erklärte Alex entschlossen. „Alex, mach keine Dummheiten", warnte ich und zeigte auf eine verwitterte Tafel am Baum: „Nicht klettern!", stand unter dem Hinweis, dass der alte Baum morsch sei. „Ach, was soll schon passieren?", winkte Alex ab. Flink kletterte er in den Baum und legte sich auf dem Bauch auf den dünnen Ast, an dessen Spitze unser Drachen hing. Mir wurde mulmig zumute. „Pass auf, Alex!", rief ich, „der Baum knackt schon ganz verdächtig!" Was sollte ich tun? Ich konnte Alex doch nicht auffangen, wenn etwas passierte. Plötzlich bog sich der morsche Ast unter der Last von Alex nach unten. Mir wurde eiskalt, mein Herz hämmerte. Gleich würde Alex vom Baum stürzen. „Alex", schrie ich panisch, „der Ast bricht ab!" Ein Krachen, ein Schlag – und Alex fiel in die Tiefe. Mir blieb die Luft weg. Das ist doch nicht wirklich gerade passiert?, dachte ich und ließ meinen Blick unter den Baum wandern.
Ein großer Laubhaufen, schoss es mir durch den Kopf. Schon raschelte es und Alex' Kopf tauchte aus den bunten Blättern auf. Ich starrte ihn mit offenem Mund an. In diesem Moment prusteten wir erleichtert los. Alex schüttelte sich die trockenen Blätter aus den Locken und grinste: „Jetzt müssen wir nur noch unseren Drachen in dem riesigen Laubhaufen finden!"

7 Hinweise zur Schreibkonferenz finden sich auf S. 53 f. in diesen Handreichungen.

81 Sprachtraining: Im Präteritum erzählen

1 Richtig lautet der Satz so: Die Zeitform Präteritum verwendet man, wenn man schriftlich von einem vergangenen Geschehen erzählt.

2 **a** So sieht die vervollständigte Tabelle aus:

Grundform (Infinitiv)	Präsens	Präteritum
fahren	wir fahren	wir fuhren
geben	es gibt	es gab
springen	sie springen	sie sprangen
liegen	wir liegen	wir lagen
quatschen	wir quatschen	wir quatschten
lachen	wir lachen	wir lachten
essen	wir essen	wir aßen
sagen	sie sagt	sie sagte
stocken	er stockt	er stockte

b So wird das Präteritum gebildet:
- Die im Schülerbuch blau markierten Verben sind unregelmäßige (starke) Verben: Bei ihnen verändert sich der Vokal im Wortstamm im Präteritum (in der Tabelle unterstrichen).
- Die im Schülerbuch grün markierten Verben sind regelmäßige (schwache) Verben. Bei ihnen verändert sich der Vokal im Wortstamm im Präteritum nicht.

3 Die passenden Präteritumformen zu den im Schülerband unterstrichenen Verben:
rief – kletterte – warf – pfiff – sprang – tauchte auf – kam – wehrte ab – sagte – zwinkerte – sah – liefen

82 Einen Erzählkern ausgestalten – Äußere und innere Handlung unterscheiden

„Mobbing" ist ein Phänomen, das in den meisten Schulklassen irgendwann einmal auftritt. Dieses – leider – alltägliche Thema wird in dem angebotenen Erzählkern aufgegriffen; es soll die Lernenden motivieren, sich mit der Situation eines Mitschülers auseinanderzusetzen, der einem Mobbingopfer helfen möchte.
Beim Ausgestalten eines Erzählkerns sind die Schülerinnen und Schüler gefordert, einen knappen Text über ein Ereignis zu einer kleinen Geschichte auszugestalten. Die Aufgaben regen dazu an, dieses Ausgestalten eines Erzählkerns Schritt für Schritt einzuüben.

1 Beispiele für Gedanken und Gefühle, die Kian auf dem Fußballplatz haben könnte, als er sieht, dass die anderen Jungen Felix mobben:
- Was hat Felix denen denn eigentlich getan? Gar nichts!
- Ich sollte vielleicht den Trainer einschalten. Er hat anscheinend nichts mitbekommen.
- Ich finde das so gemein! Felix ist doch ein guter Fußballspieler und immer fair.
- Am liebsten würde ich die Jungs fragen, warum sie Felix mobben und ihn vor aller Augen nach einem Tor links liegen lassen.
- Ich sollte Marcel darauf hinweisen, dass seine Witze nicht lustig sind.
- Aber Marcel ist so wütend. Ich muss vorsichtig sein.
- Als Mannschaft müssen wir doch zusammenhalten.
- Ich könnte die anderen Fußballkameraden um Hilfe bitten.
- Aber die anderen Jungen trauen sich bestimmt nicht, Felix zu helfen.

Kians Gefühle und seine Ideen, wie er Felix beistehen und der Geschichte zu einem guten Ende verhelfen könnte, können an der Tafel in einem Cluster gesammelt werden.

2 Der Anfang des Dialogs mit den korrekten Satzzeichen und inhaltlich passenden Verben:
Ich ging direkt auf Marcel zu, den ich für den Anführer hielt, und fragte ernst: „Was hat Felix euch eigentlich getan?" „Na, der regt uns halt auf", entgegnete/antwortete/brüllte/schrie Marcel und sah aus, als ob er sich prügeln wollte. Ich bekam es mit der Angst zu tun, wollte aber nicht aufgeben. „Kommt schon", hakte ich nach, „das ist doch keine Erklärung für euer Verhalten."

3 a Der Erzählkern macht bereits einige Vorgaben, die in die Erzählung eingebaut werden sollten. Die Leitfragen helfen den Schülerinnen und Schülern dabei, die wichtigsten Aspekte herauszufinden.

b Für den Schreibplan können die wichtigsten Aspekte auch in Form einer Tabelle an der Tafel gesammelt werden.
Beispiellösung:

Schreibplan

1. Einleitung:	Wer? Felix, Kian, Marcel, Josua, Paul Wo? Fußballplatz Wann? seit einigen Tagen
2. Hauptteil:	
1. Erzählschritt:	Marcel macht blöde Witze über Felix. Niemand jubelt mit Felix über dessen Siegtor.
2. Erzählschritt:	Kian spricht Marcel an; Marcel reagiert aggressiv, doch Kian lässt sich nicht einschüchtern.
Höhepunkt:	Die drei Mobber umringen Kian.
3. Schluss:	Felix kommt Kian zu Hilfe, Beginn einer Freundschaft

c Beispiellösung für eine Erzählung zu dem Erzählkern:

Drohungen auf dem Fußballplatz

Seit ein paar Tagen war das Fußballtraining die Hölle. Ein paar Jungen hatten angefangen, Felix zu mobben. Ich wollte ihm helfen, aber ich hatte Angst vor den anderen. Hätte ich doch da schon gewusst, wie die Sache ausgehen würde.
Marcel machte blöde Witze über Felix und die anderen lachten darüber. Wie gemein! Nachdem Felix beim letzten Training das Siegtor geschossen hatte, rief keiner: „Tooooor!" Josua drehte sich einfach weg und Paul verweigerte ihm das Abklatschen. Da standen Felix Tränen in den Augen. Was hat er denen denn getan?, fragte ich mich. Felix ist ein guter Fußballspieler und immer fair. Ich überlegte, ob ich den Trainer einschalten sollte, doch vielleicht würde das alles noch schlimmer machen. Marcel ist so wütend! Aber ich muss Felix helfen, überlegte ich. Nach dem Spiel überwand ich mein Hasenherz.
Ich ging direkt auf Marcel zu, den ich für den Anführer hielt, und fragte ernst: „Was hat Felix euch eigentlich getan?" „Na, der regt uns halt auf", brüllte Marcel und sah aus, als ob er sich prügeln wollte. Ich bekam es mit der Angst zu tun, wollte aber nicht aufgeben. „Kommt schon", hakte ich nach, „das ist doch keine Erklärung für euer Verhalten." Da stellte sich Paul mit rotem Kopf neben Marcel. „Kümmere dich um deinen eigenen Kram, Kian!", keifte er und ballte die Fäuste. Mir rutschte das Herz in die Hose. Mit zitternder Stimme erklärte ich: „Die Mannschaft muss doch zusammenhalten." Dabei sah ich mich in Gedanken schon als nächstes Mobbingopfer. Als sich auch noch Josua mit seinem breiten Körper vor mich stellte, wurde mir heiß und kalt. Den dreien war ich auf keinen Fall gewachsen!
Plötzlich stand Felix neben mir. „Danke, Kian", sagte er lächelnd und legte mir die Hand auf die Schulter, „wenn Freunde zusammenhalten, braucht man keine Angst vor dummen Sprüchen zu haben." Erstaunt blickten sich Marcel, Josua und Paul an. „Okay", gab Josua zu, „wir waren nicht fair." Felix und ich ließen die drei mit roten Köpfen stehen und gingen als Freunde nach Hause.

84 Sprachtraining: Texte mit Proben überarbeiten

1 An Beispieltexten erarbeiten die Schülerinnen und Schüler, wie ihnen die Ersatzprobe und die Erweiterungsprobe beim abwechslungsreichen Schreiben helfen können.
- Text A wirkt langweilig und eintönig.
- Text B wirkt sehr viel lebendiger und anschaulicher, denn hier wurden anschauliche Verben und Adjektive verwendet, Gefühle und Gedanken dargestellt und weitere wörtliche Rede ergänzt.

2 a/b Ersetzungen in Text B sind hier unterstrichen, Ergänzungen markiert:
Ich wollte unbedingt Mitglied in Bens Clique werden, aber Ben schüttelte den Kopf: „Ganz so einfach ist das nicht. Zuerst musst du eine Mutprobe bestehen." Er dachte kurz nach und befahl dann laut: „Schleich einmal um das Haus des verrückten Schmitt. Aber pass auf: Sein Hund ist bissig!" Ben lachte fies. Mir rutschte das Herz in die Hose, und ich überlegte ernsthaft abzuhauen. Dann erklärte ich entschlossen: „In Ordnung!"

3 Beispiellösung für eine Überarbeitung der Fortsetzung:
Jetzt gab es kein Zurück mehr. Ich schluckte, aber danach drückte ich mutig die Klinke der Gartenpforte herunter und wagte einen zaghaften Schritt auf das Grundstück des alten Schmitt. Niemand war zu sehen. Schnell rannte ich mit angehaltenem Atem Richtung Haus. Ich wollte es hinter mich bringen. Als ich mit weichen Knien um die Hausecke bog, erblickte ich die riesige Hundehütte. Starr vor Schreck blieb ich stehen. Mein Herz pochte laut. Da entdeckte ich den Hund.
Vor der Hütte lag ein alter Collie, der überhaupt nicht gefährlich aussah. Nachdem ich mich vorsichtig genähert hatte, beschnupperte er freundlich meine Hand. „Na, du", murmelte ich erleichtert und streichelte sein weiches Fell. Als ich ein paar Momente später zu der Clique zurückkehrte, grinsten die Jungen schon. „Echt eine Bestie!", lachte ich. Da prusteten auch die anderen los.

Mögliche Zuatzaufgabe
Findet eine passende Überschrift für die Geschichte.
Beispiellösung: Mutprobe

85 Testet euch! – Erzählen

1 a/b Beispiellösung (die ersetzten Verben sind unterstrichen, die Satzzeichen bei der wörtlichen Rede markiert):
„Siehst du das Loch da hinter dem Baum? Das sieht ja aus wie eine Höhle!", rief Rike. „Die Öffnung ist ja echt riesig, und da drin ist es ziemlich dunkel", antwortete ich. Rike lachte: „Jetzt sag bloß, du hast schon wieder Angst?"
„Nein", gab ich zurück, „nicht direkt Angst. Ich kann nur im Gegensatz zu dir im Dunkeln nicht ganz so gut sehen, weißt du." Ich schnitt eine Grimasse, aber Rike kümmerte das überhaupt nicht. „Keine Ausreden mehr!", befahl Rike und zog eine Taschenlampe aus ihrem Rucksack. Dann verkündete sie: „Ein echter Abenteurer ist auf alles vorbereitet. Komm!"

2 a/b Beispiellösung für eine Fortsetzung der Geschichte:
Die dunkle Höhle schien uns zu verschlucken. „Warum habe ich mich nur überreden lassen?", murmelte ich. Niemals hätte ich diese Höhle betreten sollen, dachte ich. Ich konnte nur hoffen, dass nichts Schlimmes auf uns lauerte – gefährliche Tiere oder eklige Spinnen. „Spannend, was?", erkundigte sich Rike und ihre Stimme klang merkwürdig dumpf. Ich brummte nur: „Ja, ja", als plötzlich etwas mein Gesicht streifte. Es fühlte sich nass und glitschig an. „Uaaahhh", stöhnte ich und krallte mich an Rikes Arm, sodass der Schein der Taschenlampe wild umherflackerte. Eiskalter Schweiß lief mir über den Rücken. „Aua, lass los und reiß dich zusammen!", zischte Rike. Langsam lenkte sie den Strahl der Taschenlampe nach oben. Ich hielt die Luft an, mein Herz hämmerte. Selbst Rike war still.
„Wurzeln", seufzte Rike. „Oh", flüsterte ich verlegen, „aber es hätten auch tödliche Fangarme sein können." Nur gut, dass Rike meinen roten Kopf nicht sehen konnte. „Wirklich, als Abenteuerin bist du nicht zu gebrauchen", lachte Rike und knuffte mich in die Seite. „Stimmt", antwortete ich erleichtert, „also lass uns rausgehen." Für heute hatte ich genug Abenteuer erlebt.

4.2 Zu Freundschaftsgeschichten schreiben

86 Das Thema „Freundschaft“ steht häufig im Mittelpunkt von Kinder- und Jugendbüchern. Sie erzählen vom turbulenten Miteinander in einer Gemeinschaft, aber auch von Schwierigkeiten in der Klasse oder einer Clique. Es geht um Freundschaften zwischen Mädchen und Jungen, um Jugendliche, die anders sind als die anderen, oder um Freundschaften, die vielleicht gefährlich werden könnten. Für dieses Kapitel im Schülerband wurden zwei Beispiele ausgewählt, die das Thema „Freundschaften“ auf ganz unterschiedliche Weise ausführen.

Begleitend kann man folgende Aufgaben stellen (auch als Vorbereitung für einen Vorlesewettbewerb, vgl. Kapitel 6 im Schülerband, vor allem S. 131–140):

Bringt selbst Freundschaftsbücher mit und stellt sie der Klasse vor.

- Gebt zunächst eine kurze Einführung in den Inhalt der Geschichte.
- Wählt eine spannende Stelle zum Vorlesen aus und bietet euren Mitschülerinnen und Mitschülern eine Leseprobe.
- Formuliert und begründet eure Buchempfehlung.
- Schreibt die notwendigen Daten an die Tafel.

86 **Christian Tielmann: Der Kahn**

1 In Partnerarbeit besprechen die Lernenden den Inhalt des Textauszugs. Die W-Fragen helfen ihnen, sich nicht in Details zu verlieren, sondern sich auf das Wesentliche zu konzentrieren:

Der Ich-Erzähler Wolle, Anführer einer Kinderbande, klettert nachts im Hafen auf ein rostiges altes Schiff, auf dem er sich zum Zweikampf mit Alex, dem Anführer einer gegnerischen Kinderbande, verabredet hat. Noch bevor er Alex trifft, bemerkt er entsetzt, dass das Schiff in völliger Dunkelheit Fahrt aufnimmt. Als Alex nach Wolle ruft, wird er von einem Mann gepackt und in den Maschinenraum gesperrt. Die fremden Männer planen, den schrottreifen Kahn in dieser Nacht im Meer zu versenken. Zeugen können sie dafür nicht gebrauchen.

Wolle schleicht sich zu Alex und die beiden denken sich einen Rettungsplan aus, um nicht mit dem Schiff unterzugehen: Alex zündet am Bug eine mitgebrachte Feuerwerksrakete, die eigentlich die anderen Bandenmitglieder über das Ende des Kampfes informieren sollte, und lockt so die kriminellen Männer zur Bugspitze. In diesem Moment schleicht sich Wolle in den Kommandoraum und setzt per Funk ein SOS-Zeichen ab. Daraufhin sperren die Männer die Jungen erneut im Maschinenraum ein. Dort hören die beiden bald Schreie auf dem Deck und hoffen, gerettet zu werden.

2 **a–c** Die Beziehung der Bandenführer Alex und Wolle ändert sich im Verlauf der Geschichte maßgeblich:

- Zu Beginn sind die beiden Gegner, die auf dem Kahn gegeneinander kämpfen wollen. Belege aus dem Text: „Der Mistkerl musste sich versteckt haben“ (Z. 19 f.), „meinen Lieblingsfeind“ (Z. 24)
- Doch durch die gefährliche Situation, in der sie sich beide befinden, werden sie zu Komplizen. Der Wendepunkt der Beziehung bahnt sich bereits in Zeile 53 an: „Wolle, pass auf!“ Definitiv findet er sich in den Zeilen 72–76, die so enden: „Alex war an ein Rohr gefesselt. Ich machte ihn los.“ (Z. 75 f.) Wenig später erklärt Alex: „He, Wolle – danke.“ (Z. 93)
- Am Ende schaffen die beiden Jungen es als Team, die Außenwelt über ihre Notlage zu informieren: „Und wir hatten beide eine Scheißangst, dass diese Typen das Schiff mit uns versenken würden“. (Z. 190 ff.)
- Beider Aussage: „Nie wieder!“ (Z. 198 f.) deutet auf das Ende ihrer Feindschaft und den Beginn einer Freundschaft hin. Sie selbst konstatieren: „Wir waren uns gerade einig!“ (Z. 204)

3 Auf der Grundlage ihrer Arbeitsergebnisse schreiben die Lernenden eine Fortsetzung der Geschichte. Dabei ist es wichtig, dass sie aus der Sicht von Wolle weitererzählen und die veränderte Beziehung der Figuren berücksichtigen. Denkbar wäre es, wenn auch die Mitglieder der verfeindeten Banden am Ende Freunde würden.

4 Mögliche Überschriften für die Geschichte, die Neugier wecken:

- Auf dem Schrottkahn gefangen
- Auf einem rostigen Schiff in Seenot

90 **Jutta Richter: Die Kellerkatze**

1 Die Lernenden reflektieren gemeinsam über die „Realität“ der Kellerkatze:
Die Ich-Erzählerin und Rainer sind Kinder, in ihrer Fantasie ist die Kellerkatze real. Die Mutter als Erwachsene weiß, dass solche Wesen nicht existieren. Offen bleibt, ob auch Rainer die Kellerkatze „sieht“ und/oder an sie glaubt oder ob er nur der Ich-Erzählerin hilft, weil er früher selbst an Fantasiewesen geglaubt hat.

2 Die Schülerinnen und Schüler untersuchen, wie in dem Text Spannung erzeugt wird. Dafür stehen ihnen Aufgaben auf drei Differenzierungsniveaus zur Verfügung.

●○○ **a** Textbeispiele für die „Zutaten“ 1 bis 3:

1 schaurige Orte: Keller, den man durch eine schwere Eisentür erreicht, steile Treppe hinab, schwache Beleuchtung, tote Fliegen in der Glasschale der Lampe, altes Bettgestell

2 schaurige Wesen: Kellerkatze mit Glühaugen, groß wie ein Panther, lauert im Keller auf dem Bettgestell, faucht, sträubt ihr Fell, wird immer größer, macht einen Buckel, ihr Schwanz peitscht drohend hin und her

3 schaurige Geräusche: Fauchen der Kellerkatze; „pitsch“, als die Sicherung herausfliegt; „Klick“ beim Entsichern des Spielzeugcolts; Jaulen der Katze während der Flucht

●●○ **b** Textbeispiele für die „Zutaten“ 4 und 5:

4 gruselige Verben: sich fürchten, fauchen, schreien, peitschen, schlagen, anspringen, sich fressen lassen, lauern, schleichen, flüstern, knallen, jaulen, prallen

5 gruselige Adjektive (und Partizipien): steil, schwach (leuchtend), tot, gelähmt, stumm, drohend, stockfinster, leise, vorsichtig, heulend

●●● **c** Textbeispiele für die „Zutaten“ 6 und 7:

6 Gefühle und Gedanken:
- „Und ich fürchtete mich und wollte nie mehr in den Keller gehen.“ (Z. 3–5)
- „Ich wollte gar nicht hingucken. Ich merkte, wie meine Hände feucht wurden, und mein Herz klopfte gegen das Summen der Umwälzpumpe an.“ (Z. 20–23)
- „Pass auf, Mama!, wollte ich schreien, aber es kam kein Ton über meine Lippen. Ich war wie gelähmt. Stumm vor Entsetzen.“ (Z. 27–30)
- „Ich schrie, weil ich fürchtete, die Kellerkatze hätte Mama angesprungen. Dann wäre alles zu spät. Nie im Leben hätte ich Mama helfen können. Ich war ja nur ein Kind.“ (Z. 40–43)
- „Ich wusste, was ich wusste, und ich sah, was ich sah. Und lieber war ich ein Angsthase, als mich von der Kellerkatze fressen zu lassen.“ (Z. 52–55)
- „Aber das war mir gar nicht peinlich. Mir war nur wichtig, dass er vorging. Ich hatte plötzlich das Gefühl, er könnte mich vor der Kellerkatze beschützen. Und ich wusste, sie saß da und wartete auf uns.“ (Z. 76–80)
- „Mein Herz tat einen Sprung, fast hätte ich mich nicht getraut, aber dann sah ich Rainer an und wollte kein Angsthase mehr sein.“ (Z. 97–99)
- „Und ab da waren wir Freunde.“ (Z. 115)

7 wörtliche Rede:
- „‚Komm doch mit!‘, bettelte ich. ‚Nur einmal.‘“ (Z. 8)
- „‚Sei still‘“, sagte Mama und nahm meine Hand. ‚Sei ganz ruhig, das war nur die Sicherung!‘“ (Z. 43–45)
- „‚Beweg dich nicht!‘, flüsterte er. ‚Da sitzt sie!‘“ (Z. 87–88)
- „‚Wahnsinn! Das ist die größte Kellerkatze der Welt!‘“ (Z. 90–91)
- „‚Schleich dich da rüber und mach es auf‘, flüsterte er. ‚Aber lass die Katze nicht aus den Augen!‘“ (Z. 94–96)
- „‚Wenn ich losballere, musst du schreien!‘, zischte Rainer mir zu. ‚So laut du kannst!‘“ (Z. 103–104)
- „‚Jetzt!‘“ (Z. 106)

d Bei der Vorstellung der Ergebnisse dienen die Bereiche, auf die die Teilaufgaben fokussieren, als Strukturierungshilfe. Beispiele aus allen Gruppen veranschaulichen die verschiedenen Aspekte.

3 Nach den analytischen Aufgaben zur Texterschließung vertiefen die Lernenden ihr Textverständnis mit Hilfe einer produktiv-gestaltenden Übung.
Beispiellösung für einen Tagebucheintrag der Ich-Erzählerin:

> Liebes Tagebuch,
> ich kann es kaum fassen, aber der Spuk ist vorbei. Die Kellerkatze ist endlich verschwunden. Ich bin so erleichtert. Seit Jahren habe ich mich vor ihr gefürchtet. Neulich ist ein neuer Junge eingezogen, er heißt Rainer. Er hat mir geglaubt, dass im Keller dieses Monster mit den gruseligen Glühaugen haust, und ist heute mit mir hinuntergegangen, um die riesige Katze zu verjagen. Gemeinsam haben wir das auch geschafft. Ich finde Rainer sehr nett, er ist mutig und witzig und vor allem lacht er mich nicht aus. Für morgen haben wir uns wieder verabredet. Mal sehen, welches Abenteuer wir dann erleben!

92 **Christine Fehér: Schreibst du mir?**

Um Menschen und Situationen zu verstehen, muss man sich in verschiedene Menschen einfühlen können. Die Auseinandersetzung mit literarischen Figuren, ihren Motiven und Verhaltensweisen trägt in besonderer Weise dazu bei, fremde Perspektiven zu übernehmen und Empathie zu entwickeln.
Die Geschichte „Schreibst du mir?" ist gut geeignet, um die Perspektive zu verändern und sich in verschiedene Figuren hineinzuversetzen:
- Wie fühlt sich Annika als Außenstehende der Brieffreundschaft?
- Was denkt Fine über das lange Ausbleiben eines Briefs von Theo?
- Was empfindet Fine gegenüber Annika, nachdem klar ist, dass diese den für Theo bestimmten Stein gestohlen hat?

1 Fine ist am Ende der Geschichte sauer auf ihre Freundin Annika, weil diese ihren an Theo adressierten Brief geöffnet und den darin enthaltenen Feuerstein herausgenommen hat. Wahrscheinlich hat Annika auch den Brief behalten, denn sonst hätte sich Theo ja wieder bei Fine gemeldet. Der Text lässt dies aber offen.

2 Mögliche Gründe für Annikas Verhalten:
- Eifersucht auf die Freundschaft zwischen Fine und Theo, die sich durch die Briefe sehr nahe sind. Vielleicht fühlt sich Annika ausgeschlossen.
- Neid auf die schönen Dinge, die sich Theo und Fine zuschicken. Vielleicht wusste Annika von dem Feuerstein, den Fine in den Brief gelegt hat, und wollte ihn gerne für ihre eigene Steinsammlung haben.
- Neugier, was sich Fine und Theo schreiben und was sie sich gegenseitig zuschicken.

3 Bei dieser Differenzierungsaufgabe sind die Lernenden aufgefordert, sich in Annika hineinzuversetzen und aus ihrer Sicht eine Fortsetzung der Geschichte zu schreiben, wobei sie sowohl die innere Handlung darstellen als auch wörtliche Rede verwenden sollen. Dafür stehen ihnen Aufgaben auf drei Differenzierungsniveaus zur Verfügung.

●○○ **a** Auf dieser Differenzierungsstufe werden der Anfang (Gedanken und Gefühle Annikas) sowie zwei Sprechblasen für den Dialog zwischen Annika und Fine vorgegeben (Beispiellösung vgl. Teilaufgabe 3 d).

●●○ **b** Hier verfassen die Lernenden ihre Geschichte anhand von Leitfragen (Beispiellösung vgl. Teilaufgabe 3 d).

●●● **c** Auf diesem Differenzierungsniveau werden die Lernenden nur auf die Ich-Form und auf vorbereitende Überlegungen zum Schauplatz und zum Ausgang des Gesprächs hingewiesen (Beispiellösung vgl. Teilaufgabe 3 d).

d Beispiellösung (greift die Hilfen aus Teilaufgabe 3 a auf):

> Ich fühlte mich hundeelend und bekam beim Frühstück nicht den kleinsten Bissen hinunter. Ich musste mich unbedingt bei Fine entschuldigen.
> Als ich den Schulhof betrat, sah ich sie sofort. Zitternd ging ich auf sie zu und fragte vorsichtig: „Hast du einen Moment Zeit?“ Fine reagierte nicht, sondern starrte auf einen Brief. Mein Herz klopfte, weil ich mich so sehr schämte. Da blickte Fine langsam auf und sah mich traurig an. „Ich würde gerne verstehen, warum du das gemacht hast“, meinte sie leise. Das wusste ich selbst nicht mehr! Mir wurde heiß und ich bekam feuchte Hände vor Aufregung. „Weißt du, Fine, ich ..., ich fühlte mich ... wie das fünfte Rad am Wagen“, brachte ich endlich stockend hervor. „Früher waren wir so gute Freundinnen, und plötzlich drehte sich bei dir alles nur noch um Theo“, stammelte ich. Ich hätte heulen können. Dann nahm ich all meinen Mut zusammen und erklärte: „Ich möchte mich bei dir entschuldigen. Was ich gemacht habe, geht gar nicht. Ich habe deinen Brief geöffnet und dich und Theo bestohlen. Es tut mir unendlich leid.“
> Da legte Fine den Arm um mich und erklärte: „Kein Mensch gehört einem anderen. Jeder kann mehrere Freunde haben. Wollen wir versuchen, unsere Freundschaft zu retten?“ Mir fiel ein Stein vom Herzen.

4 Die Schülerinnen und Schüler reflektieren über das Briefeschreiben, das manche von ihnen in der Geschichte möglicherweise zunächst etwas altmodisch fanden.
Briefe zu schreiben, ist sehr viel persönlicher, als eine E-Mail zu verfassen: Man verschickt einen Bogen Papier, den man selbst ausgesucht, in der Hand gehalten und mit der eigenen Handschrift beschrieben, vielleicht auch bemalt hat. Außerdem hat man die Möglichkeit, eine kleine Überraschung beizulegen – einen Stein, Muscheln oder duftende Kräuter, so wie es Fine und Theo machen. Damit ist das Briefeschreiben viel sinnlicher als der Austausch von E-Mails oder Handynachrichten. Zudem überlegt man oft genauer, was und wie man in einem Brief formulieren will. Ein Vorteil von Briefen ist auch, dass man sie ohne elektronische Hilfsmittel schreiben, versenden und lesen kann. Man braucht keinen Laptop, der beispielsweise auch Theo fehlt. Allerdings benötigt man für Briefmarken etwas Kleingeld; E-Mails und Handynachrichten kann man meist kostengünstiger versenden. Versand und Zustellung eines Briefs dauern außerdem viel länger. Eine E-Mail oder eine Handynachricht kommt innerhalb von Sekundenbruchteilen beim Empfänger an und kann, ähnlich wie in einem Gespräch, sofort beantwortet werden. Schließlich kann ein Brief auch abhandenkommen, so wie es Fine passiert.

In der digitalen Version findet sich der Anfang der Geschichte „Schreibst du mir?“ von Christine Fehér als Hörtext, gesprochen von Victoria Schaetzle. Der Hörtext wird begleitet von einem passgenauen Arbeitsblatt mit Übungen zum Hörverstehen und Lösungshinweisen.

4.3 Fit in … – Einen Erzählkern ausgestalten

» 95
„Einen Erzählkern ausgestalten“ ist eine klassische Aufgabenstellung für eine Klassenarbeit in der Jahrgangsstufe 6. Die Herausforderung liegt darin, den Erzählkern, der die äußere Handlung nur knapp umreißt, zu einer spannenden und anschaulichen Erzählung zu erweitern. Dabei sollten Dialoge sowie Gedanken und Gefühle der Erzählfigur, die innere Handlung, erfunden und Mittel des anschaulichen und spannenden Erzählens genutzt werden.

» 95
Die Aufgabenstellung richtig verstehen

1 Der partnerschaftliche Austausch über die Aufgabenstellung soll sicherstellen, dass den Lernenden wirklich bewusst ist, was von ihnen erwartet wird:
- Die Schülerinnen und Schüler sollen den Erzählkern – eine Zeitungsmeldung – zu einer lebendigen und spannenden Geschichte ausgestalten.
- Sie sollen in der Ich-Form aus der Sicht eines der zwölfjährigen Zwillinge erzählen.

An dieser Stelle kann noch einmal auf die Informationskästen zum Aufbau einer Erzählung (S. 77 im Schülerband) und zum anschaulichen und spannenden Erzählen (S. 80 im Schülerband) hingewiesen werden.

» 95
Ideen sammeln und einen Schreibplan erstellen

2 **a–c** Beispiellösung für einen Schreibplan (der Höhepunkt der Geschichte ist unterstrichen):

Schreibplan

1. Einleitung:	Wer? Ich (= Nora), Robert Wo? Schlafzimmer/Straße Wann? Nacht
2. Hauptteil:	
1. Erzählschritt:	Fenster öffnen, Geschichten erzählen
2. Erzählschritt:	Licht der Straßenlaterne fällt aus
3. Erzählschritt:	Klirren einer Fensterscheibe
Höhepunkt:	Lichtschein im Haus gegenüber, Einbrecher
3. Schluss:	Wecken der Eltern, Anruf bei der Polizei, Festnahme des Einbrechers, Lob der Kommissarin

» 96
Spannend und anschaulich erzählen

3 Beispiellösung für den ausgefüllten Lückentext (ergänzte Formulierungen sind unterstrichen):
Wir konnten wegen der brütenden Hitze einfach nicht schlafen. Deshalb öffneten wir das Fenster, und ich erzählte Robert eine lange gruselige Geschichte. Es war sicher weit nach Mitternacht, als plötzlich die Laterne auf der anderen Straßenseite ausfiel. „Was ist denn jetzt los?“, fragte Robert. „Ach, nichts“, antwortete ich lachend. Als jedoch Sekunden später eine Fensterscheibe klirrend zu Bruch ging, stockte mir der Atem und mein Herz schlug bis zum Hals. Einbrecher, dachte ich, das können doch nur Einbrecher sein. „Hey, Nora“, flüsterte Robert mit ängstlicher Stimme, „da stimmt doch was nicht, oder?“ „Ja!“, wisperte ich. „Wir müssen etwas unternehmen.“

4 **a/b** Beispiellösung für eine vollständige spannende Geschichte:

Unheimliche Sommernacht	Überschrift
Endlich Sommerferien! Endlich durften mein Zwillingsbruder Robert und ich wieder lange aufbleiben. Nach einem faulen Tag am Baggersee ahnten wir nicht, welches unheimliche Abenteuer wir in dieser Nacht vor unserem Fenster erleben würden.	<u>Einleitung:</u> Wann? Wer? Wo? Neugier wecken
Wegen der brütenden Hitze konnten wir nicht schlafen. Deshalb öffneten wir das Fenster, und ich erzählte Robert eine lange gruselige Geschichte. Als die Kirchturmglocken Mitternacht schlugen, flüsterte Robert grinsend: „Geisterstunde!“ Wir saßen auf der kühlen Fensterbank und schauten auf die leere Straße hinunter.	<u>Hauptteil:</u> 1. Erzählschritt
Plötzlich gab es einen Schlag und das Licht der Straßenlaterne erlosch. „Was ist denn jetzt los?“, fragte Robert etwas ängstlich. „Ach, nichts“, antwortete ich lachend. Aber ein bisschen mulmig war mir doch zumute.	2. Erzählschritt
Als Sekunden später eine Fensterscheibe klirrend zu Bruch ging, stockte mir der Atem. Ich schaute in Roberts weit aufgerissene Augen. „Hey, Nora“, flüsterte er, „da stimmt doch was nicht, oder?“ „Ja!“, wisperte ich. Mir lief es eiskalt den Rücken hinunter. Wir sprangen von der Fensterbank, versteckten uns unter dem Fenster und lugten vorsichtig nach draußen.	3. Erzählschritt
„Kannst du etwas sehen?“, fragte Robert leise und ich merkte, dass er zitterte. Es war stockfinster. Doch da! Hinter der Fensterscheibe des Nachbarhauses huschte ein fahler Lichtschein über die Wände. Einbrecher! Das können nur Einbrecher sein, schoss es mir durch den Kopf. Mein Herz schlug bis zum Hals. In dem Moment riss mich Robert vom Fenster weg. „Wir müssen Mama und Papa wecken und die Polizei alarmieren!“, rief er aufgeregt.	Höhepunkt
Wenige Minuten später standen mehrere Streifenwagen vor dem Nachbarhaus. Tatsächlich führten die Polizisten einen Einbrecher ab. „Gut gemacht, ihr beiden!“, lobte uns die Kommissarin. „Ein Grund mehr, häufiger so lange wach bleiben zu dürfen!“, meinte sie mit einem Augenzwinkern.	<u>Schluss</u>

96

Die Erzählung überarbeiten

5 Der Überarbeitung eigener Schreibprodukte kommt in der Schreibdidaktik besondere Bedeutung zu. Beim partnerschaftlichen Austausch über ihre Geschichten können die Schülerinnen und Schüler neben der Checkliste (S. 96 im Schülerband) auch die Informationskästen auf den Seiten 77 und 80 im Schülerband heranziehen.
Als Alternative zur Partnerarbeit eignet sich für die Überarbeitung eine Schreibkonferenz mit Textlupe (vgl. S. 38 im Schülerband und Hinweise dazu auf S. 53 f. in diesen Handreichungen).

Material zu diesem Kapitel auf den folgenden Seiten und digital

- Fordern und fördern – Einen Erzählkern ausgestalten: Jungen retten Freund aus Baustellengrube (mit Hilfe-Karten und Zusatzaufgaben für „Profis“; Lösungshinweise digital)
- Was kannst du schon? – Erzählen (Diagnose; Lösungshinweise und Förderempfehlungen digital)
- Klassenarbeit – Einen Erzählkern ausgestalten: Schüler stellen Ladendieb (Erwartungshorizont digital)
- Klassenarbeit – Einen Erzählkern ausgestalten: Kinder ertappen Umweltsünder (Erwartungshorizont digital)
- Klassenarbeit – Nach Bildern erzählen: Ausritt mit Hindernissen (Erwartungshorizont digital)
- Hörtext: Christine Fehér: Schreibst du mir? (Beginn der Erzählung), gesprochen von Victoria Schaetzle (mit einem passgenauen Arbeitsblatt zur Übung des Hörverstehens inkl. Lösungshinweisen; digital)

Fordern und fördern – Einen Erzählkern ausgestalten

Jungen retten Freund aus Baustellengrube

Ein schlimmes Ende hätte beinahe ein Ausflug von vier Freunden aus Göttingen genommen. Die Jungen im Alter von 11 und 12 Jahren spielten am 4. Dezember trotz eines Verbotsschildes auf einer Baustelle, als einer von ihnen in eine Baugrube fiel. Seine Freunde handelten klug und schnell: Nach einem Notruf per Handy knoteten sie ihre Schals zusammen und warfen sie ihrem Freund zu. So konnten sie ihn gemeinsam hochziehen. Bei dem 12-Jährigen wurde ein Bruch des linken Beins festgestellt, er muss einige Tage im Krankenhaus bleiben. Seine Retter haben bereits auf seinem Gips unterschrieben.

Gestalte die Zeitungsmeldung zu einer lebendigen und spannenden Geschichte aus. Erzähle in der Ich-Form aus der Sicht des Jungen, der in die Baugrube gefallen ist. Gehe so vor:

1 Lies den Erzählkern genau durch. Mache dir klar, wer beteiligt war und was passiert ist. Überlege, wo der Höhepunkt einer Geschichte zu diesem Erzählkern liegen könnte.

2 Plane den Aufbau deiner Geschichte (Einleitung – Hauptteil – Schluss) in einem Schreibplan.
- Notiere in Stichworten die wichtigsten Informationen aus dem Erzählkern: Wer? Wo? Wann? Was passierte? Wie ging die Geschichte aus?
- Ergänze danach eigene Ideen.
- Denke daran: Die Geschichte braucht einen roten Faden und einen Höhepunkt.

(→ Hilfe-Karte: Einen Schreibplan erstellen)

3 Überlege dir zu jedem Erzählschritt, was der Ich-Erzähler denkt und fühlt (= innere Handlung). Wie ist seine Stimmung? Wie bewertet er die Lage? Ergänze dazu Stichworte im Schreibplan.
(→ Hilfe-Karte: Gedanken und Gefühle beschreiben)

4 Schreibe die Geschichte in dein Heft. Behalte dabei deinen Schreibplan im Blick.
- Erzähle anschaulich und spannend, was passiert.
- Steigere die Spannung bis zum Höhepunkt.
- Schildere die Gedanken und Gefühle des Ich-Erzählers.
- Denke daran, dass wörtliche Rede eine Geschichte lebendig wirken lässt.

(→ Hilfe-Karte: Anschaulich erzählen, die Spannung steigern)

5 Finde eine treffende Überschrift, die neugierig macht, aber nicht zu viel verrät.

Folgende Hilfen oder Aufgaben zum Weiterarbeiten kannst du nutzen

Hilfe-Karte	Einen Schreibplan erstellen
Hilfe-Karte	Gedanken und Gefühle beschreiben
Hilfe-Karte	Anschaulich erzählen, die Spannung steigern
Für Profis und Schnelle	Aus der Sicht einer anderen Figur erzählen

Autoren: Christine Eichenberg / Heiko Eichenberg
Illustration: Christiane Grauert, Milwaukee (USA)

Hilfe-Karte: Einen Schreibplan erstellen

Ein Schreibplan hilft dir beim Ordnen deiner Ideen und beim Aufbau deiner Geschichte. Übernimm das Muster in dein Heft und ergänze dabei die Inhalte aus dem Kasten. Markiere die Angaben, die aus der Zeitungsmeldung (dem Erzählkern) übernommen sind.

Schreibplan

1. Einleitung:	Wer? … Wo? … Wann? …
2. Hauptteil:	
1. Erzählschritt:	Loch in Baustellenzaun,
2. Erzählschritt:	Spielen auf Baugrundstück
Höhepunkt:	…
	…
3. Schluss:	…

ich balancierte auf Brett über tiefe Grube – 4. Dezember – Rettungswagen, Krankenhaus, Beinbruch – 4 Jungen: Paul, Murat, Christian und ich (= Tim) – Brett brach, Sturz in die Grube, Hilferuf mit Handy, Rettungsversuch mit zusammengeknoteten Schals – Baustelle in Göttingen

Hilfe-Karte: Gedanken und Gefühle beschreiben

In dem Kasten findest du Stichworte zu Gedanken und Gefühlen des Jungen, der in die Baugrube gefallen ist. Ordne jedem Erzählschritt in deinem Schreibplan passende Gedanken und Gefühle zu.
TIPP: Zu jedem Erzählschritt passen zwei Angaben.

Freude – Panik – Abenteuerlust – mulmiges Gefühl – Schmerzen – Erleichterung – Übermut – Schuldgefühl

Hilfe-Karte: Anschaulich erzählen, die Spannung steigern

Erzähle deine Geschichte anschaulich und steigere die Spannung, vor allem wenn du den Höhepunkt erzählst. Du kannst dazu Formulierungen aus dem Kasten verwenden.

Gedanken und Gefühle der Figur: Wir fühlten uns wie Abenteurer. – Ob das alte Brett wohl hielt? – Wie tief die Grube wohl war?
wörtliche Rede: „Jungs, ich kann mich nicht mehr halten!“ – „Hilfe! Hört ihr mich?“
treffende Verben: balancieren – knacken – entdecken – keuchen – stürzen – klammern – stemmen – zerbrechen
anschauliche Adjektive: aufregend – bedrohlich – feucht – vergnügt – übermütig – glitschig – vereist – schuldbewusst – panisch – hilflos
bildhafte Wendungen und Vergleiche: mulmig zumute werden – weiche Knie bekommen – kalter Schweiß auf der Stirn – das Herz schlägt bis zum Hals – zittern wie Espenlaub – der Puls rast
Spannungsmelder: plötzlich – in diesem Moment – auf einmal – Sekunden später

Für Profis und Schnelle: Aus der Sicht einer anderen Figur erzählen

6 Erzähle die Geschichte aus der Sicht eines der Freunde, die den Jungen aus der Baugrube retten. Du kannst so beginnen:

Tim war völlig aus dem Häuschen. Er hatte am Tag zuvor ein Loch in dem Bauzaun vor dem großen Neubaugebiet entdeckt. „Da vorne ist es!“, rief er und radelte noch schneller. Keine zwei Minuten später quetschten wir uns durch das Loch. Das Abenteuer auf der Baustelle konnte beginnen! Das Schild „Betreten verboten!“ interessierte uns nicht. Das war ein großer Fehler.

Was kannst du schon? – Erzählen

1 Was sollte man beim Schreiben einer Erzählung beachten? Kreuze die richtigen Antworten an.

	richtig	falsch
A Die Einleitung sollte bereits etwas über den Ausgang der Geschichte verraten.	☐	☐
B Die Einleitung sollte Neugier bei den Lesern erwecken.	☐	☐
C Die Einleitung sollte Angaben zu Ort, Zeit und Figuren enthalten.	☐	☐
D Der Hauptteil sollte kurz sein, damit Zeit für einen langen Schluss bleibt.	☐	☐
E Im Hauptteil wird die Spannung schrittweise gesteigert.	☐	☐
F Besonders spannend und anschaulich muss der Höhepunkt erzählt werden.	☐	☐
G Im Schluss kann man erzählen, wie die Geschichte ausgeht, er kann aber auch offen bleiben.	☐	☐

2 **a** In dem Kasten findest du Formulierungen, die dir helfen, einen Text spannend und anschaulich zu erzählen. Markiere in verschiedenen Farben: anschauliche Adjektive (gelb), treffende Verben (rot), bildhafte Wendungen und Vergleiche (grün), Spannungsmelder (blau).

plötzlich – panisch – hastig – zittern – zusammenzucken – das Herz klopft bis zum Hals – starr vor Schreck – wie gelähmt – wie aus dem Nichts – düster – stürmisch – Regen peitscht – stockdunkel – das Herz rutscht in die Hose – schleichen – auf einmal – mit weit aufgerissenen Augen – ohrenbetäubend – starren – ein Schauer läuft über den Rücken – unheimlich – laufen – nur einen Augenblick später – alt – rostig

b Überarbeite in deinem Heft den folgenden Auszug aus einer Geschichte. Nutze Formulierungen aus dem Kasten oben, damit der Text anschaulich und spannend wird. Du kannst die Sätze auch umstellen oder verknüpfen und eigene Sätze oder Ausdrücke einfügen, die zu der Situation passen.

Ich ging über den Hof zu meinem Fahrrad. Es regnete und es war dunkel, weil nur eine der Hoflaternen brannte. Der Wind schlug die Laterne gegen die Hauswand. Der Lichtkegel bewegte sich hin und her. Ein Licht blendete mich und ein Geräusch erklang. Ich erschrak …

3 Eine Geschichte wirkt lebendig, wenn du nicht nur die äußere Handlung, sondern auch die innere Handlung darstellst. Kreuze an, ob die Sätze äußere oder innere Handlung zum Ausdruck bringen.

	äußere Handlung	innere Handlung
A Vorsichtig ging ich auf das große Tor zu. Ich streckte langsam meine zitternde Hand aus, um die Türklinke herunterzudrücken.	☐	☐
B Jeder Zentimeter dauerte eine Ewigkeit. Ich war so aufgeregt, dass ich es kaum aushalten konnte.	☐	☐
C Dann packte ich rasch die rostige Klinke und atmete tief durch.	☐	☐
D Mein Herz machte einen Sprung und ich spürte, wie die Angst von mir abfiel.	☐	☐

Klassenarbeit – Einen Erzählkern ausgestalten

Aufgabenstellung

1 Gestalte die folgende Zeitungsmeldung zu einer lebendigen und spannenden Geschichte aus. Erzähle aus der Sicht eines der Schüler in der Ich-Form.

Schüler stellen Ladendieb

Hamburg. Fünf Schüler im Alter von 12 und 13 Jahren haben am Montagnachmittag in Hamburg einen Dieb verfolgt. Der 20-Jährige hatte in einem Supermarkt Weinflaschen im Wert von 120 Euro gestohlen. Als der Ladendetektiv den Räuber stellen wollte, kam es zu einem Gerangel zwischen den beiden. Der Dieb flüchtete, die Jugendlichen nahmen heimlich und in sicherem Abstand die Verfolgung auf. Mit einem Handy kontaktierten sie die Polizei. Diese konnte den Täter samt der Beute im Stadtpark festsetzen. Für ihren Einsatz sprach die Polizei den Schülern ein Lob aus.

Klassenarbeit – Einen Erzählkern ausgestalten

Aufgabenstellung

1 Gestalte die folgende Zeitungsmeldung zu einer lebendigen und spannenden Geschichte aus. Erzähle aus der Sicht des elfjährigen Max in der Ich-Form.

Kinder ertappen Umweltsünder

Hameln. Spielende Kinder haben am Samstagvormittag in der Nähe von Hameln einen Umweltsünder ertappt. Der 42-jährige Mann aus Hameln entsorgte auf einer Waldlichtung mehrere Elektrogeräte, darunter zwei Kühlschränke und eine Gefriertruhe. Am Rand dieser Lichtung baute der elfjährige Max P. mit seinen Freunden gerade ein kleines Baumhaus. Aus der Baumkrone konnten die Jungen die kriminellen Machenschaften beobachten. Mit dem Handy alarmierten sie die Polizei und gaben sogar das Autokennzeichen durch. Dem Mann droht nun eine empfindliche Strafe wegen illegaler Abfallbeseitigung.

Klassenarbeit – Nach Bildern erzählen

Aufgabenstellung

1 Betrachte die Bildergeschichte genau. Verfasse eine spannende Geschichte zu den Bildern und überlege dir einen passenden Schluss. Schreibe in der Ich-Form aus der Sicht des Mädchens, das seine Freundin sucht.

5 Verrückte Welt! – Literarische Texte kennenlernen

Konzeption des Kapitels

Lügengeschichten gehören zur fantastischen Literatur und sind wie Schwank, Märchen und Sage mit der Abenteuerliteratur verwandt. Mit ihren augenzwinkernden Übertreibungen und Verdrehungen von Tatsachen befriedigen sie das Bedürfnis von Kindern nach Geschichten mit verblüffenden Vorkommnissen, spannender Handlung und witzigen Wendungen. Die Lüge ist in diesen Geschichten als ein fiktionales Prinzip zu verstehen, dessen Reiz im schalkhaften Spiel mit der Wirklichkeit und im schlitzohrigen Flunkern und Fabulieren liegt. In diesem Sinne wollen die Texte dieses Kapitels in erster Linie die Lust am Lesen und Schreiben „verrückter" Geschichten wecken. Die Lehrkraft sollte dabei die Gelegenheit nicht versäumen, mit den Schülerinnen und Schülern das herkömmliche, vordergründige Verständnis von Wirklichkeit anhand der „unrealistischen" Lügengeschichten zu hinterfragen. Wie bei der Behandlung von Märchen können die Lernenden dafür sensibilisiert werden, dass Wirklichkeit mehr ist als die empirisch wahrnehmbare Umwelt. Der didaktische Akzent des Kapitels liegt demnach auf der Fiktionalität der Texte und nur am Rande auf der moralisch-anthropologischen Komponente der Lüge.
Das erste Teilkapitel **(„‚Bin aufgewacht und war ein Pferd!' – Literatur nacherzählen, spielen und vortragen")** erweitert und festigt die Lese-, Vorlese-, Verstehens-, Schreib- und Analysekompetenzen der Lernenden. Am Beispiel von klassischen und modernen Lügengeschichten werden zugleich die Merkmale der drei literarischen Hauptgattungen systematisch erarbeitet, mit Verfahren des produktiv-gestaltenden Schreibens erprobt und im abschließenden Selbsttest gefestigt. Ein unterrichtlicher Anreiz ergibt sich aus der thematischen Verwandtschaft der Texte. Gemeinsam ist ihnen eine fantastische, nahezu surreale Tendenz. Alle Texte erzählen davon, wie das Absurde, ganz und gar Vernunftwidrige unerwartet in die Erfahrungswirklichkeit einbricht. Dabei ist auch der Motivationswert nicht zu unterschätzen, dass in mehreren Texten Tiere (Pferde) handelnde Figuren sind, die das Unerklärliche auslösen.
Das zweite Teilkapitel **(„Münchhausen und Co. – Lügengeschichten untersuchen")** dient der gezielten und systematischen Förderung der Schreibkompetenz und trainiert schrittweise das Untersuchen und Vergleichen von Lügengeschichten sowie das Verfassen eigener Lügengeschichten anhand von Erzählideen und Formulierungsangeboten. Der Fokus liegt sowohl bei den analytischen wie auch bei den produktiv-gestaltenden Übungen auf genrespezifischen Merkmalen, zu denen die behauptete Wahrheit des Geschehens, Übertreibungen und der Aufbau einer Lügenkette gehören.
Im dritten Teilkapitel **(„Fit in … – Eine Lügengeschichte untersuchen")** üben und vertiefen die Lernenden die schriftliche Auseinandersetzung mit Lügengeschichten. Im Umgang mit einer modern erzählten Münchhausen-Geschichte erarbeiten die Schülerinnen und Schüler alle wesentlichen Teilschritte des Schreibprozesses für eine Klassenarbeit. Eine Checkliste bietet Möglichkeiten für die Einschätzung und Überarbeitung des Geschriebenen.

Literaturhinweise

- *Janisch, Heinz:* Der Ritt auf dem Seepferd. Neues von Münchhausen. Mit Illustrationen von Aljoscha Blau. Aufbau Verlag, Berlin 2007
- *Lange, Günter (Hg.):* Moderne Sagen. Unglaubliche Geschichten. Reclam, Stuttgart 2003
- Rund um Schelmen- und Lügengeschichten. Kopiervorlagen für den Deutschunterricht. Hg. von Ute Fenske. Cornelsen, Berlin 2012
- *Uebe, Ingrid / Spang, Markus:* Die Abenteuer des Barons von Münchhausen. Ravensburger Buchverlag Otto Maier, Ravensburg 2008
- Vom Spiel der Fiktionen mit Realitäten. Praxis Deutsch 180/203
- *Weller, Rainer (Hg.):* Lügen, lauter Lügen … Reclam, Stuttgart 1981

Übungsmaterial im „Deutschbuch 6 Arbeitsheft"

- Eine Lügengeschichte lesen und verstehen, S. 25–26

	Inhalte	Kompetenzen Die Schülerinnen und Schüler
S. 97	**5 Verrückte Welt! – Literarische Texte kennenlernen**	– aktivieren ihre Vorkenntnisse über Lügengeschichten, deren Merkmale und Funktion
S. 98	**5.1 „Bin aufgewacht und war ein Pferd!“ – Literatur nacherzählen, spielen und vortragen** Eine Geschichte nacherzählen *Zoran Drvenkar: Eddies erste Lügengeschichte*	– erschließen eine Lügengeschichte – unterscheiden wahre von erfundenen Begebenheiten – bereiten eine Nacherzählung mit Hilfe strukturierender Karteikarten vor – erzählen die Geschichte nach – geben einander kriterienorientiert Feedback
S. 101	„Eddies erste Lügengeschichte“ als Hörspiel gestalten	– erklären die Besonderheit eines Hörspiels – reflektieren die Bedeutung von Geräuschen und Musik – sammeln Ideen für die Vertonung – erarbeiten einen Regieplan, koordinieren die Aufgaben, nehmen das Hörspiel auf
S. 103	Ein Theaterstück spielen *Lothar Trolle: Das Klassenfenster*	– erschließen die Szene – vertiefen ihr Textverständnis produktiv-gestaltend – sammeln Ideen für die Umsetzung – üben das Stück mit verteilten Rollen
S. 106	Ein Gedicht gestaltend vortragen *Christian Morgenstern: Der Gaul*	– erschließen die Komik des Gedichts – untersuchen den Zusammenhang von Reimform und Inhalt – erproben eine angemessene Betonung – tragen das Gedicht ausdrucksvoll vor
S. 108	Geschichten, Theaterstücke, Gedichte unterscheiden	– wenden ihre Kenntnisse der Gattungsunterschiede in eigenen Texten an
S. 109	Testet euch! – Literarische Formen unterscheiden	– überprüfen ihr Gattungswissen – erkennen, dass die Ballade Merkmale aller drei Gattungen aufweist
S. 110	**5.2 Münchhausen und Co. – Lügengeschichten untersuchen** *Heinz Janisch: Münchhausens wundersame Rettung aus dem Sumpf*	– reflektieren glaubwürdige und unglaubwürdige Aspekte – nutzen Gattungsmerkmale („Lügenjoker“) zur Untersuchung von Lügengeschichten – vergleichen Lügengeschichten gattungsorientiert
S. 111	*Hubert Schirneck: Der Lügenkönig von Heuchelheim: Die Bärenfalle*	
S. 114	Eine Lügengeschichte schreiben	– erfinden nach Vorgaben Lügengeschichten mit charakteristischen Gattungsmerkmalen
S. 115	Sprachtraining: Groß- und Kleinschreibung von Adjektiven	– üben und reflektieren die Schreibung von gesteigerten und nominalisierten Adjektiven
S. 116	**5.3 Fit in … – Eine Lügengeschichte untersuchen** *Heinz Janisch: Münchhausen: Das Konzert im Wal*	– trainieren für eine Klassenarbeit – untersuchen Handlungsverlauf und gattungstypische Merkmale einer Lügengeschichte – üben das phasenorientierte Vorgehen ein

5 Verrückte Welt! – Literarische Texte kennenlernen

97 Die Illustrationen auf der Kapitelauftaktseite führen den wohl bekanntesten Protagonisten von Lügengeschichten in der deutschen Literatur, Baron Münchhausen, ein. Die Bildergeschichte spielt auf Münchhausens berühmtes Kriegsabenteuer an, den Ritt auf der Kanonenkugel – eine Lügengeschichte, die zum Beispiel auch Erich Kästner oder Walter Janisch in ihren Münchhausen-Geschichten erzählen.

1 a Die Figur des berühmten Lügenbarons dürfte einer Vielzahl der Schülerinnen und Schüler vertraut sein, möglicherweise sogar dieses bekannte Kriegsabenteuer. Die Lernenden sollen die Geschichte anhand der Bilder erzählen, um für Münchhausens Fabulierkunst sensibilisiert zu werden, nämlich das naturgesetzlich Unmögliche als logisch und wahr auszugeben. Außerdem soll die Starthilfe für den Anfang dazu anregen, die Geschichte in der Ich-Form nachzuerzählen, was auf die typische Erzählform einer Lügengeschichte einstimmt.

b Das Besondere von Lügengeschichten liegt zum einen darin, dass sie das empirisch Unmögliche als möglich darstellen und damit den Scharfsinn herausfordern, den „Fehler“ in der Erzähllogik zu entlarven. Zum anderen geht ein großer Reiz von der Figur des Erzählers, z. B. Münchhausen, aus, der mit augenzwinkernder Raffinesse und Lust am Fabulieren seine Zuhörer/-innen und Leser/-innen in Spannung versetzt und zum Lachen bringt.

2 Es ist zu erwarten, dass die Schülerinnen und Schüler zahlreiche Geschichten nennen, in denen gelogen wird (z. B. Geschichten um Pippi Langstrumpf). Meisterlügner, deren Geschichten dem Genre der klassischen Lügengeschichte zuzurechnen sind, dürften weniger bekannt sein. Allerdings kennen die Kinder sicher die Abenteuer von Käpt'n Blaubär von Walter Moers, entweder aus der „Sendung mit der Maus“ oder aus der Romanserie (z. B. „Die 13½ Leben des Käpt'n Blaubär“).

3 Die Vermutungen der Lernenden, warum Lügengeschichten so gerne erzählt und gehört werden, können in einem Tafelbild gesammelt werden, z. B.:

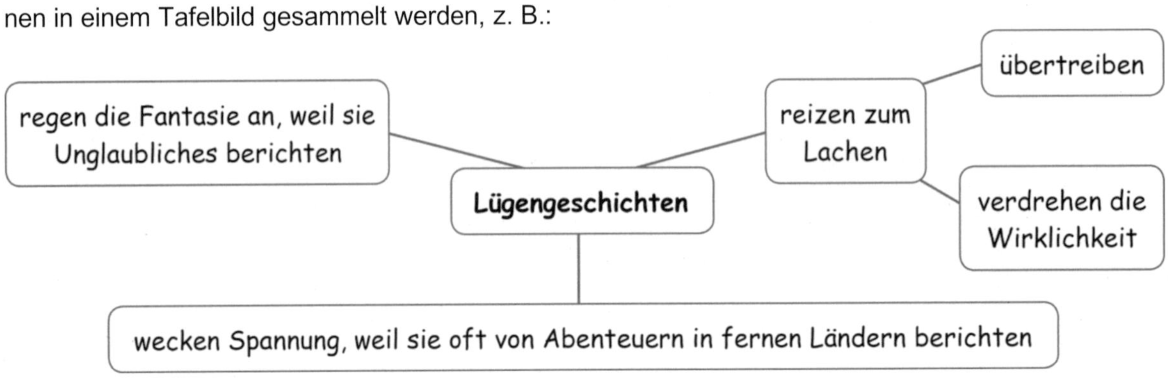

5.1 „Bin aufgewacht und war ein Pferd!“ – Literatur nacherzählen, spielen und vortragen

98 Eine Geschichte nacherzählen

98 Zoran Drvenkar: Eddies erste Lügengeschichte

1 Der einzige explizite Hinweis im Text auf die Ursache der Verwandlung der Ich-Erzählerin in ein Pferd ist die Prophezeiung der Mutter: „Eddie, wenn du dir etwas zu sehr wünschst, wird es über Nacht wahr.“ (Z. 5–6) Als weiterer Hinweis lässt sich der – zwischen Neid und Herablassung schillernde – Kommentar der Ich-Erzählerin zu den bevorstehenden Reitstunden einer Klassenkameradin deuten: „Wenn du Reitstunden bekommst, dann werde ich doch glatt zum Pferd.“ (Z. 14–16) Der absurde und vieldeutige Text eröffnet ausreichend Raum, um über die psychologische Bedeutung und die Berechtigung dieser Aussagen zu spekulieren.

2 **a** Es dürfte die Lernenden überraschen, wie gleichgültig und vorwurfsvoll die Mutter darauf reagiert, dass anstelle ihrer Tochter ein Pferd vor ihr steht.

b Zu erwarten ist, dass in den Texten der Schülerinnen und Schüler über die Reaktionen ihrer eigenen Eltern auf eine solche Verwandlung ein größeres Erstaunen über die Metamorphose zum Ausdruck kommt. Ebenso könnten verzweifelte Fragen sowie Überlegungen und Lösungsvorschläge der Eltern formuliert werden, etwa: Was kann man unternehmen, um die Tochter / den Sohn zurückzuverwandeln? Besuch beim Psychiater, Hausarzt, Tierarzt?

3 Die Schülerinnen und Schüler unterscheiden Aspekte, die an Eddies Geschichte wahr sein könnten, von solchen, die ganz sicher erfunden sind:
- Wahr sein könnten Eddies Vorliebe für Pferde und ihre Unlust, in die Schule zu gehen.
- Unglaubwürdig sind dagegen die Verwandlung in ein Pferd und die Reaktion der Mutter. Eddie schmückt ihre Lüge aus, indem sie Aussagen der Mutter wörtlich wiedergibt. Außerdem bezieht sie die Leserinnen und Leser ein, indem sie ihre Gedanken in Frageform darstellt, z. B.: „Was mache ich jetzt?“ (Z. 23) Dadurch werden die Leser zu Miterlebenden, das Erzählte wirkt unmittelbar und authentisch.

4 **a** Diese Aspekte könnten die Lernenden in ihren Fortsetzungen von Eddies Geschichte berücksichtigen:
- Probleme, mit dem Fahrrad zur Schule zu fahren oder in den Schulbus einzusteigen
- zu kleine Schulmöbel
- Erschrecken der Mitschüler/-innen und Lehrkräfte
- Probleme, an die Tafel zu schreiben
- zu enge Räume

b Besonders lustig dürfte in den Fortsetzungen von Eddies Geschichte wirken, wie das Unerwartete in den Alltag einbricht. Dadurch entsteht der Eindruck des Absurden.

5 **a/b** Die Lernenden werden angeregt, zur Vorbereitung einer Nacherzählung den Text in Erzählschritte zu gliedern, diesen Überschriften zu geben und die Überschriften sowie wichtige Einzelheiten auf Karteikarten zu notieren, z. B.:

1. Eddies Verwandlung (Z. 1–9)
- Verwandlung zum Pferd
- Warnung der Mutter, dass passiert, was man sich allzu sehr wünscht

2. Die Vorgeschichte (Z. 10–23)
- alles dreht sich um Pferde
- Nadja kündigt Reitstunden an
- Erzählerin erklärt, dann werde sie zum Pferd
- Nadja bekommt erste Reitstunde
- Erzählerin erwacht als Pferd

3. Eddie als Pferd (Z. 24–30)
- glänzendes Fell, feine Mähne, weißer Fleck auf der Brust
- kann weiter sprechen und denken wie zuvor

4. Begegnung mit der Mutter (Z. 31–55)
- Reaktionen der Mutter:
  - hätte das vorhergesagt,
  - besteht darauf, dass Eddie zur Schule geht
- Eddies Enttäuschung

6 Für ihre Nacherzählungen der Geschichte werden den Schülerinnen und Schülern Aufgaben auf drei Differenzierungsstufen angeboten.

●○○ **a** Auf diesem Differenzierungsniveau nutzen die Lernenden ihre vollständigen Notizen auf den Karteikarten.

●●○ **b** Hier erzählen sie die Geschichte nur mit Hilfe ihrer Überschriften zu den Erzählschritten nach.

●●● **c** Auf dieser Differenzierungsstufe erzählen die Schülerinnen und Schüler die Geschichte ohne Hilfen nach.

d Die Präsentation der sich im Schwierigkeitsgrad steigernden Nacherzählungen sollte nacheinander so erfolgen, dass die Lernenden die Geschichte schließlich frei nacherzählen können.

7 ⊕ Als interessanterer Titel für die Geschichte sind sowohl konkrete Vorschläge (z. B.: „Die Verwandlung" oder „Eddies großer Tag") als auch stärker abstrahierende (z. B.: „Ein Traum wird wahr") denkbar. Natürlich sind auch witzige Ideen zulässig (z. B.: „Ich glaube, mich tritt ein Pferd").

101 „Eddies erste Lügengeschichte" als Hörspiel gestalten

101 Erste Ideen für ein Hörspiel sammeln

1 Das Besondere des Hörspiels liegt darin, dass das Publikum – anders als bei einem Theaterstück – das Geschehen nicht sehen, sondern nur akustisch wahrnehmen kann. Deshalb kann es nötig werden, dass ein Erzähler das äußere Geschehen oder Rückblicke wiedergibt. Auch Geräusche und Musik spielen für die Wiedergabe der Handlung und insbesondere für die Erzeugung von Atmosphäre und Spannung eine entscheidende Rolle.

2 **a** Die Bilder zeigen, wie Geräusche erzeugt werden können, die im Hörspiel ganz andere Geräusche simulieren, z. B.:
- Der Knall eines platzenden Luftballons kann im Hörspiel als Donnerschlag oder als Schuss eingesetzt werden.
- Das Plätschern, wenn mit einer Gießkanne Wasser in einen Eimer gegossen wird, kann im Hörspiel z. B. als Plätschern eines Bachs oder Flusses erscheinen.

b Hufklappern kann beispielsweise durch das Schnalzen mit der Zunge oder durch Klopfen mit den Fingern auf eine Tischplatte wiedergegeben werden, das Rascheln der Bettdecke mit einem Stofftaschentuch oder das Knistern der Zeitung durch ein einfaches Blatt Papier. Die Schülerinnen und Schüler können auch einige Requisiten (etwa eine Zeitung) für das Hörspiel mitbringen. Schließlich lassen sich Geräusche authentisch mit Hilfe der modernen Medien (Smartphones reichen aus) aufnehmen oder googeln und herunterladen (vgl. den Tipp auf S. 102 im Schülerband).

c Es dürfte den Lernenden nicht schwerfallen, geeignete Musiktitel vorzuschlagen, um unterschiedliche Stimmungen auszudrücken. Die Beispiele können sowohl dem Bereich der klassischen Musik als auch dem der populären Musik entstammen. Möglicherweise können einzelne Schülerinnen oder Schüler auch einen eigenen musikalischen Beitrag auf einem Instrument beisteuern. Ggf. bietet sich eine Zusammenarbeit mit dem Musikunterricht an.
Hinweis: Falls das Hörspiel – etwa auf der Schulwebsite – veröffentlicht werden soll, müssen bei übernommenen Musikstücken unbedingt die Gesetze des Copyrights beachtet werden.

3 Aufgrund des szenisch-dramatischen Charakters eignet sich die Geschichte für die Umgestaltung in ein Hörspiel sehr gut. Die wörtliche Rede kann ebenso übernommen werden wie Kommentare der Ich-Erzählerin.

102 Den Regieplan ausarbeiten

4 Auch in den beiden folgenden Szenen sprechen Eddie und die Mutter; mit weiterer wörtlicher Rede können die Reaktionen wiedergegeben werden, die beide angesichts der Verwandlung zeigen. Die Ich-Erzählerin kann im Hörspiel in den Momenten das Geschehen kommentieren, in denen sie es auch in der Kurzgeschichte tut.
Ggf. kann auch in diesen Szenen ein Erzähler / eine Erzählerin zum Einsatz kommen.

Ein Beispiel für einen ausgearbeiteten Regieplan findet sich auf S. 208–209 in diesen Handreichungen, dort allerdings zu einer Klangcollage. Ähnlich können die Schülerinnen und Schüler im Regieplan zur Hörspielfassung der Lügengeschichte die Monologe und Dialoge sowie in einer eigenen Spalte Geräusche und Musik für die Aufnahme vorbereiten.

102 **Die Aufgaben verteilen und das Hörspiel aufnehmen**

5 **a** Bei der Verteilung der Aufgaben können Sprecherinnen und Sprecher auch mehrfach besetzt und es können mehrere Versionen der Szene aufgenommen werden, die dann eine Vergleichsmöglichkeit bieten.

b–d Mit dem im Internet frei verfügbaren Programm Audacity können auf mehreren Tonspuren Audiodateien gemischt und bearbeitet werden. Die Tondokumente können anschließend effektvoll bearbeitet werden, z. B. durch Hall oder Zeitverzögerung (Phaser).
Wenn man weniger Aufwand betreiben möchte, bietet es sich an, das Hörspiel mit einem Smartphone in Echtzeit aufnehmen zu lassen (wenn nötig, in mehreren Versuchen) und auf eine nachträgliche Bearbeitung zu verzichten.
Für das Feedback nach der Präsentation kann der Bewertungsbogen für eine Klangcollage von S. 210 in diesen Handreichungen genutzt werden.

103 Ein Theaterstück spielen

103 **Lothar Trolle: Das Klassenfenster**

1 **a** Durch die passende Betonung sollten insbesondere der Schalk des Fensters, das Frohlocken der Schulkinder und die Verzweiflung des Lehrers zum Ausdruck gebracht werden.

b Es ist zu erwarten, dass der Text mit seiner absurden Logik, seinem vergnüglichen Ende und dem Triumph der Schülerinnen und Schüler über den Lehrer bei den Lernenden auf positive Resonanz stößt. Die Aufgabe dient der Einfühlung in das Geschehen. Dies erleichtert es, die Befreiungsrhetorik und -botschaft des Stücks besser wahrzunehmen.

2 **a** Ganz pragmatisch stellt das Fenster den Übergang zur Außenwelt dar und ist schon deshalb ein naheliegender Ausgang ins Freie. Ein Fenster steht natürlich auch symbolisch für den (sehnsuchtsvollen) Blick auf eine Welt, die außerhalb des Ortes liegt, an dem man sich gerade aufhält und nicht wohlfühlt.

b Die Aussage des Klassenfensters auf der Illustration („Manchmal muss man sich nur trauen“) passt zur Logik des Textes, der davon handelt, wie der Mut zum Aufbruch mit Freiheit und Abenteuer belohnt wird.

3 Ihr Verständnis des Textes vertiefen die Schülerinnen und Schüler mit einer produktiv-gestaltenden Aufgabe. Eine Erzählung von dem Flug aus dem Klassenfenster ins Freie könnte z. B. so aussehen:

Ich breite meine Arme aus und beginne tatsächlich zu schweben. Ein sanfter Wind trägt mich hinauf in den blauen Himmel. Wie leicht und unbeschwert ich mich fühle! Tief unter mir wird der graue Kasten des Schulgebäudes immer kleiner, bis er fast verschwunden ist. Nur das Klassenfenster blitzt einmal fröhlich in der Sonne auf. Links und rechts von mir lachen und winken meine Schulfreunde. Aber was ist das? Kommt da tatsächlich auch unser Mathelehrer angeflogen? Rudert glücklich mit den Armen in der Luft und hat ein seliges Lächeln im Gesicht? Dann wird es wohl keine Einträge ins Klassenbuch wegen Schulschwänzen geben.

4 **a** Vor der Einstudierung des Stücks planen die Schülerinnen und Schüler die Umsetzung der Regieanweisungen. Dabei stellt der absurde Charakter der Szene eine gewisse Herausforderung dar. Ein Vorschlag für die Fortsetzung der Tabelle findet sich auf S. 126 in diesen Handreichungen.

Regieanweisung	Umsetzung auf der Bühne	Requisiten
Ein Klassenfenster tritt auf. (Z. 28)	Mädchen/Junge spielt das Klassenfenster.	Klassenzimmer, für das Fenster: großer Holzrahmen oder Hula-Hoop-Reifen
(Klassenfenster) Zeigt auf den Spalt, den es offen steht (Z. 34)	Mädchen/Junge zeigt auf einen Teil der Requisite.	siehe oben
(Klasse) Stürzt zum Fenster (Z. 38)	Alle Kinder rennen zur Darstellerin/zum Darsteller des Fensters mit der Requisite, werfen Hefte von den Tischen und Stühle um.	siehe oben + Hefte + Stühle
Die Klasse fliegt durch das offene Klassenfenster davon. (Z. 45 f.)	Mädchen und Jungen steigen durch die Requisite und machen Flugbewegungen mit den Armen.	siehe oben + z. B. blaue Stoffbahn als Himmel, in den sie fliegen
(Lehrer) Versucht, die Klasse zurückzuhalten (Z. 49)	Darsteller des Lehrers läuft hinter den anderen Kindern her, versucht, alle festzuhalten, ruft: „Halt!“	siehe oben + z. B. Lineal, mit dem er herumfuchtelt
(Lehrer) Fliegt durch das offene Klassenfenster davon (Z. 73)	Darsteller des Lehrers steigt durch die Requisite und macht Flugbewegungen mit den Armen.	siehe oben: Holzrahmen + blaue Stoffbahn
(Klassenfenster) Fängt an, das verlassene Klassenzimmer aufzuräumen, stellt die umgestoßenen Stühle wieder auf, ordnet die zurückgebliebenen Hefte usw. (Z. 76–78)	Darsteller/-in des Fensters räumt auf.	Holzrahmen, Stühle, Hefte
(Klassenfenster) Geht zurück an seinen Platz in der Mauer, und während draußen auf dem Korridor eine Horde Kinder näher kommt, öffnet es weit seine Flügel und richtet seinen Blick auf die Klinke der Klassentür und wartet mit geöffneten Flügeln darauf, dass die Klinke nach unten gedrückt wird, dass die Tür geöffnet wird und die nächste Klasse das Klassenzimmer betritt (Z. 94–101)	Schülerlärm hinter den Kulissen, Fensterdarsteller/-in stellt sich an die Wand, blickt auf die Türklinke, die sich ganz am Schluss langsam bewegt.	Holzrahmen, Tür, evtl. mit auffälliger Türklinke

b Anstelle der Inszenierung könnte mit Hilfe der neuen Medien auch eine Verfilmung der Geschichte angestrebt werden. Hinweise zum Verfilmen finden sich auf S. 247 bis 248 im Schülerband (vgl. auch die Hinweise dazu auf S. 290–291 in diesen Handreichungen).

5 Für das Einüben des Stücks stehen den Gruppen Übungen auf drei Differenzierungsniveaus zur Auswahl.

●○○ **a** Auf diesem Differenzierungsniveau proben die Lernenden den Text bis Zeile 49.

●●○ **b** Hier proben sie die Szene ab Zeile 37.

●●● **c** Auf dieser Differenzierungsstufe probt die Gruppe die gesamte Szene.

d Die Dreiteilung des Textes ermöglicht es, das Stück sozusagen in drei Akten aufzuführen. Im Falle einer Verfilmung besteht der Film aus drei Teilen, die am Stück gezeigt oder – am besten – zusammengeschnitten werden können.
Lustig und verrückt wirkt der Text in erster Linie da, wo er die Grenzen des Absurden überschreitet und Figuren oder Ereignisse darstellt, die gegen die Naturgesetze verstoßen, z. B. ein sprechendes Fenster oder fliegende Menschen.

6 Mögliche Ideen für die Fortsetzung der Szene:
- Die gleiche Szene wiederholt sich genau so wie zuvor mit der neuen Klasse und dem neuen Lehrer / der neuen Lehrerin.
- Weitere Gegenstände sprechen und handeln, z. B. verrät die Tafel den Schülern die Lösungen auf die Lehrerfragen, der Schwamm macht den Lehrer nass.
- Das Klassenfenster ruft zur Räumung der ganzen Schule auf.

Mit Hilfe der Hinweise im Methodenkasten auf S. 105 im Schülerband können diese Ideen zur Fortsetzung der Geschichte von den Schülerinnen und Schülern dramaturgisch weitgehend eigenständig umgesetzt werden.

106 Ein Gedicht gestaltend vortragen

106 Christian Morgenstern: Der Gaul

1 Komik bezieht das Gedicht zum einen aus dem unerhörten Ereignis eines sprechenden Pferdes, zum anderen aus den Reaktionen der überraschten Hausbewohner, insbesondere von Professor Stein.

2 Für alle drei Überschriften lassen sich Argumente finden – allerdings auch Einwände dagegen.
- Die erste ist möglicherweise zu sachbezogen und verfehlt damit den Witz des Gedichts.
- Die zweite ist abstrakt und lässt vieles offen.
- Die dritte wiederum verrät eventuell zu viel.

3 **a** Die erste Aussage ist falsch. Richtig ist: In den ersten fünf Strophen reimen sich immer der erste und der dritte Vers, der zweite und der vierte Vers reimen sich nicht.
Die zweite Aussage trifft zu: In der sechsten Strophe gibt es keine Reime.

b Die fehlenden Reime erzeugen Komik, weil eine Erwartungshaltung verletzt wird; außerdem entsteht der Eindruck, hier stimme etwas nicht. Falls sich die Schülerinnen und Schüler bereits mit dem Metrum beschäftigt haben (vgl. S. 163–165 im Schülerband), kann dies zur Bestätigung herangezogen werden: Auch mit dem (nicht vorhandenen) Metrum unterläuft das Gedicht von Morgenstern die Lesererwartungen und erweckt den Eindruck, hier sei etwas verkehrt. Diese Wirkungen der Form korrespondieren mit dem Inhalt des Gedichts. Auf die Spur des Grotesken führt schließlich auch die Illustration mit der Redewendung „sich auf etwas keinen Reim machen können“, die neben den Aussagen zum Reim steht.

4 Zunächst erproben die Schülerinnen und Schüler den Vortrag einzelner Stellen und Figuren in Gruppen und nutzen dafür Hinweise zur Betonung.

5 Für den lebendigen und ausdrucksvollen Vortrag des gesamten Gedichts werden den Schülerinnen und Schülern Aufgaben auf drei Differenzierungsniveaus angeboten.

●○○ **a** Auf diesem Differenzierungsniveau teilen zwei Lernende die Strophen untereinander auf und tragen sie abwechselnd vor.

●●○ **b** Hier trägt jede Schülerin / jeder Schüler das gesamte Gedicht vor.

●●● **c** Auf dieser Differenzierungsstufe präsentieren die Lernenden das gesamte Gedicht auswendig.

d Im Sinne eines lustvollen Umgangs mit diesem witzigen Gedicht sollte weniger die Memorierungsleistung des Auswendiglernens im Vordergrund stehen, sondern in erster Linie ein sinnbetonter Vortrag, dem es gelingt, die Komik und das Rätselhafte des Textes auszudrücken. Dafür bietet der Feedbackbogen eine Orientierung.

108
Geschichten, Theaterstücke, Gedichte unterscheiden

1 **a/b** Mit dieser Übung setzen sich die Schülerinnen und Schüler produktiv-gestaltend mit den drei literarischen Gattungen Prosa, Drama und Lyrik auseinander. Ausgangspunkt ist eine knappe Skizze des Anfangs der Geschichte, in der Münchhausen mit seinem Pferd in einen Schneesturm gerät. Für eine eigenständige Umgestaltung in eine der drei Gattungen stehen den Lernenden Aufgaben und Hilfen auf drei Differenzierungsniveaus zur Verfügung. Die Hilfen wiederholen jeweils knapp einige Charakteristika der jeweiligen Gattung, z. B. Hinweise zur Zeitform und zur Erzählweise in Geschichten, Erklärungen, was Monologe, Dialoge und Regieanweisungen im Drama bedeuten, sowie Beispiele für Paarreim und Kreuzreim.

●○○ Auf diesem Differenzierungsniveau verfassen die Lernenden eine Geschichte nach Vorgaben.

Beispiellösung:

Ich ritt auf meinem tapferen Pferd durch den heftigsten Schneesturm meines Lebens. Die Hand war nicht vor den Augen zu sehen, und in kürzester Zeit türmten sich die Schneemassen meterhoch. Als es dunkel wurde, brachen wir beide erschöpft zusammen. Ich fürchtete schon, in dieser Eiseskälte den nächsten Morgen nicht zu erleben. Aber siehe da, ich schlief tief und fest wie ein Murmeltier. Als ich am nächsten Morgen aufwachte, lachte mir die Sonne ins Gesicht. Rings um mich herum war alles grün, kein bisschen Schnee war zu sehen. Aber wo war mein treues Pferd? Suchend blickte ich mich um, bis ich ein hilfloses Wiehern hörte. Es kam aus der Höhe. Da erst bemerkte ich, dass ich neben einer Kirche lag. Und an der Kirchturmspitze baumelte mein armer Gaul! Im Schneetreiben der letzten Nacht hatte ich ihn an einem Pfosten angebunden. Das war die Kirchturmspitze gewesen, das Einzige, was von der Kirche aus dem Schnee herausragte. Über Nacht war wie durch ein Wunder der ganze Schnee getaut, und nun hing mein Pferd in der Luft. Eilends kletterte ich am Kirchturm hoch, schwang mich in den Sattel und schnitt mutig den angebundenen Zügel durch. Mit einem gewaltigen Sprung retteten wir uns und galoppierten davon.

Hinweis: In den überlieferten Varianten der Geschichte schießt Münchhausen den Zügel durch, um sein Pferd zu retten.

●●○ Hier schreiben die Schülerinnen und Schüler eine dramatische Szene nach Vorgaben.
Beispiellösung:

MÜNCHHAUSEN *(mit angestrengter Stimme):* Dieser Höllensturm wird ja immer schlimmer.
PFERD *(schnaubend):* Meine Hufe sind schon eingefroren.
MÜNCHHAUSEN *(verzweifelt):* Und kein Gasthaus, kein Stall weit und breit zu sehen, nicht einmal ein Licht.
PFERD *(erschöpft, ganz leise):* Lang halte ich das nicht mehr aus.
(Die Beine des Pferdes knicken ein. Steif wälzt sich Münchhausen aus dem Sattel, fällt um.)
MÜNCHHAUSEN *(zu sich selbst):* Nein, nicht schlapp machen! Zumindest das Pferd muss ich festbinden, sonst bin ich morgen früh allein. *(Schlingt die Zügel um einen Pfosten, wickelt sich in seinen Mantel, legt sich in den Schnee.)* Hoffentlich überlebe ich diese eisige Sturmnacht! Brrrr, ist das kalt.
(Stunden später, helles Licht, Wiehern in der Ferne)

MÜNCHHAUSEN *(kommt langsam zu sich):* Was? Die Sonne scheint! Der Schnee ist über Nacht geschmolzen! Wie kann das sein? *(Blickt sich suchend um.)* Wo bin ich? Wo ist mein treues Pferd?
(Wiehern von oben.)
PFERD *(leise flehend)*: Hier hänge ich! Siehst du mich denn nicht?
MÜNCHHAUSEN *(steht langsam auf):* Woher rufst du? Wo bist du?
PFERD *(kläglich):* Hier! Hier oben an der Kirchturmspitze hänge ich! Lang geht das nicht mehr gut. Die Kirche war bis zur Kirchturmspitze eingeschneit. Aber während du geschnarcht hast wie sieben Räuber, ist der ganze Schnee weggetaut. Und nun hänge ich da. Seit Stunden versuche ich, dich zu wecken.
MÜNCHHAUSEN *(energisch):* Das Problem lässt sich lösen! Pass auf: Ich werfe absolut zielgenau ein Messer, das wird die Zügel durchtrennen. Du musst gut abfedern, wenn du auf dem Boden aufschlägst. Gleich danach springe ich auf und wir galoppieren los.
PFERD *(halb lachend):* Du bleibst doch immer der Alte.

●●● Auf dieser Differenzierungsstufe verfassen die Lernenden ein Gedicht zur Handlungsvorgabe.

c/d Bei der Präsentation, Prüfung und Reflexion der Schreibprodukte setzen sich die Schülerinnen und Schüler noch einmal mit den Unterschieden zwischen den Gattungen auseinander.

S. 109
Testet euch! – Literarische Formen unterscheiden

S. 109
Peter Hacks: Ballade vom schweren Leben des Ritters Kauz vom Rabensee

1 **a** Die Schülerinnen und Schüler überprüfen ihr Gattungswissen. So sieht die ausgefüllte Tabelle aus:

Geschichten	Theaterstücke	Gedichte
Ich-Erzähler <u>Zeitform: häufig Präteritum</u>	<u>Monolog (Selbstgespräch)</u> Regieanweisungen Dialog (Gespräch)	<u>Vers</u> <u>Strophe</u> Paarreim (aa bb) <u>Kreuzreim (ab ab)</u>

b Anhand der Ballade von Hacks erarbeiten die Lernenden, dass in diesem Genre Merkmale aller drei Gattungen vorkommen. Die Stichworte, die auf die Ballade von Hacks zutreffen, sind in der Tabelle unterstrichen.

5.2 Münchhausen und Co. – Lügengeschichten untersuchen

110

Heinz Janisch: Münchhausens wundersame Rettung aus dem Sumpf

1 Physikalisch ist es natürlich nicht möglich, sich selbst hochzuziehen.

2 Die Schülerinnen und Schüler unterscheiden glaubwürdige und unglaubwürdige Aspekte der Geschichte. Vorschlag für ein Tafelbild:

glaubwürdig	unglaubwürdig
– Ausritt – Versinken im Sumpf – Ratschlag der Großmutter – fliegende Eule	– Überspringen von Flüssen – sich selbst (und das Pferd) aus dem Sumpf herausziehen – Sprung über eine fliegende Eule

3 Der Erzähler versichert die Wahrheit des Erzählten, indem er sie mit der Autorität seiner Großmutter beglaubigt.

4 Das nächste Abenteuer könnte z. B. mit der fliegenden Eule zusammenhängen, kann aber auch völlig frei erfunden sein. Ein Beleg dafür, dass die Schülerinnen und Schüler das Prinzip der Lügengeschichte erkannt haben, wäre, wenn sie Ideen für ein Zusammenspiel von realistischen und erfundenen, stark übertriebenen Aspekten notieren.

111

Hubert Schirneck: Der Lügenkönig von Heuchelheim: Die Bärenfalle

1 **a** Richtig ist die Fortsetzung B: Der Ich-Erzähler Thelonius erklärt seine Verspätung, indem er eine Lügengeschichte auftischt.

b Thelonius bindet dem hungrigen Bären sozusagen einen Bären auf, u. a. indem er die haarsträubende Geschichte erzählt, er selbst sei früher ein Bär gewesen, dessen Lieblingsspeise Senf sei.

2 Untersuchung des Textes mit Hilfe des zweiten Lügen-Jokers – Vorschlag für ein Tafelbild:

gesteigerte Adjektive	Hinweise auf die Einzigartigkeit	Vergleiche mit „wie“ und „als“	Angebereien aller Art
– „Dabei bin ich der viel bessere Lügner“ (Z. 11 f.) – „den größten Lügnerwettstreit, der jemals stattgefunden hat“ (Z. 14 f.) – „Die besten Lügner des Landes waren eingeladen“ (Z. 16 f.) – „Thelonius ist der Beste“ (Z. 102)	– vgl. Z. 1–15	– „feilgeboten wie Apfelsinen“ (Z. 10 f.)	– „Thelonius, der Lügenkönig von Heuchelheim, immerwährender Herrscher über Lügistan, höchstpersönlich und aus Scham schier im Boden versinkend angesichts der Gnade und Weisheit, die Eure Herrlichkeit ausstrahlen.“ (Z. 32–37)

3 Wichtig ist, dass die Schülerinnen und Schüler in dem Gespräch die Gemeinsamkeiten zwischen den beiden Lügengeschichten entdecken. Dadurch können sie für das literaturwissenschaftliche Phänomen der Intertextualität sensibilisiert werden, ohne dass der Begriff eingeführt werden muss. Sie sollten dazu angehalten werden, mit den Merkmalen des Genres (vgl. die Lügen-Joker) zu argumentieren, wenn sie entscheiden, welcher der beiden – Münchhausen oder Thelonius – der Meisterlügner ist. Auf diese Weise wird das Sachwissen unaufdringlich eingeübt und gefestigt.

4 Für die Untersuchung des Aufbaus der Geschichte über den Lügenkönig von Heuchelheim in der Bärenfalle werden den Lernenden Aufgaben auf drei Differenzierungsniveaus angeboten.

●○○ **a** Auf diesem Differenzierungsniveau formulieren sie Überschriften für die drei Teile der Lügenkette. Als Hilfe werden die Zeilenangaben der drei Teile genannt (Lösungsbeispiel vgl. Teilaufgabe 4 d).

●●○ **b** Hier formulieren die Lernenden ebenfalls Überschriften für die drei Teile der Lügenkette, als Hilfe werden jedoch nur die Zeilenangaben des Hauptteils genannt (Lösungsbeispiel vgl. Teilaufgabe 4 d).

●●● **c** Auf dieser Differenzierungsstufe sind ohne Hilfen Überschriften für die Einleitung, die drei Teile der Lügenkette und den Schluss zu formulieren (Lösungsbeispiel vgl. Teilaufgabe 4 d).

d Die Ergebnisse können in einem Tafelbild gesammelt werden:

„Der Lügenkönig von Heuchelheim: Die Bärenfalle"

Einleitung: Thelonius stellt sich als großartiger Lügner vor (Z. 1–15)

Hauptteil:
- 1. Glied der Lügenkette:
  verspätetes Eintreffen beim Lügenwettbewerb, Entschuldigung vor dem König (Z. 16–42)
- 2. Glied der Lügenkette:
  Erklärung: Sturz in eine Bärenfalle, Überlistung des Bären, der schon darin sitzt, durch eine Lügengeschichte (Z. 43–83)
- 3. Glied der Lügenkette:
  Rettung aus der Bärenfalle mit Hilfe eines Sonnenstrahls (Z. 84–100)

Schluss: Thelonius gewinnt den Lügnerwettstreit (Z. 101–103)

5 Die Übung, verrückte Lügenketten zu erfinden, kann auch als „Reihum-Schreibspiel" durchgeführt werden: Die erste Schülerin / Der erste Schüler notiert eine Idee, faltet den Zettel und reicht ihn weiter usw. Am Ende kann jede Schülern / jeder Schüler einen Zettel auffalten, auf dem Lüge an Lüge gereiht ist. Diese Übung fördert auf lustvolle Weise die Fähigkeit, zu fabulieren und zu erzählen.

In der digitalen Version findet sich eine weitere Lügengeschichte als Hörtext: „Münchhausens Ritt auf dem Seepferd" von Heinz Janisch, gesprochen von Martin Klemm. Der Hörtext wird begleitet von einem passgenauen Arbeitsblatt mit Übungen zum Hörverstehen und Lösungshinweisen.

114 Eine Lügengeschichte schreiben

1 **a/b** Auf der Grundlage des erworbenen Gattungswissens über die Lügengeschichte schreiben die Schülerinnen und Schüler nun selbst solche Geschichten, wobei ihnen Aufgaben auf drei Differenzierungsniveaus angeboten werden. Diese unterscheiden sich im Umfang der Vorgaben und in deren „Irrealität".

115

Sprachtraining: Groß- und Kleinschreibung von Adjektiven

1 Die Schülerinnen und Schüler unterscheiden Nominalisierungen von Steigerungsformen der Adjektive und erkennen die entsprechende Groß- bzw. Kleinschreibung:
– Für Thelonius' Äußerungen gilt Regel B (Nominalisierung).
– Für Münchhausens Äußerungen gilt Regel A (Steigerung).

2 Die Adjektive in der richtigen Schreibung:
A Das Unglaubliche – **B** am gewaltigsten – **C** am kitzligsten – **D** am entsetzlichsten

3 Mögliche Fortsetzung:
Der Schauderhafte streckte drohend einen anderen Arm Richtung Afrika. Am meisten fürchteten sich die Menschen in den Küstenstädten, doch da wedelte der monströse Krake schon mit seinem Krakenarm in der Wüste herum. Plötzlich kam ein kleiner Wüstenfuchs angerannt, und dem Listigen gelang es, das Monster zu vertreiben. Beleidigt über die Frechheit des Kleinen zog sich das Ungeheuer in die Tiefen des Ozeans zurück, wo es sich ja eigentlich am wohlsten fühlt.

5.3 Fit in … – Eine Lügengeschichte untersuchen

116 **Heinz Janisch: Münchhausen: Das Konzert im Wal**

116 **Die Aufgabenstellung richtig verstehen**

1 **a/b** Die Schülerinnen und Schüler vergegenwärtigen sich die Arbeitsaufträge, indem sie z. B. Schlüsselwörter aus der Aufgabenstellung notieren (oder auf einer Kopie unterstreichen): Untersuche – Schreibe auf, was […] geschieht – ein Beispiel […] wahr – drei Beispiele […] bestimmt gelogen – drei Merkmale […] Lügengeschichte.
Die Abstimmung mit einer Lernpartnerin oder einem Lernpartner soll gewährleisten, dass im Folgenden alle Teilaufgaben erledigt werden und keine vergessen wird.

117 **Den Text verstehen**

2 Die richtigen Aussagen:
N Münchhausen begegnet einem musikalischen Wal.
O Münchhausen springt neugierig in das Maul des großen Wals.
R Im Wal gibt es tatsächlich ein Orchester, mit dem Münchhausen musiziert.
A Die Musiker leben freiwillig in dem Wal, weil die Musik in ihm so schön klingt.
B Zurück an Bord seines Schiffs hört Münchhausen der Musik noch lange zu.
→ Das Lösungswort lautet: BARON.

117 **Ideen sammeln**

3 Ihre Untersuchungsergebnisse halten die Schülerinnen und Schüler in einem Schreibplan fest.
Beispiellösung:

<u>Aufgabe 1: Handlung (Was geschieht?)</u>
- Einleitung: Münchhausen berichtet von seiner Leidenschaft für Schiffsreisen.
- Hauptteil:
  1. Münchhausen hört Musik, die aus dem Meer kommt.
  2. Er bemerkt, dass die Musik aus dem Inneren eines Wals kommt.
  3. Er springt in das Maul des Wals, als dieser nach Luft schnappt.
  4. Im Bauch des Wals trifft Münchhausen auf einen Klavierspieler.
  5. Münchhausen begleitet den Klavierspieler an der Harfe.
  6. Weitere Musiker stimmen in das Konzert ein.
  7. Münchhausen lädt die Musiker ein, auf seinem Schiff zu spielen.
  8. Sie lehnen ab, weil Musik im Bauch des Wals viel besser klinge als in jedem Konzertsaal.
  9. Münchhausen verabschiedet sich, springt aus dem Maul des Wals zurück auf sein Schiff.
- Schluss: Das Orchester spielt im Wal, Münchhausen und seine Gefährten hören auf dem Schiff der Musik zu und segeln ins nächste Abenteuer.

<u>Aufgabe 2: Ein Beispiel für Wahres, drei für Gelogenes</u>

Wahr könnte sein:
- Münchhausen macht eine Schiffsreise.
- Im Meer zeigt sich ein Wal.
- Münchhausen kann Harfe spielen.

Gelogen ist bestimmt:
- Aus dem Inneren eines Wals erklingt Musik.
- Münchhausen springt ins Maul eines Wals.
- Ein Orchester spielt im Bauch eines Wals.

<u>Aufgabe 3: Drei Merkmale der Lügengeschichte</u>
- Einiges, was erzählt wird, könnte wahr sein, anderes ist bestimmt gelogen.
- Der Hauptteil besteht aus einer Lügenkette.
- Der Text enthält viele Übertreibungen und Angebereien.

118

Den Aufsatz schreiben und überarbeiten

4 Beispiellösung für den Aufsatz (auf der Grundlage der Formulierungshilfen):

Aufgabe 1: Handlung

In der kurzen Einleitung berichtet Münchhausen von seiner Leidenschaft für die Seefahrt. Der Hauptteil der Geschichte beginnt eines Morgens, als Münchhausen mitten auf dem Meer plötzlich schöne Musik hört, die offenbar aus dem Inneren eines Wals kommt. Als dieser nach Luft schnappt, springt Münchhausen von seinem Schiff in das Maul des Wals und folgt der Musik. Im Bauch des Wals trifft der Baron auf einen Musiker, der Klavier spielt. Bald begleitet Münchhausen den Pianisten an der Harfe und wenig später kommen weitere Musiker dazu und stimmen in das Konzert ein. Als Münchhausen die Musiker einlädt, auf seinem Schiff zu spielen, lehnen sie das Angebot ab, weil die Musik im Bauch des Wals viel besser klinge als in jedem Konzertsaal. Nach einiger Zeit verabschiedet sich Münchhausen und springt aus dem Maul des Wals zurück auf sein Schiff. Am Schluss der Geschichte wird erzählt, dass Münchhausen und seine Gefährten auf ihrem Schiff der Musik aus dem Bauch des Wals zuhören, während sie ins nächste Abenteuer segeln.

1. Schreibe in wenigen Sätzen auf, was in der Geschichte geschieht.

Aufgabe 2: Ein Beispiel für Wahres, drei für Gelogenes

Münchhausen erzählt wenig, was sich wirklich ereignet haben kann. Am wahrscheinlichsten ist, dass er eine Seereise unternommen hat. Auch dass er während dieser Schiffsreise möglicherweise einen Wal gesehen hat, könnte sein.

Bestimmt gelogen ist dagegen, dass aus dem Bauch eines Wals Musik erklungen ist. Unwahr ist auch, dass Münchhausen in das Maul des Wals gesprungen ist, um der Sache auf den Grund zu gehen. Ebenso unglaubwürdig ist, dass im Inneren des Wals ein Orchester spielte.

2. Notiere ein Beispiel für ein Ereignis, das wahr sein könnte, …

… und drei Beispiele für Ereignisse, die bestimmt gelogen sind.

Aufgabe 3: Drei Merkmale einer Lügengeschichte

Bei dem Text handelt es sich um eine Lügengeschichte. Dies kann man zum Beispiel daran erkennen, dass einiges, was erzählt wird, wahr sein könnte, das meiste aber völlig unrealistisch und ganz bestimmt gelogen ist. Ein weiteres Merkmal der Lügengeschichte ist, dass der Hauptteil aus einer Lügenkette besteht. Die einzelnen Glieder dieser Lügenkette werden immer abenteuerlicher (vgl. die Angaben zur Handlung).

Auch die vielen Übertreibungen und Angebereien weisen deutlich darauf hin, dass die Geschichte eine Lügengeschichte ist. Zum Beispiel behauptet Münchhausen, er habe „als Kind die beste musikalische Ausbildung genossen“ (Z. 29–31). Kurz darauf erklärt er: „dann spielten wir das allerschönste Konzert“ (Z. 34 f.).

3. Nenne drei Merkmale, an denen du erkennst, dass es sich um eine Lügengeschichte handelt.

5 Die Checkliste gibt die Kriterien für die Textprüfung und -überarbeitung in Partnerarbeit vor.

Material zu diesem Kapitel auf den folgenden Seiten und digital

- Fordern und fördern – Eine Lügengeschichte untersuchen: Ingrid Uebe: Münchhausens Reise zum Mond (mit Hilfe-Karten und Zusatzaufgaben für „Profis"; Lösungshinweise digital)
- Was kannst du schon? – Lügengeschichten verstehen, literarische Formen unterscheiden (Diagnose; Lösungshinweise und Förderempfehlungen digital)
- Klassenarbeit – Eine Lügengeschichte untersuchen: Heinz Janisch: Münchhausen: Das verschwundene Meer (Erwartungshorizont digital)
- Klassenarbeit – Eine Lügengeschichte untersuchen: Sid Fleischman: McBroom und die Stechmücken (Erwartungshorizont digital)
- Hörtext: Heinz Janisch: Münchhausens Ritt auf dem Seepferd, gesprochen von Martin Klemm (mit einem passgenauen Arbeitsblatt zur Übung des Hörverstehens inkl. Lösungshinweisen; digital)

Fordern und fördern – Eine Lügengeschichte untersuchen

Ingrid Uebe

Münchhausens Reise zum Mond

Meine weiteste Reise führte mich bis zum Mond. Sie kam auch für mich ziemlich überraschend. Ein unglückseliger Krieg hatte mich in die Gefangenschaft eines türkischen Sultans geführt. Dieser behandelte mich wie einen Sklaven und ließ mich die niedrigsten Arbeiten tun. Ich musste jeden Morgen seine Bienen auf die Weide treiben, den ganzen Tag dort hüten und in der Dämmerung wieder nach Hause bringen.

Eines Abends merkte ich, dass eine der Bienen fehlte, und machte mich sofort auf die Suche. Es dauerte nicht lange, bis ich sie in der Gewalt von zwei Bären entdeckte. Die Schleckermäuler wollten ihr an den Honig und drohten sie zu zerreißen. Weil ich nichts anderes zur Hand hatte als eine silberne Axt, warf ich die nach den Bären. Ich hoffte, sie damit zu verscheuchen. Durch allzu großen Schwung flog das Werkzeug jedoch höher und höher. Es hörte nicht auf, nach oben zu wirbeln, bis es den Mond erreichte und dort niederfiel.

Ich wollte die Axt unbedingt zurückholen. Doch wo sollte ich eine passende Leiter hernehmen? Zum Glück fiel mir ein, dass die türkischen Bohnen sehr schnell zu erstaunlicher Höhe emporwachsen. Ich besorgte mir also rasch eine von diesen Wunderbohnen, pflanzte sie in die Erde und sah erfreut zu, wie aus dem zarten Keim eine kräftige Pflanze wurde. Sie strebte immer höher, rankte sich schon bald durch die Wolken und erreichte schließlich den Mond. Ich musste nur noch hinaufklettern.

Oben dauerte es eine Weile, bis ich in all dem Silberglanz meine silberne Axt wiedergefunden hatte. Zu guter Letzt entdeckte ich sie auf einer Art Strohhaufen und machte mich mit ihr sofort auf den Heimweg. Doch eine böse Überraschung wartete auf mich: Die Sonnenhitze hatte inzwischen meine Bohnenranke getrocknet und brüchig gemacht. An ihr konnte ich unmöglich hinabsteigen.

Ich ließ den Mut jedoch nicht sinken, sondern eilte zurück zum Strohhaufen. Dort flocht ich einen festen Strick aus den Halmen – so lang, wie ich nur konnte. Als der ganze Haufen verbraucht war, befestigte ich das Ende am Mond und ließ mich dann geschickt an dem Strohseil hinunter. Mit der rechten Hand hielt ich mich fest, mit der linken nahm ich die Axt. Immer wenn ich bis zum Ende gerutscht war, schlug ich das Seil über mir ab und knüpfte es unten wieder an. Natürlich wurde der Strick durch diese Behandlung nicht besser. Als ich gerade mitten in den Wolken hing, riss er entzwei. Ganz betäubt vor Schreck schlug ich auf dem Erdboden auf. Dort grub mein stattlicher Körper ein tiefes Loch, in dem ich einfach verschwand.

Es dauerte bestimmt eine Viertelstunde, bis ich mich einigermaßen erholt hatte. Wie gut, dass ich einen scharfen Verstand und genauso scharfe Nägel besitze! Der Verstand brachte mich sofort auf eine gute Idee: Die Nägel eigneten sich bestens zum Bau einer Treppe, über die ich bald wieder ans Tageslicht kam. Der Mond war inzwischen untergegangen.

(Aus: Ingrid Uebe / Markus Spang: Die Abenteuer des Barons von Münchhausen. © 2008 by Ravensburger Buchverlag Otto Maier GmbH, Ravensburg)

Untersuche die Lügengeschichte „Münchhausens Reise zum Mond". Bearbeite dazu die folgenden Aufgaben.

1 Was passiert in der Geschichte? Beschreibe die Handlung.

a Notiere zunächst Überschriften für die einzelnen Glieder der Lügenkette. Übernimm den Schreibplan in dein Heft und ergänze ihn. Notiere, wenn nötig, weitere Stichpunkte zu den einzelnen Überschriften. (→ Hilfe-Karte: Die Handlung wiedergeben)

Handlung der Geschichte: Was geschieht?

Einleitung:	Anlass für die Mondreise: Münchhausens Dienst als Bienenhüter in der Gefangenschaft des Sultans
Hauptteil – Lügenkette:	1. Münchhausens Suche nach einer verlorenen Biene 2. ... ...
Schluss:	Monduntergang - Happy End

b Formuliere deine Ergebnisse in wenigen Sätzen aus. Schreibe in dein Heft.
TIPP: Über Texte schreibt man im Präsens.

2 **a** Was könnte an dieser Geschichte wahr sein, was ist ganz bestimmt gelogen? Ergänze die Tabelle.

glaubhaft	bestimmt gelogen
- Münchhausen ist in Gefangenschaft - muss niedrige Arbeiten verrichten - ...	- treibt die Bienen auf die Weide

b Fasse deine Ergebnisse in einem kurzen Text zusammen. Schreibe in dein Heft.

3 Begründe in deinem Heft, warum der Text „Münchhausens Reise zum Mond" eine Lügengeschichte ist. Weise mindestens drei typische Merkmale der Lügengeschichte am Text nach. (→ Hilfe-Karte: Merkmale von Lügengeschichten)

Folgende Hilfen oder Aufgaben zum Weiterarbeiten kannst du nutzen

Hilfe-Karte	Die Handlung wiedergeben
Hilfe-Karte	Merkmale von Lügengeschichten
Für Profis und Schnelle	Eine Lügengeschichte schreiben

Hilfe-Karte: Die Handlung wiedergeben

Im Hauptteil einer Lügengeschichte reiht sich eine Lüge an die andere. So entsteht eine **Lügenkette**. Bringe die Überschriften zu den einzelnen Kettengliedern der vorliegenden Geschichte in deinem Heft in die richtige Reihenfolge. Ergänze, wenn nötig, Stichworte zu den Überschriften.

TIPP: Die Überschriften für Einleitung und Schluss der Geschichte stehen an den richtigen Stellen.

- Anlass für die Mondreise: Münchhausens Dienst als Bienenhüter in der Gefangenschaft des Sultans
- Aufstieg zum Mond auf einer türkischen Bohne
- Flug seiner silbernen Axt zum Mond
- Befreiung aus dem Erdloch
- Riss des Seils, Sturz und Verschwinden in einem tiefen Erdloch
- Versperrter Rückweg
- Münchhausens Suche nach einer verlorenen Biene
- Selbst geknüpftes Strohseil als Rettung
- Monduntergang – Happy End

Hilfe-Karte: Merkmale von Lügengeschichten

Merkmale von Lügengeschichten

- Erzählungen von sensationellen und unwahrscheinlichen Abenteuern
- meistens ein Ich-Erzähler
- Erzähler versichert immer wieder, alles entspreche der Wahrheit
- Einleitung: oft ein Ereignis, das so oder so ähnlich geschehen sein könnte
- Hauptteil: mehrere Lügen zu einer Lügenkette aneinandergereiht
- Schluss: gutes Ende
- einige glaubwürdige Einzelheiten, viele Übertreibungen und Angebereien
- Ziel: die Leserinnen und Leser zu unterhalten

Für Profis und Schnelle: Eine Lügengeschichte schreiben

Letzten Sommer waren wir mit dem Segelschiff auf dem Indischen Ozean unterwegs, als uns eine unglaubliche Windstille monatelang auf dem Meer gefangen hielt. Unbewegt wie ein Spiegel lag der Ozean da. Nie hatte ich erlebt, dass man so lange nicht den leisesten Lufthauch spürt. Die Segel hingen schlaff von den Masten, Trinkwasser und Vorräte wurden knapp. Da kam mir die rettende Idee!

Smutje, unser Schiffskoch, besaß einen gewaltigen Bauch. Aus dem müsste er doch auch kräftig pusten können, dachte ich. ...

4 Lies den Text. Ergänze ihn in deinem Heft zu einer Lügengeschichte:

a Plane deine Geschichte: Notiere Stichworte für eine Lügenkette und für den Schluss.

b Verfasse nach deinem Plan eine Lügengeschichte: Formuliere fantasiereich und mit vielen Übertreibungen, verwende Vergleiche und Steigerungsformen der Adjektive. Schreibe in der Ich-Form und im Präteritum.

Was kannst du schon? – Lügengeschichten verstehen, literarische Formen unterscheiden

1 Wenn du die Merkmale einer Lügengeschichte kennst, kannst du solche Geschichten untersuchen oder selbst eine schreiben. Streiche in den folgen Sätzen Falsches durch.

A Eine Lügengeschichte wird meistens von einem Er-Erzähler / Ich-Erzähler erzählt.
B Sie beginnt sofort mit einer faustdicken Lüge / oft mit einer Situation, die wirklich so geschehen sein könnte.
C Im Hauptteil reiht sich eine Lüge an die andere / wird eine einzige Lüge breit ausgeschmückt.
D Lügengeschichten haben ein Happy End, nach dem der Erzähler zu weiteren Abenteuern aufbricht / ein böses Ende, weil der Held ein Lügner ist.
E Häufig versichert der Erzähler, dass alles genau so passiert sei / dass er alles erfunden habe.
F Der Erzähler einer Lügengeschichte möchte seine Leserinnen und Leser mit seinen Abenteuern täuschen / unterhalten.
G Dazu verwendet er genaue Beschreibungen / viele Übertreibungen.

2 **a** Kreuze an, welcher Anfang zu einer Lügengeschichte passt.
b Begründe deine Entscheidung in Stichworten auf der Linie.

☐ **A** Es war einmal ein betagter König, der hatte drei Töchter. Die beiden älteren waren stolz und unbeherrscht, die jüngste aber war sanft wie ein Reh und schön wie der junge Morgen ...

☐ **B** Seit Tagen ritt ich ohne Pause auf meinem treuen Pferd wie im Flug durch die russischen Wälder, die kein Ende nahmen. In der stürmischsten Nacht, die Russland je erlebt hatte, heulten die Wölfe mit dem Orkan um die Wette …

☐ **C** Ein Kaninchen saß friedlich am Waldrand, als ein hungriger Wolf des Weges kam. Mit schmeichelnder Stimme sprach der Wolf: „Was tust du …"

____

3 Texte, in denen zur Unterhaltung der Leser mächtig gelogen wird, sind nicht immer als Geschichten geschrieben. Es gibt auch Gedichte oder Theaterszenen, in denen es um Unwahrscheinliches geht. Ordne zu, an welchen Merkmalen du die drei Formen der Literatur – Geschichten, Theaterstücke, Gedichte – erkennen kannst. Ziehe Linien.

	Strophen
Geschichten	Dialoge (Gespräche zwischen Figuren)
	Verse
	anschaulich erzählt, manchmal mit wörtlicher Rede
Theaterstücke	Reime
	Regieanweisungen
	Ich-Erzähler oder Er-/Sie-Erzähler/-in
Gedichte	Monologe (Selbstgespräche)
	Zeitform: oft Präteritum

Klassenarbeit – Eine Lügengeschichte untersuchen

Aufgabenstellung

1 Untersuche die Lügengeschichte „Das verschwundene Meer“, indem du die folgenden Aufgaben löst:

a Schreibe in wenigen Sätzen auf, was in der Geschichte geschieht.

b Notiere ein Beispiel für ein Ereignis, das wahr sein könnte, und drei Beispiele für Ereignisse, die bestimmt gelogen sind.

c Nenne drei Merkmale, an denen du erkennst, dass es sich um eine Lügengeschichte handelt.

Heinz Janisch

Münchhausen: Das verschwundene Meer

Ich habe auf meinen Schiffsreisen vieles erlebt, Schönes und Schreckliches, auch schwere Stürme, die einem das Fürchten lehren konnten, mit Wellen, so hoch wie ein Gebirge. Das Ungewöhnlichste aber war, dass eines Tages das Meer unter unseren Schiffsplanken verschwand.

Wir segelten von Insel zu Insel und ließen es uns gut gehen, da merkten wir, dass das Wasser, das unser Schiff trug, von Stunde zu Stunde weniger wurde. Ein Wal und andere Meerestiere um uns herum saßen beinahe schon auf dem Trockenen. Es war an der Zeit, der Sache im wahrsten Sinne des Wortes auf den Grund zu gehen.

Schon bald entdeckte ich am Boden ein gewaltiges Loch, in dem alles Wasser zu verschwinden schien. Nicht weit davon lag eine große Steinplatte mit einem Griff in der Mitte im Sand. Jemand hatte wohl den Stöpsel aus dem Meer gezogen, und nun drohte das ganze Meer auszurinnen.

Ich kehrte zu meinen Leuten zurück und erklärte ihnen, was geschehen war und was zu tun war. Gemeinsam zogen wir – mit gewaltiger Anstrengung – den schweren Stöpsel des Meeres zurück an seinen Platz. Jetzt konnte das Wasser nicht länger aus dem Meer verschwinden.

Drei Tage lang mussten wir auf Regen warten. Endlich fielen die ersten Tropfen. Es regnete sieben Tage und sieben Nächte lang ohne Unterbrechung. Und wir sahen, wie das Meer wieder langsam anstieg und alle Fische im tiefen Blau verschwanden.

Wir hatten das Meer und seine Bewohner gerettet, und so segelten wir zufrieden weiter.

(Aus: Heinz Janisch: Der Ritt auf dem Seepferd. Alte und durch wundersame Zufälle neu entdeckte Schriften über die unglaublichen Abenteuer des Carl Friedrich Hieronymus Freiherr von Münchhausen. Mit Illustrationen von Aljoscha Blau. © Aufbau Verlag GmbH & Co. KG, Berlin 2007, 2008)

Klassenarbeit – Eine Lügengeschichte untersuchen

Aufgabenstellung

1 Untersuche die Lügengeschichte „McBroom und die Stechmücken", indem du die folgenden Aufgaben löst:

a Schreibe in wenigen Sätzen auf, was in der Geschichte geschieht.

b Notiere ein Beispiel für ein Ereignis, das wahr sein könnte, und drei Beispiele für Ereignisse, die bestimmt gelogen sind.

c Nenne drei Merkmale, an denen du erkennst, dass es sich um eine Lügengeschichte handelt.

Sid Fleischman

McBroom und die Stechmücken

Ein moderner Nachfolger Münchhausens ist der amerikanische Farmer Josh McBroom, der mit seiner Frau und elf Kindern auf einem sehr kleinen Bauernhof („Einhektarhof") lebt.

Ich spreche es ja nicht gerne aus, aber manche Menschen haben wirklich nicht die geringste Achtung vor der Wahrheit. Ein Fremder hat zum Beispiel behauptet, er sei auf einem Maultier an unserem wunderbaren Einhektarhof vorbeigeritten und von Spechten angegriffen worden.

Das ist mal wieder glatt gelogen. Ehrlich! Es sind keine Spechte gewesen, sondern ganz gewöhnliche Präriestechmücken. Und noch dazu kleine. Diese Viecher werden hier draußen so groß, dass jedermann Maschendraht als Fliegengitter verwendet. Aber ich darf wirklich nichts Unfreundliches über diese sirrenden, schwirrenden, wütenden Biester mit ihren Stecknadelnasen sagen. Sie haben schließlich unseren Hof vor dem Ruin gerettet. Das ist während der großen Trockenperiode gewesen, die im vergangenen Jahr geherrscht hat.

Trocken? Ach du liebe Güte! Unsere Kinder haben Kaulquappen gefunden, denen haben sie erst das Schwimmen beibringen müssen. Es hatte so lange nicht mehr geregnet, dass die Froschbabys noch niemals Wasser gesehen hatten.

Das ist wirklich die lautere Wahrheit, so wahr ich Josh McBroom heiße. Ehrlich, ich würde lieber ein Stinktier beim Schwanz packen als die Unwahrheit zu sagen.

Na, ich schleich mich am besten in die Geschichte von der Trockenheit genauso ein, wie das die große Dürre bei uns gemacht hat. Ich kann mich noch daran erinnern, dass wir beim Pflügen waren, wie in jedem Frühling, und dass uns die Stechmücken wie immer geplagt haben. Diese blutdürstigen Räuber können ziemlich lästig werden, aber wir haben gelernt, wie man sie ablenkt.

Diese durstigen Dussel saufen nämlich alles, was nur rot ist. Willjillhesterchesterpeterpollytimtommarylarryundkleinclarinda[1]!", rief ich. „Ich höre das Sirren der Stechmücken. Legt mal lieber ein Rote-Rüben-Beet an."

Sowie die Roten Beten reif wurden, schlugen die Stechmücken ihre spitzen Rüssel wie Strohhalme hinein. Und wie sie dann geschlemmt und geschmatzt haben! Sie saugten den Saft bis zum letzten Tropfen aus, sodass die Roten Beten erblassten und wir sie als weiße Rüben ernten konnten.

(Aus: Sid Fleischman: Hier kommt McBroom. Aus dem Amerikanischen übertragen von Sibyl Gräfin Schönfeldt. Georg Bitter Verlag KG, Recklinghausen 1981)

1 die Namen der elf Kinder in einem Wort

6 Unsere Lieblingsbücher – Jugendromane verstehen und vorlesen

Konzeption des Kapitels

Die Förderung von Lesekompetenz und Hörverstehen gilt seit den Erkenntnissen der Pisa-Studie als eine besonders wichtige Aufgabe des Deutschunterrichts. Dabei geht es nicht nur im Sinne einer Reading Literacy um Textaufnahme, Textverstehen und Textwiedergabe, sondern weit grundsätzlicher um das Wecken von Leseinteresse und den Aufbau einer Lesekultur. Der Auswahl der Texte kommt dabei besonderes Gewicht zu. Deshalb werden in diesem Kapitel mit Erich Kästners „Emil und die Detektive“ ein Klassiker der Kinder- und Jugendliteratur und mit Jugendromanen von Henning Mankell („Der Hund, der unterwegs zu einem Stern war“) und Gesine Schulz („Eine Tüte grüner Wind“) moderne Texte angeboten, deren Themen Jungen und Mädchen dieser Altersklasse interessieren und die ihnen vielfältige Identifikationsmöglichkeiten bieten.
Das erste Teilkapitel **(„Jetzt könnte ich einen Freund gebrauchen! – Jugendromane kennenlernen“)** präsentiert Auszüge aus den genannten Romanen. An diesen Texten erarbeiten die Schülerinnen und Schüler mit den Kategorien „Schauplatz“, „Zeit“, „Erzähler“ sowie „Figuren und deren Beziehungen“ wichtige Analyseaspekte für die Texterschließung. Analytische (textimmanente) und produktiv-gestaltende Aufgabenstellungen bieten ihnen motivierende Zugänge zu den Romanausschnitten. Differenzierende Aufgaben berücksichtigen dabei die verschiedenen Lernniveaus. Ein abschließender Test zu den erlernten Kategorien der Texterschließung dient der Selbstevaluation der Schülerinnen und Schüler.
Im zweiten Teilkapitel **(„Lesetraining – Texte flüssig und ausdrucksstark vorlesen“)** werden Methoden des Lesens und Vorlesens eingeübt. Es ist mittlerweile unbestritten, dass in der Sekundarstufe I Lautleseverfahren zu den wichtigen Methoden des Deutschunterrichts gehören, um die Schülerinnen und Schüler zu kompetentem Lesen anzuleiten. Dementsprechend werden hier das Paar-Lesen (Lautlesen im Team), das sinngestaltende Vortragen anhand markierter Textvorlagen und das Lesetraining mit Hörbüchern eingeübt bzw. vertieft. Textgrundlagen bieten weitere Auszüge aus den im ersten Teilkapitel vorgestellten Jugendromanen – Schlüsselszenen, die die Neugier auf diese Bücher weiter befördern.
Das dritte Teilkapitel **(„Projekt – Einen Vorlesewettbewerb vorbereiten“)** verbindet die im zweiten Teilkapitel vorgestellten Methoden mit Vorschlägen für die Vorbereitung auf einen Vorlesewettbewerb. Die Aussicht, an dem jährlich für Sechstklässler veranstalteten bundesweiten Vorlesewettbewerb unter der Schirmherrschaft des Bundespräsidenten teilzunehmen, motiviert die Schülerinnen und Schüler noch einmal auf andere Weise, neue Bücher zu entdecken, in der Klasse vorzustellen und eine aussagekräftige oder spannende Textstelle verständlich und ausdrucksstark vorzutragen.

Literaturhinweise

- *Brenner, Gerd:* Ideen Lesekultur. In: ders. (Hg.): Die Fundgrube für den Deutschunterricht. Cornelsen Scriptor, Berlin 1995
- Bücher vorstellen. Deutsch 5–10, 14/2008
- Kinder- und Jugendliteratur nach 2000. Praxis Deutsch 224/2010
- *Köllbichler, Margrit:* Lieblingsbücher. Lesen im offenen Unterricht der 6. bis 8. Klassenstufe. Lernmaterialien. Veritas, Linz 2002
- *Lange, Günter (Hg.):* Kinder- und Jugendliteratur der Gegenwart. Ein Handbuch. 2., korrigierte und ergänzte Auflage. Schneider, Baltmannsweiler 2012
- Lesekultur. Praxis Deutsch 231/2012
- Lesen, Beobachten und Fördern. Praxis Deutsch 194/2005
- *Rosebrock, Cornelia / Nix, Daniel:* Grundlagen der Lesedidaktik und der systematischen Leseförderung. Schneider, Baltmannsweiler 2008
- www.vorlesewettbewerb.de

	Inhalte	Kompetenzen Die Schülerinnen und Schüler
S. 119	**6 Unsere Lieblingsbücher – Jugendromane verstehen und vorlesen**	– reflektieren ihre Leseerfahrungen und ihr Leseverhalten
S. 120	**6.1 Jetzt könnte ich einen Freund gebrauchen! – Jugendromane kennenlernen** Eine Verfolgungsjagd durch Berlin – Den Schauplatz erfassen *Erich Kästner: Emil und die Detektive*	– erschließen die Situation der Figur durch produktiv-gestaltende Aufgaben – beschreiben den Schauplatz und die Zeit in der Geschichte – untersuchen die sprachlichen Mittel, mit denen die Großstadtatmosphäre verdeutlicht wird
S. 123	„Das Abenteuer hat begonnen" – Figuren und Erzähler kennenlernen *Henning Mankell: Der Hund, der unterwegs zu einem Stern war*	– untersuchen die Hauptfigur Joel mit analytischen und produktiv-gestaltenden Aufgaben – beschreiben die Beziehung zum Vater – bestimmen den Erzähler (Er-Erzähler) und vergleichen ihn mit einem Ich-Erzähler
S. 127	„Warum hast du nichts gesagt?" – Beziehungen von Figuren verstehen *Gesine Schulz: Eine Tüte grüner Wind*	– untersuchen Haupt- und Nebenfigur – beschreiben das Verhältnis der Figuren zueinander mit analytischen und produktiv-gestaltenden Aufgaben
S. 130	Testet euch! – Figuren, Erzähler und Schauplatz	– überprüfen ihr erworbenes Wissen zu Figuren, Figurenbeziehungen, Schauplatz und Erzähler
S. 131	**6.2 Lesetraining – Texte flüssig und ausdrucksstark vorlesen** *Rufus Beck: Tipps zum Vorlesen*	– erschließen einen Sachtext über das Vorlesen – tauschen sich über ihre eigenen Erfahrungen mit dem Vorlesen aus – erstellen ein Plakat mit Tipps zum Vorlesen
S. 132	Paar-Lesen: Lautlesen im Team *Henning Mankell: Der Hund, der unterwegs zu einem Stern war*	– üben die Methoden des Paar-Lesens, des sinngestaltenden Vorlesens und des Lesetrainings mit Hörbüchern ein – lesen Texte mit Hilfe dieser Methoden flüssig und ausdrucksstark vor – reflektieren die Methoden
S. 134	Singgestaltendes Vortragen *Erich Kästner: Emil und die Detektive*	
S. 137	Lesetraining mit Hörbüchern *Gesine Schulz: Eine Tüte grüner Wind*	
S. 139	**6.3 Projekt – Einen Vorlesewettbewerb vorbereiten**	– reflektieren ihre Erfahrungen mit einem Vorlesewettbewerb – beschreiben Möglichkeiten, ein passendes Buch für den Vorlesewettbewerb zu finden – wenden die erlernten Methoden zum Lesevortrag an – bewerten mit einem Bewertungsbogen den Lesevortrag

6 Unsere Lieblingsbücher – Jugendromane verstehen und vorlesen

119 Die Leseerfahrungen der Schülerinnen und Schüler fallen sehr unterschiedlich aus. Auf der einen Seite gibt es die Leseratten, auf der anderen Seite Lesemuffel, die neben den schulischen Pflichtlektüren kaum zu einem anderen Buch greifen. Eher noch lassen sie sich von Eltern oder Großeltern ein Buch vorlesen oder nutzen ein Hörbuch. Das Auftaktfoto zeigt ein Mädchen, das in einer ganz privaten Lesesituation in ein Buch vertieft ist. Das Foto könnte einen Anlass bieten, darüber zu diskutieren, ob Mädchen im Gegensatz zu Jungen häufiger Bücher lesen und worin die Gründe dafür zu suchen sind, dass Jungen nur schwer an das Lesen herangeführt werden können. Ziel ist es, eine Diskussion in der Klasse anzuregen, in der die Schülerinnen und Schüler ihre Erfahrungen einbringen und ihr Leseverhalten reflektieren. Schon dadurch können Anreize entstehen, den Schulkameradinnen und Schulkameraden nachzueifern.

1 Zunächst erzählen die Lernenden von einem Buch, das sie in letzter Zeit gelesen haben.

2 Mit dieser Aufgabe kommen die unterschiedlichen Genres der Kinder- und Jugendliteratur in den Fokus. Wichtig ist, dass auch Sachbücher als Leselektüre in den Blick genommen werden. Dabei sollten die Lernenden ihre Lieblingsgenres nicht nur nennen, sondern auch begründen, warum sie diese vorziehen. Möglicherweise lassen sich dadurch typische Jungen- und Mädchenlektüren ausmachen.

3 Im nächsten Schritt sind die Lernenden gefordert, sich mit einem Partner darüber auszutauschen, welche Art der Rezeption sie vorziehen: das selbstständige Lesen, das Zuhören, wenn ihnen jemand vorliest, oder die Nutzung eines Hörbuchs.

6.1 Jetzt könnte ich einen Freund gebrauchen! – Jugendromane kennenlernen

120 In diesem Teilkapitel werden Textausschnitte aus drei Jugendromanen vorgestellt, die trotz ihrer unterschiedlichen Entstehungszeit, der unterschiedlichen Schauplätze und Themen in einem wesentlichen Punkt Vergleichsmöglichkeiten bieten. In allen Jugendbüchern befindet sich die Hauptfigur in einer Situation, in der sie sich alleingelassen fühlt und nach Zuwendung und Freunden sehnt. Darüber hinaus kann anhand der Textausschnitte das Instrumentarium sinnvoller Fragestellungen zur Erschließung erzählender Texte systematisch eingeführt werden. In Erich Kästners Jugendbuchklassiker „Emil und die Detektive" ist der *Schauplatz der Handlung*, die Großstadt Berlin, von besonderem Interesse, weil der Ort die Hauptfigur vor unbekannte und auf den ersten Blick unlösbare Probleme stellt. Henning Mankells Erfolgsroman „Der Hund, der unterwegs zu einem Stern war" eignet sich gut, um den *Erzähler* zu betrachten. Ein Er-Erzähler beschreibt hier einfühlsam die schwierige Lebenssituation des Jungen Joel, der allein mit seinem Vater in einem abgeschiedenen Ort in Nordschweden lebt. Gesine Schulz schließlich erzählt in ihrem Roman von der Geschichte der elfjährigen Lucy und der komplizierten *Beziehung der Hauptfigur* zu ihren geschiedenen Eltern, die durch eine ungewollte, von der Mutter erzwungene Irlandreise eine Wendung erfährt. Der abschließende Test festigt und sichert das Gelernte.

120 Eine Verfolgungsjagd durch Berlin – Den Schauplatz erfassen

120 Erich Kästner: Emil und die Detektive

1 a Die Lernenden beschreiben Emils schwierige Situation und wie er in diese Situation geraten ist, z. B.: Emil ist zwölf Jahre alt. Er lebt mit seiner Mutter in einer Kleinstadt und kommt nun zum ersten Mal in die Großstadt Berlin, die ihm fremd, laut und ein bisschen bedrohlich erscheint. Er will in den Ferien seine Verwandten, darunter seine Großmutter, besuchen. Während der Zugfahrt ist er eingeschlafen und ein Mann mit schwarzem Hut, Herr Grundeis, hat ihm das Geld gestohlen, das er der Großmutter bringen sollte. Statt in Berlin zum vereinbarten Treffpunkt zu fahren, nimmt er die Verfolgung des Diebs auf.

b Die ersten Zeilen des Romanauszugs (Z. 1–22) geben die Gedanken und Gefühle wieder, die der Diebstahl des Geldes in Emils auslöst. Emil wird von Schuldgefühlen geplagt, denn die Mutter hat monatelang schwer gearbeitet und gespart, um ihrer Mutter Geld zukommen lassen zu können. Die Großmutter ist auf das Geld dringend angewiesen. Außerdem ist der Junge verzweifelt, weil ihm auch das Geld für die Rückfahrt fehlt. Er sieht sich in einer ausweglosen Situation.
Vorschlag für ein Tafelbild:

Emil in scheinbar auswegloser Situation

allein in Berlin
↓
beraubt, ohne Geld
↓
gepeinigt von Schuldgefühlen → – Mutter hat schwer gearbeitet und lange gespart.
– Er hat nicht aufgepasst.
– Die Großmutter bekommt nun kein Geld.
– Er hat kein Geld für die Rückfahrkarte.

Mögliche Hausaufgabe
Stellt euch vor, Emil hätte bei seinem Besuch in Berlin im Jahr 1929 schon ein Smartphone besessen und seiner Mutter eine SMS geschickt. Formuliert diese Nachricht.

2 Für die Untersuchung von Emils Verfolgungsjagd des Diebs stehen den Lernenden Aufgaben auf drei Differenzierungsniveaus zur Verfügung.

●○○ **a** Auf diesem Niveau beschreiben die Lernenden anhand einer konkreten, knappen Textstelle (Z. 67 f.) Emils Überlegungen und Einsichten in dieser Situation.
Beispiellösung:
Eigentlich müsste mir die Frau doch helfen. Vielleicht ist sie ja auch Mutter und kennt die Nöte eines Kindes. Aber alle Menschen haben es hier eilig und beachten einander nicht. Sie wird gar keine Geduld haben, mir zuzuhören, und sie wird mir nicht glauben. Vielleicht wird sie mich sogar ausschimpfen, weil ich einen Erwachsenen verdächtige, und mich für einen frechen, ungezogenen Jungen halten. Dann mache ich alles noch schlimmer und der Dieb macht sich in der Zwischenzeit aus dem Staub. Nein, ich muss mir selbst helfen!

●●○ **b** Hier schreiben die Lernenden aus einer längeren Textpassage einige von Emils Gedanken heraus und ergänzen weitere Gedanken, die ihm in dieser Situation – während der Straßenbahnfahrt – durch den Kopf gehen könnten.
Im Text finden sich Emils Gedanken in der Straßenbahn in Z. 95 („So, das war überstanden!“) bis Z. 111 („Das also war Berlin!“).
Mögliche weitere Gedanken:
Was für ein Glück, dass ich die Straßenbahn noch erwischt habe, obwohl ich den Koffer schleppen muss! Hoffentlich springt der Gauner nicht vorzeitig aus der Bahn, dann kann ich ihm nicht mehr folgen. Mit dem schweren Koffer in der Hand würde ich mir beim Abspringen das Genick brechen. – Was für eine Stadt! Neustadt und Berlin, einen größeren Unterschied kann man sich kaum vorstellen. Die vielen Autos, die Autobusse und Pferdewagen, der Lärm, die riesigen Häuser, das kenne ich überhaupt nicht. Ganz schwindlig wird einem! Ich würde schon gerne in die Läden mit den tollen Blumen, Früchten, goldenen Uhren und wunderbaren Kleidern gehen und mir alles anschauen. Aber daran darf ich jetzt nicht denken. Ich muss aufpassen, dass mir der Kerl nicht entwischt, indem er einfach im Gewimmel untertaucht. Ob sich Großmutter Sorgen macht, wenn ich nicht am Bahnhof Friedrichstraße eintreffe? Bestimmt. Angst wird sie haben! Und ich bin daran schuld. Warum habe ich mich nur beklauen lassen? Aber ich gebe nicht auf. Ich muss das Geld zurückholen!

●●● **c** Auf dieser Differenzierungsstufe stellen sich die Schülerinnen und Schüler eine Situation vor, die im Romanauszug nicht vorkommt: Emil bittet einen Fahrgast um Hilfe. Die Lernenden verfassen ein Gespräch und spielen es. Der Dialog könnte z. B. so beginnen:

Emil *(aufgeregt):* Darf ich Sie um Hilfe bitten? Ich bin ganz allein nach Berlin gekommen und in furchtbarer Not!
Fahrgast *(freundlich):* Na, mein Junge, wo brennt es denn? Bist du von zu Hause ausgerissen?
Emil *(hektisch):* Nein, nein, ich habe Ferien und will meine Oma besuchen. Und während der Zugfahrt hat mich der Kerl da *(Emil zeigt auf Grundeis)* beklaut.
Fahrgast *(ungläubig):* Nun mal der Reihe nach. Was ist passiert?
Emil *(verzweifelt):* Aber glauben Sie mir doch! Ich habe keine Zeit für lange Erklärungen! Der Dieb ...

d Nach dem Austausch ihrer Ergebnisse erklären die Schülerinnen und Schüler, warum Emil in dieser Situation einen Freund gebrauchen könnte. Beispiellösung:
Emil fühlt sich ganz alleine. Die Großstadt Berlin erschreckt ihn, er hat kein Geld und macht sich große Sorgen, weil seine Großmutter vergeblich auf ihn wartet. Er weiß nicht, was er tun soll. Soll er die Polizei einschalten, den Dieb alleine weiter jagen oder die Verfolgung abbrechen und seiner Großmutter alles gestehen? Ihm fehlt ein guter Freund, mit dem er sich beraten könnte.

Mögliche Hausaufgabe
Emil überlegt schon während der Straßenbahnfahrt, was er seiner Oma in einem Telefongespräch sagen wird, um sie zu beruhigen. Entwickelt Ideen und schreibt sie in euer Heft. Ihr könnt einen der Anfänge auswählen:
– Oma, meine Abreise hat sich verzögert. Ich musste noch ...
– Großmutter, ich bin in Berlin, muss aber noch etwas Wichtiges erledigen. Mach dir keine Sorgen ...

3 **a/b** Die Schülerinnen und Schüler benennen, welche Stimmung durch die Beschreibung der Großstadt Berlin (Z. 100–111) erzeugt wird, und untersuchen, durch welche sprachlichen Mittel diese Stimmung unterstrichen wird.
Vorschlag für ein Tafelbild:

Stimmung in der Großstadt Berlin	sprachliche Mittel und ihre Wirkung	Textbeispiele
– Hektik – Lärm – Gedränge – Enge durch hohe Häuser – Fülle von Eindrücken – bunte Schaufenster mit großem Warenangebot – starker Straßenverkehr	Ausrufe → verraten Erstaunen und Überwältigtsein	„Diese Autos!“ (Z. 100) „So ein Krach!“ (Z. 104)
	verkürzte Sätze → spiegeln Hektik und Betriebsamkeit	„Zeitungsverkäufer an allen Ecken.“ (Z. 107), „Und hohe, hohe Häuser.“ (Z. 110)
	Aufzählungen → zeigen die Vielfalt und Fülle	„Straßenbahnen, Fuhrwerke, zweistöckige Autobusse“ (Z. 106 f.) „mit Blumen, Früchten, Büchern, goldenen Uhren, Kleidern und seidener Wäsche“ (Z. 108–110)
	Wortwahl: besondere Verben → Autos als Lebewesen	„drängten sich [...] vorbei; hupten, quiekten, streckten [...] heraus (Z. 100–102)
	Wortwahl: besondere Adjektive → veranschaulichen die Großstadtsituation	„hastig“ (Z. 100), „zweistöckige“ (Z. 106), „hohe, hohe“ (Z. 110)
	Wortwahl: besondere Nomen → verdeutlichen die Lebenssituation in Berlin	„Autos“ (Z. 100), „Krach“ (Z. 104), „Menschen“ (Z. 104), „Straßenbahnen“ (Z. 106), „Autobusse“ (Z. 106 f.), „Schaufenster“ (Z. 108), (hohe) „Häuser“ (Z. 110)
→ bedrohliche, aber auch faszinierende Stimmung		„Das also war Berlin!“ (Z. 111)

4 Hinweise im Text, dass die Geschichte um 1929 und nicht in der Gegenwart spielt:
- Bezahlt wird mit Mark und Pfennig (und zwar mit Reichsmark, nicht mit DM, vgl. Z. 2, 16 f.).
- Man kann während der Fahrt auf Straßenbahnen auf- und von diesen abspringen (vgl. Z. 93 f., 96–98).
- Auf den Straßen sind (Pferde-)Fuhrwerke unterwegs (vgl. Z. 106).
- Autos haben statt eines Blinkers „rote Zeiger“ (Z. 102).
- An den Ecken stehen Zeitungsverkäufer (vgl. Z. 107).

Sprachliche Hinweise – heute veraltete Ausdrücke, z. B.:
- „Alle Wetter“ (Z. 81)
- Fußsteig (vgl. Z. 105)

5 Die Diskussionsrunden sollen die Motivation verstärken, den vollständigen Roman zu lesen. Dazu kann beitragen, dass die Kinder der ersten Runde, die das Buch oder den Film kennen, wahrscheinlich von den fesselnden Abenteuern erzählen, die Emil und die Detektive erleben.

123

„Das Abenteuer hat begonnen“ – Figuren und Erzähler kennenlernen

123

Hennig Mankell: Der Hund, der unterwegs zu einem Stern war

Mankells Jugendroman „Der Hund, der unterwegs zu einem Stern war“ ist der erste Band einer Tetralogie; er wurde 1993 mit dem Deutschen Jugendliteraturpreis ausgezeichnet. In der Begründung für die Auszeichnung heißt es, dass der Roman aus der Begegnung der beiden Jungen Joel und Ture und ihren unterschiedlichen Ansichten und gegensätzlichen Verhaltensweisen eine bis in die Gegenwart reichende Spannung und Aktualität erhalte. Die thematische Bandbreite des Jugendbuchs (u. a. Erwachsenwerden und Identitätssuche, Einsamkeit und Isolation, echte und falsche Freundschaft, Flucht in eine Traumwelt, Gewalt) bietet allen Schülerinnen und Schülern Identifikationsangebote und macht die Lektüre zu einer spannenden Konfrontation mit Fragestellungen, die alle Lernenden betreffen.

1 **a/b** Die Schülerinnen und Schüler formulieren ihre ersten Leseeindrücke. Joels Lebenssituation wird ihnen in vielem fremd und ungewöhnlich erscheinen. Das betrifft nicht nur den einsamen Wohnort in Nordschweden, sondern vor allem die Aufgabenlast, die dem elfjährigen Jungen bereits aufgebürdet wird. Andererseits leben viele Schülerinnen und Schüler selbst in einer Situation, in der die Eltern getrennt sind und den Kindern ungewohnte Aufgaben zuwachsen. Joels Versuche, seiner Einsamkeit mit der Gründung eines Geheimbundes und mit nächtlichen Streifzügen zu entrinnen, wird Neugier wecken, wie die Geschichte über Joel und seinen Vater weitergeht.

2 **a** Nun sammeln die Schülerinnen und Schüler, was sie im Romanauszug über die Hauptfigur erfahren. Vorschlag für ein Tafelbild:

Joel – Hauptfigur in „Der Hund, der unterwegs zu einem Stern war“			
Lebensumstände	**Verhalten**	**Wünsche**	**Gedanken und Gefühle**
– lebt allein mit seinem Vater (Waldarbeiter) in Nordschweden – Mutter hat Familie verlassen – ärmliche Verhältnisse – Joel ist für den Haushalt zuständig	– sucht nach einem Hund – gründet Geheimbund – unternimmt nachts Streifzüge – schreibt seine Erlebnisse in ein Logbuch – begegnet seinem Vater rücksichtsvoll – weiht seinen Vater nicht in sein Geheimnis ein	– wünscht sich einen Elektroherd und ein Fahrrad – sehnt sich nach Geborgenheit – sehnt sich nach einem Freund (Suche nach dem Hund)	– ärgert sich über den alten Holzofen – denkt an seine Mutter – liebt seinen Vater – versteht den Vater manchmal nicht so recht – fühlt sich allein – empfindet durch Geheimbund Geborgenheit – interessiert sich wie sein Vater für die Seefahrt

b Mögliche Gründe, die dafür oder dagegen sprechen, mit Joel befreundet zu sein:
- Einerseits scheint Joel ein sehr selbstständiger, verantwortungsvoller, vor allem aber abenteuerlustiger und ideenreicher Junge zu sein, den man gerne näher kennenlernen würde.
- Andererseits ist er verschlossen und ein Einzelgänger, sodass die Kontaktaufnahme zu ihm nicht einfach sein dürfte.

3 Die Beschreibung von Joels Beziehung zu seinem Vater könnte folgende Aspekte aufzeigen:
Für Joel ist sein Vater die einzige Bezugsperson. Er liebt seinen Vater, auch wenn dieser für seinen Sohn kaum Zeit hat („In dem Augenblick liebt Joel seinen Papa", Z. 62). Joel vermisst seine Mutter, erwähnt dies gegenüber dem Vater aber nur indirekt („Wenn ich schon die Mutter im Haus bin", Z. 53). Sein Vater beantwortet diese Anspielung nicht – vielleicht, weil ihm die Erinnerung an seine Frau zu viel Schmerzen bereitet. Joels Vater ist eigentlich Seemann und Joel hat offensichtlich die Liebe zur See von seinem Vater geerbt. Deshalb gestaltet er sein Tagebuch als Logbuch („‚Es ist die Bibel des Schiffes', hat Papa Samuel gesagt", Z. 98 ff.). Vater Samuel bringt seinem Sohn viel Vertrauen entgegen und betraut ihn mit Aufgaben, die eigentlich seinem Alter nicht entsprechen. Joel akzeptiert diese Rollenverteilung, weil er um den schweren Beruf des Vaters als Waldarbeiter weiß. Manchmal versteht er den Vater nicht so recht („Joel wirft Papa Samuel einen verstohlenen Blick zu. [...] Er interessiert sich doch wohl nicht für Kühe?", Z. 135–139). Der Vater kann Joel gegenüber seine Gefühle nicht zeigen, sodass sich Joel alleine und einsam fühlt. Deshalb flüchtet er sich in eine Traumwelt, aus der er seinen Vater konsequenterweise ausschließt. Er versteckt das Logbuch in „Celestines" Vitrine (vgl. Z. 118 f.) und weiht den Vater nicht in seinen Geheimbund ein (vgl. Z. 143 ff.).

Mögliche Zusatzaufgaben
- Schreibt die Gedanken und Gefühle auf, die Joels Vater durch den Kopf gehen, als er mit geschlossenen Augen vor dem Radio sitzt (Z. 136 f.).
- Joels Vater ist wenig gesprächig und Joel schaut ihn deshalb auch nur „verstohlen" an (vgl. Z. 135). Gerne würde Joel seinem Vater anvertrauen, wie er sich fühlt. Deshalb kommt er auf die Idee, seinem Vater einen Brief zu schreiben und diesen auf den Frühstückstisch zu legen. Schreibt diesen Brief und lest ihn in der Klasse vor.

4 Um zu untersuchen, was im Text über Joels Geheimbund zu erfahren ist, können die Schülerinnen und Schüler zwischen Aufgaben auf drei Differenzierungsniveaus auswählen.

●○○ **a** Auf diesem Niveau erklären die Lernenden anhand des Textes, wie Joel zu dem Namen seines Geheimbundes kommt.
Der Name des Geheimbundes SNEHDUZESI ergibt sich aus den Anfangsbuchstaben des Titels für das Logbuch, den Joel auf die Vorderseite des Notizbuches schreibt: „Suche nach einem Hund, der unterwegs zu einem Stern ist".

●●○ **b** Hier überlegen die Schülerinnen und Schüler, welche Rolle die von Joel aufgestellte Heldenregel für den weiteren Verlauf der Handlung spielen könnte.
Joels Heldenregel – jedes Mitglied des Geheimbundes muss einmal über einen der Brückenbögen der hohen Eisenbahnbrücke geklettert sein – ist wie der Geheimbund selbst nur ein Produkt seiner Fantasie und Traumwelt. Deshalb muss sie sich in der Realität nicht bewähren, zumal Joel am Anfang das einzige Mitglied des Geheimbundes ist. Darum bedeutet die Heldenregel zunächst auch keine konkrete Gefahr. Als Joel aber im Verlauf des Romans mit Ture einen Freund findet, den er in den Geheimbund aufnimmt, wird seine Heldenregel zu einem potenziellen Gefahrenmoment mit unabsehbaren Folgen. Diese potenzielle Gefährlichkeit der Heldenregel und die daraus erwachsende Spannung können erfahrenere Leser/-innen wahrscheinlich antizipieren.

●●● **c** Um Vermutungen anzustellen, warum Joel die „lachenden Leute" (Z. 185 f.) ohne deren Wissen in seinen Geheimbund aufnimmt, müssen sich die Lernenden intensiv mit der Hauptfigur auseinandersetzen.
Joel ist am Anfang das einzige Mitglied in seinem Geheimbund. Dieser ist dadurch Ausdruck von Joels Einsamkeit. Wenn Joel die lachenden Leute im ersten Stock von Hultmanns Schuhladen ohne deren Wissen in den Geheimbund aufnimmt, so ist dies der schüchterne Versuch, dem Alleinsein zu entrinnen und das düstere Szenario eines Geheimbundes aufzuhellen.

d Der Austausch und die Diskussion könnten zu diesen Ergebnissen führen:
Joels Geheimbund existiert nur in seiner Fantasie und ist Ausdruck seiner Einsamkeit. Er verdient eigentlich gar nicht diesen Namen, da Joel zu Anfang das einzige Mitglied ist. Die lachenden Leute wissen nicht, dass sie in den Geheimbund aufgenommen sind. Ziel des Geheimbunds ist die Suche nach dem großen Abenteuer, für das der Hund steht. Die Heldenregel droht dann zur Gefahr zu werden, wenn der Geheimbund weitere Mitglieder bekommt, die die Bewährungsprobe bestehen müssen.

Mögliche Zusatzaufgabe
Recherchiert im Internet unter dem Stichwort „Geheimbund". Prüft, ob die dort angegebenen Merkmale für einen Geheimbund auf Joels Geheimbund zutreffen.

5 a Beispiellösung für einen Eintrag in Joels Logbuch:
Ich bin auf der Suche nach einem Hund, der unterwegs zu einem Stern ist. Dazu habe ich einen Geheimbund gegründet. Er heißt SNEHDUZESI: die Anfangsbuchstaben von „Suche nach einem Hund, der unterwegs zu einem Stern ist". Gestern Nacht habe ich heimlich die Wohnung verlassen und bin durch den Ort geschlichen. Ich habe die lachenden Leute über Hultmanns Schuhladen in den Geheimbund aufgenommen, ohne ihr Wissen. Dann war ich auf der Eisenbahnbrücke. Dort habe ich eine Heldenregel für meinen Geheimbund aufgestellt: Jedes Mitglied muss über einen der hohen Brückenbögen klettern! Die Suche nach dem Hund habe ich aus Müdigkeit abgebrochen. Zum Glück hat Papa nicht gemerkt, dass ich nachts draußen war. Morgen suche ich weiter nach dem großen Abenteuer!

b Dieses produktiv-gestaltende Verfahren hat die Funktion, das Textverstehen zu unterstützen: Die Schülerinnen und Schüler sollen die Inhalte ihres Logbucheintrags am Text belegen, um ein tieferes Verständnis der Figur zu erhalten.

6 a Nachdem sich die Schülerinnen und Schüler ausführlich mit der Figur auseinandergesetzt haben, untersuchen sie nun den Erzähler des Textes: Die Handlung erzählt ein Er-Erzähler, der nicht selbst am Geschehen beteiligt ist, aber die Gedanken, Gefühle und Absichten der Figuren kennt und darüber in Er-Form Auskunft gibt. In Mankells Jugendroman erzählt der Er-Erzähler allerdings ausnahmslos aus der Perspektive Joels, sodass dessen Gedanken und Gefühle immer präsent sind.

b Zum Vergleich formen die Lernenden den Textbeginn in die Ich-Form um:
Zwei Wünsche habe ich: einen neuen Herd und ein Fahrrad. Ich kann mich nicht recht entscheiden, was wichtiger ist. Dass zwei Sachen nicht gleichzeitig dieselbe wichtige Bedeutung haben können, habe ich begriffen, aber was den Herd und das Fahrrad angeht, da bin ich unsicher.
→ Als Ich-Erzählung wirkt der Text noch unmittelbarer, da der Ich-Erzähler als handelnde Figur direkt in das Geschehen verwickelt ist und seine Gedanken und Gefühle aus seiner Sicht schildert.

7 ⊕ In dieser Zusatzaufgabe stellen die Schülerinnen und Schüler einen Zusammenhang zur Überschrift des Teilkapitels – „Jetzt könnte ich einen Freund gebrauchen" – her.
Joel ist alleine und einsam. Die Mutter hat die Familie verlassen, sein Vater kann ihm seine Zuneigung nicht zeigen, gibt ihm keine Wärme und Geborgenheit. Joel muss die Hausarbeit erledigen; außerdem besitzt er kein Fahrrad. Das stempelt ihn womöglich bei den Schulkameraden als Außenseiter ab. So flüchtet er sich in eine Traumwelt. Die Suche nach dem Hund ist Ausdruck von Joels Einsamkeit, aber auch der Versuch, einen Gefährten zu finden.
Hinweis zum Fortgang der Handlung im Buch: Dass Freundschaft auch zu Konflikten, sogar zu ernsten Lebenskrisen führen kann, wird Joels Freundschaft mit Ture zeigen.

» 127 „Warum hast du nichts gesagt?" – Beziehungen von Figuren verstehen

» 127 Gesine Schulz: Eine Tüte grüner Wind

Gesine Schulz' Jugendroman „Eine Tüte grüner Wind" richtet sich nicht nur an Mädchen, sondern ist ein Buch für die ganze Familie. Witzige, eher traurige, dann wieder sehr poetische Szenen wechseln und machen die Lektüre zu einem Lesevergnügen. Das Buch ist eine Hommage der Autorin an Irland, zeigt aber vor allem den jugendlichen Leserinnen und Lesern am Beispiel von Lucy sehr einfühlsam, wie man auch als Kind ungewöhnliche Situationen meistern und dadurch in kürzester Zeit einen wichtigen Schritt vom Kind zur selbstbewussten und selbstbestimmten Jugendlichen machen kann.

1 Zunächst diskutieren die Lernenden eine Schüleraussage zu dem Text:
Konflikte zwischen Eltern und ihren Kindern sind normal und gehören zum Alltag in einer Familie. Sie können durchaus positive Energien freisetzen, wenn sie dazu führen, bei den Gesprächspartnern Fragen aufzuwerfen. Sich selbst infrage zu stellen, kann dabei ein wichtiger Schritt der Selbstentwicklung sein. Eine menschlich und psychologisch gelungene Konfliktlösung ist für ein glückliches Zusammenleben eine wichtige Voraussetzung. Der Streit zwischen Lucy und ihrer Mutter gehört aber nicht in die Kategorie „fruchtbarer Konflikt". Die Mutter gibt sich nicht die Mühe, Lucy wirklich zuzuhören und hinter dem manifesten Streitanlass den tieferen latenten Konflikt in der Beziehung zu ihrer Tochter wahrzunehmen. Statt Ich-Botschaften sendet sie ausschließlich Du-Botschaften.

2 Die Mutter informiert Lucy fast beiläufig darüber, dass sie nicht drei, sondern fünf Wochen mit ihrem Lebenspartner verreisen wird und dass Lucy deshalb fünf Wochen zu ihrer Tante nach Irland reisen soll. Sie betreibt eine verdeckte Kommunikation und stellt Lucy vor vollendete Tatsachen („Es ist jetzt nicht mehr zu ändern", Z. 41 f.), ohne sich über deren Befindlichkeit und Wünsche Gedanken zu machen. Lucy empfindet die Taktik der Mutter zu Recht als verletzend: „Es ist gemein" (Z. 40). Sie fühlt sich abgeschoben, wobei erschwerend hinzukommt, dass anscheinend auch der von der Mutter geschiedene Vater Lucy nicht in den Urlaub mitnehmen will (an anderer Stelle im Roman äußert er dazu scheinheilige Argumente). Die Vertröstungen der Mutter („Ich bringe dir auch was Schönes mit, ja?", Z. 42 f.) muss Lucy als billiges Ablenkungsmanöver empfinden.

3 Für die Auseinandersetzung mit der Frage, warum sich Lucy die Haare irischrot färbt, stehen den Lernenden Aufgabenstellungen auf drei Differenzierungsniveaus zur Verfügung.

●○○ **a** Auf diesem Niveau benennen die Schülerinnen und Schüler Gründe, die sie in einem vorgegebenen Textabschnitt (Z. 86–98) finden:
- Lucy ist wütend (vgl. Z. 94).
- Sie will nicht nach Irland fahren (vgl. Z. 94).
- Lucys rote Haare sind ein Protest gegen das ihr aufgezwungene Urlaubsland Irland, in dem die Menschen rote Haare haben (vgl. Z. 95 f.).

Möglicherweise ergänzen die Lernenden auch nicht explizit im Text genannte Gründe, z. B.:
- Lucy will ihre Mutter aufrütteln.
- Lucys Haarfärbeaktion ist Ausdruck ihrer Eigenständigkeit und Selbstbehauptung.

●●○ **b** Auf dieser Differenzierungsstufe formulieren die Schülerinnen und Schüler einen Tagebucheintrag aus Lucys Perspektive.
Beispiellösung:
Ich hätte nie gedacht, dass Mama so auf meine roten Haare reagieren würde. Sie hat nichts kapiert. Ich wollte sie schockieren, damit sie versteht, was sie mir da antut. Sie schiebt mich einfach ab, weil sie mit Kurt allein sein will. Als sie meine roten Haare gesehen hat, hat sie mich nur angemeckert und mir vorgeworfen, ihr Scherereien zu machen. Sofort hat sie ihren Friseur angerufen und wollte wissen, wie man alles wieder rückgängig machen kann. Sie will auch nicht, dass ich morgen in die Schule gehe. Wahrscheinlich schämt sie sich für mich. Ich habe so sehr gehofft, dass sie mich in den Arm nimmt und mich fragt, was eigentlich los ist. Ich hätte ihr so viel sagen können!

●●● **c** Der Dialog, den Lucy und ihre Mutter am nächsten Tag führen, könnte so beginnen:

LUCY: Mami, das mit den roten Haaren war keine gute Idee. Aber ich war wirklich schrecklich wütend.
MUTTER: Ja, das habe ich gemerkt, aber dafür gibt es doch gar keinen Grund!
LUCY: Willst du mich denn einfach nicht verstehen? Ich bin sauer, weil du nicht mit mir in Urlaub fährst. Du hattest es mir fest versprochen!
MUTTER: Versteh mich doch, ich konnte Kurt die Reise einfach nicht abschlagen.
LUCY: Bin ich etwa weniger wichtig als Kurt?
MUTTER: Wie kannst du so etwas sagen? Du weißt doch ...

d Bei der Auswertung der Arbeitsergebnisse ist es wichtig, dass die Schülerinnen und Schüler zwischen den vordergründigen und den tiefer liegenden Gründen für Lucys Reaktion unterscheiden. Der Konflikt könnte so weiter verlaufen, dass es zumindest zu einer Aussprache zwischen Lucy und ihrer Mutter kommt, evtl. erkennt die Mutter Lucys Gefühle an und entschuldigt sich sogar.

4 ⊕ In dieser Zusatzaufgabe improvisieren die Lernenden kurze Dialoge zwischen den Hauptfiguren der drei untersuchten Romanauszüge zu der Frage, warum sie gerade einen Freund gebrauchen könnten. Beispiellösung für den Beginn:

EMIL: Ich heiße Emil Tischbein und bin ganz allein in Berlin angekommen. Ich könnte gerade sehr gut einen Freund gebrauchen, weil ich mich in Berlin gar nicht auskenne und ein riesiges Problem habe. Unterwegs hat man mir mein Geld gestohlen und ich muss unbedingt den Dieb verfolgen, um das Geld zurückzubekommen. Es ist für meine Oma und für die Rückfahrt.
JOEL: Oh, das klingt ja schrecklich. Einen Freund hätte ich auch gerne. Zu Hause muss ich den ganzen Haushalt bewältigen, weil ich mit Papa allein lebe und er viel arbeitet. Ich habe niemanden, mit dem ich spielen, mich unterhalten oder Abenteuer erleben kann. Wenn ich wenigstens einen Hund hätte!
LUCY: Das ist wirklich schlimm. Aber mir geht es auch nicht gut. Meine Mutter will mich in den Ferien einfach zu meiner Tante nach Irland abschieben, damit sie mit ihrem Freund in Urlaub fahren kann. Fünf Wochen! Ich kann es immer noch nicht glauben.
...

130
Testet euch! – Figuren, Erzähler und Schauplatz

130
Gesine Schulz: Eine Tüte grüner Wind

Anhand eines weiteren Auszugs aus Gesine Schulz' Roman können die Lernenden ihre erworbenen Kompetenzen zu Figuren, Figurenbeziehungen, Schauplatz und Erzähler überprüfen.
Zudem könnte die veränderte Stimmung der Hauptfigur in diesem Textauszug die Neugier der Lernenden befördern, wieso Lucy in Irland so glücklich ist, und sie zur Lektüre des gesamten Romans motivieren.

1 Das Verhältnis von Lucy und ihrer Tante Paula:

A	Der Dialog (Z. 1–13) zeigt, dass Tante Paula den Humor von Lucy nicht versteht.	falsch
B	Der Dialog (Z. 1–13) zeigt, dass Lucy und ihre Tante Paula sich sehr gut verstehen.	richtig
C	Tante Paula zeigt sich in diesem Romanauszug als sehr humorvoll.	richtig
D	Lucy ist traurig, weil ihre Tante nicht so begeistert von der Landschaft ist wie sie.	falsch

2 Empfindung, die der Schauplatz erzeugt:
Lucy zeigt sich über die irische Landschaft begeistert: „Sieh doch! Ist das nicht wundervoll?" (Z. 30 f.)

3 Erzähler:

B Es liegt ein/eine Er-/Sie-Erzähler/-in vor, der/die nicht am Geschehen beteiligt ist.

6.2 Lesetraining – Texte flüssig und ausdrucksstark vorlesen

131
Unbestritten gehören in der Sekundarstufe I Lautleseverfahren zu den wichtigen Methoden des Deutschunterrichts, um die Schülerinnen und Schüler zu kompetentem Lesen anzuleiten. Lesefreude und Lesemotivation müssen, das lehrt die PISA-Studie, auf verschiedene und einfallsreiche Weise gerade bei Jungen dieser Altersstufe geweckt werden. Das ausdrucksstarke und sinngestaltende Vorlesen von literarischen Texten, aber auch von Sachtexten dient nicht nur dazu, den Sinn des Geschriebenen rein kognitiv zu erfassen und umzusetzen, sondern berührt auch die Gefühls- und Erfahrungsebene der Mädchen und Jungen und ist deshalb dazu geeignet, Lesen als einen motivierenden und spannenden Vorgang zu erfahren. Wichtig ist dabei die Textauswahl; sie sollte Neugier und die Lust auf das Weiterlesen befördern.

131
Rufus Beck: Tipps zum Vorlesen

1 a Die Schülerinnen und Schülern kennen sicher zahlreiche Hörbücher, auch solche, die von Rufus Beck gelesen werden. Er hat nicht nur alle Bände der Reihen um Harry Potter und Burg Schreckenstein gelesen, sondern auch die Artemis-Fowl-Romane und Kinderbuchklassiker wie Michael Endes „Momo“. Hörbücher werden gerade von Jugendlichen dieses Alters gerne zur Unterhaltung auf längeren Reisen genutzt. Die Schülerinnen und Schüler werden bereits hier erste Kriterien für das spannende Vorlesen nennen, die als Tipps für das Lernplakat (Aufgabe 2) gesammelt werden können.

b/c Aus den Berichten von eigenen Erfahrungen beim Vorlesen vor Publikum und von der Vorbereitung auf solche Lesungen können sicher ebenfalls schon Tipps festgehalten werden.

2 **a** Mit dem Vergleich „Die Pausen sind wie Trommelwirbel“ unterstreicht Rufus Beck die Bedeutung der Pausen beim Vorlesen. Wie ein Trommelwirbel im Zirkus steigert auch die Pause beim Vorlesen die Spannung auf das, was nun folgen wird.

b So könnte das Plakat mit den Tipps zum Vorlesen aussehen (hier sind die Tipps von Rufus Beck durch weitere Tipps ergänzt):

Tipps für gute Vorleser/-innen

- Lasst euch auf die Geschichte ein.
- Setzt Denken und Fantasie ein, damit sich keiner langweilt.
- Unterteilt den Text in kleine Abschnitte.
- Macht beim Lesen Pausen.
- Lest bei Versprechern in Ruhe weiter.
- Sprecht deutlich und laut genug.
- Tragt ausdrucksvoll vor und passt die Stimme dem Geschehen und den Figuren an.
- Lasst den Zuhörern Zeit, das Gehörte zu verstehen.
- Stellt ab und zu Blickkontakt mit dem Publikum her.
- …

132
Paar-Lesen: Lautlesen im Team

132
Hennig Mankell: Der Hund, der unterwegs zu einem Stern war

In der digitalen Version findet sich dieser Textauszug aus Mankells Roman „Der Hund, der unterwegs zu einem Stern war“ als Hörtext, gelesen von Victoria Schaetzle. Der Hörtext wird begleitet von einem passgenauen Arbeitsblatt mit Übungen zum Hörverstehen und Lösungshinweisen.

1 Das siebte Kapitel, dem dieser Textauszug entnommen ist, ist mit über fünfzig Seiten das bei Weitem längste Kapitel des Jugendbuchs. Das weist bereits auf seine Bedeutung hin. Joel gerät durch die problematische Freundschaft mit Ture in Lebensgefahr, da Ture ihn zu einer selbstmörderischen Mutprobe zwingt. Joel soll über den Bogen der großen Eisenbahnbrücke klettern. An der höchsten Stelle überfällt ihn Panik, er kann nicht weiter. Sein Vater rettet ihn vor dem Absturz und damit vor dem sicheren Tod. Diese dramatische Szene ist zugleich Höhe- und Wendepunkt der Handlung. Joel erkennt, dass er in seinem Vater den wahren Vertrauten und Freund besitzt und wird sich danach – das geht aus dem Textauszug allerdings nicht mehr hervor – von Tures schädlichem Einfluss befreien.

2 **a** Ehe die Schülerinnen und Schüler den Romanauszug laut lesen, wird der Methodenkasten auf S. 134 im Schülerband gelesen und besprochen. Zusätzlich sollten noch einmal die Tipps zum ausdrucksstarken und flüssigen Lesen auf dem Lernplakat in Erinnerung gerufen werden (siehe oben zu Aufgabe 2b).

b Das Paar-Lesen fördert die Kollegialität und Zusammenarbeit der Schülerinnen und Schüler, Lesehemmungen werden abgebaut, das Textverständnis wird vertieft und die Lust zu lesen gesteigert. Im Idealfall gelangen auch die Lernenden bei der Reflexion der Methode zu diesen Einsichten.

3 Um das betonte Vorlesen einzelner Textstellen zu üben, können die Lernenden zwischen Aufgaben auf drei verschiedenen Differenzierungsniveaus auswählen.

●○○ **a** Hier ist eine vorgegebene kurze Passage von fünf Zeilen ausdrucksstark zu lesen.
Vorschläge, wie die Zeilen 39 bis 43 zu lesen sind, damit Joels Panik zum Ausdruck kommt:
- die Sätze abgehackt, ohne große Pausen
- mit sich steigernder Lautstärke
- Schlüsselwörter stark betonen: Panik, nicht weiter, aller Kraft, kann ... nicht, weder ... noch

●●○ **b** Auf diesem Differenzierungsniveau wählen die Lernenden für ihren Vortrag selbst eine Passage aus, in der Joels Gefühle besonders deutlich werden, z. B. Z. 20–33.

●●● **c** Hier üben die Lernenden das Vorlesen einer längeren Textpassage (ab etwa Z. 60 bis zum Schluss). Im Fokus steht hier auch die Betonung der beruhigenden Worte des Vaters. Diese könnten z. B. so gelesen werden: leise, aber sehr intensiv; bewusst langsam, jede Silbe betonend.

d Nachdem die Schülerinnen ihre Textauszüge vorgetragen haben, sollte beim zusammenfassenden Feedback deutlich gemacht werden, dass die Szene mit der Mutprobe die Schlüsselstelle in Mankells Jugendroman ist. Sie markiert den Wendepunkt im Verhältnis zwischen Joel und Ture einerseits und im Verhältnis zwischen Joel und seinem Vater andererseits. Durch die Schilderung von Joels Gefühlen und durch die Reaktionen und Worte seines Vaters wird deutlich, dass sich angesichts der existenziellen Bedrohung Joels Leben und das seines Vaters sowie ihre Beziehung zueinander grundlegend ändern werden.

4 Mit dieser Erkenntnis und auf der Grundlage der vorangegangenen Übungen lesen die Schülerinnen und Schüler nun den kompletten Romanauszug vor.

134 Sinngestaltendes Vortragen

134 Erich Kästner: Emil und die Detektive

In der digitalen Version findet sich dieser Textauszug aus Kästners Roman „Emil und die Detektive" als Hörtext, gelesen von Martin Klemm. Der Hörtext wird begleitet von einem passgenauen Arbeitsblatt mit Übungen zum Hörverstehen und Lösungshinweisen.

1 Nach dem stillen Lesen beantworten die Schülerinnen und Schüler zwei Texterschließungsfragen.
- Emil weint fast vor Wut, weil er befürchten muss, dass man ihm nicht glaubt. Herr Grundeis streitet den Diebstahl ab und setzt darauf, dass man einem Erwachsenen eher glaubt als einem Kind. Emil fühlt sich in dieser Situation ohnmächtig, Herrn Grundeis seine Tat nachzuweisen.
- Doch schließlich hat Emil den rettenden Einfall. Er erinnert sich daran, dass er den Briefumschlag mit dem Geld im Futter seiner Jacke mit einer Stecknadel befestigt hat. Es müssen also Nadelstiche in den Geldscheinen zu finden sein. Und so ist es tatsächlich: Durch die kleinen Löcher in den Scheinen können Emil und die Detektive den Dieb überführen.

2 **a–b** An einem bereits markierten Textauszug erklären und üben die Lernenden die Methode des sinngestaltenden Vorlesens.

c Es ist wichtig, dass die Schülerinnen und Schüler beim Markieren des gesamten Textes lernen, die Betonungszeichen sparsam einzusetzen, damit sie nicht den Überblick verlieren.

3 **a** Auch bei dieser Aufgabe sollten die Tipps auf dem Lernplakat (vgl. S. 152 in diesen Handreichungen) in Erinnerung gerufen werden: als Hinweise für den Vortrag und als mögliche Kriterien für das Feedback.

b Bei der Reflexion der Methode werden die Schülerinnen und Schüler selbst noch einmal darauf hinweisen, dass zu häufig gesetzte Betonungszeichen eher verwirren als helfen.

4 ⊕ An einer konkreten Textstelle (Z. 69–72) probieren die Lernenden die Wirkung unterschiedlicher Lautstärken aus:
- Große Lautstärke verrät im konkreten Fall eher Unsicherheit, die der Sprecher – Herr Grundeis – im wahrsten Sinn des Wortes übertönen will.
- Eine leisere, ruhige Sprechweise könnte eher darauf hindeuten, dass die Vorwürfe den Beschuldigten nicht aus der Fassung bringen und dieser ein reines Gewissen hat.

137

Lesetraining mit Hörbüchern

137

Gesine Schulz: Eine Tüte grüner Wind

In der digitalen Version findet sich dieser Textauszug aus Gesine Schulz' Roman „Eine Tüte grüner Wind" als Hörtext, gelesen von Victoria Schaetzle. Der Hörtext wird begleitet von einem passgenauen Arbeitsblatt mit Übungen zum Hörverstehen und Lösungshinweisen. Er ist auch Grundlage für die Bearbeitung der Aufgaben 2 und 3. Es bietet sich an, dass die Lernenden den Hörtext zu Beginn der Unterrichtseinheit – vor dem Lesen des Romanauszugs – ein erstes Mal anhören und die Übungen zum Hörverstehen auf der zugehörigen Kopiervorlage bearbeiten.

Zur Vertiefung des Lesetrainings und zur Unterstützung bei der Vorbereitung eines Vorlesewettbewerbs findet sich der Textauszug auch auf der Kopiervorlage „Zusatzmaterial zum Projekt – Für den Vorlesewettbewerb trainieren"; er wird dort durch gezielte Aufgabenstellungen zum Paar-Lesen und zum gestaltenden Vortragen ergänzt (S. 162 f. in diesen Handreichungen und digital).

1 Folgende Stellen verraten, dass Lucy noch in Irland bleiben will:
- „Jetzt?" (Z. 29) → Lucys Nachfrage verrät, dass sie über die Aussicht auf eine vorzeitige Rückreise erschrocken ist.
- „Aber ich ... ich kann jetzt noch nicht kommen." (Z. 40) → Lucy sucht verzweifelt nach Gründen, bleiben zu können.
- „Es geht nicht, Mami. Es geht wirklich nicht." (42) → Lucy verleiht ihrer Ablehnung durch Wiederholung Gewicht.
- „Mami, hör mal. Es gefällt mir hier. Ich möchte die beiden letzten Wochen noch bleiben." (Z. 48–49) → Lucy ringt sich zu einer klaren Antwort durch, von der sie glaubt, dass sie der Mutter nicht wehtut.
- „Ich komme doch in zwei Wochen." (Z. 55) → Lucy weicht aus; versucht, die Mutter zu vertrösten.
- „Aber Mami, es ist nicht so, wie du dachtest. Nicht so ... Ich meine: keine Hühner und so!" (Z. 90–92) → Lucy bekennt sich zu ihrer Liebe zu Irland und zu dem Leben, das Tante Paula führt.

Zusammenfassend könnte herausgestellt werden, dass Lucy ihre Mutter nicht vor den Kopf stoßen will und alle Gründe, die ihre Mutter verärgern könnten, nicht nennt, z. B. dass sie sich zu ihrer liebenswürdigen und verständnisvollen Tante sehr hingezogen fühlt und/oder dass sie sich von ihrer Mutter nicht mehr dominieren lassen will.

2 **a–c** Die Aufgabe konzentriert sich auf die Vortragsweise der Sprecherin und regt deren Bewertung an. Damit ergänzt die Aufgabe die Übungen zum Hörverstehen auf der Kopiervorlage (vgl. Anmerkung zum Hörtext oben auf dieser Seite).

3 **a** Die Schülerinnen und Schüler sprechen den Text beim zweiten Hören noch einmal laut mit.

b Nun reflektieren sie, ob die Methode „Zuhören und mitlesen" ihnen hilft, einen Text ausdrucksvoll vorzutragen.
Vorschlag für ein Tafelbild:

Lesetraining mit einem Hörbuch	
Vorteile	**Nachteile**
Eine gute Sprecherin / Ein guter Sprecher kann eine Geschichte noch anschaulicher und spannender machen.	Die Sprecherin / Der Sprecher nimmt einen Teil der Interpretation vorweg.
Die Sprecherin / Der Sprecher gibt die Geschwindigkeit und den Rhythmus vor.	Man kann nicht seinem eigenen Leserhythmus folgen und z. B. Textstellen mehrfach lesen.

4 Der Romanauszug kann in der Klasse auch durch verschiedene Sprecher/-innen vorgetragen werden. Die drei Figuren werden dann von drei Schülerinnen übernommen, eine Erzählerin / ein Erzähler spricht die Zwischentexte. Die einzelnen Sprechanteile können auf einer Kopie mit unterschiedlichen Farben markiert werden, damit die Leser/-innen nicht den Überblick verlieren (vgl. die Kopiervorlage auf S. 162 f. in diesen Handreichungen sowie zum Ausdrucken in der digitalen Version).

6.3 Projekt – Einen Vorlesewettbewerb vorbereiten

139 MK

Das kleine, überschaubare Projekt orientiert sich an den Vorgaben für den bundesweiten Vorlesewettbewerb für die Klassen 6, den die Stiftung des Börsenvereins des Deutschen Buchhandels alljährlich veranstaltet. Nähere Informationen finden sich unter vorlesewettbewerb.de.
Weitere Unterstützung bei der Vorbereitung des Vorlesewettbewerbs bieten zwei Kopiervorlagen:
- Die Kopiervorlage „Zusatzmaterial zum Projekt – Für den Vorlesewettbewerb trainieren“ (S. 162 f. in diesen Handreichungen und digital) enthält den Auszug aus Gesine Schulz’ Roman „Eine Tüte grüner Wind“ (S. 137–138 im Schülerband) zum Markieren und Auszeichnen, ergänzt durch gezielte Aufgabenstellungen zum ausdrucksstarken und sinngestaltenden Vorlesen.
- Die Kopiervorlage „Zusatzmaterial zum Projekt – Einen eigenen Vorlesewettbewerb veranstalten“ (S. 164 f. in diesen Handreichungen und digital) leitet einen Vorlesewettbewerb in der eigenen Klasse oder in der Jahrgangsstufe für die Vorrunden des bundesweiten Wettbewerbs (oder als Alternative dazu) an. Sie enthält einen Bewertungsbogen, der sich am Bewertungsbogen des offiziellen Vorlesewettbewerbs orientiert, aber auch die Kategorien aus dem Schülerband (S. 140) aufgreift.

1 Die Schülerinnen und Schüler, die schon einmal an einem Vorlesewettbewerb teilgenommen haben, dürften die Ausnahme sein, sodass die im Schülerband angegebenen Vorbereitungsschritte mit der Lerngruppe sorgfältig besprochen werden sollten.

2 **a** Möglichkeiten, ein passendes Buch zu finden (Hinweise durch die Abbildungen):
- Tipps von Freundinnen oder Freunden
- Internetrecherche: Stichworte → Jugendbuch Bestseller
- Buchhandlung → Beratung durch Fachpersonal, Stöbern und Lesen der Klappentexte
- Bücherei/Bibliothek → Beratung, Lesen der Klappentexte

b Der Klappentext auf den Umschlagklappen oder auf der Rückseite des Covers kann bei der Buchauswahl Entscheidungshilfe bieten, weil er eine werbende Zusammenfassung des Buchinhalts enthält, ohne allerdings die genauere Handlung zu verraten. Hinweise zur Autorin oder zum Autor finden sich bei Büchern mit einem Schutzumschlag meist in der hinteren Umschlagklappe. Neben dem eigentlichen Klappentext werden häufig auf der Rückseite des Schutzumschlags weitere Informationen über das Buch geliefert, z. B. durch Textzitate oder durch Auszüge aus Besprechungen des Buchs. Dadurch wird Neugier geweckt.

c Weitere Möglichkeiten, das passende Buch zu finden:
- Buchbesprechungen in Zeitschriften
- Bestsellerlisten
- Anregungen im Deutschunterricht
- Anregungen durch Hörbücher
- gezielte Suche nach weiteren Büchern einer Autorin / eines Autors, die / den man schätzt

3–8 Die im Schülerband abgedruckten Aufgaben bereiten die Schülerinnen und Schüler systematisch auf den Vorlesewettbewerb vor und sollten in dieser Abfolge auch erarbeitet werden.

Material zu diesem Kapitel auf den folgenden Seiten und digital

- Fordern und fördern – Einen Auszug aus einem Jugendroman verstehen: Henning Mankell: Der Hund, der unterwegs zu einem Stern war (mit Hilfe-Karten und Zusatzaufgaben für „Profis“; Lösungshinweise digital)
- Was kannst du schon? – Schauplatz, Erzähler und Figuren (Lösungshinweise und Förderempfehlungen digital)
- Zusatzmaterial zum Projekt – Für den Vorlesewettbewerb trainieren
- Zusatzmaterial zum Projekt – Einen eigenen Vorlesewettbewerb veranstalten (Hinweise zum Zusatzmaterial digital)
- Hörtexte: Henning Mankell: Der Hund, der unterwegs zu einem Stern war (Auszug), gelesen von Victoria Schaetzle; Erich Kästner: Emil und die Detektive (Auszug), gelesen von Martin Klemm; Gesine Schulz: Eine Tüte grüner Wind (Auszug), gelesen von Victoria Schaetzle (jeweils mit einem passgenauen Arbeitsblatt zur Übung des Hörverstehens inkl. Lösungshinweisen; digital)

Fordern und fördern – Einen Auszug aus einem Jugendroman verstehen

Henning Mankell
Der Hund, der unterwegs zu einem Stern war (1990)

Der elfjährige Joel lebt mit seinem Vater in Nordschweden. Er ist auf der Suche nach einem Hund, den er eines Nachts von seinem Fenster aus gesehen hat. Aber das ist nicht das Einzige, was ihn bewegt.

Joel wird vom Lärm in der Küche wach. Töpfe und Kessel klappern. Papa Samuel zischt und brummt und lacht vor sich hin, allzu heftig und zu laut. Dann weiß Joel, er hat angefangen zu scheuern. Er steht auf und schaut durch die angelehnte Küchentür zu. Samuel kippt Wischwasser über den Fußboden und gegen die Wände. Der glühende Herd dampft und Samuels Gesicht glänzt schweißnass. Mit einer Bürste scheuert er wütend auf Flecken und Schmutz herum, den nur er sieht [...]. Hinterher liegt Papa Samuel regungslos im Bett. Er stöhnt und zieht das Rollo nicht hoch, obwohl es helllichter Tag ist. Er liegt im Bett, wenn Joel zur Schule geht, und dort liegt er immer noch, wenn Joel am Nachmittag wieder nach Hause kommt.

Wenn Joel Kartoffeln gekocht hat und fragt, ob er etwas essen möchte, schüttelt er nur den Kopf und stöhnt. Ein paar Tage später ist es, als ob nichts geschehen, als ob alles nur ein Traum gewesen wäre.

Wie immer steht Papa Samuel um fünf in der Früh auf, trinkt Kaffee und verschwindet in den Wald. Joel kann aufatmen.

Jetzt dauert es eine ganze Weile, bis er wieder davon wach wird, dass Papa Samuel am Küchentisch sitzt und vor sich hinmurmelt. Einmal hat Joel alles aufgeschrieben, was er seinen Papa fragen will. Als Erstes wird er fragen, warum sie nicht am Meer wohnen. Das ist vielleicht nicht gerade die wichtigste Frage. Aber er möchte mit etwas anfangen, das nicht zu schwer ist. Bei jeder Frage, die er aufschreibt, denkt er sich auch mögliche Antworten aus und auf welche Antwort er hofft.

Dann möchte er wissen, warum er in Sundsvall geboren wurde. Und warum seine Mama, die Jenny heißt, mit dem Zug davongefahren ist und ihn bei der alten Westmann gelassen hat. Das ist auch schwer, weil er nie weiß, was er antworten soll, wenn ihn jemand fragt, warum er keine Mama hat.

Er ist der Einzige. Der Einzige, den er kennt, der keine Mama hat. Mit irgendetwas der Einzige zu sein, ist oftmals gut. Als Einziger ein Flugzeugmodell aus Balsaholz[1] zu besitzen oder ein Fahrrad, das auf dem Vorderrad gerippte Reifen und auf dem Hinterrad Reifen mit Stollen hat.

Aber als Einziger keine Mama zu haben, das ist nicht gut. Das ist noch schlimmer, als wenn man eine Brille tragen müsste. Das ist sogar noch schlimmer, als wenn man stottern würde. Die einzige Mama, die weg sein darf, das ist eine tote Mama. Manchmal denkt er auch, er könnte so antworten, wenn ihn jemand fragt oder ärgern will. Er hat ausprobiert, wie das klingt. „Meine Mama ist tot."

1 das Balsaholz: ein sehr leichtes Holz, das z. B. zum Bau von Modellflugzeugen oder -schiffen verwendet wird

Aber das kann man auf verschiedene Art und Weise sagen. Man kann es so sagen, dass es klingt, als ob sie bei einem dramatischen Flugzeugabsturz in einem fernen Land umgekommen wäre, während sie mit einem wichtigen Auftrag unterwegs war. Man kann es auch so sagen, als ob sie bei einem Kampf mit einem Löwen umgekommen wäre. „Meine Mutter ist tot", könnte er sagen. Das klingt dann so, als ob ihm das eigentlich egal wäre.

Aber als er an diesem Morgen das Foto neben dem Kopf von seinem schlafenden Papa findet, weiß er, dass sie nicht tot ist. Und er weiß, dass er herausfinden muss, was geschehen ist. Jeden Abend vorm Einschlafen denkt er sich verschiedene Geschichten über sie aus, von denen er träumen kann, bis er einschläft.

(Aus: Henning Mankell: Der Hund, der unterwegs zu einem Stern war. Übersetzt von Angelika Kutsch. © Verlag Friedrich Oetinger, Hamburg. Auszug, gekürzt)

1 Beschreibe anhand des Romanauszugs (einschließlich Vorspann) die Lebenssituation von Joel. Übernimm dazu die Satzanfänge in dein Heft und ergänze sie.
(→ Hilfe-Karte: Die Lebenssituation beschreiben)

Joel lebt mit ..., der .... heißt, in ...
Seine Mutter ... hat ...
Das Kochen übernimmt in der Familie ...

2 **a** Untersuche, was du in diesem Romanauszug über Joels Vater erfährst.
Übernimm die Buchstaben der richtigen Antworten in dein Heft. Notiere dahinter die Zeilennummer(n) der Stellen, die das belegen.
TIPP: Nicht alles steht wörtlich im Text, manchmal musst du „zwischen den Zeilen lesen".
(→ Hilfe-Karte: Die Figuren verstehen – Zwischen den Zeilen lesen)

- A Normalerweise verlässt Joels Vater sehr früh das Haus, um im Wald zu arbeiten.
- B Joels Vater arbeitet nachts als Reinigungskraft in einer Großküche; deshalb muss er manchmal tagsüber schlafen.
- C Zu Hause sitzt er manchmal am Küchentisch und murmelt Unverständliches vor sich hin.
- D Manchmal trinkt Papa Samuel zu viel Alkohol. Danach putzt er wie wild die Küche und den nächsten Tag verbringt er verkatert im Bett.
- E Papa Samuel liebt es, jeden Samstagnachmittag gründlich die Küche zu putzen.
- F Abends sitzt er mit Joel in der Küche und sie unterhalten sich.
- G Der Vater hängt noch immer an seiner Frau, die ihn und Joel verlassen hat.
- H Der Vater hat eine neue Freundin, deren Foto Joel auf dem Kopfkissen des Vaters findet.

b Beschreibe, welche Beziehung Joel zu seinem Vater hat.
Nenne Textstellen, mit denen du das begründen kannst.
(→ Hilfe-Karte: Die Figuren verstehen – Zwischen den Zeilen lesen)

3 **a** Joel hat viele Fragen an seinen Vater. Formuliere drei davon in eigenen Worten.
Welche Frage bewegt / Welche Fragen bewegen den Jungen am meisten? Unterstreiche sie und begründe, warum das so ist. (→ Hilfe-Karte: Wichtige und unwichtige Fragen unterscheiden)
b Was macht Joel jeden Abend vor dem Einschlafen? Notiere einen Satz.

4 Aus wessen Sicht wird hier von Joel erzählt? Benenne den Erzähler.
Sammle zur Begründung Textbelege. (→ Hilfe-Karte: Den Erzähler bestimmen)

Folgende Hilfen oder Aufgaben zum Weiterarbeiten kannst du nutzen

Hilfe-Karte	Die Lebenssituation beschreiben
Hilfe-Karte	Die Figuren verstehen – Zwischen den Zeilen lesen
Hilfe-Karte	Wichtige und unwichtige Fragen unterscheiden
Hilfe-Karte	Den Erzähler bestimmen
Für Profis und Schnelle	Eine Textstelle erläutern

Hilfe-Karte: Die Lebenssituation beschreiben

Du lernst eine **Figur** kennen, wenn du dir zunächst ihre **Lebenssituation** vor Augen führst.
Bei der Beschreibung von Joels Lebenssituation helfen dir die folgenden Textstellen.

- Joel lebt mit ..., der .... heißt, in ... Lies den Vorspann und Z. 1–5.
- Seine Mutter ... hat ... Lies den Vorspann und Z. 36–41.
- Das Kochen übernimmt in der Familie ... Lies Z. 17–19.

Hilfe-Karte: Die Figuren verstehen – Zwischen den Zeilen lesen

Du lernst eine **Figur** gut kennen, wenn du auf Folgendes achtest:

- ihr Aussehen, ihre Verhaltensweisen, Eigenschaften und Lebensumstände
- was sie redet, denkt, fühlt und wie sie handelt
- welches Verhältnis sie zu anderen Figuren hat

Das Verhältnis der Figuren zueinander lässt sich an ihrem Verhalten, ihren Gedanken und ihren Gefühlen ablesen.
Allerdings wird manchmal in einem Text etwas nicht ausdrücklich gesagt, sondern nur angedeutet. Dann musst du **zwischen den Zeilen** lesen: Du fragst dich, wie eine Textstelle gemeint sein könnte. Im Textauszug lässt sich z. B. nur „zwischen den Zeilen" erkennen, dass Papa Samuel nachts die Küche putzt, wenn er betrunken ist (vgl. Z. 1–16).

Hilfe-Karte: Wichtige und unwichtige Fragen unterscheiden

Die Fragen, die Joel seinem Vater gerne stellen würde, stehen im Text in Z. 29–41.
Lies im Text weiter und überlege, zu welchen Fragen sich Joel die meisten Gedanken macht.
Aufschluss über die für ihn wichtigste/n Frage/n gibt auch die Textpassage Z. 48–56.

Hilfe-Karte: Den Erzähler bestimmen

Der **Ich-Erzähler** oder die **Ich-Erzählerin** ist selbst als handelnde Figur in das Geschehen verwickelt. Er/Sie schildert die Ereignisse aus seiner/ihrer persönlichen Sicht (Ich-Form).
Der **Er-/Sie-Erzähler** ist nicht am Geschehen beteiligt und erzählt von allen Figuren in der Er-Form bzw. in der Sie-Form.

Sieh dir die folgenden Textstellen genau an. Entscheide, ob hier ein Ich-Erzähler oder ein Er-Erzähler vorliegt.

- „Joel wird vom Lärm [...] wach." (Z. 1)
- „Er hat ausprobiert, wie das klingt [...]." (Z. 55)
- „Jeden Abend vorm Einschlafen denkt er sich verschiedene Geschichten über sie aus, von denen er träumen kann, bis er einschläft." (Z. 69–72)

Für Profis und Schnelle: Eine Textstelle erläutern

5 Erläutere den folgenden Satz aus dem Romanauszug:

Die einzige Mama, die weg sein darf, das ist eine tote Mama. (Z. 51–53)

Was kannst du schon? – Schauplatz, Erzähler und Figuren

Erich Kästner

Emil und die Detektive (Auszug)

Die Stadt war so groß. Und Emil war so klein. Und kein Mensch wollte wissen, warum er kein Geld hatte und warum er nicht wusste, wo er aussteigen sollte. Vier Millionen Menschen lebten in Berlin und keiner interessierte sich für Emil Tischbein. Niemand will von den Sorgen des andern etwas wissen. Jeder hat mit seinen eigenen Sorgen und Freuden genug zu tun. Und wenn man sagt: „Das tut mir aber wirklich leid“, so meint man meistens gar nichts weiter als: „Mensch, lass mich bloß in Ruhe!“ Was würde werden? Emil schluckte schwer.

(Aus: Erich Kästner: Emil und die Detektive. Cecilie Dressler Verlag, Hamburg 1982, S. 71–72 © Atrium Verlag, Zürich 1935)

1 Wie wirkt der Schauplatz Berlin auf die Hauptfigur Emil Tischbein? Kreuze zutreffende Aussagen an.

- ☐ **A** Emil findet die Situation in der Großstadt spannend und interessant.
- ☐ **B** Emil fühlt sich in der Großstadt alleingelassen und hilflos.
- ☐ **C** Emil möchte, dass die Menschen ihn in Ruhe lassen.
- ☐ **D** Emil ist unsicher, wie es mit ihm in der Großstadt Berlin weitergehen wird.

2 Wer erzählt den Romanauszug? Kreuze Zutreffendes an.

- ☐ **A** Es handelt sich um einen Ich-Erzähler, nämlich um Emil Tischbein.
- ☐ **B** Es handelt sich um einen Er-Erzähler, der nicht am Geschehen beteiligt ist.
- ☐ **C** Der Erzähler kennt und schildert auch die Gefühle von Emil.
- ☐ **D** Der Autor Erich Kästner erzählt in Ich-Form aus seinem Leben.

Gesine Schulz

Eine Tüte grüner Wind (Auszug)

Tante Paula, die Schwester von Lucys Mutter, holt Lucy am Flughafen ab. Sie hat den Hund des Nachbarn dabei, Lucy darf die Leine halten. Als der Hund Ulysses hinter einem anderen Hund herläuft und Lucy die Leine nicht loslässt, werfen sie einen jungen Mann um, der ein Tablett mit Kakao und Kuchen in der Hand hält.

Tante Paula blickte umher. Ihre Augenbrauen hoben sich. Lucy sagte schnell: „Ich meine, mir ist nichts passiert. Ulysses auch nicht, glaube ich. Außer der Torte im Fell.“ „Torte im Fell?“, wiederholte Tante Paula. „Oh, ich sehe. Tatsächlich.“ In ihrem Gesicht zuckte es. Lucy sah sie ängstlich an. Tante Paulas Schultern bebten. Sie schlug die Hände vor ihr Gesicht. Oh nein, dachte Lucy, was habe ich getan! Tante Paula rief: „Tut mir leid, Lucy, aber … aber … es sah ja so komisch aus!“ [...] Lucy sah, dass Tante Paula lachte. Sie lachte Tränen.

(Aus: Gesine Schulz: Eine Tüte grüner Wind. Carlsen Verlag, Hamburg 2005, S. 58 © Gesine Schulz)

3 Beschreibe die Beziehung der Figuren. Welche der folgenden Aussagen treffen zu?
Schreibe die Buchstaben der richtigen Antworten auf die Linie. Wenn du sie neu sortierst, ergeben sie ein Lösungswort.

C Tante Paula, die Schwester von Lucys Vater, holt Lucy und ihren Hund am Flughafen ab.

L Lucy befürchtet Vorwürfe ihrer Tante, weil sie dies von ihrer Mutter so kennt.

D Tante Paula ist die Schwester von Lucys Mutter.

F Tante Paula und Lucy geraten vom ersten Augenblick an miteinander in Streit.

R Lucy ist in dieser ersten Begegnung mit ihrer Tante zunächst verunsichert.

A Tante Paula erscheint in dieser Szene warmherzig und humorvoll.

M Tante Paula lacht Lucy aus, weil diese so ungeschickt ist.

I Tante Paula und Lucy verstehen sich von der ersten Begegnung an sehr gut.

N Tante Paula nimmt offenbar nicht alles allzu ernst.

________________________ → Lösungswort: ________________________

Zusatzmaterial zum Projekt – Für den Vorlesewettbewerb trainieren

Gesine Schulz
Eine Tüte grüner Wind (Auszug)

Lucy wurde von ihrer Mutter gegen ihren Willen zu ihrer Tante nach Irland geschickt. Dort kommt sie ihrer Tante Paula immer näher. Als sie dann auch noch zwei gute Freunde findet, stellt sie fest, dass dies wohl ihre schönsten Ferien sind. Zum Abschied will Lucy Paula eine Decke stricken. Sie ist ganz in ihre Arbeit vertieft, als sich ihre Mutter telefonisch zurückmeldet und mitteilt, dass Lucy vorzeitig nach Deutschland zurückkommen soll.

1 Am nächsten Nachmittag regnete es. Lucy saß auf dem Sofa und strickte. Nur noch sechs Teile fehlten ihr.

Paula saß am Schreibtisch und verglich ihre Bankauszüge mit ihrem Scheckbuch. Das Telefon klingelte. Paula nahm ab.

„Hallo? … Ja … Ach, Birgit!"

„Mami?" Lucy lief zu Paula.

„Ja, sie ist hier", sagte Paula. „Von wo? … Ach wirklich? … Jetzt schon? Mh … Ich gebe sie dir."

2 Paula gab Lucy den Hörer. „Hallo, Mami", rief Lucy.

„Hallo, wie geht es meinem Schatz?"

„Mir geht es gut, Mami. Und dir? Rufst du vom Schiff an?"

„Nein, Lucy. Ich bin schon zu Hause."

„Was? Warum?"

„Es heißt ‚Wie bitte', Lucy!"

„Aber warum bist du schon zu Hause?"

„Ach, auf dem Schiff ist so ein dummer Bohrkopf abgebrochen und es musste nach zwei Wochen umkehren. Es war trotzdem sehr schön. Ich habe eine wunderbare Farbe bekommen. Kurt lässt dich herzlich grüßen."

„Danke, Mami. Ist Kurt auch da?"

„Nein, er musste noch unten in Kapstadt bleiben. Aber du kannst jetzt zurückkommen, Schatz. Ist das nicht schön?"

„Jetzt?"

„Nicht jetzt, Dummchen. Aber morgen oder übermorgen. Ich habe mich erkundigt. Es sind noch Plätze im Flugzeug frei."

Lucy ließ den Hörer sinken und guckte ihn an.

„Lucy, Lucy, bist du noch da?", hörte sie die Stimme ihrer Mutter leise und aus großer Ferne.

Sie nahm den Hörer wieder an ihr Ohr. „Ja, hier bin ich."

„Nun, was sagst du dazu? Freust du dich?"

„Aber ich … ich kann jetzt noch nicht kommen."

„Wie bitte? Unsinn, Lucy. Natürlich kannst du."

„Es geht nicht, Mami. Es geht wirklich nicht."

„Ich habe es dir doch gerade erklärt. Du bist nur überrascht, meine Süße. Gib mir noch mal Tante Paula. Ich kläre es mit ihr."

(Aus: Gesine Schulz: Eine Tüte grüner Wind. Carlsen Verlag, Hamburg 2005, S. 157–158 © Gesine Schulz)

Die Lesetechnik trainieren (Abschnitt 1)

1 Übt am ersten Abschnitt (Z. 1–7), flüssig und mit deutlicher Aussprache zu lesen.
Übt es mehrfach, z. B. mit Paar-Lesen (vgl. S. 134 im „Deutschbuch").
Gebt euch ein Feedback.

2 Probiert, die Textstelle in unterschiedlichem Tempo zu lesen: schneller, langsamer. Macht auch Pausen. Vergleicht die Wirkung.

Interpretationen beim Lesen ausprobieren (Abschnitt 2)

3 **a** Markiert in Teil 2 (Z. 8–32) die Texte, die die beiden Figuren (Lucy und ihre Mutter) sprechen, in unterschiedlichen Farben.

b Setzt im Text (sparsam!) Betonungszeichen:
- Unterstreicht Wörter oder Passagen, die ihr laut lesen wollt.
- Tragt Zeichen für Pausen in den Text ein: | (Pause)
- Umkreist Hinweise, die euch zeigen, wie die wörtliche Rede gesprochen werden soll, z. B.: „flüsterte", „rief laut". Dazu gehören auch Fragezeichen und Ausrufezeichen.

4 **a** Lest den gesamten Text zunächst mit drei verteilten Rollen: Erzähler/-in, Lucy, Mutter.

b Tauscht euch darüber aus, ob ihr die Erzählerin / den Erzähler und die beiden Figuren angemessen vorgetragen habt: eher nüchtern, freudig, entsetzt …

5 Tragt nun den Textauszug allein vor. Stellt euch dazu die Situation am Telefon genau vor.
Beachtet, dass ihr die unterschiedlichen Stimmungen der Figuren angemessen wiedergebt:
- Die Mutter ist froh, dass sie ihre Tochter Lucy bald wiedersehen kann.
- Lucy ist völlig überrascht.
- Sie möchte unbedingt noch länger in Irland bleiben.

6 Tragt den Romanauszug vor der Klasse vor.

7 Gebt euch ein Feedback.
Dazu könnt ihr Kopien des Bewertungsbogens auf S. 140 im „Deutschbuch" benutzen.

Ihr könnt den Text auch in einem Vorlesewettbewerb eurer Klasse oder aller sechsten Klassen eurer Schule vortragen. Verwendet dazu die Kopiervorlage „Einen eigenen Vorlesewettbewerb veranstalten" und den Bewertungsbogen, der dort abgedruckt ist.

Zusatzmaterial zum Projekt – Einen eigenen Vorlesewettbewerb veranstalten

Für die Vorrunden könnt ihr einen eigenen Vorlesewettbewerb innerhalb der Klasse oder mit allen sechsten Klassen eurer Schule veranstalten, wenn ihr noch gezielter für den bundesweiten Wettbewerb trainieren wollt.

- Dazu könnt ihr die Kopiervorlage „Für den Vorlesewettbewerb trainieren" mit dem Romanauszug von Gesine Schulz verwenden.
- Oder ihr sucht selbst einen Text aus und bereitet euch so vor, wie es im „Deutschbuch" auf S. 139–140 beschrieben wird.

Geht bei eurem eigenen Vorlesewettbewerb so vor:

1 Bildet eine **Jury** aus fünf bis sieben Schülerinnen und Schülern, die das Vorlesen mit Hilfe des Bewertungsbogens (▶ KV 14, Seite 2) bewerten.
Die Jury kann wechseln, sodass alle beim Wettbewerb mitmachen können.
Wenn ihr den Vorlesewettbewerb zusammen mit den anderen sechsten Klassen veranstaltet, könnt ihr die Jurys für die Parallelklasse stellen und die Parallelklasse bewertet eure Vorträge.

2 **a** Teilt die Klasse in Gruppen zu (maximal) fünf **Vorleserinnen oder Vorlesern** ein.
b Führt dann den Klassenwettbewerb durch.

3 Die **Jury** verwendet den **Bewertungsbogen** (▶ KV 14, Seite 2) so:
- Jedes Jurymitglied kann jeder Vorleserin / jedem Vorleser 1 bis 5 Punkte für die Lesetechnik und 1 bis 5 Punkte für die Interpretation geben.
- Der Bewertungsbogen bietet zusätzlich Platz für Anmerkungen zum Gesamteindruck.
- Jedes Jurymitglied bestimmt zunächst seine persönliche Rangfolge (unabhängig von der Punktzahl).
- Diese Platzierungen werden verglichen.
- Wenn diese Methode kein eindeutiges Ergebnis ergibt, werden die Punkte addiert (Gesamtpunkte aller Juroren) und dann als Rangfolge ausgewertet.

4 Die Ersten oder die ersten beiden aus jeder Gruppe kommen in die **Endrunde**.
Für die Endrunde müssen sie einen neuen Textauszug für den Vortrag vorbereiten (vgl. S. 139–140 im „Deutschbuch").

Bewertungsbogen zum Vorlesewettbewerb

		Einzelbewertung					Endbewertung	
Nr.	Name	**Lesetechnik** – Aussprache – Lesetempo – Pausen	**Interpretation** – sinngemäße Betonung – ausdrucksstarker Vortrag ohne Übertreibungen	**Gesamteindruck** (Stichworte)	persönliche Rangfolge	Punktesumme (Lesetechnik + Interpretation)	Gesamtpunkte aller Juroren	Rangfolge
		1 2 3 4 5	1 2 3 4 5					
		1 2 3 4 5	1 2 3 4 5					
		1 2 3 4 5	1 2 3 4 5					
		1 2 3 4 5	1 2 3 4 5					
		1 2 3 4 5	1 2 3 4 5					

Autoren: Markus Langner / Norbert Pabelick

7 Versteckte Wahrheiten – Fabeln lesen und gestalten

Konzeption des Kapitels

Fabeln sind neben Märchen eine klassische Textsorte, die von Kindern auch außerhalb der Schule rezipiert wird. Wie Märchen haben Fabeln eine lange Tradition, sie sind zu verschiedenen Zeiten und in unterschiedlichen Kulturen zu finden, z. B. in der Antike, der Aufklärung und der Gegenwart, in Europa wie in Afrika oder Asien. Seit Jahren sind Fabeln im Deutschunterricht der sechsten Jahrgangsstufe fest verankert: Zum einen handelt es sich um eine motivierende Textsorte, weil an das Vorwissen der Lernenden angeknüpft werden kann und die Texte aufgrund ihrer Kürze und Prägnanz gut zu rezipieren sind. Zum anderen lassen sich wesentliche Textverstehens- und Schreibkompetenzen anhand dieser kurzen, klar umrissenen literarischen Texte vertiefen (z. B. Bild- und Sachebene erkennen und aufeinander beziehen, Empathie und Imaginationsfähigkeit entwickeln, nach bestimmten Mustern schreiben). Und schließlich können Kinder und Jugendliche anhand der didaktisch ausgerichteten Fabeltexte Handlungsweisen und ihre Folgen erkennen und moralisch beurteilen. Diesen verschiedenen Ebenen trägt das Kapitel Rechnung. Dabei dient das erste Teilkapitel vorrangig der Förderung der Lesekompetenz, das zweite der Stärkung und Vertiefung der Schreibkompetenz.
Im ersten Teilkapitel (**„Von Füchsen und anderen Tieren – Merkmale von Fabeln kennenlernen“**) setzen sich die Schülerinnen und Schüler mit berühmten Fabeln auseinander und erschließen schrittweise die typischen Merkmale der Gattung. Zunächst untersuchen die Lernenden klassische Fabeln Äsops und deren Entstehungskontext. Dass die Fabeln Äsops Vorbild für solche der Gegenwart sind, belegt der diachrone Vergleich verschiedener Fabeln von Äsop bis Janosch. Indem die Schülerinnen und Schüler Texte mit denselben Figuren vergleichen, erkennen sie, dass selbst kleine Verschiebungen im Text eine andere Zielrichtung bewirken können. Dass Fabeln ein interkulturelles Phänomen sind, wird durch die Auseinandersetzung mit Fabeln aus anderen Kulturen erschlossen. Aus Gründen der didaktischen Reduktion wird hierbei nur auf Tierfabeln eingegangen.
Im zweiten Teilkapitel (**„Schreibwerkstatt – Fabeln selbst schreiben“**) verlagert sich der Fokus von der Lese- zur Schreibkompetenz: Nun verfassen die Schülerinnen und Schüler nach bestimmten Vorgaben eigene Fabeln, wobei sie Kenntnisse aus dem ersten Teilkapitel anwenden. Im Zentrum steht das prozessorientierte Schreiben, die einzelnen Schritte werden bewusst angeleitet und überdacht. Das Kapitel ist auf Progression angelegt, der Schwierigkeitsgrad der Schreibformate steigert sich deutlich. Beim ersten Format wird die Handlung durch Bilder vorgegeben. Beim zweiten, anspruchsvolleren Format, dem Schreiben zu einer abstrakten Lehre, müssen die Lernenden die Konkretisierung selbst vornehmen, wofür ihnen jedoch differenzierende Hilfen angeboten werden.
Im dritten Teilkapitel (**„Fit in ... – Eine Fabel zu Bildern schreiben“**) wird der Schwerpunkt des zweiten Teilkapitels aufgenommen; im Hinblick auf eine mögliche Klassenarbeit üben die Lernenden prozessorientiert das Planen, Schreiben und Überarbeiten einer Fabel zu Bildern.

Literaturhinweise

- *Fenske, Ute (Hg.):* Rund um Fabeln. Kopiervorlagen für den Deutschunterricht. Cornelsen, Berlin 2004
- Praxis Deutsch 240/2013: Hund, Katze, Maus – Tiere in Texten
- *Wittschier, Michael:* Lerntheke Deutsch 5/6. Märchen und Fabeln. Differenzierungsmaterialien für heterogene Lerngruppen. Cornelsen, Berlin 2015

Übungsmaterial im „Deutschbuch 6 Arbeitsheft“

- Eine Fabel lesen und verstehen, S. 27

	Inhalte	Kompetenzen Die Schülerinnen und Schüler
S. 141	**7 Versteckte Wahrheiten – Fabeln lesen und gestalten**	– sammeln Eigenschaften, die Tieren zugeschrieben werden – erzählen Tiergeschichten
S. 142	**7.1 Von Füchsen und anderen Tieren – Merkmale von Fabeln kennenlernen** Fabeln von Äsop untersuchen *Äsop: Der Fuchs und der Bock*	– erschließen und vergleichen Eigenschaften und Charakterzüge von Tierfiguren in Fabeln – ordnen der Fabel eine vorgegebene Lehre zu oder formulieren selbst die Lehre – erschließen den Aufbau einer Fabel – erkennen Fabelmerkmale – vertiefen ihr Textverständnis mit produktiv-gestaltenden Schreibaufgaben – gestalten ein Buddy-Book
S. 143	*Äsop: Der Wolf und das Lamm*	
S. 144	*Äsop: Der Esel und der Wolf*	
S. 146	*Der Fabeldichter Äsop*	– erschließen die Entstehung der europäischen Fabeln anhand eines Sachtextes – erläutern zentrale Aspekte von Äsops Fabeln
S. 147	Fabeln aus verschiedenen Zeiten vergleichen *Äsop: Die Grille und die Ameise*	– erschließen und vergleichen Fabeln verschiedener Zeiten – erkennen, dass leichte Veränderungen bei Tierkonstellationen oder Dialogen zu verschiedenen Lehren führen können – vertiefen ihr Textverständnis mit produktiv-gestaltenden Schreibaufgaben
S. 148	*Janosch: Die Grille und der Maulwurf*	
S. 149	*Georg Born: Sie tanzte nur einen Winter* *Helmut Arntzen: Grille und Ameise*	
S. 150	Fabeln aus aller Welt vergleichen *Drei wahre Worte (afrikanische Fabel)*	– erschließen und vergleichen Fabeln unterschiedlicher Länder – erkennen, dass bestimmte Eigenschaften anderen Tieren zugeschrieben werden können – gestalten Fabeln um
S. 151	*Die kluge Ameise (ägyptische Fabel)*	
S. 152	Testet euch! – Fabeln verstehen *Äsop: Die Teilung der Beute*	– überprüfen ihr Wissen zur Fabel
S. 153	**7.2 Schreibwerkstatt – Fabeln selbst schreiben** Eine Fabel zu Bildern schreiben *Der Löwe und die Maus*	– verfassen nach Vorgaben unter Berücksichtigung typischer Merkmale Fabeln – schreiben eine Fabel zu Bildern – planen, schreiben und überarbeiten prozessorientiert einen Text
S. 154	Sprachtraining: Zeichensetzung bei der wörtlichen Rede	– erarbeiten die Zeichensetzung bei der wörtlichen Rede und wenden sie korrekt an
S. 155	Eine Fabel zu einer Lehre schreiben	– verfassen eine Fabel zu einer Lehre
S. 156	Ein Fabelbuch am Computer gestalten	– gestalten am PC selbstständig ein Fabelbuch – nutzen dazu Textverarbeitungsprogramme
S. 157	**7.3 Fit in … – Eine Fabel zu Bildern schreiben** *Die beiden Ziegen*	– planen und schreiben prozessorientiert eine Fabel nach Bildern – überarbeiten ihre Fabel kriterienorientiert

7 Versteckte Wahrheiten – Fabeln lesen und gestalten

141 Die Auftaktseite stimmt die Schülerinnen und Schüler auf ein wesentliches Merkmal der Fabel ein: die Begegnung von Tieren – und zwar oft von Tieren sehr unterschiedlicher Arten (wie Löwe und Maus), die häufig Gegner sind (wie Wolf und Lamm).

1 In der Illustration treffen folgende Tierpaare aufeinander: Fuchs und Rabe, Hase und Schildkröte, Wolf und Lamm, Löwe und Maus sowie Grille und Ameise (von denen die meisten in den Fabeln des Kapitels eine Rolle spielen).
Die Zeichnung verweist auch bereits auf Handlungselemente einzelner Fabeln und auf typische Eigenschaften, die die Kinder möglicherweise aus Fabeln schon kennen:

- Der Rabe sitzt oben im Baum und trägt ein Stück Käse im Schnabel, unten sitzt der listige Fuchs, seine Augen schmeichelnd nach oben zum Raben verdreht.
- Schildkröte und Hase laufen nacheinander in ein Ziel ein – die Schildkröte zuerst.
- Der Wolf blickt grimmig und gierig auf das Lamm, von dem ihn ein Bach trennt.
- Eine kleine Maus spaziert über den Rücken eines großen Löwen.
- Die Ameise schleppt für ihre Körpergröße eine sehr große Last, während ihr die Grille entspannt zuschaut und dabei eine Geige hält.

Auch dieses Fabelmerkmal ist bereits auf der Illustration zu finden: Manche Tiere sprechen miteinander. Ebenso verweist die aufgerichtete Haltung (auf den Hinterbeinen) einiger Tiere darauf, dass sie menschliche Eigenschaften verkörpern.
Wahrscheinlich kennen die Schülerinnen und Schüler schon zahlreiche Eigenschaften, die den abgebildeten Tieren zugeschrieben werden – nicht zuletzt aus Zeichentrickfilmen.
Vorschlag für ein Tafelbild:

Fabeltier	**zugeschriebene Eigenschaften**
Rabe	eitel, eingebildet
Fuchs	schlau, listig, hinterlistig, verschlagen
Schildkröte	langsam, beharrlich
Hase	schnell
Wolf	gierig, gefräßig, gefährlich
Lamm	brav, schwach, sanft
Löwe	mächtig (König der Tiere), stolz
Maus	klein
Ameise	fleißig, klein
Grille	musiziert

2 In den Geschichten der Lernenden werden sich möglicherweise eigene, fantastische Erfindungen mit Inhalten mischen, die sie aus Fabeln bereits kennen. Vermutlich werden ihre Erzählungen mit Fabeln gemeinsam haben, dass die Tiere sich darin wie Menschen verhalten, sprechen, denken und menschliche Eigenschaften besitzen.

3 Auf die Frage, ob man aus einer Tiergeschichte etwas für das eigene Leben lernen kann, nennen Schülerinnen und Schüler sicher Lehren oder Lebensweisheiten aus Fabeln, die sie schon kennen, z. B.: Aus einer Fabel kann man lernen, dass man sich nicht über die Eigenschaften anderer Menschen lustig machen soll.

7.1 Von Füchsen und anderen Tieren – Merkmale von Fabeln kennenlernen

142 Fabeln von Äsop untersuchen

142 Äsop: Der Fuchs und der Bock

1 Beispiel für eine Zusammenfassung der Fabel:
Der Fuchs ist in einen Brunnen gefallen und kommt nicht mehr heraus. Deshalb lockt er einen Ziegenbock in den Brunnen, indem er ihm frisches Wasser in Aussicht stellt. Als der Bock im Brunnen steht, bittet ihn der Fuchs, ihm als Kletterhilfe zu dienen. Dafür verspricht er, dem Bock aus dem Brunnen zu helfen, sobald er selbst draußen ist. Dieses Versprechen hält der Fuchs aber nicht ein, nachdem er den Brunnen verlassen hat.

2 **a** Mit Hilfe eines Wortkastens ordnen die Lernenden den Tieren der Fabel Eigenschaften zu und begründen ihre Entscheidung.
- Der Fuchs ist schlau und gemein, weil er die Hilfe des Bocks nutzt und diesem dann nicht hilft.
- Der Bock ist gutmütig und dumm, weil er dem Fuchs hilft und dessen Plan nicht durchschaut.

b Beim Vergleich fällt den Lernenden auf, dass die Eigenschaften der beiden Fabeltiere klare Gegensätze sind:
- schlau und dumm
- gutmütig und gemein

3 Zu der Fabel passt diese Lehre:
Denk nach, bevor du handelst.
Begründung:
Der Bock hätte erkennen müssen, dass der Fuchs ihm kaum aus dem Brunnen helfen kann und nur seine eigene Haut retten will.

Mögliche Hausaufgabe
Verfasst eine Parallelgeschichte zu der Fabel „Der Fuchs und der Bock", in der zwei Menschen aufeinandertreffen und sich so verhalten wie die beiden Tiere.

143 Äsop: Der Wolf und das Lamm

1 **a** Vor der Lektüre der Fabel sammeln die Schülerinnen und Schüler Ideen für eine Begegnung von Wolf und Lamm, z. B.:
- Der Wolf jagt das Lamm, das Lamm rettet sich mit einer List.
- Der Wolf überlistet das Lamm und frisst es.

b Die Vermutungen der Schülerinnen und Schüler liegen wahrscheinlich recht nah beim Ausgang der Fabel, dass nämlich der Wolf das Lamm frisst. Den Dialogteil wird kaum jemand antizipieren.

2 Die Lernenden erklären nun, wie es dem Lamm in der Fabel ergeht: Der Wolf verwickelt das Lamm in ein Gespräch und frisst es schließlich.

3 Um die Aussage der Fabel zu untersuchen, stehen den Schülerinnen und Schülern Übungen auf drei Differenzierungsniveaus zur Verfügung.

●○○ **a** Auf dieser Niveaustufe nehmen die Lernenden Stellung zu den Begründungen des Wolfs, warum er das Lamm fressen muss, etwa:
Die Begründung des Wolfs ist nicht haltbar. Er nennt nur Argumente, die nicht stimmen, z. B. dass das Lamm das Wasser trübe und dass es schlecht über ihn geredet habe.

●●○ **b** Hier erklären die Lernenden, warum alle drei vorgegebenen Lehren zu der Fabel passen:

„Der Wolf und das Lamm“	
Lehren aus der Fabel	**Begründungen, warum sie zutreffen**
Für seine Untaten ist dem Bösewicht jeder Vorwand recht.	Der Wolf nennt nur Scheinargumente, um das Lamm zu fressen.
Die Wahrheit findet bei den Mächtigen kein Gehör.	Der Wolf geht nicht auf die Gegenargumente des Lamms ein.
Der Stärkere siegt immer, auch wenn er im Unrecht ist.	Der Wolf frisst das Lamm, obwohl seine Argumente nicht stimmen.

●●● **c** Auf diesem Differenzierungsniveau übertragen die Schülerinnen und Schüler die Lehre der Fabel auf das Verhältnis von König und Untertan, indem sie einen kurzen Dialog ergänzen.
Beispiellösung:
KÖNIG: Ich verurteile dich zu fünf Jahren Gefängnis.
UNTERTAN: Aber ich bin doch unschuldig! Ich habe doch gar nichts gestohlen.
KÖNIG: Das ist mir egal, der Täter sah so ähnlich aus wie du.

d Beim Austausch der Ergebnisse bietet sich die Tabelle aus Teilaufgabe 3 b als Tafelbild an.
Beispiel für die Erklärung der vorgegebenen Aussage:
Fabeln kritisieren Menschen, indem Tiere die schlechten Handlungen von Menschen ausführen.

4 Die Lernenden gliedern die Fabel nach vorgegebenen Kriterien und verfassen zu jedem Baustein eine zusammenfassende Überschrift.
Vorschlag für ein Tafelbild:

„Der Wolf und das Lamm“ – Gliederung der Fabel	
1. Ausgangssituation	Wolf und Lamm begegnen sich am Bach.
2. Konflikt/Dialog	Der Wolf kritisiert das Lamm und diskutiert mit ihm.
3. Lösung des Konflikts / Lehre	Der Wolf frisst das Lamm.

5 ⊕ Beispiel für eine kluge Antwort, mit der das Lamm sein Leben retten könnte:
Das Lamm entgegnete: „Du willst mich nur mit gutem Gewissen fressen.“ Dann sprang es schnell davon.

144 **Äsop: Der Esel und der Wolf**

1 **a** Bringt man die Abschnitte der Fabel in die richtige Reihenfolge, ergibt sich die Buchstabenfolge C – A – D – B.

b Die Lernenden vertiefen ihre Kenntnisse über den Aufbau der Fabel, indem sie die vorgegebenen Textabschnitte den Fabelbausteinen zuordnen:

Baustein	**Abschnitt der Fabel**
Ausgangssituation	C
Konflikt / Dialog	A, D
Lösung des Konflikts / Lehre	B

2 a Eigenschaften der beiden Tiere in dieser Fabel:
- Esel: listig, schlau
- Wolf: dumm, hilfsbereit

b Diese Eigenschaften sind bei den beiden Tieren nicht zu erwarten. Üblicherweise werden sie genau umgekehrt zugeordnet: Der Wolf ist oft listig und schlau, der Esel gilt häufig als dumm.

3 Um die Lehre der Fabel zu erschließen, stehen den Lernenden Teilaufgaben auf drei Differenzierungsniveaus zur Verfügung.

●○○ a Aus drei angebotenen Lehren wählen die Schülerinnen und Schüler die passende aus und begründen ihre Wahl:
- geeignete Lehre: Mache nichts, wovon du nichts verstehst.
- Begründung: Der Wolf formuliert dies selbst in anderen Worten, wenn er sagt, dass er gelernt hat, wie man Tiere frisst, und nicht, wie man sie heilt.

Auch die Lehre „Aus Fehlern wird man klug" könnte ausgewählt werden, ihre Wahl muss allerdings gut begründet werden.

●●○ b Hier formulieren die Lernenden selbstständig die Lehre aus der Sicht des Wolfs, z. B.:
- Man sollte etwas nur machen, wenn man es wirklich kann.
- Begründung: wie bei Teilaufgabe 3 a

●●● c Auf diesem Differenzierungsniveau formulieren die Schülerinnen und Schüler die Lehre aus der Sicht des Esels:
- Wer sich vorsieht, überlebt.
- Begründung: Der Esel erkennt den Wolf sofort als Gefahr und reagiert mit einer List auf diese Gefahr.

d Beim Austausch ihrer Ergebnisse können die Schülerinnen und Schüler jede der Lehren – die aus den Teilaufgaben a/b und die aus Teilaufgabe c – begründet bevorzugen. Es gibt hier keine „richtige" oder „falsche" Lehre, es sei denn, sie passt nicht zum Text.

4 Die Schülerinnen und Schüler werden angeregt, Fabeltiere mit ihren Eigenschaften zu sammeln und dafür die Methode des „Buddy-Books" zu nutzen (vgl. S. 145 im Schülerband und die Anmerkungen dazu auf S. 172 in diesen Handreichungen).
Fabeltiere, die in diesem Teilkapitel bisher vorkommen:

Fabeltier	zugeschriebene Eigenschaften
Fuchs	schlau, gemein
Bock	dumm, gutmütig
Wolf	gierig, gefräßig, gefährlich; manchmal: dumm, hilfsbereit
Lamm	brav, schwach
Esel	störrisch, dumm; manchmal: listig, schlau

Mögliche Hausaufgabe
Verfasst eine eigene Fabel, die dieselbe Lehre wie „Der Esel und der Wolf" hat.
Überlegt dazu zunächst, welche Tiere ihr anstelle von Wolf und Esel wählen könntet.

5 ⊕ Bei dieser Zusatzaufgabe ist entscheidend, dass die Schülerinnen und Schüler für ihre eigene Fabel zwei Tiere mit wirklich unterschiedlichen oder sogar entgegengesetzten Eigenschaften kombinieren, damit sie von einem Konflikt erzählen können.

145 Methoden und Arbeitstechniken: Ein Buddy-Book gestalten

Das Buddy-Book ist eine Methode, die den Schülerinnen und Schülern zu verschiedenen Zwecken dienen kann, z.B.:
- als Hilfe beim Vokabellernen
- zum Anfertigen von Notizen
- zur Sicherung von zentralen Ergebnissen
- als Hilfsmittel bei Kurzvorträgen

Didaktisch kann das Buddy-Book auch als Differenzierungsmöglichkeit eingesetzt werden, indem alle Lernenden ihre eigenen Ergebnisse, Hilfen usw. sichern und gestalten können.

Die Methodenseite erläutert das Erstellen und Gestalten eines Buddy-Books.
Die Seite lässt sich auch bei anderen Themengebieten modular einsetzen.

146 Der Fabeldichter Äsop

Dieser kurze Sachtext informiert die Schülerinnen und Schüler über den Entstehungskontext der europäischen Fabeln.

1 **a** Mögliche Antworten auf die Texterschließungsfragen:
- Äsop war ein griechischer Sklave, der Fabeln geschrieben hat.
- Er ist bis heute bekannt und berühmt, weil seine vielen Fabeln den Menschen grundlegende Weisheiten und Lehren vermitteln. Deshalb werden sie immer noch gelesen.

b Äsop lässt in seinen Fabeln Tiere statt Menschen auftreten, weil er nur so als Sklave ungestraft seine Meinung sagen und die gesellschaftlichen Zustände kritisieren konnte.

2 ⊕ Dass in Äsops Fabeln oft die kleinen oder schwachen Tiere gewinnen, lässt sich möglicherweise mit Äsops Leben erklären: Äsop lebte als abhängiger Sklave, also als „kleiner" Mann, und hoffte vermutlich darauf, den Großen und Mächtigen einmal die Wahrheit sagen zu können, über sie zu „siegen".

147 Fabeln aus verschiedenen Zeiten vergleichen

147 Äsop: Die Grille und die Ameise

1 Zunächst beschreiben die Lernenden die Notsituation der Grille in dieser Fabel:
Die Grille hungert im Winter, denn sie hat im Sommer zur Freude der Wanderer gesungen, sodass sie keine Zeit hatte, Nahrungsvorräte zu beschaffen.

2 Um das Verhalten der Ameise zu untersuchen, können die Schülerinnen und Schüler aus Aufgaben auf drei Differenzierungsniveaus auswählen.

●○○ **a** Auf dieser Stufe notieren die Lernenden Gedanken der Ameise, die erklären, warum sie der Grille nicht helfen will. Beispiellösung:
Was bildet sich diese Grille überhaupt ein? Sie singt den ganzen Tag vor sich hin, arbeitet aber nicht. Sie ist selbst daran schuld, dass sie hungert, weil sie nicht vorgesorgt hat.

●●○ **b** Auf diesem Differenzierungsniveau stellen die Schülerinnen und Schüler die Eigenschaften von Grille und Ameise gegenüber:
- Die Ameise ist fleißig und vorausschauend, die Grille ist musikalisch und unvorsichtig.
- Die Ameise will der Grille nicht helfen, weil diese aus Sicht der Ameise faul ist und keine Essensvorräte anlegt.

●●● **c** Hier erläutern die Lernenden, wie sie den Ratschlag der Ameise am Ende der Fabel verstehen, z. B.:
Den Ratschlag der Ameise kann man so verstehen, dass die Grille nur Musik geschaffen hat und ihr nun das Tanzen zur Musik bleibt, weil sie keine Vorräte besorgt hat. Aus Sicht der Ameise hätte die Grille jetzt genug zu essen, wenn sie im Sommer gearbeitet hätte.

d Wie die Schülerinnen und Schüler beim Austausch ihrer Ergebnisse das Verhalten der Ameise beurteilen, hängt maßgeblich von ihrem Weltbild und ihrer Einstellung zur Bedeutung von Musik ab.

3 ⊕ Mögliche andere Antwort der Ameise am Schluss der Fabel: „Dann erfreue uns auch im Winter mit deinem Gesang. Wir bezahlen dich dafür mit Essen."

4 Hinweise zum Buddy-Book finden sich im Schülerbuch auf der Seite „Methoden und Arbeitstechniken" (S. 145) sowie auf S. 172 in diesen Handreichungen.

148 Janosch: Die Grille und der Maulwurf

1 Die Schülerinnen und Schüler begründen ihren ersten Leseeindruck. Den meisten gefällt die Geschichte sicherlich, weil die Tiere ungewöhnlich dargestellt sind und der Maulwurf überraschende Reaktionen zeigt.

2 Beim Vergleich mit der Fabel Äsops erkennen die Lernenden, dass Janoschs Geschichte ab Zeile 26 eine andere Wendung nimmt, weil die Grille trotz der Zurückweisung des Hirschkäfers weiter nach Hilfe sucht und sie beim Maulwurf findet.

3 **a** Mögliche Lehre zu Janoschs Fabel:
Jeder bringt das ein, was er gut kann, dann sind alle zufrieden.

b Mit dem Formulieren von Alltagsbeispielen, die zu dieser Lehre passen, greifen die Schülerinnen und Schüler auf ihr eigenes Erfahrungswissen zurück. Möglicherweise nennen sie Beispiele aus den Bereichen „Sport" oder „Familie".

4 ⊕ Beispiel für einen Dialog des Maulwurfs aus Janoschs Geschichte mit der Ameise aus der Fabel des Äsop:

AMEISE: Was, bei dir hat diese Grille auch angeklopft? Ich finde sie furchtbar unverschämt.
MAULWURF: Ja, letzten Winter hat die Grille auch bei mir angeklopft. Ich habe sie aufgenommen, und weil ich im Dunkeln lebe, war ich froh, so gute Unterhaltung zu haben. Ihr Gesang machte mich den ganzen langen Winter fröhlich. Außerdem hatte ich jemanden zum Reden.
AMEISE: Na ja, zum Reden haben wir Ameisen wirklich genug. Aber du bringst mich auf eine Idee: Die Grille könnte auch uns nächsten Winter unterhalten und wir bezahlen sie mit Essen. Das muss ich mal mit den anderen diskutieren.
MAULWURF: O nein, die Grille wird auch im nächsten Winter bei mir wohnen und wir werden wieder eine schöne Zeit miteinander verbringen.

149 Georg Born: Sie tanzte nur einen Winter

1 **a** Die Lernenden lesen eine dritte Variante der Fabel von der musizierenden Grille und begründen, wer in *dieser* Fabel der Gewinner ist:
Die Grille ist der Gewinner, weil sie durch ihren Tanz viel Geld verdient und sich ein Haus in einer wärmeren Gegend leisten kann.

b Der Titel bezieht sich darauf, dass die Grille nur einen Winter tanzte und damit so viel Geld verdient hat, dass sie in eine warme Gegend ziehen konnte. Dort kann sie nun das ganze Jahr über singen.

2 **a** Mögliche Gedanken der Grille in ihrem Haus im Süden:
Gut, dass die Ameise so bösartig und selbstsüchtig war. Die Bemerkung, mit der sie mich abwimmeln wollte, hat mich ja erst auf die Idee mit dem Tanzen gebracht! Dass ich so musikalisch bin, hat mir beim Ballett natürlich sehr geholfen. Ein bisschen Glück brauchte ich auch, um nicht als brotlose Musikerin zu enden. Aber der Mut, das zu tun, was ich kann und was ich gerne mache, hat sich gelohnt.

b Beispiel für eine Erklärung der Lehre am Ende der Fabel:
Oft ist es besser, wenn man Ideen umsetzt und selbst aktiv wird, statt sich auf das Vertraute zu verlassen und nichts Neues auszuprobieren.

3 Beim Vergleich der drei Fabeln (S. 147–149 im Schülerbuch) können die Schülerinnen und Schüler zwischen Aufgaben auf drei Differenzierungsniveaus auswählen.

●○○ **a** Hier beschreiben die Lernenden die Eigenschaften, die die Grille in allen Texten besitzt: Sie ist in allen drei Fabeln musikalisch und freundlich.

●●○ **b** Auf dieser Differenzierungsstufe nennen die Schülerinnen und Schüler Gemeinsamkeiten und Unterschiede der beiden modernen Fabeln:
- Gemeinsamkeiten: Die modernen Fabeln haben beide ein überraschendes Ende und verändern so den Ausgang und die Lehre von Äsops Fabel.
- Unterschiede: Janosch erfindet im Gegensatz zu Born neue Fabeltiere hinzu: den Hirschkäfer und den Maulwurf.

●●● **c** Bei dieser Teilaufgabe vergleichen die Lernenden die Lehren der modernen Fabeln mit dem Vorbild Äsop:
Bei Äsop wird die Liebe der Grille zur Musik bestraft, in den modernen Fabeln wird sie belohnt. Während die Lehre bei Äsop lautet: „Sorge für dich selbst", zielen die modernen Fabeln darauf, dass Musik/Kunst sinnvoll ist und dass es lohnt, seine Talente zu nutzen, weil dies die anderen Lebewesen erfreut oder weil man damit sogar reich werden kann.

d Der Austausch der Ergebnisse sollte als zentrale Unterschiede der modernen Fabeln zu Äsops Vorbild die unterschiedlichen Lehren und die unterschiedliche Bedeutung/Bewertung der Musik herausarbeiten. Vorschlag für ein Tafelbild:

	Äsop	Janosch	Born
Grille	musikalisch, freundlich	musikalisch, freundlich	musikalisch, freundlich
Liebe zur Musik	wird bestraft	wird belohnt	wird belohnt
Lehre	Sorge für dich selbst.	Jeder bringt das ein, was er gut kann, dann sind alle zufrieden.	Oft ist es besser, etwas Neues auszuprobieren, statt am Vertrauten zu hängen.

149 **Helmut Arntzen: Grille und Ameise**

Die Aufgaben zu diesem kurzen Text können schnellen und leistungsstarken Lernenden zur Differenzierung angeboten werden.

4 ⊕ **a** Mögliche Gedanken der Tiere:
Ameise: Die Grille wird nie lernen, dass Musikmachen nichts bringt.
Grille: Die Ameise kann sich nicht in andere hineinversetzen und hat keine Ahnung von Musik.

b Der Text von Arntzen greift die Handlung von Äsops Fabel auf und ist eigentlich eine Fortsetzung der antiken Fabel. Man muss also Äsops Fabel kennen, um diese neue Fabel zu verstehen.

5 ⊕ Die Aufforderung, eine eigene Fabel über Grille und Ameise zu schreiben, ist sehr offen gehalten, deshalb sind hier viele Varianten möglich. Wahrscheinlich orientieren sich die Lernenden an den behandelten Fabeln und ergänzen andere Figuren, Orte oder Handlungsschritte.

150 Fabeln aus aller Welt vergleichen

150 **Drei wahre Worte (afrikanische Fabel)**

1 Zum Auftakt des interkulturellen Vergleichs von Fabeln untersuchen die Schülerinnen und Schüler, wie die beiden Tiere in der afrikanischen Fabel beschrieben werden:
- Der Schakal wird als überlegen, gewalttätig und bösartig geschildert.
- Der Bock geht auf das Gesprächsangebot des Schakals ein und reagiert schlau.

2 Der Schakal erinnert vor allem an den Fuchs, aber auch an den Wolf in europäischen Fabeln. Den Fuchs haben die Lernenden bereits in Äsops Fabel „Der Fuchs und der Bock" als hinterlistig und verschlagen kennengelernt (vgl. S. 142 im Schülerband). Wie der Schakal in der afrikanischen Fabel trifft er auf einen Bock. Bei Äsop geht die Geschichte für den Bock allerdings nicht so gut aus.
Auch vom Wolf, der meist als gierig und böse beschrieben wird, gibt es Fabeln, in denen ein Aufeinandertreffen mit einem Bock geschildert wird.

3 Folgende drei Wahrheiten verkündet der Bock dem Schakal:
- Die anderen Ziegen werden nicht glauben, dass der Schakal einen Bock, den er einmal gepackt hat, wieder laufen lässt.
- Die anderen Schakale werden nicht glauben, dass ein Schakal einen Bock laufen lässt, nur weil dieser drei Wahrheiten sagt.
- Der Schakal will nur deshalb wahre Worte hören, weil er keinen Hunger mehr hat.

4 Beispiel für einen veränderten Schluss durch die Veränderung des letzten Satzes:
Der Schakal antwortete dem Bock: „Das ist auch wahr. Aber ein klitzekleines Böckchen wie du geht immer noch rein. Als Nachtisch!“

5 „Der Schwächere ist den Launen des Stärkeren ausgeliefert“ passt als Lehre am besten zu dieser Fabel, weil der Schakal mit der Todesangst des Bocks spielt.

151 **Die kluge Ameise (ägyptische Fabel)**

1 Mit dieser Aufgabe erschließen die Lernenden die Situation und einen zentralen Begriff der Fabel.

a Das Kamel als Hauptfigur und die Wüste als Ort lassen erkennen, dass es sich um eine afrikanische / ägyptische Fabel handelt.

b Das Kamel wird als „Wüstenschiff“ bezeichnet, weil es Sachen und Menschen durch die Wüste transportiert, ähnlich wie ein Schiff, das Waren und Menschen über das Meer bringt.

2 **a** Zur Erklärung der Ameise in Zeile 17 bis 19 passt am besten die Lehre: „Wenn man etwas für sich tut, wächst man über sich hinaus.“ Die Ameise begründet ihren großen Arbeitseinsatz und ihre erstaunliche Leistung damit, dass sie für sich selbst arbeitet und nicht, wie das Kamel, für einen fremden Herrn.

b Die Diskussion der Schülerinnen und Schüler über die Frage, was sie von der Lehre der Ameise halten, hängt maßgeblich von ihrem Weltbild ab.

3 **a** Mit der Überlegung, durch welche Tiere man Ameise und Kamel ersetzen könnte, ohne die Aussage der Fabel zu verändern, vertiefen die Lernenden die Auseinandersetzung mit dem Text und seinen Figuren:
- Das Kamel könnte man durch ein Pferd oder einen Esel ersetzen, also durch Tiere, die ebenfalls oft als Lastenträger eingesetzt wurden oder werden.
- Die Ameise müsste durch ein anderes kleines, fleißiges Tier ersetzt werden, etwa ein Eichhörnchen, das Wintervorräte sammelt.

b Beispiel für einen Paralleltext mit anderen Tierfiguren, in dem sich die zentrale Aussage nicht verändert:

Esel und Eichhörnchen

Ein Esel, der Säcke zur Scheune trug, erblickte auf dem Scheunendach ein Eichhörnchen, das eine riesige Nuss im Maul schleppte. Die Nuss war fast so groß wie der Kopf des Eichhörnchens. Da staunte der Esel, der selbst schwer trug, und fragte: „Woher hast du die Ausdauer und die Kraft, so große Dinge zu schleppen, kleines Eichhörnchen? Und es sieht so aus, als hättest du Spaß dabei! Mir sind schon diese Säcke zu schwer, die mir der Bauer aufgeladen hat. Manchmal möchte ich einfach stehen bleiben. Du aber springst blitzschnell mit deiner Last übers Dach. Wie kann das sein?“
Da legte das Eichhörnchen seine Nuss behutsam hin und erklärte: „Das ist ganz einfach: Ich lege Wintervorräte für mich an – du schleppst Vorräte für deinen Herrn. Das ist der große Unterschied!“
Dann packte es die Nuss wieder und flitzte davon.
Der Esel zog die Stirn in Falten und dachte: „Das kleine Eichhörnchen hat recht!“

4 ⊕ Im Vergleich mit Äsops Fabel von der Ameise und der Grille erkennen die Lernenden, dass die Ameise in der ägyptischen Fabel ebenso fleißig ist wie die Ameise bei Äsop. Sie reagiert aber nicht so arrogant und besserwisserisch wie Äsops Ameise, sondern erklärt dem Kamel nüchtern und sachlich, warum sie eine ähnliche Aufgabe mit einer ganz anderen Motivation erledigt als er.

In der digitalen Version findet sich eine indische Fabel als Hörtext: „Das Kamel und die Ratte“, gesprochen von Thomas Dehler. Der Hörtext wird begleitet von einem passgenauen Arbeitsblatt mit Übungen zum Hörverstehen und Lösungshinweisen.

152

Testet euch! – Fabeln verstehen

152

Äsop: Die Teilung der Beute

1 Bringt man die Abschnitte der Fabel in die richtige Reihenfolge, ergibt sich diese Buchstabenfolge: S – H – C – U – F.

2 Eigenschaften der Tiere in dieser Fabel:
- Der Esel ist gerecht, aber ein bisschen dumm.
- Der Löwe ist stark.
- Der Fuchs ist schlau.

3 Zur Fabel passende Lehren:

U Aus dem Schaden anderer kann man lernen.
Begründung: Der Fuchs sieht, wie es dem Esel ergeht, als dieser die Beute gerecht aufgeteilt hat, und wählt eine andere Verteilung, um nicht dasselbe Schicksal wie der Esel zu erleiden.

A Der Stärkere nutzt seine Macht immer aus, auch wenn er vorgibt, gerecht zu sein.
Begründung: Der Löwe lässt dem Esel scheinbar die Möglichkeit, die Beute gerecht aufzuteilen. Er akzeptiert diese Verteilung aber nicht und setzt die von ihm gewünschte Verteilung (nämlich dass er den größten Teil bekommt) mit Gewalt durch.

4 Die richtigen Aussagen lauten:

L In Fabeln treten meist Tiere mit menschlichen Eigenschaften auf.
H Aus Fabeln sollen die Menschen etwas lernen.
C In Fabeln gibt es meist eindeutige Gewinner und Verlierer.
S Die Eigenschaften von Fabeltieren sind meist gegensätzlich.

5 Rückwärts gelesen ergeben die Buchstaben vor den richtigen Lösungen das Lösungswort: Schlaufuchs.

7.2 Schreibwerkstatt – Fabeln selbst schreiben

S. 153

Der Schwerpunkt dieses Teilkapitels liegt auf der Schreibkompetenz, und zwar beim produktiv-gestaltenden Schreiben, das auch im Zentrum des Klassenarbeitstrainings im nächsten Teilkapitel steht. Das Schreiben wird auf verschiedenen Wegen angebahnt: durch Schreiben zu Bildern und Schreiben zu einer Lehre / einem Sprichwort. Beiden Formaten ist gemeinsam, dass die Schülerinnen und Schüler ihre Vorkenntnisse über Fabeln aus dem ersten Teilkapitel anwenden müssen. Die Schreibleistung unterscheidet sich jedoch erheblich: Beim Schreiben zu Bildern sind Handlung und Tiere schon vorgegeben; beim Schreiben zu einer Lehre / einem Sprichwort ist normalerweise nur die Grundintention des Textes bekannt, Handlung, Handlungsaufbau und Tiere müssen von den Schreibenden erfunden werden. Die differenzierende Aufgabenstellung zu diesem Format bietet den Lernenden allerdings Hilfen auf unterschiedlichem Niveau an.

S. 153

Eine Fabel zu Bildern schreiben

S. 153

Der Löwe und die Maus

1 Die Lernenden sehen die Bildergeschichte genau an und stellen Überlegungen zur Handlung an, z. B.:
- Bild 1: Eine Maus läuft über den Rücken eines schlafenden Löwen.
- Bild 2: Der Löwe wacht auf und packt die Maus. Als er sie in der Tatze hält, fleht die Maus den Löwen an, sie freizulassen. Als Gegenleistung verspricht sie, ihm zu helfen, wenn er einmal in Not gerät.
- Bild 3: Daraufhin lacht der Löwe und lässt die Maus laufen.
- Bild 4: Eines Tages sieht die Maus, dass der Löwe in einem Netz gefangen ist und um Hilfe ruft.
- Bild 5: Die Maus nagt ein Loch in das Netz und befreit so den Löwen.
- Bild 6: Der Löwe schreitet aus dem Netz und bedankt sich bei der Maus, die stolz vor dem Löwen steht.

2 Nun sammeln die Schülerinnen und Schüler fragengeleitet Ideen für ihre Fabel und halten sie in einem Schreibplan fest, z. B.:

Schreibplan

Titel: Der Löwe und die Maus
Tiere mit gegensätzlichen Eigenschaften:
- Maus: klein, ängstlich
- Löwe: groß, stark, mächtig

1 Ausgangssituation: kleine Maus läuft über den Rücken eines schlafenden Löwen
2 Konflikt und Dialog: Löwe will Maus fressen, Maus bietet Hilfe im Notfall an, Löwe lässt sie laufen
3 Lösung/Lehre: Maus befreit hilflosen Löwen aus Netz; Lehre: Auch ein Mächtiger benötigt manchmal die Hilfe eines Kleinen.

3 Als Vorübung für das Schreiben der vollständigen Fabel entwerfen die Schülerinnen und Schüler Dialoge zu den Bildern 2 und 6, z. B.:
- Bild 2: „Warum störst du meine Ruhe und weckst mich auf?“, sprach der Löwe ärgerlich. „Ach“, stotterte die Maus, „sei mir nicht böse, ich habe dich nicht gesehen. Lass mich bitte frei. Ich verspreche dir, dass ich auch dir helfen werde, wenn du einmal in Not gerätst.“ „Wie willst du Winzling mir denn helfen?“, lachte der Löwe.
- Bild 6: Stolz sagte die Maus zu dem Löwen: „Damals hast du über mich gelacht und gedacht: Wobei kann das Mäuschen mir denn helfen? Jetzt siehst du, dass auch kleine Mäuse großen Löwen helfen können.“

4 **a** Beispiellösung für die Fabel:

Der Löwe und die Maus

Als der Löwe schlief, rannte ihm eine Maus über den Rücken.
Da erwachte der Löwe und ergriff die Maus mit seinen großen Tatzen. „Warum störst du meine Ruhe und weckst mich auf?“, sprach der Löwe ärgerlich. „Ach“, stotterte die Maus, „sei mir nicht böse, ich habe dich nicht gesehen. Lass mich leben. Lass mich bitte frei. Ich verspreche dir, dass ich auch dir helfen werde, wenn du einmal in Not gerätst.“ „Wie willst du Winzling mir denn helfen?“, lachte der Löwe und ließ die Maus großmütig laufen.
Eines Tages entdeckte die Maus, dass der Löwe in einem Netz gefangen war und um Hilfe rief. Schnell lief sie zu dem gefangenen Löwen und nagte ein großes Loch in das Netz. Der Löwe schritt aus dem Netz und bedankte sich bei der Maus. Stolz sagte diese zu dem Löwen: „Damals hast du über mich gelacht und gedacht: Wobei kann das Mäuschen mir denn helfen? Jetzt siehst du, dass auch kleine Mäuse großen Löwen helfen können.“

b Kriterien für das Feedback finden die Schülerinnen und Schüler im Informationskasten zur Fabel auf S. 146 im Schülerband.

154

Sprachtraining: Zeichensetzung bei der wörtlichen Rede

Mit dieser Sprachtrainingsseite üben und vertiefen die Schülerinnen und Schüler ihre Kompetenzen in der Zeichensetzung bei der wörtlichen Rede.

1 **a** Zunächst unterscheiden die Lernenden wörtliche Rede (hier einfach unterstrichen) und Redebegleitsätze (hier doppelt unterstrichen):
Der Löwe sprach: „Warum störst du meinen Schlaf?“
„Keinesfalls will ich dich stören“, stotterte die Maus.
„Ach“, bat das Mäuschen ängstlich, „lass mich doch bitte frei.“

b Dann erklären sie die Funktion der Anführungszeichen:
Die Anführungszeichen zeigen Beginn und Ende der wörtlichen Rede an.

c Nun untersuchen die Schülerinnen und Schüler, welche Satzzeichen den Redebegleitsatz von der wörtlichen Rede abtrennen:
- Steht der Redebegleitsatz vor der wörtlichen Rede, wird er durch einen Doppelpunkt abgetrennt.
- Steht der Redebegleitsatz nach oder zwischen der wörtlichen Rede, wird er durch Kommas abgetrennt.

2 Die Lernenden sammeln in der Fabel „Wie die Spinne die Eidechse mit einem Loch bezahlte“ Beispiele für die unterschiedlichen Positionen der Redebegleitsätze und ergänzen die Satzzeichen.

Redebegleitsatz vor der wörtlichen Rede:
- Sie sprach**: „**Was soll ich denn mit einem Spinnenloch tun?**“** (Z. 13–14)
- Da kam die Spinne zurückgekrabbelt und sprach**: „**Ah, Eidechse, hast du nun doch mein Haus in Besitz genommen? Dann wären wir ja quitt.**“** (Z. 21–24)

Redebegleitsatz nach der wörtlichen Rede:
- **„**Auf der Stelle bekomme ich mein Geld oder irgendetwas anderes, das ebenso viel wert ist**“,** forderte die Eidechse. (Z. 7–9)
- **„**Fein, danke schön**“,** sagte der Adler. (Z. 18)

Redebegleitsatz zwischen der wörtlichen Rede:
- **„**Ich kann nicht bezahlen**“,** jammerte die Spinne**, „**ich habe keinen Pfennig.**“** (Z. 4–5)
- **„**Freund Adler**“,** sagte sie**, „**siehst du dort die Eidechse vor meinem Loch? Hol sie dir doch!**“** (Z. 16–17)

155

Eine Fabel zu einer Lehre schreiben

1 Für das Schreiben einer Fabel zu einer Lehre werden den Schülerinnen und Schülern Aufgaben auf drei Differenzierungsniveaus zur Auswahl angeboten. Die Differenzierungsniveaus unterscheiden sich in der Zahl und der Art der Vorgaben und Hilfen.

●○○ **a** Auf dieser Niveaustufe erhalten die Lernenden folgende Vorgaben:
- die Lehre: Unterschätze nie dein Gegenüber
- die Tierfiguren mit ihren Eigenschaften: Hase (schnell, vorlaut) und Schildkröte (langsam, gewissenhaft)
- Fragen und Hilfen zur Strukturierung des Fabeltextes

Beispiellösung:

Der Hase und die Schildkröte

Ein Hase stolperte über eine Schildkröte, die langsam vor sich hinkroch. Erschrocken rappelte er sich wieder auf und suchte den Stolperstein. Als er die Schildkröte entdeckte, musste er lachen. Haken schlagend raste der Hase um die Schildkröte herum und rief: „Schildkröte, du bist ja so lahm. Bis du zum nächsten Baum gekrochen bist, bin ich schon über alle Berge." Die Schildkröte schaute langsam zu ihm hoch und antwortete bedächtig: „Sollen wir eine Wette abschließen, dass ich schneller am Ziel bin als du?" Der Hase rollte sich vor Lachen auf dem Boden und jubelte: „Ja, gerne, so einfach habe ich noch nie eine Wette gewonnen." Die beiden legten ein Ziel in der Ferne fest.
Während die Schildkröte loskroch, legte sich der Hase übermütig und siegessicher hin und schlief eine Weile. Als er nach einem erholsamen Schlaf entspannt hoppelnd am Ziel ankam, begrüßte ihn jedoch dort die Schildkröte mit den Worten: „Unterschätze nie dein Gegenüber."

●●○ **b** Hier wählen die Lernenden aus vier Lehren (Sprichwörtern) und acht Tieren mit ihren Eigenschaften aus.
Beispiellösung:

Der Wolf und das Lamm

Ein Wolf und ein Lamm tranken am Fluss, jeder an einem Ufer. Das Lamm trank weiter oben und der Wolf weiter unten. Der Wolf dachte bei sich: Wenn das Lamm oben ins Wasser fällt, schwimmt es mir direkt ins Maul.
Da rief der Wolf dem Lamm zu: „Ist nicht dein Vater erst letzte Woche flink wie ein junges Reh von einer Seite auf die andere Seite des Flusses gesprungen? Bist du genauso mutig?" Das Lamm schaute auf: „Mein Vater konnte viel, und er sprang gern gemeinsam mit einem Wolf von Ufer zu Ufer. Wenn du also mit mir spielen willst, bin ich dabei. Lass uns gemeinsam Anlauf nehmen und hin- und herspringen." Der Wolf sah den Leckerbissen vor sich und dachte nicht lange nach: „Au ja!"
Der Wolf und das Lamm nahmen Anlauf. Das Lamm machte drei tänzelnde Schritte, der Wolf hetzte los. Aber während das Lamm kurz vor dem Ufer stehen blieb, stürzte der Wolf in die Fluten und ertrank jämmerlich. Das Lamm rief ihm nach: „Wer andern eine Grube gräbt, fällt selbst hinein."

●●● **c** Auf diesem Niveau schreiben die Schülerinnen und Schüler ohne Hilfen eine Fabel mit Tierfiguren ihrer Wahl zu einem Sprichwort / einer Lehre, die sie selbst gesucht haben.

d Beim Austausch über die selbst geschriebenen Fabeln können als Kriterien – neben der Frage, ob die Lehre zur Handlung passt – die Fabelmerkmale aus dem Informationskasten auf S. 146 im Schülerband herangezogen werden.

156

Ein Fabelbuch am Computer gestalten

Das gemeinsame Gestalten eines Fabelbuchs am Computer kann als Projekt parallel zum laufenden Unterricht initiiert oder in den Unterricht integriert werden.
Zunächst muss geklärt werden:

- Haben alle Schülerinnen und Schüler – in der Klasse und/oder zu Hause – Zugang zu einem Computer mit Textverarbeitungsprogramm?
- Wenn im Klassenraum keine PCs zur Verfügung stehen: Lässt sich in der Schule für den Zeitraum des Projekts ein Computerraum nutzen?
- (Wie) lässt sich sicherstellen, dass alle am Computer arbeiten können?
- Welche Erfahrungen besitzen die Schülerinnen und Schüler in der Anwendung von Textverarbeitungsprogrammen?

Von der Klärung dieser Fragen hängt das methodische Vorgehen ab. Hilfestellung beim Umgang mit Schreibprogrammen und beim Einfügen von Bilddokumenten bietet die Methodenseite „Das Schreibprogramm des Computers nutzen" in Kapitel 1 (S. 19 im Schülerband), die auch in diesem Unterrichtszusammenhang gemeinsam erarbeitet werden kann. Wenn ein Computerraum zur Verfügung steht oder das Klassenzimmer entsprechend ausgestattet ist, können die verschiedenen Funktionen des Textverarbeitungsprogramms an einem Beispieltext ausprobiert werden: Die Schülerinnen und Schüler können diesen Text z. B. in Partnerarbeit grafisch gestalten. Die Ergebnisse werden mittels Beamer oder Whiteboard miteinander verglichen.
Eine besondere Motivation für das Gestalten des Fabelbuchs kann daraus erwachsen, dass das Produkt ausgedruckt und verschenkt werden kann und dadurch eine reale soziale Funktion bekommt.

1 Nach der Startphase können die Schülerinnen und Schüler selbstständig arbeiten, die Lehrkraft steht beratend zur Seite. Die Produkte können als Hausaufgabe gestellt werden, die Überarbeitung kann in den Unterricht integriert werden. Den Lernenden werden Aufgaben auf drei Differenzierungsniveaus zur Auswahl angeboten.

●○○ **Station 1: Eine Fabel mit Bildern versehen**
Auf dieser Differenzierungsstufe schreiben die Schülerinnen und Schüler eine eigene oder eine fremde Fabel auf dem PC ab oder fügen eine Fabel aus dem Internet in ihr Dokument ein. Zu dieser Fabel suchen sie mit Hilfen eine passende Abbildung im Internet und ergänzen diese in ihrem Dokument.

●●○ **Station 2: Den Text besonders gestalten**
Auf diesem Niveau nutzen die Lernenden für die Gestaltung einer eigenen oder fremden Fabel die Möglichkeiten, die Schriftarten und -größen, Farben und Auszeichnungen des Textverarbeitungsprogramms bieten.

●●● **Station 3: Einen Fabelcomic gestalten**
Hier gestalten die Schülerinnen und Schüler mit Anleitungen und Hilfen einen Fabelcomic zu einer Fabel ihrer Wahl.

2 Die Endphase sollte wieder unter stärkerer Lenkung der Lehrkraft stattfinden. Die Schülerprodukte werden gesichtet und gemeinsam mit den Schülerinnen und Schülern thematisch systematisiert. Unabdingbar ist in dieser Phase, dass die Lehrerin / der Lehrer alle Schülerprodukte auf inhaltliche und sprachliche Richtigkeit überprüft.

7.3 Fit in ... – Eine Fabel zu Bildern schreiben

157 Schwerpunkt des Klassenarbeitstrainings ist das produktiv-gestaltende Schreiben, bei dem die erworbenen Fabelkenntnisse angewendet und die verschiedenen Aspekte der Schreibkompetenz (z. B. Formulierungskompetenz, Inhaltskompetenz) überprüft und vertieft werden können.
„Eine Fabel zu Bildern schreiben" ist ein typisches Format für eine Klassenarbeit, das hier prozessorientiert Schritt für Schritt angeleitet und eingeübt wird. Zwei Vorschläge für entsprechende Klassenarbeiten finden sich auf S. 187 und 188 in diesen Handreichungen. Die Schritte des Schreibprozesses sind teilweise auch auf andere Schreibanlässe (z. B. Schreiben zu einer Lehre / zu einem Sprichwort) übertragbar.

157

Die Aufgabenstellung richtig verstehen

1 Die Lernenden überprüfen zunächst, ob sie die Aufgabenstellung richtig verstanden haben. Korrekt sind folgende Aussagen:
Ich soll ...
- zu der Handlung auf den Bildern eine Fabel schreiben. (Das wird explizit gefordert.)
- in der Fabel einen Dialog zwischen streitenden Tieren formulieren. (Das impliziert der Hinweis auf die Fabelmerkmale.)

157

Ideen sammeln und planen

2 Im nächsten Schritt betrachten die Schülerinnen und Schüler die Bilderfolge genau und sammeln Ideen. Dabei wird ihnen die Strukturierung durch die Erschließungsfragen vorgegeben.
Beispiellösung:

1 Ausgangssituation:
zwei Ziegen wollen von gegenüberliegenden Seiten auf schmaler Brücke ohne Geländer Fluss überqueren (Bild 1)
2 Konflikt/Problem:
Ziegen stehen einander in der Mitte der Brücke gegenüber, keine will ausweichen, streiten (Bild 2);
kämpfen miteinander, verlieren Gleichgewicht, stürzen von der Brücke (Bild 3)
3 Lösung/Lehre:
Ziegen krabbeln durchnässt aus dem Fluss (Bild 4)

3 Mit Hilfe eines Wortkastens ermitteln die Lernenden die Eigenschaften der Fabeltiere:
Die Ziegen sind dickköpfig und stur.

4 Aus drei Lehren ist die passende auszuwählen:
Bei einem Streit muss man auch mal nachgeben.

5 Als letzte Vorarbeit entwerfen die Schülerinnen und Schüler einen Dialog zwischen den Tieren, z. B.:
„Geh mir aus dem Weg!", sagte die eine Ziege ärgerlich.
„Was? Ich soll dir aus dem Weg gehen? Ich habe die Brücke zuerst betreten", rief die andere.
„Ha", sprach die erste, „wir stehen aber beide in der Mitte der Brücke. Nein, wir stehen sogar näher bei deinem Brückenende. Also geh zurück, dann kannst du über die Brücke laufen, wenn ich sie überquert habe."
„Nö, das sehe ich gar nicht ein", entgegnete die andere Ziege stur.

158

Die Fabel schreiben und überarbeiten

6 Beispiellösung für eine Fabel zu den Bildern:

Die beiden Ziegen

1. Ausgangssituation

Zwei Ziegen wollten von den gegenüberliegenden Seiten eine schmale Brücke überqueren, die ohne Geländer hoch oben über einen reißenden Fluss führte.

2. Konflikt und Dialog der Tiere

Dickköpfig liefen beide los und begegneten sich in der Mitte der Brücke. „Geh mir aus dem Weg!", sagte die eine Ziege ärgerlich. „Was? Ich soll dir aus dem Weg gehen? Ich habe die Brücke zuerst betreten", rief die andere. „Ha", sprach die erste, „wir stehen aber beide in der Mitte der Brücke. Nein, wir stehen sogar näher bei deinem Brückenende. Also geh zurück, dann kannst du über die Brücke laufen, wenn ich sie überquert habe." „Nö, das sehe ich gar nicht ein", entgegnete die andere stur.
Da keine der beiden Ziegen nachgeben wollte, schrien sie immer lauter aufeinander ein und begannen schließlich, miteinander zu kämpfen. Zornig stießen sie ihre Dickschädel immer wieder gegeneinander, bis sie so hart zusammenprallten, dass sie das Gleichgewicht verloren und beide von der Brücke stürzten.

3. Lösung des Konflikts und Lehre

Pitschnass und mit schmerzenden Beinen kletterten die beiden Ziegen aus dem Fluss und machten sich auf den mühsamen Weg aus der Schlucht. Ohne es zuzugeben, dachte jede: Bei einem Streit muss man auch mal nachgeben.

7 Für die Textüberarbeitung werden den Schülerinnen und Schülern ergänzend zur Checkliste Hilfestellungen angeboten.

Material zu diesem Kapitel auf den folgenden Seiten und digital

- Fordern und fördern – Eine Fabel zu Bildern schreiben: Das Pferd und der Esel (mit Hilfe-Karten und Zusatzaufgaben für „Profis"; Lösungshinweise digital)
- Was kannst du schon? – Fabeln untersuchen: Sabine Tauber: Der Hamster und der Dachs (Lösungshinweise und Förderempfehlungen digital)
- Klassenarbeit – Eine Fabel zu Bildern schreiben: Der Fuchs und die Schnecke (Erwartungshorizont digital)
- Klassenarbeit – Eine Fabel zu Bildern schreiben: Der Fuchs, der Löwe und der Bär (Erwartungshorizont digital)
- Klassenarbeit – Eine Fabel untersuchen: Äsop: Die Stadt- und die Landmaus (Erwartungshorizont digital)
- Hörtext: Das Kamel und die Ratte (indische Fabel), gesprochen von Thomas Dehler (mit einem passgenauen Arbeitsblatt zur Übung des Hörverstehens inkl. Lösungshinweisen; digital)

Fordern und fördern – Eine Fabel zu Bildern schreiben

Das Pferd und der Esel

Plane und schreibe eine Fabel zu den Bildern. Gehe dabei in folgenden Schritten vor:

1 Schau dir die Bildergeschichte genau an.
Notiere dann in deinem Heft Ideen zu folgenden Fragen:
- Welche Tiere treffen in der Fabel aufeinander?
- Welche Eigenschaften könnten diese Tiere haben?
  (→ Hilfe-Karte: Tiere und ihre Eigenschaften)
- Was geschieht zu Beginn (Ausgangssituation)?
- Welcher Konflikt, welches Problem entsteht?
- Wie sieht der Schluss aus?
- Welche Lehre könnte am Ende der Fabel stehen?

Autor: Alexander Joist
Illustration: Juliane Steinbach, Wuppertal

2 Halte deine Ideen in einem Schreibplan nach dem untenstehenden Muster fest.
(→ Hilfe-Karte: Aufbau der Fabel / Schreibplan)

Schreibplan

Titel: ...

Tiere mit gegensätzlichen Eigenschaften:
- Pferd: ...
- Esel: ...

1 Ausgangssituation:
Esel und Pferd gehen bepackt nebeneinander, Esel ...
2 Konflikt und Dialog: ...
3 ...

3 Was könnten die Tiere in Bild 2 bis 6 zueinander sagen? Notiere dazu erste Ideen.
(→ Hilfe-Karte: Formulierungshilfen für den Dialog)

4 Formuliere einen treffenden Satz, der die Lehre der Fabel sein könnte.

5 Schreibe zu dieser Bildergeschichte eine kurze Fabel. Nutze deine Vorarbeiten. Schreibe im Präteritum.

Folgende Hilfen oder Aufgaben zum Weiterarbeiten kannst du nutzen

Hilfe-Karte	Tiere und ihre Eigenschaften
Hilfe-Karte	Aufbau der Fabel / Schreibplan
Hilfe-Karte	Formulierungshilfen für den Dialog
Für Profis und Schnelle	Die Lehre untersuchen

Hilfe-Karte: Tiere und ihre Eigenschaften

Hier stehen typische Eigenschaften der beiden Tiere. Wähle die aus, die zu dieser Fabel passen.
- Eigenschaften des Esels: dumm, lahm, schwach, störrisch, hilfsbedürftig
- Eigenschaften des Pferdes: groß, stark, schnell, schlau, selbstbewusst

Hilfe-Karte: Aufbau der Fabel / Schreibplan

Schreibplan

Titel: Das Pferd und der Esel

Tiere mit gegensätzlichen Eigenschaften:
- Pferd: …
- Esel: …

1 Ausgangssituation: Esel und Pferd gehen bepackt nebeneinander, Esel …
2 Konflikt und Dialog:
   - Pferd erklärt schadenfroh: …
   - Esel fleht: ...
   - Pferd lacht ...
3 Lösung/Lehre:
   - Esel bricht zusammen
   - Pferd muss …

Hilfe-Karte: Formulierungshilfen für den Dialog

Aus den folgenden Satzbausteinen kannst du passende für deinen Dialog aussuchen.

Ach, hilf mir, die Lasten zu tragen. – Du bist doch viel größer und stärker ... –
Jeder muss seine Aufgaben erledigen. – Ich kann nicht mehr. – Gleich breche ich zusammen. –
Das ist doch nicht mein Problem. – Jeder hilft sich selbst am besten. –
Hätte ich ihm doch nur geholfen. – Jetzt muss ich selbst ...

TIPP: Denke an die Satzzeichen bei der wörtlichen Rede.

Für Profis und Schnelle: Die Lehre untersuchen

6 Lies die Lehre aus dem Originaltext, zu dem die Bildergeschichte gezeichnet wurde.
Erläutere in deinem Heft den zweiten Satz der Lehre.

Hilf zeitig, wo du helfen kannst. Hilf dem Nachbarn löschen, ehe das Feuer auch dein Dach ergreift.

7 Hast du eine ähnliche Lehre erfunden? Vergleiche die Lehre aus der Originalfabel mit deiner selbst formulierten Lehre. Erläutere die Gemeinsamkeiten und Unterschiede.

Was kannst du schon? – Fabeln untersuchen

Sabine Tauber

Der Hamster und der Dachs

Nach Johann Wilhelm Gleim

Ein Hamster grub sich gerade ein schönes Loch, als er von einem Dachs angesprochen wurde: „Hey, was machst du denn da? Das Loch, das du gräbst, ist ja viel zu klein!“

„Für dich wahrscheinlich schon“, antwortete der schlaue Hamster. „Ich könnte es natürlich größer machen, doch das wäre nicht klug. Der Fuchs und du, ihr hättet was zu lachen! Ihr würdet dann einfach als meine ungebetenen Gäste mit hineinkommen.“

(Aus: Sabine Tauber: Von eitlen Raben und schlauen Füchsen. Die schönsten Tierfabeln. Prestel Verlag, München/London/New York 2015)

1 Welche menschlichen Eigenschaften verkörpern die Tiere?
Wähle die zwei passenden aus dem Wortspeicher aus und notiere sie.

schlau – gemein – gut – lieb – faul – böse – hinterlistig

Hamster: ____________________ Dachs: ____________________

2 **a** Kennst du die Merkmale einer Fabel? Kreuze die Merkmale an, die in Fabeln oft vorkommen.

b Finde im Text Beispiele für diese Fabelmerkmale. Notiere die Zeilenangaben der Beispiele in der dritten Spalte.

Merkmal	kommt oft in Fabeln vor	Beispiele aus der Fabel „Der Hamster und der Dachs“ (Zeilenangaben)
A Eingangsformel (z. B. „Es war einmal ...“)	☐	
B Tiere mit menschlichen Eigenschaften	☐	
C Feen und Zauberer	☐	
D Beschreibung der Ausgangssituation	☐	
E Konflikt und Dialog im Mittelteil	☐	
F langer Text	☐	
G Schlussformel (z. B. „Und wenn sie nicht gestorben sind ...“)	☐	
H Lehre am Ende	☐	

3 Am Ende der Fabel vom Hamster und dem Dachs fehlt die Lehre.
Wähle eine der beiden Lehren aus und begründe deine Wahl auf der Rückseite.

☐ Der Klügere gibt nach. ☐ Wer sich vorsieht, lebt länger.

Klassenarbeit – Eine Fabel zu Bildern schreiben

Aufgabenstellung

1 Schreibe zu den folgenden Bildern eine Fabel. Berücksichtige dabei die Fabelmerkmale.

Der Fuchs und die Schnecke

Klassenarbeit – Eine Fabel zu Bildern schreiben

Aufgabenstellung

1 Schreibe zu den folgenden Bildern eine Fabel. Berücksichtige dabei die Fabelmerkmale.

Der Fuchs, der Löwe und der Bär

Klassenarbeit – Eine Fabel untersuchen

Aufgabenstellung

1 a Notiere die drei typischen Abschnitte (Handlungsbausteine) einer Fabel.
b Lies die Fabel „Die Stadt- und die Landmaus" und teile sie in die drei Abschnitte ein.
– Notiere für jeden Abschnitt (Handlungsbaustein) die Zeilennummern.
– Formuliere dann zu jedem Fabelabschnitt eine Überschrift hinter deinen Zeilenangaben.

2 Beschreibe die wichtigsten Eigenschaften der Stadtmaus und der Landmaus. Wähle dazu pro Tier zwei Adjektive und erkläre deine Wahl.

3 Formuliere eine Lehre der Fabel mit eigenen Worten.

4 Würdest du lieber wie die Stadtmaus oder lieber wie die Landmaus leben? Entscheide dich für eine der beiden Lebensweisen und begründe deine Meinung.

Äsop

Die Stadt- und die Landmaus

Eine Landmaus hatte ihre Freundin, eine Stadtmaus, zu sich eingeladen und empfing sie in ihrer sehr bescheidenen Wohnung aufs Freundlichste. Um die sehr verwöhnte Städterin ihren Mangel nicht merken zu lassen, hatte sie alles, was das Landleben Gutes bot, herbeigeschafft und aufgetischt. Da waren frische Erbsen, getrocknete Traubenkerne, Hafer und auch ein Stückchen Speck, wovon die Landmaus nur bei außergewöhnlichen Gelegenheiten aß. Mit großer Genugtuung überschaute sie ihre Tafel und unterließ es nicht, ihrer Freundin unablässig zuzusprechen.

Aber die Stadtmaus, durch die vielen gewohnten Leckereien verwöhnt, beroch und benagte die Speisen nur sehr wenig und stellte sich der Höflichkeit halber so, als wenn es ihr schmecke, konnte aber doch nicht umhin, die Gastgeberin merken zu lassen, dass alles sehr wenig nach ihrem Geschmack gewesen sei.

„Du bist eine recht große Törin[1]", sprach sie zu ihr, „dass du hier so kümmerlich[2] dein Leben fristest, während du es in der Stadt so glänzend führen könntest wie ich. Gehe mit mir in die Stadt unter Menschen, dort hast du Vergnügen und Überfluss." Die Landmaus war bald entschlossen und machte sich zum Mitgehen bereit. Schnell hatten sie die Stadt erreicht, und die Städterin führte sie nun in einen Palast, in welchem sie sich hauptsächlich aufzuhalten pflegte; sie gingen in den Speisesaal, wo sie noch die Überbleibsel eines herrlichen Abendschmauses[3] vorfanden.

Die Stadtmaus führte ihre Freundin nun zu einem prachtvollen, mit Damast[4] überzogenen Sessel, bat sie, Platz zu nehmen, und legte ihr von den leckeren Speisen vor. Lange nötigen ließ sich die Landmaus nicht, sondern verschlang mit Heißhunger die ihr dargereichten Leckerbissen. Ganz entzückt war sie davon und wollte eben in Lobsprüche ausbrechen, als sich plötzlich die Flügeltüren öffneten und eine Schar Diener hereinstürzte, um die Reste des Mahles zu verzehren. Bestürzt und zitternd flohen beide Freundinnen, und die Landmaus, unbekannt in dem großen Hause, rettete sich noch mit Mühe in eine Ecke der Stube.

Kaum hatte sich die Dienerschaft entfernt, als sie auch schon wieder hervorkroch und noch vor Schrecken zitternd zu ihrer Freundin sprach: „Lebe wohl! Einmal und nie wieder! Lieber will ich meine ärmliche Nahrung in Frieden genießen, als hier bei den ausgesuchtesten Speisen schwelgen und stets für mein Leben fürchten müssen."

(http://gutenberg.spiegel.de/buch/fabeln-9534/66)

1 die Törin / der Tor: dummer Mensch
2 kümmerlich: arm
3 der Abendschmaus: Abendessen
4 Damast: feiner, kostbarer Stoff

8 Himmlisch – Gedichte verstehen und gestalten

Konzeption des Kapitels

Das Kapitel greift Intentionen des Lyrikkapitels in Band 5 des „Deutschbuchs“ wieder auf. Die Schülerinnen und Schüler erfahren bei der Beschäftigung mit den Gedichten, besonders mit ihrer vielfältigen Bildlichkeit, dass in der Lyrik Sprache nicht alltäglich und normorientiert, sondern kreativ verwendet wird. Durch genaue Textwahrnehmung und eigene Gestaltungsversuche werden sie für die Wirksamkeit sprachlicher Möglichkeiten sensibilisiert und können Freude an ästhetisch anspruchsvollen Texten entwickeln. Besonders reizvoll sind Vergleiche von Text und Bild, wie sie in den ersten beiden Teilkapiteln angeregt werden. Demgegenüber legt das Projekt im dritten Teilkapitel seinen Schwerpunkt auf akustische, auditive Reize. Thematisch stehen „himmlische“ Naturerscheinungen im Mittelpunkt – im ersten Teilkapitel vor allem die Gestirne, im zweiten Wolken und Wetterphänomene.
Das erste Teilkapitel **(„Gedichte vergleichen: Reim, Vers und Strophe“)** ist schwerpunktmäßig dem Bereich „Texte“ zugeordnet und integriert den Bereich „Kommunikation: Sprechen – Zuhören – Schreiben“. Es lenkt mit klaren und häufig differenzierenden Aufgaben den Blick auf signifikante Formmerkmale (Strophe, Vers, Reim und Metrum), die poetische Sprache von Alltagssprache abgrenzen. Untersuchungs- und Reflexionsaufgaben gehen Hand in Hand mit produktiv-gestaltenden Arbeitsanregungen, die auf ihre Art geeignet sind, den Schülerinnen und Schülern zu einer bewussten Textwahrnehmung sowie alternativen Wegen zum Textverstehen zu verhelfen und dabei Freude am Umgang mit der Gattung zu vermitteln. Ein Test am Ende des Teilkapitels ermöglicht den Lernenden eine Selbstdiagnose ihres erworbenen Wissens und Könnens.
Das zweite Teilkapitel **(„Wolkenschneider, Wettermacher – Sprachliche Bilder untersuchen“)** integriert den Bereich „Sprachreflexion“, indem die Schülerinnen und Schüler die Bildformen Vergleich, Metapher und speziell Personifikation an passenden Gedichtbeispielen bewusst wahrnehmen und begrifflich erfassen. Die Aufgaben bieten vielfältige Angebote, mit diesen lyrischen Mitteln – auch in der Verbindung mit Bildern – auf kreative Weise eigene Erfahrungen zu sammeln. Als besondere Form von Bildlichkeit in der Lyrik betrachten und gestalten die Lernenden Bildgedichte.
Für das dritte Teilkapitel **(„Projekt – ‚Die Geschichte vom Wind‘ als Klangcollage gestalten“)** wurde das Gedicht „Geschichte vom Wind“ von Josef Guggenmos ausgewählt, denn es eignet sich in besonderer Weise für eine akustische Umsetzung. Bei der Gestaltung der Klangcollage werden neben vielfältigen fachlichen Kompetenzen auch solche im sozialen und technischen Bereich besonders geschult. Das Projekt kann auch fachübergreifend mit dem Fach Musik und gegebenenfalls mit Technik oder Informatik durchgeführt werden.

Literaturhinweise

- *Anders, Petra:* Lyrische Texte im Deutschunterricht. Grundlagen, Methoden, multimediale Praxisvorschläge. Friedrich Verlag, Seelze 2013
- *Franz, Kurt / Hochholzer, Rupert (Hg.):* Lyrik im Deutschunterricht. Grundlagen – Methoden – Beispiele. Schneider, Baltmannsweiler ²2010
- Lyrik. Deutschunterricht 1/2004
- Lyrik verstehen. Praxis Deutsch. Themenheft 213/2009
- *Oliver, José F. A.:* Lyrisches Schreiben im Unterricht. Vom Wort in die Verdichtung. Friedrich Verlag, Seelze 2013
- *Spinner, Kaspar H.:* Umgang mit Lyrik in der Sekundarstufe I. Schneider, Baltmannsweiler ¹¹2005
- *Waldmann, Günter:* Produktiver Umgang mit Lyrik, ihre produktive Erfahrung und ihr Schreiben. Schneider, Baltmannsweiler ⁸2003

Übungsmaterial im „Deutschbuch 6 Arbeitsheft“

- Ein Gedicht gestaltend vortragen, S. 28

	Inhalte	Kompetenzen Die Schülerinnen und Schüler
S. 159	**8 Himmlisch – Gedichte verstehen und gestalten** *Josef Guggenmos: Stern*	– formulieren Assoziationen zu einem Bild- und einem Textimpuls, vergleichen Bild und Text – aktivieren ihr Vorwissen über Gedichte
S. 160	**8.1 Gedichte vergleichen: Reim, Vers und Strophe** *Gedichte von Elisabeth Borchers, R. L. Stevenson / Klaus Modick und Heinrich Heine*	– untersuchen Gedichte zum Thema „Sonne" – nehmen Vergleich und Personifikation wahr – schreiben ein Parallelgedicht – verwenden die Begriffe „Vers", „Strophe" und „Paarreim" sachgemäß – erarbeiten ein Gedicht szenisch
S.163	Das Metrum bestimmen und Gedichte vortragen *Gedichte von Franz Grillparzer und Joachim Heinrich Campe*	– nehmen das Metrum bewusst wahr – beschreiben und kennzeichnen das Metrum – planen und gestalten einen Gedichtvortrag
S.166	Ein Gedicht selbstständig erschließen und präsentieren *Gedichte von Christine Busta und Reiner Kunze*	– erschließen Form und Inhalt eines Gedichts mit Hilfe eines Steckbriefs selbstständig – präsentieren ihre Ergebnisse – tragen das Gedicht ausdrucksstark vor
S. 167	Testet euch! – Gedichte untersuchen *Mascha Kaléko: Der Mann im Mond*	– erfassen den Inhalt des Gedichts – überprüfen ihr Wissen über Formmerkmale
S. 168	**8.2 Wolkenschneider, Wettermacher – Sprachliche Bilder untersuchen** Mit Vergleichen veranschaulichen *Gedicht von Josef Guggenmos*	– erschließen die sprachliche Form und die Funktion von Vergleichen in lyrischen Texten – erproben eigene Vergleiche
S. 169	Personifikationen machen Natur und Dinge lebendig *Dirk Held: Regenräder*	– beschreiben und untersuchen die Personifikation als Sonderform der Metapher – formulieren eigene Personifikationen
S.170	Metaphern lassen Bilder entstehen *Hans Manz: In die Wolken gucken*	– erkennen Metaphern als typische bildliche Ausdrucksformen der Lyrik – erläutern und visualisieren die übertragene Bedeutung von Metaphern
S.172	Mit sprachlichen Bildern schreiben	– wenden ihre Kenntnisse über den bildlichen Sprachgebrauch in eigenen Texten an
S.174	Mit Wortzusammensetzungen Gedichte schreiben *Gedicht von Christine Busta*	– untersuchen und erproben Wortzusammensetzungen in lyrischen Texten
S.175	Sprachtraining: Mit Wortzusammensetzungen neue Wörter bilden	– üben und reflektieren Wortzusammensetzungen aus Grundwort und Bestimmungswort
S.176	Mit Buchstaben und Wörtern Bilder gestalten	– benennen Gestaltungsmittel von Bildgedichten – nutzen diese für eigene Bildgedichte
S. 177	**8.3 Projekt – „Die Geschichte vom Wind" als Klangcollage gestalten**	– nutzen verbale, nonverbale, musikalische und technische Mittel zur Gestaltung einer Klangcollage, präsentieren die Klangcollagen

8 Himmlisch – Gedichte verstehen und gestalten

159

Vincent van Gogh: Sternennacht / Josef Guggenmos: Stern

Die Auftaktseite eröffnet das Kapitel mit einem kombinierten Impuls aus Text und Bild – eine Kombination, die im Verlauf des Kapitels immer wieder eine wichtige Rolle spielt. Mit Hilfe des Gemäldes von van Gogh und des kurzen Gedichts von Guggenmos können die Schülerinnen und Schüler ihre Vorerfahrungen mit Gedichten und ihr Vorwissen zur lyrischen Form aktivieren.

1 **a/b** Je nachdem, welche technischen Möglichkeiten zur Verfügung stehen, kann van Goghs Bild zunächst groß und ohne den Text von Guggenmos projiziert werden. Die Einladung, mit den Augen durch das Bild zu wandern, kann mit einer Aufforderung zur Stille und einer Zeitangabe („nehmt euch einige Minuten Zeit") verbunden werden. Die Aufforderung, Stichworte zu den evozierten Gedanken und Gefühlen zu notieren, kann bereits zu Beginn erteilt werden, sodass die Schülerinnen und Schüler den Prozess zwischen Betrachten und Notieren frei gestalten können.
Die Stichworte können als Mind-Map an der Tafel oder digital am Smartboard rund um das verkleinerte Bild als Zentrum gesammelt werden.

Mögliche Zusatz- oder Alternativaufgabe
Gestaltet aus euren Stichworten ein kurzes Gedicht und gebt ihm eine passende Überschrift.
Die Gedichte können vorgetragen oder im Klassenraum aufgehängt und besichtigt werden.

2 **a** In einer leistungsstarken Lerngruppe kann der Text von Guggenmos auch ohne die in der Aufgabe vorangestellte Deutung zum Vergleich mit dem Bild angeboten werden.
Das Wunderbare des Sternenlichts können die Schülerinnen und Schüler im Bild zum Beispiel darin wiedererkennen, dass die Himmelskörper durch die besondere Malweise sehr bewegt, fast wie lebendige Wesen erscheinen. Insbesondere die geschwungenen Linien, die ins Zentrum des Bilds führen, bewirken einen sehr dynamischen Eindruck, der zum Motiv des Reisens im Gedicht von Guggenmos passt.

b Vorschlag für ein Tafelbild:

Josef Guggenmos: „Stern": ein Gedicht?	
Ja, weil …	**Nein, weil …**
– der Text in Versen gesetzt ist. – die Wörter im Satz anders angeordnet sind als in Normalsprache. – bildliche Sprache verwendet wird (das Licht reist = Personifikation). – ein Naturerlebnis von einem Sprecher oder einer Sprecherin poetisch dargestellt wird.	– es keine Reime gibt. – der Text extrem kurz ist. – nur eine einfache physikalische Tatsache geäußert wird.

In der Diskussion darüber, was ein Gedicht ausmacht, sollten die vermeintlichen Gegenargumente entkräftet und entsprechend im Tafelbild eingeklammert oder durchgestrichen werden.

8.1 Gedichte vergleichen: Reim, Vers und Strophe

160

Elisabeth Borchers: September

1 a Diese Aufgabe stimmt auf das Gedicht ein und fördert das aufmerksame Zuhören.

b Insbesondere die Hinweise auf die reifen Früchte in der ersten Strophe werden bei den Lernenden sicher zu der Wahl des Monatsnamens führen, der den Titel des Gedichts bildet: September.

2 Die drei Vergleiche in der dritten Strophe können zum Beispiel so in Sätze gebracht werden:
- Die Sonne wird mit einer Apfelsine verglichen, die nach Afrika zurückrollt (vgl. V. 11 f.).
- Ein anderer Vergleich sieht in der Sonne ein glänzendes Geldstück („Taler"), das von Mensch zu Mensch weitergegeben wird (vgl. V. 13 f.).
- Schließlich wird die Sonne mit einem Knopf an einem Kleid verglichen; diesen Knopf muss man sich wohl – wie die Sonne – rund und goldglänzend vorstellen (vgl. V. 15 f.).

Da das Auffinden der Vergleiche selbst kaum Schwierigkeiten bereiten dürfte, kann hier ein Augenmerk auf die abwechslungsreiche Formulierung der Sätze gelegt werden.
Außerdem können die Schülerinnen und Schüler über die Anordnung der drei Vergleiche nachdenken: Die Vergleichsobjekte werden immer kleiner, was ja auch den Aussagen über die Sonne in der zweiten und dritten Strophe entspricht (vgl. V. 10, 11, 17).

Mögliche Zusatzaufgabe
Sucht einen Vergleich für die Sonne, bei dem das Vergleichsobjekt größer als eine Orange ist, und einen, bei dem es kleiner ist als ein Knopf.
Mögliche Lösungen: ein Käserad – ein winziges Goldklümpchen

3 Indem die Schülerinnen und Schüler ein Parallelgedicht verfassen, das auf die entgegengesetzte Jahreszeit, den Frühling, zielt, machen sie sich das Ausgangsgedicht noch einmal Aussage für Aussage bewusst. Es lässt sich an vielen Stellen mit wenigen kleinen Änderungen leicht dem Frühling anpassen, an anderen Stellen müssen die Schülerinnen und Schüler freier nach passenden Analogien suchen.
Wenn die Aufgabe zu schwierig erscheint, bieten sich folgende Differenzierungsmöglichkeiten an:
- einen erweiterten Anfang anbieten, z. B. Verse 1–3 des Beispielgedichts (s. u.)
- einen Wortspeicher anbieten, z. B.: blühen – Früchte – warm – putzmunter – hellwach – größer – Orange – Kuchen – Käse – Platz einräumen
- in einem bereits gestalteten Parallelgedicht (zum Beispiel dem unten stehenden) nur einzelne Wörter, Satzglieder, Vergleiche finden lassen

Die Gedichte der Schülerinnen und Schüler können in kleinen Gruppen oder im Plenum vorgetragen, als Wandzeitung mit Bildern geschmückt und aufgehängt oder auf dem Klassenserver veröffentlicht und kommentiert werden.
Beispiellösung:

Mai

Es kommt eine Zeit
da macht die Sonne
sich an die Arbeit
die Bäume müssen blühen
und Früchte ansetzen
und die Menschen möchten
es endlich wieder schön warm haben

Es kommt eine Zeit
da wird die Sonne putzmunter
und immer größer

So groß wie eine Orange
die aus Afrika heranrollt
wie ein Kuchen
mit Safran gewürzt
wie ein Käse
der goldgelb glänzt

So groß wird die Sonne
dass die Wolken ihre Plätze räumen müssen

Sie rollt über den Berg
sie rollt über das Dach
jetzt kann sie jeder sehen

161

Robert Louis Stevenson / Klaus Modick: Sommersonne

1 a Damit der Vortrag gelingt, sollte den Schülerinnen und Schülern Zeit gegeben werden, das Gedicht zunächst leise für sich zu lesen. Der laute Vortrag kann dann zum Beispiel im Tandem oder in Dreiergruppen erfolgen, sodass jede/r das Gedicht einmal laut liest. Wenn an dieser Stelle dem Vortrag bereits mehr Raum gegeben werden soll, können das Verfahren der Aufgaben 2 und 3 sowie die Hilfen und das Merkwissen auf S. 165 im Schülerband genutzt werden.
Die Eindrücke zum beschriebenen Sommertag können im Plenum gesammelt werden.

b Das Gedicht gibt keinen eindeutigen Hinweis auf einen Wochentag, aber es ist naheliegend, an den Tag zu denken, der im Deutschen nach der Sonne benannt ist: Sonntag. Zu diesem Tag passt auch, dass der Sprecher oder die Sprecherin im Gedicht die Muße hat, über die Sonne so genau nachzudenken. Der Titel könnte also auch lauten: (Ein) Sommersonntag.

2 a Das Bild passt am besten zu Vers 16 („bemalt mit Licht die Zimmerdecken"), denn auf dem Bild steht die Sonne auf einer Leiter, hält eine Tube „Licht" in der einen Hand und einen Malerpinsel in der anderen; mit dem Pinsel streicht sie Licht an die Decke. Aber auch in anderen Versen finden sich Bezüge, z. B. in Vers 5 („bemalt").

b Personifikationen gibt es in diesem Gedicht vor allem auf der Handlungsebene, sie sind also in den Verben verortet, was durch Unterstreichen deutlich gemacht werden kann.
Vorschlag für ein Tafelbild:

Die Sonne handelt wie ein Mensch
– sie „<u>steht</u> am Himmelszelt" (V. 1) – sie „<u>wirft</u> ihre Strahlen" (V. 2) – „von Ost nach Westen muss sie <u>ziehn</u>" (V. 3) – „hat sie hell <u>bemalt</u>" (V. 5) – „nun <u>neigt</u> sie sich den Hügeln <u>zu</u>" (V. 7) – „<u>errötet</u> und <u>geht</u> bald <u>zur Ruh</u>" (V. 8) – „Die Sonne <u>findet</u> […] durch jeden Spalt" (V. 13 f.) – „<u>lacht</u> sie" (V. 15) – „<u>streut</u> sie im Garten <u>aus</u>" (V. 18)

3 Auf der Basis des Merkwissens (S. 162 im Schülerband) vergleichen die Schülerinnen und Schüler die beiden Gedichte „September" und „Sommersonne". Dafür stehen ihnen Aufgaben auf drei Differenzierungsniveaus zur Auswahl.

●○○ a Auf dieser Differenzierungsstufe vergleichen sie den Aufbau der Gedichte, wofür ihnen Formulierungshilfen angeboten werden.
Beispiellösung (hier sind die vorgegebenen Hilfen vervollständigt):
Das Gedicht „September" hat fünf Strophen mit unterschiedlich vielen Versen. Die längste Strophe (Strophe 1) hat sieben Verse, die kürzeste (Strophe 4) nur zwei. Dagegen ist das Gedicht „Sommersonne" ganz gleichmäßig gebaut. Es hat fünf Strophen mit je vier Versen.

●●○ b Hier bestimmen die Lernenden die Reimform im Gedicht „Sommersonne".
Das Reimschema sieht so aus: a a b b c c d d e e f f g g h h i i j j. Jede Strophe hat also zwei Paarreime.
An zwei Stellen klingt der Reim nicht ganz „rein": „ziehn" – „erglühn" (V. 3/4) und „glüht" – „überzieht" (V. 19/20). Dadurch fällt auch auf, dass vom Glühen der Sonne am Anfang und am Ende des Gedichts die Rede ist.

●●● c Auf dieser Differenzierungsebene vergleichen die Lernenden den Aufbau und untersuchen die Reimform. Vgl. die Lösungen zu Aufgabe 3 a und 3 b.

d Wichtig ist, dass die Lernenden ihre Ergebnisse zur Form der Gedichte austauschen, ehe sie besprechen, welches Gedicht ihnen besser gefällt. Die Geschmacksurteile zu den beiden Sonnengedichten sollen auch begründet werden, sodass sich die Schülerinnen und Schüler noch einmal bestimmte poetische Qualitäten der beiden Texte (lustige Vergleiche, Anschaulichkeit) bewusst machen.

4 Wenn für das Verfassen eigener Verse im Paarreim über die Sonne Unterstützung notwendig sein sollte, können zunächst gemeinsam Reimwörter gesammelt oder sie können gleich in einem Wortspeicher angeboten werden, z. B.:
Wonne – Sonne; heiß – Eis; sitzen – schwitzen; Schein – fein; strahlen – malen; Hitze – Blitze

In der digitalen Version findet sich das Gedicht „Die Frühlingssonne" von Christine Busta als Hörtext, gesprochen von Victoria Schaetzle. Der Hörtext wird begleitet von einem passgenauen Arbeitsblatt zur Übung des Hörverstehens (inklusive Lösungshinweisen).

162

Heinrich Heine: Das Fräulein stand am Meere

1 Für Kinder in der Jahrgangsstufe 6 ist es vermutlich nicht ganz einfach, Heines feine Ironie zu erkennen. Indem sie aber das Gedicht wahrscheinlich nicht als traurig oder ernst empfinden, werden sie zu einer bewussten Wahrnehmung des heiter-ironischen Untertons geführt. Zur Begründung können sie anführen, dass die Rührung der Frau und insbesondere ihre Bangigkeit (vgl. V. 2) nur wegen eines schönen Sonnenuntergangs übertrieben wirken und dass die aufmunternden Worte in der zweiten Strophe demgegenüber erfrischend realistisch und unsentimental formuliert sind. Auch die Titulierung als „Fräulein" hat einen komischen Effekt. Die Vorstellungen der Schülerinnen und Schüler hierzu können durch eine kurze sprachgeschichtliche Erläuterung zur Verwendung des Begriffs früher und heute ergänzt werden.

2 Mögliche Antwort an das Fräulein, die den vorgegebenen Anfang fortsetzt:
Kopf hoch! Ich verspreche Ihnen, dass die Sonne morgen früh wieder aufgeht! Das macht sie doch jeden Tag: Im Osten geht sie auf, im Westen geht sie unter. Darauf können Sie sich verlassen.

3 Folgende Möglichkeiten zur szenischen Interpretation können bedacht werden:
- Die Figur in der zweiten Strophe kann ein Mann, aber auch eine ältere Frau sein.
- Wenn der Dialog frei gesprochen wird (z. B. auf Grundlage von Aufgabe 2), könnte es eine abschließende verbale oder nonverbale Reaktion des „Fräuleins" geben.
- Alternativ kann der Originaltext (auswendig gelernt und) gesprochen werden. Dann könnte ein Kommentator als dritte Rolle die erste Strophe übernehmen, während das „Fräulein" nur pantomimisch agiert.

4 Heines Gedicht „Das Fräulein stand am Meere" besteht aus zwei Strophen, die jeweils vier Verse umfassen. Die Reimform in beiden Strophen ist der Kreuzreim: a b a b c d c d.
Der abschließende Blick auf die formale Gestaltung des Gedichts sollte an die Erfahrungen der Spielszenen zurückgebunden werden:
- War die Verteilung zwischen den beiden Rollen ebenso gleichmäßig wie die Aufteilung der beiden Strophen?
- Unterstützen die Reimwörter und der Kreuzreim die heitere Wirkung des Gedichts? Wie?

In der digitalen Version findet sich das Gedicht „Mittag" von Theodor Fontane als Hörtext, gesprochen von Thomas Dehler. Der Hörtext wird begleitet von einem passgenauen Arbeitsblatt zur Übung des Hörverstehens (inklusive Lösungshinweisen).

163

Das Metrum bestimmen und Gedichte vortragen

163

Franz Grillparzer: An den Mond

1 **a** Vor dem Gespräch über die Empfindungen, die der Mond am Nachthimmel bei den Lernenden weckt, kann entweder auf das Gedicht nur hingewiesen werden: „In dem Gedicht, mit dem wir uns gleich beschäftigen werden …". Oder das Gedicht kann zunächst still mit den alternativen Versen, die semantisch ja keinen Unterschied bedingen, gelesen werden. Lautes Lesen empfiehlt sich dagegen hier noch nicht, da die zweite Aufgabe darauf aufbaut.

b Ein Blick auf die Bilder des Gedichts kann helfen, die Personifikation und die Metapher zu erklären:
- Wie der Kopf eines menschlichen Schwimmers sich bei jedem Schwimmzug zwischen den Wellen des Meeres zeigt, so erscheint der Mond immer wieder zwischen den Wolken.
- Die Wolken ähneln dem Meer, insbesondere wenn man sich dieses mit Schaumkronen vorstellt.

– Der Mond ist als Schwimmer „kühn“, weil er angesichts des weiten Himmels vergleichsweise klein erscheint.

2 a Mit dieser Aufgabe sollen zunächst das aufmerksame Sprechen und Hören gefördert werden. Die Schülerinnen und Schüler entwickeln ein ästhetisches Gefühl für die Betonungen im Deutschen. Da jeder Vers des Gedichts ganz regelmäßig mit einer Betonung anfängt, wird sich vermutlich bei den Lernenden intuitiv das Bedürfnis ergeben, auch im fünften und zwölften Vers mit einer betonten Silbe anzufangen. So finden sie heraus, dass diese Verse die richtige Wortstellung haben:
– V. 5: „Sanft im Silberglanze schwebest“ (untere, grüne Zeile)
– V. 12: „tröstend ihn, voll Mitleid, ein“ (obere, gelbe Zeile)

b Anhand der ersten beiden Verse kann das Metrum veranschaulicht werden:

x́ x x́ x x́ x x́ x
Wandle, wandle, holder Schimmer!

x́ x x́ x x́ x x́
Wandle über Flur und Au

Da diese beiden Verse überwiegend aus Zweisilbern bestehen, kann der Versmaßknacker hier besonders gut angewendet werden.

c Spätestens hier soll der richtige Fachbegriff für das Versmaß eingebracht werden: Trochäus.

3 Zur Vorbereitung des Vortrags können auch hier schon das Verfahren der Aufgaben 2 und 3 sowie die Hilfen und das Merkwissen auf S. 165 im Schülerband genutzt werden.
Für den stimmungsvollen Vortrag dieses Mondgedichts kann der Klassenraum abgedunkelt werden; vielleicht ist es auch möglich, eine Tischlampe als Mond an einer höheren Stelle im Klassenzimmer zu installieren und leuchten zu lassen. So fällt es den Vortragenden leichter, den „Mond“ direkt anzusprechen. Die Vorträge können durch Übertreibung des Gefühlvollen auch die Form einer Persiflage annehmen. Zum Vergleich sollte es aber auch ernsthafte stimmungsvolle Vorträge geben.

164 **Joachim Heinrich Campe: Der Mops und der Mond**

1 a Die Reihenfolge der Bilder zu bestimmen, erfordert ein genaues, besonders aufmerksames Lesen des gesamten Gedichts und eine präzise Betrachtung der Bilder, bei denen zum Teil nur kleine Details den entscheidenden Unterschied ausmachen. Es ergibt sich dann folgende richtige Reihenfolge der Bilder: D (vgl. V. 1–3) – E (vgl. V. 4–8) – A (vgl. V. 11–18) – B (vgl. V. 22) – C (vgl. V. 23 f.).

b Die Aufgabe kann mündlich oder schriftlich bearbeitet werden. Eine schriftliche Bearbeitung kann auch zu Hause oder in einer Freiarbeitsphase erfolgen. Als Hilfe kann hier auf das Orientierungswissen zum Nacherzählen verwiesen werden (vgl. S. 326 und 327 im Schülerband).
Beispiellösung:

Ein Mops ging nachts bei Mondschein spazieren. Als er an einen Graben kam, wollte er einfach darüberspringen, aber – oje, er war zu dick und schwer und plumpste in den Graben hinein. Zwar passierte ihm nichts Schlimmes, aber die Schuld an seinem peinlichen Missgeschick wollte er nun dem Mond in die Schuhe schieben. Er setzte sich auf die Straße und kläffte wütend den Mond mit allerlei bösen Beleidigungen und Beschimpfungen an. Der Mond aber ließ sich davon kein bisschen beeindrucken, im Gegenteil, er schaute sehr freundlich auf den Mops herab, bevor er seinen Weg am Himmel fortsetzte.

2 Alle Markierungen aus Aufgabe 2 a und b (auch die beiden bereits im Buch vorgegebenen) sollen in die Kopie des Gedichttextes eingetragen werden.

a Die zweite Textstelle, in der die Zuhörer direkt angesprochen werden, findet sich in Vers 15.

b Weitere Textstellen, an denen die Handlung durch Fragen unterbrochen wird, finden sich in den Versen 6, 15 und 21.

c Mögliche Lösung (direkte Leseransprachen sind hier fett gedruckt, Fragen markiert):

Joachim Heinrich Campe

Der Mops und der Mond

Es war einmal ein dicker, fetter Mops;
der ging, | wie Möpse gehn, | auf allen vieren
bei hellem Mondenschein spazieren. |
Da kam ein Graben in die Quer, und hops!
Sprang auch der dicke, fette Mops – |
hinüber, meint ihr? – | nein!
Er sprang zu kurz und fiel hinein
von wegen seiner schweren Masse. |
Und als er endlich der Gefahr
des Todes kaum entronnen war,
so stellt er sich recht mitten auf die Gasse
und fängt auch da ein Schelten an,
dass man sein eignes Wort davor nicht hören kann.
Es sollte aber dieses Schelten,
wem meint ihr wohl? |– dem Monde gelten,
und der hatt' ihm doch nichts getan!
Er schalt ihn aber Bärenhäuter,
Ochs, Esel, Schlingel und so weiter.
Warum? | Mops glaubt', des Mondes sanftes Licht
sei schuld an seinem Fall, und war's doch nicht.
Der Mond, nicht wahr, der schalt doch wieder? |
O nein, sah lächelnd auf den Mops hernieder
und fuhr, | als ging's ihn gar nicht an, |
lustwandelnd fort auf seiner Himmelsbahn
und wird seitdem, | wie jedermann bekannt, |
doch immer Mond, nie Ochs genannt.

(Aus: Joachim Heinrich Campe: Bilder Abeze. Insel Verlag, Leipzig 1975)

3 Beim Gedichtvortrag können die Lernenden unter Aufgaben auf drei Differenzierungsniveaus auswählen. Die Differenzierung ergibt sich zum einen aus dem Unterschied, ob das Gedicht vorgelesen oder auswendig vorgetragen wird, zum anderen aus den beiden Möglichkeiten, nur einen Textabschnitt oder den gesamten Text vorzutragen.
Zum Auswendiglernen vgl. die Methodenseite im „Deutschbuch 5“, S. 181.

●○○ **a** Auf dieser Differenzierungsstufe lesen die Schülerinnen und Schüler das Gedicht unter Beachtung ihrer Markierungen vor.
Als Möglichkeit mit weiter reduziertem Anforderungsniveau kann auch das Vorlesen auf drei Leser/-innen (wie in Aufgabe 3 b) aufgeteilt werden.

●●○ **b** Hier teilen die Lernenden das Gedicht in drei Abschnitte auf, jeder lernt ein Drittel auswendig und trägt es vor. Mit 26 Versen kann das Gedicht nicht ganz gleichmäßig auf drei Sprecher/-innen verteilt werden. Relativ gleichgewichtig und inhaltlich sinnvoll erscheint folgende Dreiteilung:
- erste Sprecherin / erster Sprecher: Verse 1–8
- zweite Sprecherin / zweiter Sprecher: Verse 9–18
- dritte Sprecherin / dritter Sprecher: Verse 19–26

●●● **c** Auf diesem Niveau lernt jede Schülerin / jeder Schüler das vollständige Gedicht auswendig und trägt es vor.

d Beim Feedback sollen vor allem die Faktoren beachtet werden, die bei der Vorbereitung des Vortrags explizit gefordert waren:
- Betonungen
- Pausen
- Sprechen über das Versende hinaus

Darüber hinaus kann auch der Gesamteindruck kommentiert werden, z. B. klare Artikulation, witzige Vortragsweise, passende Mimik. Dagegen sollte die Wahl des Anforderungsniveaus nicht zum Thema gemacht werden, um eine Frustration der leistungsschwächeren Schüler/-innen zu verhindern.

166 Ein Gedicht selbstständig erschließen und präsentieren

166 Christine Busta: Wovon träumt der Astronaut / Reiner Kunze: Raumfahrer

Diese Seite ist ein Angebot für leistungsstärkere Schülerinnen und Schüler. Sie bekommen hier die Möglichkeit, sich eines der beiden Gedichte, die in ihrer Aussage beide recht anspruchsvoll sind, weitgehend selbstständig zu erschließen.

Für den Einsatz gibt es zum Beispiel folgende Möglichkeiten:
- parallel zur Arbeit der anderen Lernenden an dem Gedicht „Der Mops und der Mond"
- parallel zur Arbeit der anderen an dem Vortrag von „An den Mond" (vgl. Aufgabe 3 auf S. 163 im Schülerband)
- in mehreren Etappen immer dann, wenn diese Schülerinnen und Schüler schneller fertig sind als die anderen
- in Freiarbeitszeiten, zum Beispiel wenn diese Schüler/-innen in den Bereichen Rechtschreibung und Grammatik keinen Übungsbedarf haben

1 **a** Beispiele für Steckbriefe:

Steckbrief zu dem Gedicht „Wovon träumt der Astronaut"

Autorin:	Christine Busta
Titel:	„Wovon träumt der Astronaut"
Darum geht es:	widersprüchliche Empfindungen: Auf der Erde wünscht sich der Astronaut, im Weltall zu sein; im Weltall sehnt er sich nach der Erde zurück. Allgemeiner ausgedrückt: Menschen streben nach großen oder fernen Zielen. Wenn sie diese erreicht haben, ändern sich die Bedürfnisse wieder und sie vermissen das Vertraute, Heimatliche.
Verse und Strophen:	2 Strophen mit je 5 (sehr verschieden langen) Versen
Reimform:	keine Reime
Metrum:	kein festes Metrum
Besonderheiten:	Der Titel des Gedichts geht fließend in den ersten Vers über, beide bilden zusammen eine Frage. Unterschiedliche Vergleiche/Bilder für den Astronauten und seine Wünsche: – Löwenzahnsamen = fliegen – Sternschnuppe = fallen – Erze und Steine = unbelebte Natur – Bienen und Sonnenblumen = belebte Natur

Steckbrief zu dem Gedicht „Raumfahrer"

Autor:	Reiner Kunze
Titel:	„Raumfahrer"
Darum geht es:	Der Blick aus dem Weltraum auf die Erde kann ein Gefühl von Bedeutungslosigkeit, Verlassenheit und Einsamkeit bewirken. Aber der Himmel bildet eine Hülle um die Erde und den Menschen, er schützt ihn vor solchen Gefühlen. Der Himmel, das können z. B. die Träume des Menschen, seine positiven Gedanken, seine Freude am irdischen Leben, sein religiöser Glaube sein.
Verse und Strophen:	2 Strophen mit je 4 Versen
Reimform:	überwiegend Kreuzreim: a b a b c d **e** d
Metrum:	fast ganz regelmäßig: Die Verse haben abwechselnd 4 und 3 Betonungen. Alle Verse bis auf Vers 7 fangen mit einer unbetonten Silbe an (Jambus).
Besonderheiten:	Vers 7 fällt sowohl wegen des fehlenden Reims als auch wegen seiner abweichenden metrischen Form auf. Das weist darauf hin, dass hier die wesentliche Aussage des Gedichts getroffen wird. Das Adjektiv „blau" kommt im ersten und letzten Vers vor, bildet einen Rahmen und verbindet Erde (V. 1) und Himmel (V. 8). Doppeldeutigkeit des Begriffs „Himmel" im Deutschen: kann naturwissenschaftlich die Atmosphäre um die Erde bezeichnen (vgl. engl. „sky") oder religiös den Raum des Göttlichen, eines Jenseits (vgl. engl. „heaven").

b Für die Vorbereitung des Gedichtvortrags sollten die Schülerinnen und Schüler mit einer Kopie arbeiten können. Sie können die Vortragszeichen von S. 165 im Schülerband nutzen.

c Dass die Ergebnisse der selbstständigen Arbeit im Klassenplenum vorgestellt und gewürdigt werden, ist ein wichtiger Motivationsfaktor und bereichert die ganze Lerngruppe im Umgang mit lyrischen Texten. Die Einführung zum Gedicht mit Hilfe des Steckbriefs kann visuell durch ein entsprechendes Plakat oder, wenn die technischen Voraussetzungen und Kompetenzen gegeben sind, durch eine kleine Präsentation unterstützt werden. Dadurch erhöht sich allerdings der Arbeitsaufwand im Vorhinein.
Der Steckbrief sollte nicht vorgelesen, sondern sprachlich frei vermittelt werden.

167 Testet euch! – Gedichte untersuchen

167 Mascha Kaléko: Der Mann im Mond

1 Satz B beschreibt das Gedicht richtig: Das Gedicht beschreibt auf märchenhafte Weise, wie Träume hergestellt werden.

2 Richtige Aussagen sind:
B Bei der Reimform handelt es sich um den Kreuzreim.
E Das Versmaß des Gedichts ist der Jambus.
G Das Wort „Silberschnüren" hat zwei betonte Silben.

3 Bei der Besprechung der Lösungen kann es auch notwendig sein, zu begründen, warum Aussagen falsch sind:
- Aufgabe 1: **A** ist falsch, weil es sachlich betrachtet weder einen Mondmann noch eine Mondfrau gibt und Träume nicht materiell zu fassen sind. Sie lassen sich also auch nicht an einer Leine aufhängen.
- Aufgabe 2: **A** Es gibt drei Strophen. – **C** kann nicht zutreffen, da **B** richtig ist. – **D** kann nicht zutreffen, da **E** richtig ist (die Silben folgen dem Schema unbetont – betont = Jambus; Trochäus wäre betont – unbetont). – **F** Das Wort „Träume" wird auf der ersten Silbe betont.

8.2 Wolkenschneider, Wettermacher – Sprachliche Bilder untersuchen

168

Mit Vergleichen veranschaulichen

168

Josef Guggenmos: Wäre die Wolke ein Kissen …

1 Vor dem Gespräch kann das Gedicht, möglichst ausdrucksstark betont, von der Lehrkraft vorgetragen werden. Mit der in der Aufgabe gestellten Impulsfrage soll zunächst die Grundsituation des Gedichts geklärt werden: Es geht nicht um ein reales Erlebnis, sondern um eine Fantasievorstellung. Dies wird in den ersten beiden Strophen durch die Verwendung des Konjunktivs immer wieder deutlich gemacht.

2 Die drei Vergleiche in dem Gedicht zu verstehen, ist unterschiedlich anspruchsvoll und bietet sich deshalb zur Differenzierung an.

●○○ **a** Hier erklären die Lernenden den Vergleich in der dritten Strophe und suchen weitere Vergleiche für die Menschen. Mögliche Lösung auf der Grundlage der vorgegebenen Satzanfänge:
Aus der Höhe wirken die Menschen wie kleine Puppen. Man könnte sie zum Beispiel auch mit Playmobilmännchen, Spielfiguren (etwas aus dem Spiel „Mensch-ärgere-dich nicht“), Zwergen oder laufenden Streichhölzern vergleichen.

●●○ **b** In der ersten Strophe wird die Wolke mit Nebel und Rauch verglichen, weil sie wie diese eine grauweiße Farbe hat, nicht fest, aber auch nicht flüssig ist und sich schnell auflösen und verflüchtigen kann. Tatsächlich sind Nebel und Rauch naturwissenschaftlich betrachtet ähnliche Erscheinungen, deshalb wird dieser Vergleich auch als Wissen (vgl. V. 1/2) dargestellt.
Andere mögliche Vergleiche für die Wolke: wie ein riesiger Wattebausch, wie ein Schaffell, wie eine Steppdecke, wie ein Haufen Federn.

●●● **c** Der Vergleich in der zweiten Strophe ist besonders persönlich und gefühlvoll: Der Sprecher oder die Sprecherin im Gedicht bezeichnet das Land unter ihm/ihr als „Heimat“ und vergleicht es mit einer geöffneten Hand. Damit wird ausgedrückt, dass das heimatliche Land einladend aussieht, dass es die sprechende Figur aufnehmen oder ihr etwas anbieten möchte.
Beispiele für weitere mögliche Vergleiche:
– Ich sähe die Fremde von oben / wie ein Gast den freundlichen Wirt.
– Ich sähe die Felder von oben / wie einen Tisch, gedeckt mit Brot.
– Ich sähe die Häuser von oben / wie jemand, der ein Zuhause dort fand.

d Für die Ergebnissicherung im Klassenplenum kann ein dreispaltiges Tafelbild angelegt werden, in dem die Vergleiche der Schülerinnen und Schüler gesammelt werden:

Vergleiche für die Menschen, von oben gesehen	Vergleiche für die Wolken	Vergleiche für die Sicht von oben auf das Land
– wie Zwerge – …	– wie ein Wattebausch – …	– die Felder von oben wie ein gedeckter Tisch – …

Besonders gelungene Vergleiche können mit Sternchen herausgehoben werden.

3 ⊕ Für die Beschreibung des Bildes können die in Aufgabe 2 gesammelten Vergleiche genutzt werden. Mögliche Lösung:
Ich liege auf meiner Wolke und schwebe mit ihr wie auf einer großen Luftmatratze über das Land, das aussieht wie mit einer riesigen grünen Tischdecke bedeckt. Ich habe ein Gefühl, als ob ich in einem Fesselballon fahren würde. Der See, in dem wir im Sommer immer schwimmen, erscheint mir wie eine kleine Pfütze. Ich höre einen Vogel zwitschern, so nah, als ob er auf meiner Schulter sitzen und mir direkt ins Ohr singen würde. Ich erkenne die drei Bäume an meinem Schulweg, die von hier oben aussehen wie drei Eichenblätter, die ein Kind mit dem Stiel in die Erde gesteckt hat. Ein Mann in gelber Regenjacke erscheint von hier oben wie ein Streichholz. Der geöffnete Regenschirm wiegt sich über ihm wie eine schöne weiß-rote Blüte, die sich über einen Regenguss freut.

Personifikationen machen Natur und Dinge lebendig

169

Dirk Held: Regenräder

In der digitalen Version findet sich das Gedicht „Regenräder“ als Hörtext, gelesen von Martin Klemm. Der Hörtext wird begleitet von einem passgenauen Arbeitsblatt zur Übung des Hörverstehens (inklusive Lösungshinweisen).

1 Mögliche Lösung auf Grundlage der vorgegebenen Satzanfänge:
Die Wolken erscheinen als Kühe. Das erkennt man daran, dass sie gemolken werden (vgl. V. 4), dass sie schwarz gefleckt sind (vgl. V. 6) und in Herden vorkommen. Bei uns im Land sind die meisten Kühe schwarz-weiß gefleckt.

2 a Beispiele dafür, dass sich der Regen wie ein Mensch verhält:
- Er fährt Fahrrad (vgl. V. 1/2, 9) und ölt die Fahrradkette (vgl. V. 12).
- Er spricht (vgl. V. 3/4).
- Er melkt (die Wolken) (vgl. V. 5–8) und benutzt einen Schemel dafür (vgl. V. 5).

b Die Bilder lassen zum Beispiel an folgende Personifikationen des Regens denken:
A Der Regen klopft ans Fenster.
B Der Regen trommelt auf das Zeltdach.
C Der Regen wäscht das Auto.

3 ⊕ Die Schülerinnen und Schüler können für ihr Nebelgedicht zunächst in einer Mind-Map Personifikationen sammeln. Dabei hilft ihnen die Frage: Worin ähnelt der Nebel einem Menschen? Zum Beispiel: in eine Decke hüllen – umarmen – keinen Ton von sich geben. Aus dieser Sammlung entwickeln sie dann das Gedicht.
Beispiellösung:

Der Nebel nimmt mich in seinen grauen Arm,
kühl streicht er über meine Wangen.
Er hüllt mich ein in eine feuchte Decke,
dann zieht er sich zurück
ohne ein warmes Wort.

Eine leichtere Variante dieser Aufgabe ist das Schreiben eines Gedichts, in dem der Regen wie ein Mensch handelt. Dafür können die Schülerinnen und Schüler auf die Personifikationen aus Aufgabe 2 b zurückgreifen und eine der dort thematisierten Situationen ausgestalten.
Beispiellösung:

Der Regen trommelt auf das Zelt
und bettelt: „Lasst mich rein!
Ich hab’ genug von dieser Kält’
und möcht bei euch im Warmen sein!“

170

Metaphern lassen Bilder entstehen

170

Hans Manz: In die Wolken gucken

1 Das Bild „Wolkenstudie“ des englischen Malers John Constable, eines Vertreters der romantischen Landschaftsmalerei, aus dem Jahr 1820 wirkt vor allem durch seine Vielfarbigkeit. Vor dem kräftig blauen Himmel ballen sich im linken Teil Wolken im dunklen Grau und Braun von Gewitterwolken. In der Mitte und zum rechten Rand hin leuchten sie dagegen sonnenbeschienen in hellem Weiß; allerdings weisen auch diese Wolken von unten dunklere Schatten auf, manche sind in einem zarten Rosarot gehalten wie am Abend oder bei Sonnenaufgang. So vermittelt das Bild eine dynamische Wetterlage und ermöglicht es den Betrachtern, die verschiedensten Stimmungen von bedrohlich bis heiter darin zu lesen.
Nach Möglichkeit sollte das Bild völlig ohne Textelemente groß projiziert werden.

Alternative Aufgabenstellung
Die Schülerinnen und Schüler können ihre Vorstellungen auch in Form des automatischen Schreibens festhalten. Der Auftrag lautet dann:
Notiert eure Gedanken und Vorstellungen zu dem Bild, indem ihr ohne weiteres Nachdenken einfach Wörter oder Sätze aufschreibt, wie sie euch durch den Kopf gehen. Achtet nicht auf Rechtschreibung und Zeichensetzung und korrigiert nichts, sondern schreibt einfach immer weiter. Ihr könnt auch verschiedene Sprachen benutzen.

2 a **Methodische Tipps**
Auch das Gedicht kann projiziert und so für alle lesbar gemacht werden. Alternativ kann die Lehrkraft es vortragen. Die Schülerinnen und Schüler können dazu aufgefordert werden, dabei die Augen zu schließen. Das in Aufgabe 1 angeregte automatische Schreiben kann auch zu dem Gedicht fortgesetzt werden.

b Der Austausch über die Eindrücke kann im freien Klassengespräch geschehen. Dieses kann dann unmittelbar in Aufgabe 3, den Vergleich zwischen Bild und Gedicht, übergehen.

3 Diese Aufgabe kann sich als Gesprächsimpuls nahtlos aus dem Gespräch über das Gedicht (Aufgabe 2 b) ergeben. Möglicherweise beziehen die Schülerinnen und Schüler auch von selbst Bild und Text aufeinander.
Vieles spricht dafür, dass die Lernenden das Bild als sehr gut zu dem Gedicht passend empfinden, schließlich haben beide das gleiche Thema: Wolken. Aber auch Details der Darstellung – das Flockige und Bauschige, das Zusammenballen von Wolken – finden sich in beiden wieder. Das Blau des Himmels im Bild kann auch mit Wasser assoziiert werden, sodass auch das Bild die Vorstellung von Wolken als Inseln wecken kann. Als unterschiedlich könnte dagegen empfunden werden, dass das Gedicht eine noch größere Dynamik aufweist als das Bild. Leistungsstarke Schüler/-innen könnten anmerken, dass im Gedicht der Betrachter der Wolken eine wesentliche Rolle spielt (vgl. V. 9 f.), während in dem Bild eine Betrachterfigur fehlt.

4 a Sprachliche Bilder, mit denen in dem Gedicht Wolken beschrieben werden: „schwimmen“ (V. 1), „flockige Länder“ (V. 2), „bauschige Kontinente“ (V. 3), „Grenzen verfließen, / lösen sich auf, / ballen sich neu“ (V. 4–6), „Inseln und Staaten“ (V. 8).

b Zum einen verweist der Titel „In die Wolken gucken“ darauf, dass in dem Gedicht von Wolken die Rede ist. Zum anderen macht der Anfang des Gedichts „Im Himmel“ klar, dass es sich bei den danach genannten Ländern, Kontinenten, Inseln und Staaten nicht um solche auf der Erde handelt. Schließlich benennen die sprachlichen Bilder (vgl. Aufgabe 4 a) Eigenschaften, die Wolken zutreffend beschreiben.

5 Nachdem sie das Merkwissen dazu gelesen haben, setzen sich die Lernenden mit Metaphern auseinander. Dabei können sie aus Aufgaben auf drei Differenzierungsniveaus auswählen.

●○○ a Die Metapher „König der Tiere“ für Löwe bezeichnet dieses Tier mit dem Begriff für einen menschlichen Herrscher. Die Ähnlichkeiten zwischen beiden sind die Stärke und die machtvolle Stellung, die der König bei den Menschen ebenso besitzt wie der Löwe im Tierreich.

●●○ b Beispiele für Metaphern aus dem täglichen Sprachgebrauch: Schlafmütze (für einen Menschen), Handschuhe, Astgabel, Bergrücken, Autoschlange, Baumkrone, Salatkopf.

Alternative Aufgabenstellung
Die Schülerinnen und Schüler bekommen einen Wortspeicher mit den Einzelwörtern aus den oben genannten Begriffen. Sie setzen diese zu Metaphern zusammen. Dann fertigen sie zu diesen Metaphern Rätselbilder wie in Aufgabe 7 an, die in der Austauschphase (Aufgabe 5 d) von der Klasse gelöst werden.

●●● c Mögliche Erklärung: Metaphern und Vergleiche werden als sprachliche Bilder bezeichnet, weil sie eine anschauliche Vorstellung von dem vermitteln, was sie bezeichnen. Deswegen lassen sich manche Metaphern auch gut in tatsächliche Bilder übersetzen (wie es z. B. in Aufgabe 7 passiert).

d Der Austausch der Ergebnisse kann zu den folgenden Aufgaben überleiten:
- Für die Lösung zu Aufgabe 5 a kann an der Tafel eine Schnittmengengrafik wie in Aufgabe 6 entwickelt werden.
- Die Ergebnisse zu den Aufgaben 5 b und 5 c können zu Aufgabe 7 überleiten.

6 Beispiellösung für die Schaubilder:

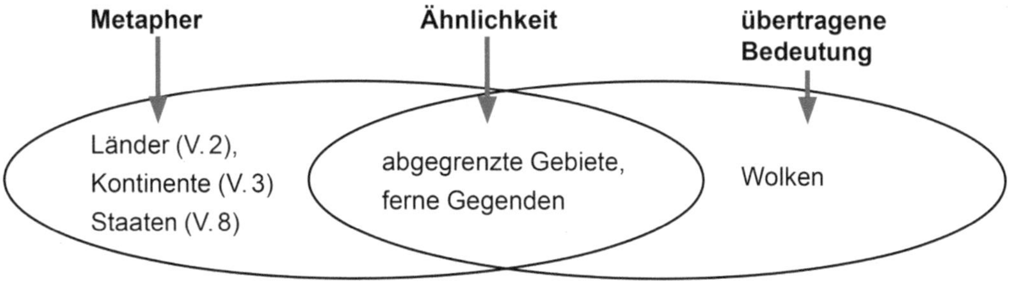

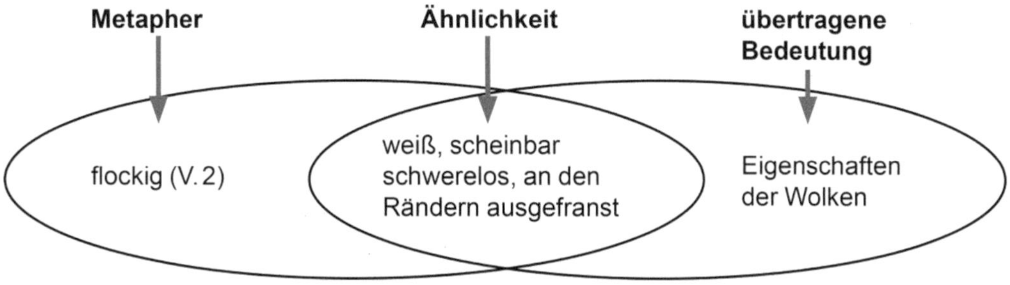

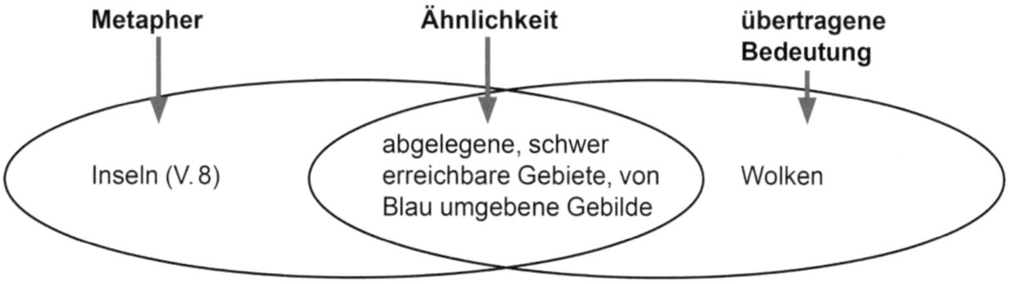

7 Folgende Metaphern verstecken sich in den Bildern:
- auf Wolke 7 schweben: äußerst glücklich sein
- Wolkenkratzer: ein sehr hohes Haus (das bildlich gesprochen bis an die Wolken reicht)
- aus allen Wolken fallen: von etwas plötzlich (und meist unangenehm) überrascht werden
- Wolkendecke: viele Wolken, die wie eine Decke den gesamten Himmel bedecken

8 ⊕ Bedeutung der englischen Metaphern:
- My memory is a little cloudy about that: Ich erinnere mich nicht mehr genau daran, meine Erinnerung ist verschwommen („bewölkt").
- a rainbow of flavours: Viele verschiedene Geschmacksrichtungen kommen zusammen wie die verschiedenen Farben bei einem Regenbogen.

Zusatz- oder Alternativaufgabe für mehrsprachige Schüler/-innen:
Sucht eine typische Redewendung in eurer Muttersprache, die eine Metapher enthält. Erklärt euren Mitschülerinnen und Mitschülern deren Bedeutung mit Hilfe eines Schaubilds wie in Aufgabe 6. Überlegt gemeinsam, ob es im Deutschen eine ähnliche Metapher gibt.

172 Mit sprachlichen Bildern schreiben

1 Für diese Aufgabe können die Schülerinnen und Schüler vorab auch aufgefordert werden, selbst ein Naturbild mitzubringen, zu dem sie ein Gedicht schreiben möchten. Die produktiv-gestaltende Schreibaufgabe zielt darauf, dass die Kinder nicht nur lernen, sprachliche Bilder analytisch in literarischen Texten zu erkennen und zu deuten, sondern auch selbst ihr Ausdrucksvermögen weiterentwickeln. Sie erproben, wie sich insbesondere Stimmungen und Gefühle oft besser durch einen Vergleich oder eine Metapher als durch eine nüchterne Benennung ausdrücken und vermitteln lassen. Dafür werden ihnen Aufgaben auf drei Differenzierungsniveaus zur Auswahl angeboten.

●○○ **a** Auf dieser Differenzierungsebene arbeiten die Schülerinnen und Schüler mit Vergleichen, einer besonders leicht zugänglichen Form sprachlicher Bilder. Vermutlich fällt es den Kindern nicht so schwer, zur anschaulichen Beschreibung des gewählten Naturereignisses etwas zu finden, dessen Ähnlichkeit in einem Punkt sich für einen Vergleich anbietet. Allerdings wird ein Text schnell langweilig, wenn solche Vergleiche immer mit „wie" gebildet werden. Deshalb wird das Augenmerk hier auf einen größeren sprachlichen Variationsreichtum gerichtet.
Beispiellösung:

Die Nacht <u>gleicht</u> einem schwarzen Tuch.
Dahinter donnert es <u>wie</u> Trommelwirbel,
ein Blitz, viel <u>greller</u> als die Sonne,
zerreißt das Tuch in einem Zug.

●●○ **b** Die Aufgabe, Personifikationen für ein Naturereignis zu finden, stellt eine größere Herausforderung dar. Die Schülerinnen und Schüler können hier aber an Übungen anschließen, die sie zu dem Gedicht „Regenräder" absolviert haben (vgl. die Aufgaben 2 und 3 auf S. 169 im Schülerband). Die vier vorgegebenen Cluster beziehen sich auf die vier im Buch angebotenen Gemälde:

- „Sturm" bezieht sich auf das Bild von Pierre-Henri de Valenciennes: „Gewittersturm über dem Seeufer" (S. 172 im Schülerband).
- „Wolken" bezieht sich auf die „Wolkenstudie" von Constable (S. 170 im Schülerband).
- „Sonnenuntergang" bezieht sich auf das Bild „Der scharlachrote Sonnenuntergang" von William Turner auf S. 173 im Schülerband.
- „Sternennacht" bezieht sich auf das Bild von van Gogh auf der Auftaktseite zu diesem Kapitel (S. 159 im Schülerband).

Wenn zu „Wolken" und „Sternennacht" die Aufgaben auf den genannten Seiten bearbeitet worden sind, können die Schülerinnen und Schüler auf Grundlagen zurückgreifen, die ihnen die aktuelle Aufgabe erleichtern. Bei dem Thema „Sonnenuntergang" kann ggf. auf die Beschäftigung mit dem Heine-Gedicht (S. 162 im Schülerband) zurückgegriffen werden. Demgegenüber ist das Naturereignis „Sturm" noch nicht thematisiert worden und stellt deswegen wohl die größte Anforderung dar.
Beispiellösung:

Der Sturm ist ein wütender Gesell:
Er schreit und tobt und
macht uns zur Schnecke.

Wir ducken uns weg,
bis besseres Wetter
ihn bringt zur Strecke.

●●● **c** Die besondere Anforderung auf diesem Niveau besteht darin, dass die Schülerinnen und Schüler in ihren Gedichten bewusst alle drei Formen bildlicher Sprache, die sie in diesem Unterrichtsvorhaben kennengelernt haben, selbst verwenden sollen: Vergleiche, Metaphern und Personifikationen. Für das Naturphänomen „Wolken" haben sie bereits vieles erarbeitet, das ihnen nützlich sein kann. Für andere Naturereignisse ist größere Selbstständigkeit gefordert, zumal dazu eigenständig eine Mind-Map angelegt werden muss.
Beispiellösung:

Die Sonne lässt sich in die große Wanne sinken.
Das Badewasser färbt sie rosarot
wie Himbeersaft und Erdbeertraum,
sie spielt mit Wellen und mit Schaum.

Dann taucht sie unter
und hält die Luft an
bis zum Morgengraun.

d Die Kriterien „Einfallsreichtum" und „sprachliche Gestaltung" sollen in beiden Phasen des Partnerpuzzles herangezogen werden.
Die Gedichte der Schülerinnen und Schüler können zusammen mit den Bildern, auf die sie sich beziehen, in einem Klassen-Gedichtebuch zusammengetragen, auf Plakaten im Klassenraum ausgestellt oder auf dem Klassenserver zu einem virtuellen Galeriegang hochgeladen werden. In eine solche Sammlung können auch weitere selbstgeschriebene Gedichte, die im Lauf des Unterrichtsvorhabens entstanden sind, eingebunden werden (vgl. Aufgabe 3 auf S. 160 im Schülerband, Aufgabe 4 auf S. 161, Aufgabe 3 auf S. 169, Aufgabe 3 c auf S. 174 und Aufgabe 3 auf S. 176).

174 Mit Wortzusammensetzungen Gedichte schreiben

174 Christine Busta: Wo holt sich die Erde die himmlischen Kleider?

1 Zusammengesetzte Farbadjektive zu den Bildern: froschgrün, jeansblau, zitronengelb, ketchuprot, schneeweiß, karottenrot, zylinderschwarz, dottergelb, spiegeleiweiß, melonengrün, goldgelb, wasserblau, kirschrot, rabenschwarz, krokodilgrün, mausgrau

2 Ein Schneider oder eine Schneiderin ist jemand, der Kleider für Menschen näht. Der Wolkenschneider sorgt – zusammen mit dem Wettermacher – dafür, dass die Erde das ganze Jahr über viele verschiedene Kleider tragen kann, die sich in Beschaffenheit, Farbe und Zustand unterscheiden. Die Metaphern „Wolkenschneider" und „himmlische Kleider" stehen also dafür, dass die Erde unter dem Einfluss des Wetters im Verlauf des Jahres und auch im Verlauf eines Tages ganz unterschiedlich aussieht.

3 **a** Auflösung weiterer Wortzusammensetzungen aus dem Gedicht:
- Flockenleichte → Flocken + leicht
- Schattenscheckige → Schatten + scheckig
- Sonngebleichte → Sonne + gebleicht
- Mondgewobne → Mond + gewoben
- Sternbestickte → Stern + bestickt
- Windzerrissene → Wind + zerrissen
- Laubgeflickte → Laub + geflickt
- Gockelrote → Gockel + rot
- Igelgraue → Igel + grau
- Ährengelbe → Ähren + gelb
- Pflaumenblaue → Pflaumen + blau
- Gräserkühle → Gräser + kühl
- Nesselheiße → Nessel + heiß
- Hasenbraune → Hase + braun
- Schwanenweiße → Schwan + weiß

b Die neuen Wortbildungen dürfen – wie die Begriffe in dem Gedicht von Busta – durchaus auch ungebräuchliche, poetische Wortneuschöpfungen sein. Zur Unterscheidung von Nomen und Adjektiven als Grundlage für die richtige Groß- und Kleinschreibung kann vor Nomen jeweils der bestimmte Artikel gesetzt werden. Mögliche neue Wortbildungen:
laubbraun, sonnenheiß, das Igellaub, ährenbestickt, der Mondschatten, gräserleicht, das Flockengrau, der Sternenwind

c Falls der sehr offene produktiv-gestaltende Schreibauftrag, ein Wettergedicht zu schreiben, zu schwierig ist, kann der kreative Schreibprozess durch genauere Vorgaben stärker gelenkt, aber auch angeregt werden. Zum Beispiel können in dem Gedicht von Busta in den Versen 4 bis 11 die vorhandenen Begriffe durch eigene Wortneuschöpfungen ausgetauscht werden oder das Thema des Gedichts wird durch einen Titel präzisiert, z. B. „Wetterbericht".
Eine Beispiellösung findet sich auf S. 206.

Beispiellösung:

Wetterbericht
In dieser Nacht
ist mit Mondschatten und Sternenwind zu rechnen.
In dieser Nacht
wird ein Flockengrau das Land erreichen.
In dieser Nacht
sinkt die Gräserkühle auf den Nullpunkt.
Für diese Nacht
empfehlen wir ein Wärmehaus mit Sichermauer
und Fensterblick.

175

Sprachtraining: Mit Wortzusammensetzungen neue Wörter bilden

Mit dieser Sprachtrainingsseite üben und vertiefen die Schülerinnen und Schüler ihre Kompetenzen, durch Wortzusammensetzungen neue Wörter zu bilden – ein besonders für die deutsche Sprache typisches Verfahren der Wortbildung, nicht nur in poetischen Texten.

1 Die elf Wortzusammensetzungen aus dem Text lassen sich so in die Tabelle einordnen:

Nomen + Nomen	Adjektiv + Adjektiv	Nomen + Adjektiv	Adjektiv + Nomen
– Wetterbericht – Nebelfelder – Tagestemperaturen – Abendstunden – Hitzegewitter – Hagelschauern – Regenschirme	– hochsommerlich	– bodennah – wetterfest – sturmerprobt	– Starkregen

2 **a** Erklärungen zu den Wortzusammensetzungen aus der linken Tabellenspalte:
- Nebelfelder sind Felder, die aus Nebel gebildet sind.
- Tagestemperaturen sind die Temperaturen, die während des Tages erreicht werden.
- Abendstunden sind die Stunden am Abend.
- Hitzegewitter sind Gewitter, die durch übergroße Hitze ausgelöst werden.
- Hagelschauer sind Schauer, die aus Hagel bestehen.
- Regenschirme sind Schirme, die gegen Regen schützen.

b Richtig ergänzt lautet der Satz: Das Bestimmungswort beschreibt das Grundwort näher.

3 ⊕ **a** Wortzusammensetzungen mit dem Nomen „Blitz“ (das Bestimmungswort ist jeweils unterstrichen):
Blitzlicht, blitzschnell, Gedankenblitz, blitzsauber, Kugelblitz, blitzgescheit, Blitzableiter, Kamerablitz
Das gleiche Nomen kann also sowohl als Bestimmungswort wie auch als Grundwort dienen.

b Mögliche Wortzusammensetzungen aus den bunt markierten Wörtern (Beispiele):
- Nasenbein, Nasenloch, Nasenspitze, Clownsnase, Stupsnase, naseweis
- Kopfball, Kopfschmerz, Puppenkopf, kopflos
- Wannenbad, Schwimmbad, Freibad, Badtür, Badesalz, Badekappe
- Goldschatz, Goldmedaille, Goldregen, Goldschmuck, Zahngold, goldgelb
- Blaubeeren, Blaukraut, himmelblau, dunkelblau
- Grünspecht, Grünstreifen, moosgrün, tannengrün
- Rotkehlchen, Rotbuche, signalrot, blutrot

176

Mit Buchstaben und Wörtern Bilder gestalten

1 a Die Bildgedichte oben auf der Seite sind auf unterschiedliche Weise gestaltet:
- Im mittleren Bildgedicht werden die Buchstaben als grafische Elemente eingesetzt: Sie sind so angeordnet, dass sie bildlich darstellen, was sie auch als Wort bezeichnen: Sonne.
- In den anderen beiden Bildgedichten ist ein Buchstabe durch ein Bildzeichen ersetzt, das das ganze Wort darstellt: Mond bzw. Blitz. Dabei wird eine Ähnlichkeit zwischen der Buchstabenform und dem Bezeichneten genutzt.
- Unterstützend ist die farbliche Gestaltung auf das Gemeinte abgestimmt: Mond = hellgelb, Sonne = orangegelb, Blitz = orange.

b Für einfache Lösungen können die Schülerinnen und Schüler kleine Varianten der gezeigten Bildgedichte entwickeln. Zum Beispiel lässt sich „Sonne" ganz ähnlich darstellen wie „Mond", bei „Blitz" lässt sich auch das Z am Ende als Blitz zeichnen, bei dem Wort „Wolke" kann das O wie eine Wolke gezeichnet werden. Anspruchsvollere Lösungen entwickeln eigene Ideen für die grafische Umsetzung und beziehen eventuell auch mehrere Wörter mit ein (vgl. Aufgabe 3 auf Seite 176 im Schülerband).
Weitere Begriffe aus dem thematischen Zusammenhang des Kapitels, die sich gut für ein Bildgedicht eignen: Stern – Regen – Sturm – Wind – Sonnenuntergang – Nebel.

2 Der Monsunregen wird in dem Bildgedicht von Dirk Held durch ein großes O ins Bild gesetzt: Dieses Zeichen scheint für besonders dicke Regentropfen zu stehen. Diese fallen dicht an dicht in großer Zahl zu Boden. Dass das Zeichen O im unteren Bereich des Gedichts fünf lange Zeilen vollständig füllt, kann als Überschwemmung des Bodens „gelesen" werden.
Es lohnt sich, auch den ersten Teil des Bildgedichts genauer anzuschauen: Mit der Rede des Monsuns gibt es dort erneut eine Personifikation zu entdecken. Und in der kursiv gedruckten Bemerkung in Klammern äußert sich augenzwinkernd der Sprecher – oder in diesem Fall besser: der Schreiber – des Gedichts, der sich freut, dass der Regen ihm seine Arbeit abnimmt.

3 Wenn die Schülerinnen und Schüler in ihrem Bildgedicht auf das vorgegebene Beispiel zurückgreifen, muss dieses nicht nur um das noch fehlende, leicht zu findende letzte Wort – „Regenbogen" – ergänzt werden, sondern es muss vor allem noch in eine passende Form gebracht werden. Eine Möglichkeit besteht zum Beispiel darin, den Text symmetrisch an einer Mittelachse nach rechts zu spiegeln und die zweite, dritte und vierte Zeile an beiden Seiten jeweils ein Stückchen weiter nach außen zu rücken. Die Schülerinnen und Schüler sollten aber auch zu anderen, freien Lösungen ermuntert werden, die nicht auf das angebotene Beispiel zurückgreifen.
Hinweis zur farblichen Gestaltung: Die Abfolge der sieben Farben in einem Regenbogen ist (von oben nach unten): Rot, Orange, Gelb, Grün, (Hell)blau, Indigo(blau) und Violett.

8.3 Projekt – „Die Geschichte vom Wind“ als Klangcollage gestalten

MK

177 **Josef Guggenmos: Geschichte vom Wind**

178 **1. Schritt: Die Klangcollage vorbereiten**

1 **a** Das stille Lesen dient in diesem Fall dazu, dass zunächst jede Schülerin und jeder Schüler für sich eine akustische Vorstellung zu dem Gedicht entwickeln kann. Der Text gibt dazu viele Anregungen, vor allem durch aussagekräftige Verben wie „rasselt und prasselt und kracht“ (V .9), „ächzen“ (V. 12), „Heulen“ (V. 17, hier zusätzlich lautmalerisch: „Hi-, Hu-, Ha-, Heulen“), „kreischend“ (V. 26). Auf diese kann sich das Gespräch nach dem stillen Lesen beziehen.

b An den folgenden Stellen wird Lautmalerei im Gedicht verwendet:
„Hauch“ (V. 1), „rasselt und prasselt und kracht“ (V. 9), „ächzen“ (V. 12), „sausen“ (V. 15), „Hi-, Hu-, Ha-, Heulen“ (V. 17), „kreischend“ (V. 26)

2 **a** Das Gedicht kann in folgende Sinneinheiten gegliedert werden:
- V. 1–3: Leichter Wind am Abend
- V. 4–10: Aus dem Wind wird nachts ein Sturm
- V. 11–16: Sprechende Linden
- V. 17–24: Die drei Eulen im Turm
- V. 25–28: Der Wetterhahn auf der Kirchturmspitze
- V. 29–34: Das Ende des Sturms

Man kann diese sechs Sinnabschnitte auch zu drei größeren Einheiten zusammenfassen:
- V. 1–10: Das Aufkommen des Sturms
- V. 11–28: Verschiedene Stimmen im Sturm
- V. 29–34: Das Ende des Sturms

b In dem Gedicht gibt es folgende Sprecherrollen: der Erzähler – die Linden (mehrere) – drei Eulen – der Wetterhahn – ein Seemann. Das ergibt für die Gruppenbildung (vgl. Aufgabe 3) viele Möglichkeiten, jede Gruppen sollte aber mindestens aus vier Schüler/-innen bestehen.

3 **a** Die Lernenden werden ermuntert, frei mit ihren Stimmen umzugehen und dabei auch ruhig laut zu werden. Eventuell empfiehlt es sich, einen geeigneten Raum (oder mehrere) zu suchen oder die Kolleg/-innen in den Nachbarräumen darauf vorzubereiten, dass es in der Stunde lauter werden kann. Aus dem Ausprobieren der Sprechweisen kann sich die Rollenverteilung ergeben: Wer eine bestimmte Rolle/Stelle besonders überzeugend vorgelesen hat, kann diese Rolle übernehmen.

b Die Klangcollage kann in ihrer Wirkung eher auf das Gefährlich-Schauerliche oder stärker auf das Unterhaltsam-Witzige zielen. Beides kann auch kombiniert und der Schwerpunkt auf das Darstellen der starken Gegensätze zwischen der Ruhe vor und nach dem Sturm und dem Sturm selbst gelegt werden.

178 **2. Schritt: Die Klangcollage am Computer erstellen**

4 **a–c** Ein fertiger Regieplan kann zum Beispiel so aussehen:

Josef Guggenmos: „Geschichte vom Wind“ – Regieplan für eine Klangcollage		
Gedicht (in Sinneinheiten)	**Betonung beim Vortrag**	**Klänge, Geräusche, Musik**
(Erzählerin:) Am Abend spielte ein Hauch um Wange, Blume und Strauch. Da war der Wind noch ein Kind.	freundliche, sanfte Stimme, die Wörter hauchend, fast flüsternd	liebliche Flötenmusik, Glucksen, Lachen eines kleinen Kindes

Josef Guggenmos: „Geschichte vom Wind“ – Regieplan für eine Klangcollage		
Gedicht (in Sinneinheiten)	**Betonung beim Vortrag**	**Klänge, Geräusche, Musik**
Aber dann in der Nacht wurde aus dem Kind ein Mann. Der zeigt, was er kann. Der weiß, wie man's macht, dass alles rasselt und prasselt und kracht, dass jeder erwacht!	plötzlich laut werdend, bedrohlich sprechend kraftvoll betonte Artikulation der Anfangsbuchstaben und des *ss*	Flötenmusik verliert ihre Melodie, Blechgeräusche (Becken, Schellen) und Trommeln kommen dazu, werden immer lauter
Die Linden in der Allee ächzen: *(Linden:)* „O weh, wir werden gestohlen! Haben wir Zweige, haben wir Flügel? Bald sausen wir über Stadt und Hügel als grüne Dohlen!“	muss gegen den Krach anschreien hohe Stimmen, jammernd	die ganze Zeit über Sturmgeräusche im Hintergrund
(Erzählerin:) Hei! Mit Hi-, Hu-, Ha-, Heulen rast der Wind um den Turm. Aus dem Schallloch gucken drei Eulen. *(Eulen:)* „Fliegen wir aus bei diesem Sturm? Nein, das kann nichts taugen!“ *(Erzählerin:)* Und sie schauen einander an mit großen Augen.	immer noch sehr laut, gegen den Krach krächzend, laut etwas unheimlich	Wind- und Sturmheulen gehen weiter zusätzliche Eulengeräusche: Uhu, uhu … für einen kurzen Moment etwas leiser
Auf der Kirchturmspitze der Wetterhahn dreht sich kreischend im Kreis: *(Wetterhahn:)* „Das ist der schönste Sturm, den ich weiß. Bald ist's kein Sturm mehr, bald ist's ein Orkan!“	Stimme wird langsam kreischend kreischende, hohe Stimme	Quietschen eines nicht geölten Scharniers
(Erzählerin:) Drei Stunden tobte der Sturm. Er warf Autos um wie ein Riese. Doch am Morgen spielte der Wind wieder sanft wie das Lämmlein auf der Wiese. Ein Seemann sprach: *(Seemann:)* „Es war eine leichte Brise.“	sehr laut, die Geräusche überschreiend ganz sanfte, freundliche Stimme tiefe Stimme, knorrig, betont cool und locker	noch einmal alle Sturmgeräusche, dann plötzlicher Abbruch aller Geräusche, Stille; Flötenspiel vom Anfang, Kinderstimmen, Blöken eines Lamms

(Gedichttext aus: Josef Guggenmos: Was denkt die Maus am Donnerstag? 121 Gedichte für Kinder. Beltz & Gelberg, Weinheim/Basel 1998)

5 **a–c** Für die Gestaltung der Geräuschkulissen wie auch für die technische Aufnahme empfiehlt es sich unter Umständen, Kolleg/-innen aus den Fächern Musik und Informatik um Unterstützung zu bitten. – Audacity ist ein im Internet frei verfügbares Programm, mit dem auf mehreren Tonspuren Audiodateien gemischt und bearbeitet werden können.
Eine einfachere Variante besteht darin, die Klangcollagen mit einem Smartphone in Echtzeit aufnehmen zu lassen (wenn nötig, in mehreren Versuchen) und auf eine nachträgliche Bearbeitung zu verzichten.

178

3. Schritt: Die Klangcollage präsentieren

6 Für aussagekräftige und differenzierte Kommentare zu den präsentierten Klangcollagen kann ein Feedbackbogen genutzt werden, zum Beispiel:

	☺	😐	☹
Einsatz der Stimme(n)			
Betonung des Sprechtextes			
Einsatz von Klängen			
Einsatz von Geräuschen			
Einsatz von Musik			
Gesamtwirkung			

7 Eine weitere Möglichkeit, die Klangcollagen einem größeren Publikum zu präsentieren, kann darin bestehen, sie auf dem Klassen-, Jahrgangsstufen- oder Schulserver hochzuladen und mit einer Rundmail oder einem Banner auf der Schulwebsite darauf hinzuweisen.

Material zu diesem Kapitel auf den folgenden Seiten und digital

- Fordern und fördern – Ein Gedicht untersuchen: James Krüss: Das Wasser (mit Hilfe-Karten und Zusatzaufgaben für „Profis“; Lösungshinweise digital)
- Was kannst du schon? – Ein Gedicht untersuchen: Jutta Richter: Novembersturm (Diagnose; Lösungshinweise und Förderempfehlungen digital)
- Zusatzmaterial – Ein Parallelgedicht schreiben: Christel Süßmann: Sommerhitze (Lösungshinweise digital)
- Klassenarbeit – Ein Gedicht untersuchen: Heinrich Seidel: November (Erwartungshorizont digital)
- Hörtexte: Christine Busta: Die Frühlingssonne, gesprochen von Victoria Schaetzle; Theodor Fontane: Mittag, gesprochen von Thomas Dehler; Dirk Held: Regenräder, gesprochen von Martin Klemm (jeweils mit passgenauem Arbeitsblatt zur Übung des Hörverstehens inkl. Lösungshinweisen, digital)

Fordern und fördern – Ein Gedicht untersuchen

James Krüss
Das Wasser

Vom Himmel fällt der Regen
und macht die Erde nass,
die Steine auf den Wegen,
die Blumen und das Gras.

Die Sonne macht die Runde
in altgewohntem Lauf
und saugt mit ihrem Munde
das Wasser wieder auf.

Das Wasser steigt zum Himmel
und wallt dort hin und her,
da gibt es ein Gewimmel
von Wolken grau und schwer.

Die Wolken werden nasser
und brechen auseinander
und wieder fällt das Wasser
als Regen auf das Land.

Der Regen fällt ins Freie
und wieder saugt das Licht.
Die Wolke wächst aufs Neue,
bis dass sie wieder bricht.

So geht des Wassers Weise:
Es fällt, es steigt, es sinkt
in ewig gleichem Kreise
und alles, alles trinkt.

(Aus: James Krüss: Der wohltemperierte Leierkasten. Gedichte für Kinder, Erwachsene und andere Leute. cbj, München 2013, S. 34)

1 Untersuche den Inhalt des Gedichts. (→ Hilfe-Karte: Den Inhalt des Gedichts verstehen)

a Im Gedicht wird ein Kreislauf beschrieben. Erkläre diesen Kreislauf mit eigenen Worten.

b Erläutere den Unterschied zwischen den Strophen 1 bis 5 sowie der letzten Strophe.

2 Untersuche die Form und die Sprache des Gedichts.
(→ Hilfe-Karte: Form und Sprache des Gedichts untersuchen)

a Beschreibe den Aufbau des Gedichts mit den Begriffen „Strophe" und „Vers".

b Untersuche die Reimform des Gedichts und benenne sie mit dem richtigen Fachbegriff.

c Suche in den Strophen 4 bis 6 Wörter, die die Wiederholungen im Kreislauf deutlich machen.

d Die Sonne wird mit einer Personifikation bildlich dargestellt. Belege diese Aussage mit einer passenden Textstelle.

3 Fasse zusammen, wie der Kreislauf des Wassers in dem Gedicht durch Sprache und Form anschaulich zum Ausdruck gebracht wird.

Folgende Hilfen oder Aufgaben zum Weiterarbeiten kannst du nutzen

Hilfe-Karte	Den Inhalt des Gedichts verstehen
Hilfe-Karte	Form und Sprache des Gedichts untersuchen
Für Profis und Schnelle	Ein Anschlussgedicht schreiben

Hilfe-Karte: Den Inhalt des Gedichts verstehen

Schau dir die Zeichnung genau an. Sie ist in zwei Seiten (A und B) geteilt.
Ordne die Verse der Strophen 1 bis 4 des Gedichts jeweils einer Seite zu. Was beschreibt Strophe 5?

Hilfe-Karte: Form und Sprache des Gedichts untersuchen

Aufbau des Gedichts: Strophenform (Aufgabe 2 a)
Um die Strophenform eines Gedichts zu beschreiben, musst du klären:
- Wie viele Strophen gibt es?
- Wie viele Verse hat jede Strophe?

Reimformen (Aufgabe 2 b)
Um die Reimform in einem Gedicht zu bestimmen, notierst du hinter den Versen, die sich reimen, jeweils gleiche Buchstaben (oder du schreibst die Buchstaben in deinem Heft untereinander).

Paarreim		Kreuzreim		umarmender Reim	
... gerne	a	... Siebenbein	a	... Haus	a
... Sterne	a	... Wonne	b	... Gäste	b
... Stück	b	... Kinderlein	a	... beste	b
... Glück	b	... Abfalltonne	b	... Schmaus	a

Sprachliche Bilder: Personifikation (Aufgabe 2 d)
Die Personifikation (Vermenschlichung) ist eine besondere Form der Metapher: Gegenstände oder Naturerscheinungen werden vermenschlicht, d.h., ihnen werden menschliche Eigenschaften oder Verhaltensweisen zugeschrieben, z. B.: Der Himmel weint.

Für Profis und Schnelle: Ein Anschlussgedicht schreiben

4 „Und alles, alles trinkt“: Nimm diesen letzten Vers des Gedichts „Das Wasser“ von James Krüss und die Darstellungen in dem Bild oben als Anregungen für ein eigenes Gedicht.
Du kannst zum Beispiel die gleiche Form benutzten wie James Krüss: mehrere Strophen mit jeweils vier Versen. Dein Gedicht kann, muss sich aber nicht reimen.
Folgende Vorarbeiten können dir helfen:

- Suche in zwei Clustern Begriffe zu den Wortfeldern „Wasser“ (z. B.: nass, Flüssigkeit, Tropfen) und „trinken“ (z. B.: Getränk, durstig, schlucken)
- Wenn du Reime verwenden möchtest: Suche Reimwörter zu „trinken“ (z. B.: winken, Schinken)

Autorin: Angela Mielke
Illustration: Uta Bettzieche, Leipzig

Was kannst du schon? – Ein Gedicht untersuchen

Jutta Richter
Novembersturm

Die Katze guckt zum Fenster raus.
Der Wind bläst Blätter um das Haus.
Er jagt die Dohlen um den Turm:
Ein richtiger Novembersturm.

Die Wetterfahne quietscht und dreht.
Kein Mensch mehr auf der Straße geht.
Die Äste fallen auf den Weg.
Das Wasser kräuselt sich am Steg.

Es heult und pfeift,
die Wolke streift
die Spitze unsrer Tanne.
Ich geh ins Bad
und lasse jetzt
das Wasser in die Wanne.

Hier sind wir sicher und auch warm.
Ich halte dich ganz fest im Arm.
Denn unser Haus, das ist aus Stein.
Es fliegt nicht in den Himmel rein
mit Mann und Maus und Bauch und Bein.

(© Jutta Richter. Quelle: http://juttarichter.blogspot.com/2010/11/november.html; [10.02.2019])

1 Kreuze die zutreffenden Aussagen an:

☐ **A** Das Gedicht beschreibt einen Herbststurm aus der Sicht von jemandem, der aus einem Haus nach draußen schaut.

☐ **B** Das Gedicht beschreibt ein Unwetter im November aus der Sicht einer Katze.

☐ **C** In den ersten beiden Strophen wird beschrieben, wie sich der Sturm draußen in der Umwelt zeigt.

☐ **D** Im letzten Teil des Gedichts wird drinnen jemand getröstet, der wegen des schlimmen Wetters Angst hat.

2 **a** Notiere das Reimschema mit kleinen Buchstaben (z. B. a a b b) neben den Versen.

b Kreuze den richtigen Fachbegriff an.

Der größte Teil des Gedichts hat als Reimform ☐ Paarreime – ☐ Kreuzreime – ☐ umarmende Reime.

3 **a** Lies die erste Strophe mehrmals und achte darauf, welche Silben betont werden. Setze dann die Betonungszeichen in den folgenden Versen an den richtigen Stellen.

X X X X X X X X
Die Katze guckt zum Fenster raus.

X X X X X X X X
Der Wind bläst Blätter um das Haus.

b Kreuze den richtigen Begriff für dieses Metrum an: ☐ Jambus – ☐ Trochäus

4 Es gibt in dem Gedicht an einzelnen Stellen sprachliche Bilder.

a Kreuze die Verse an, bei denen es sich um eine Personifikation handelt:

A Die Katze guckt zum Fenster raus. (V. 1)
B Der Wind bläst Blätter um das Haus. (V. 2)
C Er jagt die Dohlen um den Turm: (V. 3)
D Ich halte dich ganz fest im Arm. (V. 16)

b In dem Gedicht wird von einem Haus gesagt: „Es fliegt nicht in den Himmel rein“ (V. 18). Was soll damit ausgedrückt werden? Kreuze die zutreffende Aussage an:

☐ **A** Das Haus ist kein Flugzeug.

☐ **B** Das Haus ist zu schwer für den Wind.

☐ **C** Das Haus steht sicher auf der Erde und die Menschen darin müssen keine Angst haben.

Cornelsen
Autorin: Angela Mielke
Illustration: Uta Bettzieche, Leipzig

Zusatzmaterial – Ein Parallelgedicht schreiben

Christel Süßmann

Sommerhitze

Kinder, ist das eine Hitze!
Kinder, ist das heute heiß!
Nur zwei Sachen gibt's, die nützen:
baden gehen oder Eis.

Beides ist nicht zu verachten.
Wüsst' ich doch, was besser tät,
wenn man Eis kauft oder lieber
für das Geld ins Schwimmbad geht!

An 'ner Waffel lutsch' ich höchstens
zehn Minuten, das ist klar!
Doch wie kühlend ist es, wenn ich
lange Zeit im Wasser war!

Darum nur nicht lang gefackelt,
schnell die Badehose her!
Ist auch unser kleines Schwimmbad
leider nicht das große Meer.

Ach, was macht das Baden Freude!
Hitze? Pah, was stört uns die!
Und wir brausen, schwimmen, spritzen,
springen, tauchen wie noch nie.

Über Wasser, unter Wasser!
Nur recht kräftig Luft geschnappt.
Ja, sogar vom Brett zu springen,
hat heut endlich gut geklappt.

Morgen gehn wir wieder baden –
und der Winter ist so weit!
Sonnenschein und Wasserplanschen!
Herrlich ist die Ferienzeit!

(Aus: Sonniges Jugendland. Zickfeldt Verlag, Hannover 1979, S. 194)

1 Lies das Gedicht von Christel Süßmann über die Sommerhitze. Markiere alle Begriffe, die in Beziehung zur sommerlichen Hitze stehen.

2 Schreibe ein Parallelgedicht unter dem Titel „Winterkälte".

a Lege nach dem Beispiel einen Cluster an und sammle darin Begriffe, die dir zu „Winterkälte" einfallen.

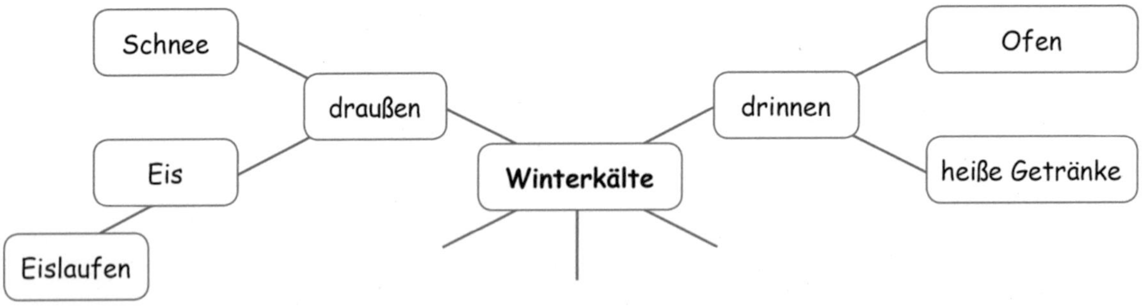

b Schreibe dein Gedicht.
- Ersetze in dem Gedicht „Sommerhitze" die sommerlichen Begriffe durch winterliche aus deinem Cluster.
- Du kannst auch weitere Änderungen vornehmen, damit sich sinnvolle Aussagen ergeben und dein Gedicht gut klingt.
- Dein Gedicht muss nicht so lang werden wie das von Christel Süßmann. Du kannst zum Beispiel drei Strophen auswählen, die du zu einem Parallelgedicht umschreibst.
- Du musst in deinem Gedicht nicht unbedingt Reime verwenden.

Klassenarbeit – Ein Gedicht untersuchen

Aufgabenstellung

1 **a** Gib mit eigenen Worten wieder, was in Heinrich Seidels Gedicht über den November gesagt wird.
b Erkläre, worin sich die letzte Strophe von den ersten drei Strophen unterscheidet.
c Was meinst du: Ist das Lob des Novembers im ersten Vers ernst gemeint? Begründe deine Meinung.

2 **a** Schreibe aus den ersten beiden Strophen jeweils zwei Personifikationen heraus.
b Erkläre, was eine Personifikation ist.

3 Finde heraus, womit die Regentropfen in der dritten Strophe verglichen werden, und erläutere, was damit gemeint ist.

Heinrich Seidel

November

Solchen Monat muss man loben:
Keiner kann wie dieser toben,
keiner so verdrießlich[1] sein
und so ohne Sonnenschein!
Keiner so in Wolken maulen,
keiner so mit Sturmwind graulen!
Und wie nass er alles macht!
Ja, es ist ’ne wahre Pracht.

Seht das schöne Schlackerwetter!
Und die armen welken Blätter,
wie sie tanzen in dem Wind
und so ganz verloren sind!
Wie der Sturm sie jagt und zwirbelt
und sie durcheinanderwirbelt
und sie hetzt ohn’ Unterlass:
Ja, das ist Novemberspaß!

Und die Scheiben, wie sie rinnen!
Und die Wolken, wie sie spinnen
ihren feuchten Himmelstau
ur[2] und ewig, trüb und grau!
Auf dem Dach die Regentropfen:
wie sie pochen, wie sie klopfen!
Schimmernd hängt’s an jedem Zweig,
einer dicken Träne gleich.

O, wie ist der Mann zu loben,
der solch’ unvernünft’ges Toben
schon im Voraus hat bedacht
und die Häuser hohl gemacht!
So, dass wir im Trocknen hausen
und mit stillvergnügtem Grausen
und in wohlgeborgner Ruh
solchem Gräuel schauen zu!

(Aus: So viele Tage wie das Jahr hat. Gedichte für Kinder und Kenner. Hg. von James Krüss. Sigbert Mohn Verlag, Gütersloh 1959, S. 19)

1 verdrießlich: schlecht gelaunt
2 ur: seit jeher

9 Die Abenteuer des Odysseus – Sagen untersuchen und Szenen spielen

Konzeption des Kapitels

Sagen stoßen bei Jugendlichen dieses Alters auf besonderes Interesse. Die Schilderung ungewöhnlicher Heldentaten und gefährlicher Abenteuer, besonders die Darstellung fantastischer Ereignisse wecken die Lesefreude und motivieren dazu, sich weitere Sagenstoffe anzueignen. Der Schwerpunkt des Kapitels liegt auf der Betrachtung von vier Sagen aus der Odyssee, die sich sehr gut dazu eignen, genretypische Sagenmerkmale zu erarbeiten. Zudem können sie von den Lernenden leicht dramatisiert werden. Die Sagengestalten reizen zu einer Ausgestaltung, der Handlungskern der ausgewählten Sagenabenteuer ist einfach, bietet aber viele Möglichkeiten, eigene Ideen kreativ umzusetzen.
Das erste Teilkapitel **(„Odysseus – Einen Sagenhelden kennenlernen")** greift auf zwei zentrale Sagen der Odyssee zurück: „Odysseus und die Zauberin Kirke" und „Odysseus bei den Sirenen". Die Anordnung folgt dabei der Chronologie und dem Spannungsbogen der Handlung im Werk Homers. Ein einleitender Text („Odysseus und das Trojanische Pferd") führt in verständlicher und schülergerechter Sprache in die Vorgeschichte des Kriegs um Troja ein. Anhand der beiden Sagen untersuchen die Schülerinnen und Schüler den spannenden Handlungsaufbau und erkennen, was Odysseus zu einem typischen Sagenhelden macht. Sie erkennen außerdem exemplarisch die historische und lokale Verortung vieler Sagenstoffe. Der abschließende Test bündelt das erarbeitete Wissen zur Gattung.
Das zweite Teilkapitel **(„Odysseus als Theaterstück – Szenen vortragen, spielen und gestalten")** leitet dazu an, Sagen zu einem Theaterstück umzuformen und die szenische Darstellung zu proben. Einleitend wiederholen die Schülerinnen und Schüler spielerisch wesentliche dramatische Begriffe. Ausgangspunkt des Teilkapitels ist der bereits dramatisierte Sagentext „Odysseus in der Höhle des Polyphem", der insbesondere mit Hilfe des darstellenden Lesens erschlossen wird. Überlegungen zur szenischen Umsetzung führen zu eigenen Versuchen, Sagentexte in Theaterszenen umzuschreiben. Abschließend erproben die Schülerinnen und Schüler ihre Spielvorlagen und reflektieren ihr eigenes Spiel. Anhand eines pragmatischen Leitfadens zu Planung, Aufgabenverteilung, Proben, Einladung und Werbung realisieren sie ein Theaterprojekt auf der Bühne. Eine Methodenseite „Videofeedback nutzen" können sie heranziehen, um ihre Inszenierung kritisch zu reflektieren und zu verbessern.
Das dritte Teilkapitel **(„Projekt – Graphic Novel und Computerspiel – Eine Geschichte in verschiedenen Medien")** hat einen medialen Schwerpunkt und ist der kreativen Umgestaltung antiker Sagen in Form einer Graphic Novel und eines Computerspiels gewidmet. Die Lernenden analysieren und vergleichen die jeweilige mediale Umsetzung der Polyphem-Sage und erarbeiten deren gattungsspezifische Elemente und Wirkungen. Anschließend gestalten sie selbst eine Graphic Novel und – entlang des Erzählmusters der Heldenreise – ein Konzept für ein Computerspiel. Sie vertiefen so nicht nur ihr Textverständnis, sondern erfassen typische Strukturen der beiden Medien im kreativen Handeln.

Literaturhinweise

- *Boelmann, Jan M.:* Literarisches Verstehen mit narrativen Computerspielen. Eine empirische Studie zu den Potenzialen der Vermittlung von literarischer Bildung und literarischer Kompetenz mit einem schüleraffinen Medium. Kopaed, München: 2015
- Drama – Theater – Szenisches Spiel. Praxis Deutsch, Sammelband 2005
- *Lechner, Auguste:* Die Abenteuer des Odysseus. Arena, Würzburg 2011
- Graphic Novels. Praxis Deutsch Nr. 252/2015
- *Scheller, Ingo:* Szenische Interpretation. Theorie und Praxis eines handlungs- und erfahrungsbezogenen Literaturunterrichts in Sekundarstufe I und II. Kallmeyer, Seelze 2004
- Szenisches Schreiben. Praxis Deutsch 260/2016
- *Ziesenis, Werner:* Märchen und Sage im Unterricht. In: Günter Lange / Karl Neumann / Werner Ziesenis (Hg.): Taschenbuch des Deutschunterrichts. Bd. 1: Grundlagen - Sprachdidaktik - Mediendidaktik. Schneider, Baltmannsweiler 2003, S. 532 ff.

	Inhalte	Kompetenzen Die Schülerinnen und Schüler
S. 179	**9 Die Abenteuer des Odysseus – Sagen untersuchen und Szenen spielen**	– reflektieren ihre Kenntnisse über Sagen und Sagenhelden
S. 180	**9.1 Odysseus – Einen Sagenhelden kennenlernen** Figuren, Handlung und Aufbau von Sagen untersuchen *Odysseus und das Trojanische Pferd*	– reflektieren den Begriff „Held“ und beziehen ihn auf die Sagenfigur Odysseus – untersuchen die Rolle der Göttin Athene – reflektieren den Begriff „Trojaner“ für einen Computervirus
S. 182	*Homer: Odysseus und die Zauberin Kirke*	– untersuchen den Aufbau der Sage – erklären am Beispiel von Hermes das Eingreifen der Götter in das Geschehen – erzählen die Sage aus der Sicht des Odysseus
S. 186	*Homer: Odysseus bei den Sirenen*	– benennen Eigenschaften des Odysseus, erklären die Motive, die ihn antreiben, und problematisieren seine Bewertung als Held – beschreiben am Beispiel des Poseidon das Eingreifen der Götter in das Geschehen – prüfen den historischen Kern der Sagen – untersuchen Sagenmerkmale in den Sagen
S. 189	Testet euch! – Die Sage des Odysseus	– überprüfen ihr Wissen zu Eigenschaften/Listen des Odysseus, Göttern, Sagenmerkmalen
S. 190	**9.2 Odysseus als Theaterstück – Szenen vortragen, spielen und gestalten** Polyphem – Eine Szene untersuchen und vortragen *Homer: Odysseus in der Höhle des Polyphem*	– erzählen die Sage mit Hilfe einer Bilderfolge nach – benennen und erläutern die Arbeitsbegriffe „Monolog“, „Dialog“ und „Regieanweisungen“ – erschließen den Text durch szenisches Lesen – sammeln Ideen, wie man den Text auf der Bühne realisieren kann
S. 194	Kirke – Eine Sage als Maskentheater gestalten	– wandeln die Sagentexte in Theaterszenen um – erstellen Masken und Requisiten – proben die Szenen – geben sich mit einem Bewertungsbogen Feed-back
S. 196	Die Sirenen – Eine Aufführung vorbereiten	
S. 198	Die Odyssee – Ein Theaterstück auf-führen	– planen die Aufführung – verteilen die Aufgaben, erstellen einen Projektfahrplan und proben die Szenen – nutzen das Videofeedback zur Verbesserung ihres Spiels – werben für das Projekt: entwerfen Flyer und Plakat, verfassen E-Mail und Durchsage
S. 201	**9.3 Projekt – Graphic Novel und Computerspiel – Eine Geschichte in verschiedenen Medien** *Homer: Odyssee*	– analysieren einen Auszug aus einer Graphic Novel hinsichtlich typischer Merkmale – erstellen eine Graphic Novel zu einer Sage – erklären Inhalte, Gestaltungselemente und Wir-kungsweisen von Computerspielen – entwickeln Ideen zu einem Computerspiel

9 Die Abenteuer des Odysseus – Sagen untersuchen und Szenen spielen

179 Ausgehend von einem Bildimpuls aktivieren die Schülerinnen und Schüler ihre Kenntnisse über den Sagenhelden Odysseus und seine Abenteuer sowie über andere Sagen und Sagenhelden.

1 Auf dem Bild ist sehr vereinfacht der Mittelmeerraum dargestellt, der geografisch den Hintergrund der Sagen Homers bildet. Die Figuren verweisen auf die in diesem Kapitel thematisierten Abenteuer des Odysseus. Auf der rechten Bildseite ist an der heutigen Westküste der Türkei das Trojanische Pferd zu sehen, aus dessen Bauch ein griechischer Kämpfer herausklettert. Weiter links ist die Insel Ithaka, die Heimat des Odysseus, der Westküste Griechenlands zugeordnet. Auf das heutige Italien verweisen die Insel der Sirenen in der Bildmitte und als Heimat der Zauberin Kirke am linken Bildrand Ustica, eine kleine Vulkaninsel vor Sizilien (einige Historiker halten Ustica für Aiaia, die Heimat der Zauberin Kirke; Homer hat die mythische Insel wohl im Osten verortet). Odysseus' Abenteuer mit Polyphem wird auf der Karte in Nordafrika lokalisiert (manche Quellen verorten sie in Westsizilien vor Trapani). Wichtig ist allein, dass die Lernenden erkennen, dass die einzelnen Geschichten um Odysseus im Mittelmeerraum spielen. Damit wird ein konkreter geografischer Bezug der Sagen zu heutigen Ländern erkennbar – ein typisches Sagenmerkmal, das hier noch nicht explizit benannt werden muss.

2 Die Schülerinnen und Schüler sammeln ihr Vorwissen über die Gattung Sage und die Eigenschaften eines Sagenhelden. Sagen erzählen – anders als Märchen – meist von Helden und ihren Taten. Der Held (in der Regel ein Mann) erscheint darin als eine starke, vorbildliche Figur, die scheinbar unüberwindliche Hindernisse meistert, gefährliche Kämpfe, auch gegen Fantasiewesen, besteht und manchmal übernatürliche Kräfte besitzt.
Vielleicht erwähnen die Schülerinnen und Schüler auch, dass in Sagen ein historischer Kern steckt und Sagen oft genaue geografische Angaben enthalten. Der Trojanische Krieg ist ein wichtiger Teil der griechischen Mythologie, seine Geschichtlichkeit ist allerdings bis heute nicht unumstritten. Viele Wissenschaftler gehen jedoch davon aus, dass dem Mythos reale Ereignisse im 13. Jahrhundert v. Chr. zugrunde liegen. Demzufolge war der Trojanische Krieg ein Handelskrieg zwischen den Herren von Troja und den Griechen (bei Homer: den Achaiern) um den Einfluss im Mittelmeer. Dabei spielte die Kontrolle der Meerengen eine entscheidende Rolle (vgl. die Hinweise zu Aufgabe 3 b auf S. 224 in diesen Handreichungen).
Möglicherweise kennen die Schülerinnen und Schüler auch andere Figuren aus der antiken Mythologie (z. B. Herakles), manche kennen sicher Siegfried aus den germanischen Heldensagen.

9.1 Odysseus – Einen Sagenhelden kennenlernen

180 Figuren, Handlung und Aufbau von Sagen untersuchen

180 Odysseus und das Trojanische Pferd

1 a Im Text wird Odysseus wie bei Homer mit den Eigenschaften „tapfer“ (Z. 5), „listenreich“ (Z. 5) und „klug“ (Z. 14) geschmückt. Odysseus ist klug genug, die Kriegsmüdigkeit seiner griechischen Kämpfer nach zehn langen Kriegsjahren zu erkennen. Das lässt ihn zu der List mit dem Trojanischen Pferd greifen, bei der er auch vor einer Verärgerung der Götter nicht zurückschreckt. (Das Pferd ist nämlich ein dem Poseidon heiliges Tier; ein Beiname des Poseidon ist denn auch „Hippios“. Als Schutzherr Trojas ist Poseidon über die List des Odysseus so erzürnt, dass er seine Heimkehr nach Ithaka verhindert und ihn auf eine zehnjährige Irrfahrt schickt.)

b Die Schülerinnen und Schüler werden sicher die Klugheit, Tapferkeit und Stärke des Odysseus als Merkmale eines Helden herausstreichen. Anderseits werden sie aber vielleicht die Anwendung einer List als ein eher unlauteres Mittel in der Auseinandersetzung mit dem Feind und als eine Pietätlosigkeit gegenüber den Göttern sehen.

2 Der Begriff „Trojaner" bzw. „Trojanisches Pferd" wird metaphorisch für ein Computerprogramm verwendet, das sich als nützliche Anwendung ausgibt, im Hintergrund aber ganz andere, zumeist schädliche Absichten verfolgt. Wie sich das „Trojanische Pferd" als Friedensangebot der Griechen tarnt, so versteckt sich hinter dem vorgeblich nützlichen Computerprogramm ein zerstörerisches Virus, das durch den Angegriffenen selbst in das System hineingebracht wird. Auch die Trojaner ziehen ja das Holzpferd selbst in die Mauern ihrer Stadt und verursachen dadurch ihren Untergang. Der Begriff „Trojaner" ist in diesem Zusammenhang allerdings eine Verdrehung des historischen Sachverhalts, weil die Trojaner ja nicht die Verursacher, sondern die Opfer der Attacke des Odysseus waren.

3 Zur Untersuchung der Frage, welche Rolle die Göttin Athene bei diesem Abenteuer des Odysseus spielt, stehen den Lernenden Aufgaben auf drei Differenzierungsniveaus zur Auswahl.

●○○ **a** Hier beantworten die Lernenden eine gezielte Texterschließungsfrage; als zusätzliche Unterstützung wird ihnen die Textstelle genannt, mit deren Hilfe sie die Frage beantworten können:
Athene greift unmittelbar auf der Seite der Griechen in das Geschehen ein, indem sie zwei tödliche Schlangen aussendet, die den Priester Laokoon ersticken, als er die Trojaner vor den Griechen und dem Holzpferd warnt.

●●○ **b** Auf diesem Niveau begründen die Schülerinnen und Schüler anhand des Textes, warum Athene Laokoon umbringen lässt:
Athene lässt Laokoon durch die Schlangen erwürgen, weil dieser die Einwohner Trojas vor dem Holzpferd warnt.

●●● **c** Hier erläutern die Lernenden anhand eines Steckbriefs, warum Athene als Schutzgöttin des Odysseus gilt:
Athene ist die Namensgeberin und Schutzgöttin Athens, einer der wichtigen Städte Griechenlands. Deshalb setzt sie sich im Kampf um Troja für die Griechen ein.
Als Göttin der Weisheit, der Kriegstaktik und der Strategie zeichnen sie ganz ähnliche Eigenschaften aus wie Odysseus. (Homer gibt ihr den Beinamen „glaukopis", „eulenäugig", weil sie als hellsichtig, weise und klug gilt.)

d Der Austausch der Ergebnisse sichert die Anschlusskommunikation und die gemeinsame Weiterarbeit im Unterricht.

Mögliche Zusatzaufgabe
Recherchiert im Internet unter dem Stichwort „Laokoongruppe Vatikan". Berichtet in der Klasse von euren Ergebnissen.

4 ⊕ Die Zusatzaufgabe zu weiteren griechischen Göttern kann schnelleren und leistungsstärkeren Lernenden angeboten werden. Ggf. kann das Interesse auf jene Götter gelenkt werden, die in den später im Schülerband behandelten Sagen eine Rolle spielen:
- Poseidon: Gott des Meeres, der in den Tiefen des Ozeans in einem kristallenen Palast lebt, ein Bruder des Göttervaters Zeus; auf Bildern wird er oft mit einem Dreizack dargestellt.
- Hermes: der Götterbote, Gott der Reisenden, der Diebe und des Handels; auf Bildern trägt er häufig Flügelschuhe und eine Flügelkappe.

Vielen Schülerinnen und Schülern ist wahrscheinlich auch Zeus ein Begriff: der höchste Gott der griechischen Mythologie, Bruder und Vater vieler Götter, der mächtiger ist als alle anderen Götter. Er wird oft mit einem Zepter und einem Bündel Blitze abgebildet.

» 182 **Homer: Odysseus und die Zauberin Kirke**

1 **a/b** Beim wechselseitigen Vorlesen der Sage können auch die Methodenkästen zum Lesetraining auf S. 134 und 136 im Schülerbuch genutzt werden.

2 Zur Untersuchung des Aufbaus der Sage werden den Schülerinnen und Schülern sechs Illustrationen der Sage und Aufgaben auf drei Differenzierungsniveaus angeboten.

●○○ **a** Auf diesem Anforderungsniveau ordnen die Lernenden die Bilder in der Reihenfolge, die der Abfolge der Geschehnisse in der Sage entspricht. Richtige Sortierung:
C – A – D – F – E – B

●●○ **b** Hier fassen die Lernenden die Handlungsschritte in Zwischenüberschriften zusammen.
Beispiellösung (die zwei Handlungsschritte enthält, die nicht abgebildet sind):
1. Eurylochos wird ausgelost, mit seinen Gefährten die Insel zu erkunden. (Bild C)
2. Er und seine Gefährten kommen zu einem schönen Haus, in dem eine liebliche Frau singt. (Bild A)
3. Die Zauberin Kirke lädt die Männer in ihr Haus ein und bewirtet sie mit einem Zaubertrank. (Bild D)
4. Nur Eurylochos versteckt sich hinter einem Türpfosten vor dem Haus. (Nicht abgebildet)
5. Kirke berührt die Männer mit einem Zauberstab und verwandelt sie in Schweine. (Bild F)
6. Eurylochos erzählt Odysseus von der Verwandlung der Freunde. (Nicht abgebildet)
7. Odysseus macht sich auf den Weg, die Männer zu retten, und bekommt von Hermes das Zauberkräutlein Moly überreicht. (Bild E)
8. Nach Odysseus' Ankunft verwandelt Kirke die Schweine zurück in die Kämpfer. (Bild B)

●●● **c** Auf dieser Differenzierungsstufe ordnen die Lernenden die Bilder im Kopf und erklären, wo der Spannungshöhepunkt liegt.
Beispiellösung:
- Ein erster Höhepunkt der Geschichte ist die Stelle, als Kirke sich von der freundlichen Gastgeberin zur Zauberin wandelt, die die Gefährten in Schweine verwandelt und einsperrt.
- Ein weiterer Höhepunkt ist die Auseinandersetzung zwischen Kirke und Odysseus, die mit der Rückverwandlung der Gefährten endet.

d Das Zusammenführen der Ergebnisse vertieft die Texterschließung.

Mögliche Zusatzaufgabe
Erklärt, warum die Gefährten Kirke anfangs nicht misstrauen.
Lösung: Kirke singt anmutig, sie webt an einem Teppich und wirkt dadurch häuslich. Außerdem ist sie eine liebliche Erscheinung und lädt die Männer zum Essen und Trinken ein.

3 Die Schülerinnen und Schüler untersuchen, welche Rolle das Eingreifen des Gottes Hermes spielt: Hermes tadelt Odysseus wegen seiner Leichtsinnigkeit. Diesem droht dasselbe Schicksal wie seinen Gefährten, wenn er versucht, sie zu retten. Hermes überreicht Odysseus das Kräutlein Moly, das wie ein Gegengift wirkt und Kirkes Kräuter an Wirkung übertrifft. Außerdem gibt er Odysseus genaue Anweisungen, wie er Kirke begegnen soll. Der Held Odysseus ist eben doch nur ein Mensch, der die Hilfe der Götter benötigt, um nicht ins Verderben zu stürzen.

4 Mit einer produktiv-gestaltenden Aufgabe, verbunden mit einem Perspektivwechsel, vertiefen die Lernenden ihr Textverständnis. Beispiellösung für eine spannende Erzählung des letzten Sagenabschnitts (F) aus der Sicht des Odysseus:

Mein Plan war, Kirke zu überraschen. Ich hatte das Kraut Moly in meiner Tasche verborgen und trat ganz fröhlich an Kirke heran: „Was für ein schöner Tag heute, nicht wahr?" Sie lächelte mich an und sprach zu mir mit den lieblichsten Worten: „Ich freue mich, dich zu sehen, tapferer Odysseus! Sicherlich bist du durch die lange Reise ermattet. Ich werde dir einen Trank bereiten, der dich erfrischt." Und ich sah, wie sie Wein in einen großen Pokal goss und mit Honig, Käse, Mehl und zahlreichen Kräutern vermischte. Um ihre Lippen spielte ein grausames Lächeln und ihre Augen funkelten vor Bosheit. „Hier, edler Odysseus, erfrische dich an meinem Getränk!" Ich trank den ganzen Kelch aus, ohne zu zögern. Kirke griff hastig nach dem Zauberstaub und berührte damit meinen Kopf. Starr vor Schreck weiteten sich ihre Augen, als sie merkte, dass ihr Zauber ohne Wirkung blieb. Ich zückte mein Schwert und richtete es gegen ihre Brust. „Ich werde dich töten, du falsche Schlange, wenn du nicht augenblicklich meine treuen Gefährten wieder in Menschen verwandelst", drohte ich ihr. Sie fiel vor mir auf die Knie und flehte um ihr Leben: „Ich tue alles, was du willst, Odysseus! Und ich schwöre bei den Göttern, dir und deinen Gefährten auch in Zukunft nichts Böses zuzufügen. Sei mein Gast und verweile auf meiner Insel, solange du willst!" Dann trieb sie meine Gefährten herein. Mir brach das Herz, als ich sie als Schweine grunzend vor mir sah, und ich konnte meine Tränen nicht zurückhalten. Doch Kirke hielt ihr Wort. Sie bestrich die Schweine mit einer Zaubersalbe und gab den Gefährten ihre menschliche Gestalt zurück. Mir läuft noch immer ein Schauder über den Rücken, wenn ich daran denke, in welche Gefahr ich meine Männer gebracht habe.

5 ⊕ Schnelle und leistungsstarke Schüler/-innen klären in dieser Zusatzaufgabe die Bedeutung des Wortes „bezirzen", das von der Zauberin Kirke herrührt. Wenn es die Zeit erlaubt, sollten sie ihre Arbeitsergebnisse im Klassenplenum vortragen.
Synonyme für „bezirzen" sind „verführen", „bezaubern", „betören", „umgarnen". Kirke bezaubert die Gefährten durch ihren lieblichen Gesang, ihre Gastfreundschaft und ihre einnehmende Erscheinung. Sie betört sie, lockt sie in ihr Haus und verführt sie dazu, den zusammengemischten Trank zu sich zu nehmen. Durch verführerische Überredung setzt sie ihre bösartigen Wünsche durch.

Mögliche Zusatzaufgabe
Teilt die Klasse in zwei Großgruppen. Formuliert Quizfragen zu der Sage „Odysseus und die Zauberin Kirke" und fragt euch gegenseitig ab. Jede richtige Antwort ergibt einen Punkt.
Beispiele für Fragen und Antworten:

Quiz zu „Odysseus und die Zauberin Kirke"	
Fragen	**Antworten**
Wo spielt die Handlung?	auf der Insel Aiaia
Wer sind die Hauptfiguren der Sage?	Eurylochos, Kirke, Odysseus, Hermes
Wie werden die Männer bestimmt, die die Insel erkunden sollen?	durch Los
Wer misstraut Kirke von Anfang an?	Eurylochos
Werden die verwandelten Männer vollständig zu Schweinen?	Nein, ihr Verstand bleibt menschlich.
Welcher Gott greift in die Handlung ein?	Hermes
Wie rettet Odysseus die Freunde?	mit Hilfe des Zauberkrauts Moly
Womit verwandelt Kirke die Schweine wieder in Menschen?	durch eine Zaubersalbe

186 **Homer: Odysseus bei den Sirenen**

In der digitalen Version findet sich die Sage „Odysseus bei den Sirenen" als Hörtext, gesprochen von Thomas Dehler. Der Hörtext wird begleitet von einem passgenauen Arbeitsblatt mit Übungen zum Hörverstehen und Lösungshinweisen.

1 Odysseus geht auch bei diesem Abenteuer klug und listig zu Werke: Er verklebt die Ohren seiner Gefährten mit Wachs. Odysseus selbst lässt sich von den Gefährten an den Mastbaum des Schiffs fesseln, sodass er den Gesang der Sirenen zwar hören kann, ihren Verlockungen aber dennoch entkommt, denn gefesselt kann er die Fahrt des Schiffs nicht beeinflussen und seine Gefährten hören weder den Gesang noch Odysseus' Aufforderungen, zur Insel zu rudern.

2 **a** Odysseus wird von Abenteuerlust, vom Reiz des Unbekannten und von Neugierde getrieben. Er zeigt in dieser Situation aber auch Mut und Verantwortung, weil er seine Gefährten und sich selbst vor schlimmen Folgen des Abenteuers schützt.

b Beispiele für Situationen, in denen Menschen auch heute noch ein Risiko auf sich nehmen, um etwas Außergewöhnliches zu erleben:
- Ein Astronaut fliegt ins Weltall, um das Universum zu erforschen.
- Ein Bergsteiger besteigt Gipfel im Himalaya, um die Grenzen seiner Leistungsfähigkeit zu erproben.
- Kriegsreporter riskieren ihr Leben, um genaue Informationen über einen Kriegsschauplatz zu erhalten.
- Ärzte riskieren bei der Bekämpfung von Seuchen ihre Gesundheit, um anderen zu helfen.

Mögliche Zusatzaufgabe
Am Abend des Tages, an dem Odysseus das Abenteuer mit den Sirenen bestanden hat, unterhalten sich zwei seiner Gefährten über dieses Abenteuer. Der eine ist ein Anhänger von Odysseus, der andere sieht Odysseus eher kritisch. Formuliert diesen Dialog und lest ihn mit eurem Lernpartner in der Klasse mit verteilten Rollen vor.

3 a Die Lernenden erkennen bzw. vertiefen, dass Sagen an konkreten geografischen Orten spielen:
– Troja liegt in der heutigen Westtürkei.
– Ithaka ist eine ionische Insel vor der Westküste Griechenlands und heißt auch heute noch so.
(Zu weiteren Orten auf der Karte bzw. in den Sagen vgl. die Anmerkung zu Aufgabe 1 oben auf S. 220 in diesen Handreichungen.)

b Bei dieser Aufgabe recherchieren die Schülerinnen und Schüler über den Trojanischen Krieg (vgl. die Hinweise zu Aufgabe 2 auf S. 220 in diesen Handreichungen):
Der Trojanische Krieg ist, wenn er überhaupt historisch ist, der siebten Siedlungsphase Trojas und damit der Zeit um 1200 v. Chr. zuzurechnen. Schliemanns Ausgrabungen in Hisarlik (Westtürkei) bestätigen nach Aussagen vieler Archäologen die Angaben Homers über Troja. Troja besaß offensichtlich eine Schlüsselrolle im Mittelmeerraum, da es die Meerenge zwischen Ägäis und Marmarameer, den Hellespont (die heutigen Dardanellen), kontrollierte. Es könnte sich also um einen Wirtschaftskrieg der Herren von Troja mit den Königen der wichtigsten griechischen Städte und ihren Kämpfern (Homer spricht von den Achaiern) um den Einfluss im Mittelmeer gehandelt haben.

4 Anhand des Merkkastens auf S. 188 im Schülerband machen sich die Lernenden mit den Merkmalen einer Sage vertraut. Zur Identifizierung einzelner Sagenmerkmale in den Geschichten um Odysseus stehen ihnen Aufgaben auf drei Differenzierungsniveaus zur Verfügung.

●○○ a Auf dieser Niveaustufe ermitteln die Schülerinnen und Schüler mindestens einen wahren Kern und eine erfundene Begebenheit in den gelesenen Geschichten – also jeweils eine der Angaben aus den entsprechenden Zeilen der Tabelle zu Teilaufgabe 4 b.

●●○ b Hier notieren die Lernenden, welche Abenteuer Odysseus erlebt und welche Eigenschaften ihn auszeichnen.
Die Ergebnisse der Teilaufgaben 4 a und b können in einem Tafelbild zusammengetragen werden (vgl. Teilaufgabe 4 d):

	„Odysseus und das Trojanische Pferd“	„Odysseus und die Zauberin Kirke“	„Odysseus bei den Sirenen“
wahrer Kern	Schauplatz heutige Türkei; Handelskrieg zwischen Troja und Griechenland	Schauplatz heutiges Italien	Schauplatz heutiges Italien; Gefahren der Seefahrt
Erfindung	das Trojanische Pferd	Verwandlung von Menschen in Schweine durch Zaubertrank und Zauberstab	Fabelwesen der Sirenen
Eigenschaften des Odysseus	listig tapfer mutig stark	mutig verantwortungsvoll tapfer	abenteuerlustig verantwortungsvoll risikobereit neugierig

●●● c Auf dieser Differenzierungsstufe erklären die Lernenden am Beispiel Poseidons die Rolle der Götter in den Sagen.
Die Schülerinnen und Schüler werden darauf hinweisen, dass Poseidon Odysseus zürnt und seine Heimreise behindert (vgl. den Vorspann zu „Odysseus und die Zauberin Kirke“ auf S. 182 im Schülerband). Das Beispiel Poseidons zeigt, dass die Götter aktiv in das Geschehen eingreifen. Zudem

verhalten sie sich wie Menschen: Sie reagieren beleidigt, sind rachsüchtig und unversöhnlich und bestrafen die Menschen, wenn diese nicht so handeln, wie sie es erwarten.
Zum Hintergrund (der aus den Geschichten im Schülerband nicht hervorgeht): Eigentlich kämpft Poseidon, der Gott des Meeres, auf der Seite der Griechen im Trojanischen Krieg. Als Odysseus jedoch das heilige Tier des Poseidon, das Pferd, für seine List nutzt, vor allem aber als er beim Angriff auf Troja die Kultbilder des Gottes versehentlich umstößt, entzieht Poseidon Odysseus seine Unterstützung und bestraft ihn mit den Irrfahrten.

d Abschließend tragen die Lernenden ihre Arbeitsergebnisse zusammen. Diese können in einem Tafelbild gesichert werden:

Sagenmerkmale	„Odysseus und das Trojanische Pferd“	„Odysseus und die Zauberin Kirke“	„Odysseus bei den Sirenen“
starker, mutiger Held	Odysseus	Odysseus	Odysseus
Abenteuer und Kämpfe	Kampf um Troja	Befreiung der von Kirke verzauberten Gefährten	Bestehen einer tödlichen Gefahr (Verlockung der Sirenen)
Götter, die aktiv in die Handlung eingreifen	Athene hilft den Griechen, indem sie Laokoon durch Schlangen tötet.	Hermes gibt Odysseus das Zauberkraut Moly, das Kirkes Zauber ausschaltet.	Kirke warnt Odysseus vor den Sirenen.
Fantasiewesen		die in Schweine verwandelten Gefährten	die Sirenen
wahrer Kern	realer Ort: heutige Türkei; Trojanischer Krieg	realer Ort: heutiges Italien	realer Ort: heutiges Italien; Gefahren der Seefahrt

5 ⊕ Sagenelemente finden sich in unterschiedlichen Genres:
- Sagenelemente enthalten Spielfilme, die mythologische Motive oder Handlungen nutzen, z. B. „Merlin Saga“ (2018), „Hercules“ (2014), „Krieg der Götter“ (2011), „Kampf der Titanen“ (2010), „Kampf um Troja“ (2004; 1961) und „Die Abenteuer des Odysseus“ (1997).
- Auch zahlreiche Computerspiele bedienen sich explizit der antiken Mythologie, wie „Das Orakel von Delphi“, „Kampf um den Olymp“, „Zeus, Herrscher des Olymp“, „Die Sage von Odysseus“. Andere Sagenkontexte werden ebenfalls verarbeitet, z. B. „Artussage“, „Geralt-Saga“ (Computerspiel, basierend auf der Fantasy-Romanreihe von Andrzej Sapkowski). Ferner finden sich unzählige Computerspiele, die (vermeintlich) antike Settings als Spielumgebungen sowie göttergleiche Heldenfiguren nutzen. Das weltweit erfolgreichste Computerspiel ist hierbei „World of Warcraft“ (seit 2004).

189 Testet euch! – Die Sage des Odysseus

Der abschließende Test bündelt das erarbeitete Wissen zur Gattung Sage. Die Lernenden überprüfen ihr Wissen zu den Eigenschaften des Helden Odysseus, zur Rolle der Götter und zu Sagenmerkmalen.

1 Die beiden folgenden Eigenschaften zeichnen Odysseus aus:
Er ist listenreich und neugierig.

2 Die richtige Zuordnung der Listen bzw. Tricks des Odysseus zu den einzelnen Sagen:
- AE: Trojanisches Pferd – „Odysseus und der Trojanische Krieg“
- BF: Zauberkraut Moly – „Odysseus und die Zauberin Kirke“
- CD: Ohrenstöpsel aus Wachs – „Odysseus und die Sirenen“

3 Namen der abgebildeten Götter und ihre Parteinahme für oder gegen Odysseus:
1 Gott Poseidon → gegen Odysseus
2 Gott Hermes → für Odysseus
3 Göttin Athene → für Odysseus

4 Richtig sind folgende Aussagen:
A Sagen sind spannend geschrieben.
B In Sagen steckt manchmal ein wahrer Kern.
C Sagen wurden zunächst mündlich weitererzählt.
D Der Dichter Homer lebte vor dem Beginn unserer Zeitrechnung.

9.2 Odysseus als Theaterstück – Szenen vortragen, spielen und gestalten

Das Teilkapitel leitet dazu an, Sagen szenisch darzustellen. Dabei wird die Sage „Odysseus in der Höhle des Polyphem" bereits als dramatische Szene angeboten. Anschließend werden die Schülerinnen und Schüler angeleitet, die bereits gelesenen Sagen „Odysseus und die Zauberin Kirke" und „Odysseus bei den Sirenen" in Theaterszenen umzuwandeln und die Darstellung zu erproben.

190 Polyphem – Eine Szene untersuchen und vortragen

190 Homer: Odysseus in der Höhle des Polyphem

1 Beispiellösung für die Nacherzählung der Sage:

A Odysseus und seine Gefährten gingen auf eine Insel, um Proviant zu besorgen. Dort erblickten sie bald eine Höhle voll herrlicher Speisen, Käse, Ziegen und Schafen. Die Gefährten und Odysseus begannen zu essen, als plötzlich ein einäugiger Riese die Höhle betrat und den Eingang mit einem dicken Felsbrocken verschloss. Der Kyklop ergriff zwei Gefährten und fraß sie zum Entsetzen von Odysseus und seinen Männern auf.

B Nachdem der Riese dies am nächsten Tag wiederholt und danach seine Schafe auf die Weide geführt hatte, verriet Odysseus seinen Gefährten einen Rettungsplan: „Ich will Polyphem das Augenlicht rauben. Dann wird er die Höhle öffnen, um Hilfe zu rufen. Und weil er uns nicht sehen kann, ist das unsere Chance zu fliehen." Er befahl seinen Männern, einen Holzpfahl anzuspitzen und im Feuer zu härten. Als Polyphem in die Höhle zurückkehrte, reichte ihm Odysseus die Weinschläuche. Polyphem trank gierig und erkundigte sich nach Odysseus' Namen. „Ich heiße Niemand", antwortete Odysseus. Während der Kyklop wenig später betrunken schlief und schnarchte, kletterte Odysseus auf seinen Bauch und stieß ihm das Auge aus.

C Polyphem schrie grässlich, öffnete die Höhle und rief die anderen Kyklopen zu Hilfe. „Niemand hat mir das Auge ausgestochen. Niemand trachtet mir nach dem Leben", jammerte Polyphem. Die anderen Kyklopen hielten ihn für verrückt und legten sich wieder in ihren Höhlen schlafen. Odysseus aber befahl seinen Leuten, sich unter die Bäuche der Schafe zu hängen, denn diese verließen die Höhle. An die Schafe geklammert konnten sich Odysseus und die Gefährten retten. Als Polyphem das bemerkte, schleuderte er Felsbrocken in Richtung von Odysseus' Schiff und drohte ihm die Rache seines Vaters an. Darauf verspottete ihn Odysseus. Aber die Gefährten warnten Odysseus ängstlich, da sie wussten, dass der Gott Poseidon Polyphems Vater war. Zu Recht fürchteten sie Poseidons Rache.

2 Odysseus überlistet Polyphem, indem er behauptet, er heiße „Niemand"; er gebraucht das Wort wie einen Namen. Dadurch misslingt Polyphems Hilferuf an die anderen Kyklopen, denn diese verstehen das Pronomen „niemand" im Sinne von „keiner": Keiner habe Polyphem angegriffen und sein Auge ausgestochen. Daraufhin halten sie Polyphem für verrückt.

3 **a/b** Anhand der Szene reaktivieren die Schülerinnen und Schüler ihre Kenntnisse dramatischer Grundbegriffe:
- Monolog: Im Gegensatz zum Dialog ist ein Monolog ein Selbstgespräch einer einzelnen Figur. Zu sich selbst sprechen in dieser Szene an einigen Stellen Odysseus (Z. 40–48, 148–150) und Polyphem (Z. 96–98).
- Dialog: Von einem Dialog spricht man, wenn zwei oder mehrere Figuren miteinander ein Gespräch führen. Das ist im vorliegenden Text meistens der Fall.
- Regieanweisungen: Sie erklären, was passiert, machen Angaben zum Bühnenbild oder geben den Schauspielerinnen und Schauspielern Hinweise, wie sie sich auf der Bühne verhalten oder sprechen sollen. Sie sind hier, wie meistens, in Klammern und kursiv (schräg) gedruckt.

4 Um den Vortrag der Szene mit verteilten Rollen zu üben, können die Lernenden unter Aufgaben auf drei Differenzierungsniveaus auswählen. Dabei unterscheiden sich die Abschnitte im Umfang und die Aufgabenstellungen in der Komplexität der Anforderungen an die Sprecher/-innen.

●○○ **a** Beim Üben des Vortrags von Abschnitt A achten die Schülerinnen und Schüler besonders auf die Regieanweisungen. Diese sprechen für sich. Die Lernenden sollten aber verschiedene Möglichkeiten erproben, wie man z. B. „unsicher“ (Z. 9 → stockend mit langen Pausen, eher leise) oder „erfreut“ (Z. 16 → eher lauter, jedes einzelne Wort betonend) spricht.

●●○ **b** Beim Üben des Abschnitts B sollen die Schülerinnen und Schüler den Widerspruch zwischen Odysseus' verzweifelten Gefühlen und seinem entschlossenen Auftreten gegenüber den Gefährten herausarbeiten, z. B. so: Während des Monologs (Z. 40–48) ist nur Odysseus auf der Bühne beleuchtet. Er spricht beiseite. Die Gedanken des Odysseus können auch von einem Tonträger kommen. Odysseus ist dann ganz gedankenverloren und in sich gekehrt. Nach dem Monolog erfasst das Licht auch die Gefährten.

●●● **c** Das Sprechen im Chor in Abschnitt C (Z. 116–118, 144–147) stellt die höchsten Anforderungen an den szenischen Vortrag der Lernenden. Das chorische Sprechen greift hier bewusst die Tradition des antiken Chors auf. Normalerweise würden die Kyklopen und die Gefährten ja durcheinandersprechen. Das chorisches Sprechen wird dadurch unterstützt, dass alle Schauspielerinnen und Schauspieler dieselben Bewegungen und dieselbe Mimik zeigen. Die Kyklopen könnten z. B. gemeinsam mit der rechten Hand abwinken, sich gemeinsam umdrehen und von der Bühne abtreten; die Gefährten könnten gleichzeitig die Hände zum Himmel heben, gemeinsam an den Rand der Bühne voranschreiten.

d Bei der Bewertung der einzelnen Vorträge können sich die Schülerinnen und Schüler an dem Bewertungsbogen auf S. 197 im Schülerband orientieren.

5 Beispiele, wie man die Szene auf die Bühne bringen kann:
- Die Kyklopen tragen Masken mit einem großen aufgemalten Auge. Die Schauspieler, die sie verkörpern, stehen auf Podesten oder sogar auf Stelzen. Möglich ist auch ein Schattentheater, bei dem die Kyklopen als riesige Schatten erscheinen.
- Um dem Publikum zu erklären, was geschieht, dass z. B. Polyphem zwei Gefährten frisst, kann ein Erzähler auftreten und von den schrecklichen Ereignissen berichten. Oder aber – und dies ist aus dramaturgischen Gründen vorzuziehen – die Gefährten berichten in einer Teichoskopie (Mauerschau) von den Ereignissen.
- Die Schafe können durch Schülerinnen und Schüler verkörpert werden. Sie kriechen auf allen Vieren, tragen eventuell Masken und haben sich ein Fell übergeworfen. Vereinzeltes Blöken (vielleicht von einem Tonträger) berücksichtigt auch die akustischen Reize einer solchen Szene.

194

Kirke – Eine Sage als Maskentheater gestalten

1 **a** Bevor sie selbst einen Auszug aus der Kirke-Sage in eine Theaterszene umgestalten, vergleichen die Schülerinnen und Schüler zwei Beispiele. Die Ergebnisse können in einem Tafelbild gesichert werden:

Unterschiede zwischen Sagentext und Theatertext	
Sagentext	**Theatertext**
Präteritum	Präsens
Er-Erzähler	Dialog zwischen Odysseus und den Gefährten
Erzählerkommentar (z. B.: „Da sie aber müde waren")	Regieanweisungen (z. B.: „ängstlich")

b Der unterstrichene Satz ist eine wörtliche Rede und kann deshalb als Dialogteil in den Theatertext übernommen werden.

2 Mit Hilfe vorgegebener Markierungen im Text und von Randnotizen gestalten die Lernenden den Beginn der Kirke-Sage (Abschnitt A von Z. 10–30, S. 182 im Schülerband) zu einer Theaterszene um. Beispiellösung:

Gefährten *(aufgebracht):* Nicht schon wieder! Das ist das dritte Mal, dass wir uns in Gefahr begeben!
Odysseus *(streng):* Es muss sein! Wir können nicht mehr ohne Ende auf dem Meer herumirren! So wollen wir uns teilen und das Los werfen! *(Wendet sich an Eurylochos)* Eurylochos, nimm zweiundzwanzig Männer mit dir. Ich tue dasselbe. Wen das Los trifft, der zieht als Erster mit seinen Gefährten auf Kundschaft aus. Und kehren sie nicht zurück, so werden die Übrigen sich aufmachen, sie zu befreien oder zu rächen!
(Das Los wird gezogen und fällt auf Eurylochos.)
Eurylochos *(zur Seite, für sich):* So ein Pech! Ich muss auf der Hut sein, den Gefährten darf nichts zustoßen. Das haben sie nach all den Strapazen nicht verdient. Odysseus ist ein wirklich guter Anführer, aber er bringt uns auch immer wieder in gefährliche Situationen. Hoffentlich geht dieses Abenteuer gut aus.

3 **a–d** Die Fortsetzung der Spielvorlage für die Kirke-Sage könnte so aussehen (ab Z. 31):

(Die Gefährten durchsuchen die Insel und stoßen auf ein prächtiges Haus. Der Gesang einer lieblichen Frauenstimme ist zu hören. Ein Gefährte späht in das Haus und kommt wenig später zurückgerannt.)
1. Gefährte *(atemlos):* Freunde, da drinnen wohnt eine liebliche Frau, ich weiß nicht, ob es eine Göttin ist oder eine Sterbliche. Sie singt und schreitet dabei um einen Webstuhl und wirkt an einem herrlichen Teppich! Kommt schnell, wir wollen sie rufen!
Gefährten *(erfreut):* Welch ein Glück! Keine gräulichen Riesen, sondern eine sanfte Frau! *(Eilen zum Haus der Kirke, nur Eurylochos versteckt sich.)*
Kirke *(lächelt freundlich, einschmeichelnd):* Ihr lieben Gäste, kommt doch ins Haus, ich will euch mit einem Trank aus Käse, Mehl, Honig und Wein laben. *(Bereitet den Trank zu, mischt Kräuter hinein.)*
1. Gefährte: Das schmeckt ja köstlich!
2. Gefährte: Wahrlich ein Göttertrank!
3. Gefährte: So etwas Leckeres habe ich noch nie getrunken.
(Kirke berührt die Männer nacheinander mit einem Zauberstab.)
4. Gefährte *(ängstlich):* Ich fühle mich so seltsam. Was ist das für ein Kribbeln in Armen und Beinen? Und erst meine Nase und meine Ohren. Ich bekomme ja Borsten. Oje, auch meine Freunde sinken auf alle viere … und in ihren Gesichtern wachsen Rüssel. Sie verwandeln sich in … in … Schweine, jawohl: Schweine! Hilfe, Hil … *(Hilferuf geht in Grunzen über.)*
Kirke *(herrisch):* Fort mit euch! Euer Zuhause ist jetzt ein Stall *(lacht höhnisch)* und ihr trinkt nicht Wein, sondern fresst Eicheln, Bucheckern und Kornelkirschen. Das habt ihr von eurer Vorwitzigkeit. Jetzt seid ihr für immer meine Diener und Sklaven!

(Eurylochos wartet vor dem Haus der Kirke vergeblich auf die Rückkehr der Gefährten. Dann eilt er zu Odysseus. Odysseus bricht sofort auf, um die Gefährten zu retten. Unterwegs begegnet ihm der Götterbote Hermes.)

ODYSSEUS *(zu sich selbst):* Ich muss die Gefährten retten! Jetzt gilt es, keine Zeit zu verlieren! Aber wer ist das? Ist das Hermes, der Götterbote? Ich erkenne ihn an seinen geflügelten Schuhen.

HERMES *(vorwurfsvoll, besorgt):* Unglückseliger, wie kannst du es wagen, so allein und fremd hier herumzustreunen! Du weißt nicht, was dich bedroht. Deine Freunde sind bei Kirke, der zauberkundigen Göttin. Sie hat sie in Schweine verwandelt und im Stall eingesperrt. Willst du etwa hingehen, sie zu retten? Du würdest nur ihr Schicksal teilen und nie wieder zurückkehren! Aber ich will dir helfen! *(Bückt sich und pflückt etwas, reicht es Odysseus.)* Sieh, dieses Kräutlein Moly wird dich vor Kirkes Zauber schützen. Geh nun zu Kirkes Haus und folge ihr auch unbesorgt in den Saal.

ODYSSEUS *(voller Ehrfurcht):* Ich danke dir, Götterbote. Ich sehe ein, dass ich unüberlegt gehandelt habe, und beuge mich gerne dem Rat eines Gottes. Wie aber kann ich es erreichen, dass Kirke die Gefährten wieder in Menschen verwandelt?

HERMES *(versöhnlich):* Kirke wird dir einen Trank zubereiten, in den sie ihre verderblichen Kräuter mischt. Dir aber werden sie nicht schaden! Dann wird sie dich mit ihrem Zauberstab berühren. Der Zauber zeigt aber bei dir keine Wirkung, weil du das Kräutlein Moly bei dir hast. Reiß dein Schwert von der Hüfte und drohe ihr, sie zu töten. Befiehl ihr, die Gefährten wieder in Menschen zu verwandeln und einen Eid zu schwören, euch nie wieder zu schaden.

ODYSSEUS *(sinkt auf die Knie):* Hermes, ich werde immer in deiner Schuld stehen. Ohne dich würden meine Gefährten und ich unsere Heimat Ithaka nie mehr erblicken.

(Alles geschieht so, wie Hermes es vorausgesagt hat. Kirke ist besiegt.)

KIRKE *(erstaunt):* Wer bist du, Fremder? Wieso wirkt mein Zauber bei dir nicht? Bist du ein Gott?

ODYSSEUS *(selbstbewusst):* Ich bin nur ein Mensch, aber Hermes ist mein Verbündeter. *(Auftrumpfend)* Tu deshalb, was ich dir sage. Befreie sofort meine Gefährten und gib ihnen ihre Menschengestalt zurück, wenn du willst, *(zückt sein Schwert)* dass ich dich nicht auf der Stelle töte!

(Kirke treibt die Schweine in den Saal und bestreicht sie mit einer Zaubersalbe. Einer nach dem anderen erhalten die Gefährten ihre menschliche Gestalt zurück.)

ODYSSEUS *(mit tränenerstickter Stimme):* O, meine armen Freunde, welche Schmach musstet ihr erdulden. Was hat euch diese fürchterliche Frau angetan! Wäre der tapfere Eurylochos nicht so vorsichtig gewesen und hätte mir der Gott Hermes nicht zur Seite gestanden, dann hätte ich euch alle verloren. Der Gedanke daran zerreißt mir das Herz!

1. GEFÄHRTE *(beruhigend):* Odysseus, mein tapferer Herr, lass das Wehklagen. Die Götter sind mit uns. Uns ist nichts passiert.

GEFÄHRTEN *(rufen freudig erregt durcheinander):* Wir sind gerettet! – Dank dir Odysseus! – Ich kann wieder sprechen! – Schnell weg hier! – Dank den Göttern!

4 Die Abbildung zeigt Utensilien (Pappe, Schere, Farbe, Pinsel, Fäden) und deutet Verfahren an, die bei der Herstellung von Masken angewendet werden können. Statt Pappe können die Lernenden auch große Pappteller bemalen und bekleben. Haare können sie aus schmal geschnittenen Papierstreifen oder aus Wolle herstellen. Die Rüssel der Schweine lassen sich gut aus den Papprollen von Küchen- oder Toilettenpapier basteln. An den Masken wird links und rechts ein Gummiband befestigt. Für die Augen müssen zwei runde Kreise ausgeschnitten werden.

5 Für die Umsetzung der Szene, in der Kirke die Männer in Schweine verwandelt, stehen den Lernenden drei Aufgaben zur Auswahl. Die Komplexität der Aufgaben a bis c ist progressiv angelegt.
Will man die Teilaufgaben nicht im Sinne der Differenzierung arbeitsteilig bearbeiten lassen, können die Aufgaben auch sukzessive von allen Schülerinnen und Schülern in Gruppen bearbeitet werden. Empfehlenswert ist es, die Zeitlupe in allen Teilaufgaben einzufordern, weil die Verlangsamung des Metamorphoseprozesses diesen besonders eindrucksvoll ins Bewusstsein zu heben vermag.

●○○ **a** Die einzige Vorgabe „in Zeitlupe“ lässt die Umsetzung der Verwandlungsszene relativ offen.

●●○ **b** Wenn sich die Gefährten einer nach dem anderen verwandeln, müssen die Darstellerinnen und Darsteller stärker interagieren und aufeinander achten.

●●● **c** Die Interaktion, vor allem das Reagieren auf die Verwandlung der anderen, stellt die besondere Herausforderung dar, wenn sich die Gefährten einer nach dem anderen verwandeln und die Männer, die noch nicht verwandelt sind, ihr Entsetzen zum Ausdruck bringen.

d Der Austausch über die Umsetzung der Verwandlungsszene sollte kooperativ und wertschätzend sein, um die Motivation für das Spiel der gesamten Sage (vgl. Aufgabe 6) nicht zu beeinträchtigen.

6 Bei der Probe der Szene kann folgender Tipp hilfreich sein:
Bleibt in eurer Rolle und spielt auch dann, wenn ihr keinen Text habt! Hört den anderen genau zu und reagiert pantomimisch, also mit Gestik und Mimik.

196 Die Sirenen – Eine Aufführung vorbereiten

1 Die Abbildung einer Theateraufführung der Sage „Odysseus bei den Sirenen" zeigt den Moment, als Odysseus mit seinen Gefährten an der Insel der Sirenen vorbeisegelt und ihrem Gesang lauscht. Dabei ist er fest an den Mast gebunden, um nicht der Verlockung des Gesangs zu erliegen.

2 **a** So könnte die Requisitenliste mit Hilfe der Abbildung ergänzt werden:
- Totenschädel (bemalter Luftballon) → tote Seefahrer
- runder, brauner Teppich → Insel der Sirenen
- Topfpflanze → Vegetation auf der lieblichen Insel
- Tisch, Stühle und Besen → Schiff (Besen = Ruder)
- Bilderrolle (oder Besenstiel) → Schiffsmast
- blau bemalte Pappe → Meereswellen

b Bei der Umsetzung des Sirenengesangs droht die Gefahr ungewollter Komik! Die Einspielung über einen Tonträger oder der Einsatz von Instrumenten (z. B. Flöte, Oboe, Klarinette, Geige) kann dies am ehesten verhindern.

3 Für das Verfassen der wichtigsten Dialoge und Monologe der Szene werden den Lernenden Aufgaben auf drei Differenzierungsniveaus zur Auswahl angeboten.

●○○ **a** Hier verfassen die Schülerinnen und Schüler einen kurzen Monolog, in dem Odysseus' Gedanken vor der Fahrt zum Ausdruck kommen. Eine Sprechblase bietet Hilfestellung.
Beispiellösung:

Odysseus: Hm, Kirke hat mich zwar gewarnt, weil der Gesang der Sirenen viele Seeleute in den Tod getrieben hat. Natürlich will ich das Leben meiner Gefährten nicht aufs Spiel setzen. Aber ich würde diesen wundervollen Gesang doch zu gerne hören. Es muss eine Lösung geben, wie ich den Gesang hören kann und wir dennoch den Sirenen entgehen. – Natürlich, das ist es! Dass ich darauf nicht schon eher gekommen bin …

●●○ **b** Auf diesem Differenzierungsniveau verfassen die Lernenden mit Hilfen einen Dialog, in dem Odysseus seinen Gefährten seinen Plan erläutert und genau erklärt, wie sie sich verhalten sollen.
Beispiellösung:

Odysseus *(locker):* Freunde, ein neues Abenteuer erwartet uns: die Begegnung mit den Sirenen!
1. Gefährte *(verzagt):* Abenteuer? Das klingt aber gar nicht gut! Mir steckt noch die Begegnung mit der Zauberin Kirke in den Knochen.
2. Gefährte *(verärgert):* Kannst du dich genauer ausdrücken? Was kommt da auf uns zu?
Odysseus *(bestimmt):* Hört genau zu! Ich will mit euch an der Insel der Sirenen vorbeifahren und ich werde ihrem Gesang lauschen. *(Besänftigend)* Ja, ich weiß, dass dieser Gesang für Seeleute eine tödliche Gefahr ist. (*Selbstbewusst)* Aber ich habe folgenden Plan: Ihr steckt euch Wachs in die Ohren. Dann hört ihr den Gesang nicht und kommt nicht in Gefahr. Mich aber bindet ihr am Schiffsmast fest und beachtet meine Bitten und Drohungen nicht. Vielmehr bindet ihr mich noch fester an Händen und Füßen, wenn ich verlange, Kurs auf die Insel zu nehmen.
3. Gefährte *(zweifelnd):* Ich weiß nicht, ob das eine gute Idee ist. Du stürzt uns vielleicht alle ins Verderben. Willst du das wirklich?
Odysseus *(streng):* Ich dulde keinen Widerspruch! Habe ich euch jemals im Stich gelassen? Also, gehorcht!

●●● **c** Lernende, die diese Teilaufgabe wählen, verfassen einen Monolog, in dem Odysseus seine Gedanken, Gefühle und Wahrnehmungen während der Vorbeifahrt an der Insel schildert.
Beispiellösung:

ODYSSEUS *(verzweifelt):* Was für ein herrlicher Gesang! Ich muss zu der Insel der Sirenen hinüber. Gefährten, bindet mich los! *(Streng)* Ich befehle es euch. Wenn ihr mir nicht gehorcht, werde ich jeden von euch töten! *(Wieder verzweifelt)* Ich kann es nicht mehr aushalten, dieser Gesang ist überirdisch schön. Ich sterbe, wenn ich nicht endlich von meinen Fesseln befreit werde. *(Ratlos)* Warum folgt ihr mir denn nicht? Seid ihr so verstockt? Hört ihr denn nicht den göttlichen Gesang der Sirenen? *(Matt)* Mir schwinden die Sinne …

d Die Monologe und der Dialog sollten jeweils in der Reihenfolge der Teilaufgaben vorgetragen werden und damit der Abfolge der Geschehnisse in der Sage folgen.

4 Um die Vorarbeiten zu einer kompletten Theaterszene zusammenzustellen, bieten sich folgende Ergänzungen an:
- Die Schülerinnen und Schüler können einen Zwischentext schreiben, der die Teilaufgaben 3 b und 3 c verknüpft.
- Als Abschluss der Szene verfassen sie einen kurzen Dialog zwischen Odysseus und seinen Leuten, in dem Odysseus seinen treuen Gefährten dankt.

Gestik und Mimik lassen sich aus den Regieanweisungen ableiten:
- Der verärgerte Gefährte macht z. B. eine wegwerfende Handbewegung, spricht laut und erregt.
- Der gefesselte Odysseus muss seine Gefühle mimisch und mit der Stimme ausdrücken, z. B. seine Verzweiflung. Seine ungehörten Befehle kann er z. B. mit Kopfbewegungen begleiten. Hinweise finden die Lernenden in Z. 79–91 auf S. 187 im Schülerband, z. B.: Odysseus wendet den Kopf, winkt mit den Augenbrauen, weist mit dem Kopf zur Insel, blickt zornig, brüllt, lässt seine Augen blitzen, reißt wütend an den Fesseln.

5 Die Feedbackrunde mit Hilfe des Bewertungsbogens ist besonders dann wichtig, wenn eine Aufführung geplant wird.

198

Die Odyssee – Ein Theaterstück aufführen

MK

Der Kapitelteil versteht sich als Angebot, ein Projekt mit den Mitteln zu realisieren, die der vorausgegangene Unterricht bereitgestellt hat. Die Einzelszenen, die erprobt wurden, werden in einer Szenencollage zusammengefügt. Will man mit der Klasse ein Theaterprojekt durchführen, sollte man langfristig und mit ausreichend Zeit planen. Als Orientierung – auch für die Zeitplanung – dient der „Projektfahrplan“ (vgl. Aufgabe 2).

198

Die Aufführung planen

1 **a** Hier können die Lernenden auf die Methodenseite „Das Schreibprogramm des Computers nutzen“ auf S. 19 im Schülerband zurückgreifen. Sie gehen bei Tabellen ähnlich vor, wie beim Einfügen von Bildern. Spalten- und Zeilenzahl der Tabelle entsprechen der Abbildung im Schülerbuch (4 Zeilen, 5 Spalten). Eine schrittweise Anleitung findet sich auf S. 297 in diesen Handreichungen.
Die Ergänzungen im Aufführungsplan hängen von den vorangegangenen Arbeitsergebnissen ab.

Alternative zu dem im Schülerband vorgegebenen Verfahren: Die Schülerinnen und Schüler schreiben zunächst die Szenenstichworte je Szene auf größere Blätter. Diese werden an der Tafel sortiert. Erst danach schreiben alle den Aufführungsplan ab.

b Dramaturgisch ist die Aufführung der drei erarbeiteten Szenen als Stationendrama angelegt. Dieses kann durchaus an mehreren Spielorten gespielt werden. Dabei muss das Publikum dann – nach einer Einleitungsszene – herumgeführt werden. Dazu bietet es sich an, eine Erzählerin oder einen Erzähler einzufügen, die oder der das Publikum begleitet und die einzelnen Szenen kurz anmoderiert. Natürlich kann auch am gleichbleibenden Spielort eine Erzählerin / ein Erzähler eine Überleitung sprechen und die Szenen situieren.

198

Die Aufgaben verteilen, einen Projektfahrplan erstellen und proben

2 **a** Es sind auch andere Zuordnungen zu den Teams denkbar. Lernende können auch parallel an zwei Gruppen beteiligt sein, z. B. als Schauspieler/-innen und beim Verfassen der Einladung.
Hinweis zur Rollenbesetzung:
Mindestens die Rolle des Odysseus sollte mehrfach (auch von Mädchen!) besetzt werden, weil diese Figur an allen Szenen beteiligt ist. Hat man mehrere Darsteller/-innen für diese Rolle, können mehrere Szenen auch parallel geprobt werden. Mit einem Requisit oder Kostümteil kann die Rolle „markiert" werden, sodass das Publikum den Helden wiedererkennt, auch wenn er von mehreren Schüler/-innen verkörpert wird.

b Ein Tipp zur Zeitplanung: die Termine ausgehend von der Aufführung planen und ausreichend Pufferzeit einbauen!

3 Beim Filmen muss darauf geachtet werden, dass alle Schülerinnen und Schüler, die als Schauspielerinnen und Schauspieler mitwirken, sowie deren Erziehungsberechtigte den Filmaufnahmen schriftlich zustimmen, falls der Film ins Internet oder auf die Website der Schule gestellt oder anderweitig einer (auch kleinen) Öffentlichkeit über den Unterricht hinaus zugänglich gemacht werden soll.

199

Methoden und Arbeitstechniken: Videofeedback nutzen

MK

Die Methode des Videofeedbacks mit ihren Einzelschritten wird hier anlässlich einer Theateraufführung eingeführt. Sie eignet sich aber ebenso beispielsweise für eine Präsentation oder einen Gedichtvortrag. Die Methodenseite lässt sich also auch im Zusammenhang anderer Kapitel modular einsetzen.
Das (bearbeitete) Videomaterial kann natürlich auch als Film einem größeren Publikum vorgestellt werden. Falls geplant ist, das Videomaterial außerhalb der Arbeit im Unterricht zu zeigen, ist unbedingt eine schriftliche Einverständniserklärung der Darsteller/-innen und ihrer Erziehungsberechtigten erforderlich (vgl. den Hinweis zu Aufgabe 3 oben auf dieser Seite).

200

Einen Flyer und ein Plakat entwerfen

Die Aufgaben auf dieser Seite zur Vorbereitung einer Aufführung lassen sich gut arbeitsteilig in Gruppen bearbeiten. Man sollte Zeit für eine Auswertung der Vorschläge oder Ergebnisse im Plenum einplanen, da die angebahnten Kompetenzen für alle in der Lerngruppe relevant sind.

1 **a–c** Bei der Planung des Textes für Plakat und Flyer lassen sich – vernetzend – die W-Fragen aus dem Berichten gut wiederholen.
Die Aufgabe ist insbesondere für gestalterisch interessierte / begabte Schülerinnen und Schüler eine motivierende Herausforderung. Für die Gestaltung ist ein „Hingucker" wichtig. Ansonsten gilt: Weniger ist oft mehr!

200

Eine E-Mail und eine Durchsage verfassen

2 **a–c** Die Formulierung einer Durchsage und / oder einer E-Mail eignet sich besonders für Lernende, die gerne Texte schreiben. Auch hier sind die W-Fragen bedeutsam. Auch hier gilt: Weniger ist oft mehr! Die Texte sollten knapp und prägnant sein, aber auch Neugier wecken und zum Besuch einladen.

200

Holt euch Anregungen von den Profis

3 Viele (Kinder- und Jugend-)Theater sind bereit, im Anschluss an eine Aufführung ein Gespräch mit den Schauspielerinnen und Schauspielern oder mit der Regisseurin / dem Regisseur zu ermöglichen. Ein solches Gespräch sollte man vorbereiten, indem man die Schülerinnen und Schüler Fragen formulieren lässt, etwa zu den Proben, zu ungewöhnlichen Vorkommnissen auf der Bühne oder zur Ausbildung im Theaterbereich.

9.3 Projekt – Graphic Novel und Computerspiel – Eine Geschichte in verschiedenen Medien

Dieses Teilkapitel enthält zwei Projektvorschläge zur medialen Umsetzung einer Geschichte – der Odyssee. Die Schülerinnen und Schüler lernen zwei moderne Medien, die Graphic Novel und das Computerspiel, am Beispiel der Polyphem-Sage kennen und erhalten Anleitungen zur produktiv-gestaltenden Umsetzung. Der Schwerpunkt in der Auseinandersetzung mit der Graphic Novel liegt dabei auf der gestaltenden Umsetzung unter Nutzung filmsprachlicher Mittel, während die produktive Auseinandersetzung mit dem Computerspiel sich in erster Linie inhaltlich auf die Heldenreise als Erzählprinzip richtet.
Je nach zeitlicher Kapazität lassen sich die Einheiten einzeln oder nacheinander unterrichten. Zudem kann man in beiden Einheiten zunächst analytisch arbeiten, um in der anschließenden produktiv-gestaltenden Projektarbeit die Gestaltung einer Graphic Novel oder eines Computerspiels als Differenzierung zur Wahl zu stellen.

201

Homers „Odyssee“ in Comicform

1 Kaum eins der Kinder wird noch keinen Comic gelesen haben. Die Schülerinnen und Schüler werden vermutlich sehr viele verschiedene Comics nennen. Vielleicht kennen einige auch schon längere Erzählungen / Jugendromane in Form von Graphic Novels.

2 a Die Schülerinnen und Schüler erkennen sicherlich rasch, dass es sich um eine Szene aus der Sage „Odysseus in der Höhle des Polyphem“ handelt.

b Mögliche Zusammenfassung der Sage:

> Nachdem Odysseus und seine Gefährten auf Polyphems Insel gestrandet sind, erkunden sie dessen Höhle. Dort werden sie von dem einäugigen Riesen gefangen gehalten, der vorhat, die Menschen zu verzehren. Nur durch eine List gelingt es Odysseus, sich und seine Männer aus der Höhle zu befreien. Nachdem Odysseus dem Riesen sein einziges Auge ausgestochen hat, öffnet dieser den Ausgang der Höhle, um Hilfe zu holen. Die anderen Kyklopen nehmen ihn jedoch nicht ernst, weil er von Odysseus als „Niemand“ spricht. Derweil binden sich Odysseus und seine Männer unter die Bäuche von Polyphems Schafen, welche die Höhle verlassen dürfen, um zu weiden. So bemerkt der blinde Riese die Flucht der Gefährten nicht, da er die Schafe nur von oben abtastet.

3 a Die Schülerinnen und Schüler sollen für die unterschiedlichen Arten des Erzählens sensibilisiert werden. In der Graphic Novel werden einzelne Situationen herausgegriffen. Etwaige Lücken müssen die Leser/-innen selbst schließen.
Interessant ist, wie durch die Anordnung und Gestaltung der Bilder (Panels) die Aufmerksamkeit der Leser/-innen gelenkt wird. So ist die Größe der einzelnen Bilder bewusst gewählt. Zunächst wird das Schiff, das auf eine Insel zusteuert, in der Totalen auf dem offenen Meer gezeigt. Aus leichter Vogelperspektive kann man die gesamte Situation überblicken. Eine der Figuren auf dem Schiff ruft aus: „Das ist das Land der Kyklopen!“ und informiert so darüber, wo sich das Schiff befindet. Eine weitere Totale im zweiten Bild zeigt die Landung des Schiffs. Auch hier kommentieren die Figuren das Geschehen: Die Insel birgt potenzielle Gefahren für die Seeleute. Das dritte Bild zeigt fünf der Figuren nah und konkretisiert die Überlegungen der Gefährten zwischen Neugier und Vorsicht. Eine weitere Totale in Bild vier zeigt die Gefährten vor dem Höhleneingang. Hier sollte auf die Darstellung der Größenverhältnisse eingegangen werden: Die kleinen Gefährten vor dem großen, dunklen Höhleneingang verdeutlichen die Unsicherheit und Gefahr, in die sich die Figuren begeben. Die Vogelperspektive verstärkt hier den Eindruck der Verlorenheit der Figuren.
Besonders sticht das letzte Bild der Serie hervor: Das Hochformat wird fast vollständig von der Figur des Kyklopen Polyphem ausgefüllt, dessen wildes Auftreten und enormer Größenunterschied zu den

Gefährten verdeutlichen, welche Bedrohung von ihm ausgeht. Die hinter dem Kyklopen hereindrängende Schafherde zeigt deutlich, dass der einzige Ausgang den Männern versperrt ist. Der Betrachter ist mit Polyphem auf Augenhöhe, während die Gefährten aus der Vogelperspektive hier besonders verloren wirken.

b Gefühle und Anstrengungen der Figuren werden insbesondere durch ihre Gestik und Mimik zum Ausdruck gebracht. Darüber hinaus verdeutlichen Satzzeichen in der Graphic Novel auf besondere Weise Stimmungen: Da nicht viel Platz für den Text zur Verfügung steht, werden Gedanken und Gefühle prägnant auf den Punkt gebracht und durch den Einsatz von Ausrufe- oder Fragezeichen verdeutlicht. Lautmalerische Ausdrücke wie „Uff" und „Argh" verdeutlichen die Gefühle der Figuren.

4 Die Untersuchung der Textfelder und Geräuschwörter steht den Schülerinnen und Schülern auf drei Niveaustufen zur Verfügung.

●○○ a Geräuschwörter in der Graphic Novel: *Kratz, Kratz:* Geräusch des Kratzens am Bart, unterstreicht das Nachdenken; *Knirsch:* Geräusch des Knüppels, unterstreicht das Bedrohliche der Mordwaffe
Situationen, die zu den abgebildeten Geräuschwörtern passen: *Klack, klack:* z. B. Klopfen / Schlagen, Motor eines alten Autos; *Zzzzzz:* z. B. jemand schläft; Luft, die aus einem Reifen entweicht; *Wrumm:* großer Lärm; *Ächz:* Ausdruck von schwerer Anstrengung

●●○ b Abgebildet sind eine Denk-, Geräusch- und Sprechblase sowie ein Textfeld.
Der Auszug aus der Graphic Novel wird durch ein Textfeld eingeleitet, das unterhalb des ersten Panels die Situation beschreibt. Es gibt viele Sprechblasen, die zeigen, was die Figuren zueinander sagen und ausrufen. Denkblasen im ersten und letzten Panel verdeutlichen die Gefühle / Gedanken einzelner Figuren. Die zwei gezackten Geräuschblasen illustrieren den „Ton" und schaffen so Atmosphäre (Kratzen am Bart und Knirschen des Knüppels).
Denkblasen (erste abgebildete Blase) geben das Innenleben / die Gedanken einer Figur wieder. Plötzliche, laute Geräusche können in einer sternförmigen Blase wiedergegeben werden (Geräuschblase, zweite abgebildete Blase). Die dritte abgebildete Blase gehört zu den Sprechblasen. (Gestrichelt gibt sie an, dass geflüstert wird.) Textfelder schaffen durch inhaltliche Zusammenfassungen oder Beschreibungen der Situation Überleitungen zwischen den Bildern.

●●● c In der vorliegenden Graphic Novel werden Textfelder, Geräusch-, Sprech- und Denkblasen verwendet. In eckigen Textfeldern werden meist übergeordnete Informationen (z. B. bei Ortswechseln) geliefert. Hier wird unten links im ersten Bild die aktuelle Situation umrissen. Zwei Denkblasen im ersten und im letzten Bild zeigen die Gedanken zweier Gefährten des Odysseus – Gefühle, die sie wohl vor den anderen nicht offen artikulieren möchten. Die Äußerungen der Figuren werden in Sprechblasen gezeigt. Geräusche werden in einer sternförmigen Blase wiedergegeben (wie hier das Kratzen am Bart und das Knirschen des Knüppels von Polyphem).

d In der Zusammenführung der unterschiedlichen Ergebnisse sammeln die Schülerinnen und Schüler die zentralen Elemente der Comic-Sprache. Dabei können diejenigen, die das einfache Niveau gewählt haben (a), verschiedene Geräusche erklären. Diejenigen, die das mittlere Niveau bearbeitet haben (b), verfügen über Fachbegriffe zu den Textfeldern, während diejenigen mit dem höheren Niveau (c) entsprechende Textfelder sowie Geräuschwörter in der Graphic Novel beispielhaft aufzeigen können.

5 Mögliche Handlungsabschnitte der Sage:
- Odysseus grübelt. (Z. 30–32)
- Polyphem ergreift zwei Männer, während die anderen in eine Ecke flüchten. (Z. 33–34)
- Die Gefährten sehen, dass Polyphem die Männer frisst. (Z. 35–36)
- Morgens frisst Polyphem weitere Männer, verlässt und verschließt die Höhle. (Z. 37–39)
- Odysseus und die Männer versammeln sich zum Rat, nachdem Polyphem gegangen ist. Odysseus erklärt seinen Plan. Die Männer sind erschrocken, stimmen aber zu. (Z. 40–73)
- Odysseus erteilt den Befehl zur Vorbereitung des Pfahls. (Z. 74–80)
- Polyphem kehrt zurück und verschließt die Höhle. Odysseus lockt ihn mit Wein. (Z. 81–84)
- Odysseus nennt Polyphem einen falschen Namen. (Z. 85—89)
- Odysseus macht Polyphem betrunken. (Z. 90–92)
- Polyphem schläft betrunken ein und Odysseus blendet ihn mit dem Pfahl. (Z. 93–95)

- Polyphem ruft um Hilfe. Andere Kyklopen kommen heran. (Z. 96–101)
- Die Kyklopen glauben ihm nicht und ziehen sich wieder zurück. (Z. 102–118)
- Polyphem kehrt in die Höhle zurück und stößt sich den Kopf. (Z. 119–121)
- Odysseus erklärt seinen Plan. Er und die Gefährten verstecken sich unter den Bäuchen der Schafe und verlassen mit ihnen die Höhle. (Z. 122–126)
- Odysseus und die Gefährten fliehen mit dem Schiff, während Polyphem ihnen Felsbrocken hinterherwirft. Odysseus verhöhnt ihn und verrät dabei seinen wahren Namen. Polyphem schwört Rache. (Z. 129–142)
- Die Gefährten warnen Odysseus vor Poseidon. Odysseus gerät ins Grübeln. (Z. 144–150)

In der Aufgabe können die Schülerinnen und Schüler kreativ werden und zugleich üben, sich in literarische Figuren hineinzuversetzen. Die zahlreichen gestalterischen Möglichkeiten des Comics / der Graphic Novel schulen die Kreativität der Lernenden und fördern die Auseinandersetzung mit der Textvorlage.
Die Verteilung der Bilder auf der Seite verdeutlicht die Bedeutung der einzelnen Szenen. Beispielsweise könnte das Bild, auf dem Polyphem zwei Männer frisst, relativ klein gehalten werden, die Fluchtszene der Gefährten aber mehr Raum einnehmen.
Die Schülerinnen und Schüler müssen entscheiden, welche Perspektiven sie jeweils einsetzen möchten. Es bietet sich an, Schlüsselmomente als Detail darzustellen, Gruppenszenen hingegen als Totale. Empfindungen der Figuren können z. B. durch Zeichen wie Blitze, Schweißtropfen, Glühbirnen usw. dargestellt werden. Bei der farbigen Gestaltung der Graphic Novel können die Lernenden z. B. entscheiden, besonders dramatische Augenblicke durch kräftige Farben hervorzuheben oder mit Hilfe heller oder dunkler Farbwahl Stimmungen zu verdeutlichen. Die Schülerinnen und Schüler sollten ihre Graphic Novel erst dann farbig gestalten, wenn sie mit ihrem Entwurf (Bleistiftzeichnung) zufrieden sind.
Folgende Leitfragen können die Präsentation und Auswertung der Graphic Novels strukturieren:
- Wurden die zentralen Handlungsschritte berücksichtigt?
- Welchen Szenen wurde in welchen Bildern (Panels) besonders viel Raum gegeben?
- Welche Äußerungen der Figuren wurden in welchen Textfeldern (Balloons) wiedergegeben?
- An welchen Stellen werden die Gefühle der Figuren auf welche Weise besonders deutlich?
- Wo ist die Farbgestaltung besonders treffend?

203
Die „Odyssee“ als Heldenreise im Computerspiel

Vielen Computerspielen liegen Narrative zugrunde. Gerade das Erzählprinzip der Heldenreise in Sagen ist in seiner Struktur attraktiv für Computerspielentwickler.

1 a Das Bild auf dem Cover zeigt unter dem Titel in goldfarbener Schrift einen von Fackeln beleuchteten Eingang zu einem tempelartigen Gebäude. Auf der Treppe davor ist eine dunkle Figur in einem Kapuzenumhang zu erkennen. Links vorne sieht man eine Rückenfigur – wahrscheinlich Odysseus, der als Spielfigur in den Tempel gelangen will. Der neongrüne Schimmer auf den Figuren könnte anzeigen, dass sie aktiviert, also bewegbar sind. Der dunkle Nachthimmel mit Blitzen und Mond, der kleine Drache, der auf diesem sitzt, und die efeuumrankten Skulpturen verleihen der Szene zusätzlich eine geheimnisvolle Wirkung. Rechts unten im Bild sieht man ein neongrünschimmerndes Medusenhaupt und eine Maske. Ein in das Bild eingepasstes Schild gibt das Genre des Spiels an („Wimmelbild-Adventure aus der griechischen Mythologie“). Das Bild soll mögliche Spieler neugierig machen und dazu einladen, das Spiel zu kaufen.
Oberhalb des Bildes gibt es Angaben zur PC-Kompatibilität. Daneben steht das Logo für die „Play+ Smile“-Spiele der Vertriebsfirma (ein Downloadportal).

b Unten im Cover fällt durch Leuchtfarben die Angabe zur Altersfreigabe auf. USK 6 bedeutet, dass Kinder ab sechs Jahren das Spiel benutzen dürfen (USK = Unterhaltungssoftware Selbstkontrolle). Ein „Wimmelbild-Adventure“ ist ein Abenteuerspiel, bei dem es häufig Suchbilder zwischen den einzelnen Stationen / Aufgaben mit einer Vielzahl an Gegenständen gibt, in denen man für den Spielverlauf hilfreiche Gegenstände finden und sammeln muss. Diese Gegenstände sind häufig hinter weiteren versteckt oder in ihrer Form oder Größe so verändert, dass man sie kaum entdecken kann. „Komplett in Deutsch“ mit dem Deutschlandflaggen-Icon bedeutet, dass das Spiel deutschsprachig / übersetzt ist – wichtig bei dem großen Markt amerikanischer Produkte.

c Die Erwartungen an das Spiel könnten sein, dass dort die einzelnen Stationen (die einzelnen Sagen) der „Odyssee“ gespielt werden können. Einzelne Kinder könnten anhand des Medusenhauptes und der gesamten Szenerie mit der dunklen Figur auf der Treppe und dem tempelartigen Gebäude auch schon vermuten, dass das Spiel die Sage um weitere Motive erweitert. Der Hinweis auf Wimmelbilder lässt vermuten, dass der Held dort wahrscheinlich Gegenstände suchen und sammeln muss, die helfen, schwierige Aufgaben zu lösen.

2 Die Screenshots zeigen zwei Spielsituationen aus der Polyphem-Sage. (In diesem Spiel frisst Polyphem keine Gefährten Odysseus‘ und er wird auch nicht geblendet. Stattdessen soll der Spieler für Polyphem Essen und Wein herbeischaffen und ihn dadurch schläfrig machen – ein Teil der schwierigen Aufgaben für Odysseus / den Spieler – und dann die Gefährten aus der Gefangenschaft befreien und fliehen.)
Adventure-Spiele wie dieses schicken den Helden auf eine abenteuerliche Reise mit verschiedenen Stationen, an denen er schwierige Aufgaben lösen muss. Gegner (hier: Polyphem) können ihn bedrohen und davon abhalten. Computerspiel-Helden haben häufig Gefährten oder finden auf ihrer Reise Verbündete, die ihnen bei der Bewältigung der Aufgaben helfen. Auf einem Level (hier: Insel der Kyklopen) muss man sich häufig an verschiedene Orte begeben (hier: Strand, Hängebrücke, Flussufer, Höhleneingang, Höhle) und dort unterschiedliche Gegenstände entdecken und sammeln, die dann – häufig in Kombination miteinander – behilflich sind, Tore / Türen zu öffnen, Rätsel zu lösen etc. (hier z. B.: Hammer, Seil und Stock zum Öffnen der Felsentür sowie Feuerholz, Angel, Gewürze für das Zubereiten des Essens für Polyphem; vgl. die Bildleiste mit den bisher gesammelten Gegenständen unten im linken Screenshot). Das Bewältigen von Aufgaben und die Ausstattung mit hilfreichen Gegenständen verleihen dem Helden häufig neue Fähigkeiten, sodass er von Station zu Station oder von Level zu Level besser wird und schließlich sein Ziel erreicht. Dem Spieler bieten Computerspiele wie dieses häufig Hilfen. In diesem Spiel ist es das Medusenhaupt in der Bildecke, das man anklicken kann, um z. B. einen Hinweis auf ein Versteck oder auf einen anderen Ort zu bekommen, an dem man weitersuchen muss. Über das Menü kann man in der Regel Schwierigkeitsgrade einstellen, technische Einstellungen vornehmen (Sound, Grafikqualität, Spielfiguren aussuchen und modifizieren), das Spiel speichern und beenden oder den Spieler wechseln.

3 Beide Figuren sind riesige Kyklopen. Ihre Bekleidung aus Schafsfell, der Gürtel, die Armbänder und die wilde Frisur weisen große Ähnlichkeiten auf. Der Polyphem in der Graphic Novel wirkt allerdings gewaltiger und bedrohlicher. Er ist wesentlich größer und mit einem Knüppel bewaffnet. Er zeigt seine Zähne und ballt die Faust. Der Polyphem im Computerspiel wirkt dagegen fast freundlich; seine geöffneten Arme und Hände deuten Gesprächsbereitschaft an. Unterschiedlich ist zudem der Grad der realistischen Darstellung. Während die Figur in der Graphic Novel durch die zeichnerische Technik eindeutig wie ein Bild wirkt, ist die Figur im Computerspiel in ihrer angedeuteten Dreidimensionalität und in der Detailliertheit der Ausführung weitaus realistischer. Inzwischen erlaubt die Technik in neueren Computerspielen einen immer höheren Grad an Realismus, sodass die Immersion, das Eintauchen der Spieler in die virtuelle Welt, immer leichter und verlockender wird.

4 a Bei dieser Frage ist wichtig, dass sich die Schülerinnen und Schüler tatsächlich auf Adventure-Spiele konzentrieren und nicht alle möglichen Formen von Computerspielen nennen, um schließlich auf die Odysseus-Sage zu fokussieren. Häufig spielen Kinder Adventure-Spiele mit nicht für sie geeigneter Altersfreigabe. Daher kann man damit rechnen, dass sie eine Vielzahl an unterschiedlichen Spielen nennen. Interessant ist dabei, welche Sagenstoffe ihnen in solchen Spielen schon begegnet sind und welche spielbedingten Unterschiede zu den entsprechenden Erzähltexten es gibt.

b Mögliche Ergänzungen der angerissenen Sätze:
Durch die spannende Geschichte wecken Adventure-Spiele das Interesse der Spieler. Man möchte wissen, wie es weitergeht, welche weiteren Gefahren lauern etc.
Weil man häufig selbst die Figuren steuern kann, kommt es einem vor, als sei man selbst der Held oder die Heldin des Spiels (man identifiziert sich mit dem Helden / der Heldin des Spiels). So lassen

sich die Abenteuer hautnah miterleben. Außerdem kann man selbst entscheiden, welche Wege man einschlägt, welche Dinge man ausprobiert.
Dadurch ist die Aufmerksamkeit von Spielern bei Adventure-Spielen sehr stark auf das Spielgeschehen gerichtet. Man taucht häufig tief in die fantastische, virtuelle Welt ein und kann dabei den Alltag vergessen.

c Die Odysseus-Sage eignet sich besonders gut als Adventure-Spiel, weil der Held in der „Odyssee" mehrere Abenteuer (Einzelsagen) erlebt. Diese kann man in einem sich steigernden Schwierigkeitsgrad aufbauen.

5 Wie in Computerspielen üblich, müssen sich die Schülerinnen und Schüler nicht streng an die vorgegebenen Einzelheiten der jeweiligen Originalsage halten, sondern können sie im Sinne des Spiels straffen oder erweitern. Sie können verschiedene Handlungen eigens mit zusätzlichen Schwierigkeiten versehen und z. B. notwendige Gegenstände hinzuerfinden, um die Lösung von Aufgaben zu erschweren. Die Anzahl der möglichen Aufgaben und Gegenstände in den folgenden vier – unterschiedlich komplexen – Stationen kann der Differenzierung für die einzelnen Gruppen dienen: je weniger Aufgaben, desto übersichtlicher. Schnelle Gruppen können schon mit den Zwischenstationen auf dem Meer beginnen. Hier sind der Fantasie keine Grenzen gesetzt; Wetter, Wellen, Strömungen, Felsen, Tiere, Poseidon u. a. können die Fahrt zwischen den einzelnen Inseln (Stationen) erschweren bzw. zum nächsten Ziel / Abenteuer lenken.
Denkbar ist auch, weitere Stationen der Sage umzusetzen (z. B. Laistrygonen, Skylla und Charybdis, Bogenwettkampf).

Mögliche Aufgaben und Gegenstände in den einzelnen Stationen:

1. Station: „Odysseus und das Trojanische Pferd"

Mögliche Aufgaben:

1. das Heer und die Schiffe außer Sichtweite bringen
2. ein Pferd aus Holz bauen
3. das Pferd vor das Stadttor ziehen
4. Athene anflehen, Laokoon zum Schweigen zu bringen
5. sich im Inneren des Pferdes still verhalten
6. gegen die Trojaner kämpfen

Mögliche Gegenstände:

Ruder; Holz; verschiedene Werkzeuge; Leiter, um in das Pferd zu steigen; Seile, um das Pferd zu ziehen; Papyrus, um eine Botschaft an Athene zu schreiben; Schwerter und Schilde, um gegen die Trojaner zu kämpfen

2. Station: „Odysseus in der Höhle des Polyphem"

Mögliche Aufgaben:

1. Verpflegung zusammensuchen
2. den Höhleneingang finden, die Höhle öffnen
3. sich vor Polyphem verstecken
4. einen Holzpfahl suchen, anspitzen und über dem Feuer härten (Feuerholz suchen etc.)
5. Polyphem blenden
6. sich vor dem wütenden Polyphem in Sicherheit bringen
7. sich unter die Schafsbäuche schwingen / binden
8. den Felsbrocken ausweichen, die Polyphem wirft

Mögliche Gegenstände:

Weinschlauch; Wein; weiterer Proviant; Gegenstände, um den Höhleneingang zu öffnen; Gegenstände, hinter denen man sich verstecken kann; Holzpfahl und Werkzeuge, um diesen anzuspitzen; Feuerholz und Feuerstein; Weinkrug und Wein für Polyphem; Seile, um sich unter die Schafe zu binden

3. Station: „Odysseus und die Zauberin Kirke“
Mögliche Aufgaben:
1. Lose ziehen
2. sich durch das Gebüsch schlagen
3. Kirke auf sich aufmerksam machen
4. versuchen, dem Zauberstab Kirkes auszuweichen
5. Hermes finden, um ihn um Rat zu bitten
6. das Kraut mit der schwarzen Wurzel und der milchweißen Blüte (Moly) finden
7. Kirkes Zauberstab ausweichen, sie mit dem Schwert bedrohen
8. in einer Schweineherde einzelne Gefährten erkennen
9. Kirke dazu bringen, die Gefährten zurückzuverwandeln
10. aus Kirkes Haus und von ihrer Insel entkommen

Mögliche Gegenstände:
Lose sowie Behälter für Lose; Schwerter, um sich den Weg durch hinderliches Gebüsch freizuschlagen; Kräuter, unter denen man Moly finden muss; Schwert, um Kirke zu bedrohen; Zaubersalbe

4. Station: „Odysseus bei den Sirenen“
Mögliche Aufgaben:
1. wilde Bienen suchen, Wachs von ihnen stehlen
2. Wachs schneiden und kneten
3. Seile suchen
4. den wütenden Odysseus fest und fester an den Mast binden
5. an der Insel vorbeirudern

Mögliche Gegenstände:
Bienen; Bienenwaben; Wachs; Messer, um das Wachs zu schneiden; stabiler Mast; Seile; mehr / stärkere Ruder, um schnell an der Insel vorbeizukommen

6 Die Schülerinnen und Schüler können hier herausarbeiten, dass die Geschichte jeweils dieselbe bleibt, aber die Art, wie sie erzählt wird, sich ändert. Typisch für Computerspiele könnte sein, dass selbstverständliche Handlungen in der Sage mit Schwierigkeiten versehen werden (z. B. hat man nicht einfach Ruder am Schiff, um loszufahren, sondern muss diese erst aus Holz schnitzen, welches wiederum erst zu finden und zu bearbeiten ist).

7 ⊕ Der Aufbau von Märchen ist häufig in drei Handlungsabschnitte (Stationen) eingeteilt, die dem Muster der Heldenreise entsprechen:
- eine schwierige Situation / Notlage am Anfang, welche den Helden / die Heldin vor eine Aufgabe stellt,
- Prüfungen und Abenteuer, die der Held / die Heldin mit Hilfe von Zauberwesen oder magischen Gegenständen bewältigen muss,
- ein glückliches Ende am Schluss, in dem der Held / die Heldin das Problem löst und erfolgreich heimkehrt.

Material zu diesem Kapitel auf den folgenden Seiten und digital

- Fordern und fördern – Eine Sage untersuchen: Odysseus bei den Lotosessern (mit Hilfe-Karten und Zusatzaufgaben für „Profis“; Lösungshinweise digital)
- Was kannst du schon? – Eine Sagenszene untersuchen (Diagnose; Lösungshinweise und Förderempfehlungen digital)
- Zusatzmaterial zum Theaterprojekt (9.2) – Einen Sagentext in eine Theaterszene umgestalten: Odysseus und der Bogenwettkampf (Lösungshinweise digital)
- Klassenarbeit – Eine Sage untersuchen: Skylla und Charybdis bedrohen Odysseus und seine Gefährten (Erwartungshorizont digital)
- Hörtext: Homer: Odysseus bei den Sirenen, gesprochen von Thomas Dehler (mit einem passgenauen Arbeitsblatt zur Übung des Hörverstehens inkl. Lösungshinweisen; digital)

Fordern und fördern – Eine Sage untersuchen

Odysseus bei den Lotosessern

Nach vielen Tagen auf dem Wasser gelangen Odysseus und seine Gefährten zu einer entlegenen Insel.

Dann rief Odysseus zwei von seinen Männern zu sich und sagte: „Geht landeinwärts und erkundet, was für Menschen hier leben, wovon sie sich ernähren und ob sie freundlich oder böse sind. Aber bleibt nicht allzu lange fort, denn wir wollen bald weitersegeln!“

Sie machten sich auf den Weg, und als sie zwischen den Büschen verschwunden waren, winkte Odysseus einen dritten herbei und befahl: „Du folgst ihnen als Herold[1], und wenn du etwas gewahr wirst, was dir nicht gefällt oder was dich gefährlich dünkt[2], dann lauf, so schnell du kannst, hierher zurück und bringe mir Botschaft!“

Als auch der Herold gegangen war, streckten sich die Zurückgebliebenen am Strand aus, um zu schlafen. Odysseus aber wartete. Er war unruhig, als drohe ihnen eine Gefahr, obgleich alles ringsum ganz still und friedlich schien. Manchmal wehte ein süßer Duft von irgendwoher wie von Blumen, die er nicht kannte. [...]

Aber die Sonne stieg höher, die Zeit verging und die Männer kamen noch immer nicht zurück. Als es Mittag wurde, weckte Odysseus einige von den Schläfern. Sie nahmen ihre Schwerter und folgten behutsam den Spuren der Kundschafter, jeden Augenblick bereit zu kämpfen. Aber es gab keinen Kampf. Und sie brauchten auch nicht lange zu suchen. Denn als sie ein lichtes Gehölz[3] durchquert hatten, kamen sie auf eine Wiese hinaus, da saß eine Schar von Männern, friedlich und waffenlos, und mitten unter ihnen saßen die beiden Kundschafter und der Herold. Verwundert gingen sie näher. Die fremden Männer betrachteten sie freundlich. [...]

Als ihn jetzt seine drei Kundschafter glücklich anlächelten, packte Odysseus Zorn. Ehe er jedoch den Mund zu einer wütenden Rede öffnen konnte, sah er etwas. Viele von den Männern hielten Früchte in den Händen, seltsame, fremdartige Früchte, die er nicht kannte, und manchmal führten sie eine zum Mund und aßen davon. Und – bei den Göttern! – da saßen auch seine Kundschafter und verzehrten die gleichen Früchte und sahen aus, als gäbe es nichts Schöneres auf Erden! [...]

Plötzlich kam ihm eine schreckliche Erkenntnis: Sie befanden sich auf der Insel der Lotophagen, wo die Menschen Lotosfrüchte essen! Er hatte oft davon erzählen gehört. Wer einmal von der süßen Frucht gekostet hat, der vergisst Heimat und Freunde und alles, was ihm aufgetragen ist, und wünscht nichts mehr, als für immer zu bleiben. [...] Und nun hatten seine Kundschafter davon gegessen. [...]

„Kommt!“, sagte Odysseus zu den drei Abgesandten, stieß sein Schwert in die Scheide zurück. „Wir wollen schleunigst fort von hier!“ [...] Aber sie wollten nicht fort. Sie jammerten und flehten ihn an, sie hierzulassen. Da winkte er den Männern, die mit ihm gekommen waren. Mit Gewalt mussten sie die unglückseligen Gefährten zu den Schiffen schleppen und an den Ruderbänken festbinden, damit sie nicht sogleich wieder entflohen.

(Aus: Auguste Lechner: Die Abenteuer des Odysseus. Arena Verlag, Würzburg 2011, S. 13–15. Aus didaktischen Gründen gekürzt)

1 der Herold: Bote, Kundschafter eines Herrn
2 dünken: *veraltet für:* erscheinen, vorkommen
3 ein lichtes Gehölz: ein helles Wäldchen

Autoren: Markus Langner / Norbert Pabelick
Illustration: Nils Fliegner, Hamburg

1 Untersuche den Aufbau der Sage: Ordne die Abschnittsüberschriften. Notiere die Buchstaben in der richtigen Reihenfolge in deinem Heft. (→ Hilfe-Karte: Handlungsschritte ordnen)
TIPP: A und I stehen an der richtigen Stelle.

A Ankunft auf der Insel
B Von den Lotosfrüchten sind die Gefährten berauscht.
C Die drei von Odysseus Ausgesandten kommen nicht zurück.
D Odysseus entsendet zwei Kundschafter und schickt einen weiteren Boten hinterher.
E Sie finden die drei Gefährten im Wald unter friedlichen Männern.
F Odysseus erkennt, dass sie auf der Insel der Lotosesser sind.
G Sie wollen auf der Insel bleiben.
H Odysseus folgt ihnen mit einigen Leuten.
I Odysseus schleppt sie mit Gewalt auf das Schiff und bindet sie dort fest.

2 Schreibe auf dieser Grundlage einen Text, der die Handlung knapp wiedergibt.
Du kannst so beginnen:

Nachdem Odysseus mit seinen Gefährten auf einer Insel gelandet ist, schickt er zwei Kundschafter los, die ... sollen ... Diesen beiden sendet er ...

(→ Hilfe-Karte: Die Handlung wiedergeben)

3 Erläutere, warum Odysseus ein Sagenheld ist. Beachte, was Odysseus sagt und wie er handelt.
Folgende Fragen können dir helfen:
- Wieso schickt Odysseus einen Herold hinter den beiden Kundschaftern her?
- Was ahnt Odysseus, als sie die Männer im Wald treffen?
- Wieso wendet Odysseus Gewalt an, damit seine Gefährten mit ihm zurück auf das Schiff kommen?
- Warum bindet er sie fest?

(→ Hilfe-Karte: Die Eigenschaften eines Sagenhelden erläutern)

Folgende Hilfen oder Aufgaben zum Weiterarbeiten kannst du nutzen

Hilfe-Karte	Handlungsschritte ordnen
Hilfe-Karte	Die Handlung wiedergeben
Hilfe-Karte	Die Eigenschaften eines Sagenhelden erläutern
Für Profis und Schnelle	Warum handelt Odysseus gegen den Willen einiger Gefährten?

Hilfe-Karte: Handlungsschritte ordnen

Hier findest du die ersten Handlungsschritte in der richtigen Abfolge.

A Ankunft auf der Insel
D Odysseus entsendet zwei Kundschafter und schickt einen weiteren Boten hinterher.
C Die drei von Odysseus Ausgesandten kommen nicht zurück.
… Odysseus …
…

Hilfe-Karte: Die Handlung wiedergeben

Zur Wiedergabe der Handlung kannst du die folgenden Sätze bzw. Satzanfänge verwenden:

Nachdem Odysseus mit seinen Gefährten auf einer Insel gelandet ist, schickt er zwei Kundschafter los, die die Insel erforschen sollen. Diesen beiden sendet er einen weiteren Kundschafter hinterher, der …
Als alle drei nach einiger Zeit nicht zurückkommen …
Sie finden die drei Gefährten im Wald bei …
Odysseus erkennt, dass ... Wer einmal von der Lotosfrucht ...
Auch die drei Gefährten ...
Schließlich schleppt Odysseus die drei Freunde mit Gewalt …

Hilfe-Karte: Die Eigenschaften eines Sagenhelden erläutern

Schreibe den Text ab und ergänze in den Lücken Begriffe aus dem Wortkasten.

Zauber – Sagenheld – Mut – klug – vorsichtig – Abenteuer – retten – Kraft – Klugheit

Odysseus ist ein **?**, weil er **?** und **?** zwei Kundschafter auf die fremde Insel schickt. Für seine **?** spricht auch, dass er den beiden einen dritten Mann hinterhersendet, um sicherzugehen, dass ihnen nichts passiert. Als sie nicht zurückkehren, besteht Odysseus ein neues **?**. Denn als er die Kundschafter berauscht im Wald antrifft, ahnt Odysseus, dass die drei von den Lotosfrüchten gegessen haben, die mit ihrem **?** den Menschen ihren Willen rauben. Odysseus muss die berauschten Gefährten **?**. Ein typischer Sagenheld besitzt **?** und **?**. Beides zeigt Odysseus, als er die drei gewaltsam zurück auf das Schiff schleppt und sie dort festbindet.

Für Profis und Schnelle: Warum handelt Odysseus gegen den Willen einiger Gefährten?

4 Odysseus handelt gegen den Willen einiger seiner Gefährten.

a Nenne eine Textstelle, die das zeigt.

b Erkläre, warum Odysseus so handelt.

Was kannst du schon? – Eine Sagenszene untersuchen

Odysseus bei den Lotosessern

_____ *(Odysseus und seine Gefährten auf einer Insel. Im Hintergrund sieht man Wald.* _____

_____ *Odysseus winkt zwei der Männer zu sich. Die beiden kommen schnell.)* _____

_____ **Odysseus:** Geht landeinwärts und erkundet, was für Menschen hier leben, _____

_____ wovon sie sich ernähren und ob sie freundlich oder böse sind. _____

_____ *(Eindringlich)* Aber bleibt nicht allzu lange fort, denn wir wollen bald weitersegeln! _____

_____ **Gefährte 1 und 2** *(im Chor):* Machen wir, Odysseus. Genau, wie du befiehlst! _____

_____ *(Sie machen sich auf den Weg und verschwinden zwischen den Büschen.)* _____

_____ **Odysseus:** (______________________): Mein Freund, du folgst ihnen als _____

_____ Bote, und wenn du etwas siehst, was dir nicht gefällt oder was dir gefährlich er- _____

_____ scheint, dann lauf, so schnell du kannst, hierher zurück und bringe mir Botschaft! _____

_____ **Gefährte 3:** (______________): Ich soll meine Freunde bespitzeln? _____

_____ **Odysseus** (______________): Nicht bespitzeln: beobachten! Die beiden _____

_____ könnten in Gefahr geraten. _____

_____ **Gefährte 3:** Alles klar, ich verstehe. _____

_____ *(Gefährte 3 ________________. Die anderen legen sich zum Schlafen hin.)* _____

1 Lies die Szene. Erkläre: Was ist was? Ergänze die Buchstaben der passenden Bezeichnungen am Rand und zeichne Pfeile ein. Beachte: Manche Buchstaben müssen mehrfach verwendet werden.

A eine Figur, die spricht – **B** Figuren, die sprechen – **C** Sprechtext
D Regieanweisung: Hinweis für die Bewegung der Schauspieler auf der Bühne
E Regieanweisung: Hinweis zur Art, wie gesprochen oder gespielt werden soll
F Regieanweisung: Hinweis zur Einrichtung des Bühnenbilds

2 Welche Aussagen zum Inhalt treffen zu, welche nicht? Streiche Unzutreffendes durch.
A Odysseus sendet zwei Kundschafter aus.
B Die beiden Männer gehen nur widerwillig, sie würden lieber schlafen.
C Ein dritter Mann soll den beiden folgen.
D Odysseus misstraut den ersten beiden Männern.
E Odysseus ist in Sorge, dass ihnen etwas zustößt.
F Der dritte Mann versteht erst am Ende, warum er den Freunden folgen soll.

3 Ergänze in den Lücken am Schluss der Szene jeweils die passende Regieanweisung aus dem Kasten.

ärgerlich – winkt einen dritten Mann herbei – geht von der Bühne – verwundert

Zusatzmaterial zum Theaterprojekt (9.2) – Einen Sagentext in eine Theaterszene umgestalten

Odysseus und der Bogenwettkampf

Nach vielen Abenteuern, die Odysseus auf seiner zehnjährigen Heimreise erlebt, kehrt er endlich nach Hause zurück und erreicht die Küste Ithakas. Athene, die Göttin der Weisheit, empfängt ihn und verwandelt ihn in einen Bettler, damit er unerkannt prüfen kann, wer unter den Gefolgsleuten ihm noch treu ist und wer nicht. Allein seinem Sohn Telemachos gibt sich Odysseus zu erkennen. Er erfährt, dass sein Palast von fremden Männern belagert ist, die sein Hab und Gut verprassen und seine Frau Penelope zwingen wollen, einen von ihnen zu heiraten. Ein Bogenwettkampf soll nun entscheiden, wer von ihnen der neue König von Ithaka wird: Derjenige, dem es gelingt, einen Pfeil durch zwölf Äxte zu schießen, soll Penelope heiraten. Aber keiner von ihnen schafft es, auch nur den mächtigen Bogen des Odysseus zu spannen. Schon will man den Wettkampf vertagen, als der zerlumpte Bettler um einen Versuch bittet.

Odysseus drehte den Bogen nach allen Seiten hin und her, um zu sehen, ob nicht Würmer das Holz zernagt hätten oder der kostbaren Waffe sonst ein Schaden geschehen sei.

Die Freier[1] beobachteten ihn mit Besorgnis. „Seht, der Bettler!", sagte einer. „Er scheint ein genauer Kenner des Bogens zu sein! Vielleicht besitzt er selbst einen oder er will sich einen verfertigen! Wie er ihn hin und her dreht, der tückische Alte!"

Jetzt spannte Odysseus mit der Rechten die Sehne, so leicht, wie ein Sänger die Saiten spannt. Ein heller Ton wie der Ruf einer Schwalbe erklang, als sie zurückschnellte.

Da erfasste die Freier Bestürzung und ihre Gesichter wurden bleich. Odysseus aber ergriff den Pfeil, der neben ihm auf dem Tisch lag, und legte ihn in die Kerbe. Er stand nicht einmal von seinem Stuhl auf: Sitzend zielte er und schoss.

Der Pfeil flog mit einem leisen, schwirrenden Geräusch. Er flog durch die zwölf Äxte hindurch und fiel jenseits zu Boden.

Die Freier sprangen vor Schrecken in die Höhe, dass ihre Sessel polternd umfielen.

Odysseus aber rief: „Telemachos, der Fremdling in deinem Saal macht dir keine Schande! Der Wettkampf ist zu Ende! Nun mag ein anderer Kampf beginnen!"

Da warf sich Telemachos den Schwertriemen um die Schulter, ergriff den Speer und sprang neben seinen Vater auf die Schwelle. Schnell schüttete Odysseus die Pfeile aus dem Köcher vor sich auf den Boden und legte einen neuen in die Sehne.

Und während die Freier einander noch verblüfft und ratlos anstarrten, schoss er abermals.

Der Pfeil flog mit einem leisen, schwirrenden Geräusch. Er flog auf Antinoos zu, der gerade den doppelt gehenkelten goldenen Becher zum Mund führen wollte, und traf ihn in die Kehle. Der Becher entfiel ihm und rollte über den Tisch. Antinoos sank zur Seite, ein Blutstrom quoll ihm aus der Nase und sein weißes Gewand färbte sich purpurrot.

Da schrien die anderen Freier auf, liefen durcheinander und suchten nach den Waffen, die sonst an den Wänden hingen. Aber da waren keine Waffen mehr.[2]

1 der Freier: Bewerber um eine Frau

2 Odysseus und sein Sohn Telemachos haben die Waffen zuvor versteckt.

Cornelsen

Autoren: Markus Langner / Norbert Pabelick
Illustration: Nils Fliegner, Hamburg

So stürmten sie mit wütendem Geschrei auf Odysseus zu. „Wehe dir, das war dein letzter Schuss! Du hast einen der Edlen von Ithaka getötet! Dafür werden dich die Geier fressen!“ Aber sie prallten entsetzt zurück, als der Fremde abermals einen Pfeil auf die Sehne legte und die Spitze des tödlichen Geschosses gegen sie richtete.

„Ihr Hunde!“, schrie Odysseus mit schrecklicher Stimme. „Ihr meintet, ich käme nie mehr zurück aus dem Land der Trojaner! Ihr habt um meine Gattin geworben, obgleich ihr nicht wusstet, ob ich nicht vielleicht doch noch lebe! Schamlos habt ihr meine Güter verprasst und euer übles Spiel mit den Mägden getrieben. Ihr habt meinem Sohn nach dem Leben getrachtet! Ohne Scheu vor Göttern und Menschen habt ihr Frevel[3] auf Frevel gehäuft! Nun kommt die Vergeltung über euch!“

Die Freier standen wie erstarrt vor Entsetzen, als sie begriffen, was dies bedeutete. Verzweifelt irrten ihre Blicke umher, einen Ausweg zu suchen. Aber sie fanden keinen.

Odysseus gibt sich zu erkennen, sein Sohn Telemachos und zwei treue Hirten stehen mit Waffen bereit und gemeinsam besiegen sie die Gegner. In der Nacht darauf berichtet Odysseus seiner Frau Penelope von seinen Irrfahrten und Abenteuern.

(Aus: Auguste Lechner: Die Abenteuer des Odysseus. Arena Verlag, Würzburg 2011)

3 der Frevel: Verbrechen, Gewalt

Den Sagentext verstehen

1 Lest den Sagentext.

2 **a** Erklärt euch gegenseitig, was geschieht.

b Ordnet die Handlungsschritte in der richtigen Reihenfolge, indem ihr sie nummeriert. Ergänzt die Zeilennummern.

Reihenfolge	Zeilen	Handlungsschritte
		Odysseus gibt sich zu erkennen und besiegt die Freier mit der Hilfe von Telemachos und zwei treuen Hirten.
		Odysseus und sein Sohn Telemachos bereiten sich auf den Kampf gegen die Freier vor.
		Die anderen Freier können ihre Waffen nicht finden. Sie stürmen auf Odysseus zu und erstarren, als dieser Pfeil und Bogen nun auf sie richtet.
	54-63	Odysseus schießt, sein Pfeil trifft Antinoos in die Kehle, als dieser gerade aus einem Becher trinken will. Antinoos stirbt.
1		Odysseus prüft den Bogen. Die Freier beobachten ihn abfällig. Odysseus spannt den Bogen. Die Freier sind beeindruckt.
		Odysseus zielt und der Pfeil fliegt durch die zwölf Äxte hindurch. Die Freier erschrecken.

Die Szene planen: die Figuren und ihr Bühnentext

3 a Welche Figuren treten in der Szene auf? Ergänzt die Tabelle.
b Überlegt, mit welchen Requisiten und Kostümen oder Kostümteilen die Figuren auftreten. Ergänzt sie in der Tabelle.
c Markiert im Text wörtliche Rede, die ihr für eure Szene verwenden wollt.

Figur	Text aus der Sage (Zeilenangabe)	weiterer Text	Requisiten/Kostüme
Odysseus	Z. 45–48 Z. 76–86		Bogen, alte Decke als Umhang
	Z. 26–30		schickes Jackett
weitere Freier		*Kommentare ergänzen*	Jacketts
		Text ergänzen: kurz vor seinem Tod	Becher, festlicher Umhang
		Text ergänzen: als sich Odysseus zu erkennen gibt	
Hirten		*Text ergänzen*	

Die Szene abschnittweise schreiben

4 Schreibt zuerst den Text für einen Erzähler oder Chor, der die Szene einleitet und beendet:
a Lest den Anfang des Textes (Z. 1–20) und unterstreicht, was das Publikum auf jeden Fall wissen muss, um die Szene zu verstehen.
b Schreibt einen Text, den der Erzähler oder Chor vor dem Beginn der Dialoge als Einleitung spricht. Ihr könnt so beginnen:
Zehn Jahre lang irrte Odysseus mit seinen Gefährten über das Meer und sie erlebten Abenteuer um Abenteuer. Nun kehrt Odysseus endlich nach Ithaka zurück. Allerdings muss er sich tarnen, um zu erfahren, wer ihm die Treue hält. Denn an seinem Hof …

> **TIPP:** In Theaterstücken der Antike gab es keinen Erzähler, sondern eine Gruppe von Schauspielern, die solche Texte eindrucksvoll im Chor sprach. Probiert das aus.

5 Teilt die Handlungsschritte 1–6 (vgl. Aufgabe 2) auf und schreibt die Texte für die Szenenabschnitte in kleinen Gruppen. Zur Orientierung könnt ihr die Tabelle aus Aufgabe 2 nutzen. Denkt an die richtige Reihenfolge!

Mögliche Zusatzaufgabe
Überlegt, welche anderen Figuren (z. B. Penelope) auftreten könnten. Schreibt Texte für diese Figuren.

6 Verfasst einen Text, in dem der Erzähler oder Chor den Ausgang des Geschehens zusammenfasst.

7 Überarbeitet eure Szenen und ergänzt dabei Regieanweisungen.

Die Szene spielen

8 Probt die Szene. Beachtet dabei die folgenden Tipps:
– Sprecht den Text des Erzählers im Chor.
– Spielt mit Bogen, aber ohne Pfeile! Die Pfeile könnt ihr pantomimisch andeuten.
– Bleibt in eurer Rolle und spielt auch dann, wenn ihr keinen Text habt! Hört den anderen genau zu und reagiert pantomimisch, also mit Gestik und Mimik.

Klassenarbeit – Eine Sage untersuchen

Aufgabenstellung

1 a Gib die Handlung der Sage „Skylla und Charybdis“ in wenigen Sätzen wieder.
b Erkläre, wo der Höhepunkt der Spannung liegt.

2 a Erläutere, inwiefern Odysseus in dieser Sage ein Held ist.
b Nenne als Beleg mindestens zwei Textstellen mit Zeilenangaben.

3 Erkläre, welche typischen Sagenmerkmale die Geschichte enthält.

Skylla und Charybdis bedrohen Odysseus und seine Gefährten

Odysseus muss mit seinen Gefährten die Meerenge von Messina zwischen Sizilien und dem italienischen Festland durchqueren. Dort hausen Skylla, eine Bestie mit Schlangenarmen und sechs Köpfen, und das Ungeheuer Charybdis, das alle vorbeikommenden Schiffe wie ein großer Strudel in seinen Rachen zieht.

Odysseus stand auf dem Deck und spähte aufmerksam nach allen Seiten. Wenn Kirke wahr gesprochen hatte, so mussten sie bald zu den Felsen kommen, in denen Skylla und Charybdis hausten. Die Gefährten ahnten noch nicht, was ihnen bevorstand, und er wusste nicht, wie er es ihnen sagen sollte.
Während er noch schweren Herzens darüber nachdachte, sah er plötzlich weit vorne über dem Wasser Dampf aufsteigen wie aus einem gewaltigen Kessel, der mitten im Feuer steht. Bald fing sein Ohr auch das Getöse ferner Brandung auf und zugleich unterschied er schon die beiden Klippen, die eine hoch und steil, die andere niedriger, mit einem riesigen Feigenbaum am Rande. Jetzt horchten die Gefährten auf, vergaßen zu rudern und starrten auf das weiße Schaumgewölk, das dort vorn bei den beiden Klippen zum Himmel spritzte.
„Seht hin! Was ist das? Was für eine Schrecknis[1] wartet auf uns?“, riefen sie unruhig durcheinander. Da ging Odysseus durch das Schiff, von einem zum anderen, und redete ihnen gütlich[2] zu. „Freunde, wir sind ja längst gewohnt, Gefahren zu bestehen! Aber was jetzt kommt, ist nicht schlimmer als das, was wir in der Höhle des Kyklopen erlebten! [...] Vertraut mir nur und tut, was ich euch sage! Bleibt auf den Bänken, rudert mit aller Macht und blickt euch nicht um, was auch geschehen mag! Dir aber, Steuermann, befehle ich dieses: Halte das Schiff fern von jener Brandung, deren weiße Gischt du dort zum Himmel steigen siehst!“ [...]
Angstvoll ruderten sie [die Gefährten] in die schreckliche Enge. Zur Rechten schlang just[3] Charybdis mit grässlichem Gurgeln das Wasser in ihren Schlund[4], der wie ein Trichter hinabreichte in die grausige Tiefe. Es wirbelte und drehte sich darin mit fürchterlicher Schnelligkeit, dass die Männer Schwindel packte. [...]

1 die Schrecknis: Gefahr   2 gütlich: beruhigend
3 just: in diesem Augenblick   4 der Schlund: Kehle

Cornelsen
Autoren: Markus Langner / Norbert Pabelick
Illustration: Nils Fliegner, Hamburg

Und während die Männer noch die schreckensbleichen Gesichter der Charybdis zuwandten, zuckte es über ihnen wie schwarze Blitze aus dem Dunst hervor. [...] Sechs schlangenhafte Hälse fuhren herab und auf jedem saß ein grässliches Haupt mit drei Reihen von Zähnen im Rachen.

Odysseus fuhr herum, als er den Schrei der Gefährten hörte, die Skylla ergriffen hatte. Aber er vermochte ihnen nicht mehr zu helfen. Das Ungeheuer schwang die Männer hoch durch die Luft und verschlang sie sogleich am Eingang der Höhle. Stöhnend vor Grauen und ohnmächtigem Grimm[5] wandte sich Odysseus ab. [...]

Er warf einen Blick über das Schiff. Wahrhaftig, er brauchte die Ruderer nicht erst anzutreiben: Sie hockten auf den Bänken, keuchend, die Gesichter vor Entsetzen verzerrt, und die Ruder flogen auf und nieder mit wahnwitziger Schnelligkeit. So jagte das Schiff durch die Enge, vorüber am heulenden Schlund der Charybdis und am Felsen der Skylla, und dann waren sie draußen und vor ihnen lag wieder das weite graue Meer.

(Aus: Auguste Lechner: Die Abenteuer des Odysseus. Arena Verlag, Würzburg 2011, S. 77–79. Aus didaktischen Gründen gekürzt.)

5 der Grimm: Wut

10 Hieroglyphen und Emoticons – Sachtexte und Medien verstehen

Konzeption des Kapitels

In diesem Kapitel werden die Schülerinnen und Schüler weiter darin geschult, Sachtexte und andere Medien zu untersuchen und daraus Informationen zu entnehmen. Dabei lernen sie die Schrift als eine der ältesten und bedeutendsten Kulturtechniken kennen.
Im ersten Teilkapitel (**„Geheimnisvolle Schriftzeichen – Informationen entnehmen“**) üben die Lernenden an Texten über Hieroglyphen, Emojis, arabische und chinesische Schriftzeichen einen systematischen Zugang zu Sachtexten ein. Als grundlegendes Handwerkszeug wenden sie eine Lesemethode in vier Schritten an: Sie verschaffen sich anhand von Überschrift, Bildern und Grafiken eine erste Orientierung über einen Text. Beim zügigen ersten Lesen bilden sie Verstehensinseln; für ein vertieftes Textverständnis arbeiten sie anschließend mit Zwischenüberschriften und Schlüsselwörtern. Zudem wenden sie verschiedene Methoden an, um unbekannte Wörter und schwierige Textstellen zu erschließen. Schließlich fassen sie mit Hilfe der W-Fragen die wichtigsten Textinhalte zusammen. In einem weiteren Schritt unterscheiden sie mit dem Informieren, Argumentieren und Appellieren grundlegende Funktionen von Sachtexten. Außerdem werden die Lernenden angeleitet, diskontinuierliche Texte (Grafiken) auszuwerten und deren Bedeutung für den Gesamttext zu verstehen. Ein Test rundet dieses Teilkapitel ab.
Im zweiten Teilkapitel (**„Wege durch die Mediengalaxie – Informationen recherchieren, auswerten und präsentieren“**) werden die Schülerinnen und Schüler angeleitet, Texte für einen Kurzvortrag auszuwerten, den Vortrag vorzubereiten und zu halten. An Materialien über die Brailleschrift (Blindenschrift) aus verschiedenen Medien (Sachbuch, Internet und Erklärvideo) üben die Lernenden die Erschließung verschiedener medialer Inhalte unter zentralen Aspekten, die sie danach an einem selbstgewählten Thema umsetzen. Dabei werden sie angehalten, dem Medium angemessene Lesestrategien (orientierendes, selektives, genaues und vergleichendes Lesen) anzuwenden sowie die Eignung und Zuverlässigkeit der Informationsquellen zu überprüfen. Dem Sammeln und Strukturieren der Ideen folgen die Vorbereitung und Durchführung eines Kurzvortrags. Abgeschlossen wird das Teilkapitel durch eine Methodenseite zum Vortragen und zum aktiven Zuhören.
Das dritte Teilkapitel (**„Fit in … – Einen Sachtext untersuchen“**) dient der Vorbereitung auf eine Klassenarbeit. Hier richtet sich die Aufmerksamkeit zunächst auf das richtige Verstehen der Aufgabenstellung, bevor die Schülerinnen und Schüler schrittweise zur fragengeleiteten Erschließung des Sachtextes und der Grafik geführt werden. Eine Checkliste hilft bei der Überprüfung der Ergebnisse.

Literaturhinweise

- Informationen – recherchieren, finden, auswerten. Deutschunterricht, Juni 2016
- Medienpädagogischer Forschungsverbund Südwest (Hg.): Jim-Studie 2018. Jugend, Information, (Multi-)Media. Bildungsuntersuchung zum Medienumgang 12- bis 19-Jähriger. Stuttgart 2019. Online: www.mpfs.de/studien/jim-studie/2018
- Präsentationen und Referate. Deutschunterricht, August 2010
- *Rosebrock, Cornelia / Nix, Daniel:* Grundlagen der Lesedidaktik und der systematischen schulischen Leseförderung. Schneider, Baltmannsweiler [4]2011
- Sachtexte? Sachbücher! Deutschunterricht, Dezember 2017
- *Studienseminar Koblenz (Hg.):* Sachtexte lesen im Fachunterricht der Sekundarstufe. Kallmeyer, Seelze 2009
- *Wolf, Karsten D.:* Bildungspotenziale von Erklärvideos und Tutorials auf YouTube: Audio-Visuelle Enzyklopädie, adressatengerechtes Bildungsfernsehen, Lehr-Lernstrategie oder partizipative Peer Education? merz 1/2015, S. 30–36

Übungsmaterial im „Deutschbuch 6 Arbeitsheft“

- Einen Sachtext lesen und verstehen, S. 22–24

	Inhalte	Kompetenzen Die Schülerinnen und Schüler
S.205	**10 Hieroglyphen und Emoticons – Sachtexte und Medien verstehen**	– tauschen sich über Schriftzeichen aus – reaktivieren ihr Wissen über Sachtexte und Informationsrecherche
S. 206	**10.1 Geheimnisvolle Schriftzeichen – Informationen entnehmen** Einen Sachtext lesen und verstehen *Wenn Steine erzählen – Die geheimnisvolle Welt der Hieroglyphen*	– üben und vertiefen grundlegende Lesetechniken – formulieren Erwartungen an den Text – gliedern den Text in Sinnabschnitte – notieren Schlüsselwörter – notieren Textinhalte als Stichpunkte
S. 208	Schwierige Wörter und Sätze klären *Alles geritzt!*	– nutzen verschiedene Techniken zur Erschließung schwieriger Wörter – erarbeiten die Funktion von Pronomen und Verknüpfungswörtern in Sachtexten
S. 211	Funktionen von Sachtexten unterscheiden	– unterscheiden grundlegende Funktionen in einem Sachtext: appellieren, argumentieren, informieren, beschreiben, erklären
S. 213	Grafiken auswerten *Lasst Bilder sprechen!*	– beschreiben und erklären Grafiken – vergleichen die Informationen in Text und Grafik – reflektieren die Funktion von Grafiken
S. 215	Informationen in einer Mind-Map ordnen *Ein Ausflug in die geheimnisvolle Welt der arabischen Schriftzeichen*	– erarbeiten die Hauptthemen eines Sachtextes – ordnen und strukturieren die Textinformationen übersichtlich mit Hilfe einer Mind-Map
S. 218	Testet euch! – Sachtexte und Grafiken verstehen	– überprüfen, ob sie Informationen aus einem Text und einer Grafik erschließen können
S. 219	**10.2 Wege durch die Mediengalaxie – Informationen recherchieren, auswerten und präsentieren** Ideen für einen Kurzvortrag finden	– sammeln und ordnen Ideen in einer Mind-Map – benennen Informationsquellen – beschreiben die Informationsrecherche – vergleichen Recherchemedien
S. 220	Informationen in verschiedenen Medien recherchieren	– sammeln in verschiedenen Medien Informationen für einen Kurzvortrag – wenden beim Lesen von Texten im Internet Lesestrategien des orientierenden, selektiven, genauen und vergleichenden Lesens an – beurteilen Informationsquellen – ordnen Informationen strukturiert (Mind-Map) – reflektieren Vor- und Nachteile dieser Medien
S. 225	Einen Kurzvortrag halten und aktiv zuhören	– erstellen Karteikarten für den Vortrag – wählen informatives Anschauungsmaterial aus – üben den Kurzvortrag ein – trainieren aktives Zuhören und Feedback
S. 228	**10.3 Fit in … – Einen Sachtext untersuchen** *QR-Code: Was ist das?*	– bearbeiten Texterschließungsaufgaben – überarbeiten ihre Ergebnisse mit einer Checkliste

10 Hieroglyphen und Emoticons – Sachtexte und Medien verstehen

205 Das Auftaktbild zeigt verschiedene (Schrift-)Zeichen aus verschiedenen Zeiten und kulturellen bzw. geografischen Räumen, darunter chinesische, arabische, kyrillische Schriftzeichen, Hieroglyphen, Runen, Blindenschrift, Emojis, einen QR-Code und das @-Zeichen für E-Mail-Adressen.

1 a Von diesen (Schrift-)Zeichen dürften die Schülerinnen und Schüler viele kennen oder schon einmal gesehen haben. Mit einem Zusatzimpuls – der Frage, was das Bild über die Geschichte der Schriftzeichen aussagt – kann deutlich werden, dass Schriftzeichen seit mehreren Tausend Jahren in verschiedenen kulturellen bzw. geografischen Gebieten der schriftlichen Verständigung und der Überlieferung von Wissen dien(t)en. Das Bild veranschaulicht, dass Schriftzeichen zu den bedeutendsten Kulturtechniken der Menschheit zählen und sich bis heute weiterentwickeln (vgl. die Emojis, den QR-Code und das @-Zeichen).

b Auf die Frage, woher die Lernenden ihr Wissen über Schriftzeichen haben, werden sie als mögliche Quellen Sachbücher, Zeitschriften, (Dokumentar-)Filme, Wissenssendungen, das Internet, aber auch Museumsbesuche, Gespräche (mit Erwachsenen) und Informationen aus dem Unterricht nennen.

2 a Bei der Überlegung, wie und wo sie Informationen zu weiteren Schriftzeichen finden können, werden die Schülerinnen und Schüler an die Antworten aus Teilaufgabe 1 b anknüpfen.

b Die Frage, ob sie sich lieber in Sachbüchern oder im Internet informieren, soll die Lernenden bereits für die Unterschiede der Quellen sensibilisieren. Bei den Begründungen werden vermutlich bereits Vor- und Nachteile der verschiedenen Quellen genannt, z. B. schnelle Verfügbarkeit von Informationen im Internet, Zusatzinformationen über Verlinkungen und Hypertexte, aber auch vereinfachte bzw. ausführlichere Darstellungen und Erläuterungen in Sachbüchern oder Zeitschriften.

3 Im Sinne des lernpsychologisch wichtigen Prinzips der Wiederholung knüpft diese Aufgabe an das Vorwissen der Schülerinnen und Schüler an und stellt Bezüge zu den zentralen Kompetenzen des Kapitels her. Durch die Auseinandersetzung mit den Angaben im Advance Organizer wird bereits vorhandenes Wissen aktiviert, sodass das neue Wissen besser mit dem bereits vorhandenem vernetzt werden kann. Aufgrund der Arbeit in früheren Jahrgangsstufen müssten zu dem zweiten Listenpunkt – wichtige Informationen herausfiltern – die Begriffe „Zwischenüberschrift“ und „Schlüsselwörter“ zu erwarten sein. Falls die Schülerinnen und Schüler nicht darauf kommen, kann man die Begriffe nennen und um eine (methodische) Erläuterung bitten.

10.1 Geheimnisvolle Schriftzeichen – Informationen entnehmen

206 Einen Sachtext lesen und verstehen

206 Wenn Steine erzählen – Die geheimnisvolle Welt der Hieroglyphen

1 a Diese Aufgabe soll den Schülerinnen und Schülern bewusst machen, was man – meist unbewusst – schon beim ersten Blick auf einen Text wahrnimmt. Die Überschrift, die erste Zwischenüberschrift in Frageform und die ersten drei Zeilen der einzelnen Abschnitte lassen in dem Text sachliche Informationen über Hieroglyphen und ihre Entschlüsselung erwarten. Die Abbildung dient der Veranschaulichung dieser Informationen: Wie sehen Hieroglyphen aus?

b Mit dieser Aufgabe sollen das lesedidaktisch wichtige Vorwissen und das mögliche Interesse am Thema aktiviert werden. In diesem Sinn ist gegebenenfalls auch die Einsicht, dass man nichts weiß, als Akt der Bewusstmachung wichtig. In Kombination mit der Abbildung kann eine Fragehaltung aufgebaut werden: Was würdet ihr gerne über Hieroglyphen wissen?

2 Bei diesem Arbeitsschritt ist es empfehlenswert, mit einer Kopie des Textes zu arbeiten. Dann können die Schülerinnen und Schüler bereits beim ersten zügigen Lesen mit einem Bleistift unterstreichen, was sie wichtig finden. Sie sollen sich beim ersten Lesedurchgang nicht an Einzelheiten, die sie nicht sofort verstehen, aufhalten.

Gemeinsam mit einer Mitschülerin / einem Mitschüler können die Lernenden erfassen, was sie bereits beim ersten zügigen Lesen inhaltlich verstanden haben, z. B. die Bedeutung des Steins von Rosette für die Entschlüsselung von Hieroglyphen, die Bedeutung der Hieroglyphen für die Ägypter, die vereinfachte bildliche Darstellung der Realität in Form von Hieroglyphen. Ausgehend von diesen Verstehensinseln (vgl. Leisen in: Studienseminar Koblenz [Hg.]: Sachtexte lesen im Fachunterricht der Sekundarstufe, 2009) kann die weitere Texterschließung erfolgen.

3 **a/b/c** Nun werden die Lernenden zum gründlichen Lesen angeregt. Es sollte darauf geachtet werden, sparsam zu markieren und Wiederholungen zu vermeiden.

Mögliche Überschriften und Schlüsselwörter (für den ersten Absatz sind sie bereits im Schülerband gekennzeichnet):

„Wenn Steine erzählen – die geheimnisvolle Welt der Hieroglyphen“		
Absatz	**Zwischenüberschrift**	**Beispiele für Schlüsselwörter**
Absatz 1 (Z. 1–33)	Was ist der Stein von Rosette?	großer, schwarzer Stein (Z. 5) – Ortes Rosette (Z. 6 f.) – Ägyptens (Z. 7) – über 2000 Jahre (Z. 12) – In drei verschiedenen Sprachen (Schriften) (Z. 16 f.) – derselbe Text (Z. 17) – Hieroglyphen (Z. 27) – gleichen Inhalt wie der griechische Text (Z. 28) – Schlüssel zur Entzifferung (Z. 29 f.)
Absatz 2 (Z. 34–47)	Wie wurden die Hieroglyphen entziffert?	Entschlüsselung der Hieroglyphen (Z. 37 f.) – reine Bilderschrift (Z. 39) – falsche Fährte (Z. 40) – 1822 (Z. 40) – entzifferte (Z. 41 f.) – Jean François Champollion (Z. 42 f.) – jede Hieroglyphe wie ein Buchstabe in einem Alphabet (Z. 44 f.)
Absatz 3 (Z. 48–67)	Wo finden wir Hieroglyphen und wozu wurden sie genutzt?	alten Ägypter (Z. 49) – Geschenk ihres Mondgottes Thot (Z. 51 f.) – schreibfreudiges Volk (Z. 55) – Ton, Holz, Papyrus, Leder (Z. 57) – Stein (Z. 58) – Tempel und Gräber (Z. 58 f.) – religiösen Texten (Z. 62) – Festprogramme, Steuern, Verkäufe (Z. 64 f.) – Parfümrezepte (Z. 65)
Absatz 4 (Z. 68-86)	Wie funktioniert diese Schrift?	vereinfachte bildliche Darstellungen der Realität (Z. 69 f.) – zahlreiche Tiere (Z. 74) – mehrere Hieroglyphen einen Buchstaben wiedergeben (Z. 78 f.) – ordneten […] zum Teil übereinander (Z. 82 f.) – hübscher aussahen (Z. 84)

d Die Vorgehensweise bei der Klärung unbekannter Wörter und schwieriger Sätze wird im Methodenkasten auf der Seite 209 im Schülerband erklärt. Darüber hinaus können im gemeinsamen Gespräch weitere Strategien zur Erschließung unbekannter Wörter beispielhaft erläutert bzw. vertieft werden.

- Antike (Z. 10) → Hinweis im Text: „über 2000 Jahre“ (Z. 12); verwandte Wörter: „römische/griechische Antike“, „Antikmöbel“ → Antike = Altertum
- Archäologen (Z. 12) → im Wörterbuch nachschlagen: Wissenschaftler, die anhand von Ausgrabungen alte Kulturen erforschen
- eingemeißelt (Z. 18) → Hinweis im Text: „in den Stein […] eingemeißelt“ (Z. 17 ff.) + in Wortbestandteile zerlegen: ein – meißeln, der Meißel → eingemeißelt = mit dem Meißel in Stein gehauen
- Demotisch (Z. 19) → Hinweis im Text: eine Sprache (vgl. Z. 16: „in drei verschiedenen Sprachen“); im Wörterbuch nachschlagen: altägyptische Sprache
- mystisch (Z. 30) → im Wörterbuch nachschlagen: geheimnisvoll

- Fährte (Z. 40) → Hinweis im Text: „Die Annahme, dass es […], führte sie auf eine falsche Fährte" (Z. 38–40); verwandte Wörter „Hundefährte", „eine Fährte legen" → Fährte = Spur
- Papyrus (Z. 57) → Hinweis im Text: Material, das beschrieben wurde; verwandtes Wort: „Papier"; nachschlagen: in der Antike verwendetes, aus der Papyrusstaude gewonnenes Schreibblatt

e Die wichtigsten Informationen über Hieroglyphen in Stichworten:
Schrift der alten Ägypter – vereinfachte Bilder aus der Realität, viele Tierbilder – keine reine Bilderschrift – jede Hieroglyphe wie ein Buchstabe in einem Alphabet – mehrere Hieroglyphen können einen Buchstaben wiedergeben – auf unterschiedlichen Materialien aufgeschrieben, z. B. Ton, Holz, Leder, Stein, Papyrus – religiöse Texte in Tempeln und auf Gräbern – aber auch Texte für den Alltag, z. B. Festprogramme, Verkäufe – erstmals übersetzt: Stein von Rosette – Hieroglyphen, griechischer und demotischer Text darauf hatten selben Inhalt – ermöglichten Vergleich und Übersetzung

4 Die Aufgabe verdeutlicht, dass heute in Emojis – wie früher bei den Hieroglyphen – Schrift und Bild miteinander verbunden werden. Bildzeichen sind für die Kommunikation beim Chatten bedeutsam. Unzählige Emoticons und Emojis – also Bilder – werden statt ausformulierter Aussagen verwendet. Dabei kann herausgestellt werden, dass Emojis Aussagen stark verkürzen, möglicherweise verdeutlichen, aber auch Missverständnisse herbeiführen können.

5 ⊕ Die Aufgabe, auf der Grundlage der Abbildung Namen oder Geheimbotschaften in Hieroglyphen zu schreiben, schärft die Sensibilität für die Kunstfertigkeit, die nötig ist, um Hieroglyphen (oder überhaupt Bilderschriften) zu malen.

208
Schwierige Wörter und Sätze klären

208
Alles geritzt!

1 **a** Die Schülerinnen und Schüler klären ihr erstes Textverständnis nach zügigem Durchlesen.

b Die Frage, ob die Lernenden eine Besichtigung des Edfu-Tempels reizen würde, führt zu individuellen Antworten. Wichtig ist, dass sie ihre Antwort schlüssig begründen.

2 **a** Die Schülerinnen und Schüler könnten z. B. folgende Strategien zur Erklärung unbekannter Wörter nennen:

Strategien zur Erklärung unbekannter Wörter
– aus dem Textzusammenhang erklären (Kontext-Methode) – aus der Sprachkenntnis ableiten: Wörter in Wortbausteine zerlegen, sinnverwandte/ähnliche Wörter, evtl. auch aus anderen Sprachen, suchen – nachschlagen (im Wörterbuch) oder jemanden fragen (Expertenwissen heranziehen)

b Beispiellösungen für die Worterklärungen und die gewählten Methoden:
- besterhaltene (Z. 1 f.) → in Wortbestandteile zerlegen: best = sehr gut, erhalten = noch nicht zerstört
- geweiht ist (Z. 11) → aus dem Textzusammenhang erschließen: „Tempel, der dem […] Himmelsgott Horus geweiht ist" (Z. 10 f.): dem Gott weihen = dem Gott widmen, für ihn errichten
- grandiosen (Z. 13) → im Wörterbuch nachschlagen: grandios = hervorragend, großartig
- gemeißelt (Z. 19) → aus dem Textzusammenhang erschließen: „in […] Sandsteinwände und -säulen gemeißelt" (Z. 18 f.), oder verwandtes Wort suchen: der Meißel (Hammer und Meißel): gemeißelt = in Stein gehauen
- Relief (Z. 25) → im Wörterbuch nachschlagen: aus einer Fläche herausgearbeitetes Bild (hier: Schriftbild)
- Bräuche (Z. 29) → verwandte/bekannte Wörter heranziehen, z. B. Brauchtum, Karnevalsbrauch, Weihnachtsbrauch; aus dem Text erschließen: Bräuche = Gewohnheiten, Sitten, Traditionen

- Teleskope (Z. 39) → aus dem Text erschließen: Ferngläser und Teleskope, um „Hieroglyphen auf den hohen Sandsteinmauern viel leichter [zu] lesen" (Z. 36 f.); nachschlagen: Teleskop = Fernrohr
- identifizieren (Z. 40) → verwandte/bekannte Wörter heranziehen: einen Dieb identifizieren: herausfinden, wer er ist; im Wörterbuch nachschlagen: identifizieren = erkennen, wer jemand oder was etwas ist
- analysieren (Z. 42) → im Wörterbuch nachschlagen: analysieren = genau untersuchen, in seine Bestandteile zerlegen
- digitalisieren (Z. 42 f.) → verwandte/bekannte Wörter heranziehen: Digitalkamera, Digitaluhr; im Wörterbuch nachschlagen: digitalisieren = mit einer computergestützten Technik speichern

c Mögliche weitere unbekannte Wörter:
- hieroglyphisch (Z. 4 f.) → verwandte/bekannte Wörter heranziehen: Hieroglyphen; hieroglyphische Texte = aus Hieroglyphen bestehende Texte
- spezielles (Z. 41): verwandte/bekannte Wörter heranziehen: Spezialität = etwas Besonderes; im Wörterbuch nachschlagen: speziell = besonders

3 Mit dieser und der folgenden Aufgabe erschließen die Lernenden Textzusammenhänge, indem sie Beziehungen zwischen Wörtern und Wortgruppen oder Sätzen erkennen.
Die Pronomen beziehen sich auf diese Wörter: sie (Z. 9): die Stadt Edfu (Z. 8 f.) – der (Z. 10): Tempel (Z. 10) – der (Z. 16): der Comic (Z. 16) oder: der Tempel (Z. 15) – (mit) dem (Z. 41 f.): Computerprogramm (Z. 41)

4 Um die Bedeutung von Verknüpfungswörtern als gedankliche Brücken in Sachtexten zu erklären, stehen den Lernenden Übungen auf drei Differenzierungsniveaus zur Auswahl.

●○○ **a** Das Verknüpfungswort „Dann" (Z. 35) bezieht sich auf den vorher genannten Wunsch, dass die Forscher manchmal am liebsten die Wände hochgehen würden.
Mögliche Antwort: Wenn sie die Wände hochgehen und die Hieroglyphen aus der Nähe lesen könnten, dann könnten die Forscher/-innen die Hieroglyphen leichter lesen.

●●○ **b** Zur Erläuterung des Verknüpfungswortes „Dann" (Z. 35) vgl. Lösung zu Aufgabe 4 a.
Das Verknüpfungswort „Daher" (Z. 38) bezieht sich auf das vorher genannte Verbot: „Doch so eine Kletterei ist natürlich streng verboten." (Z. 37 f.)
Mögliche Antwort: Die Forscher nutzen Teleskope, weil es verboten ist, an den Wänden hochzuklettern, um die Hieroglyphen aus der Nähe zu lesen.

●●● **c** Das Verknüpfungswort „Deshalb" (Z. 20) bezieht sich auf die Informationen von Z. 13–19.
Mögliche Antwort: Der Tempel ist für die Wissenschaftler/-innen so interessant, weil er mit Hieroglyphentexten überdeckt ist, die viele Geschichten über das Leben im alten Ägypten erzählen.
Das Verknüpfungswort „So" (Z. 25) bezieht sich auf die Übersetzung der Tempeltexte Relief für Relief (Z. 24 f.).
Mögliche Antwort: Sie übersetzen die Hieroglyphen Relief für Relief, also in kleinen Abschnitten, Hieroglyphe für Hieroglyphe.

d Durch den Austausch und die anschließende Reflexion wird den Lernenden bewusst, dass Verknüpfungswörter „gedankliche Brücken" zu dem vorher Gesagten bilden, ohne dieses nochmals wiederholen zu müssen. Sie können eine Folge, eine Ursache oder eine Begründung signalisieren. Darum ist es zum richtigen Verständnis eines Textes wichtig zu erkennen, zu welcher zuvor genannten Information das Verknüpfungswort die Brücke schlägt.

» 210

Methoden und Arbeitstechniken: Einen Sachtext lesen und verstehen

Die Methodenseite bündelt als Lesemethode noch einmal die vier Arbeitsschritte, die bei der Erschließung von Sachtexten wichtig sind und im ersten Teilkapitel erarbeitet werden. Die Seite lässt sich auch bei der Lektüre anderer Sachtexte modular einsetzen.

211 Funktionen von Sachtexten unterscheiden

211 Das Museum für Kommunikation in Nürnberg

1 individuelle Lösungen

2 Der Abschnitt „Der Raum der Schrift" verfolgt das Ziel, sachlich über diesen Bereich des Museums zu informieren, z. B. über die Geheimwerkstatt, die Schreibwerkstatt und das Familiengrab des Sennedjem. Der zweite Abschnitt „Die Schreibwerkstatt – ein spannender Ort" argumentiert dafür, dass die Schreibwerkstatt der interessanteste Ort des Museums ist. Der letzte Abschnitt „Wie vor hundert Jahren!" fordert dazu auf, die Schreibwerkstatt bzw. das Museum zu besuchen.

3 „Der Raum der Schrift" ist ein informierender Text, der aber auch erklärende und beschreibende Anteile enthält. Die Schülerinnen und Schüler werden dazu angeleitet, dies mit Hilfe dreier Leitfragen zu erarbeiten, die die entsprechenden Funktionen benennen.
An welcher Stelle wird über das Museum und seine Räume informiert? → Z. 1–11
Wo wird das Aussehen der Grabkammer genau beschrieben? → Z. 12–21
An welcher Stelle wird etwas zu der Gramkammer erklärt? → Z. 21–29

4 1. Argument: Man kann in der Schreibwerkstatt selbst mit Feder und Tinte schreiben.
2. Argument: Man kann selbst geschriebene Briefe mit der Rohrpost nach nebenan schicken.

5 Zunächst wird dazu aufgefordert, die Schreibwerkstatt zu besuchen. Dann geht die Aufforderung jedoch noch weiter. Man soll das Museum besuchen, weil man dort etwas lernen, experimentieren und spannende Dinge erleben kann.

6 ⊕ individuelle Lösungen, z. B.
- Einladung der Theater-AG → informieren und auffordern
- Backrezept → beschreiben und ggf. erklären
- Buchempfehlung → informieren, argumentieren und ggf. appellieren

213 Grafiken auswerten

213 Lasst Bilder sprechen!

1 **a** Bei dieser Aufgabe geht es darum, den Schülerinnen und Schülern bewusst zu machen, was sie bereits beim ersten Blick auf den Text erfassen und verstanden haben (erster Schritt der Lesemethode, S. 210 im Schülerband). Orientierung für die Notizen zum Thema des Textes bieten vor allem die Überschrift mit Untertitel, die Bildunterschrift der Grafik und die ersten Zeilen der einzelnen Absätze. Im Text geht es um die Bedeutung von Emojis im Chat, die Herkunft von Emoticons bzw. Emojis, die Veränderung in der technischen Anwendung, die Beliebtheit einzelner Emojis in verschiedenen Ländern und die Missverständnisse, zu denen manche von ihnen führen können.

b Das Thema des Textes berührt unmittelbar die Lebenswelt der Schülerinnen und Schüler, die täglich viele Nachrichten im Chat mit Emojis versehen. Das Vorwissen über die Vielzahl an und die Beliebtheit von Emojis wird vermutlich stark ausgeprägt sein.

2 Nun werden die Lernenden zum gründlichen Lesen des Textes angeregt. Wenn das Lesen gemeinsam intensiv trainiert werden soll, empfiehlt sich eine gemeinsame Auswertung des dritten Schritts der Lesemethode.

Mögliche Überschriften und Schlüsselwörter – Vorschlag für ein Tafelbild:

Lasst Bilder sprechen!		
Absatz	**Zwischenüberschrift**	**Beispiele für Schlüsselwörter**
Absatz 1 (Z. 1–15)	Was sind Emoticons bzw. Emojis?	Milliardenfach (Z. 2 f.) – in Nachrichten, Kommentaren, Mails und Chats (Z. 5–7) – Gefühle auszudrücken (Z. 8) – „emotion" (engl.: Gefühl) (Z. 10) – „icon" (engl.: Zeichen) (Z.11) – ersetzen Blicke, Mimik, Gestik und Stimme (Z. 12 f.)
Absatz 2 (Z. 16–21)	Woher stammen Emoticons bzw. Emojis?	schon die alten Ägypter (Z. 17) – Bild und Schrift (Z. 17) – Hieroglyphen (Z. 17) – amerikanischer Informatiker (Z. 18) – 1980er-Jahren (Z. 19) – Smiley (Z. 19) – aus Satzzeichen (Z. 21)
Absatz 3 (Z. 22–25)	Wie haben sie sich entwickelt?	seit den 2010er-Jahren (Z. 22) – Computer und Smartphones – Emoticons automatisch direkt in Bilder (Z. 22 f.) – heute (Z. 23) – japanische Variante (Z. 24) – Emojis (Z. 24) – Vielfalt (Z. 25)
Absatz 4 (Z. 26–30)	Wie beliebt sind bestimmte Emojis in verschiedenen Ländern?	Verschiedene Länder – unterschiedliche Vorlieben (Z. 26) – Franzosen (Z. 26) – Herzchen (Z. 27) – arabischsprachige Nutzer (Z. 27) – Pflanzen und Gemüse (Z. 28) – weltweit führende (Z. 28) – Smiley, das Tränen lacht (Z. 28) – einfache Smiley (Z. 30) – Platz zehn (Z. 30)
Absatz 5 (Z. 31–33)	Wozu kann die Vielzahl von Emojis führen?	Missverständnisse (Z. 31) – wenn nur noch mit den Bildchen (Z. 32)

3 a Emojis werden in Kurznachrichten und Chats verwendet, um Gefühle auszudrücken, die man in der mündlichen Kommunikation durch Mimik, Stimme und Gestik verdeutlichen könnte (vgl. Z. 8 und 12 ff.)

b Mit der Aufgabe kann das Gesamtverständnis des Textes noch einmal überprüft werden. Der Sachtext macht deutlich, dass Emojis in bildhafter Form Gefühle ausdrücken können, ohne dass Sprache dafür notwendig ist. Diese Information bringt der alternative Titel „Ein Bild sagt mehr als tausend Worte" genauso gut auf den Punkt wie der Titel „Lasst Bilder sprechen!". Allerdings macht der Text auch deutlich, dass die Vielzahl an Emojis Unklarheiten über die Aussage bewirken kann, was beide Titel nicht beinhalten.

Mögliche Zusatzaufgabe

Sagen Emojis wirklich mehr als Worte?

Mit diesem Impuls können die Schülerinnen und Schüler die Aussagekraft von Emojis – und damit den eigenen Gebrauch derselben – kritisch reflektieren. Am Beispiel eines Herz-Emojis lässt sich verdeutlichen, dass ein einfaches Bild oder Symbol ein Gefühl wie Zuneigung oder Liebe knapp ausdrückt. Andererseits bleibt bei einem Herz-Emoji unklar, wie stark und intensiv die Gefühle sind. Die Intensität des Gefühls lässt sich vermutlich genauer in Worten beschreiben. Die Gefahr von Missverständnissen steigt, wenn immer mehr Emojis als Ersatz von Sprache eingesetzt werden.

4 Die Aufgabe führt die Lernenden systematisch an die Auswertung von Grafiken heran.

a Dabei helfen die vier Fragen, einzelne Aspekte der Grafik bewusst wahrzunehmen:
- Worum geht es in der Grafik? Um die beliebtesten Emojis in verschiedenen Ländern Europas
- Welche Art von Grafik liegt vor? Säulendiagramm
- In welcher Maßeinheit werden die Ergebnisse angegeben? Prozent der Befragten
- Welche Bedeutung haben die verschiedenen Farben der Säulen? Sie symbolisieren die vier untersuchten Emojis.

b Zum Schluss wird die Grafik in einem zusammenhängenden Text beschrieben. Die Wortbausteine unterstützen die Schülerinnen und Schüler bei dieser Aufgabe.
Beispiellösung:
Die Grafik zeigt, welche Emojis in verschiedenen Ländern (England, Portugal, Deutschland, Frankreich, Spanien, Italien) am beliebtesten sind. Sie beschränkt sich auf vier Emojis. Die Ergebnisse sind als Säulendiagramm dargestellt, die Größenverhältnisse sind in Prozent angegeben. Vier unterschiedliche Farben der Säulen kennzeichnen die vier verschiedenen Emojis: Freudentränen (grün), Kussmund (rot), Herzaugen (violett), fröhliches Lächeln (blau).

5 Zum Vergleich der Informationen aus dem Text mit den Informationen in der Grafik stehen den Lernenden Aufgaben auf drei Differenzierungsniveaus zur Verfügung

●○○ **a** Drei zusätzliche Informationen aus der Grafik über das Tränen lachende Smiley:
- Das Tränen lachende Smiley ist auch in England, Portugal, Deutschland, Frankreich und Italien das beliebteste.
- In Spanien ist das Tränen lachende Smiley nicht das beliebteste, sondern liegt knapp hinter dem Kussmund.
- In Portugal ist das Tränen lachende Smiley mit dem größten Abstand vor den anderen aufgeführten Smileys das beliebteste.

●●○ **b** Vergleich der Informationen im Text Z. 26–30 mit den Informationen in der Grafik:
- Die Information, die auch in der Grafik wiederzufinden ist, lautet: „Das weltweit führende Emoji ist ein Smiley, das Tränen lacht.“ (Z. 28)
- Nicht zur Aussage passt die Information der Grafik, dass in Spanien das Tränen lachende Smiley nicht das beliebteste Emoji ist, sondern knapp hinter dem Kussmund liegt.
- Folgende Informationen sind nur in der Grafik zu finden: In Portugal ist das Tränen lachende Smiley mit dem größten Abstand vor den anderen aufgeführten Smileys das beliebteste. – Das Smiley „Kussmund“ liegt in fast allen aufgeführten Ländern auf dem zweiten Platz der beliebtesten Emojis. Nur in Portugal liegt das Emoji „Herzaugen“ auf dem zweiten Platz vor dem „Kussmund“, in Spanien liegt der „Kussmund“ an erster Stelle.

●●● **c** Vgl. die Lösungen zu den Teilaufgaben 5 a und 5 b.

d Die Aufgabe erfordert die genaue Auswertung der Ergebnisse der Teilaufgaben. Alle Ergebnisse zu den Teilaufgaben sollten berücksichtigt werden. Der Vergleich mit den eigenen Emoji-Vorlieben verstärkt die Auseinandersetzung mit den Informationen aus Text und Grafik.

Mögliche Zusatzaufgabe
Bewertet auf der Grundlage eurer Untersuchung die beiden Darstellungsformen: Welche Vorteile hat ein Text, welche Vorteile hat eine Grafik?

Beispiellösung / Vorschlag für ein Tafelbild:

Vorteile eines Textes	Vorteile einer Grafik
– stellt Informationen in einem Zusammenhang dar – dadurch sind die Informationen oft leichter zu verstehen und nachzuvollziehen – enthält in der Regel (weiterführende) Erläuterungen	– vermittelt größere Informationsmengen auf knappem Raum – ist übersichtlich – erlaubt ein schnelles Auffinden der Informationen

6 Die Aufgabe regt die Schülerinnen und Schüler noch einmal zur Reflexion des eigenen Medienkonsums an. Die Ergebnisse können in einer Tabelle festgehalten werden.

Vorschlag für ein Tafelbild:

Chatten ohne Emojis	
Vorteile	**Nachteile**
– keine Missverständnisse durch Vielfalt ähnlicher Emojis – Aussagen können nicht mehr falsch gedeutet werden (z. B. Herz-Emoji: lockere Schwärmerei oder echtes Liebesgeständnis?) – Nachrichten werden besser verstanden, da man keine Emojis mehr empfängt, die man nicht kennt oder falsch deutet	– Formulieren der Nachrichten dauert länger – Gefühle lassen sich nicht so schnell ausdrücken, müssen ausformuliert werden – bestimmte Aussagen können nicht mehr durch Emojis verdeutlicht werden (z. B. Zwinker-Smiley für nicht ganz ernst gemeinte Aussage) – Chatten wäre nicht mehr so bunt und abwechslungsreich

7 ⊕ Ein eigenes Emoji zu entwerfen, ist eine Herausforderung für leistungsstärkere und/oder gestalterisch begabte Schüler/-innen.

215 Informationen in einer Mind-Map ordnen

215 Ein Ausflug in die geheimnisvolle Welt der arabischen Schriftzeichen

1 **a** Bei dieser Aufgabe wird das lesedidaktisch wichtige Vorwissen aktiviert. Der Abgleich zwischen bereits vorhandenem Wissen und neuem Wissen ist ein wichtiger metakognitiver Lernschritt, dem angemessen Zeit eingeräumt werden sollte. Besonders reizvoll ist die Einbindung des Vorwissens von Schülerinnen und Schülern mit arabischem Migrationshintergrund. Vermutlich werden einige auch die im Text genannten besonderen Herausforderungen beim Erlernen der deutschen Sprache bestätigen können. Der Text bietet somit eine gute Gelegenheit, gegenseitiges Verständnis der Kulturen zu fördern.
Alternativ kann das Vorwissen – wie bei den vorhergegangenen Texten – auch vor dem ersten Lesen mit Hilfe der Überschrift, der ersten Textzeilen und der Karte aktiviert werden. Bei der Karte sollte darauf hingewiesen werden, dass darauf als arabischer Sprachraum auch viele Länder markiert sind, in denen Arabisch eine Minderheitensprache ist und die Mehrheit der Bevölkerung eine andere Sprache spricht, etwa in der Tükei, im Iran oder in Äthiopien, Eritrea, Mali und Niger oder in Tansania.

b Besonders schwerfallen dürften den Schülerinnen und Schülern das Lesen und Schreiben der Buchstaben von rechts nach links und das Schreiben der fremden Zeichen.

2 Für die Erarbeitung der Hauptthemen des Sachtextes stehen den Lernenden Aufgaben auf drei Differenzierungsniveaus zur Auswahl, die sich durch das Ausmaß an Hilfestellungen unterscheiden.

●○○ **a** Auf diesem Differenzierungsniveau wählen die Lernenden unter sechs Aussagen die drei Hauptthemen aus:
B Besonderheiten der arabischen Sprache (Z. 16–32)
D Schwierigkeiten beim Erlernen des Deutschen für arabische Kinder und Jugendliche (Z. 33–43)
F Verbreitung der arabischen Sprache (Z. 44–55)

●●○ **b** Hier formulieren die Schülerinnen und Schüler zu drei vorgegebenen Textabschnitten Zwischenüberschriften, die die drei Hauptthemen des Textes wiedergeben (vgl. Lösung zu Teilaufgabe 2 a).

●●● **c** Auf dieser Differenzierungsebene formulieren die Lernenden selbstständig die drei Hauptthemen (vgl. Lösung zu Teilaufgabe 2 a).

d Beim Austausch der Ergebnisse sind unterschiedliche Lösungen möglich. Besonders die Schülerinnen und Schüler, die Aufgabe 2 c bearbeitet haben, profitieren nun von den Ergebnissen der Aufgabe 2 a. Bei einer gemeinsamen Besprechung von alternativen Formulierungen sollte darauf geachtet werden, dass das zentrale Thema jedes Abschnitts erfasst wird.

3 Die Karte bezieht sich auf den Textabschnitt Z. 44–55 und veranschaulicht die Verbreitung der arabischen Sprache – auch als Minderheitensprache in Ländern, in denen die Bevölkerungsmehrheit eine andere Sprache spricht (vgl. die Anmerkungen zu Aufgabe 1a auf S. 257 in diesen Handreichungen).

4 Mit dieser Aufgabe werden die Lernenden an das Mind-Mapping herangeführt.

a Zunächst beschreiben sie die angefangene Mind-Map im Schülerbuch, um sich das Prinzip zu vergegenwärtigen:

- In der Mitte der Mind-Map steht das Thema, hier: Arabisch.
- Davon gehen Äste aus, auf denen zwei Oberbegriffe notiert sind, hier: „Besonderheiten der Sprache“ und „Schwierigkeiten für das Deutschlernen“. Die Oberbegriffe bezeichnen Hauptthemen, die im Text genannt werden und für das Thema wichtig sind.
- Von jedem Oberbegriff gehen kleinere Äste ab. Auf diesen werden Unterbegriffe notiert, z. B. Unterthemen oder Teilbereiche.

b Ehe die Schülerinnen und Schüler die Mind-Map selbstständig ergänzen, sollten sie die Methodenseite (S. 217 im Schülerbuch) lesen.
So könnte die vollständige Mind-Map zu dem Text aussehen:

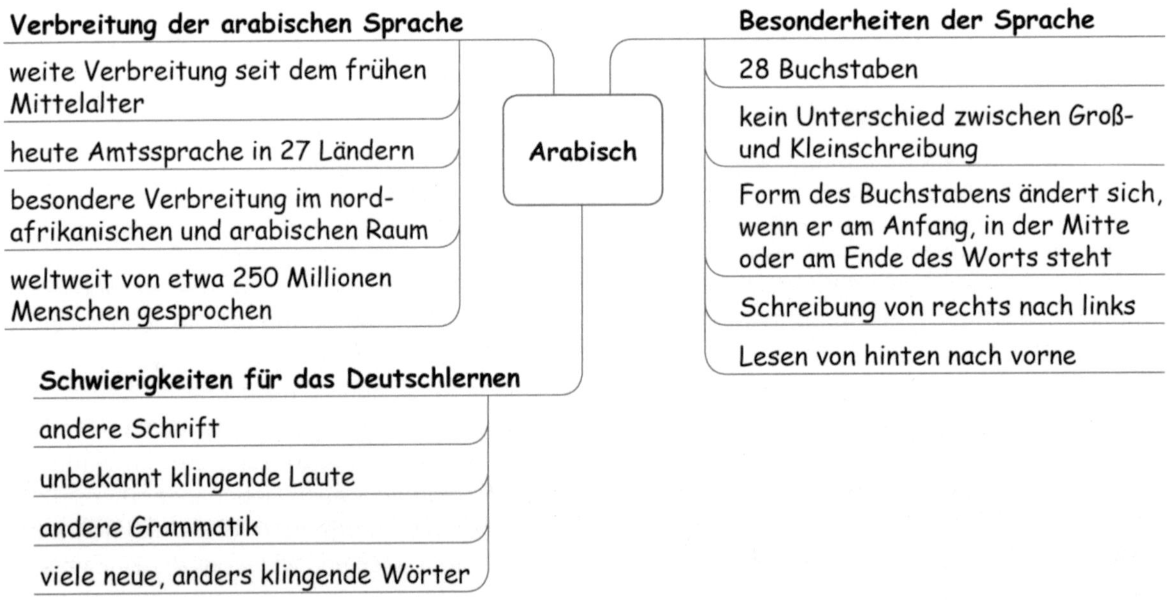

c Beispiellösung für die Zusammenfassung der wichtigsten Informationen über die arabische Sprache:
Die arabische Sprache besitzt viele Besonderheiten. So weist sie 28 Buchstaben auf und kennt keine Groß- und Kleinschreibung. Die Schreibweise der einzelnen Buchstaben hängt davon ab, ob sie am Anfang, in der Mitte oder am Ende des Worts stehen. Im Gegensatz zur deutschen Sprache liest man die arabische Schrift von rechts nach links. Folglich wird ein Buch von hinten nach vorne gelesen.
Die Unterschiede zur deutschen Sprache verdeutlichen, welche Schwierigkeiten arabischsprachige Menschen haben, wenn sie Deutsch lernen. Sie müssen eine andere Schrift erlernen, die Laute und Wörter klingen für sie völlig fremd und sie müssen sich mit einer vollkommen anderen Grammatik vertraut machen.
Die arabische Sprache ist seit dem frühen Mittelalter besonders im nordafrikanischen und arabischen Raum weit verbreitet. Heute ist sie in 27 Ländern offizielle Amtssprache. Weltweit sprechen etwa 250 Millionen Menschen Arabisch.

5 ⊕ **a** Eine Mind-Map nennt man auch eine Gedanken-Landkarte, weil man mit Hilfe der Ober- und Unterbegriffe die Gedanken übersichtlich anordnen kann und somit alle wichtigen Informationen auf einem Blick zur Verfügung hat. Wie eine Landkarte gibt eine Mind-Map Orientierung und erste Informationen zu einem Thema. Außerdem kann man sich eine Mind-Map gut einprägen – ähnlich wie eine Landkarte.

b Eine Mind-Map kann in verschiedenen Fächern hilfreich sein, z. B. um

- Informationen zu einem Thema strukturiert zu sammeln und thematisch zu ordnen,
- erarbeitete Ergebnisse geordnet und übersichtlich darzustellen,

- bei der Vorbereitung von Referaten das Thema zu strukturieren,
- am Ende eines Referats Ergebnisse prägnant zusammenzufassen,
- bei der Vorbereitung von Tests und Klassenarbeiten einen Überblick über wichtige Themen und Unterthemen zu bekommen.

217

Methoden und Arbeitstechniken: Mit einer Mind-Map Informationen ordnen

Die Methodenseite bietet Hinweise für das Sammeln und Ordnen von Informationen mit Hilfe einer Mind-Map. Die einzelnen Schritte erklären, wie man Informationen übersichtlich strukturiert zusammenfasst. Die Seite kann sowohl für Aufgaben dieses Kapitels als auch in anderen Unterrichtszusammenhängen, in denen die übersichtliche Strukturierung von Informationen hilfreich ist, modular eingesetzt werden.
Zu sinnvollen Verwendungszwecken einer Mind-Map vgl. auf S. 258 die Hinweise zu Aufgabe 5 b.

218

Testet euch! – Sachtexte und Grafiken verstehen

In diesem kurzen Test werden einige zentrale Kompetenzen des Schwerpunkts „Sachtexte“ (kontinuierliche und diskontinuiertliche) an einem Sachtext mit Grafik überprüft. Die Aufgaben bieten eine individuelle Lerndiagnose.

1 Diese Fragen werden durch den Text oder die Grafik beantwortet:
HC Welche Schwierigkeiten hat man beim Erlernen der chinesischen Sprache? (Text)
UB Wie viele Menschen sprechen weltweit Chinesisch? (Grafik)

2 Richtige Aussagen aus dem Text oder aus der Grafik:
RE Die chinesische Schrift hat sich in über 3000 Jahren nicht verändert. (Text, Z. 15–19)
TR Chinesisch wird von 1,1 Milliarden Menschen gesprochen. (Grafik)
ÖW Neben Mandarin gibt es viele weitere chinesische Dialekte (Text, Z. 10–14)

3 Die Buchstaben ergeben rückwärtsgelesen das Lösungswort WÖRTERBUCH.

In der digitalen Version findet sich ein Hörtext über Piktogramme als besondere „Schriftzeichen“: „Ein Bild sagt mehr als tausend Worte“, gesprochen von Victoria Schaetzle und Martin Klemm. Der Hörtext wird begleitet von einem passgenauen Arbeitsblatt mit Übungen zum Hörverstehen und Lösungshinweisen.

10.2 Wege durch die Mediengalaxie – Informationen recherchieren, auswerten und präsentieren

219

In diesem Teilkapitel lernen die Schülerinnen und Schüler, einen Kurzvortrag vorzubereiten und zu halten. Dafür werten sie exemplarisch verschiedene Materialien aus und reflektieren die Qualität der Informationsquellen.

219

Ideen für einen Kurzvortrag finden

MK

Im Kontext des Kurzvortrags reflektieren die Lernenden ihre Erfahrungen bei Informationsrecherchen und beziehen sich dabei auch auf das Internet.

1 **a** Mit dieser Aufgabe aktivieren die Schülerinnen und Schüler ihr Vorwissen zum Thema „Blindenschrift“. Der Lehrkraft gibt sie Auskunft über den Kenntnisstand der Klasse.
b Die Lernenden sammeln in Gruppen weitere Fragen und Stichpunkte zum Thema „Blindenschrift“.

2 **a** Ideen/Anregungen für mögliche Kurzvortragsthemen: Keilschrift, altgriechische Schrift, kyrillische Schriftzeichen, Heraldik (Wappen), Piktogramme, Morsezeichen.

Hinweis: Einen kurzen Text über Morsezeichen enthält die Diagnose „Was kannst du schon?“ auf S. 274 in diesen Handreichungen, um Piktogramme geht es in dem Hörtext, der sich, begleitet von Übungen zum Hörverstehen, in der digitalen Version findet.

b Für das Erstellen der Mind-Map zu dem in Teams individuell gewählten Thema kann neben dem Muster zur Blindenschrift noch einmal die Methodenseite auf S. 217 im Schülerband herangezogen werden.

3 **a** Mögliche Informationsquellen: Bücher, Lexika, Zeitschriften (für Kinder, z. B. „Geolino“), Internet (auch digitales Lexikon), Experten.

b Die Aufgabe greift auf die Erfahrungen der Schülerinnen und Schüler bei der Informationsrecherche zurück und soll sie für Vor- und Nachteile unterschiedlicher Informationsquellen sensibilisieren. Je nach Erfahrungshintergrund der Lernenden kann die Auswertung der Erfahrungen mehr oder weniger umfangreich sein. Wenn die Lernenden bereits einige Erfahrungen gesammelt haben, bietet sich eine ausführliche Auswertung mit Hilfe eines Tafelbilds an. Wenn sie weniger Erfahrung bei der Informationsrecherche besitzen, können die Vor- und Nachteile der Informationsquellen auch am Ende der eigenen Recherchetätigkeit gesammelt werden (vgl. Aufgabe 4 auf S. 223 im Schülerband).
Vorschlag für ein Tafelbild:

	Vorteile	**Nachteile**
Bücher	– „greifbar“ und leicht zu handhaben – zuverlässig, vor allem wenn von einem bekannten Autor und/oder einem guten Verlag	– Informationen können veraltet sein – unter Umständen nicht leicht zu beschaffen (z. B. wenn ein Buch in der Bücherei bestellt werden muss) – Erwerb vergleichsweise teuer – unter Umständen eher für Erwachsene; Problem der Verständlichkeit
Zeitschriften	– aktuell – meistens interessant und anschaulich aufbereitet	– Inhalt kann schnell veraltet sein – geeignete Beiträge schwierig zu recherchieren
Internet	– Informationen leicht zugänglich – Informationen können prinzipiell immer aktuell sein (hängt aber davon ab, ob eine Internetseite gepflegt wird)	– nicht immer sicher, ob die Informationen stimmen, Problem der Zuverlässigkeit – oft für Erwachsene (z. B. Internetlexika) – Problem der Verständlichkeit

c Die Schülerinnen und Schüler haben in der Regel schon unterschiedliche Suchmaschinen benutzt. Wahrscheinlich kennen sie auch bereits die Unterschiede zwischen Suchmaschinen, die speziell auf Kinder und Jugendliche ausgerichtet sind, und Suchmaschinen, die allgemein genutzt werden.

- Bei den Suchmaschinen für Kinder und Jugendliche wie z. B. blinde-kuh.de, fragfinn.de oder helles-koepfchen.de handelt es sich meistens um sogenannte Web-Kataloge. Das bedeutet, dass für die Seiten, auf die bei der Stichwortsuche verwiesen wird, eine Vorauswahl getroffen wurde. Eine Übersicht über Suchmaschinen für Kinder findet man unter: www.bildungsserver.de/zeigen.html?seite=3161
- Bei Suchmaschinen wie google.de oder bing.de sucht man mit der Eingabe der Suchbegriffe im ganzen Netz. Seiten, die häufiger aufgerufen werden, erscheinen bei diesen Suchmaschinen immer zuerst auf der Liste der Suchergebnisse. Dies muss aber kein Hinweis auf die Qualität der angezeigten Internetseite sein.

Wenn die Schülerinnen und Schüler schon häufiger mit Suchmaschinen gearbeitet haben, werden sie auch schon darauf gestoßen sein, dass man oft viel zu viele Suchergebnisse erhält. Wenn man genau weiß, wonach man sucht, muss man daher die Suche durch die Kombination von Suchbegriffen eingrenzen.
Neben der kaum zu bewältigenden Informationsfülle könnte als Problem bei der Internetrecherche auch die Unsicherheit über die Qualität der Internetquellen genannt werden.

Erklärvideos sind vor allem über das partizipative Videoportal YouTube zu einem vielfach genutzten Format geworden, das eine große thematische wie gestalterische Vielfalt aufweist. Qualitativ reicht das Spektrum von der laienhaften, verwackelten Aufnahme bis zum durchgestylten Wissenskanal eines professionellen YouTubers. Aus didaktischer und pädagogischer Perspektive sind einige Erklärvideos hochwertig und können jungen Menschen beim Lernen und Verstehen helfen. Andere Videos hingegen vereinfachen komplexe Zusammenhänge, reißen Ereignisse aus ihrem Kontext oder geben schlichtweg falsches „Faktenwissen“ wieder. Erklärvideos bedürfen unbedingt der kritischen Auseinandersetzung.

220

Informationen in verschiedenen Medien recherchieren

220

In Sachbüchern nachschlagen

1 a Durch das genaue Lesen des Inhaltsverzeichnisses und des Stichwortverzeichnisses können die Schülerinnen und Schüler schnell einen Überblick gewinnen, worüber das Sachbuch informiert. Im Beispiel geht es um die Blindenschrift. Das Sachbuch erklärt, wer die Blindenschrift erfunden hat und wie sie funktioniert. Ein weiterer Schwerpunkt liegt auf technischen Hilfsmitteln, die benötigt werden, um Medien – wie den Computer oder das Smartphone – mit Hilfe der Blindenschrift benutzen zu können, z. B. beim Chatten. Des Weiteren informiert das Buch darüber, wie Blinde mit Hilfe der Brailleschrift im Alltag zurechtkommen können, z. B. wenn Gefahren drohen, im Restaurant oder im Verkehr.

Mögliche Zusatzaufgabe
Formuliert W-Fragen zu den Abschnittsüberschriften im Inhaltsverzeichnis.

b Den Schülerinnen und Schülern wird durch die intensive Bearbeitung von Aufgabe 1 deutlich, dass das Inhalts- und das Stichwortverzeichnis eines Sachbuchs eine gute erste Orientierung über den Inhalt des Buchs bieten und dass sie anhand der beiden Verzeichnisse bei der Recherche schnell feststellen können, ob und wo das Sachbuch für das eigene Thema Informationen enthält. Darüber hinaus können Inhalts- und Stichwortverzeichnis weitere Anregungen und Ideen zum Thema liefern, auf die man sonst vielleicht nicht gekommen wäre.

2 a Für das Erklären der Blindenschrift ist es notwendig, sowohl den Text genau zu lesen als auch das Bild genau zu betrachten, denn es macht die Funktionsweise besonders deutlich.
Beispiellösung für die Erklärung:
Die Brailleschrift ist eine mit den Fingerspitzen fühlbare, also erhöhte Punktschrift. Jeder Buchstabe der Blindenschrift beruht auf einem Sechs-Punkte-System. Die Grundform besteht aus zwei senkrechten Spalten mit jeweils drei Punkten – wie sechs Eier in einem Eierkarton oder die Sechs auf einem Würfel. Innerhalb dieses Rasters sind einzelne oder mehrere Punkte in unterschiedlicher Anordnung erhöht, mal nur ein Punkt, mal zwei, maximal sechs Punkte. Die erhöhten Punkte können an verschiedenen Stellen des Systems stehen: links oder rechts, oben, in der Mitte oder unten. Ein Punkt in der linken Spalte oben bedeutet zum Beispiel „a“. Mit einem zusätzlichen Punkt in der Mitte der linken Spalte fühlen und lesen Blinde ein „b“.

b Mit der Aufgabe werden die Schülerinnen und Schüler nochmals aufgefordert, das Inhaltsverzeichnis richtig zu lesen und die in einzelnen Kapiteln zu erwartenden Informationen zu reflektieren. Da das im Textausschnitt erläuterte Punktesystem eine „Grundlage“ der Blindenschrift ist, findet man den Text im Unterkapitel „Grundlagen der Brailleschrift“ im Teilkapitel „Blindenschrift“ (ab S. 20).

3 a/b Diese Aufgabenstellung leitet dazu an, mit Hilfe des Inhalts- und des Stichwortverzeichnisses nach Informationen zu dem gewählten Thema zu suchen. Die Schülerinnen und Schüler sollten die Recherche und die Auswahl geeigneter Sachbücher auf der Grundlage der gemeinsamen Erprobung (vgl. Aufgabe 1 und 2) selbstständig durchführen.

221

Im Internet gezielt nach Informationen suchen

MK

Das Material und die Aufgaben leiten die Schülerinnen und Schüler dazu an, beim Lesen von Internetseiten (Hypertexten) geeignete Lesestrategien anzuwenden. Sie lernen, sich auf Websites zunächst zu orientieren und Menüpunkte, Texte oder Links entsprechend ihrem Leseziel auszuwählen, bevor sie diese genau lesen. Ein weiterer wichtiger Schritt ist das vergleichende Lesen.

Bei der Beurteilung der Informationen sollten zwei Aspekte in den Blick genommen werden: Zum einen geht es um die Frage, ob eine Website oder ein Text Informationen enthält, die – in diesem Fall für den Vortrag – geeignet sind. Zum anderen stellt sich die Frage nach der Zuverlässigkeit der erhaltenen Informationen.

1 Thema des Textes ist die Frage, wie blinde Menschen am Computer arbeiten können. In die Suchmaschine wurden wahrscheinlich die Begriffe „Blinde" und „Computer" eingegeben.
Zur Bearbeitung dieser Aufgabe empfiehlt es sich, die Internetseite zunächst beschreiben zu lassen. Dabei können Unterschiede zu einer Buchseite verdeutlicht werden.

- Die Internetseite ermöglicht es, in ein Suchfeld Begriffe einzugeben, um so gezielt nach Inhalten innerhalb der Website zu suchen. Das Suchfeld ist vergleichbar mit dem Stichwortregister im Sachbuch, führt jedoch deutlich schneller zu einem Ergebnis. Andererseits können eingegebene Suchbegriffe auch ergebnislos bleiben, z. B. wenn man das Wort falsch schreibt oder weil man nicht genau den passenden Suchbegriff eingibt.
- Ein sehr großer Unterschied zu einer Sachbuchseite sind die vielen Links der Internetseite. Zum einen ermöglicht bereits die Menüleiste (Navigation) oben auf der Seite Schnellzugriffe auf bestimmte Bereiche der Website, z. B. auf ein Lexikon oder auf Tipps zu einem bestimmten Thema.
- Des Weiteren gibt es im Text selbst Links, die weitere Inhalte zu dem verlinkten Begriff bieten. Auf der Internetseite findet man zudem Links, die „Mehr zum Thema" anbieten, z. B. Inhalte über „Alltagshilfen für Blinde". Links bietet eine Sachbuchseite nicht. Dort findet man stattdessen manchmal Literaturtipps und Literaturangaben zum Weiterlesen. Manchmal wird in einem Sachbuch (und vor allem in einem Lexikon) auch auf andere Seiten im selben Buch verwiesen, wo man ergänzende Informationen findet.
- Ein weiterer Unterschied zu einer Sachbuchseite ist, dass der Text auf dieser speziellen Internetseite durch einen Klick auf einen Button („Artikel anhören") sofort als Hörtext abgespielt werden kann. Wenn man ein Sachbuch hören möchte, muss man jemanden finden, der es einem vorliest.
- Ergänzt wird der Text auf der Internetseite durch ein passendes Video, das per Klick sofort angeschaut werden kann und vermutlich den Textinhalt veranschaulicht und/oder weitere Informationen ergänzt. Eine Sachbuchseite verweist vielleicht auf interessante Filme zum Thema, diese müssen jedoch erst in der Bibliothek oder im Internet gefunden werden.
- Die Kommentarliste auf der Internetseite macht deutlich, was andere zu dem Thema zu sagen haben. Man kann als Nutzer auch selbst Kommentare schreiben. Über einen Sachbuchtext kann man sich mit anderen Leserinnen und Lesern nur austauschen, wenn sie auch anwesend sind.

2 Folgende Informationen liefert die Internetseite:

a – Der Text erklärt, welche Möglichkeiten Blinde und sehbehinderte Menschen haben, das Internet zu nutzen, z. B. um sich zu informieren, zu spielen oder zu kommunizieren. Für das Schreiben wird die Standardtastatur genutzt, die sie blind bedienen können. Das Lesen ermöglichen technische Hilfsmittel, z. B. Computerstimmen oder die Braille-Zeile, die Zeile für Zeile eines Bildschirmtextes in der Brailleschrift wiedergibt. Die Brailleschrift ermöglicht, dass die Blinden die Buchstaben bzw. Wörter in Form kleiner, erhobener Stifte erfühlen können.

b – Innerhalb des Fließtextes bietet die Internetseite Links zu weiteren Informationen über „Blinde", „sehbehinderte Menschen", „Schule für Blinde und Sehbehinderte", die „Braille-Zeile" und die „Brailleschrift".

- Weitere aufgelistete Links verweisen auf Informationen über das Lesen der Blindenschrift, Alltagshilfen für Blinde und eine Blindenschule in Hamburg.
- Ein Video zeigt vermutlich genau, wie Blinde den Computer benutzen können; auf dem Auftaktfoto zum Video ist zu sehen, wie ein Benutzer die Braille-Zeile ertastet.

3 ⊕ Welche weiteren Hilfsmittel können Blinden den Alltag erleichtern? „Alltagshilfen für Blinde", ggf. auch „Braille-Zeile"
Wie funktioniert die Blindenschrift? „Brailleschrift", „Blindenschrift lesen"
Wann hat die Blindenschule in Hamburg ihren Tag der offenen Tür? „Homepage der Blindenschule Hamburg"

4 a Hier sollen die Schülerinnen und Schüler erkennen, dass es sich anscheinend um die Seite eines Versandhändlers handelt, der sich auf Smartphones, Tablets und dazugehörige Hilfsmittel für ältere Menschen spezialisiert hat. In dem Text geht es konkret um den Vater eines potenziellen Kunden oder einer potenziellen Kundin, der aufgrund seiner zunehmenden Sehbehinderung technische Hilfsmittel benötigt. Die beiden Links „Spracherkennungsprogramm“ und „Headset“ führen wahrscheinlich zu weiteren Informationen zu den vorgeschlagenen Artikeln und bieten die Möglichkeit, diese zu bestellen.

b Die Informationen auf dieser Seite sind nicht bzw. nur mit Einschränkung brauchbar. Denn der Versandhändler bietet in erster Linie seine Produkte zum Kauf an. Eine genauere Erklärung, welche Möglichkeiten Blinde haben, einen Computer zu bedienen, bietet er nicht.
Wichtig ist, dass die Schülerinnen und Schüler erkennen, dass diese Website zwar für einen Vortrag über Blinde am Computer wahrscheinlich nicht brauchbar ist, dass es sich aber deshalb nicht um eine grundsätzlich unzuverlässige Website handeln muss. Denn der Versandhändler informiert hier durchaus seriös über seine Produkte und berät den Kunden / die Kundin.

5 Diese Aufgabe soll die Schülerinnen und Schüler dazu anregen, anhand konkreter Beispiele den Nutzen und die Zuverlässigkeit einer Website zu diskutieren. Dabei geht es darum, den Lernenden erste allgemeine Kriterien nahezubringen, anhand derer sie zuverlässige Informationen erkennen können.

- Bei einer Website von einem Betreiber wie einer Zeitung, einer Zeitschrift, einem Fernsehsender oder einem bekannten Internet-Lexikon können die Schülerinnen und Schüler in der Regel annehmen, dass diese Seite zuverlässige Informationen liefert. Zweifellos kann man auch auf solchen Seiten mit Fake-News oder anderen falschen Informationen konfrontiert werden. Man sollte jedoch im Unterricht abwägen, ob es sinnvoll ist, diese Problematik mit Sechstklässlern bereits zu thematisieren.
- Die Seite eines Versandhändlers, der seine Produkte verkaufen möchte, bietet häufig durchaus zuverlässige Informationen über diese Produkte. Häufig eignen sich solche Websites jedoch nicht unbedingt, um z. B. für einen Vortrag geeignete Informationen zu erhalten. Hier gibt es jedoch Ausnahmen. Beispielsweise findet man auf den Seiten von Online-Buchhändlern bisweilen nützliche Rezensionen, die interessante Informationen enthalten.
- Bei Seiten, auf denen jeder ungeprüft Texte (z. B. Hausaufgaben) oder Videos veröffentlichen kann, muss man davon ausgehen, dass die Informationen sehr unterschiedliche Qualität haben. Daher sind die Schülerinnen und Schüler hier gefordert, selbst zu prüfen, ob die Informationen zuverlässig sind,etwa durch den Vergleich mit Informationen auf anderen Websites.
- Wenn Texte viele Rechtschreib- und Grammatikfehler enthalten, ist das häufig ein Hinweis darauf, dass die Texte auch inhaltlich nicht zuverlässig sind.
- Wenn in Texten etwas zum Kauf angeboten oder empfohlen wird, ist dies nicht zwingend ein Kriterium für die Zuverlässigkeit bzw. Unzuverlässigkeit einer Seite. Hier gilt es jedoch, genau zu prüfen, ob die Informationen zuverlässig und mit Blick auf das Ziel der Recherche nützlich sind.
- Wenn die Texte ähnliche Informationen enthalten wie Texte auf anderen Websites, ist dies ein geeignetes Kriterium dafür, dass die Informationen zuverlässig sind. Auch dieses Verfahren kann an seine Grenzen geraten, z. B. wenn Filterblasen entstehen. Für Sechstklässler ist der Hinweis, dass der Vergleich zur Einschätzung der Zuverlässigkeit von Texten ein geeignetes Verfahren ist, aber durchaus ausreichend.

6 a/b Diese Aufgabenstellung leitet dazu an, mit geeigneten Suchbegriffen Informationen zu dem gewählten Kurzvortragsthema zu recherchieren. Die Schülerinnen und Schüler sollten die Recherche und die Auswahl geeigneter Internetseiten – unter Berücksichtigung der Ergebnisse aus Aufgabe 5 – selbstständig durchführen.

Mögliche Zusatzaufgabe

Zur Förderung der Recherchekompetenz können die Schülerinnen und Schüler zu jeder Informationsquelle ein Quellenprotokoll anfertigen. Beispiele:

Quellenprotokoll Nr. 1
Quelle (Quellenart, Autor, Titel, Datum):
Sachbuch
Jakob Streit: Louis Braille. Ein blinder Junge erfindet die Blindenschrift (1997)
Zuverlässigkeit:
Sachbuch eines bekannten Verlags
Fundort:
Schulbibliothek, Signatur: SB.Str.2334
Inhalt:
- Louis Braille hatte als kleiner Junge viele Jahre lang große Sehprobleme
- wusste, dass er erblinden würde ...

Meine Bewertung:
- gut verständlich
- viele Informationen
- schöne gemalte Bilder
- das Buch ist schon älter (1997)

Quellenprotokoll Nr. 2
Quelle (Quellenart, Titel, Autor, Datum)
Internetseite
Wie können Blinde lesen?
www.duda.news/wissen/wie-koennen-blinde-lesen/ Stand: 14.03.20XX
Zuverlässigkeit:
- Autor nicht genannt
- aber anerkannte Website (Kinderseite des Kölner Stadt-Anzeigers)

Fundort:
www.duda.news/wissen/wie-koennen-blinde-lesen/
Inhalt:
- Alphabet aus Punkten, unterschiedliche Anordnung und Kombination der Punkte
- Louis Braille ist Erfinder ...

Meine Bewertung:
- gut verständlich
- aber Blindenschrift nur knapp erklärt
- gute Links

223 MK

Erklärvideos als Informationsquelle nutzen

Dieser Abschnitt berücksichtigt die Tatsache, dass wesentliche Inhalte heute nicht mehr nur schriftlich, sondern auch visuell vermittelt werden. Erklärvideos als Informationsquelle für Schule und Unterricht werden hier als sinnvolles Informationsmedium aufgegriffen; allerdings sollten ihre Machart und ihr Informationsgehalt stets kritisch reflektiert werden.

1 **a** In dem oberen Erklärvideo geht es darum, wie blinde und sehbehinderte Menschen am Computer arbeiten und welche Hilfsmittel sie nutzen können. In dem unteren Erklärvideo wird gezeigt, wie blinde Menschen mit Hilfe von neuen Techniken den Alltag bewältigen, z. B. mit Apps für den Verkehr.

Mögliche Zusatzaufgabe

Untersucht, welche weiteren Informationen die Abbildungen über die Erklärvideos liefern.

Mit diesem Zusatzimpuls tauschen sich die Lernenden über weitere Informationen aus, die über den Inhalt hinausgehen: Dauer des Erklärvideos, Anzahl der bisherigen Aufrufe, Erscheinungsdatum. Die Informationen helfen bei der Auswahl eines Videos: Ist es zu lang, benötigt man möglicherweise zu viel Zeit, um Informationen zu recherchieren. Ist das Video zu kurz, können wichtige Erklärungen fehlen. Bei einem länger zurückliegenden Erscheinungsdatum ist es fraglich, ob die Hinweise über die neuesten Techniken noch aktuell sind. Eine besonders hohe Aufrufzahl kann darauf hindeuten, dass das Video gut gelungen ist und darum so häufig aufgerufen worden ist.

b Gerade junge Menschen gewinnen einen Großteil ihrer Informationen über Bildmedien. Dabei werden Informationen nicht mehr nur in klassischen Wissensformaten vermittelt, sondern oft in Formaten, die auch einen unterhaltenden, emotionalisierenden Anteil aufweisen. Besonders beliebt sind Videos mit Bastelanleitungen, Kosmetiktipps, Hinweisen für Computerspiele, Sportarten usw. Auch für Lerninhalte aus dem Schulunterricht werden Erklärvideos genutzt, z. B. im Fach Mathematik. Problematisch sind häufig das fehlende Expertenwissen, die Überbetonung der (Selbst-)Inszenierung statt der verständlichen Darstellung des zu vermittelnden Wissens sowie die filmische Qualität (Wackelkamera, schlechter Ton).

2 a Folgende Kriterien machen ein gutes Erklärvideo aus: ein erkennbarer roter Faden, eine klar erkennbare Fragestellung und Erklärung/Lösung, Berücksichtigung der wesentlichen thematischen Aspekte, Hinzuziehung von Experten, Anschaulichkeit (z. B. durch Grafiken, Fotos, Schaubilder), gelungene filmische Gestaltungsmittel, gute Kameraführung, gut verständlicher Ton, Unterhaltsamkeit.

b Tipps für die Nutzung von Erklärvideos bei Recherchen:
- Autor/-in prüfen: Wenn das Erklärvideo von Experten stammt, ist der Informationsgehalt besonders zuverlässig.
- Erscheinungsdatum prüfen: Die Informationen in neueren Erklärvideos sind eher auf dem aktuellen Wissensstand als die in älteren Videos.
- Dauer beachten: Das Erklärvideo sollte nicht zu kurz sein, da komplizierte Sachverhalte nicht in aller Kürze erklärt werden können.
- Anzahl der bisherigen Aufrufe beachten: Oft aufgerufene Erklärvideos sind offenbar beliebt, da sie vermutlich hilfreich sind.
- roten Faden erkennen: Ein gutes Erklärvideo folgt inhaltlich einem roten Faden; es hat eine klar erkennbare Ausgangsfrage (Wie funktioniert ...?) und gut verständliche Lösungen/Hilfen.
- filmische Qualität und Anschaulichkeit prüfen: Gute Filmqualität erleichtert das Verständnis und wirkt motivierend, ebenso die Einbindung von Anschauungsmaterial wie Grafiken, Fotos, Schaubildern.
- auf Filme mit zu hoher (Selbst-)Inszenierung verzichten: Das Thema/Wissen sollte im Vordergrund stehen.

3 a Diese Aufgabenstellung leitet dazu an, mit Hilfe geeigneter Erklärvideos Informationen zu dem gewählten Kurzvortragsthema zu recherchieren. Die Schülerinnen und Schüler sollten die Recherche und die Auswahl geeigneter Erklärvideos – unter Berücksichtigung der Ergebnisse aus Aufgabe 2 – selbstständig durchführen.

b Mögliche Gründe für eine nicht zufriedenstellende Informationsrecherche mit Erklärvideos:
- Es gibt keine guten Erklärvideos zum Thema.
- Die Erklärvideos sind thematisch nicht geeignet.
- Die Erklärvideos sind nicht verständlich genug.
- Die Fragestellung ist zu speziell, deshalb gibt es keine Erklärvideos dazu.

4 Abschließend reflektieren die Schülerinnen und Schüler noch einmal – nun auf der Basis ihrer aktuellen Recherchen – Vor- und Nachteile der verschiedenen Informationsquellen (vgl. die tabellarische Auswertung auf S. 260 in diesen Handreichungen zu Aufgabe 3 b auf S. 219 im Schülerband; je nach Erfahrungsstand der Lernenden kann die Tabelle auch erst an dieser Stelle zusammengetragen werden).
Beispiel für einen ausformulierten Vergleich, der die Hilfen im Schülerband nutzt:
Sachbücher haben den Vorteil, dass sie „greifbar" und leicht zu handhaben sind. Außerdem sind sie meistens zuverlässig, vor allem wenn sie von einem bekannten Autor oder aus einem guten Verlag kommen. Allerdings können Informationen veraltet sein und das Buch ist unter Umständen nicht leicht zu beschaffen. Wenn Bücher gekauft werden müssen, kann das teuer werden.
Internetseiten sind leicht zugänglich und wenn die Internetseite gut gepflegt wird, sind die Informationen immer aktuell. Man muss aber prüfen, ob die Informationen zuverlässig sind. Außerdem sind viele Internetseiten für Kinder schwer verständlich, weil sie für Erwachsene geschrieben wurden.
Erklärvideos sind zwar sehr anschaulich und oft auch unterhaltsam, aber es ist nicht so einfach, aus ihnen das wichtigste Fachwissen herauszufiltern. Einige Erklärvideos haben keinen roten Faden oder erklären schlecht. Auch hier müssen, wie bei Internetseiten, die Qualität und die Zuverlässigkeit genau überprüft werden.

224

Methoden und Arbeitstechniken: Informationen beschaffen: In Medien recherchieren

Die Methodenseite bietet Hinweise, die für die Informationsrecherche in verschiedenen Medien hilfreich sind. Zu allen drei Medien (Sachbücher, Internet, Erklärvideos) werden auch Hinweise zur kritischen Prüfung der Zuverlässigkeit gegeben. Die Seite kann sowohl für Aufgaben dieses Kapitels als auch in anderen Unterrichtszusammenhängen, in denen Informationsrecherchen notwendig sind, modular eingesetzt werden.

225

Einen Kurzvortrag halten und aktiv zuhören

In diesem Abschnitt werden die Schülerinnen und Schüler schrittweise angeleitet, zu dem gewählten Thema einen Kurzvortrag zu halten. Die einzelnen Schritte werden zunächst exemplarisch am Beispiel des Themas „Blindenschrift" erarbeitet und anschließend von den Lernenden an ihrem eigenen Thema umgesetzt.

225

Den Vortrag vorbereiten

1 **a** Anhand der abgebildeten Karteikarten lässt sich erklären, wie der Kurzvortrag zum Thema „Blindenschrift" vorbereitet wurde:
- Zunächst wurden zu dem Thema W-Fragen gesammelt, zu denen anschließend gezielt recherchiert wurde.
- Für den Kurzvortrag wurden dann die gesammelten Informationen in eine sinnvolle Reihenfolge gebracht, sodass der Vortrag einen klar strukturierten Aufbau hat. Die W-Fragen dienen als Unterpunkte/Zwischenüberschriften. Dabei greifen die Karteikarten die Haupt- und Unteräste der Mind-Map (vgl. S. 219 im Schülerband) auf.
- Für jedes Unterthema (also für jede Frage / jeden Hauptast der Mind-Map) wurde eine eigene Karteikarte vorbereitet, nummeriert und mit informativen Stichpunkten versehen. Die Stichpunkte sind übersichtlich als Spiegelstrichlisten notiert. Darüber hinaus enthalten die Karteikarten Hinweise auf Material, das gezeigt werden soll und den Vortrag anschaulich macht.

b/c Für ihre eigenen Kurzvorträge müssen die Schülerinnen und Schüler nun die mit Hilfe ihrer Mind-Map gesammelten Materialien sinnvoll ordnen. Zur Vorbereitung ihrer Karteikarten können sie bereits in ihrer Mind-Map die einzelnen Punkte für den strukturierten Aufbau nummerieren.

2 **a** An der beispielhaften Einleitung zum Thema „Blindenschrift" wird deutlich, dass es anfangs darum geht, die Zuhörerinnen und Zuhörer für das Thema des Kurzvortrags zu interessieren. Besonders geeignet ist ein Einstieg, der an der Wirklichkeit des Publikums anknüpft, denn wohl jeder hat schon einmal auf einer Medikamentenpackung die Blindenschrift entdeckt und ertastet. Darüber hinaus wird in der Einleitung kurz erklärt, warum das Thema für die Vortragenden wichtig ist.
Der beispielhafte Schluss knüpft an die Einleitung an (Brailleschrift auf Medikamentenpackungen), macht aber deutlich, welcher Zugewinn an Erkenntnis durch das Referat erzielt wurde. Der Schluss fasst wichtige Ergebnisse nochmals knapp zusammen. Am Ende wird reflektiert, welche weiteren Fragestellungen noch interessant wären, im Vortrag aber nicht berücksichtigt werden konnten.

Mögliche Zusatzaufgabe
Nennt weitere Ideen für die Einleitung bzw. den Schluss des Kurzvortrags über die „Blindenschrift". Nutzt den blauen Tippkasten auf S. 225 im „Deutschbuch".
Mit diesem Impuls können weitere Vorschläge gesammelt werden, um Anregungen für den späteren Transfer auf das eigene Thema zu bekommen.
Mögliche Ideen für die Einleitung:
- Einen Eierkarton (für sechs Eier) zeigen. Frage: Habt ihr eine Idee, was ein Eierkarton mit der Blindenschrift zu tun hat? Das wollen wir euch jetzt erklären.
- Einleitung mit einer Information: Sechs Punkte waren es, die die Welt blinder und sehbehinderter Menschen im Jahr 1825 nachhaltig veränderten. Ein Jugendlicher namens Louis Braille erfand die

sogenannte „Brailleschrift“. Sie eröffnete blinden Menschen den Zugang zur Bildung und verbreitete sich schnell weltweit. Unser Vortrag ist wie folgt aufgebaut. Zunächst erklären wir euch … Anschließend zeigen wir …

Mögliche Ideen für den Schluss:
- Ergebnisse in einem Schaubild oder einer Mind-Map zusammenfassen
- persönliche Gedanken formulieren, z. B. was überraschend war, besonders berührt hat oder zum Nachdenken anregte

b Auf der Grundlage der zuvor erarbeiteten Ideen und mit Hilfe des blauen Tippkastens auf S. 225 im Schülerband sammeln die Lernenden Ideen für Einleitung und Schluss ihres eigenen Kurzvortrags.

226

Mit Anschauungsmaterial informieren

3 **a** Am Beispiel der Bilder und der abgebildeten Gegenstände erklären die Schülerinnen und Schüler, was man mit dem Anschauungsmaterial zeigen kann:
- Abbildung Brailleschrift (links oben): Mit dem Bildmaterial kann verdeutlicht werden, wie die Brailleschrift funktioniert. Jeder Buchstabe der Blindenschrift beruht auf einem Sechs-Punkte-System. Die Grundform besteht aus zwei senkrechten Spalten mit jeweils drei Punkten. Die erhöhten Punkte können an verschiedenen Stellen des Systems stehen und ergeben – je nach Kombination – einen Buchstaben.
- Spielkarten mit Blindenschrift (rechts oben): Sie können während des Vortrags entweder als Abbildung gezeigt oder – falls vorhanden – an die Zuhörerinnen und Zuhörer verteilt werden. Auf diese Weise wird anschaulich dargestellt, dass Blinde genauso Karten spielen können wie Sehende.
- Porträt von Louis Braille (Mitte): Das Bild veranschaulicht, dass die Bezeichnung „Brailleschrift“ für die Blindenschrift auf ihren blinden Erfinder Louis Braille zurückgeht.
- Medikamentenverpackung mit Blindenschrift (links unten): Das Verpackungsbeispiel zeigt, dass blinde Menschen selbstständig Medikamente einnehmen können. Eine Voraussetzung dafür ist, dass sie die Bezeichnung des Medikaments lesen können.
- Smartphone-Scanner-App (rechts unten): Die Abbildung zeigt eine spezielle Farberkennungs-App für farb- oder sehgeschädigte Menschen. Das Farberkennungsgerät unterscheidet viele verschiedene Farbnuancen und Helligkeitswerte und informiert durch Sprache über die jeweilige Farbe eines Gegenstands. Mit dieser Abbildung kann verdeutlicht werden, dass es technische Hilfsmittel gibt, die das Leben von sehbehinderten oder blinden Menschen erleichtern.

Weiteres mögliches Anschauungsmaterial für einen Kurzvortrag über die Brailleschrift: Zollstock mit Blindenschrift, Braille-Armbanduhr, Brettspiele für Blinde, Strickanleitungen in Brailleschrift, Musiknoten in Brailleschrift.

b Nun sammeln und sichten die Schülerinnen und Schüler Anschauungsmaterial für ihre eigenen Kurzvorträge. Dabei liefern die Arbeitsergebnisse aus der Teilaufgabe 3 a Ideen. Falls Teams zur Veranschaulichung ihres Themas gar nichts einfällt, kann man sie darauf hinweisen, dass Abbildungen (z. B. Ausdrucke aus dem Internet) relativ leicht zu beschaffen sind.

c Mit dieser Aufgabe sollen die Schülerinnen und Schüler auch den technischen Teil ihres Kurzvortrags rechtzeitig gut vorbereiten. Dabei sollten verschiedene Dinge bedacht werden:
- Sind die nötigen technischen Geräte (z. B. ein Beamer) im Klassenraum verfügbar oder müssen sie reserviert und geholt werden?
- Sind die Geräte funktionstüchtig? Gibt es Steckdosen dafür?
- Wird für das Notebook oder den Computer ein Passwort verlangt?
- Sind die Vortragenden in der Lage, die Geräte zu bedienen?
- Gibt es eine Projektionsfläche/Leinwand, auf der das Material gut erkennbar dargestellt werden kann?
- Lässt sich die vorbereitete Präsentation mit dem entsprechenden Programm öffnen und zeigen?

Es empfiehlt sich, die technischen Mittel rechtzeitig vor dem Kurzvortrag / der Präsentation zu testen.

4 **a/b** Vor dem Üben des Vortrags sollten sich die Lernenden mit der Methodenseite (S. 227 im Schülerband) vertraut machen – entweder im Klassenplenum oder individuell.
Das Üben des Vortrags mit einer Partnerin / einem Partner erleichtert vor allem weniger redegewandten Schülerinnen und Schülern später die Präsentation vor der gesamten Klasse.

c Kriterien für das Feedback an die Partnerin / den Partner:
- Vollständigkeit und Korrektheit
- Klarheit und Genauigkeit
- freies Sprechen
- Blickkontakt mit der Zuhörerin / dem Zuhörer

Auch der Beobachtungsbogen auf der Methodenseite (S. 227 im Schülerband) bietet den Zuhörenden Kriterien für die Beurteilung des Vortrags.

5 **a/b** Vor den Kurzvorträgen der Gruppen werden die Schülerinnen und Schüler, die zuhören, aufgefordert, dies aktiv zu machen (vgl. Methodenseite auf S. 227 im Schülerband).

Mögliche Zusatzaufgabe
Welche Aufgabe übernehmen die Zuhörerinnen und Zuhörer während des Vortrags?
Mit diesem Impuls soll die Rolle der zuhörenden Schülerinnen und Schüler reflektiert werden.
Die Methodenseite (S. 227 im Schülerband) gibt Hinweise, was aktives Zuhören bedeutet:
- Im Vorfeld kann das Publikum bereits Erwartungen und Fragen zum Thema des Kurzvortrags notieren.
- Während des Vortrags schauen die Zuhörer/-innen die vortragenden Schülerinnen und Schüler an und notieren stichpunktartig wichtige Informationen und/oder Fragen.
- Nach dem Kurzvortrag geben die Zuhörer/-innen ein Feedback. Hierfür kann der Beobachtungsbogen auf S. 227 im Schülerband herangezogen werden. Beim Feedback sollte zuerst das Positive genannt werden und die Schülerinnen und Schüler sollten direkt kommunizieren.
  Hilfssätze: Gut gefallen hat mir … Verbessern könntet ihr noch …

227

Methoden und Arbeitstechniken: Ansprechend vortragen und aktiv zuhören

Die Methodenseite bietet Hinweise, die für einen Kurzvortrag hilfreich sind – und zwar sowohl zur Vortragsweise als auch zum aktiven Zuhören. So werden sowohl die Rollen der Referentinnen und Referenten als auch die der Zuhörenden deutlich herausgestellt. Die Seite kann auch in anderen Unterrichtszusammenhängen, in denen Kurzvorträge gehalten werden, modular eingesetzt werden.

10.3 Fit in … – Einen Sachtext untersuchen

228
QR-Code: Was ist das?

228
Die Aufgabenstellung richtig verstehen

1 **a/b** Es ist wichtig, dass den Schülerinnen und Schülern alle Teilaufgaben und alle wichtigen Aspekte der Aufgabenstellung bewusst sind. Richtig sind die folgenden Aussagen:
Ich soll
C zu jedem Textabsatz eine Frage notieren, die in dem Absatz beantwortet wird.
D erklären, was ein QR-Code ist.
F eine Information benennen, die nur die Grafik bietet.
G einen Vorteil des QR-Codes anführen.
H eine Information angeben, die im Text und in der Grafik zu finden ist.

229
Den Text und die Grafik lesen und verstehen

2 **a** Die Lernenden lesen den Text zügig, betrachten die Grafik und machen sich klar, worum es geht (Schritt 2 der Lesemethode). In Text und Grafik geht es darum, wo QR-Codes zu finden sind, im Text geht es außerdem darum, was QR-Codes sind und für welche Zwecke sie genutzt werden können.

b Beim zweiten, gründlichen Lesen ist es hilfreich, wenn die Schülerinnen und Schüler wichtige Schlüsselwörter auf einer Kopie des Textes mit Bleistift unterstreichen und eventuell Zwischenüberschriften/Fragen auf einem eigenen Blatt oder auf der Kopie formulieren (Schritt 3 der Lesemethode).

3 **a** Nach dem zweiten, gründlichen Lesen wählen die Lernenden unter vorgegebenen Aussagen die zum Text und zur Grafik passenden aus. Ihre Auswahl begründen sie, indem sie angeben, in welchem Absatz und Material die richtige Information zu finden ist.
Richtig sind die folgenden Aussagen und Zuordnungen:

Zutreffende Aussagen	Textabsatz	Grafik
A Ein QR-Code besteht aus einem schwarz-weißen, quadratischen Muster.	1	
B Über den QR-Code gelangt man an weitere Informationen.	1, 2	
C QR-Codes werden mit der Handy-Kamera und einer App entschlüsselt.	2	
F In Zeitschriften und Zeitungen sieht man QR-Codes am häufigsten.	3	G

b Der partnerschaftliche Abgleich der Ergebnisse dient der Vergewisserung, dass wirklich die richtigen Lösungen gefunden wurden, damit auf dieser Basis die Aufgaben bearbeitet werden können.

230
Die Aufgaben beantworten und den eigenen Text überarbeiten

4 Nun bearbeiten die Schülerinnen und Schüler nacheinander die Aufgaben 1 bis 3, die so auch in einer Klassenarbeit gestellt werden könnten.

Beispiellösung:

Aufgabe 1

1. Textabsatz: Wie sieht ein QR-Code aus?
Oder: Aussehen des QR-Codes
Oder: Was sind QR-Codes?

2. Textabsatz: Wie gelangt man über QR-Codes an Informationen?
Oder: Informationsgewinnung über QR-Codes

3. Textabsatz: Wo findet man QR-Codes?
Oder: Verbreitung von QR-Codes

4. Textabsatz: Was haben drei Schüler aus Freiburg erfunden?
Oder: Erfindung von drei Schülern

1. Formuliere für jeden Absatz (1–4) eine Frage, die in diesem Absatz beantwortet wird. (Oder: Du kannst für jeden Absatz auch eine Überschrift formulieren.)

Aufgabe 2

Der QR-Code ist ein quadratisches Muster in den Farben Schwarz und Weiß. QR-Codes führen zu Informationen, die im Internet hinterlegt sind. Um an die Informationen zu gelangen, muss man den QR-Code entziffern. Dazu benötigt man ein Smartphone mit Internetzugang und einer Kamera. Mit der Kamera wird der QR-Code gescannt. Außerdem braucht man eine Lese-App, die die Informationen des QR-Codes entschlüsselt, damit man sie lesen kann.

2. Erkläre mit eigenen Worten, was ein QR-Code ist.

Ein Vorteil des QR-Codes ist, dass man die Adresse einer Website nicht mehr umständlich ins Handy eintippen muss. Stattdessen gelangt man nach dem Scannen des QR-Codes sofort auf die Website.

Nenne einen Vorteil, den dieser Code bietet.

Aufgabe 3

In Text und Grafik wird gesagt, dass man QR-Codes in Zeitschriften und Zeitungen am häufigsten sieht. Die Grafik zeigt zusätzlich, dass QR-Codes am seltensten im Fernsehen zu finden sind.

3. Nenne eine wichtige Information, die sich in Text und Grafik findet. Und benenne eine Information, die nur die Grafik bietet.

5 Mit Hilfe einer Checkliste überprüfen und überarbeiten die Schülerinnen und Schüler in Partnerarbeit ihre Texte.

Material zu diesem Kapitel auf den folgenden Seiten und digital

- Fordern und fördern – Einen Sachtext untersuchen: Kalligrafie: die Kunst, schön zu schreiben (mit Hilfe-Karten und Zusatzaufgaben für „Profis"; Lösungshinweise digital)
- Was kannst du schon? – Einen Sachtext untersuchen (Diagnose; Lösungshinweise und Förderempfehlungen digital)
- Klassenarbeit – Einen Sachtext untersuchen: Gebärdensprache: mit den Händen sprechen (Erwartungshorizont digital)
- Klassenarbeit – Einen Sachtext untersuchen: Viele Menschen können nicht lesen und schreiben (Erwartungshorizont digital)
- Hörtext: Ein Bild sagt mehr als tausend Worte, gelesen von Victoria Schaetzle und Martin Klemm (Hörtext über Piktogramme, mit einem passgenauen Arbeitsblatt zur Übung des Hörverstehens inkl. Lösungshinweisen; digital)

Fordern und fördern – Einen Sachtext untersuchen

Kalligrafie: die Kunst, schön zu schreiben

Lehrbuch für Maximilian I (1459–1519, ab 1508 römisch-deutscher Kaiser). Oben: Alphabet in der Schrift „Textura". Darunter: Das Vaterunser in lateinischer Sprache (pater noster); Initiale p: Maximilian und sein Lehrer beim Unterricht

1 Kalligrafie ist die Kunst der Schönschrift. Vor der Erfindung des Buchdrucks (um 1450) wurden Bücher in Schönschrift abgeschrieben, um den Inhalt den nachfolgenden Generationen zu überliefern. Weil das Abschreiben sehr lange dauerte und die Texte oft kunstvoll verziert waren, waren Bücher überaus kostbar. In Europa schrieben im Mittelalter Mönche in den Klöstern die Bibel und andere religiöse Texte ab, um sie zu verbreiten.

2 Dabei galten für jeden Buchstaben feste Regeln, etwa wo dicke und dünne Striche stehen durften und wo Zierelemente eingesetzt wurden. Als Schreibwerkzeuge dienten den Kalligrafen Vogelfedern oder Pinsel. Schreibflüssigkeiten wurden aus Pflanzen, Steinen und Tieren hergestellt. Geschrieben wurde auf Pergament und ab dem 14. Jahrhundert auch auf Papier.

3 Heute ist Kalligrafie ein anspruchsvolles Hobby. Wer sich mit der künstlerischen Gestaltung der Schrift beschäftigt, lernt bald, dass man die 26 Buchstaben des Alphabets auf mehr als 3000 verschiedene Arten gestalten kann. Um eine künstlerische Schrift zu erlernen, braucht man Ausdauer und Geduld, denn man muss jeden Buchstaben mit der Stahlfeder und Tinte oder Tusche viele Male üben. Linkshänder müssen die Buchstaben anders zeichnen als Rechtshänder. Die Feder muss man immer ziehen und darf sie nie schieben. Dabei ist sie stets in einem Winkel von 45 Grad zu halten.

4 Ein Beispiel für eine kunstvolle Schrift, die schon im Mittelalter verwendet wurde und heute von Kalligrafen geübt wird, ist die „Textura". Die Buchstaben wirken kantig, eckig und spitz. Die Kleinbuchstaben dieser Schrift bestehen fast nur aus geraden Strichen. Manche Buchstaben, etwas das kleine s, werden unterschiedlich geschrieben, je nachdem, ob sie am Anfang, in der Mitte oder am Ende eines Worts stehen. Man verwendete die Schrift „Textura", als das Pergament als Schreibunterlage so teuer geworden war, dass man möglichst viel Text auf einer Seite unterbringen musste.

Autor: Christoph Oldeweme
Abb.: Liber in usum et instructionem Maximiliani filii Friderici III. imperatoris alphabetum, oratio dominica, preces latino-germanicae etc., Unbekannt; Stephan Heuner et al., Wiener Neustadt; Wien: 15. Jhdt.; Um 1465. – 275 x 210 mm. – Handschrift; 27 Bll., http://data.onb.ac.at/rep/10048A37/Österreichische Nationalbibliothek

Erarbeite aus dem Sachtext und der Abbildung die wichtigsten Informationen. Gehe so vor:

1 Verschaffe dir einen ersten Überblick über den Text. Erkläre in einem Satz, worüber er informiert.
(→ Hilfe-Karte: Einen Überblick über den Text gewinnen)

____

____

2 **a** Untersuche den Aufbau des Textes: Formuliere für jeden der vier Textabschnitte auf der Linie darüber eine Frage, die in dem Abschnitt beantwortet wird, oder eine Zwischenüberschrift.
(→ Hilfe-Karte: Zwischenüberschriften formulieren)

b Markiere Schlüsselwörter.

3 Welche Textabschnitte werden durch das Bild veranschaulicht? Notiere die Nummern. __________
(→ Hilfe-Karte: Abbildung und Text in Bezug setzen)

4 **a** Welche der folgenden Aussagen zum Text und zu der Abbildung sind richtig?
Kreuze die zutreffenden Sätze vorne an.

b Kreuze hinter den zutreffenden Sätzen an, wo die Aussage zu finden ist: im Text (T) oder in der Abbildung (Abb).
TIPP: Manche Aussagen findest du im Text und in der Abbildung.

	T	Abb
☐ Im Mittelalter schrieben Mönche die Bibel ab, weil Kalligrafie ihr Hobby war.	☐	☐
☐ Vor der Erfindung des Buchdrucks wurden Texte abgeschrieben, um sie zu verbreiten und zu überliefern.	☐	☐
☐ Es gibt über 3000 verschiedene kalligrafische Schriftarten.	☐	☐
☐ Das Erlernen einer kalligrafischen Schrift geht ganz schnell.	☐	☐
☐ Beim kalligrafischen Zeichnen muss die Feder sanft gezogen werden.	☐	☐
☐ Linkshänder und Rechtshänder zeichnen beim Kalligrafieren völlig gleich.	☐	☐
☐ Die Schrift „Textura" wurde verwendet, als Papier sehr teuer war.	☐	☐
☐ Die „Textura" wirkt kantig, eckig und spitz.	☐	☐
☐ Die Kleinbuchstaben der „Textura" bestehen überwiegend aus geraden Strichen.	☐	☐
☐ In mittelalterlichen Handschriften sind auch Figuren abgebildet.	☐	☐

Folgende Hilfen oder Aufgaben zum Weiterarbeiten kannst du nutzen

Hilfe-Karte	Einen Überblick über den Text gewinnen
Hilfe-Karte	Zwischenüberschriften formulieren
Hilfe-Karte	Abbildung und Text in Bezug setzen
Für Profis und Schnelle	Auf dem Computer mit „Schönschrift" schreiben

Hilfe-Karte: Einen Überblick über den Text gewinnen

Führe den ersten Schritt der Lesemethode durch: Lies genau die Überschrift und die ersten Wörter der Absätze. Entscheide dann, worüber der Text informiert. Wähle aus den folgenden Antworten die richtige aus.
Der Text
- informiert über die Geschichte der Kalligrafie in Asien und Europa.
- informiert über eine kalligrafische Schriftart und wie man sie erlernen kann.
- informiert über Kalligrafie als Kunst der Schönschrift und erläutert ein Beispiel.
- fordert dazu auf, Buchstaben in Schönschrift zu schreiben.

Hilfe-Karte: Zwischenüberschriften formulieren

Wähle aus den folgenden Fragen zu jedem Textabsatz die passende Frage aus.
TIPP: Der Absatz gibt jeweils Antwort auf die Frage.
- Warum wurden früher Bücher abgeschrieben?
- Wer schrieb früher Bücher ab?
- Wie wurden die Texte im Mittelalter geschrieben?
- Warum benutzten die Mönche keine Schreibmaschine?
- Wie muss man die Feder beim kalligrafischen Zeichnen führen?
- Welche Voraussetzungen sind nötig, wenn man Kalligrafie als Hobby betreiben möchte?
- Warum wurde Pergament so teuer?
- Wie sieht die Schrift „Textura“ aus?

Hilfe-Karte: Abbildung und Text in Bezug setzen

Eine Abbildung oder eine Grafik in einem Sachtext verdeutlicht meist den Inhalt des Textes.
Um das Bild und den Bezug zwischen Text und Bild zu verstehen, gehe so vor:
- Betrachte die Abbildung genau: Was ist darauf dargestellt?
- Lies die Bildunterschrift sorgfältig und betrachte das Bild noch einmal mit diesem Wissen.
- Überlege, welcher Textabsatz durch das Bild anschaulicher wird. (Manchmal können das auch mehrere Textabsätze sein.)

Für Profis und Schnelle: Auf dem Computer mit „Schönschrift“ schreiben

5 Du kannst auch mit dem Schreibprogramm des Computers in schönen oder ausgefallenen Schriften schreiben.

a Finde den entsprechenden Menüpunkt in der Menüleiste des Schreibprogramms und wähle eine Schrift aus.

b Schreibe einen Benutzerhinweis für deine Mitschüler/-innen: Erkläre ihnen, wie sie vorgehen müssen, um eine Einladung zum Schulfest in dieser Schrift zu verfassen.

Kopiervorlage

Was kannst du schon? – Einen Sachtext untersuchen

Schrift, die unter Strom steht

1 Kennst du das Müller-Alphabet? Oder den Schmidt-Code? Nein? Kein Wunder, die gibt es auch nicht! [...] Aber es gibt ein Morse-Alphabet oder einen Morse-Code. Ihren Namen bekam diese Art Sprache nach Samuel Morse aus den USA. Der stellte der Welt vor 175 Jahren ein System vor, mit dem man Texte über weite Entfernungen übermitteln konnte.

2 Damals gab es noch keine Computer, keine Satelliten, kein Radio und auch keine Telefone wie heute. Wenn irgendwo etwas passierte, konnte es viele Wochen dauern, bis man im Rest der Welt davon erfuhr. Damals wurden Nachrichten wie Briefe verschickt, etwa mit Schiffen oder Pferden.

3 Samuel Morse hatte die Idee, Texte mit Hilfe von Elektrizität zu versenden. Seine Maschine funktionierte eigentlich recht einfach: Floss durch einen Draht kein Strom, so zeichnete ein Stift eine gerade Linie. Sobald man aber Strom durchfließen ließ, schlug der Stift aus: Die Linie bekam einen Zacken. Die Kombination von Linien und Zacken konnte man in Buchstaben und Zahlen übersetzen: nach dem Morse-Code oder Morse-Alphabet, das Samuel Morse und seine Helfer entwickelten.

4 Später erweiterte Samuel Morse den Code auf drei Zeichen: Punkt, Strich und Pause. Das war noch einfacher. Nachdem sich die Idee durchgesetzt hatte, wurden Telegrafenleitungen quer durch die USA gebaut. Später gab es dann sogar eine erste Leitung durch den Atlantik. Da konnte man Botschaften von Amerika nach Europa schicken. Dieses Versenden heißt übrigens auch Morsen.

(Quelle: dpa, zitiert nach www.kruschel.de/wissen/damals-und-heute/Wichtige_Erfindung_hat_Geburtstag_12380617.htm, [23.01.2019])

1 **a** Untersuche den Sachtext. Kreuze an, was das Thema des gesamten Textes ist.

☐ **A** Nachrichtenübermittlung früher und heute ☐ **B** Entwicklung des Morse-Alphabets

b Welche Fragen werden in den vier Abschnitten beantwortet? Kreuze sie an.
Notiere hinter jeder zutreffenden Frage die Nummer des Abschnitts, in dem sie beantwortet wird.

☐ **A** Was ist das Müller-Alphabet?
☐ **B** Was konnte das neue System des Samuel Morse?
☐ **C** Wie entwickelte sich die Idee weiter?
☐ **D** Wie entstand das Verb „morsen“?
☐ **E** Welche Idee setzte Samuel Morse um?
☐ **F** Wie wurden früher Nachrichten übermittelt?

c Markiere in allen drei Textabschnitten Schlüsselwörter.

2 Damit du einen Sachtext verstehst, ist es wichtig, dass du die richtige Lesemethode anwendest. Streiche die falschen Aussagen zu den einzelnen Leseschritten durch.

1. Um sich einen **Überblick** zu verschaffen, liest man (**A**) zuerst das Ende, damit man weiß, wie der Text ausgeht / (**B**) die Überschrift sowie die ersten Zeilen und betrachtet die Abbildungen.
2. Beim **ersten Lesen** bildet man Verstehensinseln, indem man (**C**) Satz für Satz sehr genau liest und alles Wichtige markiert / (**D**) den Text zügig durchliest und Wichtiges mit einem Bleistift unterstreicht.
3. Beim **zweiten, gründlichen Lesen** (**E**) notiert man zu jedem Absatz ein Stichwort oder eine Frage, auf die der Absatz eine Antwort gibt, und markiert Schlüsselwörter / (**F**) notiert man Fragen zu dem, was man nicht verstanden hat, und markiert unbekannte Wörter.
   Unbekannte Wörter (**G**) schlägt man grundsätzlich nach / (**H**) versucht man zuerst aus Hinweisen im Text oder mit ähnlichen Wörtern zu erklären.
4. Die **Zusammenfassung der Textinformationen** erledigt man (**I**) gleich beim ersten Lesen in ganzen Sätzen / (**J**) nach dem zweiten Lesen in wenigen Sätzen oder Stichpunkten.

Klassenarbeit – Einen Sachtext untersuchen

Aufgabenstellung

1 Lies den Text „Gebärdensprache: mit den Händen sprechen“ sorgfältig durch. Untersuche den Aufbau des Textes: Formuliere für jeden Absatz (1–6) eine Frage, die in diesem Absatz beantwortet wird.
TIPP: Du kannst für jeden Textabsatz auch eine Überschrift formulieren.

2 **a** Erkläre mit eigenen Worten, warum bei der Gebärdensprache Körpersprache und Mimik wichtig sind.
b Nenne Beispiele aus dem Text, wann Gehörlose das „Fingeralphabet“ einsetzen.

3 Sieh dir die Grafik genau an. Benenne, welche Aussage aus dem Text mit dieser Grafik verdeutlicht wird. Und benenne eine Information, die nur die Grafik bietet.

Britta Illmer

Gebärdensprache: mit den Händen sprechen

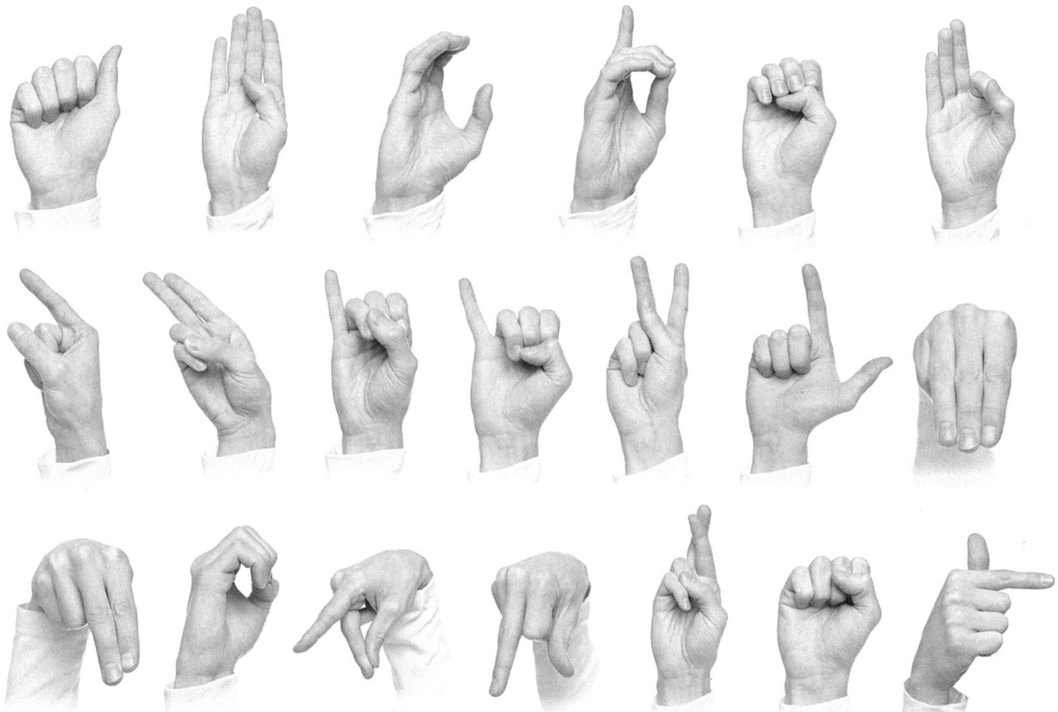

1 Gebärdensprache ist eine visuelle Sprache. Das bedeutet, dass man sie nicht hört, sondern sieht. Dabei bildet man Worte mit den Händen. Aber auch der Gesichtsausdruck (die Mimik), die Bewegung des Mundes (das Mundbild) und „Geräusche“ (Wortbild), die man während des Gebärdens macht, sind wichtig.

2 Gebärdensprache ist zwar über Jahrhunderte hinweg entstanden, aber erst seit 2002 in Deutschland als eigene Sprache anerkannt. Natürlich wird nicht nur in Deutschland gebärdet, auch im Rest der Welt gibt es viele Gehörlose, die sich so verständigen. Deshalb gibt es nicht nur die deutsche Gebärdensprache (DGS), sondern auch noch viele andere wie die chinesische, amerikanische, französische, thailändische und englische Gebärdensprache. Und selbst in Deutschland hat jedes Bundesland seinen eigenen Gebärdendialekt. [...]

3 Für die Gebärden nutzt man immer seine dominante Hand. Das heißt, wenn du Rechtshänder bist, nimmst du die rechte Hand und wenn du Linkshänder bist, die linke. Es gibt auch Gebärden, die mit beiden Händen ausgeführt werden. Aber deine „Schreibhand“ bleibt immer die dominante. Wichtig ist auch, wo eine Gebärde ausgeführt wird. Ob am Kopf und Gesicht, Hals, an den Armen oder am Körper. Gehörlose haben

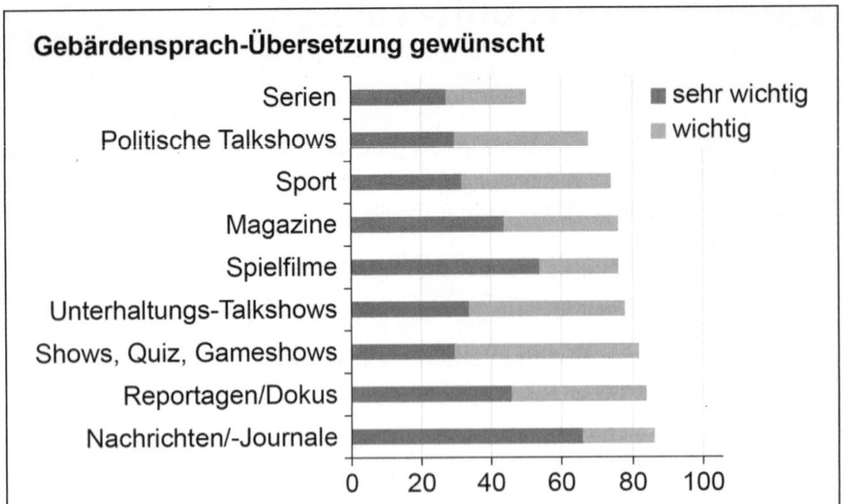

Frage: Wie wichtig ist Ihnen eine Einbindung von Gebärdensprache bei folgenden Sendungen?
Sehr wichtig, wichtig, weniger wichtig, überhaupt nicht wichtig.
Basis: Wer angibt, dass ihr/ihm Gebärdensprache hilfreich ist, um Sendungen folgen zu können. (n=50)

(Quelle: https://leidmedien.de/aktuelles/studie-wie-behinderte-menschen-die-medien-nutzen/, Stand 30.01.2019)

eine ganz feine Wahrnehmung für Stimmungen und Launen. Da sie ja nicht hören können, in welchem Tonfall jemand etwas sagt, achten sie mehr auf Blicke und Körpersprache. Wenn man zum Beispiel eine Frage mit Ja oder Nein beantwortet, erkennt man auch einen Unterschied im Gesichtsausdruck. […]

4 Die wichtigste Sprache Gehörloser ist natürlich die Gebärdensprache. Doch es gibt auch ein Fingeralphabet. Das deutsche „Gebärdensprachen-Alphabet“ wird gebraucht, wenn zum Beispiel eine bestimmte Gebärde nicht bekannt ist oder jemand etwas buchstabieren möchte. Dann kann man sich das Fingeralphabet zunutze machen. Auch Namen sind zum Beispiel ein typischer Fall für das Fingeralphabet. […] Nicht alle Länder der Welt verwenden das gleiche Fingeralphabet. Auch Taubstumme müssen also „Fremdsprachen“ lernen, wenn sie zum Beispiel das russische Fingeralphabet verstehen möchten. Das liegt daran, dass einige Länder, wie beispielsweise Russland, mit einer anderen Schrift arbeiten und daher auch andere Symbole nutzen. […]

5 Auch Fernsehen ist für Gehörlose nicht so einfach. Es gibt zwar manche Sendungen, die übersetzt werden oder Untertitel haben – aber den größten Teil des Fernsehprogramms können Gehörlose nur „sehen“.

6 Trotz aller Hürden sehen sich Gehörlose nicht als behindert an. Sie „sprechen“ eigentlich nur eine andere Sprache und haben ihre eigene Kultur. So wie andere Nationalitäten auch ihre eigene Sprache und Kultur haben.

(Quelle: www.geo.de/geolino/mensch/1854-rtkl-gebaerden-gebaerdensprache, Stand 23.01.2019)

Klassenarbeit – Einen Sachtext untersuchen

Aufgabenstellung

1 Lies den Text „Viele Menschen können nicht lesen und schreiben" sorgfältig durch. Untersuche den Aufbau des Textes: Formuliere für jeden Absatz (1–4) eine Frage, die in diesem Absatz beantwortet wird. **TIPP:** Du kannst für jeden Textabsatz auch eine Überschrift formulieren.

2 a Analphabeten haben viele Probleme. Nenne Beispiele aus dem Text.

b Erkläre kurz, warum in Deutschland trotz Schulpflicht manche Kinder nicht richtig lesen und schreiben lernen.

3 Sieh dir die Grafik genau an. Benenne, welche Aussage aus dem Text mit dieser Grafik verdeutlicht wird. Und benenne eine Information, die nur die Grafik bietet.

Lese- und Schreibprobleme
Anteile der deutschsprachigen erwachsenen Bevölkerung zwischen 18 und 64 Jahren

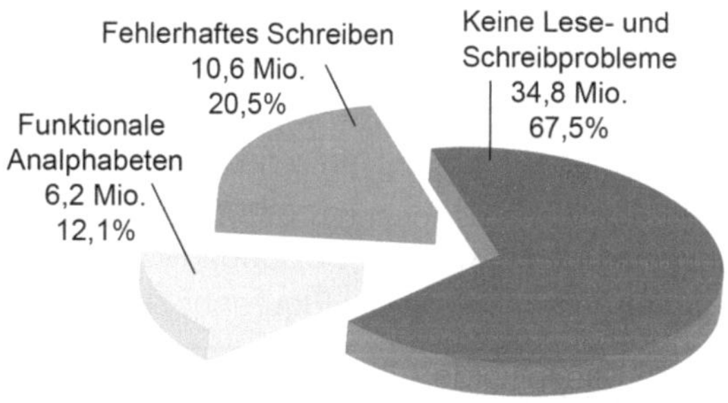

(Quelle: LEO 2018 – Leben mit geringer Literalität)

Tanja Lindauer

Viele Menschen können nicht lesen und schreiben

1 Für die meisten von uns ist es ganz selbstverständlich, dass sie lesen und schreiben können. Es gibt aber zahlreiche Menschen, die das niemals richtig gelernt haben. Auch sehr viele Erwachsene gehören dazu [...]. Weltweit gibt es mehr als 800 Millionen Menschen, die das Lesen und Schreiben nie richtig gelernt haben, sie werden „Analphabeten" genannt. Besonders Menschen in den armen Ländern der Welt sind betroffen, aber auch in unserer Gesellschaft gibt es Analphabeten. [...] Ein Analphabet kann entweder überhaupt nicht schreiben und lesen, oder nur so schlecht, dass er im Alltag große Probleme hat (= funktionale Analphabeten). [...]

2 Stell dir einmal vor, du könntest nicht richtig lesen oder schreiben. Dann wird es schon schwierig, ein Bahnticket am Automaten zu ziehen oder beim Einkaufen zu wissen, um welchen Artikel es sich eigentlich handelt und wie viel er kostet. Es wäre nicht möglich, Freunden und Bekannten eine Nachricht, einen Brief oder eine schnelle SMS zu schreiben. Für uns selbstverständliche Kleinigkeiten des Alltags können für Analphabeten zu richtigen Hürden werden. Die meisten Menschen, die Probleme mit dem Lesen und Schreiben haben, [...] wollen ihre Schwäche nicht zugeben. [...]

3 Allein in Deutschland gibt es ungefähr 6,2 Millionen erwachsene Analphabeten. Dank unserer heutigen „Bilder-Welt" schaffen es viele der Betroffenen zwar, den Alltag zu bewältigen, doch sie haben es sehr schwer, fühlen sich oft unsicher und „minderwertig", sind deutlich eingeschränkt und müssen auf vieles verzichten, was uns ganz selbstverständlich erscheint. Außerdem haben sie keine guten Chancen, [...] Geld zu verdienen, denn die Fähigkeit, lesen und schreiben zu können, wird bei den meisten Tätigkeiten vorausgesetzt. [...]

4 In Deutschland besteht eine allgemeine Schulpflicht. Warum gibt es dann so viele Menschen, die dennoch nicht richtig lesen und schreiben können? [...] In vielen Fällen handelt es sich um Kinder, die von Armut betroffen sind und zu Hause kaum Unterstützung beim Lernen erhalten. Besonders Kinder aus ausländischen Familien, in denen nicht Deutsch gesprochen wird, haben es schwer, überhaupt die Sprache richtig zu erlernen. Dann wird es umso schwieriger für sie, lesen und schreiben zu lernen. Oft haben die betroffenen Kinder auch große Probleme, die sie beschäftigen [...], sodass sie sich in der Schule überhaupt nicht mehr konzentrieren können. Es gibt auch Kinder, die einfach eine Lese- und Schreibschwäche haben und etwas mehr Zeit benötigen würden, um lesen und schreiben zu erlernen.

(Quelle: www.helles-koepfchen.de/artikel/3500.html, 08.09. 2016, Stand 08.05.2019; Zahlen an aktuelle Studie angepasst)

11 „Herr der Diebe“ – Jugendroman und Film vergleichen

Konzeption des Kapitels

Im Mittelpunkt dieses Kapitels stehen der Jugendroman „Herr der Diebe“ (2000) von Cornelia Funke und dessen Verfilmung durch den Regisseur Richard Claus aus dem Jahr 2006. Zunächst untersuchen die Schülerinnen und Schüler anhand ausgewählter Ausschnitte den Jugendroman, um im Anschluss daran den Film zum Vergleich heranzuziehen. Dabei erwerben und vertiefen sie Kompetenzen, die auch auf die Analyse anderer Jugendromane und deren Verfilmungen übertragbar sind.

Das erste Teilkapitel (**„Eine Kinderbande in Venedig – Einen Jugendroman untersuchen“**) präsentiert verschiedene Ausschnitte aus dem Roman, in denen die Lernenden die wichtigsten Figuren des Werks kennenlernen. Dazu gehören der zwölfjährige Prosper und sein fünfjähriger Bruder Bo, Scipio, genannt der „Herr der Diebe“, sowie die anderen Mitglieder der Kinderbande. Die Schülerinnen und Schüler untersuchen mit Hilfe analytischer und produktiv-gestaltender Aufgaben Charakteristika der Figuren und deren Beziehungen zueinander sowie Handlungsverlauf und Schauplatz der Szenen. Dabei lernen sie auch, Figurenbeziehungen durch Figurenskizzen und Standbilder zu veranschaulichen. Außerdem leitet das Teilkapitel die Anfertigung und Präsentation einer Lesekiste an, in der persönliche Leseeindrücke gesammelt werden können. Zum Schluss werden in einem Test die wesentlichen Inhalte des Romans abgefragt, um das Textverständnis für den anschließenden Vergleich mit dem Film sicherzustellen.

Im zweiten Teilkapitel (**„Die Romanverfilmung – Filmsprache verstehen“**) vergleichen und reflektieren die Lernenden zunächst die Darstellung von Figuren, Schauplätzen und Handlung im Roman und im Film. Darüber hinaus vertiefen und erweitern sie ihr Wissen über wesentliche Elemente der Filmsprache: Sie wiederholen und nutzen bereits erworbene Kenntnisse zu den unterschiedlichen Einstellungsgrößen und lernen mit den verschiedenen Kameraperspektiven weitere Aspekte der Filmanalyse kennen.

Das dritte Teilkapitel (**„Projekt – Einen Romanauszug verfilmen“**) leitet die Schülerinnen und Schüler dazu an, einen Auszug aus dem Roman nach ihren eigenen Vorstellungen zu verfilmen. Dabei lernen sie, wie man ein Drehbuch erstellt und welche Aufgaben verteilt werden müssen (z. B. Schauspielerinnen und Schauspieler, Kamera, Aufnahmeleitung), um das Projekt gemeinsam zu meistern. Anschließend werden sie angeregt, die eigene Szene mit der Szene aus dem professionellen Film zu vergleichen, um Ähnlichkeiten und Unterschiede zu reflektieren.

Literaturhinweise

- *Abraham, Ulf:* Filme im Deutschunterricht. Klett, Stuttgart 2016
- *Beicken, Peter:* Wie interpretiert man einen Film? Reclam, Stuttgart 2007
- Filmdidaktik. Der Deutschunterricht 3/2008
- *Heß, Katharina / Schünemann, Luzia:* EinFach Deutsch Unterrichtsmodelle. Cornelia Funke: Herr der Diebe. Schöningh, Paderborn 2017
- *Hickethier, Knut:* Film- und Fernsehanalyse. J. B. Metzler, Stuttgart/Weimar, [5]2012
- *Hildebrand, Jens:* Film- und Fernsehrezeption bei Kindern und Jugendlichen. In: Klaus-Michael Bogdal / Hermann Korte (Hg.): Grundzüge der Literaturdidaktik. dtv, München 2006, S.134–146
- *Staiger, Michael:* Literaturverfilmungen im Deutschunterricht. Oldenburg, München 2010
- *Volk, Stefan:* Film lesen. Ein Modell zum Vergleich von Literaturverfilmungen mit ihren Vorlagen. Tectum, Marburg 2010
- www.kindertheater.de/fileadmin/kindertheaterverlag.de/pdf/Handreichungen/Herr_der_Diebe_Handr15.pdf

	Inhalte	Kompetenzen Die Schülerinnen und Schüler
S. 231	**11 „Herr der Diebe“ – Jugendroman und Film vergleichen**	– schließen von Cover und Filmplakat auf den Inhalt – aktivieren ihr Vorwissen zu „Herr der Diebe“ (Roman und Film) – berichten über ihre Erfahrungen mit Büchern und deren Verfilmungen
S. 232	**11.1 Eine Kinderbande in Venedig – Einen Jugendroman untersuchen** Figuren und Schauplatz kennenlernen *Cornelia Funke: Herr der Diebe (1) bis (3)*	– untersuchen den Handlungsablauf in verschiedenen Romanauszügen – erklären die Bedeutung des Schauplatzes für den Inhalt und die Handlung des Romans – untersuchen die Figurengestaltung und die Beziehungen zwischen den Figuren – visualisieren Figurenbeziehungen – versetzen sich in literarische Figuren und nähern sich ihnen durch produktiv-gestaltende Übungen (Verfassen eines Tagebucheintrags, eines Briefs, eines Dialogs) – erfassen einen Konflikt zwischen Figuren – bewerten eine Figur
S. 239	Das magische Karussell – Die Handlung spitzt sich zu *Cornelia Funke: Herr der Diebe (4)*	– untersuchen den Handlungsablauf – antizipieren die weitere Handlung – weisen in dem Roman Elemente verschiedener Genres nach (Fantasy-Literatur, Kriminalgeschichte, Abenteuergeschichte, Freundschaftsroman) – lesen den gesamten Roman – erstellen eine Lesekiste und vertiefen dabei ihr Textverständnis durch produktiv-gestaltende Aufgaben: Sammeln passender Gegenstände, Gestaltung der Lesekiste, Figurensteckbrief, Brief an eine Figur, Interview mit einer Figur, Zeichnen eines Comics – reflektieren die Methode „Lesekiste“
S. 243	Testet euch! – Rund um „Herr der Diebe“	– testen ihre Kenntnisse über den Inhalt des Romans
S. 244	**11.2 Die Romanverfilmung – Filmsprache verstehen** Roman und Film vergleichen – Einstellungsgrößen	– vergleichen anhand von Filmbildern Figuren, Handlung und Schauplätze in Roman und Film – erläutern die Wirkung unterschiedlicher Einstellungsgrößen
S. 246	Die Kamera erzählt – Kameraperspektiven	– erarbeiten verschiedene Kameraperspektiven und beschreiben deren Wirkung
S. 247	**11.3 Projekt – Einen Romanauszug verfilmen**	– erstellen ein Drehbuch und planen die Verfilmung eines Romanauszugs – verfilmen einen Romanauszug – vergleichen ihre Verfilmung mit der Darstellung der Szene im Film

11 „Herr der Diebe“ – Jugendroman und Film vergleichen

231 Zu Beginn der Unterrichtseinheit sammeln die Schülerinnen und Schüler Vermutungen und Wissen zu „Herr der Diebe“. Dabei kommen zunächst die Kinder zum Zug, die Roman und Film nicht kennen und aufgrund der Bildimpulse auf der Auftaktseite Vermutungen über Handlung, Figuren und Schauplatz anstellen.

1 **a** Durch das Betrachten des Covers und des Filmplakats können die Lernenden erste Eindrücke von Roman und Film „Herr der Diebe“ gewinnen. Damit diejenigen, die den Roman und/oder den Film noch nicht kennen, zunächst unbeeinflusst Vermutungen über den Inhalt anstellen können, äußern sich in der ersten Runde nur diese Lernenden.

Beide Abbildungen machen deutlich, dass die handelnden Figuren Kinder und Jugendliche sind. Während auf dem Buchcover nur der Junge mit der Maske zu sehen ist, zeigt das Filmplakat weitere Kinder. Der Titel legt nahe, dass es sich um eine Abenteuer- oder Kriminalgeschichte handelt. Die Maske könnte darauf hinweisen, dass der Junge möglicherweise der Herr der Diebe ist. Die Brücke sowie die Häuser und Kanäle verweisen auf den Schauplatz Venedig.

b In Runde 2 können alle, die den Roman und/oder den Film bereits kennen, ihr Vorwissen reaktivieren und unterschiedliche Handlungselemente nacherzählen. Womöglich werden auch bereits erste Unterschiede zwischen Roman und Film genannt (z. B. dass der Film mit der Flucht Prospers und Bos vor der Tante und ihrer ersten Zeit in Venedig beginnt).

2 Diese Aufgabe knüpft an das Vorwissen und die Erfahrungswelt der Schülerinnen und Schüler an. Vermutlich werden sie unterschiedlichste Bücher und deren Verfilmungen kennen und nennen. Diese Beispiele können dazu genutzt werden, allgemeine Vergleichsaspekte zu konkretisieren und zu vertiefen. Dies kann z. B. in Form eines Clusters an der Tafel geschehen:

11.1 Eine Kinderbande in Venedig – Einen Jugendroman untersuchen

232 Figuren und Schauplatz kennenlernen

232 Cornelia Funke: Herr der Diebe (1)

1 **a** Die Aufgabe soll das Verständnis der grundlegenden Ausgangssituation sichern:

Prosper und Bo sind Waisenkinder. Bo sollte nach dem Tod der Mutter bei der strengen Tante Esther bleiben, Prosper sollte in ein Internat kommen. Weil die Brüder zusammenbleiben möchten, sind sie ausgerissen und haben sich auf den Weg nach Venedig gemacht.

Hinweis: Venedig ist der Ort, von dem die verstorbene Mutter der Jungen oft gesprochen und geträumt hat. Aus dem Romanauszug geht das allerdings nicht hervor.

b Auch diese Aufgabe sichert das Textverständnis; darüber hinaus soll den Lernenden bewusst werden, welchen entscheidenden Wendepunkt es für Prosper und Bo bedeutet, dass sie auf Wespe, den Herrn der Diebe und die Kinderbande getroffen sind:

In Venedig war es bei ihrer Ankunft schon herbstlich kalt. Die Jungen hatten nur zu dünne Sommerkleidung dabei und kein Geld mehr. Bo litt unter einem starken Husten. Es ging ihm so schlecht, dass Prosper bereits aufgeben und sich freiwillig der Polizei stellen wollte, damit ihre Tante Bo abholen kommt. Später im Text ist über die Vorgeschichte noch zu erfahren, dass Prosper und Bo Hunger hatten und in ihrer Not stehlen mussten (vgl. Z. 24) und dass sie nachts auf der Straße geschlafen haben (vgl. Z. 59 f.).

2 a Durch das Gespräch der Figuren und Bos Gedanken (Z. 58–71) erhalten die Schülerinnen und Schüler erste Informationen über Scipio, den Herrn der Diebe:
- versteckt sein Gesicht hinter einer Maske (vgl. Vorspann)
- sorgt für die Kinder (vgl. Z. 25 ff.)
- mag es nicht, wenn es dreckig oder unaufgeräumt ist (vgl. Z. 36 f.)
- mag keine Mäusekötel (vgl. Z. 44)
- hat den Kindern das Versteck besorgt (vgl. Z. 45 f.)
- hält an diesem Versteck fest, obwohl es schwer zu heizen und unpraktisch ist (vgl. Z. 48 f.)
- nennt das Versteck „Sternenversteck“ (vgl. Z. 50)
- durch seine Hilfe müssen Bo und Prosper nicht mehr auf der Straße schlafen (vgl. Z. 58 ff.)
- durch seine Raubzüge haben sie warme Kleidung und Geld, um etwas zu essen zu kaufen, sodass sie nicht mehr zu stehlen brauchen (vgl. Z. 63–69)
- hat den Jungen wieder ein Zuhause geschaffen (vgl. Z. 69 f.)
- ist ein Dieb (vgl. Z. 71)

b Die Aufgabe bereitet auf die Charakterisierung der Figuren vor. Gleichzeitig machen sich die Schüler und Schülerinnen ihre Eindrücke von den Figuren bewusst.
- Prosper: ist mit seinem kleinen Bruder Bo auf der Flucht vor ihrer Tante. Er friert, hat Hunger und denkt viel über die Situation nach. Er macht sich Sorgen um Bo und fühlt sich für ihn verantwortlich. Er möchte nicht stehlen.
- Bo: ist mit seinem älteren Bruder Prosper auf der Flucht. Er möchte Scipio alles recht machen und hört auf das, was dieser sagt.
- Wespe: ist das einzige Mädchen in der Gruppe und hat Prosper und Bo von der Straße aufgelesen. Sie sieht manches an Scipio kritisch und sagt das auch.
- Scipio (vgl. auch Aufgabe 2 a): Er sorgt für die Kinder und gibt ihnen ein Zuhause, damit sie nicht auf der Straße leben und hungern, frieren und stehlen müssen. Allerdings finanziert er diese Unterstützung selbst mit Raubzügen. Er bestimmt über die Gruppe.

3 a Textstellen, die Venedig beschreiben:
- Es weht ein feuchter Wind (vgl. Z. 5 f.), die Gassen sind feucht (vgl. Z. 11).
- Es riecht nach Kaffee, süßem Gebäck und Mäusedreck (vgl. Z. 32 f.).
- Es gibt Gassen (vgl. Z. 51 f.), an manchen Stellen wimmelt es von Menschen (vgl. Z. 52).
- Abends hängt Nebel über den Kanälen und zieht durch die Gassen (vgl. Z. 61 f.).
- Im Innern der Stadt sind die Gassen eng und still (vgl. Z. 72 ff.), dort trifft man kaum Fremde (vgl. Z. 75).
- Katzen laufen herum (vgl. Z. 76), Tauben gurren (vgl. Z. 77).
- Es gibt sehr viel Wasser, das die hölzernen Pfähle umspült, auf dem Boote liegen (vgl. 79 f.) und über das sich zahlreiche Brücken spannen (vgl. Z. 78).
- Die Häuser sind alt und spiegeln sich im Wasser (vgl. Z. 80 f.).

Die Schülerinnen und Schüler werden die Wirkung, die von dieser Schilderung der Stadt ausgeht, individuell beschreiben, aber sie werden insgesamt zu dem Schluss gelangen, dass Venedig hier düster, fremd und geheimnisvoll wirkt.

b Diese Wirkung dürfte der Grund sein, warum Cornelia Funke die Geschichte in Venedig und nicht an einem hellen und fröhlichen Schauplatz spielen lässt. Der Schauplatz verstärkt das Geheimnisvolle, das auch die Figur des Herrn der Diebe und die gesamte Geschichte auszeichnet.

4 ⊕ Im letzten Satz wird das Wasser personifiziert („leckte“, Z. 79, „zeigte ... in seinem schwarzen Spiegel“, Z. 80 f.), wodurch es wie eine etwas unheimliche Macht erscheint. Auch die Häuser werden personifiziert („ihre alten Gesichter“, Z. 80 f.), wodurch das Alter der Stadt und der Verfall betont werden. Die Alliteration „schwarzen Spiegel“ (Z. 81) verdeutlicht die düstere Atmosphäre der Stadt.

234

Cornelia Funke: Herr der Diebe (2)

1 a Weitere Informationen über Scipio:

- Er besucht und weckt die Kinder mitten in der Nacht (vgl. Z. 1 ff., 26, 55 f.) und entschuldigt sich dafür (vgl. Z. 3 f.).
- Es gelingt ihm, in das verschlossene Versteck der Kinder einzudringen (vgl. Z. 9 f.).
- Er hat schlanke Finger und langes, pechschwarzes Haar, das er oft zu einem Zopf gebunden trägt (vgl. Z. 12–14).
- Er ist selbstbewusst (vgl. Z. 15 f.).
- Er ist etwas älter als Prosper, gibt sich gern erwachsen (vgl. Z. 17 f.).
- Er ist kleiner als Mosca, trägt hochhackige schwarze Lederstiefel, die ihm zu groß sind und die er auf Hochglanz poliert hat (vgl. Z. 18–22).
- Er trägt eine seltsame, lange schwarze Jacke (vgl. 22 ff.).
- Er erteilt Befehle und ist herablassend (vgl. Z. 26 f.).
- Er ist eitel („wie ein Gockel“, Z. 33).
- Nur Bo darf ihn Scip nennen (vgl. Z. 42 ff.).
- Er bringt den Kindern Diebesbeute, die er in einem Palazzo gestohlen hat (vgl. Z. 77 ff.).
- Er verhält sich den Kindern gegenüber arrogant (vgl. Z. 103–106) und beeindruckt sie mit seinem Diebesgut (vgl. Z. 107 ff.).
- Er ist schnell und wagemutig (vgl. Z. 114 ff.).
- Er ist im Waisenhaus aufgewachsen (vgl. Z. 131 f.) und von dort weggelaufen (vgl. Z. 135 f.).
- Er bringt andere in Verlegenheit (vgl. Z. 141) und entschuldigt sich dafür (vgl. Z. 148 ff.).
- Er ist der Versorger und Anführer der Kinder (vgl. Z. 160 f.).

b Die Antworten der Lernenden auf die Frage, ob sie gerne mit Scipio befreundet wären, hängen einerseits von ihrer Fantasie und Abenteuerlust (dem Wunsch, an den fiktiven Abenteuern der Figuren teilzuhaben) ab, andererseits von ihren Wertmaßstäben (Scipio ist ein Dieb – aber auch eine Art Robin Hood). Wichtig ist, dass die Schülerinnen und Schüler ihre Antwort begründen.

2 Die Schülerinnen und Schüler untersuchen die Beziehungen der einzelnen Figuren zu Scipio mit produktiv-gestaltenden Aufgaben, die ihnen eine Perspektivübernahme ermöglichen. Ihnen stehen dafür Aufgaben auf drei Differenzierungsniveaus zur Auswahl.

●○○ a Auf diesem Niveau geht es um die Beziehung zwischen Bo und Scipio. Diese ist am wenigsten komplex, da Bo noch jung ist und Scipio bewundert, während dieser ihm als Jüngstem am meisten durchgehen lässt.
Beispiellösung für einige Sätze, die verdeutlichen, was Bo über Scipio denkt:
Ich finde Scip einfach großartig, weil er mutig ist, viele Abenteuer erlebt und uns allen hilft. Als Einziger darf ich Scip zu ihm sagen, zu mir ist er immer nett!

●●○ b Komplexer ist die Beziehung zwischen Scipio und Wespe, die den Herrn der Diebe auch kritisch sieht. Aus der Sicht dieser Figur verfassen die Lernenden auf der Basis verschiedener Stellen im Text (u. a. Z. 26 ff., 52–58, 142–147) einen Tagebucheintrag, der zeigt, was Wespe über Scipio denkt.
Beispiellösung:
Klar, Scipio hilft uns allen, wir haben zu essen, warme Kleider und ein Dach über dem Kopf, weil er für uns klaut. Es ist schon großartig, wie er kostbare Beute macht, ohne erwischt zu werden. Aber wie ich seinen Ton hasse, wenn er mit uns redet, so arrogant und herablassend! Immer lässt er es uns fühlen, dass wir von ihm abhängig sind. Letzte Nacht hat er wieder ganz extrem den „Herrn der Diebe“ gespielt. Den armen Riccio hat er fertiggemacht, obwohl der ihn genauso bewundert wie der kleine Bo und ihm fast die Füße küsst. Aber da konnte ich mich nicht mehr zurückhalten und habe ihm meine Meinung gesagt. Und tatsächlich: Der Herr der Diebe hat sich bei Riccio entschuldigt!

••• **c** Noch schwieriger zu deuten ist das Verhältnis zwischen Riccio und Scipio, da Riccio den Herrn der Diebe einerseits bewundert, dieser ihn andererseits in Verlegenheit bringt. Um dieses Verhältnis in einem Tagebucheintrag aus Riccios Perspektive darzustellen, muss die längste Textpassage sehr genau ausgewertet werden.
Beispiellösung:
Scipio ist der Größte! Letzte Nacht hat er den Palazzo Contarini ausgeraubt! Und das, obwohl wir den gar nicht ausgekundschaftet hatten. Sogar die Zeitung hat davon berichtet. Schlau ist er auch noch, der Herr der Diebe, kennt sich bei den feinen Leuten aus. Er weiß, was eine Zuckerzange ist. Dabei kommt er wie ich aus dem Waisenhaus. Aber warum ist er nur manchmal so grob zu mir? Hat getan, als sei ich der Dümmste unter uns allen, weil ich nicht wusste, was eine Zuckerzange ist. Dass ich gerne Comics lese, gefällt ihm auch nicht. Ob er etwas gegen mich hat? Wespe traut sich was, sie hat mich verteidigt. Das hätte ich gar nicht erwartet.

d Nachdem sie einander die Gedanken der jeweiligen Figuren vorgelesen haben, veranschaulichen die Lernenden die Beziehungen aller Figuren in einer Figurenskizze. Durch die Visualisierung werden die Überlegungen zu den jeweiligen Beziehungen zusammengeführt und die Beziehungen zwischen allen Kindern deutlich.
Vorschlag für ein Tafelbild:

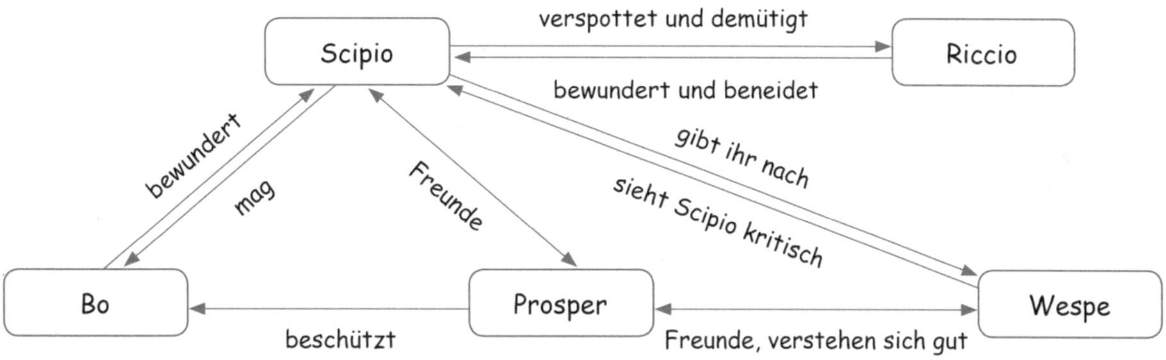

3 Das Standbildverfahren ist gut geeignet, weil die Lernenden Bilder (Mimik, Gestik, Körpersprache, Abstände) finden müssen, um ihr Verständnis der Figuren zum Ausdruck zu bringen und die Beziehungen zwischen den Figuren zu visualisieren.

237 **Cornelia Funke: Herr der Diebe (3)**

1 **a** Prosper und Bo erfahren in diesem Romanauszug Scipios wahre Herkunft. Er hat die Kinder belogen und ihnen die ganze Zeit über etwas vorgemacht. Er ist kein armes Waisenkind, das seinen und den Lebensunterhalt der Kinder durch abenteuerliche Raubzüge finanziert, sondern er stammt, im Gegenteil, aus einem sehr wohlhabenden Elternhaus und hat Vater und Mutter.

b Prosper erkennt, dass Scipio noch nie in seinem Leben irgendwo eingebrochen ist, sondern das „Diebesgut" einfach von Zuhause mitgebracht hat. Er ist auch nie auf geheimnisvolle Weise in das Sternenversteck der Kinder eingedrungen, sondern besitzt einen Schlüssel.

2 Im Gegensatz zu seinem bisherigen Auftreten wirkt Scipio in seinem Zuhause gar nicht selbstbewusst, sondern belastet und verhalten, er hat Angst vor seinem Vater. Anders als sonst ist er wie ein Junge „aus gutem Hause" gekleidet und trägt natürlich auch keine Maske.
Sein Aussehen und sein Verhalten werden an folgenden Textstellen deutlich:
- „das Gesicht blass und fremd" (Z. 7)
- „Dann kam er mit bleischweren Schritten die Treppe herunter." (Z. 7–9)
- „Auf der letzten Stufe zögerte er [...]." (Z. 11 f.)
- „bis Scipio den Kopf senkte" (Z. 13 f.)
- „Seine Stimme klang anders als sonst, als wäre er nicht sicher, ob er die richtigen Worte finden würde." (Z. 23–25)
- „Kleiner kam er Prosper auch vor, aber vielleicht lag das [...] daran, dass er seine hochhackigen Stiefel nicht trug." (Z. 25–28)

- „Er war gekleidet wie eins der reichen Kinder [...], ohne sich zu bekleckern." (Z. 28–33)
- „antwortete Scipio mit belegter Stimme" (Z. 41 f.)
- „Scipio schien nicht zu wissen, wo er hingucken sollte. Unruhig fingerte er an seiner seidenen Weste herum." (Z. 49–51)
- „Er sah, wie Scipio einen erschrockenen Blick nach oben warf." (Z. 79 f.)

3 Mit dieser Aufgabe wird den Schülerinnen und Schülern erneut eine Perspektivübernahme ermöglicht. Für die produktiv-gestaltenden Arbeitsaufträge stehen ihnen Übungen auf drei Differenzierungsstufen zur Auswahl.

●○○ **a** Auf dieser Stufe versetzen sich die Schülerinnen und Schüler in Prosper und verfassen einen Tagebucheintrag, in dem deutlich wird, wie er die Situation mit Scipio erlebt hat. Prosper ist zutiefst enttäuscht von Scipio und traurig und wütend, dass der Herr der Diebe die Kinder so belogen und betrogen hat. Im Tagebucheintrag sollten die Lernenden die Situation aus Prospers Perspektive noch einmal Revue passieren lassen, wobei seine Gedanken und Gefühle deutlich werden sollten.
Beispiellösung:

> Was Bo und ich heute erlebt haben, ist wirklich die Höhe! Scipio hat uns belogen und betrogen! Und wir waren so blöd, ihm zu glauben. Er spielt den mutigen Dieb, der hilfsbereit uns arme Straßenkinder unterstützt. In Wirklichkeit ist er das verwöhnte Söhnchen aus reichem Elternhaus. Ich fass es nicht! Wie konnten wir ihm nur vertrauen? Hochnäsig war er ja schon immer. Das hätte uns stutzig machen sollen! Der Bursche erzählt uns, dass er in alte Palazzi einbricht und kostbare Dinge klaut, dabei wohnt er selbst in einem solchen Palast, und die Beute hat er bestimmt daheim mitgehen lassen. Den armen Riccio hat er mit seiner Überheblichkeit verlegen gemacht. Zu Hause hat Scipio selbst Angst vor seinem arroganten Vater. Oh, bin ich wütend!

●●○ **b** Auch in dem Brief an Scipio sollen die Lernenden die Situation aus Prospers Sicht Revue passieren lassen und seine Gedanken und Gefühle verdeutlichen. Hier müssen jedoch zusätzlich der Adressatenbezug sowie die formalen Aspekte des Briefs berücksichtigt werden.
Beispiellösung:

> Venedig, 28. November 20XX
>
> Lieber Scipio,
>
> das Treffen mit dir heute Nachmittag in deinem Elternhaus hat mich furchtbar enttäuscht. Wahrscheinlich kannst du dir nicht vorstellen, wie wütend ich bin! Was hast du dir denn dabei gedacht, uns so zu betrügen und zu belügen?
>
> Du hast vor uns den mutigen Dieb gespielt, der hilfsbereit uns arme Straßenkinder unterstützt. In Wirklichkeit hast du reiche Eltern und lebst in einem Palast! Hast du uns von wagemutigen Einbrüchen und Abenteuern erzählt, damit wir dich bewundern? Deine Diebesbeute hast du wahrscheinlich daheim mitgenommen, nicht wahr? Und in unser Sternenversteck bist du mit einem Schlüssel gelangt, nicht durch magische Kräfte. Ist es nicht so?
>
> Du warst oft überheblich und wir haben uns viel zu wenig gewehrt, weil wir geglaubt haben, dass du unser Freund und Beschützer bist. Warum hast du uns so angelogen? Ich habe mit den anderen gesprochen. Wir erwarten, dass du dich mit uns triffst und uns erklärst, was da passiert ist. Bitte melde dich.
>
> Viele Grüße
> Prosper

●●● **c** Das Verfassen eines Dialogs zwischen Prosper und Scipio ist nochmals anspruchsvoller, da hier nicht nur Prospers Perspektive, sondern auch die Scipios eingenommen werden muss. Neben Prospers Gedanken und Gefühlen, die in den Teilaufgaben 3 a und 3 b in verschiedenen Textsorten formuliert

werden, sollte also auch überlegt werden, was Scipio dazu veranlasst haben könnte, sich als „Herr der Diebe“ auszugeben und die Kinder zu belügen. Was könnte er zu seiner Verteidigung vorbringen und wie steht er selbst zu seiner Herkunft? Hier könnten die Lernenden das schlechte Verhältnis zu seinem autoritären Vater und zu seiner oft abwesenden Mutter thematisieren.
Der Dialog könnte so beginnen:

PROSPER: Du machst mich wütend! Warum hast du uns denn so belogen?
SCIPIO: Ich weiß selbst nicht genau, wie das gekommen ist. Zu Hause ist es schrecklich und in der Schule habe ich überhaupt keine Freunde, weil mein Vater mich nie irgendwo hingehen lässt. Also bin ich nachts heimlich weggelaufen, habe mich durch die Gassen treiben lassen und eines Tages die anderen Kinder getroffen.
PROSPER: Du hast vor uns den mutigen Dieb gespielt, der uns arme Straßenkinder unterstützt. In Wirklichkeit hast du reiche Eltern und lebst in einem Palast!
SCIPIO: Ja, aber schön ist das nicht. Ständig muss ich machen, was mein Vater mir befiehlt. Meine Mutter ist nie da.
PROSPER: Hast du uns von wagemutigen Einbrüchen und Abenteuern erzählt, damit wir dich bewundern?
SCIPIO: Vielleicht wollte ich, dass mich einmal jemand bewundert, wie die Helden in den Büchern und Filmen. Für meinen Vater bin ich eine Null. Er schimpft nur, nie bin ich gut genug, ständig schickt er mich zum Nachhilfeunterricht. …

d Nach dem Vorlesen ihrer Arbeitsergebnisse stellen die Schülerinnen und Schüler Vermutungen an, wie es mit der Beziehung zwischen Scipio und den anderen Kindern weitergehen könnte. Dabei können sie ihre eigenen Vorstellungen von Freundschaft und Vertrauen einbringen.

4 Die Aufgabe gibt den Lernenden die Gelegenheit, zu Scipios Verhalten Stellung zu nehmen. Beide Sichtweisen auf Scipio und die Beweggründe für sein Verhalten sind denkbar:
1. Er ist ein reiches Kind, das sich für Straßenkinder einsetzt.
2. Er ist ein verwöhnter Junge, der aus Abenteuerlust andere Kinder ausnutzt.

Einige mögliche Gründe und Textbelege für These 1:
- Scipio ist fürsorglich, er besorgt Unterkunft, Schuhe und Wertgegenstände für den Unterhalt der Kinder (vgl. z. B. S. 232, Z. 24–26; S. 233, Z. 45 f. und 58–67).
- Scipio entlastet die Kinder moralisch: Sie müssen nicht stehlen (vgl. S. 233, Z. 68 f.).
- Er mag die Kinder wirklich, denn er entschuldigt sich bei Riccio (vgl. S. 236, Z. 149 f.).
- Er will den Kindern wirklich helfen, denn er gibt ihnen Wertgegenstände seiner Familie, die also auch ihm gehören (werden) (vgl. S. 238, Z. 80–82).

Einige mögliche Gründe und Textbelege für These 2:
- Scipio lässt die Kinder bedenkenlos in einem kalten Versteck hausen (vgl. S. 233, Z. 46–49).
- Er ist herrisch, arrogant und wird gerne bewundert (vgl. z. B. S. 234, Z. 26 f., 33, sowie S. 235, Z. 105 f.)

Mögliche Zusatzaufgabe
Erstellt eine Positionslinie, um eure Meinung zu verdeutlichen. Denkt euch dazu eine Linie im Klassenraum von einer Wand zur anderen. Am einen Ende der Linie steht die Position: „Scipio ist ein reiches Kind, das sich für Straßenkinder einsetzt“, am anderen Ende die Position „Scipio ist ein verwöhnter Junge, der aus Abenteuerlust die Kinder ausnutzt.“ Stellt euch entlang der Linie auf. Je näher ihr euch zu einer Position stellt, desto mehr stimmt ihr dieser zu. Begründet und diskutiert eure Meinungen.

5 ⊕ Bereits im zweiten Textauszug gibt es Hinweise darauf, dass Scipio ein anderer ist, als er vorgibt zu sein. Diese Hinweise haben die Lernenden beim ersten Lesen vermutlich nicht wahrgenommen; sie sollen ihnen durch diese Aufgabe deutlich werden:
- Scipio dringt in das Sternenversteck ein, obwohl alles verriegelt ist.
- Er behauptet, einen anderen Palazzo ausgeraubt zu haben als geplant, weil in der Zeitung über diesen Diebstahl berichtet wird.
- Er weiß, was eine Zuckerzange ist.

239

Das magische Karussell – Die Handlung spitzt sich zu

239

Cornelia Funke: Herr der Diebe (4)

1 Die Schülerinnen und Schüler nähern sich diesem Romanauszug mit Hilfe von Texterschließungsfragen. Hier die Antworten:
- Wenn man ein paar Runden mit dem Karussell fährt, werden angeblich aus Kindern Erwachsene und aus Erwachsenen wieder Kinder.
- Das Karussell stand ursprünglich auf dem Hof des Waisenhauses der Barmherzigen Schwestern. Dann wurde es von dort geraubt und ist seitdem verschwunden.
- Der Auftraggeber der Kinder, der Conte, weiß vermutlich, wo sich das Karussell heute befindet.
- Der hölzerne Löwenflügel ist bei dem Raub des Karussells zurückgeblieben. Es dreht sich nicht, solange es nicht vollständig ist und der Löwe seinen zweiten Flügel nicht hat.

2 **a** Die Fotografin Ida Spavento ist bereit, den Kindern den hölzernen Löwenflügel zu überlassen, damit sie diesen dem Conte geben können. Im Gegenzug möchte sie die Kinder begleiten, wenn sie dem Conte den Flügel bringen, und ihm gemeinsam mit den Kindern folgen, um herauszufinden, wo das Karussell steht.

b Es ist sehr wahrscheinlich, dass sich die Kinder im Roman auf diesen Handel einlassen werden, denn das ist für sie die einzige Möglichkeit, den hölzernen Löwenflügel zu bekommen, nachdem sie von Ida Spavento beim Versuch, ihn zu stehlen, erwischt worden sind.

3 Unter Berücksichtigung von zwei kurzen Textstellen überlegen die Schülerinnen und Schüler, wie die Handlung um das magische Karussell weitergehen könnte.
- Die erste Textstelle weist darauf hin, dass die Kinder entschlossen sind, das Karussell schnell zu finden, weil der Conte schon alt ist und nicht mehr lange zu leben hat.
- Die zweite Textstelle deutet an, dass Scipio sich nicht abwimmeln lassen wird, weil er das magische Karussell unbedingt nutzen will, um sofort erwachsen zu werden und seinem Vater zu entkommen.

Die Schülerinnen und Schüler werden vermutlich annehmen, dass die Kinder im Roman, wie von Ida Spavento vorgeschlagen, dem Conte nach der Übergabe des hölzernen Löwenflügels heimlich folgen, um das magische Karussell zu finden.

4 ⊕ In dieser Zusatzaufgabe weisen die Lernenden Beispiele für die verschiedenen Genres, die sich in dem Roman finden, nach.
Vorschlag für ein Tafelbild:

Genres in „Herr der Diebe“			
Fantasy-Elemente	**Elemente einer Kriminalgeschichte**	**Elemente einer Abenteuergeschichte**	**Elemente eines Freundschaftsromans**
– das magische Karussell	– Einbrüche und Diebstähle – Suche nach dem hölzernen Löwenflügel und dem Karussell	– Ausreißen der Kinder – Suche nach dem Karussell	– Freundschaft zwischen den Kindern – Vertrauensbruch durch Scipio

5 Bevor die Schülerinnen und Schüler den gesamten Roman lesen, gestalten sie eine Lesekiste (vgl. S. 242 im Schülerband und die Hinweise dazu auf S. 287 in diesen Handreichungen.)

242 Methoden und Arbeitstechniken: Eine Lesekiste gestalten

Die Arbeitsschritte leiten die Schülerinnen und Schüler dazu an, während der Lektüre des gesamten Romans ihre persönlichen Leseeindrücke zu sammeln: indem sie die Lesekiste zum Text passend gestalten, passende Gegenstände (oder Fotos) suchen und eine Inhaltsangabe sowie die Ergebnisse verschiedener produktiv-gestaltender Schreibaufträge (Figurensteckbrief, Brief an eine Figur, Interview mit einer Figur, Comic zu einer Textstelle) in der Lesekiste aufbewahren.
Abschließend reflektieren die Lernenden, ob ihnen diese Methode geholfen hat, das Buch besser zu verstehen.

243 Testet euch! – Rund um „Herr der Diebe“

1 Die Aufgabe dient der abschließenden Sicherung des Textverständnisses und der Kenntnisse über den Roman.
Lösungshinweise senkrecht:
- Das Karussell macht Erwachsene zu Kindern.
- Victor verrät, wo Scipio wirklich wohnt.
- Bos und Prospers Tante heißt Esther.
- Scipio lebt in einem prächtigen Palazzo.
- Scipio lebte früher angeblich in einem Waisenhaus.
- Das Karussell macht Kinder zu Erwachsenen.

Lösungshinweise waagerecht:
- Nach dem Tod seiner Mutter soll Prosper ins Internat.
- Wespe nimmt die Kinder mit ins Sternenversteck.
- Der Conte möchte den Holzflügel haben.
- Die Kinder verkaufen ihr Diebesgut an Barbarossa.
- Das Sternenversteck war früher ein Kino.
- Der Holzflügel gehört zu einem Löwen (im Rätsel: LOEWEN).
- Ida möchte von dem Karussell Fotos machen.

2 Das Lösungswort lautet: Bonifazius.

In der digitalen Version findet sich der Anfang des Romans „Herr der Diebe“ von Cornelia Funke als Hörtext, gesprochen von Martin Klemm. Der Hörtext wird begleitet von einem passgenauen Arbeitsblatt mit Übungen zum Hörverstehen und Lösungshinweisen.

11.2 Die Romanverfilmung – Filmsprache verstehen

MK

244 Roman und Film vergleichen – Einstellungsgrößen

Der Vergleich des Romans „Herr der Diebe“ mit der Verfilmung stellt für Sechstklässler eine überschaubare, aber dennoch interessante Herausforderung dar: Orte, Figuren und Handlungsverlauf des Films stimmen weitestgehend mit der Romanvorlage überein. So können sich die Schülerinnen und Schüler, die den Roman bereits gut kennen, im Film schnell orientieren. Dennoch unterscheidet sich der Handlungsverlauf im Film zum Teil vom Buch, was die Verfilmung auch für Kinder, die den Roman kennen, interessant macht.
In dieser Unterrichtseinheit vertiefen und erweitern die Schülerinnen und Schüler ihre Kenntnisse der Filmsprache. Sie wenden an einem neuen Beispiel an, was sie über Einstellungsgrößen und deren Wirkungen aus der 5. Jahrgangsstufe bereits wissen, und werden nun auch mit den unterschiedlichen Kameraperspektiven und deren Wirkungen vertraut gemacht.

1 **a/b** Das Betrachten der Filmbilder soll die Lernenden einerseits dazu anregen, ihr Wissen zum Romaninhalt zu reaktivieren, und sie andererseits für erste Unterschiede zwischen Roman und Film sensibilisieren.

- Auf dem ersten Bild (oben links) ist der Canale Grande zu sehen, das Boot gleitet an hohen, alten Häusern und Palazzi vorbei.
- Auf dem zweiten Bild (oben rechts) ist die Kinderbande im Sternenversteck zu sehen: Mosca, Wespe, Bo, Prosper und Riccio (von links nach rechts). Die fünf Kinder befinden sich im Gespräch mit einer sechsten Person, zu der sie alle hinschauen. Die Lernenden können hier schon Rückschlüsse ziehen, dass es sich wahrscheinlich um Scipio bei einem seiner nächtlichen Besuche im Sternenversteck handelt. Dafür spricht auch, dass Wespe und Mosca Schlafkleidung tragen. An Prospers Position und Körperhaltung wird deutlich, dass er seinen kleinen Bruder Bo beschützt. Bos Schal zeigt an, dass er erkältet ist.
- Mit Hilfe der Bildunterschrift können die Lernenden feststellen, dass es sich bei dem Mann auf dem dritten Foto (Mitte links) um den Antiquitätenhändler Barbarossa handeln muss. Dies lassen auch seine zahlreichen Ringe, sein Bart und sein roter Mantel vermuten.
- Auf dem vierten Bild (Mitte rechts) wird die Kinderbande, angeführt von Scipio mit seiner Halbmaske, auf dem Markusplatz gezeigt. Die Bande tritt geschlossen auf und Scipio erscheint durch seinen aufrechten Gang besonders selbstbewusst.
- Auf dem fünften Bild (unten links) ist der hölzerne Löwenflügel des magischen Karussells der Barmherzigen Schwestern zu sehen.
- Auf dem letzten Bild (unten rechts) ist Scipio in feiner Kleidung mit weißem Hemd neben seinem aufgebrachten Vater zu sehen; Scipio hält den Kopf gesenkt und blickt zu Boden. Aus dem Romanausschnitt 3 (S. 237 f. im Schülerband) wissen die Lernenden, dass Scipios Vater sehr autoritär ist und seinen Sohn einschüchtert.

2 Es ist anzunehmen, dass die meisten Lernenden sich die Figuren beim Lesen anders vorgestellt haben. Vor allem wenn sie den gesamten Roman gelesen haben, werden ihnen Unterschiede auffallen. So ist Wespes Erkennungsmerkmal im Buch beispielsweise ihr hüftlanger, geflochtener Zopf und Barbarossa wird, wie der Name es nahelegt, durch seinen rot gefärbten Bart gekennzeichnet. Aber auch ohne konkrete Hinweise liegen Lesevorstellungen und filmische Umsetzungen oft weit auseinander. Hier ist es wichtig, die Schülerinnen und Schüler für mögliche Gründe dafür zu sensibilisieren. In diesem Zusammenhang kann auch diskutiert werden, ob es besser ist, zuerst ein Buch und dann dessen filmische Umsetzung zu rezipieren oder andersherum.

3 **a** Die Aufgabe lenkt den Blick bereits auf die Einstellungsgrößen, ohne dass der Begriff genannt wird. Damit wird zunächst indirekt ein wichtiges Element der Filmsprache eingeführt bzw. vertieft. Es sollte deutlich werden, dass es Bilder gibt, auf denen der gesamte Schauplatz zu sehen ist, sodass man einen Überblick über das Geschehen und die Atmosphäre erhält (Bild 1 und Bild 4). Des Weiteren gibt es Fotos, bei denen die Kamera nah an den Gesichtern der Darsteller ist. So kann man beispielsweise den überheblich fragenden Blick von Barbarossa (Bild 3) und die Wut von Scipios Vater (Bild 6) gut erkennen. Zu guter Letzt sollte den Lernenden auffallen, dass auf Bild 5 nur ein Detail, in diesem Fall das Foto des hölzernen Löwenflügels, gezeigt wird, um dessen Bedeutung für den Fortlauf der Geschichte zu betonen.

b Nun benennen die Lernenden mit Hilfe des Merkkastens die Einstellungsgrößen:

- Bild 1: Totale
- Bild 2: Halbnah
- Bild 3: Nah
- Bild 4: Totale
- Bild 5: Detail
- Bild 6: Nah

4 Hier überlegen die Lernenden, welche Einstellungsgrößen zu vorgegebenen Szenen passen. Je nachdem, wie sie die Szenen erklären, sind individuelle Lösungen denkbar, doch bestimmte Umsetzungen bieten sich an.

Vorschlag für ein Tafelbild:

Szene	Einstellungsgröße	Absicht
1	Detail	um den Fokus auf das Foto zu legen
2	Nah oder Halbnah	um die Gefühle der Figuren einzufangen
3	Halbnah oder Totale	um die prachtvolle Villa zu zeigen

5 Die Schülerinnen und Schüler sehen und untersuchen nun den Film und achten dabei insbesondere auf Unterschiede zum Roman. Für die Untersuchung stehen den Gruppen Aufgaben auf drei Differenzierungsniveaus zur Verfügung.

●○○ a Team 1 untersucht die Figuren: Das Figurenensemble unterscheidet sich im Film und im Roman nicht. Jedoch werden einige Figuren etwas anders dargestellt. So wirkt Scipios Vater im Film beispielsweise aggressiver als im Buch. Barbarossa trägt im Buch einen rot gefärbten Bart und Wespe hat dort einen hüftlangen, spitzen Zopf (daher ihr Name).

●●○ b Team 2 analysiert die Handlung: Grundsätzlich ähneln sich die Handlungen in Film und Buch. Besonders auffällig sind jedoch die verschiedenen Anfänge. Der Film beginnt mit der Flucht der Brüder Prosper und Bo nach Venedig und damit, wie sie sich dort durchschlagen, ehe sie Scipio kennenlernen. Das Buch fängt mit einer Schilderung des Handlungsortes Venedig aus der Sicht des Detektivs Victor an. Hier sind die Brüder schon zu Beginn Teil der Kinderbande. Darüber hinaus wird die Figur Ida im Film früher eingeführt als im Buch.

●●● c Team 3 untersucht die Schauplätze: Auch diese ähneln sich in Buch und Film. Das Sternenversteck wird im Buch jedoch ärmlicher beschrieben, als es im Film aussieht. Dort wirkt es z. B. durch den Sternenvorhang glanzvoller. In den Szenen, die bei Tage in Venedig spielen, erscheint die Stadt im Film auch nicht so düster und verfallen wie im Buch.

d Nach dem Zusammenführen der Ergebnisse diskutieren die Lernenden, ob sie Abweichungen zwischen Film und Roman stören oder ob diese den Film eher interessanter machen. Die Antworten dürften individuell unterschiedlich ausfallen.

246 MK

Die Kamera erzählt – Kameraperspektiven

Mit der Kameraperspektive wird ein weiteres wichtiges Element der Filmsprache eingeführt. Die Lernenden sollen hier für die jeweilige Wirkung der verschiedenen Perspektiven sensibilisiert werden.

1 Zunächst beschreiben die Schülerinnen und Schüler die Filmbilder mit Hilfe ihrer Textkenntnis und der Bildunterschrift:

- Bild 1 (links oben): Nachdem die Kinder bei Ida Spavento eingebrochen sind, freunden sie sich mit ihr an und sie präsentiert ihnen den Löwenflügel. Auf dem Bild sitzen sie staunend rund um den Küchentisch und betrachten den hölzernen Flügel, der in eine Decke eingewickelt ist. Während Scipio etwas abseits sitzt, hocken die übrigen Bandenmitglieder alle nah beieinander. Ida steht etwas weiter weg im Hintergrund und betrachtet das Geschehen.
- Bild 2 (rechts oben): Man sieht von oben auf das magische Karussell auf der Isola Segreta. Nachdem die Bande den fehlenden Flügel von Ida erhalten und dem Conte übergeben hat, sind Prosper und Scipio dem Conte auf die Isola Segreta gefolgt.
- Bild 3 (links unten): Scipio ist nach seiner Fahrt mit dem magischen Karussell als erwachsener junger Mann vor der Karussellfigur des Seepferdchens zu sehen. Dankbar und würdevoll hebt er seine Hände Richtung Himmel.
- Bild 4 (rechts unten): Auf dem vierten Bild spricht der erwachsene Scipio selbstbewusst mit den sichtlich verunsicherten Hartliebs (Onkel und Tante von Bo und Prosper) über Bos Zukunft: Sie sollen den Jungen in Ruhe lassen; Bo soll mit Prosper bei Ida Spavento aufwachsen (wobei Letzteres aus der Bildunterschrift nicht hervorgeht).

2 **a/b** Mit Hilfe des Informationskastens beschreiben die Lernenden die Kameraperspektiven bei den Fotos und ihre Wirkungen:
- Bild 1: Die Normalperspektive stellt das Geschehen neutral da, sodass man einen guten Überblick erhält.
- Bild 2: Durch die Vogelperspektive kann man das gesamte Karussell mit seinen einzelnen Elementen gut erkennen.
- Bild 3: Die extreme Froschperspektive lässt den nach der Karussellfahrt erwachsenen Scipio besonders groß und überlegen erscheinen.
- Bild 4: In der Normalperspektive befindet sich die Kamera auf Augenhöhe – so, wie nun Scipio auf Augenhöhe mit den hartherzigen Hartliebs spricht.

11.3 Projekt – Einen Romanauszug verfilmen

MK

247

Das Teilkapitel leitet die Lernenden an, einen Auszug aus dem Roman nach ihren eigenen Vorstellungen zu verfilmen. Dabei wenden sie ihre Textkenntnis an und üben und vertiefen, was sie über die Elemente der Filmsprache gelernt haben. Überdies lernen sie, wie man einen Drehplan erstellt und welche Aufgaben bei einem solchen Projekt übernommen werden müssen. Zum Drehen können Smartphones, Tablets oder – wenn vorhanden – eine Digitalkamera verwendet werden (vgl. Aufgabe 4).
Die Kopiervorlage „Einen Romanauszug verfilmen – Zusatzmaterial zum Projekt“ (S. 296–298 in diesen Handreichungen und digital) bietet einen weiteren Auszug aus „Herr der Diebe“ zum Markieren, ergänzt durch gezielte Aufgabenstellungen zum Erstellen eines Drehplans und zum Verfilmen.

1 Zunächst untersuchen die Schülerinnen und Schüler beispielhaft, wie die Verfilmung in einem markierten Textauszug vorbereitet wurde:
- Die wörtliche Rede Scipios und Prospers wurde in unterschiedlichen Farben markiert.
- Eine Regieanweisung (zur Sprechweise) wurde unterstrichen.
- Hinweise, die für die Requisite und die Maske von Bedeutung sind, wurden umkreist.

2 Die auf dieser Seite im Schülerband angerissene Szene findet sich vollständig im Romanauszug 2 auf Seite 234 bis 236 im Schülerbuch. Sie eignet sich gut zum Verfilmen in der Klasse, da sie nur innerhalb des Sternenverstecks spielt und alle Kinder beteiligt sind. Somit werden fünf Schauspieler und eine Schauspielerin benötigt. Um auch alle weiteren Aufgaben – Kamera, Szenenbild, Aufnahmeleitung – zu besetzen, bietet es sich an, Gruppen von 10 bis 14 Schülerinnen und Schülern zu bilden, je nachdem, ob man die Aufgaben einzeln oder doppelt besetzen möchte. Denkbar ist es auch, dass die gesamte Klasse an der Umsetzung einer Szene arbeitet. Bei mehreren Gruppen muss vorher entschieden werden, ob alle Schülerinnen und Schüler dieselbe Szene verfilmen oder ob verschiedene Szenen zur Auswahl gestellt werden.

3 Bei der Vorbereitung des Drehbuchs können sich die Lernenden an dem Auszug auf S. 247 im Schülerbuch orientieren.

4 Wegen der großen Gruppen bietet es sich an, dass die Schülerinnen und Schüler den Drehplan als Hausaufgabe erstellen und ihre Drehpläne anschließend in der Schule miteinander vergleichen, um sich auf eine Version zu einigen.

5 Da die Expertise des Teams 5 (Ton und Schnitt) erst nach Abschluss der Dreharbeiten gebraucht wird, sollten dessen Mitglieder zuvor auf die anderen Teams verteilt werden.

6 Eine schriftliche Einverständniserklärung ist für die Schauspielerinnen und Schauspieler aus juristischen Gründen unabdingbar. Diese muss von den Erziehungsberechtigten und von der Schülerin / dem Schüler unterschrieben werden. Vorformulierte Einverständnisverklärungen lassen sich im Internet finden. Es ist sinnvoll, den Sinn einer solchen Einverständniserklärung mit den Schülerinnen und Schülern zu besprechen.

7 Zum Drehen der Szene kann je nach Wunsch und Ausstattung der Schule oder der Lernenden ein Smartphone, ein Tablet oder eine Digitalkamera verwendet werden. Beim Tablet oder Smartphone muss jedoch sichergestellt werden, dass die Tonqualität ausreicht.

8 Der Vorteil beim Dreh mit dem Smartphone oder dem Tablet ist, dass darauf häufig schon Videoschnittprogramme vorinstalliert sind. Verständliche Anleitungen zum Umgang mit verschiedenen Schnittprogrammen lassen sich auf den gängigen Videoplattformen finden.

9 Beim Vergleich mit der Szene aus dem professionellen Film bietet sich die Möglichkeit, zunächst auf das Fachwissen der einzelnen Teams zurückzugreifen und diese zu Unterschieden bei der Darstellung, den Kameraeinstellungen und -perspektiven sowie beim Schnitt zu befragen.
Sollten mehrere Schülerinnen und Schüler dieselbe Szene gedreht haben, ist es auch möglich, diese Szenen miteinander zu vergleichen. Dies liegt vor allem dann nahe, wenn die von den Schülerinnen und Schülern aus dem Buch ausgewählte Szene so nicht im Film vorkommt.

Material zu diesem Kapitel auf den folgenden Seiten und digital

- Fordern und fördern – Figuren und Schauplatz beschreiben: Cornelia Funke: Herr der Diebe (Auszug) (mit Hilfe-Karten und Zusatzaufgaben für „Profis“; Lösungshinweise digital)
- Was kannst du schon? – Roman und Film (Diagnose; Lösungshinweise und Förderempfehlungen digital)
- Zusatzmaterial zum Projekt – Einen Romanauszug verfilmen: Cornelia Funke: Herr der Diebe
- Klassenarbeit – Einen literarischen Text mit Hilfe von Fragen untersuchen: Cornelia Funke: Herr der Diebe – Das Karussell (Erwartungshorizont digital)
- Hörtext: Cornelia Funke: Herr der Diebe (Romananfang), gesprochen von Martin Klemm (mit einem passgenauen Arbeitsblatt zur Übung des Hörverstehens inkl. Lösungshinweisen; digital)

Fordern und fördern – Figuren und Schauplatz beschreiben

Cornelia Funke
Herr der Diebe (Auszug)

Prosper, Bo und Wespe sind in den Gassen Venedigs unterwegs, um einige Besorgungen zu machen. Nun fehlen ihnen nur noch Batterien für Mosca.

Prosper strich sich das dunkle Haar aus der Stirn. „Dahinten in der Seitengasse hab ich ein Elektrogeschäft gesehen“, sagte er und schlug seinem kleinen Bruder den Jackenkragen hoch, als er sah, wie Bo frierend den Kopf zwischen die Schultern zog. Dann schoben sie sich wieder zwischen die Menschen, die vorbeidrängten. Es war Markt am Rialto[1] und in den engen Gassen herrschte noch mehr Betrieb als an anderen Tagen. Alte und Junge, Frauen und Kinder schoben sich zwischen den Ständen hindurch, zwängten sich aneinander vorbei, bepackt mit Taschen und Tüten. Alte Frauen, die die Stadt noch nie verlassen hatten, und Reisende, die nur für einen Tag kamen, um sie zu bestaunen. Es roch nach Fisch, nach Herbstblumen und getrockneten Pilzen.
„Wespe?“ Bo griff nach ihrer Hand und schenkte ihr sein wunderbarstes Lächeln. „Kaufst du mir einen von den kleinen Kuchen da?“
Wespe kniff ihm zärtlich in die Backe, aber sie schüttelte den Kopf. „Nein!“, sagte sie entschieden und schob ihn weiter.
Das Elektrogeschäft, das Prosper entdeckt hatte, war winzig. Im Fenster stand zwischen Kaffeemaschinen und Toastern auch etwas Spielzeug, vor dem Bo fasziniert stehen blieb.
„Ich hab aber Hunger!“, murrte er und presste die Hände gegen das Glas. „Du hast immer Hunger“, stellte Prosper fest, öffnete die Tür und blieb mit Bo neben dem Eingang stehen, während Wespe an den Ladentisch trat. *„Scusi“*[2], sagte sie zu der alten Frau, die ihr den Rücken zuwandte und Radios abstaubte. „Ich brauche Batterien. Zwei

Stück, für ein kleines Radio.“ Die Frau packte sie ihr in eine Tüte und schob Wespe eine Handvoll Bonbons über die Theke. „Was für ein süßer kleiner Junge“, sagte sie und zwinkerte Bo zu. „Blond wie ein Engel. Ist das dein Bruder?“
„Nein“, Wespe schüttelte den Kopf, „das sind meine Vettern. Sie sind nur zu Besuch hier.“
Prosper schob Bo hinter seinen Rücken, aber Bo schlüpfte unter seinem Arm durch und holte sich die Bonbons vom Ladentisch. *„Grazie!“*[3], sagte er, lächelte der alten Frau zu und hüpfte zu Prosper zurück. *„Un vero angelo!“*[4], sagte die Verkäuferin, während sie Wespes Geld in die Kasse legte. „Aber seine Mutter sollte ihm mal die Hosen stopfen, und wärmer anziehen müsste sie ihn auch langsam. Der Winter kommt. Habt ihr heute nicht den Wind von den Schornsteinen gehört?“
„Wir richten es aus“, sagte Wespe und zwängte die Batterien in ihre vollgestopfte Einkaufstüte. „Einen schönen Tag noch, *Signora*.[5]“
„Angelo!“[6] Prosper schüttelte spöttisch den Kopf, als sie sich draußen wieder durchs Gedränge schoben. „Warum fallen bloß alle auf

1 der Rialto: ein sehr belebtes Gebiet in Venedig, in dem Fisch- und Gemüsemärkte stattfinden; dort gibt es auch die berühmte Rialto-Brücke
2 scusi: *ital.*, entschuldigen Sie bitte
3 grazie: *ital.*, danke
4 Un vero angelo!: *ital.*, Wirklich ein Engel!
5 signora: *ital.*, Frau, *auch als Anrede:* meine Dame
6 angelo: *ital.*, Engel

deine blonden Haare und dein rundes Gesicht herein, Bo?“ Doch sein kleiner Bruder streckte ihm nur die Zunge heraus, stopfte sich ein Bonbon in den Mund und hüpfte voraus. So schnell, dass die beiden Großen Mühe hatten, ihm zu folgen. Flink wie ein Fisch schlüpfte er zwischen all den Bäuchen und Beinen hindurch. „Bo, nicht so schnell!“, rief Prosper ihm ärgerlich nach, aber Wespe lachte nur. „Lass ihn doch!“, sagte sie. „Wir verlieren ihn schon nicht. Siehst du, da vorn ist er.“ Bo schnitt ihnen eine Grimasse und versuchte, auf einem Bein um eine heruntergerollte Orange herumzuhüpfen, aber dabei stolperte er und landete in einer Gruppe japanischer Touristen. Erschrocken rappelte er sich wieder auf – und lächelte breit, als zwei Frauen die Fotoapparate zückten. Bevor sie auf den Auslöser drücken konnten, hatte Prosper seinen kleinen Bruder schon unsanft am Kragen gepackt und weitergezerrt. „Wie oft soll ich dir noch sagen, dass du dich nicht fotografieren lassen sollst?“, zischte er ihm zu.

(Aus: Cornelia Funke: Herr Der Diebe. © Dressler Verlag GmbH, Hamburg; zitiert nach Oetinger Taschenbuch, Hamburg 2017, S. 16–18)

Untersuche den Auszug aus dem Roman „Herr der Diebe“. Gehe so vor:

1 Fasse zusammen, was du in dem Textauszug über Bo erfährst, z. B.:
- Wie sieht er aus?
- Welche Eigenschaften besitzt er?
- Wie verhält er sich?

Nenne Textstellen als Beleg.
(→ Hilfe-Karte: Eine Figur beschreiben – Bo)

2 Begründe mit Hilfe deiner Kenntnis des Romans oder der Romanauszüge aus dem „Deutschbuch“, warum Prosper nicht möchte, dass Bo fotografiert wird.
(→ Hilfe-Karte: Eine Figur verstehen – Prospers Sorgen)

3 Erkläre, welche Stimmung durch die Schilderung des Schauplatzes erzeugt wird. Wie wirkt der Markt in Venedig auf dich?
(→ Hilfe-Karte: Die Wirkung eines Schauplatzes beschreiben – Markt in Venedig)

Folgende Hilfen oder Aufgaben zum Weiterarbeiten kannst du nutzen

Hilfe-Karte	Eine Figur beschreiben – Bo
Hilfe-Karte	Eine Figur verstehen – Prospers Sorgen
Hilfe-Karte	Die Wirkung eines Schauplatzes beschreiben – Markt in Venedig
Für Profis und Schnelle	Einen Tagebucheintrag einer Figur schreiben

Hilfe-Karte: Eine Figur beschreiben – Bo

Die Fragen in der linken Spalte helfen dir, eine Figur zu beschreiben. Wenn du Probleme hast, sie zu beantworten, lies noch einmal die Zeilen im Text, die in der rechten Spalte als Tipp angegeben sind.

Eine Figur beschreiben	**Tipps für Bos Beschreibung**
Wie sieht die Figur aus?	Lies Z. 36 f., 38, 45, 47 f., 56 f.
Welche Eigenschaften besitzt sie? Wie verhält sie sich?	Lies Z. 18, 25 f., 27 f., 41 ff., 58 ff.
Was redet, denkt, fühlt sie?	Lies Z. 5, 17 ff., 25 f., 27 f., 41 ff., 58–64, 67–73.
In welcher Beziehung steht sie zu den anderen Figuren?	Lies Z. 3 f., 17 ff., 20 f., 58.

Für die Beschreibung von Bo kannst du passende Begriffe aus dem Kasten auswählen.

vorlaut – dunkel – frech – schmal – ruhig – wie ein Kobold – blond – rund – hungrig – lebhaft – brav – charmant – verspielt – wie ein Engel – schüchtern – traurig – fröhlich – sorglos

Hilfe-Karte: Eine Figur verstehen – Prospers Sorgen

Warum macht sich Prosper Sorgen, wenn Bo fotografiert wird? Beantworte dazu diese Fragen:
- In welcher Beziehung stehen die beiden Figuren zueinander?
- Wie alt ist jeder der Jungen?
- Warum sind Bo und Prosper in Venedig?
- Von wem wollen sie nicht entdeckt werden?

Wenn du dir nicht mehr sicher bist, schau im ersten Textauszug im „Deutschbuch" auf S. 232 f. nach.

Hilfe-Karte: Die Wirkung eines Schauplatzes beschreiben – Markt in Venedig

Schau dir die Schilderungen des Schauplatzes in Z. 6–16 und Z. 58–77 noch einmal genau an. Überlege, welche Begriffe vorkommen.

Z. 6–16: Markt – Supermarkt – weiter Platz – enge Gassen – spazieren gehen – aneinander vorbeizwängen – Koffer – Taschen und Tüten – alte Frauen, die die Stadt noch nie verlassen hatten – Reisende – alte Männer auf Bänken – Gerüche – Musik

Z. 58–77: über all den Köpfen – zwischen all den Bäuchen und Beinen – heruntergerollte Orange – weggeflogener Luftballon – deutsche Urlauber – japanische Touristen

Beschreibe dann den Eindruck, den du in diesem Romanauszug vom Schauplatz gewinnst. Die folgenden Adjektive können dir helfen, die Wirkung des Marktes in Venedig zu beschreiben:

lebhaft – hektisch – vielfältig – eng – abwechslungsreich – laut – unübersichtlich – geschäftig – voll

Für Profis und Schnelle: Einen Tagebucheintrag einer Figur schreiben

4 Versetze dich in Prosper und schreibe aus seiner Sicht einen Tagebucheintrag. Darin soll deutlich werden, welche Sorgen er sich um seinen kleinen Bruder Bo macht.
Du kannst den folgenden Anfang verwenden.

Heute war ich mit Wespe und Bo in der Stadt. Es war gerade Markt und richtig viel los! Eigentlich war es ein schöner Ausflug, doch Bo bereitet mir Sorgen. Er verhält sich oft so ...

Was kannst du schon? – Roman und Film

Cornelia Funke

Herr der Diebe (Auszug)

Esther und Max Hartlieb, Tante und Onkel von Prosper und Bo, unterhalten sich mit dem Detektiv Victor, den sie mit der Suche nach den beiden beauftragt haben.

Da schüttelte Victor nur müde den Kopf. „Haben Sie es denn immer noch nicht begriffen?“, sagte er ungeduldig. „Die beiden sind nur weggelaufen, weil Sie Bo von diesem Bruder trennen wollten.“

„Was nehmen Sie sich denn für einen Ton heraus?“, rief Esther Hartlieb entgeistert. „Jetzt sollen plötzlich wir schuld an allem sein?“

„Die zwei hängen aneinander!“, rief Victor. „Verstehen Sie das denn nicht?“

„Wir werden Bo einen Hund schenken“, antwortete Max Hartlieb gelassen. „Sie werden sehen, wie schnell er da seinen großen Bruder vergisst.“ Victor musterte ihn, als hätte der große Mann gerade sein Hemd aufgeknöpft und ihm mit einem Lächeln gezeigt, dass er kein Herz in der Brust hatte.

(Aus: Cornelia Funke: Herr Der Diebe. © Dressler Verlag GmbH, Hamburg; zitiert nach Oetinger Taschenbuch, Hamburg 2017, S. 225)

1 Lies den Auszug über das Gespräch, das Esther und Max Hartlieb, Tante und Onkel von Prosper und Bo, mit dem Detektiv Victor führen. Notiere, was du über Max Hartlieb und über Victor erfährst. Begründe, woran du das im Text erkennst. Schreibe in dein Heft.

2 Kreuze an, welche Kameraeinstellung (Einstellungsgröße) für die Szenen jeweils geeignet wäre.

Szene	Totale	Halbnah	Nah	Detail
A Die Hartliebs sitzen mit Victor in dessen Büro; auch die Einrichtung des Büros ist gut zu erkennen.				
B Die Aufmerksamkeit der Zuschauer soll auf Esther Hartliebs verkniffenen Gesichtsausdruck gelenkt werden.				
C Victors musternder Blick auf Max Hartlieb soll genau zu sehen sein.				
D Die Zuschauer sehen von oben auf den Platz, über den die Hartliebs von Victors Büro wegeilen.				

3 Ordne jeder Beschreibung die passende Kameraperspektive zu.

A Die Kamera blickt von oben auf das Geschehen und verschafft den Zuschauern so einen guten Überblick.	1 Normalperspektive
B Der Blick der Kamera geht von unten nach oben. Die Figuren und Objekte wirken dadurch größer, häufig auch mächtig oder gar bedrohlich.	2 Vogelperspektive
C Die Kamera befindet sich auf Augenhöhe der handelnden Figuren und stellt das Geschehen neutral dar.	3 Froschperspektive

Zusatzmaterial zum Projekt – Einen Romanauszug verfilmen

Cornelia Funke: Herr der Diebe

Verfilmt in Gruppenarbeit den Auszug aus dem Roman „Herr der Diebe“ von Cornelia Funke.

Cornelia Funke
Herr der Diebe (Auszug)

Der Detektiv Victor hat das Sternenversteck der Kinder aufgespürt und möchte dort mit ihnen reden. Aber die Kinder sind vorbereitet und stellen Victor eine Falle. Während dieser zwischen den Sitzen im Zuschauerraum des alten Kinos steht, lenkt Bo ihn von der Bühne aus ab, sodass er nicht sieht, was die anderen Kinder vorhaben ...

„He, Victor, fang mich doch!“, rief da plötzlich eine Stimme. Eine helle Stimme. Victor kannte sie. Der glitzernde Vorhang bekam plötzlich eine Beule. „Hast du eigentlich eine Pistole?“, fragte die Stimme hinter dem sternenbestickten Stoff, und Bos tintenschwarz gefärbter Kopf schob sich zwischen den Falten hervor. „Natürlich!“ Victor schob die Hand unter seine Jacke, als griffe er nach seinem Revolver. „Willst du sie dir mal ansehen?“

Totale
Requisite
Halbnah
Requisite
Regieanweisung
Nah

Langsam trat Bo aus seinem Versteck. Mit schief gelegtem Kopf stand er da und guckte Victor an. Wo steckte Prosper, sein großer Bruder? Victor blickte nach links, nach rechts, über die Schulter, aber überall sah ihn nur die Dunkelheit an mit ihrem schwarzen Gesicht.

„Ich hab keine Angst“, sagte Bo. „Das ist bestimmt nur eine Gummipistole.“

„So, so, denkst du.“ Victor verkniff sich ein Grinsen. „Du bist ja ein ganz Schlauer.“ Er ließ den Kleinen nicht aus den Augen. Leider hatte er dadurch die Sitzreihe neben sich nicht im Blick. Und als er spürte, wie sich zwischen den Klappsesseln links und rechts von ihm etwas regte, war es schon zu spät. Bevor Victor wusste, wie ihm geschah, warfen sich fünf Kinder auf ihn.

(Aus: Cornelia Funke: Herr Der Diebe. © Dressler Verlag GmbH, Hamburg; zitiert nach Oetinger Taschenbuch, Hamburg 2017, S. 136–137)

1. Schritt: Ein Drehbuch vorbereiten, den Drehplan erstellen

1 Bereitet anhand des Romanauszugs ein Drehbuch vor:
- Markiert die wörtliche Rede der Figuren in unterschiedlichen Farben.
- Unterstreicht Regieanweisungen (wie die Figuren sprechen, schauen oder sich bewegen sollen).
- Umkreist Textstellen, die euch Hinweise für Kostüm, Maske und Requisiten geben.
- Macht am Rand Notizen.

2 Notiert erste Ideen zu den Kameraeinstellungen (Einstellungsgrößen) am Rand.
TIPP: Orientiert euch an den Markierungen im Textanfang und den Notizen dazu.

Drehplan

Einstellung	Drehort, Inhalt	Figuren	Ton (Dialoge, Geräusche, Musik)	Kamera (Einstellungsgröße, Perspektive)
1	Sternenversteck. Victor steht im Zuschauerraum und sieht sich um. Bo steht versteckt hinter dem Vorhang.	Victor, Bo	Bo: He, Victor, fang mich doch!	Totale Normalperspektive
2	Sternenversteck, Bo streckt den Kopf hinter dem Vorhang hervor und fragt Victor.	Victor, Bo	Bo: Hast du eigentlich eine Pistole?	Halbnah Froschperspektive
3	…	…	…	…
…				

3 Erstellt nach dem Muster oben einen Drehplan für eure Filmszene. Arbeitet am PC mit der Tabellenfunktion des Schreibprogramms (→ Kasten).
- Ergänzt in der Tabelle weitere Angaben zu Ort, Handlung, Figuren, Ton und Kamera (Einstellungsgrößen und Kameraperspektiven).
- Zu jeder neuen Kameraeinstellung müsst ihr einen neuen Eintrag machen.

TIPP: Falls ihr den Drehplan handschriftlich erstellt, verwendet ihr am besten Kästchenpapier und nehmt die Blätter quer.

Die Tabellenfunktion des Schreibprogramms für den Drehplan nutzen
- Klickt mit der Maustaste an die Stelle in eurem Dokument, an der die Tabelle stehen soll.
- Klickt dann in der Menüleiste auf **Einfügen**.
- Klickt danach auf **Tabelle**.
- Klickt dann auf **Tabelle einfügen**.
- Wählt jetzt aus, wie viele **Spalten** (hier 5) und wie viele **Zeilen** (etwa 9) eure Tabelle haben soll.
- Bei Bedarf könnt ihr später noch Zeilen ergänzen, indem ihr mit der Maustaste in das letzte Kästchen der letzten Zeile klickt und dann die Tabtaste drückt.

2. Schritt: Die Szene drehen und überarbeiten

4 Verteilt die Aufgaben auf verschiedene Teams:
- Team 1: Schauspielerinnen und Schauspieler für die verschiedenen Rollen
- Team 2: Kamera
- Team 3: Szenenbild (Gestaltung des Schauplatzes), Kostüm, Maske, Requisiten (notwendige Gegenstände, die rechtzeitig beschafft werden müssen, z. B. Vorhang, eine Jacke für Victor)
- Team 4: Aufnahmeleitung – Regisseur/-in (leitet die Aufnahmen und gibt Anweisungen, wie zu spielen ist; achtet auf die Einhaltung des Drehplans) sowie Berater/-innen (geben Feedback)
- Team 5: Ton und Schnitt (am Computer mit Hilfe eines Videoschnittprogramms)

5 Bereitet den Dreh der Szene vor:
- Lest alle den Drehplan genau.
- Erledigt eure jeweiligen Aufgaben (z. B. Dialogtexte auswendig lernen, Requisiten besorgen).
- Denkt an die Einverständniserklärungen der Eltern für alle, die gefilmt werden.

6 Dreht anschließend die Szene.
- Achtet auf die Lichtverhältnisse, filmt nicht gegen das Licht. Da diese Szene im Dunklen spielt, verwendet so wenig Licht wie möglich, aber noch genug, dass alles gut zu erkennen ist.
- Haltet die Kamera ruhig und stellt sie möglichst auf ein Stativ oder einen festen Untergrund.
- Verzichtet auf den übermäßigen Einsatz von Zooms und Schwenks. Je näher ihr das Objekt oder die Person heranzoomt, desto mehr verwackelt das Bild.
- Macht Testaufnahmen, um die Bild- und Tonqualität zu prüfen.
- Probiert unterschiedliche Einstellungsgrößen und Kameraperspektiven aus und dreht die Szene zwei- oder dreimal.

7 Seht euch die Szene an und besprecht, ob noch etwas geändert werden muss.
- Welche Wirkung erzielen die verschiedenen Einstellungsgrößen und Kameraperspektiven?
- Sollten die Schauspielerinnen und Schauspieler etwas ändern, z. B. an Mimik oder Gestik?

3. Schritt: Die Szene schneiden

8 Schneidet euer Filmmaterial am Computer mit Hilfe eines Videoschnittprogramms.
Macht euch mit dem Programm vertraut: Ihr findet hier auch noch weitere Werkzeuge (Tools), um euer Filmmaterial zu bearbeiten.
Gestaltet passende Geräusche und Töne (z. B. Musik im Hintergrund).

9 Überlegt einen Titel, der zu der Szene passt, und gestaltet den Abspann.

4. Schritt: Die Szene mit dem Kinofilm vergleichen

10 Schaut euch eure Szene gemeinsam an und vergleicht sie mit der Szene aus dem Film.
Was habt ihr anders gemacht? Was ist ähnlich?

Klassenarbeit – Einen literarischen Text mit Hilfe von Fragen untersuchen

Aufgabenstellung

1 Untersuche den folgenden Ausschnitt aus Cornelia Funkes Roman „Herr der Diebe“.

a Schreibe in wenigen Sätzen auf, was in dem Ausschnitt geschieht.

b Notiere zwei Textstellen, die das Karussell beschreiben, und erkläre, wie das Karussell wirkt.

c Begründe, warum Scipio darüber enttäuscht ist, dass Prosper nicht mit dem Karussell fahren möchte.

Cornelia Funke

Herr der Diebe – Das Karussell (Auszug)

Scipio und Prosper gelingt es, den Conte und seine Schwester auf der Insel zu finden. Zu ihrer großen Überraschung sind beide wieder zu Kindern geworden. Renzo, wie der Conte mit Vornamen heißt, zeigt Scipio und Prosper das Karussell.

Das Karussell sah genauso aus, wie Ida Spavento es beschrieben hatte. Vielleicht hatte Prosper es sich etwas prächtiger und bunter vorgestellt. Die Farben auf dem Holz waren verblasst, abgetragen von Wind, Regen und Salzluft, doch der Anmut der Figuren hatte die Zeit nichts anhaben können.

Alle fünf waren da: das Einhorn, die Meerjungfrau, der Wassermann, das Seepferd und der Löwe, der beide Flügel spreizte, als hätte ihm nie einer gefehlt. Sie hingen an Stangen unter einem hölzernen Baldachin, sodass es schien, als schwebten sie. Der Wassermann hielt einen Dreizack in der hölzernen Faust, die Meerjungfrau blickte mit blassgrünen Augen in die Ferne, als träumte sie von Wasser und vom weiten Meer. Und das Seepferd mit seinem Fischschwanz war so schön, dass man bei seinem Anblick fast vergaß, dass es auch Pferde mit vier Beinen gab. [...]

„Ist es egal, auf welche Figur man steigt?“ Scipio sprang auf das Podest und schwang sich auf den Rücken des Löwen.

„Nein.“ Für einen Moment stand Renzo so gebeugt da wie der alte Mann, der er einmal gewesen war. „Für mich war der Löwe das richtige Reittier. Du und dein Freund, ihr müsst auf eins der Wassertiere steigen.“ „Komm, Prop!“, rief Scipio und winkte Prosper zu sich herauf. „Such dir eine Figur aus. Welche willst du, das Seepferd, den Wassermann?“ Prosper trat zögernd auf das Karussell zu. [...] Scipio war schon vom Rücken des Löwen gerutscht und hangelte sich auf das Seepferd.

„Prosper, worauf wartest du noch?“, rief er ungeduldig, als er sah, dass Prosper immer noch unten vor dem Podest stand. Aber Prosper rührte sich nicht. Er konnte nicht. Er konnte einfach nicht. Er stellte sich vor, wie er groß und erwachsen ins Gabrielli Sandwirth[1] trat, Esther und seinen Onkel einfach zur Seite schob und mit Bo an der Hand davonging. Aber trotzdem konnte er nicht auf das Karussell steigen.

„Hast du es dir anders überlegt?“, fragte Renzo und schaute ihn neugierig an. Prosper antwortete nicht. Er sah zu dem Einhorn hoch, zum Wassermann mit seinem blassgrünen Gesicht und zum Löwen, dem geflügelten Löwen. „Fahr du zuerst, Scip“, sagte er.

Die Enttäuschung fiel wie ein Schatten auf Scipios Gesicht.

(Aus: Cornelia Funke: Herr Der Diebe. © Dressler Verlag GmbH, Hamburg; zitiert nach Oetinger Taschenbuch, Hamburg 2017, S. 314, 316. Aus didaktischen Gründen gekürzt.)

1 das Gabrielli-Sandwirth: das Hotel, in dem Onkel Max und Tante Esther in Venedig wohnen und in dem sie Bo festhalten

12 Grammatik erforschen – Wortarten, Sätze und Satzglieder

Konzeption des Kapitels

Dieses Kapitel setzt die Reflexion über sprachliche Phänomene im Deutschen – mit Blick auch auf andere Sprachen – fort. Dabei werden die Grundlagen aus Jahrgangsstufe 5 integrativ wiederholt und durch neue Inhalte ergänzt. Um die Sprachbetrachtung spielerisch zu motivieren, wird im ersten Teilkapitel die Figur Julika eingeführt – ein Mädchen, das mit Gedankenblitzen durch die Welt reist; im zweiten Teilkapitel sorgen Detektivgeschichten für die notwendige Motivation.
Im ersten Teilkapitel **(„Julikas Abenteuer – Wortarten, Wortbildung und Wortbedeutung untersuchen“)** stehen zunächst Wortarten mit ihren spezifischen Charakteristika im Mittelpunkt: Nomen, Verben (Tempora), Adjektive (Steigerungsformen), Präpositionen sowie Pronomen. Anhand von kleinen Reise- und Abenteuergeschichten rund um die Figur Julika untersuchen die Schülerinnen und Schüler Funktionen und Flexionsformen dieser Wortarten. Wo es möglich ist, werden Wortartproben eingeführt, um die Wortartbestimmung zu einer allen Schülerinnen und Schülern zugänglichen Operation zu machen. Bei der Beschäftigung mit Pronomen erweitern sie ihre Kenntnisse um das Demonstrativpronomen. Im Anschluss an die Wortarten untersuchen die Schülerinnen und Schüler wortartbezogene Phänomene wie Wortbildung und Wortbedeutung. Sie reflektieren wichtige Varianten der Wortbildung (Wortzusammensetzung, Ableitung) hinsichtlich neu entstehender Bedeutungen und erproben sie dann in kleinen Texten, die genaues Beschreiben erfordern. Die Schülerinnen und Schüler untersuchen auch bespielhaft die Wortzusammensetzung in verschiedenen Sprachen sowie das Vorkommen bestimmter Artikel und deren Anzahl. Somit stehen hier, wie im gesamten Kapitel, die Funktionen der grammatischen Kategorien im Zentrum der Betrachtung. Zugleich werden die systematischen Überlegungen zum Aufbau des Sprachsystems Zug um Zug ergänzt, um ein umfassendes Sprachwissen verfügbar zu machen. Am Ende des Teilkapitels setzen sich die Schülerinnen und Schüler mit Wortfeldern sowie der Thesaurus-Funktion von Textverarbeitungsprogrammen auseinander.
Das zweite Teilkapitel **(„Geheimnissen auf der Spur – Satzglieder und Sätze untersuchen“)** verknüpft die Untersuchung grammatikalischer Phänomene (Satzglieder, Satzreihe und Satzgefüge sowie Attribute) mit dem Thema „Detektivgeschichten“: Beim Erfragen von Satzgliedern nehmen die Schülerinnen und Schüler gleichzeitig das Erfragen von Tatumständen (Wer? Wann? Wo? Warum?) in den Blick, mit Hilfe von Satzreihen und Satzgefügen werden Zusammenhänge einer Tat deutlich gemacht und Attribute dienen der genaueren Beschreibung von abhandengekommenen Gegenständen. Dabei werden die bereits aus der Jahrgangsstufe 5 bekannten Aspekte der Syntax wiederholt und um neue Phänomene ergänzt. Die kleinen Kriminalgeschichten – auch von bekannten Jugendbuchautoren – fördern die Motivation und verdeutlichen durch den integrativen Zugang gleichzeitig, welche Bedeutung einzelne Satzglieder beim Lösen der kniffligen Kriminalfälle haben. Das neu erworbene Wissen wenden die Lernenden in kleinen Schreibübungen an und nutzen es schließlich funktional zur Textüberarbeitung. Der Beginn des Teilkapitels leitet die Schülerinnen und Schüler an, ihre bereits in der Jahrgangsstufe 5 erworbenen Kenntnisse zur Umstellprobe und zum Erfragen von Subjekt, Prädikat, Akkusativ- und Dativobjekt anzuwenden und zu vertiefen. Mit Präpositional- und Genitivobjekten lernen sie zwei neue Objekte kennen. Die adverbialen Bestimmungen werden anhand einer spannenden Kriminalgeschichte wiederholt. Hierbei soll die Funktion, die einzelne adverbiale Bestimmungen bei der Lösung des Falls haben, deutlich werden. Das Schreiben eines Zeitungsberichts dient der Anwendung und Vertiefung. Es folgen Übungen zum Überarbeiten eines Textes mit Hilfe von Proben. Die Funktion von Satzreihen und Satzgefügen und die damit verbundene Bedeutung verschiedener Konjunktionen erarbeiten die Schülerinnen und Schüler an weiteren Kriminalfällen. Die Bedeutung von Attributen untersuchen die Lernenden im Sinne eines integrativen und funktionalen Grammatikunterrichts im Zusammenhang mit Gegenstandsbeschreibungen. Anhand einer weiteren Kriminalgeschichte beschäftigen sie sich mit Relativsätzen, die im Satz die Rolle von Attributen einnehmen. Ein Test zu Satzgliedern, Attributen und Sätzen rundet das Teilkapitel ab.

Mit dem dritten Teilkapitel (**„Fit in … – Einen Text überarbeiten)** können die Schülerinnen und Schüler für eine Klassenarbeit trainieren, in der ein Text für eine Schülerzeitung überarbeitet werden soll. Dafür werden zwei Beispiele angeboten: Im ersten stehen Wortarten, im zweiten Proben und Satzgefüge im Fokus.
Die Teilkapitel 12.1 und 12.2 lassen sich jeweils eigenständig im Unterricht bearbeiten. Die Gegenüberstellung mancher Phänomene des Deutschen mit anderen Sprachen soll die Spezifik der einzelnen Sprachen bewusst machen. Dabei wird in der Regel ein forschender Zugang gewählt, indem die Schülerinnen und Schüler am Sprachmaterial Auffälligkeiten ausmachen und in ihren Wirkungen beleuchten. Kooperative Arbeitsformen werden genutzt, um beispielsweise differenzierte Lernwege im Unterricht zusammenzuführen. Dem Bedürfnis der Lernenden dieser Altersstufe nach spielerischen Zugangsweisen kommen einzelne Aufgabenformate immer wieder entgegen.

Literaturhinweise

- *Ahrenholz, Bernt / Oomen-Welke, Ingelore (Hg.):* Deutsch als Zweitsprache (= Deutschunterricht in Theorie und Praxis. Bd. 9. Hg. von Winfried Ulrich). Schneider, Baltmannsweiler 2014
- *Bredel, Ursula:* Sprachbetrachtung und Grammatikunterricht. Schöningh, Paderborn 2008
- *Bredel, Ursula u.a. (Hg.):* Didaktik der deutschen Sprache. Ein Handbuch. 2 Bände. Schöningh, Paderborn u. a. ^{2}2006
- *Bredel, Ursula / Schmellenthin, Claudia (Hg.):* Welche Grammatik braucht der Grammatikunterricht? Schneider, Baltmannsweiler 2014
- *Bremerich-Vos, Albert (Hg.):* Zur Praxis des Grammatikunterrichts. Fillibach, Freiburg/Brsg. 1999
- *Dürscheid, Christa:* Syntax. VS, Wiesbaden 2005
- *Eisenberg, Peter:* Grundriss der deutschen Sprache. Bd. 1: Das Wort. Bd. 2: Der Satz. Metzler, Stuttgart/Weimar ^{3}2006
- *Gornik, Hildegard (Hg.):* Sprachreflexion und Grammatikunterricht (= Deutschunterricht in Theorie und Praxis. Bd. 6. Hg. von Winfried Ulrich). Schneider, Baltmannsweiler 2014
- Interpunktion. Praxis Deutsch 254/November 2015
- *Köpke, Klaus Michael / Ziegler, Arne (Hg):* Grammatik in der Universität und für die Schule. Theorie, Empirie und Modellbildung. DeGruyter, Berlin 2007
- *Menzel, Wolfgang:* Grammatikwerkstatt. Theorie und Praxis eines prozessorientierten Grammatikunterrichts für die Primar- und Sekundarstufe. Kallmeyer, Seelze 1999
- *Menzel, Wolfgang:* Praxis Grammatik. Sprachreflexion, Rechtschreibung, Zeichensetzung. Westermann, Braunschweig 2016
- *Müller, Astrid (Hg.):* Wörter und Sätze. Praxis Deutsch Sonderheft. Friedrich, Seelze 2008
- *Müller, Astrid u.a.:* Sprache und Sprachgebrauch untersuchen. In: Jürgen Baurmann / Clemens Kammler / Astrid Müller (Hg.): Handbuch Deutschunterricht. Kallmeyer in Verbindung mit Klett, Seelze 2017, S. 296–360
- *Neuland, Eva / Peschel, Corinna:* Einführung in die Sprachdidaktik. Metzler, Stuttgart/Weimar 2013
- Orthographische und grammatische Spielräume. Der Deutschunterricht 1/2012
- *Steinig, Wolfgang / Huneke, Hans-Werner:* Sprachdidaktik Deutsch. Erich Schmidt, Berlin ^{2}2004
- Verben in Sätzen. Praxis Deutsch 226/März 2011
- *Weisgerber, Bernhard:* Vom Sinn und Unsinn der Grammatik. Dürr, Bonn 1985
- Wortarten und Satzglieder. Deutschunterricht 1/2010

Übungsmaterial im „Deutschbuch 6 Arbeitsheft“

- Was kannst du schon? – Grammatik, S. 29
- Wortarten (Nomen, Adjektive, Präpositionen, Personal- und Possessivpronomen, Demonstrativpronomen), S. 30–34
- Die Tempora (Zeitformen) der Verben, S. 35–38
- Verben – Aktiv und Passiv, S. 39
- Wortbildung (Wortzusammensetzungen, Ableitungen, Wortfamilien, Wortfelder), S. 40–44
- Satzglieder unterscheiden, S. 45–56
- Sätze unterscheiden, S. 57–61

	Inhalte	Kompetenzen Die Schülerinnen und Schüler
S. 249	**12 Grammatik erforschen – Wortarten, Sätze und Satzglieder**	– tauschen sich über Weltsprachen aus – reaktivieren ihr Wissen zu Wortarten
S. 250	**12.1 Julikas Abenteuer – Wortarten, Wortbildung und Wortbedeutung untersuchen** Wortarten wiederholen und kennenlernen Nomen und Präpositionen erkennen	– erkennen Nomen an ihren Begleitern – wiederholen die Funktion von Präpositionen
S. 251	Mit Adjektiven beschreiben und vergleichen	– reflektieren die Funktion von Adjektiven und ihrer Steigerungsstufen für Beschreibungen und Vergleiche
S. 252	Mit Verben von Gegenwart und Zukunft sprechen: Präsens und Futur	– erklären und nutzen die unterschiedlichen Verwendungsformen der Tempora Präsens und Futur
S. 253	Mit Verben von Vergangenem sprechen: Präteritum	– unterscheiden bei der Bildung des Präteritums schwache und starke Verben
S. 254	Mit Verben Vorzeitigkeit ausdrücken: Plusquamperfekt	– nutzen das Plusquamperfekt, um Vorzeitigkeit auszudrücken
S. 255	Mit Verben mündlich berichten: Perfekt	– erläutern Formen und Funktionen des Perfekts im Deutschen
S. 256	Mit Pronomen Bezüge herstellen: Personal- und Possessivpronomen	– ersetzen Nomen durch Pronomen, um ohne Wiederholung Bezüge in Texten herzustellen
S. 257	Mit Pronomen auf etwas hinweisen: Demonstrativpronomen	– erläutern die Funktion des Demonstrativpronomens als Begleiter oder Stellvertreter eines Nomens
S. 258	Wortbildung und Wortbedeutungen Wörter haben Verwandte: Wortfamilien	– strukturieren Wörter in Wortfamilien – reflektieren den Nutzen von Wortfamilien
S. 259	Wörter miteinander verbinden: Wortzusammensetzungen	– nutzen Komposita zur genauen Beschreibung
S. 261	Eine Schule – Viele Sprachen	– vergleichen anhand von Beispielsätzen die Wortzusammensetzung im Deutschen, Englischen, Spanischen und Türkischen – untersuchen das Vorkommen und die Anzahl bestimmter Artikel in den vier Sprachen anhand von Beispielsätzen
S. 262	Mit Präfixen und Suffixen neue Wörter bilden: Ableitungen	– reflektieren die Wortbildung durch Prä- und Suffixe
S. 264	Das passende Wort finden: Wortfelder	– erschließen Wortbedeutungen durch Wortfelder
S. 266	Testet euch! – Wortarten, Wortbildung, Wortbedeutung	– überprüfen ihre Kompetenzen bei Wortarten, Wortbildung und Wortbedeutung

S. 267	**12.2 Geheimnissen auf der Spur – Satzglieder und Sätze untersuchen** Tatumstände erfragen – Satzglieder bestimmen	– wenden die Umstellprobe an und erkennen die Satzglieder eines Satzes – bestimmen Subjekte, Prädikate, Akkusativ- und Dativobjekte
S. 269	Präpositionalobjekte	– erfragen Präpositionalobjekte – bilden selbst Sätze mit Präpositionalobjekten
S. 271	Genitivobjekte	– ermitteln Genitivobjekte – bestimmen verschiedene Objekte
S. 272	Adverbiale Bestimmungen *Thomas C. Brezina: Das Höllenkonzert*	– unterscheiden und klassifizieren adverbiale Bestimmungen – erkennen die Bedeutung der adverbialen Bestimmungen in einem Kurzkrimi – verfassen eigene Texte (Zeitungsbericht, Kriminalgeschichte) mit adverbialen Bestimmungen
S. 274	Texte überarbeiten – Sätze mit Proben verbessern Umstellprobe und Ersatzprobe	– wenden Methoden der Textüberarbeitung an (Umstell- und Ersatzprobe)
S. 275	Weglassprobe und Erweiterungsprobe	– wenden Methoden der Textüberarbeitung an (Weglass- und Erweiterungsprobe)
S. 276	Zusammenhänge sehen – Satzreihe und Satzgefüge Hauptsätze verknüpfen – Die Satzreihe	– verknüpfen Hauptsätze durch passende Konjunktionen zu Satzreihen – reflektieren inhaltliche Veränderungen durch Satzverknüpfungen/Konjunktionen
S. 277	Haupt- und Nebensätze verknüpfen – Das Satzgefüge	– verknüpfen Haupt- und Nebensätze zu Satzgefügen, reflektieren die Bedeutung unterschiedlicher Konjunktionen, zeichnen Satzbaupläne
S. 279	Den Satzbau im Deutschen und Englischen vergleichen	– vergleichen den Satzbau im Deutschen und im Englischen
S. 280	Attribute machen genaue Angaben Attribute erläutern Nomen	– erkennen Attribute als Teil eines Satzglieds – erläutern die Funktion von Attributen – beschreiben Gegenstände mit Hilfe von Attributen
S. 282	Relativsätze	– erkennen den Relativsatz als Attributsatz – bilden Satzgefüge mit Relativsätzen
S. 284	Testet euch! – Sätze und Satzglieder	– überprüfen ihr Wissen zu Satzgliedern, Attributen und Sätzen
S. 285	**12.3 Fit in … – Einen Text überarbeiten**	– üben für eine Klassenarbeit – verstehen die Aufgabenstellung – wenden Methoden der Textüberarbeitung an

12 Grammatik erforschen – Wortarten, Sätze und Satzglieder

249 Mit der Auftaktseite wird das Vorwissen aus der Klasse 5 aktiviert und zugleich Julika als Leitfigur des ersten Teilkapitels vorgestellt. Das Auftaktbild zeigt Julika als Reisende auf einer Weltkarte, sodass die Vielsprachigkeit in der Klasse erfragt werden kann. Mit Aufgabe 3 ist eine Wiederholung der aus Klasse 5 bekannten Wortarten integriert.

1 Die Aufgabe erfordert eine Auseinandersetzung mit dem Bild: Julika reist mit Gedankenblitzen.
Es sollte thematisiert werden, was darunter zu verstehen ist: Allein durch den Gedanken an einen Ort gelangt Julika blitzschnell dorthin. Die Schülerinnen und Schüler können äußern, wozu sie selbst den Gedankenblitz nutzen würden.

2 Die Frage nach den Kontinenten und den dort gesprochenen Sprachen dient auch dazu, Mehrsprachigkeit in der Klasse sichtbar zu machen und zu würdigen.

3 Mit dieser Aufgabe wird das Wortartenwissen der Schülerinnen und Schüler aktiviert.

a Wortarten auf Julikas Spickzetteln:
- Nomen: China, Antarktis, Jacke, Strand, Sonnenbrille, Ozeanbuch, Bibliothek
- Verben: muss, denken, bin, mitnehmen, aufsetzen, ausleihen
- Artikel: die, eine, ein, der
- Adjektive: praktisch, dicke, lila
- Personalpronomen: Ich
- Präposition: an, in, am, aus
- Konjunktion: und

Die Wortarten von „nur“ (Adverb), „zack“ (Interjektion) und „was“ (Interrogativpronomen) kennen die Schülerinnen und Schüler noch nicht.

b Funktion der Wortarten – mögliche Antworten:
- Nomen: bezeichnen hier Orte sowie Gegenstände, an die gedacht werden soll
- Verben: machen deutlich, was mit den Gegenständen getan werden soll
- Artikel: Begleiter eines Nomens
- Adjektive: machen Eigenschaften (z. B. der Jacke, der Sonnenbrille) deutlich
- Personalpronomen: „Ich“ ersetzt den Namen von Julika.
- Präposition: weisen auf Verhältnisse (hier auf örtliche Angaben) hin
- Konjunktion: „und“ verbindet zwei Hauptsätze in der ersten Sprechblase

12.1 Julikas Abenteuer – Wortarten, Wortbildung und Wortbedeutung untersuchen

250 Im ersten Teilkapitel stehen die wichtigsten Wortarten im Mittelpunkt. Eingeführt werden sie durch kurze Texte um die Leitfigur Julika, die mit ihrem Gedankenblitz schnell um die Welt reist und sowohl daheim wie auch auf Reisen viel erlebt. Die Texte werden in der Regel jeweils kurz inhaltlich thematisiert, anschließend wird ein funktionaler Einstieg in die Betrachtung der Wörter und Wortarten angeregt.

250

Wortarten wiederholen und kennenlernen

250

Nomen und Präpositionen erkennen

Auf der ersten Doppelseite geht es um die Wiederholung der Wortarten Nomen, Präposition und Adjektiv und ihrer Funktionen. Da diese Wortarten aus der Jahrgangsstufe 5 bekannt sind, werden sie hier nicht mehr ausführlich besprochen.

1 An diesen Orten befinden sich die Türme, die Julika besucht: Eiffelturm: Paris – schiefer Turm: Pisa – Big Ben: London
Der Eingangstext sollte nach der Bearbeitung von Aufgabe 1 inhaltlich besprochen werden, etwa durch folgende Fragen:
- Habt ihr herausgefunden, wie lang die Reise von Julika ungefähr dauert?
- Findet ihr Hinweise darauf, wie die Menschen auf Julikas besondere Fähigkeiten reagieren?
- Wer kann erklären, wie sich Julika an einen anderen Ort blitzt: Was genau muss sie dazu tun?

2 Beispiele für Nomen aus dem Text:
Verpflegung (Z. 1), Rucksack (Z. 1), Plan (Z. 2), Türme (Z. 2), Europa (Z. 2 f.), Uhr (Z. 3), Mama (Z. 4), Spezial-Makkaroni (Z. 4), Gedanke (Z. 5), Spitze (Z. 5), Eiffelturm (Z. 6), Taube (Z. 6)

3 ⊕ Beispiele für Präpositionen aus dem Text:
in (Z. 1), vor (Z. 3), auf (Z. 5), neben (Z. 6), unter (Z. 7), vor (Z. 9), auf (Z. 9), unter (Z. 10), an (Z. 12), nach (Z. 13), in (Z. 13), nach (Z. 14)

Mögliche Zusatzaufgabe für schnelle Schülerinnen und Schüler:
Erkläre an Beispielen aus dem Text:
- Was versteht man unter dem Genus eines Nomens?
- Was versteht man unter dem Numerus eines Nomens?

4 Beispiele für Nomen mit verschiedenen Begleitern
- meinen Rücksack (Begleiter = Pronomen)
- der berühmtesten Türme (Begleiter = Artikel + Adjektiv)
- auf der Spitze (Begleiter = Präposition + Artikel)
- des Eiffelturms (Begleiter = bestimmter Artikel)
- Eine Taube (Begleiter = unbestimmter Artikel)
- vor Ort (Begleiter = Präposition)

5 ⊕ Im Text finden sich vor allem viele zeitliche und räumliche Präpositionen, weil eine Reise beschrieben und dabei angegeben wird, wann bestimmte Reiseetappen stattfinden.

251 **Mit Adjektiven beschreiben und vergleichen**

Auf dieser Seite wird neben der Beschreibungsfunktion der Adjektive vor allem ihre Vergleichsfunktion in den Mittelpunkt gestellt.
Vor der Auseinandersetzung mit der Sprache sollte der Text besprochen werden. Als Impuls bietet sich die Aufforderung an, den letzten Satz zu erklären.

1 Das Lesen mit und ohne Adjektive zeigt: Adjektive machen Beschreibungen anschaulicher und erlauben Vergleiche.
Hier kann thematisiert werden, was genau im Text verglichen wird und wozu die Komparative und Superlative dienen, nämlich zur Beschreibung und zum Vergleich von Julika mit den Fußballerinnen in der Liga: „das kleinste Trikot", „jüngste Spielerin aller Zeiten", „es gibt bessere Spielerinnen als Julika", „keine mit schnelleren Beinen".

2 So sieht die vervollständigte Tabelle mit den Adjektiven aus:

Grundform	Komparativ (1. Steigerungsstufe)	Superlativ (2. Steigerungsstufe)
groß	größer	am größten
spannend	spannender	am spannendsten
gemütlich	gemütlicher	am gemütlichsten
frei	freier	am freiesten
klein	kleiner	kleinste (am kleinsten)
jung	jünger	jüngste (am jüngsten)
gut	besser	am besten
schnell	schneller	am schnellsten

Mögliche Zusatzaufgabe für schnelle Schülerinnen und Schüler:
Formuliere einen Satz, in dem ein Komparativ oder ein Superlativ vorkommt, so um, dass diese Formen durch die Grundform ersetzt werden.
Erkläre an diesem Beispiel, warum man auf Komparativ und Superlativ nicht verzichten kann.

3 Nun formulieren die Lernenden mit vorgegebenen Wörtern selbstständig Vergleiche. Dafür stehen ihnen Aufgaben auf drei Differenzierungsniveaus zur Auswahl.

●○○ **a** Auf dieser Differenzierungsebene formulieren die Schülerinnen und Schüler Vergleiche mit „wie" und erhalten ein Beispiel als Hilfestellung.
Beispiellösung:
- Der Ball fliegt so schnell wie ein Pfeil.
- Ich bin so stark wie Ben.
- Das Radio ist so laut wie der Fernseher.
- Ich bin so mutig wie du.
- Der Senf ist so scharf wie Chili.
- Meine Cousine ist so alt wie ich.
- Das Kino ist so modern wie eh und je.

●●○ **b** Hier formulieren die Lernenden ohne Hilfe Vergleiche mit „als".
Beispiellösung:
- Der Ball fliegt schneller als ein Pfeil.
- Ich bin stärker als Ben.
- Das Radio ist lauter als der Fernseher.
- Ich bin mutiger als du.
- Chilis sind schärfer als Senf.
- Meine Cousine ist älter als ich.
- Rap ist moderner als die Songs, die meine Oma hört.

●●● **c** Auf dieser Differenzierungsstufe formulieren die Schülerinnen und Schüler Vergleiche mit dem Superlativ.
Beispiellösung:
- Theo ist schnell, aber Julika ist am schnellsten.
- Das Radio ist laut, aber am lautesten ist mein kleiner Bruder.
- Du bist mutiger als ich, aber Julika ist am mutigsten.
- Dieser Senf ist schärfer als Meerrettich, aber am schärfsten sind Chilis.
- Marie ist älter als ihre Schwester Lisa, aber am ältesten ist ihr Bruder Robin.
- Unsere Wohnung ist moderner als die meiner Oma, aber am modernsten ist das Apartment meines großen Bruders.

d Beim Austausch ihrer Ergebnisse rekapitulieren die Lernenden noch einmal die Bildung der Steigerungsstufen. An dieser Stelle kann explizit darauf aufmerksam gemacht werden, dass Vergleiche in der Grundform mit „wie" und Vergleiche mit dem Komparativ immer mit „als" gebildet werden.

4 ⊕ **a** Mögliche Erklärungen, warum man die vorgegebenen Adjektive nicht steigern kann:
- blitzschnell: Im Bestimmungswort (Blitz) ist bereits ein Vergleich ausgedrückt: so schnell wie ein Blitz. Dieser Vergleich kann nicht gesteigert werden, denn „blitzschneller" bedeutet eben nicht „schneller als der Blitz".
- „rund" beschreibt eine Formeigenschaft, die nicht abgeschwächt oder verstärkt werden kann.
- „grün" ist als Farbe eine Eigenschaft, die ein Gegenstand hat oder nicht hat, die er aber nicht mehr oder weniger haben kann.

b Beispiellösung für lustige, sinnlose Vergleiche:
- Die Stürmerin des Gegners war blitzschnell, Julika aber war blitzschneller.
- Der Ball vor Julikas Füßen war runder als je zuvor.
- Das Gras leuchtete grüner als grün.

Mögliche Hausaufgabe
Wenn Aufgabe 4 im Unterricht von allen Lernenden bearbeitet wurde, können sie als Hausaufgabe weitere Beispiele für Adjektive finden, bei denen eine Steigerung wenig sinnvoll ist.
Beispiele sind etwa absolute Adjektive wie tot, lebendig, stumm, blind, nackt; Adjektive, die bereits einen höchsten Grad ausdrücken, wie maximal, minimal, optimal; Formadjektive wie dreieckig, quadratisch; Beziehungsadjektive wie amerikanisch, staatlich; Adjektive deren Bestimmungswort bereits einen Vergleich ausdrückt, wie butterweich, steinreich.

252

Mit Verben von Gegenwart und Zukunft sprechen: Präsens und Futur

Auf den Seiten 252 bis 255 im Schülerband werden die zentralen Tempusformen des Verbs wiederholt und in ihrer kommunikativen Funktion beleuchtet.

1 Zunächst wiederholen die Lernenden die verschiedenen Verwendungsarten des Präsens.
2 a Vorschlag für ein Tafelbild:

Verben im Präsens	Verwendungsart
1 Heute <u>gehe</u> ich ins Kino.	Im Präsens wird Gegenwärtiges ausgedrückt.
2 Ich <u>liebe</u> alle Filme mit Superhelden, besonders die mit Spiderman.	Im Präsens wird etwas ausgedrückt, das immer oder längerfristig gilt.
3 Eines Tages <u>nennt</u> man mich nicht mehr Julika, sondern „Gedankenblitz“ oder einfach nur „Blitz“.	Im Präsens wird Zukünftiges ausgedrückt (ergänzt durch eine Zeitangabe, die auf die Zukunft verweist).

b Dass mit dem Präsens Zukünftiges ausgedrückt wird, erkennt man an einer Zeitangabe, die auf Künftiges verweist, im Beispielsatz 3: „Eines Tages“.
Zu diesem Gebrauch des Präsens sollten von der Klasse Beispiele formuliert werden, etwa: Morgen gehe ich ins Kino. Am Wochenende besuche ich meine Oma. In den Ferien fahren wir an die See.
Mittlerweile wird Zukünftiges – insbesondere in der gesprochenen Sprache – häufiger durch das Präsens (meist mit einem Hinweiswort) ausgedrückt als durch das Futur.

c Beispiele für jede der drei Verwendungsarten des Präsens:
1 Heute <u>gehe</u> ich zum Fußballtraining.
2 Fußballspielen <u>macht</u> mir viel Spaß.
3 Am Wochenende <u>spielen</u> wir auswärts.

3 Mit dieser Aufgabe reaktivieren die Lernenden ihr Wissen über Bildung und Funktion des Futur.
a Das Futur wird mit einer Personalform von „werden“ im Präsens und dem Infinitiv des Verbs gebildet.
b Mit dem Futur drückt man Zukünftiges aus.
c Beispiele für weitere Pläne von Julika, im Futur formuliert:
- Ich werde wie ein Blitz die Turnschuhe holen, die Paul zu Hause vergessen hat.
- Ich werde in den Ferien um 11 Uhr in der Nordsee schwimmen und mittags auf einer Berghütte Apfelstrudel essen.

Mögliche Zusatzaufgabe für schnelle Schülerinnen und Schüler:
Erkläre an dem folgenden Beispiel, dass „werden“ nicht immer auf das Futur hindeutet: Ich werde gerade fotografiert.

4 ⊕ Mit dieser Zusatzaufgabe vertiefen leistungsstärkere Schülerinnen und Schüler den Gebrauch des Futurs und des futurischen Präsens.

Mögliche Hausaufgabe
Sammelt im Freundeskreis, in der Familie oder in den Medien (z. B. im Wetterbericht) fünf Sätze, in denen jemand über die Zukunft spricht, dafür aber das Präsens verwendet.

253

Mit Verben von Vergangenem sprechen: Präteritum

Auf den Seiten 253 bis 255 im Schülerband werden die Tempora der Vergangenheit – Präteritum, Plusquamperfekt und Perfekt – nacheinander besprochen und voneinander abgegrenzt. Dabei sollten vor allem ihre unterschiedlichen sprachlichen Funktionen thematisiert werden: schriftlicher Sprachgebrauch, Vorzeitigkeit, mündlicher Sprachgebrauch.

Vor der Auseinandersetzung mit dem Präteritum sollte zuerst der Text thematisiert werden. Die Lehrkraft kann ihn z. B. zunächst nur vorlesen und dann diese Fragen beantworten lassen:
- Wann entdeckte Julika den Gedankenblitz?
- Was war der Anlass, dass sie sich mit dem Zirkus beschäftigte?
- Im Text kommt „Tarzan“ vor. Wer ist gemeint?

1 **a** Die Lernenden tragen alle Verbformen im Präteritum aus dem Text in eine Tabelle ein und bilden dazu Präsens und Infinitiv. So sieht die vervollständigte Tabelle aus:

Präteritum	Präsens	Infinitiv
ich lag	ich liege	liegen
ich blätterte	ich blättere	blättern
ich begegnete	ich begegne	begegnen
es ging	es geht	gehen
sie verschwanden	sie verschwinden	verschwinden
ich verdächtigte	ich verdächtige	verdächtigen
ich dachte	ich denke	denken
ich saß	ich sitze	sitzen
ich starrte	ich starre	starren
er flog	er fliegt	fliegen

b Die Lernenden unterscheiden regelmäßige (schwache) und unregelmäßige (starke) Verben:
- Das Präteritum kann regelmäßig gebildet werden: mit der Endung -te, der Vokal im Verbstamm ändert sich nicht.
- Das Präteritum kann unregelmäßig gebildet werden: Der Vokal im Verbstamm ändert sich.

2 Julika verwendet in ihrem Text die Zeitform Präteritum, weil sie von Vergangenem erzählt.

3 Beispiellösung für die Fortsetzung des Textes im Präteritum:
Nach der Vorstellung <u>schlich</u> ich dem Clown hinterher.
Durch das Fester <u>entdeckte</u> ich, dass er in seinem Clownswagen Zauberstäbe und Musikinstrumente <u>versteckte</u>. Daneben <u>stand</u> sogar ein Kamel.
Da <u>begriff</u> ich: Gandolfi <u>wollte</u> einen eigenen Zirkus gründen.

4 Das Verb „backen“ ist von einem starken zu einem schwachen Verb geworden.

⊕ **Mögliche Hausaufgabe**
Ein Kleinkind sagt: „Ich laufte zu meiner Mutter.“ Erkläre den Fehler.

254

Mit Verben Vorzeitigkeit ausdrücken: Plusquamperfekt

Auch hier sollte nach der Lektüre zunächst über den Text gesprochen werden, etwa über die Frage: Wie würde eure Familie reagieren, wenn ihr mit dem Gedankenblitz reisen könntet?

1 **a** Die Lernenden erklären die zeitliche Abfolge:
- Zuerst testet Julika den Gedankenblitz, danach erklärt sie alles der Familie.
- Zuerst rauscht Julika zu dem Laden, dann steht sie mit den Pralinen im Wohnzimmer.
- Zuerst isst die Großmutter die Praline, dann sagt sie etwas.

b Eine Handlung im Plusquamperfekt liegt zeitlich vor der Handlung im Präteritum.

2 Verbformen im Plusquamperfekt: getestet hatte – gerauscht war – gegessen hatte
Das Plusquamperfekt wird mit einer Personalform von „haben“ oder „sein“ im Präteritum und dem Partizip II des Verbs gebildet.

3 Für die Bildung eigener Sätze im Plusquamperfekt können die Lernenden zwischen Aufgaben auf drei Differenzierungsniveaus auswählen.

●○○ **a** Hier ist vorgegeben, dass das eingeklammerte Verb ins Plusquamperfekt gesetzt werden soll:
Nachdem Julika ins Bett gegangen war, träumte sie von abenteuerlichen Reisen.

●●○ **b** Auf dieser Differenzierungsstufe sollen die Schülerinnen und Schüler das eingeklammerte Verb „in das richtige Tempus“ setzen:
Bevor Julika mit Gedankenblitzen reiste, war sie am liebsten Bahn gefahren.

●●● **c** Hier müssen beide Verben in das richtige Tempus gesetzt werden:
Früher hatten ihre Reisen länger gedauert, später ging alles blitzschnell.

d Bei der partnerschaftlichen Kontrolle der Ergebnisse ist es sinnvoll, dass Schülerinnen und Schüler zusammenarbeiten, die Teilaufgaben auf unterschiedlichem Differenzierungsniveau bearbeitet haben.

Mögliche Zusatzaufgabe für schnelle Schülerinnen und Schüler:
Untersuche, ob es in den drei Sätzen neben dem Plusquamperfekt jeweils ein zweites Signal für die Vorzeitigkeit gibt. (Lösung: die Adverbien bzw. Konjunktionen „nachdem“, „bevor“, „früher“.)

4 ⊕ Es sollte darauf geachtet werden, dass in den individuellen Beispielsätzen die Vorzeitigkeit adäquat durch das Plusquamperfekt ausgedrückt wird.

255

Mit Verben mündlich berichten: Perfekt

Der Inhalt der Sprechblase kann z. B. mit der Leitfrage erschlossen werden: Was glaubt ihr: Wie hat Julikas Lehrerin reagiert?

1 Die Schülerinnen und Schüler erarbeiten die unterschiedlichen Funktionen der Vergangenheitsformen:
- In der Sprechblase berichtet Julika mündlich von der Vergangenheit, und zwar im Perfekt.
- Im Brief berichtet sie schriftlich von der Vergangenheit, und zwar im Präteritum.

2 Die Lernenden setzen sich mit der Bildung des Perfekts auseinander.
Beispiellösung für die ausgefüllte Tabelle:

haben *(habe, hast, hat ...)* **+ Partizip II**	**sein** *(bin, bist, ist, sind, seid)* **+ Partizip II**
ich habe geträumt ich habe beobachtet ich habe gebraucht	sie sind zugefallen ich bin gefahren sie sind gesprungen es ist gewesen

3 Für die Bildung weiterer Perfektformen stehen den Schülerinnen und Schülern Aufgaben auf drei Differenzierungsniveaus zur Auswahl.

●○○ **a** Auf dieser Differenzierungsebene bilden die Lernenden mit dem stets gleichen Personalpronomen Perfektformen mit „sein“ :

haben *(habe, hast, hat ...)* **+ Partizip II**	**sein** *(bin, bist, ist, sind, seid)* **+ Partizip II**
	ich bin gerannt ich bin geschwommen ich bin gereist ich bin gefahren ich bin geflogen

●●○ **b** Hier bilden die Lernenden mit unterschiedlichen Personalpronomen Perfektformen mit „haben“:

haben *(habe, hast, hat ...)* **+ Partizip II**	**sein** *(bin, bist, ist, sind, seid)* **+ Partizip II**
ich habe geschlafen du hast gegessen er hat gewettet wir haben gegeben ihr habt geschrieben sie haben gelesen	

●●● **c** Auf dieser Differenzierungsstufe bilden die Schülerinnen und Schüler mit unterschiedlichen Personalpronomen Perfektformen mit „haben“ und mit „sein“:

haben *(habe, hast, hat ...)* **+ Partizip II**	**sein** *(bin, bist, ist, sind, seid)* **+ Partizip II**
ich habe gestanden sie hat geruht ihr habt gelegen	du bist gegangen wir sind gelaufen sie sind gerutscht

d Auch hier ist es sinnvoll, wenn bei der Überprüfung der Ergebnisse Lernende zusammenarbeiten, die Aufgaben auf unterschiedlichen Differenzierungsniveaus bearbeitet haben.
Ein Ergebnis der Betrachtung: Verben der Bewegung bilden das Perfekt mit „sein“.

Mögliche Hausaufgabe
Findet einen Zeitungsartikel oder einen Artikel im Netz, in dem wörtliche Rede vorkommt, die von Vergangenem berichtet. Prüft, ob hierbei das Perfekt verwendet wird.

256 **Mit Pronomen Bezüge herstellen: Personal- und Possessivpronomen**

Auf dieser Seite wiederholen die Schülerinnen und Schüler die Funktion der Pronomen, die bereits aus Jahrgangsstufe 5 bekannt sind.

1 Bezüge der Personalpronomen: ich = Sami – Er = der Regen – ich = Julika – du = Sami – mir = Julika – Du = Sami

2 Bezüge der Possessivpronomen:
- ihrem Zimmer = Das Zimmer gehört Julika.
- deine Sonnenbrille = Die Sonnenbrille gehört dem Angesprochenen (Sami).
- meinen Regenschirm = Der Regenschirm gehört der Sprecherin (Julika).

3 Beispiellösung für die Umformulierung der letzten beiden Sätze mit Hilfe eines Possessiv- und eines Personalpronomens:
Eine Millisekunde später war Julika verschwunden und ich saß alleine auf ihrem Sofa. Sie hatte wahrscheinlich an die Südsee gedacht.

4 Für die stilistische Verbesserung von Sätzen mit Hilfe von Personal- und Possessivpronomen stehen den Schülerinnen und Schülern Aufgaben auf drei Differenzierungsniveaus zur Auswahl.

●○○ **a** Auf dieser Differenzierungsebene wird vorgegeben, dass ein Nomen und ein Pronomen ausgetauscht werden müssen. Lösung:
Sami ist nicht sehr überrascht, denn er weiß von Julikas Gedankenblitzen.

●●○ **b** Hier müssen zwei Pronomen und ein gekennzeichneter Artikel ersetzt werden. Lösung:
Julikas Schirm hat Sami auf der Straße in seinen Rucksack gesteckt, weil der Regen aufgehört hat.

●●● **c** Hier wird nicht vorgegeben, was geändert werden muss, nur dass die Sätze an drei Stellen zu ändern sind. Lösung:
Mit Samis Sonnenbrille auf der Nase blitzt Julika sich ins Warme. Die Brille ist zu groß, aber lässig.

d Beim Austausch der Ergebnisse erscheint es sinnvoll, dass Lernende, die verschiedene Teilaufgaben bearbeitet haben, ihr Vorgehen erläutern.

Mögliche Hausaufgabe
Erstelle eine Tabelle, in der du alle Personalpronomen in allen Kasus auflistest.
Zur Differenzierung kann diese Tabelle mit einzelnen Lösungen angeboten werden.

	1. Pers. Sg.	2. Pers. Sg.	3. Pers. Sg.	1. Pers. Pl.	2. Pers. Pl.	3. Pers. Pl.
Nominativ	ich		er/sie/es		ihr	
Genitiv						ihrer
Dativ					euch	
Akkusativ	mich			uns		

257 **Mit Pronomen auf etwas hinweisen: Demonstrativpronomen**

Auf dieser Seite lernen die Schülerinnen und Schüler als neues Pronomen das Demonstrativpronomen kennen.
Der Text kann nach der Lektüre z. B. anhand dieser Frage erschlossen werden: Würdet ihr den Affen als Dieb bezeichnen?

1 Beim Vorlesen mit verteilten Rollen werden die Lernenden bemerken, dass die markierten Demonstrativpronomen meist besonders betont gesprochen werden.

2 Auf diese Wörter, Wortgruppen oder Sätze weisen die markierten Demonstrativpronomen hin:
- dieser (Z.1) = Affe
- jenes (Z. 2) = Herrn
- Die (Z. 3) = Tasche
- solche (Z. 5) = Sachen
- Dieser (Z. 7) = Affe
- Das (Z. 8) = dass der Affe ein Dieb ist
- diesem (Z. 8 f.) = verbrecherischen Treiben
- dieses (Z. 11) = Geschrei
- diese (Z. 15) = Jugend

Mögliche Zusatzaufgabe für schnelle Schülerinnen und Schüler:
Bei „der, die, das“ ist die Wortart manchmal schwer zu bestimmen. Bestimme die Wortart der unterstrichenen Wörter: Artikel oder Demonstrativpronomen?
<u>Das</u> Affenhaus kommt ins Gerede. Was ist <u>das</u> für ein Affenzirkus dort? <u>Das</u> kleinste Äffchen stiehlt. <u>Das</u> ist ja unerhört! <u>Das</u> Treiben muss ein Ende haben!

3 Die vollständigen Reihen der Demonstrativpronomen:
der, die, das – dieser, diese, dieses – jener, jene, jenes – derselbe, dieselbe, dasselbe

4 ⊕ Beispiellösung für eine Fortsetzung des Gesprächs unter Verwendung unterschiedlicher Demonstrativpronomen:
Zoobesucherin: <u>Das</u> musst du mir mal genauer erklären! Was hat es mit <u>diesem</u> Blitzen auf sich?
Julika: <u>Das</u> bedeutet, dass ich mit einem Gedankenblitz blitzschnell reisen kann: von hier nach da, zu <u>diesem</u> Ziel oder an <u>jenen</u> Ort.

258

Wortbildung und Wortbedeutungen

258

Wörter haben Verwandte: Wortfamilien

Die Seiten zur Wortbildung (S. 258–263 im Schülerband) werden mit der Wortfamilie eröffnet: Die Bedeutung des Wortstamms dient als Strukturierungshilfe und bereitet die Grundlagen für die Beschäftigung mit den Wortbausteinen Präfix und Suffix.

1 **a** Die Wörter einer Wortfamilie haben denselben Wortstamm (hier: „fahr").

b Beispiele für weitere Wörter mit dem Wortstamm „fahr":
Fahrkarte, Fahrrad, Fahrpreis, Fahrplan, Fahrt, Fahrprüfung, Fahrschein, Fahrschule, erfahren, umfahren, ausfahren, zurückfahren, hinfahren, verfahren, fahrbar

2 „Gefährt" kommt von „fahren", deshalb wird es mit *ä* geschrieben. Die Lernenden erkennen: Die Wortfamilie bzw. der Wortstamm (und die Strategie des Ableitens) können bei Rechtschreibfragen helfen.

3 Beispiel für eine Wortfamilie mit dem Wortstamm „spiel": Spiel, Endspiel, Gruppenspiel, Gemeinschaftsspiel, Zuspiel, Nachspiel, Spielende, Spieler, Gegenspieler, Spielzeit, Spielfreude, Spielkind, Spielpause, Spielbeginn, Spieleabend, Spielfeld, Spielführer, Spielgeld, Spielkarte, Spielzug, Spielleiter, spielen, abspielen, mitspielen, verspielen, zuspielen, verspielt
Beispiel für eine Wortfamilie mit dem Wortstamm „schreib": Schreibtisch, Schreibheft, Schreibschrift, Schreibfreude, Schreibprozess, Kugelschreiber, schreiben, aufschreiben, abschreiben, beschreiben, verschreiben, schreibgeschützt

4 Für die weitere Auseinandersetzung mit Wortfamilien werden den Schülerinnen und Schülern Aufgaben auf drei Differenzierungsniveaus angeboten.

●○○ **a** Auf dieser Differenzierungsebene bilden die Lernenden mindestens sechs weitere Wörter zu dem Wortstamm „geh". Beispiellösung:
Gehhilfe, Geher, Vergehen, umgehen, vergehen, weggehen, gehbehindert

●●○ **b** Hier wird eine größere Zahl von Worten aus vorgegebenen Wortarten gefordert.
Beispiellösung:
- Nomen: Lauf, Laufband, Laufsteg, Laufgitter, Läufer, Laufschritt, Laufstall, Laufzeit, Langlauf, Marathonlauf
- Verben: verlaufen, ablaufen, vorlaufen, hinauslaufen, eislaufen, totlaufen
- Partizip, Adjektive: laufend, landläufig

●●● **c** Auf dieser Differenzierungsstufe begründen die Schülerinnen und Schüler, warum zwei Wörter aus einer vorgegebenen Reihe nicht zur Wortfamilie von „reisen" gehören:
- Reisfeld: kommt von dem Lebensmittel „Reis" und nicht von „Reise"
- Reißverschluss: kommt von „reißen", nicht von „reisen" – am *ß* erkennbar

d Nach der wechselseitigen Überprüfung der Ergebnisse reflektieren die Schülerinnen und Schüler, wobei Wortfamilien hilfreich sein können:
- Wortfamilien helfen beim Rechtschreiben (z. B. bei der Strategie Ableiten, aber auch beim Verlängern oder beim Zerlegen und Verlängern).
- Außerdem gliedern sie den Wortschatz und helfen manchmal, präziser zu (be)schreiben.

Mögliche Zusatzaufgabe für schnelle Schülerinnen und Schüler:
Finde Wörter aus der Wortfamilie „hand": Hand, Handtuch, handhaben ...

259

Wörter miteinander verbinden: Wortzusammensetzungen

Mit dieser Doppelseite wird das Kompositum eingeführt. Einen spielerischen Zugang in die Wortbildung durch Zusammensetzung bietet ein Einstieg, der an Quizshows im Fernsehen anknüpft. Dieser motivierende Zugang wird in spielerischen Übungen (Aufgabe 3) wieder aufgegriffen. Auf der zweiten Seite werden die Wortzusammensetzungen dann in ihrer Funktion genutzt, nämlich als Mittel zur genauen Beschreibung.

Auch im Lyrik-Kapitel (Kapitel 8) gibt es Übungen zur Wortzusammensetzung (vgl. S. 174 im Schülerband) sowie eine Sprachtrainingsseite „Mit Wortzusammensetzungen neue Wörter bilden" (S. 175 im Schülerband und die Anmerkungen dazu auf S. 205–206 in diesen Handreichungen).

1 a Richtige Antwort: Sonnenmilch

b Erklärung der Wortbildung: Zwei einzelne Nomen wurden zu einem Wort zusammengesetzt. Dabei wurde als erster Teil immer ein Gestirn gewählt (wie bei „Sonne") und im zweiten Teil ein Getränk (wie „Milch").

c Beispiele für weitere lustige Wortzusammensetzungen nach diesem Prinzip: Mondsaft, Jupitertee, Venuskakao, Planetencola.

2 a/b Beispiele für Wortzusammensetzungen mit den vorgegebenen Wörtern (Fugenelemente sind fett gedruckt):

- Stern + Staub = Stern**en**staub
- Weihnachten + Stern = Weihnacht**s**stern
- Stern + Straße = Stern**en**straße
- Stern + Zeichen = Sternzeichen
- See + Stern = Seestern
- Zitrone + Saft = Zitrone**n**saft
- Apfel + Saft = Apfelsaft
- Saft + Produkt = Saftprodukt
- Saft + Presse = Saftpresse
- Zitrone + Milch = Zitrone**n**milch
- Milch + Zahn = Milchzahn
- Milch + Straße = Milchstraße
- Apfel + Milch = Apfelmilch
- Milch + Produkt = Milchprodukt
- Butter + Milch = Buttermilch
- Milch + See = Milchsee

3 a Erklärung der zusammengesetzten Wörter „von hinten nach vorne" (also vom Grundwort aus):

- Ein Reisekoffer ist ein Koffer, den man auf eine Reise mitnimmt.
- Ein Erdbeereis ist ein Eis mit Erdbeergeschmack.
- Ein Eisbär ist ein Bär, der im Eis lebt.
- Ein Küchenstuhl ist ein Stuhl, der in der Küche steht.
- Ein Stuhlbein ist ein Bein, das zu einem Stuhl gehört.

b Das Grundwort steht hinten, das Bestimmungswort steht vorn.

c Die zusammengesetzten Nomen mit dem bestimmten Artikel: die Busreise, der Reisekoffer, das Erdbeereis, der Eisbär, der Küchenstuhl, das Stuhlbein
→ Das Genus der Nomen richtet sich nach dem Grundwort.

4 Beim Wortketten-Spiel wird mit dem Grundwort des letzten Wortes ein neues Kompositum begonnen, d. h., das Grundwort wird im nächsten Wort zum Bestimmungswort.
Mögliche Fortsetzung der Wortkette: Glasscheibe – Scheibenwischer – Wischerblatt – Blattlaus ...

5 ⊕ Beispiellösungen für Wortzusammensetzungen mit „Schiff“ (Fugenelemente sind fett gedruckt):

Bestimmungswort „Schiff“	Grundwort „Schiff“
Schifffahrt	Segelschiff
Schiffbruch	Bauschiff
Schiffbau	Motorschiff
Schiffschaukel	Tankschiff
Schiff**s**junge	Containerschiff
Schiff**s**bug	Flussschiff
Schiff**s**motor	Traumschiff
Schiff**s**koch	Kreuzfahrtschiff
Schiff**s**ladung	
Schiff**s**reise	
Schiff**s**schraube	
Schiff**s**kapitän	
Schiff**s**taufe	

»260

Der beste Platz zum Lesen

1 Die Aufgabe stellt eine Verbindung zwischen den Lernenden und der Leitfigur des Kapitels her; zugleich ermuntert sie die Schülerinnen und Schüler, über ihre liebsten Leseorte nachzudenken.

2 **a** Nun rücken auch andere Wortzusammensetzungen als die aus Nomen + Nomen in den Fokus. So sieht Tabelle aus, wenn die Wortzusammensetzungen aus dem Text ergänzt sind:

Nomen	Adjektive
Baumkrone	rostroter
Bärenhöhle	steinalter
Stadtrand	federweiches
Burgturm	wunderschönen
Storchennest	himmelblauen
Ferientag	
Lieblingsplatz	

b Das Grundwort bestimmt die Wortart des zusammengesetzten Wortes.

3 Für die Beschreibung illustrierter Lesesituationen mit Hilfe zusammengesetzter Wörter stehen Aufgaben auf drei Differenzierungsniveaus zur Auswahl.

●○○ **a** Auf dieser Differenzierungsebene werden den Lernenden für die Beschreibung der Illustration drei Komposita vorgegeben. Beispiellösung (die vorgegebenen und weitere Komposita sind unterstrichen): Julika liest auch gerne auf ihrem Hochbett, auf dem ein hellgrünes Kopfkissen und ein Bettbezug in der gleichen Farbe liegen. Das Hochbett erreicht Julika über eine schmale Holzleiter. Ein orangeroter Vorhang verbirgt, was sie darunter aufbewahrt. Am Abend kann Julika eine Leselampe anschalten.

●●○ **b** Hier werden Einzelwörter zur Bildung von Komposita vorgeschlagen. Beispiellösung: Manchmal hängt sich Julika zum Lesen auch mit den Kniekehlen in die Astgabel eines Apfelbaums und lässt sich kopfüber nach unten fallen. Dann schwingen ihre strohblonden Haare im Wind.

●●● **c** Zur dritten Illustration finden die Schülerinnen und Schüler ohne Hilfen Komposita. Beispiellösung: Viel bequemer kann Julika in ihrer rostfarbenen Hängematte aus Leinenstoff lesen. Vergnügt wippt sie mit den feuerroten Stiefelspitzen und grinst, während sie die Buchseiten umblättert.

d Beim Austausch über ihre Ergebnisse sollten die Schülerinnen und Schüler erkennen, dass ihnen die Wortzusammensetzungen helfen, Dinge und Sachverhalte auf unkomplizierte Art und Weise genau und anschaulich zu beschreiben.

Mögliche Zusatzaufgabe
Beschreibe deinen Lieblingsplatz zum Lesen. Nutze dafür viele Wortzusammensetzungen.

4 ⊕ Beispiele für weitere Wortzusammensetzungen:
- Nomen + Nomen: Himmelszelt, Ruheplatz, Sonnenlicht
- Nomen + Adjektiv: menschenleer, federweich, totenstill, bretthart
- Adjektiv + Nomen: Starkregen, Weichkäse, Fremdsprache, Freistoß
- Adjektiv + Adjektiv: hellgelb, dunkelbraun, orangerot
- Verb + Nomen: Laufschuhe, Spielgerät

Eine Schule – viele Sprachen

261

Auf dieser Seite untersuchen die Schülerinnen und Schüler die Wortbildung in verschiedenen Sprachen. Im Fokus stehen dabei einige Arten der Wortzusammensetzung sowie bestimmte Artikel.

1 Der Satz B stammt aus dem Spanischen, der Satz D aus dem Türkischen.

2 **a** Beim Vergleich der blau markierten Wörter in den vier Sprachen wird den Schülerinnen und Schülern auffallen, dass nur in dem deutschen Satz der Begriff „Deutschlehrer" durch ein Nomen ausgedrückt wird – und zwar durch ein zusammengesetztes Nomen. In dem spanischen Satz (B) werden die zwei Nomen „Lehrer" und „Deutsch" mit einer Präposition gekoppelt („de"), bleiben jedoch drei getrennte Wörter („profesor de Alemán"). Im Englischen (C) benötigt man für den Ausdruck „Deutschlehrer" zwei Wörter. Im Türkischen (D) ist es wie im Englischen, es werden zwei Nomen benötigt. Es könnte auch auffallen, dass im Englischen (B) und im Türkischen (D) die Nomen gleich angeordnet sind: An erster Stelle steht das Nomen für „Deutsch", dann das für „Lehrer" – im Gegensatz zum Spanischen, das mit der Präposition „de" arbeitet. Es ändert sich also die Stellung des Grundworts. Ebenso könnten die Lernenden bemerken, dass die Wörter für „Deutsch" im Türkischen und im Spanischen verwandt zu sein scheinen: Alemán / Almanca. Im Spanischen, Englischen und Deutschen gehört zum Ausdruck „Deutschlehrer" ein Artikel, im Türkischen nicht.

b Beim Vergleich der rot markierten Ausdrücke für den Begriff „Lehrerzimmertür" wird den Lernenden auffallen, dass wiederum im Deutschen ein Nomen zusammengesetzt wurde und zwar diesmal aus drei Nomen: Lehrer, Zimmer und Tür. Im spanischen Satzteil (B) ist wieder eine Koppelung mithilfe der Präposition „de" zu erkennen, diesmal zweifach. Wiederum steht das Grundwort im spanischen Satzteil („Tür" / „puerta") an erster Stelle, bei den anderen Sprachen an letzter. Auffallen könnte, dass im Spanischen (B) neben dem Artikel für die Tür („la puerta") ein weiterer Artikel eingebunden wird: „de la sala". Beim englischen Satzteil (C) ist eine Lösung erkennbar, bei der zwei Nomen zusammengesetzt werden („staffroom"), das dritte wird danach gesetzt: „door", der eine zugehörige Artikel steht am Anfang: „the staffroom door". Es gibt im Englischen also auch die Möglichkeit der Wortzusammensetzung wie im Deutschen. Im Türkischen (D) sind wiederum drei einzelne Nomen hintereinander gesetzt, das Grundwort für Tür steht an letzter Stelle, wieder wird kein Artikel benötigt.
Es gibt auch semantische Unterschiede: Das Wort für „Lehrer" wird nicht in allen Sprachen auch für das „Lehrerzimmer" verwendet, im Englischen steht „staff-" /"Mitrabeiter-".

c Es ist wichtig, dass die Lernenden weitere Sprachen einbeziehen können, auch wenn sie diese eventuell nicht perfekt beherrschen und dass insbesondere mehrsprachige Schülerinnen und Schüler oder solche mit einer anderen Erstsprache als Deutsch ihre Kompetenzen einbringen können.

3 Für die Untersuchung der Artikel in den vier Sprachen werden den Schülerinnen und Schülern Aufgaben auf drei Differenzierungsniveaus angeboten.

●○○ **a** Auf diesem Differenzierungsniveau untersuchen die Lernenden den deutschen Satz (unter A) und erklären, welches Wort bei zusammengesetzten Nomen den Artikel bestimmt. Sie notieren dazu alle Nomen mit den zugehörigen Artikeln.

●●○ **b** Auf dem mittleren Differenzierungsniveau untersuchen die Lernenden den spanischen Satz (unter B): Sie notieren dazu die Artikel mit den zugehörigen Nomen. Sie erhalten dabei einen Hinweis auf die Anzahl der Artikel. Sie finden heraus, wie der bestimmte männliche und der bestimmte weibliche Artikel im Spanischen lauten.

●●● **c** Auf dem höchsten Differenzierungsniveau untersuchen die Lernenden den Satz in allen vier Sprachen. Sie finden heraus, wie viele verschiedene bestimmte Artikel es jeweils in den verschiedenen Sprachen gibt.

Beispiellösung:

Anzahl der bestimmten Artikel			
Deutsch: 3 Artikel	**Spanisch: zwei Artikel**	**Englisch: ein Artikel**	**Türkisch: keine Artikel**
der Lehrer, die Tür, das Zimmer	männlicher bestimmter Artikel: el profesor weiblicher bestimmter Artikel: la puerta, la sala	the German teacher, the staffroom door	–

d Auch in dieser Aufgabe sollten die Schülerinnen und Schüler die Möglichkeit erhalten, auf weitere Sprachen zu reflektieren sowie erstsprachliches Sprachkönnen einzubringen.

262

Mit Präfixen und Suffixen neue Wörter bilden: Ableitungen

Auf der Doppelseite geht es um die im Deutschen sehr häufige Ableitung (Derivation) durch Präfixe (Vorsilben) und Suffixe (Endungen). Im Zentrum steht die Wortbildung bei Verben und Nomen, aber auch Adjektive werden in den Blick genommen.

1 Die Aufgabe dient der Texterschließung: Offenbar muss Julika den Gedankenblitz kühlen. Das könnte sie z. B. durch einen Eisbeutel auf dem Kopf erreichen.

2 So lauten die um Präfixe ergänzten Wörter: verwenden – erlebe – versuche – zerbreche – verzweifeln – entsteht – beheben

3 **a** Beispiellösung für Ableitungen von Verben aus den vorgegebenen Präfixen und Verben:
- be-: beleben, befassen, bearbeiten, bestellen, belegen, bestehen, befahren, befallen
- ent-: entstellen, entstehen, entfahren, entfallen
- er-: erleben, erfassen, erbitten, erarbeiten, erstellen, erlegen, erstehen, erfahren
- ge-: gestehen, gefallen
- miss-: missfallen, missverstehen
- ver-: verleben, verfassen, verarbeiten, verstellen, verlegen, verstehen, verfahren, verfallen
- zer-: zerlegen, zerfahren, zerfallen

b Beispiellösung für die Erklärung einiger der Ableitungen:
- bestehen: eine Prüfung erfolgreich absolvieren
- belegen: etwas auf ein Brot legen
- entstellen: etwas hässlich machen
- entfallen: etwas vergessen
- erstehen: kaufen
- erstellen: machen
- gefallen: etwas mögen
- missfallen: etwas nicht mögen
- verleben: Zeit verbringen
- verfassen: einen Text schreiben
- verstellen: einen anderen spielen
- zerlegen: in Teile aufteilen

4 Beispiele für die Bildung neuer Nomen aus den vorgegebenen Präfixen und Nomen:
- Un-: Unrecht, Unruhe, Unabhängigkeit, Unsinn, Unverständnis, Unordnung, Unmensch
- Ur-: Urwald, Urgroßmutter, Urmensch
- Miss-: Missverständnis, Misserfolg

5 Beispiel für die Bildung neuer Adjektive mit dem Präfix *un-:*
unsachlich, untätig, ungerecht, unsinnig, unsanft, unsauber, unscharf, unschlüssig, unsozial, unsichtbar
→ Die Bedeutung eines Worts ändert sich durch das Präfix *un-* in das Gegenteil.

6 **a** Beispiele für die Bildung von Nomen durch Suffixe:
Kenntnis, Menschheit, Mannschaft, Sicherheit, Sicherung, Erlebnis,
Schönheit, Heiterkeit, Verbesserung, Eigenschaft, Eigenheit, Eigentum, Finsternis

b Die Suffixe *-nis, -keit, -heit, -ung, -schaft, -tum* sind Erkennungszeichen für Nomen. Man schreibt sie groß.

7 Beispiele für die Bildung von Adjektiven durch Suffixe:
dankbar, heilsam, heilbar, wirklich, wirksam, lieferbar, bedrohlich,
rostig, neidisch, glücklich, riesig, modisch, mütterlich

8 Für das selbstständige Bilden von Wörtern aus Wortstämmen, Präfixen und Suffixen werden den Lernenden Aufgaben auf drei Differenzierungsniveaus angeboten.

●○○ **a** Auf dieser Differenzierungsebene bilden die Lernenden aus den vorgegebenen Wortstämmen, Prä- und Suffixen selbstständig 15 Wörter, wobei zwei Beispiele angegeben sind.

●●○ **b** Hier bilden die Schülerinnen und Schüler 20 Wörter.

●●● **c** Auf dieser Differenzierungsstufe werden bestimmte Wortarten verlangt: zehn Adjektive und zehn Nomen.

Beispiellösung (für alle drei Teilaufgaben):

Nomen	**Adjektive**
Haltbarkeit, Verhalten, Haltung	haltbar
Glück, Unglück	glücklich
Freiheit, Befreiung	frei, unfrei
Reichtum, Bereicherung	reich, reichlich
Verehrung, Ehrlichkeit, Unehrlichkeit	ehrbar, ehrlich, unehrlich
Herrlichkeit	herrlich, herrisch
Männlichkeit, Männchen	männlich

d Ableitungen können bei der Rechtschreibung helfen:
- Großschreibung von Nomen mit den typischen Suffixen für Nomen
- Kleinschreibung von Adjektiven mit den typischen Suffixen für Adjektive

Mögliche Zusatzaufgabe für schnelle Schülerinnen und Schüler:
Finde jeweils fünf Beispiele für Adjektive,
- die von Adjektiven abgeleitet sind (z. B. kränklich),
- die von Verben abgeleitet sind (z. B. brauchbar),
- die von Nomen abgeleitet sind (z. B. jährlich).

264 Das passende Wort finden: Wortfelder

Mit der Doppelseite werden bedeutungsähnliche Wörter eines Wortfeldes eingeführt, um damit ein präziseres Beschreiben zu ermöglichen.

1 **a/b** Mögliche Anordnung (ergänzte Verben sind unterstrichen):

schnell

rasen sprinten rennen flitzen eilen hasten	hetzen stürmen laufen marschieren

leise — laut

wandern spazieren schreiten bummeln schlendern trotten	stampfen trampeln humpeln tappen schlurfen

langsam

c Man kann auf vielfältige Arten gehen und diese verschiedenen Arten zu gehen lassen sich mit den unterschiedlichen Verben präzise beschreiben.

2 **a** Beispiellösung:
- Der Elefant trampelt/stampft durch den Garten.
- Der Verletzte humpelt/schlurft/tappt mit seinem schmerzenden Fuß zum Sessel.
- Die Freundinnen bummeln/schlendern durch die Läden der Stadt.
- Die Schauspielerin eilt/hastet/hetzt/rennt von einem Interviewtermin zum nächsten.
- Die Blaskapelle schreitet/marschiert über den Festplatz.

b Beim Vergleich ihrer Lösungen werden die Lernenden feststellen, dass sie an derselben Stelle wahrscheinlich meistens Wörter ergänzt haben, die im Koordinatensystem dicht beieinanderstehen – also Wörter, die eine ähnliche Art des Gehens beschreiben.

3 Beispiellösung für einen Text zur Bildergeschichte (Verben aus dem Wortfeld „gehen" sind unterstrichen):
Julika schleicht einem Dieb hinterher und tippt ihn vorsichtig an, als sie ihn erreicht. Sie weist ihn darauf hin, dass Klauen verboten ist. Der Dieb erschrickt, dreht Julika eine lange Nase und rennt/läuft schnell weg. Aber Julika hat eine Lösung: Sie blitzt sich sofort zur Polizeiwache und gibt Bescheid. Daraufhin rast/flitzt ein Polizeiauto mit Blaulicht hinter dem Dieb her, der immer schneller läuft/rennt. Bald schon erwischen die Polizisten den Dieb. Er stampft auf und schlurft dann ganz betroffen mit zur Wache, während Julika feixend davontrottet.

4 **a** Beispiellösung:
- flüstern: raunen, wispern, leise sprechen, hauchen, murmeln, anvertrauen
- schimpfen: tadeln, rügen, schelten, zetern, schreien, motzen, kritisieren, anklagen, auszanken, rüffeln
- schreien: krakeelen, rufen, brüllen, kreischen, johlen, grölen, lärmen

b Durch die Ergänzung der Wortfelder mit Hilfe des Thesaurus ihres PCs trainieren die Lernenden ihre Kompetenzen im Umgang mit dem Computer und erweitern zugleich ihren Wortschatz.

5 a Beispiele für passende Wörter, die „sagen“ an der jeweiligen Stelle ersetzen können: schimpfte/zeterte/motzte Paul – warf ich ein – murrte/knurrte Paul – flüsterte/wisperte ich – schrie/brüllte/fragte Paul – jubelte/jauchzte/jubilierte ich – murmelte Paul – rief er

b Die Schülerinnen und Schüler reflektieren die Veränderungen des Textes durch den Gebrauch treffender Verben: Der Text wird abwechslungsreicher und präziser.

Mögliche Zusatzaufgabe
Finde möglichst viele Verben für „denken“ mit einer ähnlichen Bedeutung.

Mögliche Hausaufgabe
„Sören sagt, dass Tim der beste Fußballer der Klasse ist.“
Notiere fünf verschiedene Umformulierungen. In keinem Satz darf das Verb „sagen“ vorkommen.

266

Testet euch! – Wortarten, Wortbildung, Wortbedeutung

Mit einem Quiz können die Schülerinnen und Schüler die erworbenen Kenntnisse und Kompetenzen überprüfen.

1 Richtige Lösungen:
- 1 b (In dem Satz stehen drei Nomen: Sommer, Südpol, Finsternis.)
- 2 c (Das Adjektiv „am klügsten“ steht im Superlativ.)
- 3 c (Das Verb „gab“ steht im Präteritum.)
- 4 a (Verben der Fortbewegung bilden das Perfekt meist mit einer Form von „sein“.)
- 5 a (Bei „dieser“ handelt es sich um ein Demonstrativpronomen.)
- 6 b („Fahrschein“ ist eine Zusammensetzung und keine Ableitung.)
- 7 b (Das Wort „antworten“ gehört zum Wortfeld „sagen“.)

12.2 Geheimnissen auf der Spur – Satzglieder und Sätze untersuchen

267 Tatumstände erfragen – Satzglieder bestimmen

267 Subjekte, Prädikate, Akkusativ- und Dativobjekte

1 Zunächst erschließen die Lernenden den Inhalt der Geschichte: Der Dieb verrät sich mit Satz 6, weil nur der Dieb wissen kann, dass sich in der Geldkassette genau 60 Euro befinden.

2 Hier stellen die Schülerinnen und Schüler mit Hilfe der Umstellprobe fest, wie viele Satzglieder die einzelnen Sätze enthalten. Beispiellösung für die Umstellung:
1 Meinen Kaffee | habe | ich | getrunken. (= 3 Satzglieder)
2 Niemand | ist | mir | aufgefallen. (= 3 Satzglieder)
3 Zwei sehr verdächtige Männer | habe | ich | gesehen. (= 3 Satzglieder)
4 Dem anderen | hat | der eine | etwas | zugesteckt. (= 4 Satzglieder)
5 Das Geld des Kioskbesitzers | hat | jemand | gestohlen? (= 3 Satzglieder)
6 Einem armen Kioskbesitzer | stiehlt | niemand | eine Geldkassette mit 60 Euro! (= 4 Satzglieder)

3 a/b Diese Aufgabe dient der Wiederholung von Kenntnissen aus der Grundschule bzw. der Jahrgangsstufe 5, in der Subjekt, Prädikat, Akkusativ- und Dativobjekt bereits thematisiert wurden.
1 Ich (Subjekt) | habe (Prädikat) | meinen Kaffee (Akkusativobjekt) | getrunken (Prädikat).
2 Mir (Dativobjekt) | ist (Prädikat) | niemand (Subjekt) | aufgefallen (Prädikat).
3 Ich (Subjekt) | habe (Prädikat) | zwei sehr verdächtige Männer (Akkusativobjekt) | gesehen (Prädikat).
4 Der eine (Subjekt) | hat (Prädikat) | dem anderen (Dativobjekt) | etwas (Akkusativobjekt) | zugesteckt (Prädikat).
5 Jemand (Subjekt) | hat (Prädikat) | das Geld des Kioskbesitzers (Akkusativobjekt) | gestohlen (Prädikat)?
6 Niemand (Subjekt) | stiehlt (Prädikat) | einem armen Kioskbesitzer (Dativobjekt) | eine Geldkassette mit 60 Euro (Akkusativobjekt)!

c Die Erklärung der Ergebnisse mit Hilfe der jeweiligen Frageprobe dient der Vertiefung.

4 ⊕ Jemand (Subjekt) | hat (Prädikat) | Herrn Schnubbel (Dativobjekt) | die Geldkassette (Akkusativobjekt) | gestohlen (Prädikat). Haben (Prädikat) | Sie (Subjekt) | eine verdächtige Person (Akkusativobjekt) | gesehen (Prädikat)?

269 Präpositionalobjekte

1 Auch hier lösen die Lernenden zunächst den im Text dargestellten Fall, ehe sie sich mit dem neuen grammatikalischen Phänomen auseinandersetzen. Emily muss die Täterin sein, weil sie weiß, dass an dem Fahrrad die Reifen zerstochen wurden und die Klingel gestohlen wurde. Anna und Lukas haben nur allgemein davon gesprochen, dass das Fahrrad demoliert wurde.

2 a Präpositionalobjekte sind den Lernenden aus der Jahrgangsstufe 5 wahrscheinlich noch nicht bekannt. Diese Aufgabe leitet sie dazu an, selbstständig geeignete Fragewörter zu finden, mit denen man Präpositionalobjekte erfragt.
– Worauf wartet Sophie? → auf den Schulschluss
– Worum will sie Anna und Lukas bitten? → um Hilfe

b Beim Vergleich der beiden Fragewörter sollte deutlich werden, dass das Fragewort „wo“ jeweils mit einer Präposition – „auf“ bzw. „um“ – verknüpft ist.

c Man spricht von Präpositionalobjekten, weil sie eine Präposition enthalten.

3 Für das Erfragen der weiteren Präpositionalobjekte im Text stehen den Lernenden Aufgaben auf drei Differenzierungsniveaus zur Auswahl. Der Tippkasten im Schülerband gibt als Hilfe eine Auswahl möglicher Fragewörter an.

●○○ **a** Auf dieser Differenzierungsstufe erfragen die Lernenden die Präpositionalobjekte im zweiten Absatz, wobei die Zahl der Präpositionalobjekte und die Fragewörter als Hilfen vorgegeben werden. Lösungen:
- Mit wem habe ich mich letzte Woche gestritten? → mit Jana
- Über wen hat Max sich gestern geärgert? → über mich
- Über wen habe ich gelacht? → über Emily
- Mit wem werden wir sprechen? → mit den dreien

●●○ **b** Hier erfragen die Schülerinnen und Schüler die Präpositionalobjekte im dritten Absatz, wobei die Zahl der Präpositionalobjekte angegeben wird.
- Wovon weißt du etwas? → von der Sache
- Mit wem unterhaltet ihr euch? → mit Max
- Auf wen war der gestern ziemlich sauer? → auf Sophie
- Womit ist etwas passiert? → mit Sophies Fahrrad

●●● **c** Auf diesem Differenzierungsniveau erfragen die Lernenden ohne weitere Vorgaben die Präpositionalobjekte im vierten Absatz.
- Woran ist Emily → an der Reihe
- Womit habe ich nichts zu tun? → mit der Sache
- Wofür interessiere ich mich nicht? → für so eine hässliche Klingel
- Mit wem treffen sich die Detektive? → mit Sophie
- Worauf haben wir geachtet? → auf jedes Detail

d Der Austausch der Ergebnisse im Plenum oder in Gruppen dient der Überprüfung und Vertiefung.

4 **a/b** Bei dieser Aufgabe sind die Lernenden nun gefordert, ihr Wissen über Präpositionalobjekte zu nutzen, um selbst einen freien Text zu schreiben. Demzufolge sind individuelle Lösungen möglich. So könnte ein Entschuldigungsbrief von Emily z. B. aussehen (Präpositionalobjekte sind unterstrichen):

> Liebe Sophie,
>
> ich muss mich bei dir unbedingt für mein Verhalten entschuldigen. Es tut mir wirklich leid! Aber ich hatte mich so über dich geärgert, weil du beim Volleyball über mich gelacht hattest. Aber ich möchte meine Tat gerne mit irgendetwas gutmachen. Vielleicht würdest du dich über meine Hilfe bei der Fahrradreparatur freuen? Ich könnte mich zum Beispiel um einen neuen Fahrradschlauch kümmern.
>
> Liebe Grüße
> Emily

c Nach dem Schreiben reflektieren die Lernenden über das sprachliche Phänomen: Die Verben (in Emilys Gedankenblase bzw. im Text) stehen nicht alleine, sondern zusammen mit einer Präposition, mit der sie fest verbunden sind.

5 ⊕ **a/b** Mit Hilfe der Frageproben können die Lernenden in Partnerarbeit die individuellen Lösungen aus Aufgabe 4 gut gegenseitig überprüfen.

271 **Genitivobjekte**

1 Genitivobjekte sind den Lernenden aus der Jahrgangsstufe 5 wahrscheinlich noch nicht bekannt und im alltäglichen Spracherleben der Schülerinnen und Schüler spielen sie kaum eine Rolle. Der Umstand, dass Genitivobjekte heute nur noch selten verwendet werden, wird in dieser Aufgabe aufgegriffen.

a Sherlock Holmes ist bei seiner Arbeit so erfolgreich, weil er auf die kleinsten Hinweise achtet.

b Vermutlich erscheinen den Schülerinnen und Schülern die Formulierungen mit Genitivobjekt ungewöhnlich oder altmodisch. Mögliche Umformulierungen:
- dass sie [...] ihres Eigentums beraubt wurden → dass ihnen [...] ihr Eigentum geraubt wurde
- jemanden eines Verbrechens verdächtige → jemanden verdächtige, ein Verbrechen begangen zu haben
- einer Tat beschuldige → beschuldige, eine Tat begangen zu haben

- muss ich mir meiner Sache absolut sicher sein → muss ich absolut sicher sein
- bedarf es eindeutiger Beweise → benötige ich / braucht man eindeutige Beweise

2 **a/b** Diese Aufgabe leitet die Lernenden dazu an, selbstständig das Fragewort zur Ermittlung von Genitivobjekten zu erkennen. Die Fragen und Antworten lassen sich in einem Tafelbild visualisieren:

Frage	Antwort (Genitivobjekt)
<u>Wessen</u> wurden sie beraubt?	ihres Eigentums
<u>Wessen</u> verdächtige ich jemanden?	eines Verbrechens
<u>Wessen</u> beschuldige ich jemanden?	einer Tat
<u>Wessen</u> muss ich mir sicher sein?	meiner Sache
<u>Wessen</u> bedarf es?	eindeutiger Beweise

Auf das selbstständige Formulieren von Sätzen mit Genitivobjekten wird an dieser Stelle verzichtet, weil Genitivobjekte heute nur noch selten verwendet werden und im aktiven Wortschatz der Schülerinnen und Schüler sicher kaum vorkommen.

3 (+) Diese Aufgabe dient der Übung bzw. Wiederholung: Die Schülerinnen und Schüler sind gefordert, ihre Kenntnisse zu allen vier Objekten einzubringen.
- Wonach fragen pfiffige Detektive? → nach allen Details → Präpositionalobjekt
- Mit wem sprechen sie? → mit Zeugen → Präpositionalobjekt
- Wem hören sie genau zu? → ihnen → Dativobjekt
- Wen oder was können Zeugen geben? → wichtige Hinweise → Akkusativobjekt
- Wen oder was geben sie preis? → Informationen → Akkusativobjekt
- Wen oder was kann man überführen? → sie → Akkusativobjekt
- Wessen kann man sie überführen? → ihrer Lüge → Genitivobjekt

272 **Adverbiale Bestimmungen**

272 **Thomas C. Brezina: Das Höllenkonzert**

Die Geschichte „Das Höllenkonzert“ wurde zur Erarbeitung der adverbialen Bestimmungen ausgewählt, weil hier das Erkennen der entsprechenden Satzglieder und das Lösen des Falls direkt miteinander verknüpft sind. Der Fall lässt sich nämlich nur lösen, wenn man den Text genau liest und jede einzelne adverbiale Bestimmung im Hinblick auf den Täter und sein Versteck für die Beute untersucht.

1 Der vermeintliche Kontrabassspieler hat die Geige gestohlen und in seinem Tragekoffer versteckt. Dieser ist nämlich vor dem Konzert so leicht, dass er keinen Kontrabass enthalten kann (vgl. Z. 15 ff.). Ein weiterer Beweis ist, dass der vermeintliche Kontrabassspieler während des Konzerts keinen Kontrabass, sondern stattdessen eine Triangel spielt (vgl. Z. 27 f.).

2 Die Aufgabe fordert die Lernenden auf, mit Hilfe der Frageprobe die unterschiedlichen adverbialen Bestimmungen zu ermitteln. Das Untersuchen der adverbialen Bestimmungen, die zum Erkennen des Täters geführt haben, soll den Schülerinnen und Schülern noch einmal besonders deutlich machen, dass diese Satzglieder die Funktion haben, wichtige zusätzliche Informationen zu einem Geschehen oder einer Handlung zu liefern.

a Passende Fragen und Antworten zu den unterstrichenen adverbialen Bestimmungen:
- Wie kam der Kontrabassspieler? → fröhlich seinen Tragekoffer schwenkend
- Wann kam der Kontrabassspieler? → nun
- Wie pfiff er? → vergnügt
- Wie lief er? → mit leichtem Schritt
- Wohin lief er? → in das Haus

b Die beiden adverbialen Bestimmungen „fröhlich seinen Tragekoffer schwenkend“ und „mit leichtem Schritt“ machen den Kontrabassspieler schon hier verdächtig. Der Koffer ist offensichtlich so leicht, dass sich darin kein Kontrabass befinden kann.

3 **a/b** So sieht eine Tabelle aller adverbialen Bestimmungen aus dem Text aus; darin sind auch die adverbialen Bestimmungen einsortiert, die in den ersten zwei Absätzen nicht unterstrichen sind (hier kursiv gedruckt). Die Tabelle kann den Schülerinnen und Schülern für die Kontrolle ihrer Ergebnisse ausgehändigt oder als Folie bzw. auf dem Smartboard gezeigt werden.

Adverbiale Bestimmung			
des Ortes	**der Zeit**	**des Grundes**	**der Art und Weise**
– in seinem Baumversteck (Z. 1) – *auf einem kleinen Wagen* (Z. 10) – bis vor die Haustür (Z. 10 f.) – in den Saiten der Harfe (Z. 26) – in das obere Stockwerk (Z. 32 f.) – in das Obergeschoss (Z. 40) – Dort (Z. 49) – aus der Vitrine (Z. 42)	– viermal im Jahr (Z. 5) – Als Erstes (Z. 8) – *nun* (Z. 16) – *Schließlich* (Z. 18) – Am Ende der Höllensinfonie (Z. 29)	– Wegen der Form der Instrumentenkästen (Z. 11 f.) – aus Höflichkeit (Z. 30)	– durch das Fernglas (Z. 2) – *Fröhlich seinen Tragekoffer schwenkend* (Z. 15) – *vergnügt* (Z. 17) – *mit leichtem Schritt* (Z. 17 f.) – engagiert (Z. 24) – sehr (Z. 29) – begeistert (Z. 31) – ein wenig angeberisch (Z. 34 f.) – Mit Ausrufen der Bewunderung (Z. 39)

4 Nachdem die Schülerinnen und Schüler in dem Text die verschiedenen Arten von adverbialen Bestimmungen bestimmt haben, sind sie nun gefordert, selbst einen Bericht über den Fall zu verfassen und dabei die entsprechenden adverbialen Bestimmungen zu verwenden.

a/b Beispiellösung für einen sachlichen Zeitungsbericht (adverbiale Bestimmungen sind mit Abkürzungen bestimmt):

Dieb stiehlt millionenteure Stradivari-Geige
Am vergangenen Mittwochabend (ABZ) wurde aus dem Haus von Günter Löffel (ABO) eine millionenteure Stradivari-Geige gestohlen. Der Täter war ein Musiker, der die Geige aus Geldgier (ABG) während eines Konzertabends (ABZ) in seinen Besitz brachte. Er hatte aus diesem Grund (ABG) einen leeren Kontrabasskasten in das Haus (ABO) mitgebracht. Noch vor dem Konzert (ABZ) schlich er sich heimlich (ABAW) in die obere Etage (ABO) und stahl aus der Vitrine des Hausherrn (ABO) die teure Geige. Diese versteckte er dann geschickt (ABAW) in seinem leeren Kontrabasskasten (ABO).
Der Junge Axel, der sich unter den Konzertbesuchern (ABO) befand, entlarvte nach dem Konzert (ABZ) den Dieb und stellte seine Beute sicher. Noch am gleichen Tag (ABZ) gab der Musiker auf dem Polizeirevier (ABO) zu, die teure Geige gestohlen zu haben.

274

Texte überarbeiten – Sätze mit Proben verbessern

Die folgenden Übungen zu den verschiedenen Proben verknüpfen die Aufgaben eines Detektivs mit einer grammatischen Operation. So gilt es zum Beispiel, bei der Untersuchung des Tatorts zu prüfen, welche Gegenstände der Täter nach dem Durchwühlen der Wohnung noch hätte umstellen sollen. Bei der Untersuchung eines Textes sollte man prüfen, welche Satzglieder man umstellen sollte.

274 Umstellprobe und Ersatzprobe

1 Der Einbrecher hätte folgende Gegenstände an ihren Platz zurücklegen müssen: den Fußball auf dem Lampenschirm, die Socke am Bilderrahmen, den Fisch im Blumentopf, den Abflussreiniger im Papierkorb.

2 **a** Der Satzbau wirkt eintönig, weil alle Sätze mit dem Subjekt und die letzten drei Sätze mit „Er" beginnen.

b Beispiel für eine verbesserte Fassung:
Ein kluger Detektiv achtet am Tatort darauf, dass er keine Spuren verwischt. Auf keinen Fall darf er sich irgendwo anlehnen oder hinsetzen. Zuerst notiert er Namen und Adressen möglicher Zeugen. Dann sperrt er den Tatort weiträumig ab.

c Mögliche Begründungen für die Stellung der Satzglieder am Satzanfang:
„Auf keinen Fall" sollte an den Anfang gestellt werden, weil es sehr wichtig ist, sich nicht anzulehnen. „Zuerst" und „Dann" kann man gut an den Anfang stellen, weil diese adverbialen Bestimmungen die zeitliche Abfolge betonen.

3 Für die Überarbeitung der Textfortsetzung stehen den Schülerinnen und Schülern Aufgaben auf drei Differenzierungsniveaus zur Auswahl.

●○○ **a** Auf dieser Differenzierungsstufe ersetzen die Lernenden zwei vorgegebene Wörter an den geeigneten Stellen.

●●○ **b** Hier ersetzen die Schülerinnen und Schüler drei vorgegebene Wörter an geeigneten Stellen.

●●● **c** Auf diesem Differenzierungsniveau bleibt die Vorgabe offener, es gilt, einige Wörter zu ersetzen.

Mögliche Lösung für den überarbeiteten Text:
Ein Detektiv kann bei der Untersuchung des Tatorts noch nicht genau einschätzen, welche Einzelheiten später wichtig sind. <u>Er</u> sollte daher <u>dort</u> alles <u>gewissenhaft</u> dokumentieren. Das heißt, dass <u>der Ermittler</u> den Tatort <u>sorgfältig</u> vermessen und fotografieren muss.

d Der Austausch über die Ergebnisse ist wichtig, damit auch Lernende, die Teilaufgabe 3 a bearbeitet haben, erfahren, welche weiteren Ersetzungen sinnvoll sein können.

275 Weglassprobe und Erweiterungsprobe

1 Die Tafel Schokolade und die Sonnencreme hätte Anna nicht zum Tatort mitbringen müssen. Sie bergen die Gefahr, dass Anna damit falsche Spuren hinterlässt oder wichtige Spuren des Täters verschmiert.

2 **a/b** Mögliche Überarbeitung des ersten Absatzes mit Hilfe der Weglassprobe:
Fußspuren sollte ein kluger Detektiv sehr sorgfältig untersuchen. Wenn man Fußspuren ausmisst, kann man leicht feststellen, welche Schuhgröße ein Täter hat. Erfahrene Detektive sehen auch, ob der Täter gegangen oder schnell gelaufen ist.

3 **a** Mögliche Überarbeitung des zweiten Absatzes mit Hilfe der Erweiterungsprobe:
Fingerabdrücke sind ein <u>wichtiges</u> Beweismittel, weil jeder Mensch einen <u>individuellen</u> Fingerabdruck hat. Man kann sie besonders gut von <u>glatten</u> Flächen, zum Beispiel von einem Wasserglas, nehmen. Man pinselt ein <u>gräuliches</u> Pulver auf die Fläche, das am Fingerabdruck haften bleibt und diesen so sichtbar macht.

b Die überarbeiteten Texte sind besser verständlich, weil wichtige Angaben ergänzt wurden, sodass der Text nun genauer und anschaulicher ist.

4 **a** Beispiel für einen Text über Reifenspuren:
Reifenspuren können verraten, was für ein Fahrzeug am Tatort war. Das kann ein Auto, aber zum Beispiel auch ein Motorrad, ein Fahrrad oder eine Schubkarre gewesen sein. Um das Fahrzeug zu identifizieren, ist es wichtig, besonders auf die Reifenbreite und auf das Reifenprofil zu achten. An der Art der Reifenspur kann man auch erkennen, ob das Fahrzeug scharf gebremst oder lange am Tatort gestanden hat.

b Die gegenseitige Überprüfung der Texte mit Hilfe der Weglass- und der Erweiterungsprobe dient der Vertiefung beider Verfahren.

276

Zusammenhänge sehen – Satzreihe und Satzgefüge

276

Hauptsätze verknüpfen – Die Satzreihe

1 Der Satzbau wirkt eintönig; die Sätze erscheinen „abgehackt", weil sie so kurz sind. Zusammenhänge werden nicht klar.

2 **a/b** Beispiellösung für die Verknüpfung zu Satzreihen:
Ihr müsst mir helfen, denn mir wurde ein Diamantring gestohlen.
Ein Kunde kam und er ging in das obere Stockwerk.
Ich folgte ihm nicht, sondern ich blieb unten an der Kasse.
Plötzlich rannte er die Treppe hinunter und er flitzte zur Tür hinaus.
Ich war sofort misstrauisch, denn in seiner Jacke versteckte er etwas.
Ich rannte ihm hinterher, aber ich war zu langsam
Auf der Straße rief ich die Polizei und ich traf euch.

3 **a** Hier sind die Schülerinnen und Schüler gefordert, selbstständig zu erkennen, inwiefern sich Satzreihen von einfachen Hauptsätzen unterscheiden. Beim Vergleich des Textes im Schülerband mit der überarbeiteten Fassung sollten sie bemerken, dass durch die Satzreihen die Zusammenhänge der Ereignisse deutlicher werden.

b Die Kinder erkennen, dass Herr Müller lügt, weil er gar nicht wissen kann, dass ihm ein Diamantring gestohlen wurde. Denn der Dieb hatte diesen schon in der Tasche versteckt, als er aus dem oberen Stockwerk kam, und Herr Müller hat das obere Stockwerk nach dem Diebstahl nicht betreten.

4 ⊕ Bei dieser Aufgabe wenden die Lernenden ihre Kenntnisse an und bilden selbstständig Satzreihen. Mögliche Sätze:
Wir würden Ihnen eigentlich gern helfen, doch Sie haben uns angelogen. Da sind wir ganz sicher, denn Sie konnten von dem Diamantring nichts wissen. Die Polizei sollte nicht nach einem Juwelendieb suchen, sondern sie sollte Sie wegen Versicherungsbetrugs verhaften.

277

Haupt- und Nebensätze verknüpfen – Das Satzgefüge

1 **a/b** So lauten die Satzgefüge (Konjunktionen sind hier unterstrichen, Personalformen der Verben fett gedruckt):
Ihr Hund **kann** etwas erleben, wenn ich ihn **erwische**.
Ich **hasse** Ihren Köter, weil sein Gebell zu laut **ist**.
Ich **werde** nicht ruhen, bis der Lärm ein Ende **hat**.

c Im Hauptsatz steht die Personalform des Verbs an zweiter Satzgliedstelle, im Nebensatz an letzter Satzgliedstelle.

2 **a/b** Nachdem die Schülerinnen und Schüler bei Aufgabe 1 die Haupt- und Nebensätze nur richtig zusammensetzen mussten, sind sie nun gefordert, die passenden Konjunktionen auszuwählen und deren Bedeutung zu erklären.
- Ich habe nichts mitbekommen, weil ich wegen des Hundegebells immer mit Ohrstöpseln schlafe (Begründung).
- Ich bin sofort eingeschlafen, als ich um 23 Uhr aus dem Kino gekommen bin (zeitlicher Zusammenhang).
- Ich habe um ein Uhr längst geschlafen, obwohl das bei dem Hundegebell kaum möglich war (Einschränkung).

3 Der Zeuge ganz rechts macht sich mit seiner Aussage verdächtig. Denn er kann gar nicht wissen, dass der Stein um ein Uhr durch die Fensterscheibe geflogen ist – es sei denn, er hat ihn selbst geworfen.

4 Mit dieser Übung reflektieren die Schülerinnen und Schüler, an welchen Stellen im Satzgefüge der Nebensatz stehen kann:
- Beim ersten Satz steht der Hauptsatz am Anfang, es folgt der Nebensatz.
- Der nächste Satz beginnt mit dem Nebensatz und endet mit dem Hauptsatz.
- Beim letzten Satz wurde der Nebensatz in den Hauptsatz eingeschoben.

Methodischer Hinweis
Beim zweiten Satz sollte – falls es von den Schülerinnen und Schülern entsprechende Fragen gibt – thematisiert werden, dass ein vorangestellter Nebensatz im Satzgefüge eine Satzgliedstelle einnimmt. Dadurch erklärt sich die Stellung der Personalform des Verbs im folgenden Hauptsatz.

5 Nun zeichnen die Lernenden selbst Satzbaupläne. Dabei können sie unter Aufgaben auf drei Differenzierungsniveaus auswählen.

●○○ **a** Die Kinder befragten die Nachbarn, weil einer von ihnen der Täter sein musste.
——— Hs ———,
——— Ns ———.

●●○ **b** Nachdem der Täter den Brief um einen Stein gewickelt hatte, warf er ihn durch die Scheibe.
——— Hs ———.
——— Ns ———,

●●● **c** Frau Tierlieb hat dem Täter, obwohl er ihr große Angst eingejagt hatte, verziehen.
——— Hs ———, — Fortsetzung Hs —.
——— Ns ———,

6 ⊕ Die Kinder sind froh, dass Frau Tierlieb, weil der Täter überführt ist, wieder schlafen kann.
——— Hs ———,
——— Ns 1 ———, – Fortsetzung Ns 1 –.
——— Ns 2 ———,

279

Den Satzbau im Deutschen und Englischen vergleichen

Um den Satzbau im Deutschen und im Englischen zu visualisieren und auf dieser Grundlage zu vergleichen, unterstreichen die Schüler die Satzglieder in unterschiedlichen Farben.
Einfache Unterstreichung = Prädikat (rot), doppelte Unterstreichung = Subjekt (grün), geschlängelte Unterstreichung = Objekt (blau).

1 **a** Der Detektiv verfolgt den Dieb. Den Dieb verfolgt der Detektiv.
b Der Inhalt ist gleich, aber der Aufbau unterscheidet sich: Einmal steht das Subjekt am Anfang, einmal das Akkusativobjekt.

2 **a/b** The detective is following the thief. The thief is following the detective.
Hier sollte den Schülerinnen und Schülern deutlich werden, dass im Englischen das Subjekt immer vor dem Akkusativobjekt steht. Dementsprechend verfolgt im zweiten Satz der Dieb den Detektiv. Der Inhalt des Satzes ändert sich also durch die Umstellung.

3 Da Nomen und ihre Begleiter im Englischen nicht gebeugt werden, wird nur durch die Stellung der Satzglieder im Satz klar, welches Satzglied Subjekt und welches Objekt ist.

4 ⊕ Übersetzung: The dog bites the thief.

280

Attribute machen genaue Angaben

280

Attribute erläutern Nomen

Beispiele der Gegenstandsbeschreibung sind im Sinne eines integrativen und funktionalen Grammatikunterrichts besonders gut geeignet, um die Funktion von Attributen zu erarbeiten: Nur wenn in der Beschreibung genügend Attribute vorkommen, kann man den Gegenstand eindeutig identifizieren.

1 Der Rucksack mit der Nummer 3 ist der vermisste Rucksack. Geholfen haben die Informationen in der zweiten Beschreibung: rot kariert, rote Fronttasche mit Reißverschlüssen, zwei schwarze Netztaschen an der Seite.

2 Mit Hilfe dieser Aufgabe sollen die Schülerinnen und Schüler selbstständig erkennen, dass es sich bei Attributen um Teile von Satzgliedern handelt, die bei der Umstellprobe fest mit ihrem Bezugswort verbunden bleiben.

a Umstellung: Ein rot karierter Rucksack wurde ihr gestohlen.

b Das Attribut „rot karierter" bleibt bei der Umstellprobe fest mit seinem Bezugswort „Rucksack" verbunden. Es ist also nur ein Teil eines Satzglieds (des Subjekts).

3 Alle Attribute mit ihren Bezugswörtern aus der rechten Sprechblase:

ein rot karierter Rucksack

eine rote Fronttasche mit Reißverschlüssen

zwei schwarze Netztaschen

4 Nun reflektieren die Lernenden die Funktion von Attributen: Man braucht Attribute, um ein Bezugswort (meist ein Nomen) genauer zu beschreiben oder näher zu bestimmen.

5 **a/b** Die Sätze mit den gekennzeichneten Attributen:

A Der freundliche Mitarbeiter des Fundbüros gibt Anna den roten Rucksack zurück.

B Die Diebe haben das teure Handy und das Portemonnaie mit zwanzig Euro gestohlen.

C Den leeren Rucksack haben die Diebe ins nächste Gebüsch geworfen.

D Ein ehrlicher Finder hat den Rucksack ins Fundbüro der Stadt gebracht.

6 Für die selbstständige Gegenstandsbeschreibung mit möglichst vielen Attributen werden den Lernenden Illustrationen und Aufgaben auf drei Differenzierungsniveaus angeboten.

●○○ **a** Auf dieser Differenzierungsstufe ergänzen die Schülerinnen und Schüler den vorformulierten Anfang der Beschreibung eines Regenschirms. Beispiellösung:
Der rote Regenschirm hat weiße Punkte. Außerdem besitzt er ein rotes Bändchen mit einem Druckknopf. Auffallend ist der hellgrüne Griff aus Kunststoff.

●●○ **b** Hier werden den Lernenden für die Beschreibung eines Rollkoffers Wörter in einem Wortkasten angeboten. Beispiellösung:
Es handelt sich um einen grauen Rollkoffer mit zwei roten und einem blauen Streifen an der Seite. Der Koffer hat einen grauen Griff und graue Rollen. Auf dem Deckel des Koffers befindet sich ein Flaggenaufkleber von Großbritannien. Außerdem hängt an dem Koffer ein Adressanhänger mit einem roten Herz.

●●● **c** Auf diesem Differenzierungsniveau ist eine Sporttasche ohne Hilfen zu beschreiben. Beispiellösung:
Es handelt sich um eine violette Sporttasche mit orangefarbenen Sternen. Die eckige Tasche besitzt einen blauen Tragegriff mit schwarzen Streifen. An der Tasche ist ein kleiner lila Elefant aus Plüsch befestigt. In der Tasche befinden sich weiße Socken.

d Die Aufforderung, beim Vorlesen der Beschreibungen besonders auf die Attribute zu achten und diese zu benennen, vertieft die Reflexion über die Funktion von Attributen: die präzise und anschauliche Beschreibung. So wäre der Regenschirm (Teilaufgabe 6 a) ohne Attribute kaum zu identifizieren. Der Hinweis auf den Elefanten in der Beschreibung der Sporttasche (Teilaufgabe 6 c) würde ohne Attribute völlig unsinnig klingen: An der Tasche ist ein Elefant befestigt.

7 a Mit dieser Aufgabe werden die Schülerinnen und Schüler noch einmal aufgefordert, selbst Attribute zu verwenden, um einen der Rucksäcke in der Illustration auf S. 280 im Schülerband möglichst genau zu beschreiben.

b Die spielerische Überprüfung, ob die Mitschüler/-innen den Rucksack wiedererkennen, verdeutlicht Schreibenden und Zuhörenden noch einmal die Bedeutung zutreffender Attribute.

282

Relativsätze

282

Thomas C. Brezina: Der Clown mit der Kanone

1 Zunächst erschließen die Lernenden die Geschichte, indem sie den Fall aufklären: Lilo hat erkannt, dass Franco gelogen hat, weil Pipo ihn nicht mit einer Waffe bedroht haben kann. Denn er trug noch immer die dicken, wattierten Clowns-Handschuhe mit den klobigen Fingern. Mit diesen könnte er unmöglich eine Waffe halten oder gar bedienen. Vielmehr wollte wahrscheinlich Franco, Mitbesitzer des Zirkus, den erfolgreichen Clown und Zirkusdirektor Pipo ausschalten, weil er ihn beneidet und gern selbst Zirkusdirektor wäre.

2 a Die Lernenden untersuchen und vergleichen Attribute mit einem Attributsatz: Der Nebensatz in Satz A wurde in Satz B durch die Attribute „dick wattierten" und „mit klobigen Fingern" ersetzt.

b Man bezeichnet den Relativsatz auch als Attributsatz, weil er in Satz A das Attribut ersetzt.

3 Alle Relativsätze mit ihren Bezugswörtern aus dem Text:

Seine Handschuhe, die dick wattiert waren und klobige Finger hatten (Z. 11–13)

einen Mann, der einen schwarzen Frack trug (Z. 20–21)

Franco, der die langweilige Hundenummer vorgeführt hatte (Z. 22–23)

Eingangstür des Wohnwagens, die ein wenig offen stand (Z. 29–30)

das Clownkostüm, das er in der Manege getragen hatte (Z. 34–35)

ein kleines Vermögen ..., das ich in einer Schatulle aufbewahre (Z. 38–40)

der Einzige, der davon wusste (Z. 40–41)

4 Für die selbstständige Formulierung von Relativsätzen stehen den Lernenden Aufgaben auf drei Differenzierungsniveaus zur Auswahl.

●○○ a Auf dieser Differenzierungsstufe formen die Schülerinnen und Schüler ein markiertes Attribut in einen Relativsatz um und erhalten zusätzlich eine Formulierungshilfe. Lösung:
Der Polizist, der sehr aufmerksam und sorgfältig ist, notiert jedes Detail.

●●○ b Hier formulieren die Lernenden aus zwei Hauptsätzen ein Satzgefüge mit Relativsatz:
Die Kinder entdecken die Pistole, die neben dem Handschuh des Clowns liegt.

●●● c Auf diesem Differenzierungsniveau formulieren die Schülerinnen und Schüler zwei Satzgefüge mit Relativsatz:
Auf dem Boden liegt der Clown, der bei der Abschlussparade gefehlt hatte.

Franco besitzt ein kleines Vermögen, das er von seiner Tante geerbt hat.

d Die Frage, ob ein Relativsatz oder ein Attribut besser klingt, hängt vom jeweiligen Satz und von der Textsorte ab.
- Durch einen Relativsatz wird der Satz länger. Das ist oft stilistisch unschön, wenn der Relativsatz ein einziges Adjektivattribut ersetzt.

– Ein langes vorangestelltes Attribut oder mehrere Attribute behindern häufig den Lesefluss, weil das Prädikat dadurch weiter hinten im Satz steht.

Ein Satzgefüge lässt sich oft besser lesen als zwei kurze Hauptsätze, weil Wiederholungen vermieden und Zusammenhänge verdeutlicht werden.

5 Beispiele für die Umformung von Attributen aus dem Text in Relativsätze:
– Er hatte Wuschelhaare, die feuerrot waren, und ein Gesicht, das bunt geschminkt war. (Vgl. Z. 10–11)
– Sie spähten durch den Spalt, der schmal war. (Vgl. Z. 30–31)

Bei diesen Beispielen erscheint es sinnvoll, anschließend die Frage zu diskutieren, ob die Sätze durch die Umformung in Relativsätze wirklich gewinnen.

Lesetipp
Wenn die Schülerinnen und Schüler Spaß am Lösen der kniffligen Fälle hatten, kann man sie auf die Ratekrimis mit Kommissar Kugelblitz oder der Knickerbocker-Bande hinweisen.
Auch auf der Website www.kommissar-kugelblitz.de können sie rätselhafte Fälle lösen und sich über Tipps für Detektive informieren.

284 Testet euch! – Sätze und Satzglieder

1 Bestimmung der Satzglieder und Attribute:
E Akkusativobjekt
HC Präpositionalobjekt
SA Subjekt (mit Attribut)
LF Dativobjekt
PU Subjekt
HC Präpositionalobjekt
TE Attribut

2 Lösungsbuchstaben / Passende Satzbaupläne:
KR Satz A = Hs + Ns
ED Satz B = Hs + Ns + Hs
NI Satz C = Ns + Hs

3 Da hat der neue Imbissbudenbesitzer die Seifenlauge versteckt (Lösungswort):
IN DER KETCHUPFLASCHE

12.3 Fit in … – Einen Text überarbeiten

285

In diesem Teilkapitel trainieren die Schülerinnen und Schüler das Überarbeiten von Texten, etwa als Vorbereitung auf eine Klassenarbeit. Dabei werden in den beiden Beispielaufgaben unterschiedliche Schwerpunkte gesetzt:

- In Beispiel 1 müssen Tempusfehler korrigiert, Wortwiederholungen durch Pronomen vermieden und treffende Verben zur Textvariation genutzt werden.
- In Beispiel 2 sind die Lernenden aufgefordert, mit Hilfe der Umstellprobe und der Ersatzprobe die Sätze abwechslungsreicher und sinnvoller zu gestalten sowie Zusammenhänge durch Satzverknüpfungen (Satzreihen und Satzgefüge) mit geeigneten Konjunktionen zu verdeutlichen.

285

Beispiel 1: Tempus, Pronomen und Wortfelder

1 **a** Zunächst machen sich die Lernenden einzeln die Aufgabenstellung bewusst. Folgende Anforderungen müssen erfüllt werden:

1. Textteil: Falsche Zeitformen müssen verbessert werden.
2. Textteil: Pronomen müssen genutzt werden, um Wörter oder Wortgruppen zu ersetzen.
3. Textteil: Das Verb „gehen“ muss durch verschiedene treffendere Verben ersetzt werden.

b In Partnerarbeit tauschen sich die Schülerinnen und Schüler über Fragen aus, die für die Aufgabe relevant sind:

- Über Vergangenes berichtet man schriftlich im Präteritum, bei Vorzeitigkeit im Plusquamperfekt.
- Personalpronomen und Demonstrativpronomen können Nomen oder Namen ersetzen.
- Wortfelder enthalten sinnverwandte Wörter. Sie helfen beim Schreiben, weil man damit Texte abwechslungsreicher formulieren kann.

2 Als Vorarbeit korrigieren die Lernenden markierte Tempusfehler in vorgegebene Tempusformen. Lösung: Gestern besuchte ich – Sie waren – Sie liefen weniger und saßen mehr – nachdem bei den Pavianen kaum etwas geschehen war.

3 **a/b** Personalpronomen und Demonstrativpronomen im Text:

- Personalpronomen: „Er“ steht für: Der Vater; „mit ihnen“ steht für: mit den Kindern
- Demonstrativpronomen: Das macht den Kindern; dieses Mal

4 Beispiele für Wörter aus dem Wortfeld „gehen“: rennen, sprinten, flitzen, rasen, laufen, marschieren, wandern, schreiten, balancieren, spazieren, bummeln, schlendern, trotten, schleichen

5 Beispiellösung für den überarbeiteten Schülerzeitungsartikel (Überarbeitungen sind unterstrichen):

Paviane am Kap der Guten Hoffnung

1 In den letzten Tagen meiner Sommerferien war ich in Südafrika, am Kap der Guten Hoffnung. Auf den Felsen, direkt am Meer, turnten große graue Affen: Paviane! Sie liefen kreuz und quer über die Felsen, rangelten und lausten sich gegenseitig. Ein besonders großes Männchen saß wie ein König auf einem Felsvorsprung und hielt Wache. Mit seinem gesträubten Fell, das mich an einen dicken Wintermantel erinnerte, beeindruckte es mich sehr. Nachdem ich die Paviane und ihr Verhalten lange beobachtet hatte, wollte ich mehr über diese Tiere erfahren. Wieder zu Hause recherchierte ich deswegen im Internet und stöberte in verschiedenen Sachbüchern.

Verbesserung von Tempusfehlern

2 Der große graue Pavian, den ich am Kap gesehen habe, war bestimmt der Chef eines Rudels. Diese werden nämlich immer vom stärksten Männchen angeführt. Es verteidigt seine Stellung im Rudel und vertreibt sogar die heranwachsenden Männchen, weil es die Konkurrenz mit ihnen fürchtet.

Vermeidung von Wiederholungen durch geeignete Pronomen

3 Touristen dürfen die Paviane übrigens nicht füttern. Das ist streng verboten! Die Tiere gewöhnen sich sonst immer mehr an menschliche Nahrung. Schon jetzt laufen die Paviane auf der Suche nach leckerem Fressen regelmäßig in Wohngebiete. Es heißt sogar, dass sie wie Zirkusartisten auf den Regenrinnen balancieren, um in die oberen Etagen der Häuser zu gelangen. Dort klauen sie Schokolade, stehlen Obst und schleichen sogar ganz leise bis zu den Kühlschränken. Besonders furchtlose Affen besuchen auch Grillpartys, um dort die Würstchen vom Teller zu stibitzen.	Ersatz des Verbs „gehen" durch treffendere Verben

287

Beispiel 2: Proben und Satzgefüge

1 **a/b** Die Schülerinnen und Schüler sollten, bevor sie mit der Arbeit beginnen, zunächst überprüfen, ob sie die Aufgabenstellung richtig verstanden haben. Dem Verständnis kann das Umformulieren der Aufgabenstellung mit eigenen Worten dienen, etwa:

- Ich soll den Artikel für die Schülerzeitung verbessern.
- Im ersten Textteil soll ich die Sätze abwechslungsreicher und sinnvoller gestalten. Dabei helfen mir die Umstellprobe und die Ersatzprobe.
- Im zweiten Textteil soll ich Einzelsätze durch passende Konjunktionen verknüpfen, damit der Zusammenhang klar wird. Dabei muss ich auf die Kommasetzung achten.
- Am Schluss soll ich die umgestellten oder ausgetauschten Wortgruppen unterstreichen und die eingefügten Konjunktionen umkreisen.

2 **a** Beispiele für abwechslungsreichere Satzanfänge im ersten Textteil:

- Am vergangenen Dienstag konnte der Hausmeister die Täter, die immer wieder ihren Müll auf dem Schulhof verstreut hatten, endlich entlarven.
- Endlich, am vergangenen Dienstag, konnte der Hausmeister die Täter entlarven, die immer wieder ihren Müll auf dem Schulhof verstreut hatten.
- Gerade machte der Hausmeister seine Runde, als ...
- Dort machte der Hausmeister gerade seine Runde, als ...
- Beinahe wäre der Hausmeister gestürzt.

b Beispiele für die Verbesserung der störenden Wortwiederholungen mit Hilfe der Ersatzprobe im ersten Textteil:

- Herr Müller machte gerade seine Runde, als ...
- Er machte gerade seine Runde, als ...
- Er wäre beinahe gestürzt.
- Herr Müller wäre beinahe gestürzt.
- Der Hausmeister wäre beinahe gestürzt.

3 Vorschlag für ein Tafelbild:

Bedeutung verschiedener Konjunktionen	Konjunktionen
Begründungen	da, weil, denn
zeitliche Zusammenhänge	nachdem, während, als, bevor
Aneinanderreihungen	und
Einschränkungen	obwohl, aber
Bedingungen	falls, wenn

4
5 Beispiellösung für den überarbeiteten Schülerzeitungsartikel (umgestellte und ausgetauschte Wortgruppen im ersten Teil sind unterstrichen, Konjunktionen im zweiten Teil sind umrahmt):

Dem Müll auf der Spur

1 Am vergangenen Dienstag konnte der Hausmeister endlich die Täter entlarven, die immer wieder ihren Müll auf dem Schulhof verstreut hatten. Gerade machte Herr Müller dort seine Runde, als ein Kakaobecher an seinem Kopf vorbeiflog. Beinahe wäre er gestürzt.

Abwechslungsreichere Sätze durch Umstell- und Ersatzprobe

2 Herr Müller erschreckte sich wirklich sehr, aber er fasste sich auch schnell wieder. Als er nach oben sah, erblickte er ein Krähenpaar, das auf der Regenrinne saß und gerade dabei war, eine Coladose herunterzuwerfen. In letzter Sekunde sprang er zur Seite und die Dose verfehlte ihn knapp. Weil man Krähen nicht verhaften kann, suchte der Hausmeister nach einer anderen Lösung des Problems. Die Lösung wurde auch schnell gefunden und umgesetzt, obwohl sie etwas Geld kostete. Die alten Gittermülleimer wurden abmontiert und sie wurden durch geschlossene Müllereimer mit einer Klappe ersetzt. Die Krähen haben seitdem jegliches Interesse an unserer Schule verloren.

Satzverknüpfungen mit passenden Konjunktionen zur Verdeutlichung von Zusammenhängen

6 **a/b** Bei der Überprüfung der überarbeiteten Texte sollten die Schülerinnen und Schüler auch darauf achten, dass die Personalform des Verbs in ihren Satzreihen und Satzgefügen immer an der richtigen Stelle steht.

Material zu diesem Kapitel auf den folgenden Seiten und digital

- Fordern und fördern – Tempus, Pronomen, Wortfelder
  (mit Hilfe-Karten und Zusatzaufgaben für „Profis“; Lösungshinweise digital)
- Fordern und fördern – Mit Adverbien genaue Angaben machen
  (mit Hilfe-Karten und Zusatzaufgaben für „Profis“; Lösungshinweise digital)
- Fordern und fördern – Satzglieder, Sätze und Attribute
  (mit Hilfe-Karten und Zusatzaufgaben für „Profis“; Lösungshinweise digital)
- Was kannst du schon? – Wortarten und Wortbedeutungen
  (Diagnose; Lösungshinweise und Förderempfehlungen digital)
- Was kannst du schon? – Satzglieder, Sätze und Attribute
  (Diagnose; Lösungshinweise und Förderempfehlungen digital)
- Klassenarbeit – Einen Text überarbeiten (Schwerpunkte: Tempus, Pronomen und Wortfelder):
  Per Gedankenblitz durch Afrika (Erwartungshorizont digital)
- Klassenarbeit – Einen Text überarbeiten (Schwerpunkte: Tempus, Pronomen und Wortfelder):
  Der Gedankenblitz im Alltag (Erwartungshorizont digital)
- Klassenarbeit – Einen Text überarbeiten (Schwerpunkte: Proben und Satzgefüge):
  Das Rätsel der verschwundenen Katze (Erwartungshorizont digital)
- Klassenarbeit – Einen Text überarbeiten (Schwerpunkte: Proben und Satzgefüge):
  Die Suche nach der gestohlenen Tischtennisplatte (Erwartungshorizont digital)

Fordern und fördern – Tempus, Pronomen, Wortfelder

1 **Ordnung in die Vergangenheit bringen – Das Plusquamperfekt richtig verwenden**
(→ Hilfe-Karte: Plusquamperfekt)

a Unterstreiche im folgenden Satz die Verben und bestimme die Tempora (Zeitformen).

	Zeitform
Nachdem ich die Verwendung des Plusquamperfekts verstanden hatte,	____________________
korrigierte ich meinen Text.	____________________

b Warum wird bei dem Satzgefüge im Nebensatz das Plusquamperfekt verwendet?
Kreuze die richtige Antwort an.

- ☐ **A** Mit dem Plusquamperfekt wird ausgedrückt, dass das, was hier im Nebensatz steht, vor dem passiert ist, wovon hier im Hauptsatz berichtet wird.
- ☐ **B** Mit dem Plusquamperfekt wird ausgedrückt, dass das Geschehen im Haupt- und im Nebensatz gleichzeitig passiert ist.
- ☐ **C** Mit dem Plusquamperfekt wird ausgedrückt, dass etwas noch geschehen wird.

c Verbessere in den Sätzen D bis G jeweils die Stelle, an der das Plusquamperfekt stehen muss.
Streiche die falsche Zeitform durch und schreibe die richtige darüber.

- **D** Nachdem Julika mit dem Gedankenblitz zu ihrer Oma reiste, nutzte sie ihn für einen Besuch bei ihrer Freundin Mia.
- **E** Sie landete blitzschnell bei Mia, nachdem sie fest an deren Kinderzimmer dachte.
- **F** Bevor Julika auftauchte, saß ihre Freundin gemütlich mit einer Tasse Kakao auf dem Sofa.
- **G** Nachdem sie aber Julika entdeckte, fiel ihr vor Schreck die Kakaotasse aus der Hand.

2 **Wiederholungen vermeiden – Pronomen sinnvoll verwenden** (→ Hilfe-Karte: Pronomen)
Eine Schülerin schreibt eine E-Mail über Julika. Ersetze in ihrem Text manche Wörter durch Pronomen, um Wortwiederholungen zu vermeiden: Streiche die Wiederholungen durch und schreibe das passende Pronomen darüber.

In der Schule haben wir Geschichten über Julika gelesen. Julika hat besondere Fähigkeiten, denn Julika kann allein mit der Kraft von Julikas Gedanken reisen. Das Reisen funktioniert so: Julika muss nur intensiv an einen Ort denken, schon ist Julika dort.

Meine Klassenkameraden und ich wurden richtig neidisch. Während die Klassenkameraden und ich nämlich lange im Zug oder Auto sitzen müssen, ist Julika blitzschnell dort, wo sie hinwill.

Ihre magischen Kräfte nutzt Julika aber nicht nur zum Reisen, sondern auch um Julikas Freunden zu helfen. Die Hilfe kann zum Beispiel so aussehen, dass sie einer Freundin beim Prospekteaustragen zur Hand geht, indem sie von Tür zu Tür blitzt. So wird das Verteilen kinderleicht. Das Verteilen dauert dann nur wenige Sekunden. Toll, nicht wahr?

3 **Passende Wörter finden, abwechslungsreich formulieren – Wortfelder kennen**
(→ Hilfe-Karte: Wortfelder)

a Streiche im Kasten die drei Verben durch, die nicht zum Wortfeld „sagen“ gehören.

meinen – rufen – erklären – rennen – behaupten – murmeln – erläutern – wispern – schreien – bemerken – fragen – antworten – entgegnen – schleichen – flüstern – brüllen – flitzen – kreischen

b Tim hat Julika interviewt und darüber einen Artikel für die Website der Schule geschrieben. Überarbeite den Text: Ersetze einige Verbformen von „sagen“ durch geeignete andere Verben, um Wiederholungen zu vermeiden. Schreibe deine Korrektur jeweils über die Zeile.

Jahrestreffen der Gedankenblitzer

Unsere Mitschülerin Julika hat, wie ihr wisst, eine besondere Begabung: Sie kann reisen, indem sie sich an einen anderen Ort denkt. Julika sagt aber, das sei gar nichts Besonderes. Denn auf der ganzen Welt gebe es Kinder, die über die Fähigkeit des Gedankenblitzes verfügen, sagt sie. Diese besonderen Kinder treffen sich jedes Jahr einmal. Wo dieses Treffen stattfindet, sagt Julika, spiele dabei keine Rolle, denn alle Kinder seien ja blitzschnell da. Sie sagt, der wichtigste Unterschied zwischen diesen Kindern sei, wie gut sie sich konzentrieren können: Manche wollten nach Hamburg und landeten in einem Schnellrestaurant, weil sie an Hamburger statt an Hamburg gedacht hätten. Julika sagt lachend: „Das ist aber nicht problematisch, sondern eher witzig.“

Folgende Hilfen oder Aufgaben zum Weiterarbeiten kannst du nutzen

Hilfe-Karte	Plusquamperfekt
Hilfe-Karte	Pronomen
Hilfe-Karte	Wortfelder
Für Profis und Schnelle	Das Wörter-Partnerquiz

Hilfe-Karte: Plusquamperfekt

Mit dem **Plusquamperfekt** wird ausgedrückt, dass etwas vor dem passiert ist, wovon im **Präteritum** berichtet wird.

Plusquamperfekt → Präteritum

Oft leitet die Konjunktion „nachdem" einen Satz im Plusquamperfekt ein.

Hier sind die Verbformen, die du in Aufgabe 1 c verbessern musst, unterstrichen.

D Nachdem Julika mit dem Gedankenblitz zu ihrer Oma reiste, nutzte sie ihn für einen Besuch bei ihrer Freundin Mia.

E Sie landete blitzschnell bei Mia, nachdem sie fest an deren Kinderzimmer dachte.

F Bevor Julika auftauchte, saß ihre Freundin gemütlich mit einer Tasse Kakao auf dem Sofa.

G Nachdem sie aber Julika entdeckte, fiel ihr vor Schreck die Kakaotasse aus der Hand.

✂ -

Hilfe-Karte: Pronomen

Mit **Pronomen** kann man **Wortwiederholungen vermeiden** und **genau formulieren**:

- **Personalpronomen** können Nomen und Namen ersetzen, z. B: *Julika → sie*; *Fatih → er.*
- **Possessivpronomen** geben an, zu wem etwas gehört, z. B.: *ihre Tasche*, *seine Stifte*.
- **Demonstrativpronomen** weisen besonders deutlich auf eine Person oder Sache hin. Sie können als Begleiter des Nomens oder als Stellvertreter des Nomens stehen, z. B.: *Mir gehört dieser Ball. Hier hängen drei Jacken. Diese gehört mir.*

Hier sind die Wörter unterstrichen, die du in Aufgabe 2 ersetzen solltest:

In der Schule haben wir Geschichten über Julika gelesen. Julika hat besondere Fähigkeiten, denn Julika kann allein mit der Kraft von Julikas Gedanken reisen. Das Reisen funktioniert so: Julika muss nur intensiv an einen Ort denken, schon ist Julika dort.

Meine Klassenkameraden und ich wurden richtig neidisch. Während die Klassenkameraden und ich nämlich lange im Zug oder Auto sitzen müssen, ist Julika blitzschnell dort, wo sie hinwill.

Ihre magischen Kräfte nutzt Julika aber nicht nur zum Reisen, sondern auch um Julikas Freunden zu helfen. Die Hilfe kann zum Beispiel so aussehen, dass sie einer Freundin beim Prospekteaustragen zur Hand geht, indem sie von Tür zu Tür blitzt. So wird das Verteilen kinderleicht. Das Verteilen dauert dann nur wenige Sekunden. Toll, nicht wahr?

✂ -

Hilfe-Karte: Wortfelder

Wortfelder helfen dir, **abwechslungsreich** zu formulieren:

Zu einem **Wortfeld** gehören Wörter und Wendungen, die eine **ähnliche Bedeutung** haben.

Entscheide, welches Verb aus dem Wortfeld „sagen" in Aufgabe 3 b jeweils am besten passt:

Unsere Mitschülerin Julika hat, wie ihr wisst, eine besondere Begabung: Sie kann reisen, indem sie sich an einen anderen Ort denkt. Julika antwortet/meint/rät aber, das sei gar nichts Besonderes. Denn auf der ganzen Welt gebe es Kinder, die über die Fähigkeit des Gedankenblitzes verfügen, erklärt/vermutet/fragt sie. Diese besonderen Kinder treffen sich jedes Jahr einmal. Wo dieses Treffen stattfindet, widerspricht/erläutert/entgegnet Julika, spiele dabei keine Rolle, denn alle Kinder seien ja blitzschnell da. Sie behauptet/nimmt an/formuliert, der wichtigste Unterschied zwischen diesen Kindern sei, wie gut sie sich konzentrieren können: Manche wollten nach Hamburg und landeten in einem Schnellrestaurant, weil sie an Hamburger statt an Hamburg gedacht hätten. Julika ergänzt/rät/glaubt lachend: „Das ist aber nicht problematisch, sondern eher witzig."

Für Profis und Schnelle: Das Wörter-Partnerquiz

4 Arbeite mit einer Partnerin / einem Partner: Schneidet die folgenden Fragekarten aus und legt sie mit der Schrift nach unten auf den Tisch.

Spielablauf:
- Partner A zieht eine Karte und liest die Aufgabe vor. Partner B nennt die Lösung. A kontrolliert.
- Ist die Lösung richtig, erhält Partner B die Karte, sonst wandert sie wieder in den Stapel.
- Partner B zieht die nächste Karte und fragt Partner A usw.

Aufgabe: Erkläre das zusammengesetzte Wort „Fußball“.	**Lösung:** ein Ball, den man mit dem Fuß spielt	**Aufgabe:** Erkläre das zusammengesetzte Wort „Schulfest“.	**Lösung:** ein Fest, das die ganze Schule feiert
Aufgabe: Bestimme die Wortart: zerbrechlich.	**Lösung:** Adjektiv	**Aufgabe:** Bestimme die Wortart: jährlich.	**Lösung:** Adjektiv
Aufgabe: Leite aus dem Verb „brauchen“ ein Adjektiv ab.	**Lösung:** brauchbar	**Aufgabe:** Leite aus dem Verb „bedrohen“ ein Adjektiv ab.	**Lösung:** bedrohlich
Aufgabe: Leite aus dem Nomen „Mode“ ein Adjektiv ab.	**Lösung:** modisch	**Aufgabe:** Leite aus dem Nomen „Neid“ ein Adjektiv ab.	**Lösung:** neidisch
Aufgabe: Wie heißt der Fachbegriff für die Vorsilbe „er-“, z. B. in „erleben“?	**Lösung:** Präfix	**Aufgabe:** Wie heißt der Fachbegriff für die Endung „-nis“, z. B. in „Erlebnis“.	**Lösung:** Suffix
Aufgabe: Was haben alle Wörter einer Wortfamilie gemeinsam?	**Lösung:** den Wortstamm	**Aufgabe:** Welches Wort gehört nicht zur Wortfamilie: Fahrer – umfahren – farbig?	**Lösung:** farbig
Aufgabe: Zwei Wörter gehören zum selben Wortfeld. Welche? Junge – Hund – Mann	**Lösung:** Junge – Mann	**Aufgabe:** Zwei Wörter gehören zum selben Wortfeld. Welche? Haus – Strauch – Baum	**Lösung:** Baum – Strauch
Aufgabe: Erkläre das zusammengesetzte Wort „feuerrot“.	**Lösung:** rot wie Feuer	**Aufgabe:** Erkläre das zusammengesetzte Wort „schneeweiß“.	**Lösung:** weiß wie Schnee

Fordern und fördern – Mit Adverbien genaue Angaben machen

Ein abgekürzter Marathon

Sonntags einen Marathon von 42 Kilometern laufen und montags ohne Muskelkater in die Schule gehen, das müsst ihr mir erst mal nachmachen. Sicherheitshalber habe ich trainiert wie der Teufel. Ich wollte mich ja nicht vor meinen Mitschülern blamieren. Leni und Fine standen rechts am Streckenrand, feuerten mich an und lachten: „Super, Julika, du hast es bald geschafft. Nur noch 35 Kilometer!“ „O weh“, dachte ich, „und mir tun jetzt schon die Füße weh.“ Nun ging es auch noch einen Hügel hinauf und oben angekommen war ich völlig aus der Puste. Ich hätte natürlich aufgeben können, aber ich gewinne immer so schrecklich gern. Da hatte ich eine sehr gute Idee. Ihr ahnt es, oder? Fair war das natürlich nicht, aber …

1 Lies den Text. Erkläre Julikas Idee, indem du den letzten Satz des Textes zu Ende schreibst.

2 Beantworte die folgenden vier Fragen mit Hilfe der markierten Adverbien im Text.
- Wann lief Julika den Marathon?
- Warum trainierte Julika wie der Teufel?
- Wie gut fand Julika ihre Idee?
- Wo am Streckenrand standen Leni und Fine?

3 Sortiere die im Text markierten Wörter in die richtige Tabellenspalte ein. Arbeite in deinem Heft.
(→ Hilfe-Karte: Adverbien)

Adverbien des Ortes	Adverbien der Zeit	Adverbien des Grundes	Adverbien der Art und Weise
…	sonntags, …	…	…

4 Adjektive kann man als Begleiter vor einem Nomen verwenden, Adverbien nicht. Im Gegensatz zu Adjektiven verändern sich Adverbien im Satzzusammenhang nie. Finde mit Hilfe von Beispielsätzen heraus, welche der folgenden Wörter Adverbien sind.
(→ Hilfe-Karte: Adjektive und Adverbien unterscheiden)

leider – lieb – kürzlich – klein – vorhin – schön – draußen – süß – folglich – freundlich

Information **Das Adverb (Umstandswort; Plural: die Adverbien)**

Adverbien *(dort, oben, hier, jetzt, heute, kaum, gern, deshalb, nämlich)* **machen nähere Angaben zu einem Geschehen.** Sie erklären genauer, **wo, wann, wie** und **warum** etwas geschieht, z. B.:

Hier bin ich gern im Urlaub.

- Adverbien werden **kleingeschrieben**.
- Adverbien kann man leicht mit Adjektiven verwechseln.
  Das **Adverb** ist aber im Gegensatz zum **Adjektiv** nicht veränderbar (nicht flektierbar).

Folgende Hilfen oder Aufgaben zum Weiterarbeiten kannst du nutzen

Hilfe-Karte	Adverbien
Hilfe-Karte	Adjektive und Adverbien unterscheiden
Für Profis und Schnelle	Das Averb im Englischen erkennen

Cornelsen
Autor: Frank Schneider
Illustration: Alexander von Knorre, Weimar

Hilfe-Karte: Adverbien

Beispiele für die verschiedenen Arten von Adverbien:

- **Adverbien des Ortes** antworten auf die Fragen: **Wo? Wohin?**
  Beispiele: *dort, hinten, links, unten, drüben, hinaus, herab, nebenan, überall*
- **Adverbien der Zeit** antworten auf die Frage: **Wann?**
  Beispiele: *dienstags, mittags, gestern, vorher, selten, später, endlich, inzwischen*
- **Adverbien des Grundes** antworten auf die Fragen: **Warum? Wohin?**
  Beispiele: *darum, deshalb, daher, also, demzufolge, anstandshalber, somit*
- **Adverbien der Art und Weise** antworten auf die Frage: **Wie?**
  Beispiele: *allzu, beinahe, besonders, ebenfalls, fast, genauso, ganz*

✂ --

Hilfe-Karte: Adjektive und Adverbien unterscheiden

Probiere aus, ob du die Adjektive als Begleiter von Nomen verwenden kannst. Setze dazu die Wörter in Sätze ein, z. B.:

leider: Der leidere Regen ärgert uns schon seit Tagen. → nicht sinnvoll vor einem Nomen nutzbar → Adverb

lieb: Ich streichle einen lieben Hund. → sinnvoll vor einem Nomen nutzbar → Adjektiv

kürzlich: ...

✂ --

Für Profis und Schnelle: Das Averb im Englischen erkennen

A: This is an easy exercise. – They easily solve the problem.

B: Julika is a kind girl. – Julika answers kindly.

5 **a** Übersetze die englischen Sätze unter A und B ins Deutsche.
Wenn du ein Wort nicht kennst, schlage es im Englischwörterbuch nach.

b Schreibe die englischen Sätze ab. Kennzeichne mit einem Pfeil, auf welche Wörter im jeweiligen Satz sich *easy* und *easily* sowie *kind* und *kindly* beziehen.

c Vervollständige die folgenden Sätze und schreibe sie in dein Heft:

Das Adjektiv „easy“ bezieht sich auf ein … – Das Adverb „easily“ bezieht sich auf ein …
Das Adjektiv „kind“ bezieht sich auf ein … – Das Adverb „kindly“ bezieht sich auf ein …

d Vergleiche das Adjektiv und das Adverb in den englischen Sätzen. Was fällt dir auf?
Schreibe dazu einen Satz in dein Heft.

Fordern und fördern – Satzglieder, Sätze und Attribute

Ein Objekt observieren

A Detektive müssen häufig Gebäude observieren, also überwachen.
B So erfahren sie, was an einem bestimmten Ort passiert.
C Dabei ist es wichtig, dass sich der Detektiv unauffällig verhält.
D Das ist gar nicht so einfach, wenn er stundenlang an der gleichen Stelle sitzt.
E Aus diesem Grund ist es sinnvoll, sich in einem geparkten Auto zu verstecken.
F Man kann sich auch in ein nahe gelegenes Café oder auf eine Parkbank setzen.
G Wenn man sich hinter einer Zeitung versteckt, fällt man dabei niemandem auf.

1 Bestimme in den Sätzen A bis G jeweils das unterstrichene Satzglied. Schreibe die passende Satzgliedfrage, die Antwort und den Namen des Satzglieds in dein Heft, z. B.:
A Wen oder was müssen Detektive observieren? → Gebäude → Akkusativobjekt
(→ Hilfe-Karte: Satzgliedfragen)

Die Umgebung auskundschaften

H Ein Detektiv sollte vor der Observierung die Umgebung auskundschaften. Er muss mögliche Verstecke genau kennen.
I Er kann planlos vorgehen. Die Gefahr ist dann groß, dass er sofort entdeckt wird.
J Ein guter Detektiv besorgt sich einen Plan vom Gebäude. Er sollte alle Räume kennen.
K Viele Gebäude sehen übersichtlich aus. Sie haben manchmal versteckte Hinterausgänge, durch die die Zielperson ungesehen verschwinden kann.
L Der Detektiv kennt die Umgebung genau. Bei der Observierung kann nichts schiefgehen.

2 Verbinde in deinem Heft die Sätze unter H und I mit Hilfe passender Konjunktionen jeweils zu einer Satzreihe und die Sätze unter J bis L jeweils zu einem Satzgefüge.
(→ Hilfe-Karte: Konjunktionen)

Eine Zielperson verfolgen

Ein schlauer Detektiv findet schnell eine zwielichtige Person, die er überwachen möchte. Diese Person darf er dann nicht aus den Augen verlieren. Die Observierung kann zu einer Verfolgungsjagd mit Herausforderungen werden. Schwierig wird es zum Beispiel, wenn die verdächtige Person auf einem Platz mit vielen Menschen untertaucht oder ein öffentliches Verkehrsmittel benutzt. Deshalb braucht ein Detektiv fähige Kollegen, die ihn bei der Verfolgung unterstützen.

3 Unterstreiche im Text Attribute grün und Relativsätze blau.
(→ Hilfe-Karte: Attribute)

Folgende Hilfen oder Aufgaben zum Weiterarbeiten kannst du nutzen

Hilfe-Karte	Satzgliedfragen
Hilfe-Karte	Konjunktionen
Hilfe-Karte	Attribute
Für Profis und Schnelle	Attribute und adverbiale Bestimmungen unterscheiden

Kopiervorlage

Hilfe-Karte: Satzgliedfragen

Mit diesen Satzgliedfragen kannst du Satzglieder erfragen:
- Wer oder was …? Subjekt
- Wessen …? Genitivobjekt
- Wem …? Dativobjekt
- Wen oder was …? Akkusativobjekt
- Wofür …? Wonach …? Womit …? Wovon …? Worüber …? Präpositionalobjekt
- Wo …? Wohin …? adverbiale Bestimmung des …
- Wann …? Wie lange …? adverbiale Bestimmung der …
- Warum? adverbiale Bestimmung des Grundes
- Wie …? adverbiale Bestimmung der …

Hilfe-Karte: Konjunktionen

Um Sätze zu **Satzreihen** zu verbinden, kannst du unter den folgenden Konjunktionen auswählen:

und – oder – aber – denn – doch – jedoch – sondern

Um Sätze zu **Satzgefügen** zu verbinden, kannst du z. B. unter den folgenden Konjunktionen auswählen:

nachdem – während – als – bis – weil – da – obwohl – damit – wenn – dass – sodass

---

Hilfe-Karte: Attribute

Ein Attribut bestimmt ein Bezugswort näher. Bei der Umstellprobe bleibt das Attribut mit seinem Bezugswort verbunden. Beispiele:
- Sie beobachtet eine verdächtige Frau. (Bezugswort: Frau, Attribut: verdächtige)
- Eine verdächtige Frau beobachtet sie. (Bezugswort und Attribut bleiben zusammen)
- Er folgt einem Mann mit Sonnenbrille. (Bezugswort: Mann, Attribut: mit Sonnenbrille)
- Einem Mann mit Sonnenbrille folgt er. (Bezugswort und Attribut bleiben zusammen)

Für Profis und Schnelle: Attribute und adverbiale Bestimmungen unterscheiden

4 Prüfe, ob es sich bei den unterstrichenen Wörtern oder Wortgruppen jeweils um ein Attribut oder um eine adverbiale Bestimmung handelt. Notiere in deinem Heft die Nummer und dahinter „Attribut“ oder die Art der adverbialen Bestimmung.

Verdächtige Personen befragen

Wenn man eine (1) verdächtige Person befragt, sollte man sich (2) zunächst nach einem Alibi erkundigen. Ein Alibi beweist, dass jemand zum Tatzeitpunkt nicht (3) am Tatort war. Es kann von (4) zuverlässigen Zeugen geliefert werden, wenn sie (5) glaubhaft bestätigen, dass jemand sich (6) zur Tatzeit (7) an einem anderen Ort aufgehalten hat. Auch (8) bestimmte Indizien können ein Alibi bieten. So können Verdächtige beispielsweise durch Eintritts- oder Fahrkarten (9) mit Datum und Uhrzeit beweisen, wo sie zur Tatzeit waren.
Wichtig ist auch, dass man alle Aussagen eines Verdächtigen überprüft. Denn (10) wegen der großen Aufregung verstricken sich Verdächtige (11) schnell in Widersprüche.

Was kannst du schon? – Wortarten und Wortbedeutungen

1 Notiere unter jedem Wort, um welche **Wortart** es sich handelt.

	Dieses	Mädchen	besaß	eine	einzigartige	Fähigkeit.
Wortart						

2 Untersuche die **Pronomen** in den folgenden beiden Sätzen.

Julika wusste früh, dass sie mit ihrem Gedankenblitz reisen konnte. Das merkte sie mit zehn Jahren.

a Notiere, wofür das unterstrichene Pronomen steht.

Das = ____________________

b Benenne, welche Art von Pronomen „ihrem" und „Das" in den beiden Sätzen sind:

ihrem = ____________________ Das = ____________________

3 Kreuze an, ob in den Sätzen A bis C das **Tempus** richtig verwendet ist.
Streiche falsche Zeitformen durch und schreibe die Verben in der richtigen Zeitform darüber.

A Morgen reist Julika per Gedankenblitz zu ihrer Großmutter.

☐ Tempus kann so verwendet werden. ☐ Tempus ist falsch.

B Nachdem sie das erste Mal so reiste, startete sie gleich am nächsten Tag zu einem neuen Ziel.

☐ Tempus kann so verwendet werden. ☐ Tempus ist falsch.

C Als Julika gestern in die Schule kam, hatte sie gleich von ihrer letzten Gedankenblitzreise erzählt.

☐ Tempus kann so verwendet werden. ☐ Tempus ist falsch.

4 Erkläre die folgenden **Wortzusammensetzungen**:

A fahrbereit = ____________________

B fälschungssicher = ____________________

5 Umkreise jeweils die Wörter aus demselben **Wortfeld**.

A flitzen: eilen – schleichen – rasen – rennen

B schreien: brüllen – quieken – flüstern – sagen

Was kannst du schon? – Satzglieder, Sätze und Attribute

1 Bestimme in den folgenden Sätzen die unterstrichenen **Satzglieder**. Benenne sie jeweils auf der Linie.

A Häufig muss ein Detektiv eine Zielperson unauffällig beschatten. ____________________

B Dabei kann er nicht immer auf die günstigste Gelegenheit warten. ____________________

C Deshalb muss der Detektiv darauf achten, dass die beschattete Person keinen Verdacht schöpft. ____________________

D Er sollte aus diesem Grund direkten Blickkontakt unbedingt vermeiden. ____________________

E Bleibt die Zielperson plötzlich stehen, braucht der Detektiv einen Vorwand, um auch stehen zu bleiben. ____________________

F Er kann dann z. B. seine Schnürsenkel zubinden oder in seiner Tasche wühlen. ____________________

G Oder er betrachtet mit scheinbar großem Interesse ein Schaufenster oder ein Plakat. ____________________

H Wenn die Zielperson weitergeht, bleibt er ihr wieder mit ausreichendem Abstand auf den Fersen. ____________________

2 Kreuze bei den folgenden Sätzen an, ob es sich um eine **Satzreihe** oder ein **Satzgefüge** handelt. Umkreise die Konjunktionen.

	Satzreihe	Satzgefüge
A Ein Detektiv sollte sich grundsätzlich unauffällig kleiden und er sollte auf ungewöhnliche Frisuren oder Bärte verzichten.	☐	☐
B Bevor er die Verfolgung aufnimmt, sollte er sich gut tarnen.	☐	☐
C Ein schlauer Detektiv hat immer eine Mütze oder eine Sonnenbrille dabei, denn damit kann er sein Aussehen verändern.	☐	☐
D Perücken sollte er aber nur tragen, wenn sie sehr echt wirken.	☐	☐

3 Unterstreiche in den folgenden Sätzen jeweils das **Attribut**.

A Ein kluger Hobbydetektiv kennt sich mit Verfolgungsjagden gut aus.

B Ein Detektiv mit Erfahrung versteckt sich dabei gut, um nicht entdeckt zu werden.

C Darum sollte er unterwegs auf gute Verstecke achten.

D Das können beispielsweise Hauseinfahrten mit Hecken oder Sträuchern sein.

E Auch große Autos bieten sich als Versteck an.

Klassenarbeit – Einen Text überarbeiten (Schwerpunkte: Tempus, Pronomen und Wortfelder)

Aufgabenstellung

1 Julika hat für die Schülerzeitung einen Artikel über ihre Erfahrungen auf ihrer Afrikareise geschrieben. Überarbeite ihren Text.

a Verbessere im ersten, berichtenden Teil Verben, die im falschen Tempus stehen.

b Vermeide im zweiten Teil Wortwiederholungen, indem du geeignete Pronomen verwendest.

c Ersetze im dritten Teil viermal das Verb „sagen" und zweimal das Verb „gehen" durch treffendere Verben mit einer ähnlichen Bedeutung.

Per Gedankenblitz durch Afrika

1 In den Sommerferien war ich in Afrika. Per Gedankenblitz bin ich in wenigen Tagen durch viele Länder und Orte gereist. Zunächst bin ich in Algerien gelandet, weil ich unbedingt die Wüste sehen wollte. Tatsächlich bin ich dann zwei Tage lang auf einem Kamel durch die Sahara geritten. Immer wieder habe ich aber dem Kamel ein bisschen Ruhe gegönnt und bin ein wenig zu Fuß gegangen. Dann hat mich mein Gedankenblitz nach Südafrika geführt. Dort war ich in einem kleinen Nationalpark gewesen, in dem ich Elefanten sehen konnte. Ein Elefant ist zwei Meter vor mir aus dem Gebüsch gekommen und hat mich ganz ruhig angesehen. Das war ein besonderer Moment.

2 Der afrikanische Elefant ist das größte Landsäugetier. Der Elefant kann bis zu acht Tonnen schwer werden und bis zu vier Meter groß. In ihrem Lebensraum brauchen Elefanten immer eine Wasserstelle. Die Wasserstelle suchen die Elefanten täglich auf. In der Wasserstelle baden die Elefanten auch gern. Ansonsten laufen afrikanische Elefanten etwa 12 Kilometer am Tag. Die meiste Zeit aber verbringen Elefanten mit dem Fressen. Bis zu 20 Stunden pro Tag frisst ein Elefant. Dabei nimmt der Elefant 200 bis 300 Kilogramm Futter zu sich. Weil das Futter nur aus Pflanzen besteht, brauchen die großen Tiere so viel davon.

3 In dem Nationalpark sagte mir ein Tourist, dass es am Kap der Guten Hoffnung ganz andere interessante Tiere gibt. Er sagte, dass dort Paviane leben. Diese Paviane, sagte er, würden auf dem Felsen des Kaps zwischen all den Touristen frei herumgehen. Sie kommen wohl ganz nah an die Menschen heran und gehen nur weg, wenn ein Wärter sie verscheucht. Der Mann sagte auch, dass die Paviane in einem Jahr einmal verschwunden seien. Wohin sie gezogen sind, wusste keiner. Aber im nächsten Jahr waren sie wieder da.

Klassenarbeit – Einen Text überarbeiten (Schwerpunkte: Tempus, Pronomen und Wortfelder)

Aufgabenstellung

1 Julika hat einen Bericht über den Gedankenblitz im Alltag für die Schülerzeitung verfasst.

a Verbessere im ersten, berichtenden Teil Verben, die im falschen Tempus stehen.

b Ersetze im zweiten Teil dreimal das Verb „sagen" und dreimal das Verb „sehen" durch treffendere Verben mit einer ähnlichen Bedeutung.

c Vermeide im dritten Teil Wortwiederholungen, indem du geeignete Pronomen verwendest.

Der Gedankenblitz im Alltag

1 Alle glauben, dass es wunderbar ist, mit Gedankenblitzen zu reisen. Manchmal ist es auch im Alltag wirklich nicht schlecht. Vor einigen Wochen saß ich beim Zahnarzt, der zuvor an meinen Zähnen herumgebohrt hat. Nachdem ich mich von dem Schmerz erholt habe, stellte ich mir vor, ich wäre schon wieder zu Hause: Und schon war ich in meinem Zimmer gewesen. Etwas Ähnliches ist mir auch einmal im Matheunterricht passiert. Statt aufzupassen, träume ich vom Strand. Und natürlich: Nachdem ich das dachte, spürte ich gleich Sand unter den Füßen.

2 Meine Freundin Sina sagte mir später, der Mathelehrer hätte gar nichts gemerkt. Sie sagte mir genau, wie alle anderen überrascht auf meinen leeren Platz sahen. Sina sah auf ihr Handy und sagte leise vor sich hin: „Wo ist Julika bloß?" Der Mathelehrer erklärte währenddessen eine Aufgabe und sah nicht zu meinem Platz. Sina schrieb mir eine SMS, dass ich schnell zurückkommen muss, bevor der Lehrer sieht, dass ich fehle.

3 Wenige Sekunden später saß ich wieder neben Sina und Sina und ich umarmten uns kurz. Die anderen in der Klasse staunten. Die anderen hatten gar nicht kapiert, was passiert war. Die Gedanken der anderen waren eben zu sehr mit Mathe beschäftigt. Nur Tom blickte verstohlen zu mir herüber. Toms Blick verriet, dass Tom eine Ahnung davon hatte, was geschehen war. Aber ich gab Tom mit einem kleinen Zeichen zu verstehen, dass Tom nichts sagen sollte.

Klassenarbeit – Einen Text überarbeiten (Schwerpunkte: Proben und Satzgefüge)

Aufgabenstellung

1 Anna möchte für die Schülerzeitung von einem „Kriminalfall" berichten, der sich an ihrer Schule ereignet hat.

a Überarbeite den ersten Textteil, indem du mit Hilfe der Umstellprobe und der Ersatzprobe die Sätze abwechslungsreicher und sinnvoller gestaltest.

b Überarbeite den zweiten Textteil, indem du unverbundene Sätze durch passende Konjunktionen verknüpfst und so die Zusammenhänge verdeutlichst. Verwende dabei Satzreihen und Satzgefüge. Achte auf die Kommasetzung.

c Unterstreiche in deinem Text Wortgruppen, die du umgestellt oder ausgetauscht hast. Umkreise deine Konjunktionen.

Das Rätsel der verschwundenen Katze

1 Das Verschwinden der Katze unseres Hausmeisters konnte am Freitag aufgeklärt werden. Die Katze war seit Dienstag nicht mehr aufzufinden. Der Hausmeister hatte schon befürchtet, dass die Katze entlaufen ist oder von Dieben gestohlen wurde. Einige Schülerinnen und Schüler der 6 a hatten zwischenzeitlich sogar Suchmeldungen in Schulnähe aufgehängt.

2 Die Suchmeldungen hatten zu keinem Ergebnis geführt. Der Zufall kam dem Hausmeister zu Hilfe:

Einige Schüler spielten nach Schulschluss auf dem Schulhof Fußball. Der Ball rollte ins Gebüsch.

Einer der Schüler krabbelte dem Ball hinterher. Er machte eine spektakuläre Entdeckung. Die Katze des Hausmeisters lag unter einem Holunderstrauch. Neben ihr lagen sechs kleine Katzenbabys.

Der Hausmeister war überglücklich. Er konnte seine Katze und dazu noch ihren Nachwuchs nach Hause bringen.

Klassenarbeit – Einen Text überarbeiten (Schwerpunkte: Proben und Satzgefüge)

Aufgabenstellung

1 Samira möchte für die Schülerzeitung von einem „Kriminalfall" berichten, der sich an ihrer Schule ereignet hat.

a Überarbeite den ersten Textteil, indem du mit Hilfe der Umstellprobe und der Ersatzprobe die Sätze abwechslungsreicher und sinnvoller gestaltest.

b Überarbeite den zweiten Textteil, indem du unverbundene Sätze durch passende Konjunktionen verknüpfst und so die Zusammenhänge verdeutlichst. Verwende dabei Satzreihen und Satzgefüge. Achte auf die Kommasetzung.

c Unterstreiche in deinem Text Wortgruppen, die du umgestellt oder ausgetauscht hast. Umkreise deine Konjunktionen.

Die Suche nach der gestohlenen Tischtennisplatte

1 Das Rätsel um die Tischtennisplatte, die von unserem Schulhof verschwunden war, konnte letzten Montag gelöst werden. Wie ihr sicher auch bemerkt habt, war die Tischtennisplatte nach den Osterferien weg. Wir, die Schüler der 6 b, waren uns sicher, dass ein Dieb die Tischtennisplatte gestohlen haben musste. Darum machten wir uns auf die Suche. Wir durchkämmten zuerst das Schulgelände, dann hängten wir Suchmeldungen auf.

2 Wir kamen letzten Montag auf den Schulhof. Wir trauten unseren Augen nicht.
Auf dem Schulhof stand eine Tischtennisplatte. Sie sah viel neuer aus.
Wir sprachen den Schulleiter an. Wir wollten wissen, was es mit der neuen Platte auf sich hatte.
Er erklärte es uns: Er hatte die alte, kaputte Platte entsorgt. Er hatte eine neue bestellt.
Die Firma hatte aber Lieferschwierigkeiten. Die Platte war erst jetzt gebracht worden.
Wir waren sehr beruhigt, dass sich doch kein Dieb auf unseren Schulhof geschlichen hatte.

Cornelsen
Autorin: Deborah Mohr
Illustration: Alexander von Knorre, Weimar

13 Rechtschreibung – Spielend leicht

Konzeption des Kapitels

Das Kapitel knüpft an das Strategie- und Regelwissen in der Rechtschreibung an, das die Schülerinnen und Schüler in der Grundschule und in der Jahrgangsstufe 5 erworben haben. Es verfolgt das Ziel, die Kompetenzen aller Lernenden anzugleichen und zu systematisieren. Das induktive Vorgehen beteiligt die Lernenden am Entdecken von Strategien und am Formulieren von Regeln. In Rechtschreibgesprächen erläutern sie einander ihre Hypothesen zu Rechtschreibregeln und begründen Schreibentscheidungen. Dabei können schwächere Schülerinnen und Schüler einen Eindruck davon bekommen, mit welcher Systematik souveräne Klassenkameraden die richtige Schreibung herleiten. Dem negativen Image der Rechtschreibung versucht das Kapitel entgegenzuwirken, indem es Sprachreflexion und das Thema „Spiele(n)“ sowohl auf der Ebene des verwendeten Textmaterials als auch auf der Ebene der Übungsformen miteinander verbindet.
Das erste Teilkapitel **(„Das Geheimnis guter Rechtschreibung – Silben schwingen und verlängern“)** legt den Schwerpunkt zunächst auf den orthografischen Kernbereich, also auf den Bereich der Rechtschreibung, der systematisch herleitbar ist. Die Schülerinnen und Schüler üben und vertiefen Strategien und Regeln, die sie befähigen, viele unterschiedliche Wörter, Sätze und Texte richtig zu schreiben. Zunächst üben und vertiefen sie mit dem Schwingen, Verlängern und Zerlegen grundlegende Strategien, die bei der Beherrschung der deutschen Rechtschreibung helfen. Das Schwingen eignet sich für lauttreue Schreibungen sowie für das Untersuchen der Silbenstruktur. Durch das Verlängern lässt sich die Schreibung von Wörtern mit unklarem Wortende ermitteln. Zerlegen kann man zusammengesetzte Wörter, wenn sie Einsilber oder Wörter mit unklarem Wortende enthalten. Diese Strategien sowie die Untersuchung des prototypischen Zweisilbers nutzen die Schülerinnen und Schüler, um wichtige Regeln zu erarbeiten (Doppelkonsonanten, *s*-Laut, *i*-Laut, silbenöffnendes *h*). Durch Ableiten ermitteln sie Wörter, die man nicht regelhaft mit *e* und *eu*, sondern mit *ä* und *äu* schreibt. Anschließend werden Phänomene aus dem Peripheriebereich in den Blick genommen, also sogenannte Merkwörter wie Wörter mit Dehnungs-*h* oder Doppelvokal. Verschiedene Nomensignale helfen den Lernenden, Strategiewissen zum Erkennen von Nomen und Nominalisierungen im Text aufzubauen. Schließlich erarbeiten sie Vor- und Nachteile der Rechtschreibprüfung am Computer. Am Ende des ersten Teilkapitels können die Schülerinnen und Schüler ihr Strategie- und Regelwissen in einem Test überprüfen.
Das zweite Teilkapitel **(„Punkt und Komma – Zeichensetzung üben“)** thematisiert das Komma bei Aufzählungen, Satzreihen und Satzgefügen sowie die Satzzeichen bei der wörtlichen Rede und bei Appositionen. Auf induktiven Lernwegen werden Beispiele untersucht und mit Regeln in Zusammenhang gebracht. Die Übungen zur Kommasetzung in Satzreihen und Satzgefügen stehen in engem Zusammenhang mit den entsprechenden Abschnitten im Kapitel „Grammatik erforschen“ (S. 276–278 und S. 282–284 im Schülerband). Inhaltlich wird das Thema „Spiele(n)“ aufgegriffen und fortgeführt. Ein Test zu den erarbeiteten Regeln bei der Zeichensetzung rundet das Teilkapitel ab.
Das dritte Teilkapitel **(„Fit in … – Rechtschreibung“)** bietet ein besonderes Angebot für die individuelle Diagnose und differenzierte Förderung. Anhand eines Diagnosediktats ermitteln die Schülerinnen und Schüler ihre individuellen Stärken und Schwächen bei den in den vorangegangenen Teilkapiteln thematisierten Strategien und Regeln. Der leicht verständliche Auswertungsbogen ermöglicht ein weitgehend selbstständiges Vorgehen der Lernenden beim Zusammenstellen ihres persönlichen Übungsprogramms. Die Aufgaben an den folgenden neun Stationen dienen der Wiederholung der bereits erarbeiteten Strategien bzw. Regeln sowie deren Anwendung. Für Fortgeschrittene finden sich in Station 10 knifflige Herausforderungen.

Literaturhinweise

- *Augst, Gerhard / Dehn, Mechthild:* Rechtschreibung und Rechtschreibunterricht. Kallmeyer/Klett, Seelze 2009
- *Bredel, Ursula / Reißig, Tilo (Hg.):* Weiterführender Orthographieerwerb. Schneider, Baltmannsweiler 2011
- Herausforderung Rechtschreiben, Praxis Deutsch 248/2014
- Interpunktion, Praxis Deutsch 254/2015
- *Klicpera, Christian u. a.:* Rechtschreibschwierigkeiten. In: Ursula Bredel u. a. (Hg.): Didaktik der deutschen Sprache. Bd. 1. Schöningh/UTB, Paderborn 2003, S. 405–419
- *Menzel, Wolfgang:* Praxis Grammatik. Sprachreflexion, Rechtschreibung, Zeichensetzung. Westermann, Braunschweig 2016
- *Müller, Astrid:* Rechtschreiben lernen. Die Schriftstruktur entdecken – Grundlagen und Übungsvorschläge. Kallmeyer/Klett, Seelze 2010
- Orthografische und grammatische Spielräume. Der Deutschunterricht 1/2012
- Orthographische Zweifelsfälle. Praxis Deutsch 198/2006
- Rechtschreiben. Deutschunterricht 3/2005
- Rechtschreiben erforschen. Praxis Deutsch 170/2001
- Rechtschreiben für Leser. Deutschunterricht 5/2015
- Schriftstrukturen entdecken. Praxis Deutsch 221/2010
- *Tophinke, Doris:* Rechtschreiben. In: G. Lange / S. Weinhold (Hg.): Grundlagen der Deutschdidaktik. Schneider, Baltmannsweiler ^{3}2007, S. 101–127

Übungsmaterial im „Deutschbuch 6 Arbeitsheft“

- Was kannst du schon? – Rechtschreibung, S. 62–63
- Strategien zum Rechtschreiben, S. 64–68
- Regeln zum Rechtschreiben, S. 69–81
- Groß- und Kleinschreibung, S. 82–85
- Zeichensetzung, S. 86–89

	Inhalte	Kompetenzen Die Schülerinnen und Schüler
S. 289	**13 Rechtschreibung – Spielend leicht**	– aktivieren ihr Vorwissen zu Rechtschreibstrategien und -regeln sowie zur Vermeidung von Fehlern – reflektieren die Bedeutung guter Rechtschreibung
S. 290	**13.1 Das Geheimnis guter Rechtschreibung – Silben schwingen und verlängern** Schwingen – Wörter in Silben sprechen	– schreiben lange lauttreue Wörter – erproben die Strategie des Schwingens beim Lesen, Schreiben und Korrigieren
S. 291	Verlängern am Wortende	– erklären die Strategie des Verlängerns bei Wörtern mit unklarem Auslaut (Auslautverhärtung) und wenden sie an
S. 292	Zerlegen und verlängern	– erklären die Strategie des Zerlegens und Verlängerns bei zusammengesetzten Wörtern – zerlegen zusammengesetzte Wörter, um Problemstellen zu isolieren und die Strategie des Verlängerns nutzen zu können
S. 294	Ableiten – Wörter mit *ä* und *äu*	– nutzen und reflektieren das Ableiten, um die Schreibung von *ä* und *äu* zu erkennen
S. 295	Offene und geschlossene Silben	– erkennen offene und geschlossene Silben und benennen das Unterscheidungskriterium – unterscheiden zweisilbige Wörter nach offener und geschlossener erster Silbe
S. 296	Doppelkonsonanten – Achtet auf die erste Silbe Doppelkonsonanten	– erklären mit Hilfe des Schwingens die Schreibung von Doppelkonsonanten – verlängern und zerlegen Wörter, um die Schreibung von Doppelkonsonanten oder zwei verschiedener Konsonanten zu klären
S. 297	Zwei Konsonanten: zwei gleiche und zwei verschiedene	– untersuchen Silbengrenzen mit zwei gleichen und zwei verschiedenen Konsonanten – erkennen, dass bei zwei verschiedenen Konsonanten nicht verdoppelt wird
S. 298	*s*-Laute – Achtet auf die erste Silbe und auf den Klang	– unterscheiden stimmhafte und stimmlose Aussprache des *s*-Lauts – unterscheiden mit Hilfe der erlernten Strategien die Schreibung von *s*, *ss* und *ß*
S. 299	Wechsel bei der Schreibung des *s*-Lauts	– untersuchen die Veränderungen in der Schreibweise des *s*-Lauts bei verschiedenen Zeitformen und innerhalb von Wortfamilien
S. 300	*i* oder *ie*? – Achtet auf die erste Silbe	– erklären mit der Strategie des Schwingens die Regel zur Schreibung von *i* und *ie*, wenden diese Regel bei Einsilbern durch Verlängern an – erarbeiten unregelmäßige Verben, die das Präteritum mit *ie* bilden, und Verben mit der Endung *-ieren*

S. 301 Wörter mit *h*	– unterscheiden Wörter mit silbenöffnendem *h* und Merkwörter mit *h* – erklären mit Hilfe der Strategie des Schwingens die Schreibung mit silbenöffnendem *h* – erkennen, dass silbenöffnendes *h* und das *h* in Merkwörtern innerhalb der Wortfamilie erhalten bleiben
S. 302 Merkwörter: Wörter mit Doppelvokal	– erkennen und verwenden Merkwörter mit Doppelvokal
S. 303 Groß- und Kleinschreibung Nomen an ihren Begleitern erkennen	– erkennen Nomen an ihren Begleitwörtern: Artikel, Adjektiv, Pronomen, Präposition – wenden bei Nomen ohne Begleiter die Artikel-Adjektiv-Probe an
S. 304 Nominalisierung von Verben und Adjektiven	– erklären die Großschreibung von nominalisierten Verben und Adjektiven – erkennen Nominalisierungen in Texten und bestimmen ihre Begleitwörter – lernen das Indefinitpronomen kennen
S. 306 Nominalisierte Adjektive und Adjektive im Superlativ unterscheiden	– unterscheiden nominalisierte Adjektive und Adjektive im Superlativ mit *am*
S. 307 Die Rechtschreibprüfung am Computer nutzen	– nutzen die Rechtschreibprüfung am Computer – erfassen deren Mängel und Fehlerquellen
S. 308 Testet euch! – Rechtschreibung spielend trainieren	– überprüfen spielerisch ihr Wissen zu Rechtschreibstrategien und -regeln
S. 309 **13.2 Punkt und Komma – Zeichensetzung üben** Das Komma bei Aufzählungen	– untersuchen und erproben die Kommasetzung bei Aufzählungen
S. 310 Das Komma in Satzreihen und Satzgefügen	– untersuchen den Satzbau, um die Kommasetzung in Satzreihen und Satzgefügen zu erarbeiten und Kommas zu ergänzen
S. 312 Das Komma bei Appositionen	– untersuchen und ergänzen in Sätzen Appositionen – wenden dabei den richtigen Kasus und die richtige Kommasetzung an
S. 313 Zeichensetzung in der wörtlichen Rede	– untersuchen und ergänzen in Texten die Zeichensetzung bei der wörtlichen Rede – wenden das Gelernte in eigenen Texten an
S. 314 Testet euch! – Zeichen setzen	– überprüfen ihr Wissen zur Zeichensetzung
S. 315 **13.3 Fit in … – Rechtschreibung** Ein Diktat schreiben	– schreiben und korrigieren ein Diagnosediktat
S. 316 Die eigenen Fehlerschwerpunkte finden	– ermitteln ihre eigenen Fehlerschwerpunkte mit Hilfe eines Diagnosebogens
S. 317 Lernen an Stationen: An Fehlerschwerpunkten arbeiten	– trainieren entsprechend ihren Fehlerschwerpunkten die Anwendung von Rechtschreibstrategien und -regeln

13 Rechtschreibung – Spielend leicht

»289 Die Illustration auf der Auftaktseite zeigt zwei Kinder beim Schachspiel, die sich über eine Spielregel des Brettspiels austauschen. Dieser Einstieg soll die Lernenden auf das Thema „Regeln im Spiel und in der Rechtschreibung" einstimmen und ihnen die Möglichkeit geben, ihr Vorwissen zu aktivieren.

1 **a** Die Aussagen der Kinder auf dem Bild können in der folgenden Spielregel zusammengefasst werden: Der König darf beim Schach ein Feld in jede beliebige Richtung ziehen.

b Sicher kennen die Lernenden zahlreiche Brettspiele, die sie gern spielen.

- Klassische Brettspiele sind beispielsweise „Mensch ärgere Dich nicht", „Mühle", „Halma" oder „Backgammon".
- Modernere Brettspiele stellen beispielsweise „Monopoly", „Einfach genial", „Das verrückte Labyrinth" und „Die Siedler von Catan" dar.

2 Die Aufgabe regt die Schülerinnen und Schüler dazu an, ihr Vorwissen zu „Spielregeln" in der Rechtschreibung zu aktivieren.

a Mit Hilfe der Markierungen in den Sprechblasen können die folgenden Regeln für die Großschreibung wiederholt werden:

- Nomen kann man an typischen Endungen erkennen (z. B. „Richtung").
- Nomen kann man an Begleitwörtern erkennen, die den Nomen vorausgehen, z. B. Artikel („ein"), Adjektiv („beliebige", „weiße"), Pronomen („meinem", „meiner"), Präposition („in", „im" = in dem).

b Weitere Rechtschreibregeln betreffen z. B. Doppelkonsonanten, *s*-Laute, *i* oder *ie*, das silbenöffnende *h*. Die Aufgabe motiviert die Lernenden, sich ihr Rechtschreibwissen bewusst zu machen, und gibt der Lehrkraft einen Eindruck vom Stand der Kompetenzen.

3 Mit dieser Aufgabe tauschen sich die Schülerinnen und Schüler über die Bedeutung guter Rechtschreibung aus. Zweifellos ist das Beachten der richtigen Schreibweise nicht in allen Alltagszusammenhängen gleich wichtig. Beispielsweise wird in Kurznachrichten Rechtschreibregeln häufig weniger Beachtung geschenkt. Die Situationen, in denen Rechtschreibung große Bedeutung besitzt, können an der Tafel in folgendem Cluster gesammelt werden:

Wo sind gut lesbare und fehlerfreie Texte wichtig?

- in Klassenarbeiten
- in Briefen oder E-Mails
- in Texten, die veröffentlicht werden (z. B. in der Schülerzeitung oder auf der Schulwebsite)

13.1 Das Geheimnis guter Rechtschreibung – Silben schwingen und verlängern

»290

Schwingen – Wörter in Silben sprechen

1 **a/b** Die Aufgabe ermöglicht es den Lernenden, ihr Wissen zur Methode des Silbenschwingens beim Sprechen (und Schreiben) aufzugreifen. Es kann hilfreich sein, wenn sie nach dem Aufschreiben Silbenbögen ergänzen:

die Da me = zwei Silben – das Pferd = eine Silbe – die Spiel fel der = drei Silben – der Kö nig = zwei Silben – der Turm = eine Silbe – der Läu fer = zwei Silben – die Spiel stra te gie = vier Silben – der Bau er = zwei Silben

2 **a–c** Diese Aufgabe leitet die Lernenden dazu an, die Methode des Schwingens schrittweise durchzuführen. Das Schwingen erleichtert ihnen das Schreiben auch längerer Wörter, die lauttreu geschrieben werden:
die Schach fi gu ren kis te – die Ver tei di gungs zü ge – die Be denk zeit ü ber schrei tung

Hinweis
Das Schwingen, das seinen Ursprung in der Grundschuldidaktik hat, arbeitet mit *Sprechsilben*. Dabei bildet der einzelne Vokal am Wortanfang eine Einheit (z. B.: Ü ber schrei tung). Sprechsilbe und Schreibsilbe sind nicht immer identisch: Bei der Worttrennung am Zeilenende – die hier *nicht* das Thema ist – muss man darauf achten, dass einzelne Vokale nicht abgetrennt werden.

3 **a** Nun erproben die Schülerinnen und Schüler in einem Partnerdiktat das Schwingen beim Schreiben längerer Wörter:
das Schach re gel buch – der Kö nigs flü gel – die Welt meis ter schafts be geg nung – die Sprin ger zan ge – der Da men tausch – das Blin den schach

b Wichtig ist die Korrektur durch eine Lernpartnerin oder einen Lernpartner, da es in der Regel schwerfällt, die eigenen Rechtschreibfehler zu entdecken.

c Das Rechtschreibgespräch über das Schwingen leitet die Lernenden dazu an, das Potenzial dieser Rechtschreibstrategie zu reflektieren. Dabei können beispielsweise die folgenden Gesichtspunkte angesprochen werden: Buchstaben werden seltener ausgelassen oder vertauscht. Voraussetzung ist eine lauttreue Schreibung der Wörter.

291
Verlängern am Wortende

1 Anhand dieser Aufgabe können die Schülerinnen und Schüler nachvollziehen, wie gute Rechtschreiber die Schreibung eines Wortes mit Hilfe der passenden Strategie – hier: Verlängern bei unklarem Auslaut – herleiten.

a Mias Problem besteht darin, dass man nicht hören kann, wie „Wald“ am Wortende geschrieben wird. Durch die Auslautverhärtung hört man eher *t*, obwohl das Wort mit *d* geschrieben wird.

b Mia kommt zu der richtigen Lösung, indem sie „Wald“ zu „Wälder“ verlängert und den Auslaut so hörbar macht.

2 Nun wenden die Lernenden die Strategie des Verlängerns selbstständig an, z. B: kal**t** – käl**t**er, sa**g**t – sa**g**en.

3 Richards' Sieg im Scrabble war überraschend, weil er die Sprache gar nicht kannte und deshalb zum Beispiel auch Möglichkeiten der Wortbildung nur eingeschränkt (wenn überhaupt) nutzen konnte. Hier waren ihm seine muttersprachlichen Gegner möglicherweise überlegen.
Als mögliche Gründe für seinen überraschenden Sieg könnten die Schülerinnen und Schüler anführen, dass er alle Wörter auswendig gelernt hatte und deshalb keine Zweifel über die Schreibung aufkommen konnten.

4 Zur Übung und Vertiefung des Verlängerns am Wortende werden den Lernenden Aufgaben auf drei Differenzierungsniveaus zur Auswahl angeboten.

●○○ **a** Auf dieser Niveaustufe beweisen die Schülerinnen und Schüler die richtige Schreibung vorgegebener Wörter durch die Bildung des Plurals:
des Wettbewer**bs** – die Wettbewer**be**, das Wor**t** – die Wör**t**er, der Sie**g** – die Sie**g**e, der Erfol**g** – die Erfol**ge**

●●○ **b** Hier entscheiden die Lernenden durch Steigern vorgegebener Adjektive selbst über die richtige Schreibung:
bun**t** – bun**t**er, klu**g** – klü**g**er, spannen**d** – spannen**d**er, star**k** – stär**k**er

●●● **c** Auf dieser Differenzierungsebene sollen die Lernenden zunächst die Konsonanten bei Verben ergänzen und erst danach die Schreibung durch Verlängern beweisen:
le**g**t – le**g**en, schlä**g**t – schla**g**en, sor**g**te – sor**g**en, ga**b** – wir ga**b**en

d Beim Austausch ihrer Ergebnisse erfahren alle Schülerinnen und Schüler, welche Verlängerungsmöglichkeiten es bei den unterschiedlichen Wortarten gibt. Die Ergebnisse können in einem Tafelbild festgehalten werden:

***b/p? d/t? g/k?* → Wörter verlängern**
– Nomen: z. B. Plural bilden, etwa: das Wor**t** – die Wör **t**er, der Sie**g** – die Sie **g**e
– Adjektive: z. B. steigern oder beugen, etwa: klu**g** – klü **g**er, star**k** – die star **k**e Frau
– Verben: z. B. den Infinitiv oder die Wir-Form bilden, etwa: sie le**g**t – le **g**en, er ga**b** – wir ga **b**en

292 Zerlegen und verlängern

1 Ehe sie sich mit den Rechtschreibstrategien zur Schreibung zusammengesetzter Wörter beschäftigen, setzen sich die Lernenden mit dem Inhalt des Textes auseinander. Als mögliche Verstecke beim Geocaching werden den Schülerinnen und Schülern zahlreiche Varianten einfallen. So könnte beispielsweise eine wasserdichte Tonne in einem See genannt werden, die eine Herausforderung für Spezialisten darstellen würde. Hier kann auch ein Bewusstsein für gesetzliche Grenzen und mögliche Gefahren entwickelt werden, z. B. Geocaches in öffentlichen Gebäuden, zoologischen Gärten oder Privathäusern.

2 Das Rechtschreibgespräch soll die Schülerinnen und Schüler dazu anregen, sich Rechtschreibstrategien induktiv zu erarbeiten, indem sie selbst Hypothesen zur Herleitung der richtigen Schreibung bilden bzw. diese in der Erläuterung ihres Lernpartners oder ihrer Lernpartnerin nachvollziehen.
Mögliche Antwort des Jungen: Pass auf, das geht so: Du zerlegst „Geldschein" in „Geld" und „Schein". Dann kannst du „Geld" verlängern zu „Gelder". So hörst du, dass „Geld" mit *d* geschrieben wird.

3 **a/b** Die Lernenden benennen die unklaren Stellen in den im Text blau markierten Wörtern, zerlegen die Wörter in ihre Bestandteile und beweisen die Schreibweise der unklaren Stellen jeweils durch ein Verlängerungswort, z. B.:
Gel**d** | schein – Gel **d**er, Fun**d** | ort – fin **d**en, Fel**d** | rand – Fel **d**er, Bur**g** | ruine – Bur **g**en,
Ber**g** | gipfel – Ber **g**e, Den**k** | aufgaben – den **k**en

Mögliche Zusatzaufgabe für schnelle Schülerinnen und Schüler
Benennt die unklaren Stellen in den Wörtern „Gedenktafel" (Z. 4) und „Erdreich" (Z. 5) und begründet die Schreibung.
Lösung, z. B.: Ge | den**k** | tafel – ge den **k**en, Er**d** | reich – Er **d**e

4 Durch Zerlegen und Verlängern finden die Lernenden nun fehlende Konsonanten heraus, z. B.:
Schla**g** | zeilen – schla **g**en, Wel**t** | all – Wel **t**en, Raum | fahr**t** | station – Fahr **t**en,
erfol**g** | reich – Er fol **g**e, Wor**t** | schatz – Wor **t**e

5 Bei diesen Wortbeispielen müssen Wortbausteine (hier Suffixe) abgetrennt werden, um verlängern zu können:

-nis	-lich	-los
die Erlau**b** | nis – er lau **b**en	bil**d** | lich – Bil **d**er	zei**t** | los – Zei **t**en
das Erle**b** | nis – er le **b**en	bewe**g** | lich – be we **g**en	sie**g** | los – sie **g**en
das Zeu**g** | nis – zeu **g**en	rech**t** | lich – Rech **t**e	far**b** | los – Far **b**en

6 Bei dieser Übung zum Zerlegen und Verlängern stehen den Lernenden Aufgaben auf drei Differenzierungsniveaus zur Auswahl.

●○○ **a** Lan**d** | karte – Län der, Schrei**b** | heft – schrei ben, Star**t** | punkt – star ten, Ra**d** | weg – Rä der

●●○ **b** Lan**d** | schaft – Län der, Erge**b** | nis – er ge ben, ach**t** | los – ach ten, hal**t** | los – hal ten, Wa**g** | nis – wa gen, Wir**k** | ung – wir ken, an | ge**b** | lich – an ge ben

●●● **c** We**g** | gabel – We ge, Schu**b** | karre – schie ben, Ra**t** | schlag – ra ten

d Das Rechtschreibgespräch über sinnvolle Strategien für die richtige Schreibung der Wörter gibt den Schülerinnen und Schülern die Möglichkeit, die Strategien noch einmal zu reflektieren bzw. nachzuvollziehen, falls sie die Wörter falsch geschrieben haben.
Das Ergebnis kann in einem Tafelbild festgehalten werden:

_b/p? d/t? g/k?_ → Versteckte Verlängerungsstellen entdecken

– zusammengesetzte Wörter zerlegen + verlängern, z. B.:
der Fel**d** | rand → die Fel **d**er, die Rän **d**er

– Wortbausteine abtrennen, z. B.:
das Zeu**g** | nis → zeu **g**en, hal**t** | los → hal ten

7 Im Vergleich des Nomens „die Schnitzeljagd“ mit den Übersetzungen in das Französische und das Türkische wird deutlich, dass die Bildung von neuen Nomen im Deutschen – im Gegensatz zu anderen Sprachen – durch Wortzusammensetzung möglich ist. Während im Deutschen aus den beiden Wörtern „Schnitzel“ und „Jagd“ ein einziges neues Nomen mit Artikel entsteht, besteht die Bezeichnung im Türkischen aus zwei Nomen und im Französischen aus zwei Nomen und zwei Begleitwörtern.

294 Ableiten – Wörter mit *ä* und *äu*

1 **a–c** Die Lernenden markieren die unklaren Stellen in den Wörtern und erklären im Rechtschreibgespräch die Schreibung mit *ä* bzw. *äu* durch verwandte Wörter mit *a* bzw. *au*, z. B.:
Bl**ä**tter – das Bl**a**tt, sch**äu**men – der Sch**au**m, L**äu**se – die L**au**s, abw**ä**gen – die W**a**age, schw**ä**rmen – der Schw**a**rm, M**äu**se – die M**au**s, r**äu**men – der R**au**m, W**ä**rme – w**a**rm

d So lautet die vollständige Regel: Meist schreibt man *e* oder *eu*. Wenn es aber ein verwandtes Wort mit *a* oder *au* gibt, schreibt man *ä* oder *äu*.

2 Richtige Schreibung (mit Beweiswörtern für die Schreibung mit *ä* oder *äu*; Wörter, die nicht in die Reihe passen, sind unterstrichen):
A die H**ä**nge – H**a**ng, die F**ä**nge – f**a**ngen, <u>die Menge</u>, die R**ä**nge – der R**a**ng, das Gedr**ä**nge – der Andr**a**ng
B die K**eu**le, die B**eu**te, die Fr**eu**de, <u>die Fäule</u> – f**au**l, die B**eu**le

3 Edgar verrät sich mit der Aussage, die Fenster beim Juwelier seien nicht beleuchtet gewesen. Der Kommissar hat den Juwelier mit keinem Wort erwähnt. Edgar kann also nicht wissen, dass beim Juwelier eingebrochen wurde – es sei denn, er selbst ist der Einbrecher.

4 Richtige Schreibweisen (mit Beweiswörtern bei Schreibung mit *ä* oder *äu*):
st**e**ckte, l**ä**ngst – l**a**ng, D**e**cke, H**äu**ser – H**au**s, **e**hrliche, L**eu**te, erschr**e**ckt, l**ä**chelte – l**a**chen, Z**eu**gen, r**ä**tselhaften – r**a**ten, N**ä**he – n**a**h, F**e**nster, erl**eu**chtet

295 Offene und geschlossene Silben

Die Unterscheidung von offenen und geschlossenen Silben beim prototypischen deutschen Zweisilber bildet die Grundlage für die Erarbeitung der Regeln auf den folgenden Seiten.

1 **a/b** Zweisilber im Wortgitter – Vorschlag für ein Tafelbild:

Offene und geschlossene Silben	
erste Silbe **offen** (grün markiert)	rei sen, ra ten, hü ten, flö ten, kno beln
erste Silbe **geschlossen** (rot markiert)	hal ten, fin den, tüf teln, den ken, grin sen

2 **a/b** Richtig ist Aussage B: Ist die erste Silbe offen, spricht man den Vokal lang.

3 Bei dieser Übung zu offenen und geschlossenen Silben stehen den Lernenden Aufgaben auf drei Differenzierungsniveaus zur Auswahl. Die offenen Silben sind jeweils markiert.

●○○ **a** Wa gen, len ken, Lam pe, schei nen, Pfer de, tra ben, Beu te, ja gen

●●○ **b** Leute, eilen, Regen, Bogen

●●● **c** Diese Wörter passen nicht in die Reihe:
A Insel → erste Silbe nicht offen
B Bäume → erste Silbe nicht geschlossen
C Wange → erste Silbe nicht offen

296 Doppelkonsonanten – Achtet auf die erste Silbe

296 Doppelkonsonanten

1 Emmas Staffel stellt sich in der folgenden Reihenfolge auf: Jan – Emma – Anna – Ben – Leo

2 **3** **4** So sollte die Tabelle aussehen:

Silbe offen = ohne Doppelkonsonanten	**Silbe geschlossen = mit Doppelkonsonanten**
Die erste Silbe endet mit einem Vokal. Den Vokal spricht man lang.	Die erste Silbe endet mit einem Konsonanten. Den Vokal spricht man kurz.
ha ben pla nen ho len ge ben fragt – fra gen	der Som mer die Hal le die Klas se tol le die Staf fel die Schüs seln das Was ser stel len die Ket te kommt – kom men der Schwamm – die Schwäm me lässt – las sen füllt – fül len gewinnt – ge win nen nass – nas ser muss – müs sen

3 **b** Regel: Doppelkonsonanten schreibt man nur, wenn die erste Silbe geschlossen ist.

5 **a** Bei *tz* hört man nur *z*, bei *ck* nur *k*.

b Regel: Statt *zz* schreibt man *tz*, statt *kk* schreibt man *ck*.

297 Zwei Konsonanten: zwei gleiche und zwei verschiedene

1 **a/b** Vorschlag für ein Tafelbild:

Erste Silbe geschlossen	
zwei verschiedene Konsonanten an der Silbengrenze	**zwei gleiche Konsonanten an der Silbengrenze**
die Wo**l** **k**en	wo**l** **l**en
fa**l** **t**en	fa**l** **l**en
die So**n** **d**e	die So**n** **n**e
die We**l** **t**en	we**t** **t**en
die Ze**l** **t**e	die Ze**l** **l**e

c In dem Rechtschreibgespräch sollten die Schülerinnen und Schüler auf der Grundlage ihrer Arbeitsergebnisse aus Aufgabe 1 a/b die Erkenntnis gewinnen, dass bei zwei verschiedenen Konsonanten an der Silbengrenze keine Konsonantenverdoppelung erfolgt.

2 Regel: Wenn an der Silbengrenze zwei verschiedene Konsonanten stehen, verdoppelt man nicht.

3 Die richtigen Schreibweisen (mit möglichen Wortverlängerungen als Beweis):

A schnell – schneller, die Schuld – die Schulden, es stimmt – stimmen, sie welkt – welken, er bellt – bellen

B die Renn|strecke – das Rennen, der Rund|lauf – die Runde, der Pfann|kuchen – die Pfanne, die Spann|weite – spannen

298 *s*-Laute – Achtet auf die erste Silbe und auf den Klang

1 Hier können die Schülerinnen und Schüler unterschiedlichste Ideen einbringen, die beispielsweise die Vielfältigkeit der Arbeit eines Spieleerfinders, die erforderliche Detailgenauigkeit und den Arbeitsaufwand verdeutlichen.

2 3 4 So sollte die Tabelle aussehen:

Wörter mit *s*	Wörter mit *ß*	Wörter mit *ss*
Hau se	gro ßen	muss – müs sen
die Rei sen	der Spaß – die Spä ße	der Schluss – die Schlüs se
die ses	die Klö ße	fes seln
le sen	stößt – sto ßen	las sen
Rie sen		pas sen
ra send		flüs sig
ver speist – spei sen		das Schloss – die Schlös ser
Regel: Die erste Silbe endet mit einem Vokal und ist offen. Den *s*-Laut spricht man summend.	Regel: Die erste Silbe endet mit einem Vokal und ist offen. Den *s*-Laut spricht man zischend.	Regel: Die erste Silbe endet mit einem Konsonanten und ist geschlossen.

4 **a** Man spricht die *s*-Laute in den Wörtern „das Gras“, „der Gruß“ und „der Fluss“ gleich aus.
b Vgl. die Eintragungen in der Tabelle auf S. 357 in diesen Handreichungen.

5 Zum Üben und Vertiefen der richtigen Schreibweise bei Wörtern mit *s*-Laut stehen den Lernenden Aufgaben auf drei Differenzierungsniveaus zur Verfügung.

●○○ **a** grü ßen, die Blu se, ro sa, die Grö ße, brau sen, das Ge mü se, küs sen

●●○ **b** der Hinweis – hin wei sen, der Genuss – die Ge nüs se, das Los – die Lo se, das Floß – die Flö ße, der Hals – die Häl se, blass – blas ser, süß – sü ßer

●●● **c** das Fließ | band – flie ßen, kreis | rund – die Krei se, wiss | begierig – wis sen, lös | lich – lö sen, das Fluss | ufer – die Flüs se, der Fuß | ball – die Fü ße

d Das Rechtschreibgespräch hat die Funktion, die Schreibung von Wörtern mit *s*-Laut noch einmal zu reflektieren. Als zusammenfassendes Tafelbild kann bereits an dieser Stelle das Schaubild aus der Information auf S. 299 im Schülerband eingesetzt werden.

299 **Wechsel bei der Schreibung des *s*-Lauts**

1 **a/c** Mit dieser Übung erarbeiten die Schülerinnen und Schüler, dass Verben in den unterschiedlichen Personalformen oder Tempora die Schreibweise des *s*-Lauts ändern. Dabei folgt die Schreibung den bisher erarbeiteten Regeln zu *s, ß* und *ss*.
So sieht die vollständige Tabelle aus:

Infinitiv	Präsens	Präteritum
wissen	ich weiß	ich wusste
lassen	ich lasse	ich ließ
beißen	ich beiße	ich biss
messen	ich maß	ich messe
genießen	ich genieße	ich genoss
essen	ich esse	ich aß

b Anschließend formulieren die Lernenden dazu eine Regel:
– Aus *ss* wird *ß*, wenn der Vokal davor lang gesprochen wird.
– Aus *ß* wird *ss*, wenn der Vokal davor kurz gesprochen wird.

2 **a** Beispiellösung:

Infinitiv	Präsens	Präteritum
heißen	ich heiße	ich hieß
reißen	ich reiße	ich riss
fließen	er fließt	er floss
grüßen	sie grüßen	sie grüßten
fressen	es frisst	es fraß
büßen	ich büße	ich büßte
küssen	sie küsst	sie küsste
gießen	ich gieße	ich goss
müssen	ihr müsst	ihr musstet

b Der *s*-Laut ändert sich bei den Verben *heißen*, *grüßen* und *büßen* nicht, weil bei allen Verbformen der Vokal davor lang gesprochen wird. Bei den Verben *küssen* und *müssen* ändert sich der *s*-Laut nicht, weil bei allen Verbformen der Vokal davor kurz gesprochen wird.
→ Die Schreibung des *s*-Lauts folgt immer den bisher erarbeiteten Regeln zu *s*, *ß* und *ss*.

3 ⊕ **a/b** Beim Finden passender Wortpaare für ein Memory erarbeiten sich die Schülerinnen und Schüler spielerisch ein Repertoire an Wörtern, die innerhalb einer Wortfamilie den *s*-Laut wechseln, z. B.: es gießt – der Regenguss, es sprießt – der Spross, schießen – der Schuss, messen – das Maßband, reißen – der Riss.

300 *i* oder *ie*? – Achtet auf die erste Silbe

1 **a/b** Einordnung der Wörter aus dem Wortgitter:

Wörter mit *i*	**Wörter mit *ie***
trin ken	nie sen
zit tern	Sieb – Sie be
blin ken	fie bern
grin sen	die nen
krib beln	zie len
win ken	sie gen
	lie fern
→ erste Silbe endet mit einem Konsonanten = geschlossene Silbe	→ erste Silbe endet mit einem Vokal = offene Silbe

2 Aus dem Arbeitsergebnis (Aufgabe 1) leiten die Lernenden eine Regel ab:
- Wenn die erste Silbe geschlossen ist und mit einem Konsonanten endet, schreibt man *i*.
- Wenn die erste Silbe offen ist und mit einem Vokal endet, schreibt man oft *ie*.

3 Nun müssen die Schülerinnen und Schüler selbst entscheiden, ob vorgegebene Wörter mit *i* oder mit *ie* geschrieben werden (Wörter, die nicht in die Reihe passen, sind unterstrichen):
A das Sieb – die Siebe, der Dieb – die Diebe, tief – tiefer, er spielt – spielen, er filmt – filmen (erste Silbe geschlossen), das Tier – die Tiere, der Stier – die Stiere, er friert – frieren
B das Rind – die Rinder, er hinkt – hinken, die Milde, es klingt – klingen, still – stiller, das Ziel – zielen (erste Silbe offen), der Wind – die Winde

4 Beispiele für unregelmäßige Verben mit *ie* im Präteritum:
raten – ich riet, laufen – ich lief, fallen – ich fiel, schreien – ich schrie, rufen – ich rief, bleiben – ich blieb, schlafen – ich schlief, lassen – ich ließ, halten – ich hielt

5 ⊕ Sinnverwandte Verben auf *-ieren:*
Sport treiben = trainieren, plus rechnen = addieren, kämmen = frisieren, verbessern = korrigieren, Musik machen = musizieren, befördern = transportieren, versuchen = probieren, schlendern = spazieren

301 Wörter mit *h*

1 **a** Bei den zweisilbigen Wörtern, die sie zuerst entschlüsseln müssen, unterscheiden die Schülerinnen und Schüler das (beim sehr deutlichen Sprechen) hörbare silbenöffnende *h* vom nicht hörbaren (Dehnungs-) *h* am Ende der ersten Silbe.

b Richtige Einordnung in die Tabelle:

silbenöffnendes *h* → hörbares *h*	**Merkwörter mit *h* → nicht hörbares *h***
dre hen	zäh len
die Rei he	füh len
die Ru he	zäh men
zie hen	fah ren
blü hen	die Boh ne
	der Boh rer
	neh men
	die Oh ren

2 Aus dem Arbeitsergebnis (Aufgabe 1) leiten die Lernenden eine Regel ab:
- Silbenöffnendes *h*: Das silbenöffnende *h* steht am Anfang der zweiten Silbe. Man kann dieses *h* hören.
- Merkwörter mit *h*: Das *h* nach einem langen Vokal steht häufig vor diesen vier Konsonanten: l, m, n, r. Das *h* am Ende der ersten Silbe kann man nicht hören.

3 Hier erarbeiten die Lernenden, wie sie die richtige Schreibung beim silbenöffnenden *h* durch Verlängern herausfinden. Richtige Einordnung in die Tabelle:

silbenöffnendes *h* → hörbares *h*	**Merkwörter mit *h* → nicht hörbares *h***
ge**h**t – ge hen	gä**h**nt – gäh nen
sprü**h**t – sprü hen	wo**h**nt – woh nen
ste**h**t – ste hen	ke**h**rt – keh ren
mu**h**t – mu hen	fe**h**lt – feh len
we**h**t – we hen	e**h**rt – eh ren
	le**h**rt – leh ren
	a**h**nt – ah nen

4 **a/b** Beispiele für verwandte Wörter (das *h* bleibt stets erhalten):
- seh: sehen, ansehen, Hellseher, Sehhilfe, Fernseher, Aussehen, Ansehen, sehenswert
- steh: stehen, ausstehen, bestehen, anstehen, verstehen, Stehplatz, Stehlampe, Stehpult
- fahr: fahren, befahren, verfahren, Fahrt, Fahrzeug, Gefährt, Fahrbahn, Fahrschule, fahrbar
- fehl: fehlen, Fehler, Fehlalarm, Fehltage, Fehltritt, Fehlurteil, fehlerfrei, fehlerhaft, unfehlbar

302 Merkwörter: Wörter mit Doppelvokal

1 **a** Binnengewässer = See, Schwimmbecken = Pool, Haarwaschmittel = Shampoo, blöd = doof, prächtige Halle = Saal, Lanze = Speer, Gartenstück = Beet, Elfe = Fee, Straßenbelag = Teer, Ozean = Meer, Tiergarten = Zoo, Einfall = Idee

b Regel: Es gibt nur wenige Wörter, in denen der lang gesprochene Vokal verdoppelt wird. Diese Wörter sind Merkwörter.

2 Im Bild sind Hinweise auf folgende Wörter mit Doppelvokal versteckt:
See (oder Meer), Boot, Paar, Himbeere/Beere, Klee, Schnee, Moos, Aal, Waage

3 Beispiele für verwandte Wörter:
- die Idee: die Geschenkidee, die Ideensuche, ideenreich, ideenlos, Lösungsidee, Schnapsidee
- der See: die Seefahrt, der Seefahrer, der Seeelefant, der Seestern, der Seehund, der Badesee, der Baggersee, die Seekuh, der Seemann
- der Zoo: das Zootier, der Zoobesuch, der Zoodirektor, der zoologische Garten, die Zoohandlung
- das Haar: die Haarfarbe, der Haarschnitt, die Haarbürste, die Haarspange, das Haarshampoo, das Haarspray, das Haargummi, das Haarband, der Haarreif, haarig, behaart
- das Meer: die Meerenge, der Meeresstrand, der Meeresarm, das Meeresrauschen, das Meersalz, die Meeresbucht, der Meerblick, die Meerjungfrau, das Meerwasser
- leer: leeren, entleeren, die Leere, die Leerfahrt, der Leerlauf, inhaltsleer, sinnentleert, blutleer
- der Tee: die Teetasse, der Teelöffel, die Teekanne, der Kräutertee, der Schwarztee, der Teebeutel, das Teesieb

4 Der Auftrag, eine Geschichte oder ein Gedicht mit vielen Wörtern mit Doppelvokal zu schreiben, führt zu individuellen Lösungen.

303

Groß- und Kleinschreibung

303

Nomen an ihren Begleitern erkennen

1 a Beispiel für die ausgefüllte Tabelle zu den Nomenbegleitern:

Artikel	(Artikel +) **Adjektiv**	**Pronomen**	**Präposition** + (Artikel)
der Torwart ein Tortwart	blinde Schachspieler blinde Skiläufer die strammen Schüsse	ihrem Orientierungs- sinn seiner Gegner	mit dem Gehör auf dem Platz ohne Augenlicht

b Nomen ohne Begleiter im Text: Blindenfußball, Fußballer, Ausnahme
Nomen ohne Begleiter können mit der Artikel-Adjektiv-Probe bestimmt werden, z. B.: Fußballer – die blinden Fußballer, Ausnahme – die einzige Ausnahme.

2 Zum Erkennen von Nomen im Text werden den Schülerinnen und Schülern Übungen auf drei Differenzierungsniveaus zur Auswahl angeboten.

●○○ a Nomen mit ihren Begleitwörtern aus dem Text (die Lernenden brauchen nur acht anzugeben): die blinden Fußballer, mit einem Ball, ihre Spieler, mit lautstarken Anweisungen, im Stadion, die Zuschauer, ihrer Begeisterung, für das Spiel, diese Sportart, beim Torjubel

●●○ b Nomen, die von Präpositionen oder Pronomen begleitet werden:
mit einem Ball, ihre Spieler, mit lautstarken Anweisungen, im Stadion, ihrer Begeisterung, für das Spiel, diese Sportart, beim Torjubel

●●● c Alle Nomen aus dem Text, auch die ohne Begleiter:
die blinden Fußballer, mit einem Ball, Trainer, Torwart, ihre Spieler, mit lautstarken Anweisungen, im Stadion, die Zuschauer, ihrer Begeisterung, für das Spiel, diese Sportart, beim Torjubel, Luft

d In dem Rechtschreibgespräch tauschen die Schülerinnen und Schüler ihre Ergebnisse aus und reflektieren die Funktion der verschiedenen Begleitwörter und der Artikel-Adjektiv-Probe: Sie geben Hinweise, ob es sich bei einem Wort um ein Nomen handelt und das Wort deshalb großgeschrieben werden muss.
Die Ergebnisse können in einem Tafelbild zusammengefasst werden:

Nomen erkennen
– **Begleitwörter:** Artikel, Adjektiv, Artikel + Adjektiv, Präposition (+ Artikel) oder Pronomen – **Artikel-Adjektiv-Probe:** Kann man einen Artikel und ein Adjektiv davorsetzen?

304 Nominalisierung von Verben und Adjektiven

1 Klassische Team- und Mannschaftsspiele, mit denen die Schülerinnen und Schüler bereits im Sportunterricht Erfahrungen sammeln konnten, sind beispielsweise Fußball, Brennball und Völkerball. Kooperationsspiele werden vielfach zur Stärkung des Klassenzusammenhalts eingesetzt, z. B.: Bombe entschärfen, Spinnennetz, blinder Hindernislauf. Einige Schülerinnen und Schüler werden bereits Erfahrungen mit Teamspielen am Computer (Koop-Spiele) besitzen, z. B. „Super Mario" oder „Minecraft".

2 **a/b** Das Wort SPIELEN wird in diesem Text mehrfach als Nomen gebraucht. Erkennbar ist dies an den Begleitwörtern: das Spielen (Artikel) – beim Spielen (Präposition + Artikel) – zum Spielen (Präposition + Artikel) – durch gemeinsames Spielen (Präposition + Adjektiv).

3 Alle nominalisierten Adjektive aus dem Text mit ihren Begleitwörtern:
für Junge und Alte (Präposition) – das Rätselhafte und Verzwickte (Artikel) – dem Offensichtlichen (Artikel) – das Besondere und Faszinierende (Artikel) – aufs Neue (Präposition + Artikel)

4 **a** Die Formulierung vollständiger Sätze mit nominalisierten Adjektiven und Verben führt zu individuellen Lösungen.

b Im Partnergespräch werden die Lernenden wahrscheinlich erkennen, dass die Wörter „nichts", „etwas" und „alles" Auskunft über eine ungefähre Menge/Anzahl geben. Den grammatischen Fachbegriff „Indefinitpronomen" lernen sie dann mit Hilfe des Merkkastens kennen.

5 Zur Übung der richtigen Schreibung von Nominalisierungen stehen den Schülerinnen und Schülern Aufgaben auf drei Differenzierungsniveaus zur Auswahl.

●○○ **a** Auf dieser Niveaustufe schreiben die Lernenden markierte Nominalisierungen mit ihren Begleitern aus dem Text heraus und bestimmen die Begleiter:
beim Eintauchen (Präposition: bei + Artikel: dem), nichts Geringeres (Indefinitpronomen), ins Verderben (Präposition: in + Artikel: das), zum Aufgeben (Präposition: zu + Artikel: dem)

●●○ **b** Bei dieser Übung schreiben die Lernenden alle Nominalisierungen mit ihren Begleitern aus dem ersten Textabsatz heraus und bestimmen die Begleiter:
das Überleben (Artikel), beim Eintauchen (Präposition: bei + Artikel: dem), nichts Geringeres (Indefinitpronomen), ins Verderben (Präposition: in + Artikel: das), zum Aufgeben (Präposition: zu + Artikel: dem), das Gute (Artikel)

●●● **c** Auf dieser Niveaustufe entscheiden die Lernenden, wie man einzelne Wörter schreibt, und begründen ihre Entscheidung:
das **Ü**berzeugende (= nominalisiertes Adjektiv, Artikel als Nomenbegleiter), das **M**ischen (= nominalisiertes Verb, Artikel als Nomenbegleiter), ein **f**urchtloser Held (furchtloser = Adjektiv, dient als Nomenbegleiter von „Held"), eine **b**öse Macht (böse = Adjektiv, dient als Nomenbegleiter von „Macht"), nichts **N**eues (= nominalisiertes Adjektiv, Indefinitpronomen als Nomenbegleiter)

d In dem Rechtschreibgespräch tauschen die Schülerinnen und Schüler ihre Ergebnisse aus und reflektieren, woran man nominalisierte Adjektive und Verben erkennt, nämlich an den verschiedenen Nomenbegleitern. Zu den bereits erarbeiteten Nomenbegleitern kommen die Indefinitpronomen als typische Begleiter nominalisierter Adjektive hinzu.

306 Nominalisierte Adjektive und Adjektive im Superlativ unterscheiden

1 Hier sind individuelle Lösungen möglich.

2 **a/b** Im Rechtschreibgespräch machen sich die Lernenden am konkreten Beispiel den Unterschied von nominalisierten Adjektiven und Adjektiven im Superlativ mit *am* bewusst – eine typische Fehlerquelle im Deutschen. Regel:
- Adjektive im Superlativ mit „am" werden kleingeschrieben.
- Dagegen werden nominalisierte Adjektive großgeschrieben.

3 Die Wörter in der richtigen Groß- und Kleinschreibung:
- Was war für dich das Spannendste in unserem Spiel?
  Am spannendsten war es, die versteckten Hinweise zu finden.

- Welche Entscheidung war für dich am wichtigsten?
  Das Wichtigste war, als Team an einem Strang zu ziehen.
- In welcher Situation warst du am mutigsten?
  Im Dunkeln nach dem Schlüssel zu tasten, das war für mich das Mutigste.
- Am gruseligsten fand ich das Knirschen der alten Schatztruhe.
  Eingesperrt zu sein, war für mich mit Abstand das Gruseligste.

4 Hier sind individuelle Lösungen möglich, z. B.:
- Welches Ereignis war für dich am lustigsten?
  Die piepsige Stimme des Skeletts war für mich das Lustigste.

307 Die Rechtschreibprüfung am Computer nutzen

Der Abschnitt soll die Lernenden dafür sensibilisieren, dass die Rechtschreibprüfung des Computers zwar Unterstützung beim richtigen Schreiben bietet, dass man sich aber keinesfalls darauf verlassen kann, da das Programm nicht alle Fehler erkennt.

1 a Korrektur der Fehler in den vom Rechtschreibprogramm markierten Wörtern:
Sportma**tt**en, Ma**nn**schaften, Ran**d**, Fe**ld**, erh**ä**lt, Star**t**
Bis auf den Tippfehler „Fedl" können die Fehler mit Hilfe der erprobten Strategien korrigiert werden.

b Diese Fehler im Text hat das Rechtschreibprogramm nicht erkannt:
- **L**iegen: Das Programm unterscheidet nicht zwischen Verb (liegen) und Nomen (die Liegen). Gemeint ist das Verb, also muss das Wort kleingeschrieben werden.
- **L**os: Auch hier unterscheidet das Programm nicht zwischen Verb bzw. einem Teil des Verbs (losrennen) und Nomen (das Los). Gemeint ist das Verb, also muss das Wort kleingeschrieben werden.
- die **m**atten: Das Programm unterscheidet hier nicht zwischen Nomen (die Matten) und Adjektiv (matt, die matten Läufer). Gemeint ist hier das Nomen, also muss das Wort großgeschrieben werden.

2 a Der Text handelt von dem Spiel Brennball.

b/c Bei der Beschreibung des Spiels sind individuelle Lösungen möglich, z. B. diese Fortsetzung:
Erreicht der Ball den Startpunkt, endet der Lauf der Angreifer. Alle Angreifer, die zu diesem Zeitpunkt keine Sportmatte berühren, sind „verbrannt" und scheiden aus. Spieler, die auf einer Sportmatte stehen, setzen ihren Lauf beim nächsten Wurf eines Mitspielers fort. Erreicht ein Spieler die Zielmatte, erhält seine Mannschaft einen Punkt. Hat jeder Spieler einer Mannschaft geworfen, wechseln die Mannschaften.

3 Beim Abschreiben des Textes über Baseball könnte das Rechtschreibprogramm (wenn als Sprache „Deutsch" eingestellt ist) möglicherweise den Begriff „Bases" markieren, auch wenn er richtig geschrieben ist. Falls „das Ablaufen" kleingeschrieben wurde, wird es das Programm nicht erkennen. Das Gleiche gilt für falsche Getrenntschreibungen, etwa „in dem" statt „indem", „zurück werfen" statt „zurückwerfen".

4 Gemeinsamkeiten zwischen Baseball und Brennball sind u. a.: Die Angreifer werfen einen Ball ins Feld und laufen vier Bases ab, um Punkte zu erzielen. Der Ball muss von den Verteidigern zum Start zurückgeworfen werden, um den Lauf zu stoppen.
Unterschiede sind, z. B.: Baseball ist ein Schlagballspiel. Hier muss der eingeworfene Ball zunächst mit einem Baseballschläger getroffen werden.

308 Testet euch! – Rechtschreibung spielend trainieren

Mit dem Spiel „WDS" können die Schülerinnen und Schüler auf spielerische Weise ihre Rechtschreibkompetenzen überprüfen. Falsch geschrieben sind folgende Wörter:
1 A, D, H – 2 B, F, H – 3 C, F, H – 4 A, E, H – 5 B, F, H – 6 C, E, I
Die Lösungen finden sich zum Überprüfen auch auf dem Kopf stehend unten auf Seite 308 im Schülerband.

13.2 Punkt und Komma – Zeichensetzung üben

309 Das Komma bei Aufzählungen

1 Bei dieser Aufgabe können sich die Schülerinnen und Schüler ihre Erwartungshaltung und ihre Gefühle beim Spielen bewusst machen. Auch der Umgang mit unterschiedlichen Emotionen kann im Austausch und im Abgleich mit der Perspektive des Autors reflektiert werden.

2 Begründung der Kommasetzung in den markierten Aufzählungen:
- „schneller, cleverer und glücklicher“: Wörter in Aufzählungen werden durch Kommas getrennt. Kein Komma steht in Aufzählungen vor der nebenordnenden Konjunktion *und*.
- „Schach, Tischkicker oder Mensch-ärgere-Dich-nicht“: Wörter in Aufzählungen werden durch Kommas getrennt. Kein Komma steht in Aufzählungen vor der nebenordnenden Konjunktion *oder*.
- „vielleicht nicht zu sehr, aber doch ein bisschen“: Wortgruppen in Aufzählungen werden durch Kommas getrennt. Dies gilt auch, wenn eine Wortgruppe durch die einschränkende Konjunktion *aber* eingeleitet wird.
- „entweder nicht ganz ehrlich oder nehmen das Spiel zu wenig ernst“: Kein Komma steht in Aufzählungen vor der nebenordnenden Konjunktion *entweder ... oder*.

3 Zur weiteren Übung und Vertiefung der Zeichensetzung in Aufzählungen werden den Lernenden Aufgaben auf drei Differenzierungsniveaus angeboten.

●○○ **a** Auf dieser Anforderungsebene begründen die Schülerinnen und Schüler die Kommasetzung in markierten Formulierungen:
- Satz 1: Wörter in Aufzählungen werden durch Kommas getrennt. Kein Komma steht in Aufzählungen vor der nebenordnenden Konjunktion *und*.
- Satz 2: Wortgruppen in Aufzählungen werden durch Kommas getrennt. Dies gilt auch, wenn eine Wortgruppe durch die einschränkende Konjunktionen *aber* eingeleitet wird. Kein Komma steht in Aufzählungen vor der nebenordnenden Konjunktion *und*.

●●○ **b** Hier müssen die Lernenden die Aufzählungen zunächst erkennen und markieren, dann die Kommasetzung begründen:
- Satz 3: Spieler sollten sowohl mit Siegen als auch mit Niederlagen umgehen können.
  Kein Komma steht in Aufzählungen vor der nebenordnenden Konjunktion *sowohl ... als auch*.
- Satz 4: Spieler sollten nicht verzweifeln, schimpfen oder ein Spiel abbrechen.
  Wortgruppen in Aufzählungen werden durch Kommas getrennt. Kein Komma steht vor der nebenordnenden Konjunktion *oder*.

●●● **c** Auf diesem Differenzierungsniveau setzen die Lernenden die Kommas und begründen dies:
- Satz 5: Bei Spielen ist der Ausgang ungewiss, der Sieg immer möglich.
  Dies ist eine Satzreihe, die den Lernenden aus der Jahrgangsstufe 5 bekannt sein sollte. Die einzelnen Hauptsätze einer Satzreihe werden durch ein Komma voneinander getrennnt.
- Satz 6: Siege machen mehr Spaß, aber aus Niederlagen kann man mehr lernen.
  Dies ist eine Satzreihe, die den Lernenden aus der Jahrgangsstufe 5 bekannt sein sollte. Die einzelnen Hauptsätze einer Satzreihe werden durch ein Komma voneinander getrennt.

4 ⊕ Die Ideen, wie man Langeweile überwinden kann, führen zu individuellen Lösungen.

310 Das Komma in Satzreihen und Satzgefügen

1 **a–d** Die einzelnen Hauptsätze einer Satzreihe werden durch Komma voneinander getrennt. Vor den Konjunktionen *und* bzw. *oder* darf das Komma entfallen.
Die Sätze mit Kommas (Kommas vor *und*, die gesetzt werden können, aber auch entfallen dürfen, stehen in Klammern):
- Welche Musik hörst du, welche Sprachen sprichst du(,) und was machst du in deiner Freizeit?
- Jeder Schüler notiert drei Fragen zu seinen Mitschülern(,) und er präsentiert sie in der Klasse.
- Die Klasse entscheidet sich für neun Fragen, alle schreiben diese auf ein Blatt.

– Jeder Schüler beantwortet die Fragen zu seiner Person, aber drei Fragen beantwortet er falsch.
– Alle Schüler lesen ihre Lösungen vor(,) und die Klasse errät die drei falschen Antworten.

2 Auf dem Puzzleteil erkennt man ein Stück des Fernsehturms am Alexanderplatz in Berlin.

3 **a/b** Die Sätze mit den korrekt gesetzten Kommas (hier sind nur die Nebensätze unterstrichen, die Konjunktionen umrahmt):
– Jeder braucht, bevor es losgeht, ein Foto vom Wahrzeichen einer Stadt.
– Außerdem benötigt ihr ein Papier gleicher Größe, weil das Foto damit genau abgedeckt werden soll.
– Nachdem ihr das Papier in sechs Puzzleteile geschnitten habt, deckt ihr das Foto damit ab.
– Enthüllt euer Foto, indem ihr die Puzzleteile vom Foto nach und nach herunternehmt.
– Wenn ein Spieler die abgebildete Stadt errät, gewinnt er das Spiel.

4 So sehen die Satzbaupläne zu den Sätzen aus:

Jeder braucht, bevor es losgeht, ein Foto vom Wahrzeichen einer Stadt.
— Hs — — Fortsetzung Hs —
— Ns —
→ Nebensatz zwischen dem Hauptsatz

Außerdem benötigt ihr ein Papier gleicher Größe, weil das Foto damit genau abgedeckt werden soll.
— Hs —
— Ns —
→ Nebensatz nach dem Hauptsatz

Nachdem ihr das Papier in sechs Puzzleteile geschnitten habt, deckt ihr das Foto damit ab.
— Hs —
— Ns —
→ Nebensatz vor dem Hauptsatz

5 ⊕ Zu der Frage, ob im Unterricht mehr gespielt werden sollte, sind individuelle Lösungen möglich. Zur Kommasetzung in Begründungssätzen kann die Sprachtrainingsseite in Kapitel 3 (S. 66 im Schülerband) herangezogen werden.

311 Warum spielen Tiere?

1 Sicher werden viele Schülerinnen und Schüler schon einmal Tiere beim Spielen beobachtet haben, etwa Hunde im Park, kleine Katzen, aber auch Tiere im Zoo. Auch mediale Erfahrungen, etwa durch Tiersendungen, können eingebracht werden.

2 **a/b/d** Der Text mit den richtig gesetzten Kommas (hier sind nur die Nebensätze unterstrichen, unterordnende Konjunktionen und Relativpronomen sind umrahmt):

Warum spielen Tiere?

Ein Rabe erinnert uns an einen Fußballspieler, weil er immer wieder gegen einen Ball tritt. Ganz so geschickt wie Neymar kickt er natürlich nicht, aber nach Fußball sieht es schon aus. Hunde hetzen Stöckchen hinterher, Katzen balgen mit einem Wollknäuel, Seehunde jonglieren mit Bällen. Warum machen Tiere das? Indem die Katze ein Wollknäuel verfolgt, trainiert sie ihre Geschicklichkeit als Jägerin. Bergziegen, die von Fels zu Fels springen, üben sich ebenfalls. Sie proben die Flucht, die ihnen vielleicht eines Tages das Leben rettet. Und Schildkröten, die an einem Tau ziehen, trainieren ihre Muskeln. Ein bisschen Kraft hat ja noch nie geschadet!

c Relativsätze im Text und ihre Bezugswörter:
– Bergziegen, die von Fels zu Fels springen, üben sich ebenfalls.
– Sie proben die Flucht, die ihnen vielleicht eines Tages das Leben rettet.
– Und Schildkröten, die an einem Tau ziehen, trainieren ihre Muskeln.

312 Das Komma bei Appositionen

1 Spielerische Zweikämpfe kennen die Schülerinnen und Schüler aus unterschiedlichen Kontexten. So fordern beispielsweise klassische Sportarten wie Tennis, Ringen oder Boxen zum Duell heraus. Bei Brettspielen treten oft zwei Spieler gegeneinander an: u. a. bei „Drei gewinnt“, „Backgammon“ oder „Dame“. Verschiedene Fernsehformate sind als Duell angelegt und auch zahlreiche Computerspiele stellen einen Zweikampf dar. Hier können auch Zweipersonenspiele aus anderen Ländern vorgestellt werden.

2 Die folgenden Begründungen können angeführt werden:
- Die Nomengruppe „ein Strategiespiel mit senkrecht stehendem Spielbrett“ bezieht sich auf das Spiel „Vier gewinnt“ und wird durch Komma abgetrennt. Sie steht im gleichen Kasus (hier: Nominativ).
- Die Nomengruppe „ein taktisches Kartenspiel“ bezieht sich auf das Spiel „Die Siedler von Catan“ und wird durch zwei Kommas vom Hauptsatz abgetrennt. Sie steht im gleichen Kasus wie ihr Bezugswort (hier: Nominativ).
- Die Nomengruppe „dem beliebten Geschicklichkeitsspiel“ folgt dem Bezugswort „Tischkicker“ und wird durch Kommas abgetrennt. Sie steht im gleichen Kasus wie ihr Bezugswort (hier: Dativ).
- Die Nomengruppe „das Spiel für Denker und Strategen“ folgt dem Bezugswort „Schach“ und wird durch Komma abgetrennt. Sie steht im gleichen Kasus wie ihr Bezugswort (hier: Akkusativ).

3 Die ergänzten Sätze lauten (Kommas sind hervorgehoben, Artikel im richtigen Kasus unterstrichen):

A Mikado, ein Geschicklichkeitsspiel für die ganze Familie, wird mit 41 bunten Holzstäbchen gespielt.

B Beim Spiel „Mensch ärgere Dich nicht“, dem weltbekannten Würfelspiel, wird gewürfelt und rausgeworfen.

C Im Spiel Uno, einem Nachfolger des Kartenspiels Mau Mau, gewinnt, wer zuerst alle Karten ablegen kann.

D Mit Spielgeld reich zu werden, ist das Ziel von Monopoly, einem Brettspiel für kühle Rechner.

313 Zeichensetzung in der wörtlichen Rede

1 **a** Die Redewendung „ein Wettlauf gegen die Zeit“ bedeutet, dass man sich beeilen muss, da die zur Verfügung stehende Zeit begrenzt ist.

b Wie man aus der Redewendung ein Spiel machen könnte, führt zu individuellen Lösungen. Eine mögliche Spielvariante liefert der zweite Teil des Textes.

2 **a** Die Schülerinnen und Schüler untersuchen in Textteil 1 die unterschiedliche Stellung des Redebegleitsatzes.
- Redebegleitsatz nach der wörtlichen Rede: „Ich habe eine lustige Spielidee!“, kichert Anna. – „Und wie soll das genau funktionieren?“, fragt Felix.
- Redebegleitsatz zwischen der wörtlichen Rede: „Meine Eltern“, erklärt sie, „veranstalten täglich einen Wettlauf gegen die Zeit. Ich finde, dass könnten wir auch mal versuchen!“
- Redebegleitsatz vor der wörtlichen Rede: Da überlegt Anna kurz und sagt: „Na, ganz einfach! Wir stellen einen Wecker so ein, dass er in zehn Minuten klingelt und dann ...“

b Beim Rechtschreibgespräch zur Zeichensetzung in der wörtlichen Rede kann der Merkkasten auf S. 313 im Schülerband zur Unterstützung genutzt werden.

3 Die richtige Zeichensetzung bei der wörtlichen Rede in Textteil 2 (Redebegleitsätze sind unterstrichen): Da ruft Felix schon dazwischen. „Ich habe verstanden! Eine Mannschaft versteckt den Wecker und die andere muss ihn finden, bevor er klingelt. Stimmts?“ „Haargenau“, bestätigt Anna. „Vielleicht“, ergänzt sie dann, „fallen uns beim Spielen ja noch ein paar andere Regeln ein.“

4 Die Formulierung eigener Spielideen führt zu individuellen Lösungen.

314 Testet euch! – Zeichen setzen

1 Die passenden Regeln zu den nummerierten Kommas:
1 R Das Komma trennt einzelne Wörter in einer Aufzählung.
2 I Das Komma trennt einen Relativsatz vom vorangegangenen Hauptsatz.
3 C Das Komma trennt einen Nebensatz vom Hauptsatz in einem Satzgefüge.
4 H Das Komma trennt einen Hauptsatz vom folgenden Nebensatz in einem Satzgefüge.
5 T Das Komma trennt die wörtliche Rede vom Redebegleitsatz.
6 I Das Komma trennt zwei gleichartige Wortgruppen in einer Aufzählung.
7 G Das Komma trennt Hauptsätze, die mit einer einschränkenden Konjunktion verbunden sind.
→ Lösungswort: RICHTIG

13.3 Fit in … – Rechtschreibung

315 Das Teilkapitel bietet eine individuelle Diagnose und differenzierte Förderung.

- Anhand eines Diagnosediktats ermitteln die Schülerinnen und Schüler ihre individuellen Stärken und Schwächen bei den in den vorangegangenen Teilkapiteln thematisierten Strategien und Regeln.
- Der Auswertungsbogen ermöglicht ein weitgehend selbstständiges Vorgehen der Lernenden beim Zusammenstellen ihres persönlichen Übungsprogramms.
- Die Aufgaben an den neun Stationen dienen der Wiederholung der bereits erarbeiteten Strategien und Regeln sowie deren Anwendung.
- Für Fortgeschrittene finden sich in Station 10 knifflige Herausforderungen.

315 Ein Diktat schreiben

1 Der riesige schwarze Vogel ist der Papagei Lara. Sein Gefieder wurde in dem Laden „Verwandlungen aller Art“ schwarz gefärbt.

2 – 4 Das Diktat muss in diesem Fall von der Lehrerin / dem Lehrer diktiert werden, damit alle die gleichen Ausgangsbedingungen haben. Es sollte eine Einzelstunde für das Diktat und eine weitere für die Auswertung sowie für die Erklärung des weiteren Vorgehens veranschlagt werden.

316 Die eigenen Fehlerschwerpunkte finden

Der Fehlerbogen ist so übersichtlich organisiert, dass die selbstständige Auswertung den Schülerinnen und Schülern keine Probleme bereiten sollte. Dennoch bedarf es der Begleitung der Lehrkraft: Sie sollte insbesondere ganz schwache und sehr starke Schülerinnen und Schüler beraten, welche Stationen tatsächlich zu bearbeiten sind. Wenn in allen Bereichen sehr viele Fehler gemacht wurden, sollte eine sinnvolle Auswahl an Stationen und/oder Übungen getroffen werden, damit diese Schüler/-innen nicht überdurchschnittlich viele Aufgaben erledigen müssen.

317
Lernen an Stationen: An Fehlerschwerpunkten arbeiten

Wenn die Schülerinnen und Schüler ihre Ergebnisse selbst überprüfen sollen, bietet es sich an, die folgenden Lösungen für jede Station auf ein (halbes) Blatt zu kopieren oder von der digitalen Version auszudrucken und zum Vergleichen (evtl. in Partnerarbeit) zur Verfügung zu stellen.

317
Station 1: Übungen zu Doppelkonsonanten – Schwingen und verlängern

1 So lautet die vollständige Regel:
Doppelkonsonanten schreibt man nur, wenn die erste Silbe geschlossen ist. Hört man an der Silbengrenze zwei verschiedene Konsonanten, verdoppelt man in der Regel nicht. Hört man bei geschlossener Silbe nur einen Konsonanten, wird dieser doppelt geschrieben.
Statt *kk* schreibt man *ck*, statt *zz* schreib man *tz*.

2 Richtige Schreibung und Beispiele für Verlängerungen als Beweis:
er kennt – ken nen, der Sturm – die Stür me, krumm – der krum me Ast, er backt – ba cken, der Satz – die Sät ze

3 Richtige Schreibung und Beispiele für das Zerlegen und Verlängern als Beweis:
das Fall | obst – fal len, die Tal | fahrt – die Tä ler, der Mitt | woch – die Mit te, die Bunt | stifte – ein bun ter Stift, das Tanz | bein – tan zen, der Sitz | platz – die Sit ze, sit zen, der Denk | zettel – den ken, der Spick | zettel – spi cken

317
Station 2: Übungen zur Schreibung von *s*/*ss*/*ß* – Schwingen und verlängern

1 **a–c** So sieht die vollständige Tabelle aus:

Regel zu *s*-Lauten	*s*	*ß*	*ss*
Die erste Silbe ist:	offen	offen	geschlossen
Der Klang ist:	summend	zischend	
Beispiele:	lei se der Ra sen die Spei se	bei ßen die So ße	fas sen die Tas se

2 Richtige Schreibweise des *s*-Lauts und Beispiele für Beweiswörter:
der Gruß – grü ßen, er muss – müs sen, der Stoß – sto ßen, er reist – rei sen / er reißt – rei ßen, sie löst – lö sen, er saust – sau sen, das Gras – Grä ser

3 **a** Aus *ß* wird bei unterschiedlichen Verbformen *ss*, wenn der Vokal davor kurz gesprochen wird. Aus *ss* wird *ß*, wenn der Vokal davor lang gesprochen wird.

b Beispiellösungen:
- Ich aß früher viel mehr Fleisch. Ich esse heute mehr Gemüse und Vollkornnudeln.
- Denn ich weiß jetzt mehr über gesunde Ernährung. Ich wusste früher auch nicht so genau, wie Fleischtiere gehalten werden.
- Ich lasse jetzt sogar Döner stehen. Die ließ ich mir früher nicht entgehen.

318

Station 3: Übungen zu *i* und *ie* – Schwingen und verlängern

1 So lautet die Regel: Man schreibt oft *ie*, wenn die erste Silbe offen und der Vokal lang ist.

2 Lebewesen und Gegenstände mit *ie* auf dem Bild: die Biene, der Flieger, die Schiene, der Diener, der Spiegel, der Riese.

3 Richtige Schreibung und Beispiele für Verlängerungen als Beweis:
er trinkt – trin ken, das Ziel – zie len, der Brief – die Brie fe, schief – schie fer, es sinkt – sin ken,
das Sieb – die Sie be, mild – mil der, sie liegt – lie gen

318

Station 4: Übungen zum silbenöffnenden *h* – Schwingen und verlängern

1 So lautet die Regel: Bei einsilbigen Wörtern kann man das *h* nicht hören. Verlängert man sie, steht das silbenöffnende *h* am Anfang der zweiten Silbe. Man kann dieses *h* hören.

2 Wörter mit silbenöffendem *h*: ru hen, zie hen, die Ge wei he, die Ze he

3 Richtige Schreibweise und Beispiele für Verlängerungen als Beweis:
er droht – dro hen, früh – frü her, er legt – le gen, das Brot – die Bro te, sie blüht – blü hen,
der Floh – die Flö he, sie sieht – se hen, er mäht – mä hen, er siegt – sie gen, er leiht – lei hen,
nah – nä her, er flieht – flie hen, er zieht – zie hen

319

Station 5: Wörter mit *b/p, d/t, g/k* im Auslaut – Verlängern und schwingen

1 So lautet die Regel: Bei Einsilbern und am Wortende kann man *b/p, d/t und g/k* leicht verwechseln. Wenn man verlängert und die Silben schwingt, kann man die Buchstaben aber deutlich hören.

2 Richtige Schreibweise und Beispiele für Verlängerungen als Beweis:
der Korb – die Körbe, das Band – die Bänder, der Antrag – die Anträge, plump – plumper, alt – älter, der Komet – die Kometen, das Geschenk – die Geschenke

3 Richtige Schreibweise und Beispiele für Verlängerungen als Beweis:

b oder *p*?	*d* oder *t*?	*g* oder *k*?
der Stab – die Stäbe der Korb – die Körbe beliebt – lieben sie bewirbt sich – sich bewerben er pumpt – pumpen	das Feld – die Felder der Hut – die Hüte der Spalt – spalten gesund – gesünder bunt – bunter entzückend – entzückender	der Spuk – spuken das Gelenk – die Gelenke der Schlag – die Schläge der Steg – die Stege stark – stärker

319

Station 6: Übungen zum Zerlegen, Verlängern und Schwingen

1 **a/c** Richtige Schreibweise und Beispiele für das Zerlegen und Verlängern als Beweis:
- der Win**d** | surfer – die Win de, win dig
- der Stran**d** | kor**b** – die Strän de + die Kör be
- der Flu**g** | drachen – die Flü ge, flie gen
- die San**d** | bur**g** – san dig + die Bur gen
- das Han**d** | tuch – die Hän de
- der Leuch**t** | turm – leuch ten, die Leuch te

b So lautet die Regel: Bei zusammengesetzten Wörtern kann man die Schreibung eines unklaren Lautes klären, indem man das Wort in seine Bausteine zerlegt und die Einzelwörter dann verlängert.

2 Richtige Schreibweise und Beispiele für das Zerlegen und Verlängern als Beweis:
Land | karte – die Län der, die Roll | treppe – die Rol len, rol len, das Falt | blatt – fal ten, acht | los – ach ten, der Renn | wagen – das Ren nen, das Faul | tier – fau ler, der Dreh | wurm – dre hen, der Tor | bogen – die To re

320

Station 7: Wörter mit *ä* und *äu* – Übungen zum Ableiten

1 Die richtigen Aussagen:
A Verwandte Wörter helfen bei der Entscheidung: *e* oder *ä*, *eu* oder *äu?*
C Wird das verwandte Wort mit *a* oder *au* geschrieben, schreibt man *ä* oder *äu*.
E Einige Wörter mit *ä* oder *äu* haben keine verwandten Wörter mit *a/au*. Das sind Merkwörter.

2 Richtige Schreibweise und Beispiele für Verlängerungswörter bei Schreibung mit *ä* oder *äu:*
die Fläche – flach, seufzen, die Dämpfe – der Dampf, verbeult, ohnmächtig – die Ohnmacht, treffen, käuflich – kaufen, der Empfänger – empfangen, die Leuchte, die Wäsche – waschen, das Gebälk – der Balken, verbeugen, der Keller

320

Station 8: Übungen zur Großschreibung – Nomen und Nominalisierungen

1 An diesen Begleitern kann man Nomen erkennen: Artikel, Adjektiv, Pronomen, Präposition.

2 Nomen mit ihren Begleitern aus dem ersten Textabschnitt:
am Samstag (Präposition + Artikel), die Sonne (Artikel), mein Verein (Pronomen), der Herbstmeister (kein Begleitwort im Text, hier wurde der Artikel ergänzt), im Fußball (Präposition + Artikel), der neue Film (Artikel + Adjektiv), im Kino (Präposition + Artikel), unseres Jugendzentrums (Pronomen), den letzten Platz (Artikel + Adjektiv), den Mut (Artikel)

3 **a/b** Richtige Groß- und Kleinschreibung (nominalisierte Verben und Adjektive sind unterstrichen):
Kennt ihr die Geschichte von Timm Thaler? Er verkaufte sein <u>Lachen</u> (Pronomen), um jede Wette zu gewinnen. So eine Fähigkeit ist natürlich etwas <u>Besonderes</u> (Indefinitpronomen), aber Timm brachte das Wettglück nichts <u>Gutes</u> (Indefinitpronomen). Am besten wettet ihr daher immer nur um das Recht. Denn unabhängig vom <u>Gewinnen</u> oder <u>Verlieren</u> (Präposition + Artikel) solltet ihr am Ende gemeinsam lachen können. Wetten, dass es nichts <u>Schöneres</u> (Indefinitpronomen) gibt?

321

Station 9: Übungen zur Kommasetzung

1 Maja merkt, dass der unheimliche Mann schwindelt, weil er behauptet, er habe vor sechs Wochen in einer Vollmondnacht einen Bären an dieser Stelle gesehen. Vollmond ist aber alle vier Wochen (29 ½ Tage) und auch in der Nacht, als die Kinder am Lagerfeuer von dem Fremden überrascht werden. Vor sechs Wochen war also keine Vollmondnacht, wie der fremde Mann behauptet.

2 **a–c** Der erste Textabschnitt mit den richtig gesetzten Kommas (hier sind nur die Nebensätze unterstrichen, Konjunktionen und Relativpronomen sind umrahmt):
Es war Mitternacht, der Vollmond stand hoch über unserem Zeltlager(,) und die meisten unserer Freunde schliefen bereits. Nur Maja und ich saßen noch am Lagerfeuer, <u>das kräftig prasselte</u>. <u>Als der Mann plötzlich in den Schein des Feuers trat</u>, erschreckte ich mich ziemlich. Ich wollte aufspringen, aber Maja hielt mich fest. Maja hatte selten Angst, <u>weil die Angst sie beim Nachdenken störte</u>.

3 Der zweite Textabschnitt mit den richtig gesetzten Satzzeichen bei der wörtlichen Rede:
Maja fragte mit fester Stimme: „Was suchen Sie hier um diese Zeit?“ „Ach“, antwortete der Mann, „ich wollte euch nur vor dem Bären warnen. Erst vor sechs Wochen habe ich ihn bei Vollmond hier gesehen.“ „Diesen Bären können Sie gerne jemand anderem aufbinden“, lachte Maja. Mit einem Fluch auf den Lippen verschwand der Mann in der Dunkelheit.

321 **Station 10: Knifflige Übungen**

Diese Station bietet knifflige Herausforderungen für Fortgeschrittene, die ihr Diktat schnell durchgesehen und fast keine Fehler gemacht haben.

1 Die Witze sind Sprachspiele. Beispiele für ihre Erklärung:
- Das Wort „verputzen" ist zweideutig: ein Haus mit Putz versehen / umgangssprachlich: etwas essen.
- Richter und Angeklagter verbinden mit der Formulierung „an seine Mutter denken" Unterschiedliches: Der Richter meint: der Mutter zuliebe nicht straftätig werden; der Einbrecher meint: der Mutter etwas mitbringen.
- „Dummibärchen" ist eine Wortneuschöpfung, die sich auf das bekannte Wort „Gummibärchen" bezieht.

2 Beispiele für die Begründung der Schreibung der markierten Buchstaben:
- „Han**d**werker": Zerlegt man das zusammengesetzte Wort „Handwerker" in seine Bausteine und verlängert dann das Wort „Hand" zu „Hände", kann man den Buchstaben *d* deutlich hören.
- „e**ss**en" schreibt man mit *ss*, weil die erste Silbe geschlossen ist.
- „am **m**eisten" schreibt man klein, weil es sich um einen Superlativ handelt.
- „verpu**tz**en" schreibt man mit *tz*, weil man an der Silbengrenze nur *z* hört und die erste Silbe geschlossen ist. Statt *zz* schreibt man *tz*.
- „H**äu**ser" schreibt man mit *äu*, weil man durch Ableiten das verwandte Wort „Haus" finden kann.
- „fra**g**te" schreibt man mit *g*. Verlängert man das Wort zu „fragen", kann man den Buchstaben *g* deutlich hören.
- „**S**ie" schreibt man hier groß, weil es sich um eine höfliche Anrede handelt.
- „Mu**tt**er" schreibt man mit „tt", weil man an der Silbengrenze nur einen Konsonanten hört und die erste Silbe geschlossen ist.
- „**B**rauchbares" schreibt man groß, weil es sich um die Nominalisierung eines Adjektivs handelt. Der Nomenbegleiter ist das Indefinitpronomen „nichts".
- „sü**ß**" schreibt man mit *ß*. Verlängert man das Wort „süß" zu „süßer", ist die erste Silbe offen und man hört den *s*-Laut zischend.
- „bun**t**" schreibt man mit *t*. Verlängert man das Wort zu „bunter", kann man den Buchstaben *t* deutlich hören.
- „blö**d**" schreibt man mit *d*. Verlängert man das Wort zu „blöder", kann man den Buchstaben *d* deutlich hören.
- „Du**mm**ibärchen" schreibt man mit „mm", weil man an der Silbengrenze nur einen Konsonanten hört und die erste Silbe geschlossen ist.

3 Der zweite Witz mit den notwendigen Satzeichen:
Der Richter fragte: „Haben Sie bei dem Einbruch denn nicht an Ihre Mutter gedacht?" „Doch, Herr Richter", antwortete der Angeklagte kleinlaut, „aber für sie war nichts Brauchbares dabei."

Material zu diesem Kapitel auf den folgenden Seiten und digital

- Fordern und fördern – Texte überarbeiten (mit Hilfe-Karten und Zusatzaufgaben für „Profis"; Lösungshinweise digital)
- Was kannst du schon? – Rechtschreibstrategien und Rechtschreibregeln (Diagnose; Lösungshinweise und Förderempfehlungen digital)
- Klassenarbeit – Einen Text überarbeiten: Schmuggelgut (Anleitung für ein Spiel) (Erwartungshorizont digital)
- Klassenarbeit – Einen Text überarbeiten: Steinsprung (Anleitung für ein Spiel) (Erwartungshorizont digital)

Fordern und fördern – Texte überarbeiten

1 Für ihr Klassenfest gestaltet die Klasse 6 c eine Wand mit Texten zum Rätseln: Wahr oder unwahr? Lara und Ron haben bei „Käpt'n Blaubär" nachgeschaut und ihre Texte zur Korrektur mitgebracht.

a Finde in den beiden Texten insgesamt 21 Fehlerwörter und sechs Zeichensetzungsfehler und unterstreiche sie.

b Korrigiere diese Wörter und Zeichensetzungsfehler auf den Linien darunter.
(→ Hilfe-Karten)

Vorsicht Fehler!

Wahr oder unwahr? – Käpt'n Blaubär: Der Kokosräuber

Nussknacker kennt jedes Kint. Aber wer schaft es, eine ganze Kokosnuss zu knacken? Käpt'n Blaubär

___

stet am Fenster und fragt seine enkel:

___

„Wusstet ihr übrigens, dass es auch Krebse gibt, die gerne Kokosnüsse eßen? Tja, das sind die

___

sogenanten Kokosnussreuber die in Malaysia leben. Sie kletern sogar auf die Palmen pflüken

___

Kokosnüsse, werfen sie herunter und knacken sie. Dann verspeisen sie genüßlich das Fruchdfleisch."

___

(Aus: Käpt'n Blaubär. Seemannsgarn. Geschichten zum Mitraten. Bd. 3. (c) WDR mediagroup licensing GmbH. Verantwortlich für diese Ausgabe: Nelson Verlag, Hamburg. Text: Bernd Flessner, S. 51. Aus didaktischen Gründen verändert.)

Vorsicht Fehler!

Wahr oder unwahr? – Käpt'n Blaubär: Die japanischen Papierboote

Kent ihr Origami? Diese Kunst des Papierfaltens, die aus Japan stamt ist urald. Käpt'n Blaubär erzählt:

___

„Aus einem grossen Bogen falten Papierkünstler in Japan Tire Masken Heuser und andere Figuren.

___

Und sie falten sogar Papierboote, mit denen die japanischen Fischer zur See fahren. Wenn sie abents

____

in den Hafen einlaufen müssen die Papierboote natürlich zum trocknen auf den Strant gezogen werden.“

____

(Aus: Käpt'n Blaubär. Seemannsgarn. Geschichten zum Mitraten. Bd. 3. (c) WDR mediagroup licensing GmbH. Verantwortlich für diese Ausgabe: Nelson Verlag, Hamburg. Text: Bernd Flessner, S. 36. Aus didaktischen Gründen verändert.)

Folgende Hilfen oder Aufgaben zum Weiterarbeiten kannst du nutzen

Hilfe-Karte	Rechtschreibstrategien anwenden
Hilfe-Karte	Nomen und Nominalisierungen erkennen
Hilfe-Karte	Rechtschreibregeln kennen
Hilfe-Karte	Kommas richtig setzen
Für Profis und Schnelle	Richtig schreiben, die Schreibung erklären

Hilfe-Karte: Rechtschreibstrategien anwenden

Schwingen hilft dir, Buchstaben und Laute besser zu hören und zu erkennen, ob du Buchstaben vergessen oder zu viele Buchstaben geschrieben hast, z. B.: *lau fen.*	
Verlängern hilft dir, wenn die Schreibung am Wortende unklar ist. Wenn du die Wörter verlängerst, kannst du beim Schwingen hören, wie sie geschrieben werden, z. B.: *das Bil**d** – die Bil **d**er, das Hef**t** – die Hef **t**e, er gi**b**t – ge **b**en.*	
Zerlegen hilft dir, wenn sich in zusammengesetzten Wörtern unklare Stellen verstecken. Nach dem Zerlegen kannst du das Wort an der Problemstelle verlängern, z. B.: *die Fel**d**|maus – die Fel **d**er.*	
Ableiten hilft dir, **ä** und **e** oder **äu** und **eu** nicht zu verwechseln, z. B.: *z**ä**hlen, denn: die Z**a**hl; tr**äu**men, denn: der Tr**au**m.*	

Hilfe-Karte: Nomen und Nominalisierungen erkennen

Nomen schreibt man **groß**. In Texten erkennt man sie an Begleitwörtern, die ihnen vorausgehen:
- **Artikel,** z. B.: ***die** Blume, **der** Baum, **ein** Hund*
- **Adjektive,** z. B.: *die **rote** Rose*
- **Pronomen,** z. B.: ***unser** Hund, **dieser** Hund*
- **Präpositionen,** z. B.: ***in** der Schule, **im** (= in dem) Zoo.*

Wenn ein Nomen kein Begleitwort hat, kannst du mit der **Artikel-Adjektiv-Probe** prüfen, ob es sich um ein Nomen handelt, z. B.: *Füchse – **die schlauen** Füchse.*

Verben und **Adjektive** schreibt man groß, wenn sie im Satz **als Nomen gebraucht** (nominalisiert) werden, z. B.: ***Das Rätseln** macht mir Spaß.*
- Solche **Nominalisierungen** erkennt man an denselben **Begleitwörtern** wie Nomen.
- Häufige Begleitwörter von nominalisierten Adjektiven sind **Indefinitpronomen** (= Wörter, die eine ungefähre Menge oder Anzahl angeben), z. B.: ***nichts** Aufregendes, **alles** Neue.*

Hilfe-Karte: Rechtschreibregeln kennen

Doppelkonsonanten
- Doppelkonsonanten schreibt man nur, wenn die **erste Silbe geschlossen** ist, z. B.: *hof fen.*
- Statt *kk* schreibt man ***ck***, statt *zz* schreibt man ***tz***, z. B.: *die Hecke, die Katze.*

***s, ss* oder *ß*?**
- Wenn bei einem zweisilbigen Wort die erste Silbe **offen** ist und man den *s*-Laut **summend** spricht, schreibt man *s*, z. B.: *die Ro se.*
- Wenn die erste Silbe **offen** ist und man den *s*-Laut **zischend** spricht, schreibt man ***ß***, z. B.: *drau ßen.*
- Wenn die erste Silbe **geschlossen** ist, schreibt man ***ss***, z. B.: *es sen, die Ris se.*
- **Einsilber** muss man zur Überprüfung verlängern, z. B: das Gras – die Grä ser.

***i* oder *ie*?**
- Man schreibt ***i***, wenn die **erste Silbe geschlossen** ist, z. B.: *die Kin der.*
- Man schreibt oft ***ie***, wenn die **erste Silbe offen** ist, z. B.: *die Lie be.*
- **Einsilber** muss man zur Überprüfung verlängern, z. B: der Dieb – die Die be.

Silbenöffnendes *h*
- Das silbenöffnende *h* steht am **Anfang der zweiten Silbe** und ist hörbar, z. B.: *ge hen, die Re he.*

Hilfe-Karte: Kommas richtig setzen

Aufzählungen

– Wörter und Wortgruppen in **Aufzählungen** werden **durch Kommas abgetrennt**, z. B.: *Spiele wie Schach, Mühle, Backgammon sind weltweit bekannt.*
– **Kein Komma** steht in Aufzählungen vor den nebenordnenden Konjunktionen *und, oder, sowie, entweder ... oder, sowohl ... als auch, weder ... noch,* *z. B.: Wir spielen jetzt entweder Verstecken oder Fangen.*

Satzreihen

– Die **einzelnen Hauptsätze** einer Satzreihe werden **durch ein Komma** voneinander **getrennt**, z. B.: *Heute spielen wir Verstecken, morgen spielen wir Fangen.*
– Nur vor den Konjunktionen ***und*** bzw. ***oder*** darf das Komma **entfallen**, z. B.: *Heute spielen wir Verstecken(,) und morgen spielen wir Fangen.*

Satzgefüge

– Zwischen **Hauptsatz und Nebensatz** steht **immer ein Komma**.
– Nebensätze können vor, zwischen oder nach dem Hauptsatz stehen.
– Sie werden häufig durch Konjunktionen oder Relativpronomen eingeleitet, z. B.: *Heute spielen wir Fußball, weil das allen Spaß macht.*

Für Profis und Schnelle: Richtig schreiben, die Schreibung erklären

Den Durchblick behalten

Heute werden ① Brillengl?ser (e/ä) meist aus ② Kunststo? (f/ff) produz?rt (i/ie). Aber wie war das im Mi?elalter (t/tt)? Damals wurden die ③ L?nsen (i/ie) einer Brille aus einem Edelstein geschli?en (f/ff) der Beryll ④ hei?t (ss/ß). Aus dem Wor? (t/d) „Beryll“ ⑤ entwi?elte (k/ck) sich nach und nach der heutige Ausdru? (k/ck) „Brille“.
Als wir den Optiker Paulsen in seiner Wer?statt (g/k) besuchten erkl?rte (ä/e) er uns Durch d?se (i/ie) Schmu?steine (k/ck) hatte man meist einen ⑥ einwan?freien (d/t) Durchblick. Herr Paulsen baut die Edelsteinbrillen nach ist fasziniert von diesem Han?werk (d/t) und überz?gte (eu/äu) uns mit einem Blick durch die mittelalterlichen Se?hilfen (h?).

2 a Übernimm den Text in dein Heft, setze statt der ? die richtigen Buchstaben ein und ergänze die fehlenden Satzzeichen.

b Erkläre in deinem Heft die Schreibung der nummerierten Wörter. Verwende dafür die richtigen Fachbegriffe, z. B.: ableiten, zerlegen, verlängern, Konsonant, Vokal, offene Silbe, geschlossene Silbe, zischend.

c Sind die Informationen des Textes wahr oder unwahr? Begründe in deinem Heft.

Autorin: Diana Sackmann
Illustration: Uta Bettzieche, Leipzig

Was kannst du schon? – Rechtschreibstrategien und Rechtschreibregeln

1 Verlängere die Wörter, um festzustellen, wie sie geschrieben werden. Schreibe ein Beweiswort auf.

der Mun____ (d/t) ______________________ er fe____t (g/k) ______________________

sie le____t (b/p) ______________________ flin____ (g/k) ______________________

2 Zerlege die folgenden Wörter und und verlängere die Einzelwörter, um festzustellen, wie die zusammengesetzten Wörter geschrieben werden. Schreibe dahinter ein Beweiswort auf.

die Hal____zeit (b/p) ______________________ fra____lich (g/k) ______________________

die Wir____schaft (d/t)______________________ die Sor____falt (g/k) ______________________

3 Notiere jeweils ein Beweiswort für die Schreibung mit *ä* oder *äu*.

kämpfen ______________________ ändern ______________________

das Gelände ______________________ die Kräuter ______________________

4 Doppelkonsonanten oder nicht? Verlängere die Wörter im Kopf und schreibe die richtigen Buchstaben auf die Linie.

das Bla______ (t/tt) er ste______t (l/ll) der He______d (l/ll) star______ (k/ck)

sie schwi______t (m/mm) fre______d (m/mm) sie ke______t (n/nn) der Wi______ (z/tz)

5 **a** Fehlt *s*, *ss*, oder *ß*? Denke an die Regeln zur Schreibung des *s*-Lauts und setze die richtigen Buchstaben ein.

die Blu______e grü______en flü______ig die Kla______e die Fü______e

b Fehlt *s*, *ss* oder *ß*? Verlängere die Wörter im Kopf und setze die richtigen Buchstaben ein.

das Schlo______ der Spa______ die Mau______ es fri______t er nie______t

6 Entscheide, ob *i* oder *ie* eingesetzt werden muss, und trage die richtige Schreibung ein.

b______gen die B______rne die Z______ge transport______ren l______fern

7 In dem Bild sind Hinweise auf Wörter mit Doppelvokal versteckt. Notiere die Wörter am Rand.

Autorin: Diana Sackmann
Illustration: Uta Bettzieche, Leipzig

8 Sprich die Wörter mit *h* deutlich in Silben (schwinge sie) und ordne sie in die Tabelle ein.
TIPP: Die Wörter in der Reihe B musst du zuerst verlängern.
A stehen – mähen – lehren – nehmen – die Fahne – die Zehe – die Sohle – der Fernseher
B er geht – er zählt – er lehnt – er sprüht – die Kuh – das Huhn – der Lohn – der Schuh

Wörter mit silbenöffnendem *h*	Merkwörter mit *h*

Wahr oder unwahr? – Käpt'n Blaubär: Die Wollschiffe der Mayas

„Schiffe werden seit jeher aus den unterschiedlichsten materialien gebaut", erklärt Käpt'n Blaubär seinen drei kleinen enkeln. „Griechen und römer haben sie aus holz gebaut, die inkas haben sie aus schilfrohr gebaut und heute bauen wir sie aus stahl oder kunststoff. Das ungewöhnlichste material haben aber die mayas benutzt, nämlich wolle. Lamas und alpakas gab's ja genug. Die wolle wurde gesponnen, in bienenwachs getränkt und dann in dünnen schichten auf holzrahmen gespannt. [...]"

(Aus: Käpt'n Blaubär. Seemannsgarn. Geschichten zum Mitraten. Bd. 4. (c) WDR mediagroup licensing GmbH. Verantwortlich für diese Ausgabe: Nelson Verlag, Hamburg. Text: Bernd Flessner, S. 53. Aus didaktischen Gründen verändert.)

9 **a** Überprüfe im Text, woran du die Nomen erkennst. Umkreise die Buchstaben, die großgeschrieben werden müssen, weil es sich um Nomen handelt.
b Unterstreiche die Begleitwörter der Nomen.
c Schreibe die Nomen, die im Text kein Begleitwort haben, mit dem Artikel auf die Linie.

Wahr oder unwahr? – Käpt'n Blaubär: Fischfang per Hand

Käpt'n Blaubär behauptet dass die Fischer an der Nordseeküste vor langer Zeit im Watt Fische mit der Hand gefangen haben. Sie stellten sich bei Ebbe in die Wasserläufe die man Priele nennt. Wenn sie einen Plattfisch entdeckten traten sie mit dem Fuß darauf und griffen zu.
Natürlich werden heute Butt Seezunge und Scholle mit dem Schleppnetz gefangen bestätigt Käpt'n Blaubär seinen drei kleinen Enkeln. Doch erzählt er das war nicht immer so. Weil zu den Zeiten meines Großvaters die meisten Fischer an der Nordseeküste gar keine Netze hatten sind sie bei Ebbe ins Watt gegangen und mussten den Fischfang selbst in die Hand nehmen. Und er fährt fort Aus diesem Grund haben sie die Plattfische dann auch mit der Hand gefangen. Für einen Fischer war das kein Problem.

(Aus: Käpt'n Blaubär. Seemannsgarn. Geschichten zum Mitraten. Bd. 4. (c) WDR mediagroup licensing GmbH. Verantwortlich für diese Ausgabe: Nelson Verlag, Hamburg. Text: Bernd Flessner, S. 44. Aus didaktischen Gründen verändert.)

10 Ergänze im Text die fehlenden Kommas und die Satzzeichen bei der wörtlichen Rede.

Klassenarbeit – Einen Text überarbeiten

Aufgabenstellung

1 Die Klasse 6 c entwirft einen Ordner mit Anleitungen für Spiele auf dem Pausenhof. Mara hat ihren Text bereits verfasst und ihn zur Korrektur mitgebracht.

a Finde die 22 Fehlerwörter und die fünf Zeichensetzungsfehler und unterstreiche sie.

b Korrigiere die Fehlerwörter jeweils auf der Linie darunter. Ergänze im Text die notwendigen Kommas und streiche das falsch gesetzte Komma durch.

2 Um den Text zu überarbeiten, kannst du bestimmte Strategien anwenden. Notiere für die Strategien, die unter dem Text stehen, jeweils zwei Beispiele aus dem Text und ein passendes Beweiswort. Bestimme die Begleitwörter der Nomen bzw. Nominalisierungen.

Vorsicht Fehler!

Schmuggelgut

Für das Spiel „Schmuggelgut“ benötigt ihr zwei Gefäße ein Stück Kreide und Schmuggelgut

(z. B. Bauklöze, Steine oder Bundstifte). Zeichnet auf dem Pausenhof zwei Kreise die etwa 50 Schritte

voneinander entfernt sind und einen Durchmeßer von sechs Schritten haben. In die Miette der Kreise

wird jeweils ein Behelter gestellt, in eines der Gefäße kommt das Schmuggelgut. Teilt euch in zwei

Mannschaften auf. Die Mitglieder der grösseren Gruppe sind Schmuggler die kleinere Gruppe bestet

aus Wachmännern. Die Schmuggler transportiren das Schmuggelgut vom Startgefäß zum Zielgefäß.

Die Wache muß das verhindern, indem sie die Schmuggler abschlegt. Den Wachmännern ist es nicht

erlaupt, die abgestekten Kreise beim spielen zu betreten. Ein Gefangener Schmuggler muss sein

Dibesgut abgeben. Bevor die Wachmänner erneut auf Reuberjagd geen müssen sie das Schmuggel-

gut zum Startgefäß zurückbringen. Das verzwickte ist, dass sowohl die Schmuggler, als auch die

Wachleute jeweils nur ein Schmuggelgut bei sich tragen dürffen. Nach zehn Minuten werden die Rolen

getauscht. Welche Gruppe hat als Schmuggler am Meisten gesamelt?

Strategien	Beispiele aus dem Text sowie passende Beweiswörter
Verlängern (und Regel anwenden)	muss – müssen
Zerlegen und verlängern	
Ableiten	
Nomen und Nominalisierungen an ihren Begleitwörtern erkennen	

Klassenarbeit – Einen Text überarbeiten

Aufgabenstellung

1 Die Klasse 6 c entwirft einen Ordner mit Anleitungen für Spiele auf dem Pausenhof. Moritz hat seinen Text bereits verfasst und ihn zur Korrektur mitgebracht.

a Finde die 21 Fehlerwörter und die sechs Kommafehler und unterstreiche sie. Finde außerdem die fehlenden Anführungszeichen bei der wörtlichen Rede. Unterstreiche die Stellen.

b Korrigiere die Fehlerwörter jeweils auf der Linie darunter. Ergänze im Text die fehlenden Satzzeichen und streiche das falsch gesetzte Komma durch.

2 Um den Text zu überarbeiten, kannst du bestimmte Strategien anwenden. Notiere für die Strategien, die unter dem Text stehen, jeweils zwei Beispiele aus dem Text und ein passendes Beweiswort. Bestimme die Begleitwörter der Nomen bzw. Nominalisierungen.

Steinsprung

Achtung! ruft Jana, du stehst gleich im Wasser! Bei dem Spiel „Steinsprung" müssen alle zusammen-

arbeiten. Ihr benötigt acht Blätter einer Zeitung die eure steine sind. Zeichnet auf dem Pausenhof

eine Stardlinie und eine Ziellinie ein. Zwischen disen Linien flißt ein Fluß, den ihr überqueren sollt.

Jetzt teilt ihr euch in zwei gleich grosse Manschaften auf. Jede Gruppe erhelt vier Zeitungsblätter stellt

sich in einer Reie an der Startlinie auf und begiennt mit dem überqueren des Gewessers. Alle Kinder

müssen das gegenüberliegende Ufer erreichen ohne dass ein Mitglied der Gruppe das Wasser berührt.

Dazu sind die Steine auf dem Wasser beweklich sie können als Steplätze genuzt werden.

Bei ihrer Überquerung müssen die Gruppen sowohl sorkfältig, als auch flinck vorgehen. Denn bei

diesem Spiel gibt es nichts ärgerlicheres als den Feltritt eines Spielers ins Wasser. Dann muss die ganze Gruppe von vorne beginnen. Das Spiel gewinnt die Gruppe, die am Schnellsten trocken am

____

anderen Ufer ankomt.

____

Strategien	**Beispiele aus dem Text sowie passende Beweiswörter**
Verlängern (und Regel anwenden)	flink – flinker
Zerlegen und verlängern	
Ableiten	
Nomen und Nominalisierungen an ihren Begleitwörtern erkennen	

Bedienungshinweis für die CD-ROM

MS Windows®:

Legen Sie die CD-ROM in Ihr CD-ROM-Laufwerk. Sollte das Programm nicht automatisch starten, doppelklicken Sie bitte auf „Start.exe“ im Dateiverzeichnis der CD-ROM, um sie mit Ihrem Browser zu öffnen.

Apple® Macintosh®:

Legen Sie die CD-ROM in Ihr CD-ROM-Laufwerk und doppelklicken Sie bitte auf die Datei „index.html“.

Systemvoraussetzungen:

Computer mit CD(DVD)-ROM-Laufwerk

Kompatibel mit allen gängigen Betriebssystemen (z. B. Windows, Apple, Linux)

Microsoft® Office Word oder kompatibles Programm

Für Ihre Notizen